2018
长江航运发展报告

交通运输部长江航务管理局　编

人民交通出版社股份有限公司
China Communications Press Co.,Ltd.

图书在版编目（CIP）数据

2018长江航运发展报告 / 交通运输部长江航务管理局编. —北京：人民交通出版社股份有限公司, 2019.6

ISBN 978 -7 -114 -15574-1

Ⅰ. ①2… Ⅱ. ①交… Ⅲ. ①长江—航运—研究报告—2018 Ⅳ. ①F552.75

中国版本图书馆CIP数据核字（2019）第095337号

书　　名：**2018长江航运发展报告**
著 作 者：交通运输部长江航务管理局
责任编辑：钱悦良
责任校对：刘　芹
责任印制：张　凯
出版发行：人民交通出版社股份有限公司
地　　址：（100011）北京市朝阳区安定门外外馆斜街3号
网　　址：http：//www.ccpress.com.cn
销售电话：（010）59757973
总 经 销：人民交通出版社股份有限公司发行部
经　　销：各地新华书店
印　　刷：北京盛通印刷股份有限公司
开　　本：880×1230　1/16
印　　张：17.25
字　　数：386千
版　　次：2019年6月　第1版
印　　次：2019年6月　第1次印刷
书　　号：ISBN 978-7-114-15574-1
定　　价：238.00元
（有印刷、装订质量问题的图书由本公司负责调换）

主编单位

交通运输部长江航务管理局

参编单位

上海市航务管理处（地方海事局）
江苏省交通运输厅运输管理局
浙江省港航管理中心
安徽省地方海事（港航）管理服务中心
江西省港航管理局
山东省交通运输厅港航局
河南省交通运输厅航务局（地方海事局）
湖北省交通运输厅港航管理局
湖南省水运管理局
重庆市港航管理局
四川省交通运输厅航务管理局
贵州省地方海事（航务管理、通航管理）局
云南省航务管理局
陕西省水路交通事业发展中心
长江海事局
江苏海事局
长江航道局
长江口航道管理局
长江三峡通航管理局
长江航运公安局
上海海事局
上海组合港管理委员会办公室
舟山市港航和口岸管理局
武汉新港管理委员会
上海航运交易所
重庆航运交易所

编委会

编辑人员

前 言

2018年，是全面贯彻党的十九大精神的开局之年，是深入学习贯彻习近平总书记重要讲话精神、推进长江航运高质量发展的一年；也是实施交通强国战略建设强大的现代化长江航运的起步之年。一年来，长江航运业积极应对国内外形势变化带来的挑战，坚持生态优先、绿色发展，正确把握“五个关系”，围绕服务长江经济带高质量发展和“交通强国”目标，深入推进供给侧结构性改革，加快构建现代化长江航运体系，着力推进长江航运治理体系和治理能力现代化，在黄金水道功能提升、运输服务升级、推进绿色发展、强化安全发展、培育产业新动能等方面取得明显成效，在改善行业营商环境、完善协调发展体制机制等方面实现创新突破，长江航运的综合实力、创新能力、治理能力、可持续发展能力持续提升，长江航运在支撑长江经济带发展、“一带一路”建设等方面发挥着越来越大的作用。

本报告涉及区域包括上海、江苏、浙江、安徽、江西、山东、河南、湖北、湖南、重庆、四川、贵州、云南、陕西等14省市。2018年，14省市航运经济运行总体平稳、稳中有进。全年完成水路货运量49.8亿吨、货物周转量58099.3亿吨公里，同比分别增长5.7%和8.9%；其中，内河运输完成货运量30.6亿吨、货物周转量13954.6亿吨公里，同比分别增长0.5%、2.3%。全年港口完成货物吞吐量83.28亿吨，同比增长0.9%；其中，内河港口完成货物吞吐量43.60亿吨，同比下降2.7%。全年长江干线完成货物通过量26.9亿吨，同比增长7.6%，三峡枢纽通过量1.44亿吨，同比增长3.9%。内河航道及专业化港口建设继续加快推进。全年内河建设完成投资约570亿元，长江南京以下12.5米深水航道二期工程提前半年建成，武汉至安庆6米水深航道整治工程、引江济淮航运工程、京杭运河和长江三角洲高等级航道网三级航道改造工程以及汉江、赣江等航电枢纽工程有序推进，通江达海干支衔接的航道网络进一步完善；深水化、大型化、专业化码头加快建设，主要港口集疏运体系加快完善，港口资源整合和一体化发展模式逐步推广，以上海、武汉、重庆等航运中心为核心，以其他主要港口为骨干，地区性重要港口为辅、其他港口互为补充的分层次港口布局体系。多式联运、江海直达、干支直达等运输组织方式以及煤炭、矿石、矿建材料、集装箱、汽车滚装运输等运输体系加快发展，便捷、高效的货物运输服务体系逐步形成。以绿色航道、绿色港口、绿色船舶、绿色运输组织方式为抓手，绿色航运发展加快推进，基础设施建设进一步强化绿色发展内容，港口岸电和LNG站点布局建设加快推进，港口和船舶污染物接收、转运和处置设施建设方案加快实施，联合监管制度及监管联单制度不断完善，排放控制区范围覆盖扩展至沿海重点水域和长江干线，非法码头整治成效进一步巩固，非法采砂、非法排污、非法捕捞、非法倾倒固体废物等破坏生态环境

前　言

行为得到严厉打击。以“平安渡线、平安船舶、平安航道、平安三峡、平安引航、平安工地”为抓手，航运安全治理体系建设加快推进，水上交通安全监管、枢纽通航安全保障、水上治安消防管理不断加强，水上应急保障能力进一步提升，水上交通安全形势持续稳定向好。移动互联网、人工智能等新技术逐步推广，大数据加快应用，物流信息平台和“互联网+”创新模式加快发展，港航企业“数字化”转型提速，“数字驱动、协同共享”的产业生态体系逐步完善。管理体制机制和“放管服”改革深入推进，法治政府部门建设不断深化，行业规范自律不断强化，监管和服务方式不断创新，行业治理体系和治理机制不断完善。

2019年，是中华人民共和国成立70周年，也是决胜全面建成小康社会的关键之年。在新的形势下，长江航运业将把握新使命，继续围绕服务长江经济带高质量发展和“交通强国”目标，落实“巩固、增强、提升、畅通”总要求，坚持新发展理念，坚持以供给侧结构性改革为主线，将以推动航道区段标准统一、船舶标准统一、港口码头管理统一、通关管理统一“四个统一”建设为重点，加快改革开放力度，继续提升长江黄金水道功能，不断优化运输组织，深入实施基础设施建设的生态保护、清洁能源的推广应用和污染防治等相关工作，着力深化平安长江建设，培育创新动能，全面推进长江航运高质量发展，加快构建现代化长江航运体系，加快推进长江航运治理体系和治理能力现代化，更好发挥长江航运在推动长江经济带高质量发展中的支撑服务和“交通强国”建设中的先导带动作用。

交通运输部长江航务管理局整合多方资源继续组织编制2018长江航运年度发展报告，记录历史、分析形势、展望未来，为行业内外阐释长江航运发展政策，介绍长江航运在基础设施、市场形势、航运服务、智慧航运、绿色航运、行业治理、行业文化等方面取得的进展。本报告集中展示了2018年长江航运总体发展状况和14省市航运发展动态，专题介绍了长江航运业在学习贯彻习近平总书记重要讲话精神的创新实践和改革开放40年来的发展成就，以及市场监测、枢纽通航、航运中心建设等重点领域的分析报告。本报告由交通运输部长江航务管理局主编，上海、江苏、浙江、安徽、江西、山东、河南、湖北、湖南、重庆、四川、贵州、云南、陕西等14省市港航管理部门以及长江海事局、江苏海事局、长江航道局、长江口航道管理局、长江三峡通航管理局、长江航运公安局、上海海事局、上海组合港管理委员会办公室、舟山江海联运服务中心建设领导小组办公室、武汉新港管理委员会、上海航运交易所、重庆航运交易所等单位参与编撰，长江航运发展研究中心具体承办组织编制工作。

目　录

综合报告

2018年长江航运发展回顾与展望

目　录

省域报告

2018年14省（市）水运发展回顾与展望

目　录

专题报告

2018年

长江航运发展回顾与展望

综合报告

第1章 发展环境

1.1 宏观经济环境

1.1.1 宏观经济回顾

2018年，全球经济延续复苏势头，保持温和增长。发达国家和发展中国家都在进行积极的经济结构转型，美国、英国、法国等都纷纷提出减税降费政策，对全球经济复苏起到积极作用。美国货币政策回归正常化带来的溢出效应，部分发达国家保护主义倾向加剧带来的全球贸易摩擦，导致世界经济上行预期持续减弱、不确定性风险持续升高，全球经济增长的动能有所放缓。据国际货币基金组织《全球经济展望》数据显示，2018年世界GDP增长率按购买力平价（PPP）计算约为3.7%，较上年回落0.1个百分点；全球贸易量增长4.0%，较上年回落1.3个百分点。

面对复杂严峻的国际环境和艰巨繁重的改革发展稳定任务，中国继续坚持稳中求进工作总基调，按照高质量发展要求，以供给侧结构性改革为主线，深化结构调整和转型升级，着力深化改革扩大开放，着力打好防范化解重大风险、精准脱贫、污染防治三大攻坚战，有效应对中美贸易摩擦等外部环境深刻变化，统筹稳增长、促改革、调结构、惠民生、防风险，做好稳就业、稳金融、稳外贸、稳外资、稳投资、稳预期工作，经济运行总体平稳、稳中有进，质量效益稳步提升，人民生活持续改善。据国家统计局公布的统计数据显示，全年GDP初步核算为900309亿元，按可比价格计算，比上年增长6.6%。分产业看，第一产业增加值64734亿元，增长3.5%；第二产业增加值366001亿元，增长5.8%；第三产业增加值469575亿元，增长7.6%。全年社会消费品零售总额380987亿元，增长9.0%；全社会固定资产投资645675亿元，增长5.9%；货物进出口总额305050亿元，增长9.7%。经济增长仍面临较大的下行压力，一至四季度增速分别为6.8%、6.7%、6.5%和6.4%，增速逐季回落，全年GDP增速较上年回落0.2个百分点，但仍保持在合理区间内运行。经济结构进一步优化，三大产业继续呈现三产增长较快、二产调整的态势，服务业增加值比重进一步上升，工业结构不断调整优化，消费拉动力继续增强，补短板增强了经济发展的协调性和整体性。发展新动能快速成长，网上零售等新商业业态继续保持快速增长，新能源汽车、智能电视等中高端制造业保持较快增长，战略性新兴服务业、科技服务业和高技术服务业等高端服务业发展迅速。固定资产投资增速较上年回落1.3个百分点，其中基础设施投资（不含电力、热力、燃气及水生产和供应业）增长3.8%，增速较上年回落15.2个百分点。全年全国粗钢产量9.28亿吨，增长6.6%；钢材产量11.06亿吨，增长5.6%；铁矿砂进口10.64亿吨，下降1%；水泥产量22.1亿吨，下降5.3%；进口煤炭2.8亿吨，增长3.9%。

受经济增速放缓和需求偏弱的影响，社会物流需求增长压力有所加大。据中国物流与采购联合会统计显示，全年社会物流总额为238.1万亿元，按可比价格计算，比上年增长6.4%，增速较上年回落0.2个百分点；社会物流总费用为13.3万亿元，增长9.8%，增速较上年提高0.7个百分点；全年运输费用为6.9万亿元，增长6.5%，增速较上年回落4.3个百分点，主要是货源增速放缓、运输结构调整和减税降费政策效应。

1.1.2 区域经济形势

2018年，上海、江苏、浙江、安徽、江西、山东、河南、湖北、湖南、重庆、四川、贵州、云南、陕西等14省市深入贯彻习近平新时代中国特色社会主义思想，深入学习贯彻习近平总书记关于推动长江经济带发展的重要讲话精神以及考察上海、江苏、湖北、四川等地的重要指示精神，按照党中央、国务院决策部署，坚持稳中求进工作总基调，深入贯彻新发展理念，落实中央“六稳”和高质量发展要求，有效应对外部环境变化带来的挑战和国内“三期叠加”（经济增长速度换挡期、结构调整阵痛期、前期刺激政策消化期）的影响，深入推进供给侧结构性改革，持续加强创新驱动，全面深化改革开放，扎实打好三大攻坚战，加快实施长江经济带发展战略，强化与“一带一路”建设融合发展，深入实施乡村振兴战略，区域经济社会发展总体平稳、稳中有进、稳中向好，呈现结构更优、效益更好、更趋协调、更可持续的高质量发展态势。

长三角一体化发展全面提速，跨省市合作机制实体化运作。上海市加快建设“五个中心”（国际经济、金融、贸易、航运、科技创新），全力打响“四大品牌”（上海服务、上海制造、上海购物、上海文化）。江苏省“1+3”（扬子江城市群以及沿海经济带、江淮生态经济区、淮海经济区）重点功能区，安徽省“一圈两带三区”（合肥都市圈，美丽长江（安徽）经济带、淮河生态经济带，皖北地区、皖江示范区、皖南国际文化旅游示范区）联动发展，江西省“一圈引领、两轴驱动、三区协同”（大南昌都市圈，沪昆、京九高铁经济带，赣南等原中央苏区、赣东北开放合作、赣西经济转型），湖北省“一芯驱动、两带支撑、三区协同”（“芯”产业，长江绿色经济和创新驱动发展带、汉孝随襄十制造业高质量发展带，鄂西绿色发展示范区、江汉平原振兴发展示范区、鄂东转型发展示范区），四川省“一干多支、五区协同”“四向拓展、全域开放”（成都“主干”，环成都经济圈和川南、川东北、攀西经济区“多支”，突出南向、提升东向、深化西向、扩大北向，立体全面开放）等区域和产业发展战略扎实推进。浙江省着力推动“四大”（大湾区、大花园、大通道、大都市区）建设，湖南省长株潭城市群、洞庭湖区、湘南及湘西地区发展协调推进，重庆市“八项行动计划”（创新驱动发展战略、乡村振兴战略、城市提升、军民融合发展战略、科教兴市和人才强市、内陆开放高地建设、保障和改善民生、生

态优先绿色发展）务实推进。

各地区各部门牢牢把握长江经济带发展战略实施带来的宝贵机遇，始终坚持生态优先、绿色发展的战略定位，强化共抓大保护的协同性，在转型升级中激活新动能，经济增长“含金量”和“含绿量”同步提升。以持续改善长江水质为核心，加快推进水污染治理、水生态修复和水资源保护“三水共治”；以推进集装箱江海联运为重点，形成与江海联运相适应的港口、集疏运、航运、船舶、通关等一体化系统，带动构建综合立体交通体系；以供给侧结构性改革为主线，推动经济发展质量变革、效率变革、动力变革，着力加快建设实体经济、科技创新、现代金融、人力资源协同发展的产业体系。

14省市全年共完成地区生产总值55.21万亿元，按可比价格计算，比上年增长7.3%，经济运行保持在合理区间和中高速增长。分地区来看，东、中、西部各地区经济增速较上年同期均有所下降，但区域间增速差距缩小；西部地区平均经济增速最高，中部次之，东部再次之，延续了2017年的格局。14省市全年原煤产量124095.9万吨，增长5.7%；火力发电量产量25705.8亿千瓦小时，增长6.8%；钢材产量50083万吨，增长2.2%；铁矿石原矿产量22446.5万吨，下降26.7%。全年上海口岸货物进出口总额85317.0亿元，比上年增长7.7%。其中，进口36403.1亿元，增长8.8%；出口48913.9亿元，增长6.9%。

14省市地区生产总值总量及增速 表1.1-1

	2017年GDP	2018年GDP		2019年GDP（目标）
	增长率（%）	总量（万亿元）	增长率（%）	增长率（%）
全国	6.9	90.03	6.6	6~6.5
上海市	6.9	3.27	6.6	6~6.5
江苏省	7.2	9.26	6.7	6.5%以上
浙江省	7.8	5.62	7.1	6.5%左右
安徽省	8.5	3.00	8.0	7.5~8
江西省	8.9	2.20	8.7	8.5%左右
山东省	7.4	7.65	6.4	6.5%左右
河南省	7.8	4.81	7.6	7~7.5
湖北省	7.8	3.94	7.8	7.5~8
湖南省	8.0	3.64	7.8	7.5~8
重庆市	9.3	2.04	6.0	6.0
四川省	8.1	4.07	8.0	7.5%左右
贵州省	10.2	1.48	9.1	9.0%左右
云南省	9.5	1.79	8.9	8.5%左右
陕西省	8.0	2.44	8.3	8%左右

注：数据根据各地统计部门官网或两会政府工作报告整理。

1.2 产业政策环境

1.2.1 推动长江经济带交通运输发展

2018年5月17日，推动长江经济带发展领导小组会议强调，要从整体上加强长江流域污染防治，摸清资源环境承载能力基本情况，周密制定行动方案，建立负面清单管理制度。要以持续改善长江水质为中心，扎实推进水污染治理、水生态修复、水资源保护“三水共治”。要以推动航道区段标准统一、船舶标准统一、港口码头管理统一、通关管理统一为重点打造黄金水道，发展铁水、公水、空铁等多式联运，加快构建综合立体交通走廊。要扎实推进供给侧结构性改革，积极推动发展动力转换，加快建设现代化经济体系。

5月21日，交通运输部在推动长江经济带交通运输发展部省联席第五次会议强调，新形势下交通运输推动长江经济带发展要重点抓实抓好五项工作。一是持续推进绿色交通发展，严厉打击破坏长江生态行为，完善港口船舶污染防控体系建设，大力推进交通运输节能减排，主动做好生态环境保护和修复。二是大力提升黄金水道功能，促进长江保护与航运发展的和谐统一，继续推进港口转型升级，加强港口集疏运体系建设。三是加快完善综合立体交通走廊，完善铁路、公路、民航、邮政基础设施建设，加强综合运输枢纽和各种运输方式衔接，发挥综合交通运输综合效益。四是深化运输结构调整，优化市场环境，着力提升运输服务水平，优化运输组织，提高综合交通运输体系组合效率。五是全力提升安全应急能力，牢固树立底线思维和红线意识，不断完善安全监管体系，加强全水域动态监管，增强应急处置能力。随后，交通运输部印发了《交通运输部贯彻落实习近平总书记推动长江经济带发展重要战略思想的工作方案》，11省市交通运输厅（委）和长江航务管理局根据工作方案要求，制定具体实施方案。长江航务管理局成立了深化落实长江经济带发展战略领导小组，并与沿江7省市交通运输部门签署了共同行动方案。

8月20日，交通运输部召开会议，从五个方面部署深入推进长江经济带交通运输发展。一是加快推进综合立体交通走廊建设。加快推进长江黄金水道航道区段标准统一、船舶标准统一、港口码头管理统一、通关管理统一，稳步推进交通基础设施建设，从综合运输体系全局出发解决三峡枢纽运输瓶颈。二是全面提升长江经济带综合交通运输效率。完善综合立体交通走廊规划，深化长江经济带运输结构调整，推进江海直达、江海联运和多式联运发展。三是全面做好长江生态环境保护修复工作。系统梳理和掌握各类生态隐患和环境风险，继续实施和完善污染防治重点工作，严厉打击污染长江生态行为。四是继续强化安全监管和应急能力建设。牢固树立生命至上、安全第一的理念，进一步完善安全治理体系，强化安全监管保障建设，加大风险防控和隐患排查治理力度。五是优化港口岸线使用效率。抓住规划这个牛鼻子，加强刚性约束和调控功能，进一步强化全过程监管，严格港口岸线审批、使用和退出管理，深化专项治理，严防非法码头反弹。

12月14日，推动长江经济带发展领导小组会议强调，长江经济带共抓大保护一定要坚持问题导向，在发现问题、解决问题中把工作不断推向前进。会上播放了长江经济带生态

环境警示片。11省市交通运输厅（委）和长江航务管理局学习贯彻推动长江经济带发展领导小组会议精神，对长江经济带生态环境警示片反映问题全力抓好整改，进一步夯实船舶与港口污染防治责任。

12月17日，交通运输部与上海市、江苏省、浙江省、安徽省人民政府联合印发《关于协同推进长三角港航一体化发展六大行动方案》，明确以内河航道网络化、区域港口一体化、运输船舶标准化、绿色发展协同化、信息资源共享化、航运中心建设联动化六大行动为抓手，协同推进长三角港航一体化发展。

1.2.2 深化交通运输供给侧结构性改革

交通基础设施补短板。国务院办公厅印发《关于保持基础设施领域补短板力度的指导意见》，提出了10项配套政策措施，聚焦关键领域和薄弱环节，加快推进已纳入规划的重大项目。其中，在水运领域明确“加快推进三峡枢纽水运新通道和葛洲坝航运扩能工程前期工作，加快启动长江干线、京杭运河等一批干线航道整治工程，同步推动实施一批支线航道整治工程”。为有序推进长江等内河高等级航道建设，国家发展改革委下达了长江等内河高等级航道建设2018年度中央预算内投资计划，用于长江干线武汉至安庆段6米水深航道整治等工程建设。

推进运输结构调整。国务院办公厅印发《推进运输结构调整三年行动计划（2018—2020年）》，以京津冀及周边地区、长三角地区、汾渭平原等重点区域为主战场，以推进大宗货物运输“公转铁、公转水”为主攻方向，实施铁路运能提升、水运系统升级、公路货运治理、多式联运提速、城市绿色配送、信息资源整合等六大行动；其中，“水运系统升级行动”提出要完善内河水运网络、推进集疏港铁路建设、推动大宗货物集疏港运输向铁路和水路转移、大力发展江海直达和江海联运。各地方政府和有关部门积极对接落实，出台相关行动计划和实施方案，加快推进运输结构调整。

推进多式联运发展。推动长江经济带发展领导小组办公室印发《有力有序有效推进长江集装箱江海联运发展工作方案》，强力推进长江集装箱江海联运发展。交通运输部印发《深入推进长江经济带多式联运发展三年行动计划》，提出5项主要任务包括16项具体措施，要求以江海直达、江海联运、铁水联运等为重点，大力推进集装箱铁水联运，进一步完善大宗干散货铁水联运体系，统筹推进江海直达和江河海联运发展，加快推进长江经济带多式联运发展，构建高质量综合立体交通走廊，更好服务长江经济带发展战略。沿江省级交通运输部门抓好工作落实，制定出台了推进本地区多式联运发展的工作实施方案。深入实施多式联运示范工程，全国多式联运现场推进会在湖北省武汉市召开，会上交通运输部、国家发展改革委还发布了第三批多式联运示范工程24个项目名单。

优化市场营商环境。深化“放管服”改革，全面实施市场准入负面清单制度，国家发展改革委、商务部发布了《市场准入负面清单（2018年版本）》《外商投资准入特别管理措施（负面清单）（2018年版）》和《自由贸易试验区外商投资准入特别管理措施（负面清单）（2018年版）》等，其中确定了涉及水运领域的禁止或许可准入措施；进一步简政放权，交通运输部清理234部规章、656件政策性文件，废止修改16件规章和规范性文件，取消5项许可事项，12项纳入国务院“证照分离”改革第一批目录清单。支持民营企业发展，交通运输部印发《贯彻落实习近平总书记在民营企业座谈会上重要讲话精神支持民营企业发展的工作措施》，提出18条措施。规范港口服务性收费，交通运输部会同国家发展改革委印发了《关于进一步放开港口部分收费等有关事项的通知》，放开港口部分收费，规范船舶护航和监护使用拖轮收费；上海等港口主动调减港口作业包干费，进一步减轻外贸、航运企业成本。完善启运港退税政策，财政部、海关总署及国家税务总局联合印发《关于完善启运港退税政策的通知》，明确政策适用范围，启运港为泸州市泸州港、重庆市果园港、宜昌市云池港、岳阳市城陵矶港、武汉市阳逻港、九江市城西港、芜湖市朱家桥港、南京市龙潭港、张家港市永嘉港、南通市狼山港、苏州市太仓港、连云港市连云港港、青岛市前湾港；离境港为上海市外高桥港区、上海市洋山保税港区；承运适用启运港退税政策货物的船舶，可经停南京市龙潭港、武汉市阳逻港、苏州市太仓港加装货物。

发展邮轮旅游市场。交通运输部联合国家发展改革委、工业和信息化部等10部门印发了《关于促进我国邮轮经济发展的若干意见》，首次从国家层面明确了邮轮经济发展目标，明确了培育邮轮市场、拓展提升港口服务能力、优化口岸环境和功能、强化邮轮安全发展、推动邮轮绿色发展、推进邮轮建造及配套装备产业发展、提升邮轮供应配套能力、提升邮轮运输旅游服务水平、推动邮轮人才培养等九个方面主要任务。

1.2.3 推进绿色交通发展

加强生态环境保护，打好污染防治攻坚战。交通运输部印发《关于全面加强生态环境保护坚决打好污染防治攻坚战的实施意见》，对进一步推进交通运输生态文明建设、加强生态环境保护、打好污染防治攻坚战作出部署安排，明确要求建设绿色交通基础设施、推广清洁高效的交通装备、推进交通运输创新发展，打好调整运输结构、柴油货车等污染防治等标志性攻坚战，以及强化安全监管和应急能力建设、积极参与绿色交通国际合作、开展绿色交通全民行动、健全生态文明治理体系等。

优化交通装备结构，推广应用新能源和清洁能源。鼓励使用新能源，财政部、税务总局、工业和信息化部、交通运输部印发《关于节能新能源车船享受车船税优惠政策的通知》，对新能源车船免征车船税。制定《内河液化天然气加注站设计标准》，发布包括LNG动力船舶、加注船舶、加注趸船和运输船舶的船舶技术规范，推动LNG等清洁能源的利用。着力解决制约长江干线靠港船舶使用岸电和推广LNG船舶应用的突出问题，交通运输部印发《关于加快长江干线推进靠港船舶使用岸电和推广液化天然气船舶应用的指导意见》，明确要加快推动港口岸电和船舶受电设施建设，研究岸电应用支持推广政策，完善标准技术规范，推进关键技术研发，提高长江干线岸电设施使用率；通过完善推广应用政策和技术标准等举措，加快形成长江干线LNG加注网络，推动LNG动力船舶发展形成规模，优化水运用能结构，有效降低污染排放。针对长江经济带船舶污染风险高、船舶污染物接收与处置衔接不畅、船舶洗舱设施缺乏和船舶突发污染事件应急能力不足等突出问题，交通运输部印发《长江经济带船舶污染防治专项行动方案（2018—2020年）》，提出强化船舶污染源头管理、加强船舶防污染作业现场监管、推进船舶污染物接收与处置船岸衔接、提升船舶污染应急处置能力、创新监管方式、完善船舶污染防治法规标准体系、推进航运清洁生产等7项主要任务。

强化源头管理，加强污染防治。推进船舶排放控制区建设，交通运输部印发《船舶大气污染物排放控制区实施方案》，在已设立的环渤海（京津冀）、长三角、珠三角水域船舶排放控制区基础上，进一步扩大控制地理范围，将长江干线的云南水富至江苏浏河口段通航水域划定为内河控制区；提高了海船进江标准，要求2020年1月1日起进入内河排放控制区的海船应使用硫含量不大于0.1%（m/m）的船用燃料油。各地在污染气体减排方面，也制定了相关的规划和政策。统筹规划建设船舶污染物接收转运处置设施，推动港口船舶含油污水、化学品洗舱水、生活污水和垃圾等污染物接收设施建设，交通运输部印发《关于进一步做好港口污染防治相关工作的通知》，会同相关部门起草《关于建立完善船舶水污染物转移处置联合监管制度的指导意见》，发布《船载危险货物安全监督管理规定》，对内河化学品船提出强制洗舱要求。推进长江干线水上洗舱站建设，交通运输部印发《长江干线水上洗舱站布局方案》。

1.2.4 推进智慧交通建设

推进交通运输信息资源开放共享和融合应用。交通运输部组织开展交通运输信息资源整合共享应用试点工作，依托部省两级交通运输信息资源交换共享与开放应用平台，实施一批具有引领性、可推广的交通运输信息资源整合共享应用试点项目，并公布了首批交通运输大数据融合应用试点项目名单。

推动智能船舶发展。工业和信息化部、交通运输部、国防科工局联合印发《智能船舶发展行动计划（2019—2021年）》，根据远洋运输船舶、沿海运输船舶、内河运输船舶、工程船舶、公务船舶等各类船舶特点，制定了有针对性的智能化发展策略，推动各类智能船舶有序发展。工业和信息化部、国防科工局印发《推进船舶总装建造智能化转型行动计划（2019—2021年）》，以全面推进数字化造船为重点，以关键环节智能化改造为切入点，提出了船舶总装建造智能化转型的总体要求、重点任务和保障措施。

1.2.5 完善交通运输法规制度体系

交通法规。交通运输部制修订了多个部颁规章或行政规范性文件。港口方面，修订了《港口工程建设管理规定》《港口经营管理规定》；航道方面，修订了《航道建设管理规定》；船员管理方面，修订了《船员注册管理办法》；行政法规方面，修订了《交通运输法规制定程序规定》《中华人民共和国海事行政许可条件规定》。此外，还修订了《基本建设项目竣工财务决算编审规定》《公路水运工程监理企业资质管理规定》《水上移动卫星通信管理规则》《外商独资船务公司审批管理办法》《水上移动卫星通信通信管理规则》等，公布了《交通运输统计管理规定》。

安全与应急管理。在水路交通安全监管方面，交通运输部印发了《关于进一步加强水上交通安全管理工作的通知》，贯彻落实管行业必须管安全、管业务必须管安全、管生产经营必须管安全的工作要求；印发《关于进一步明确长江沿线运输植物油船舶安全管理有关事项的通知》，进一步强化长江沿线植物油运输船舶的安全监管；印发《危险货物港口建设项目安全预评价指南》《危险货物港口建设项目安全验收评价指南》《公路水运工程质量问题约谈办法（试行）》《公路水运工程质量问题挂牌督办办法（试行）》《公路水路行业安全生产风险辨识评估管控基本规范（试行）》《公路水路行业中央企业安全生产管理导则》《桥区水域水上交通安全管理办法》等，进一步规范和加强水上交通安全管理工作。在水路交通应急管理方面，交通运输部印发了《关于做好水路交通应急管理有关工作的通知》以及《水路交通突发事件应急预案》《国家重大海上溢油应急处置预案》《公路水运工程生产安全事故应急预案》等，推动落实《水路交通突发事件应急预案》等有关要求，指导省级交通运输部门和长航局加强水路交通应急管理工作，健全完善应急预案体系。

标准规范。交通运输部公布了《水运工程标准体系》，发布了《水运工程施工环境监理规范》《水运工程环境保护设计规范》《水运工程岩土勘察报告编制标准》《码头结构施工规范》《码头结构设计规范》《码头附属设施技术规范》《水运工程地基基础试验检测技术规程》《内河航道整治建筑物模拟技术规程》《三峡升船机通航船舶船型技术要求（试行）》《港口设备安装工程技术规范》及《商品车多式联运滚装操作规程》等多项行业标准。

1.3 交通运输发展

2018年，交通运输业围绕“降成本、补短板、强服务、优环境、增动能”深入推进交通运输供给侧结构性改革，补齐交通基础设施短板，培育产业新动能，提升服务品质，满足日益增长的社会运输需求，交通运输发展呈现总体平稳、稳中有进的基本态势。

交通基础设施补短板加快推进，综合交通运输网络加快完善，综合客货运枢纽、港口集疏运体系等加快建设。据《2018年交通运输行业发展统计公报》，年末全国铁路营业里程达到13.1万公里，公路总里程484.65万公里，内河航道通航里程12.71万公里，全国港口拥有生产用码头泊位23919个（内河18185个），颁证民用航空机场235个。全年完成交通固定资产投资32235亿元，比上年增长0.7%。其中铁路固定资产投资8028亿元，公路建设投资21335亿元，水运建设投资1191亿元（其中，内河建设完成投资628亿元，增长10.3%；沿海建设完成投资563亿元，下降15.8%），民航固定资产投资857亿元。

全国全年完成营业性客运量179.38亿人，比上年下降3.0%，旅客周转量34217.43亿人公里，增长4.3%，营业性货运量506.29亿吨，增长7.2%，货物周转量199385.00亿吨公里，增长3.5%。水路运输服务方面，全年完成客运量2.80亿人，下降1.1%，旅客周转量79.57亿人公里，增长2.5%；完成货运量70.27亿吨，增长5.2%，货物周转量99052.82亿吨公里，增长0.4%，其中内河运输完成货运量37.43亿吨，增长1.0%，货物周转量15365.89亿吨公里，增长2.8%。港口生产方面，完成旅客吞吐量1.77亿人，下降4.3%，其中内河港口完成0.89亿人，下降9.7%；完成货物吞吐量143.51亿吨，增长2.5%，其中内河港口完成48.88亿吨，下降1.3%；完成外贸货物吞吐量41.89亿吨，增长2.4%，其中内河港口完成

4.45亿吨，增长1.6%；完成集装箱吞吐量2.51亿TEU，增长5.3%，其中内河港口完成2909万TEU，增长6.2%；全国规模以上港口完成货物吞吐量133.45亿吨，增长2.9%，其中完成煤炭及制品吞吐量24.50亿吨，增长3.4%，石油、天然气及制品吞吐量10.66亿吨，增长3.8%，金属矿石吞吐量21.22亿吨，增长3.1%，完成集装箱铁水联运量450万TEU，增长29.4%。

14省市交通运输部门和长航局系统，坚持服从服务国家战略，紧扣交通运输高质量发展和交通强国建设要求，围绕供给侧结构性改革这一主线，聚焦基础设施补短板，加快推进重大项目建设，加快完善综合交通运输网络，长江经济带综合立体交通走廊加快建设，与“一带一路”融合发展稳步推进，全年共完成公路水路固定资产投资约1.5万亿元，其中内河建设完成约570亿元；聚焦运输结构调整，不断优化货运结构，大力推进多式联运发展，运输服务保障提质增效，全年铁路、公路和水路等运输方式完成货运量296.6亿吨、货物周转量10.88万亿吨公里，完成客运量110.5亿人次、旅客周转量1.43万亿人公里，水路货运量和货物周转量占全社会的比重分别为16.8%和53.3%；聚焦增强交通运输新动能，强力推进智慧交通建设，以数字化转型为基础开展运营模式、商业模式、组织模式的全方位重构；聚焦打好“三大攻坚战”，持续加大生态保护和污染防治力度，绿色公路、绿色港口、绿色航道创建取得实效，精准发力扶贫保障，“四好农村路”建设成效显著；持续改善行业营商环境，简政放权、减税降费政策逐步落地，公平开放、竞争有序的行业营商环境持续优化；持续提升行业治理能力，管理体制机制改革、综合行政执法改革、“放管服”改革等扎实推进，法治政府部门建设不断深化，事中事后监管力度持续加大，智慧绿色交通加快建设，平安交通建设稳步推进。

第2章

基础设施

2.1 航道建设和运行养护

2.1.1 内河航道基本情况

14省市在水运资源较为丰富的长江水系、京杭运河与淮河水系及其他水系，形成长江干线、京杭运河、长江三角洲高等级航道网以及岷江、嘉陵江、乌江、湘江、沅水、汉江、江汉运河、赣江、信江、合裕线、淮河、沙颍河等12条高等级航道（简称“一横一纵一网十二线”）为骨干的内河航道网络布局，是国家综合运输体系的重要组成部分。截至2018年末，14省市内河航道通航里程9.50万公里，等级航道4.80万公里（占总里程50.5%），三级及以上航道9112.5公里（占总里程9.6%，提高0.5个百分点），分别占全国内河航道通航里程的74.7%、72.3%和67.4%。其中，长江水系64848公里，京杭运河1438公里，淮河水系17504公里。

2018年长江区域14省市内河航道通航里程构成 表2.1-1

省（市）	总计（公里）	长江干流				支流水系							等外航道
		一级	二级	三级	四级	一级	二级	三级	四级	五级	六级	七级	
合计	95002.7	1140.1	1283.5	384.1	30.0	154.0	1104.9	5045.9	7733.6	4916.1	13652.2	12581.2	46977.1
上海市	2232.1	119.9				139.6		150.0	116.1	87.4	407.0	121.4	1090.7
江苏省	24362.5	369.9					514.5	1471.9	790.8	1004.4	2100.5	2475.1	15635.4
浙江省	9765.9					14.4	12.0	303.0	1258.0	478.3	1563.3	1401.2	4735.7
安徽省	5728.7	342.8						517.2	613.6	546.9	2416.1	707.0	585.1
江西省	5638.0	78.0					175.0	283.5	87.0	166.7	399.1	1159.8	3288.9
山东省	1150.1							271.7	72.4	59.9	392.3	238.4	115.4
河南省	1589.0								469.0	265.0	460.0	278.0	117.0

省（市）	总计（公里）	长江干流				支流水系							等外航道
		一级	二级	三级	四级	一级	二级	三级	四级	五级	六级	七级	
湖北省	8544.9	229.5	688.1					932.6	376.1	982.2	1889.9	1230.2	2216.3
湖南省	11967.7		80.4				385.4	645.0	274.0	85.0	1549.2	1200.2	7748.5
重庆市	4353.7		515.0	159.8			18.0	382.3	118.5	173.0	126.2	392.9	2468.0
四川省	10540.0			224.3				74.7	1233.0	535.0	415.0	1738.0	6320.0
贵州省	3744.7								813.2	247.3	946.3	501.4	1236.5
云南省	4167.8				30.0			14.0	1360.0	275.6	838.9	889.6	759.7
陕西省	1217.6								151.9	9.4	148.4	248.0	659.9

注：上海市支流一级航道包括黄浦江53.6公里及长江口南槽航道86公里；安徽省支流三级航道包括长江干线支汊航道87.5公里。

长江干线航道上起云南水富，下至长江入海口，通航里程约2838公里。其中，重庆至宜昌河段有三峡和葛洲坝水利枢纽工程，三峡水利枢纽工程设置双线五级船闸和一级垂直升船机，葛洲坝水利枢纽工程设置三座单级船闸。长江干线已建成通车桥梁94座，在建桥梁29座；已建通车隧道7条，在建4条。

以“一网一纵十二线”内河高等级航道为骨干的其他干支流航道共有等级通航里程9.08万公里。其中，三级及以上航道占6.88%，主要分布在下游“一纵一网”。部分通航河流上拦河建筑物存在未建通航设施或通航设施标准低的问题，尚未完全畅通。

2.1.2 内河高等级航道建设

1.长江干线

继续推进长江干线航道发展规划修编工作，结合沿江省市生态红线情况继续推进规划环评工作。完成“十三五”长江黄金水道建设项目中期评估，进一步强化水运绿色发展内容。完成《水运“十三五”发展规划》中期评估调整工作，结合生态保护要求对原规划的29个航道整治工程优化整合为22个，其中上游宜宾至重庆段航道整治项目调整为生态航道建设工程，并将原有的10个项目合并为3个项目，即长江上游合江门至界石盘河段生态航道建设工程（四川段）、界石盘至九龙坡河段生态航道建设工程（重庆段）、羊石盘—上白沙水道航道整治工程（先导工程）。朝天门至涪陵河段航道整治工程工可报告完成审批，羊石盘至上白沙河段、江乌河段二期航道整治工程工可报告已完成待审批，荆江河段二期、土桥水道二期航道整治工程前期工作有序推进，完成“长江干线水富至宜宾航道升级关键技术研究”。全年长航局系统共落实建设项目固定资产投资29.6亿元。

界牌河段二期、鲤鱼山水道、赤壁至潘家湾河段、宜昌至昌门溪河段一期、江心洲水道等航道整治工程以及长江口12.5米深水航道减淤工程南坝田挡沙堤加高工程等6个项目竣工验收或即将竣工验收。东北水道航道整治工程试运行，长江南京以下12.5米深水航道工程二期工程交工验收并试运行，安庆河段二期、黑沙洲水道二期等2个航道整治工程主体工程交工验收并试运行。朝天门至九龙坡段、宜昌至昌门溪河段二期、蕲春水道航道整治工程和三峡水库变动回水区碍航礁石炸除二期工程等续建项目正常推进。武汉至安庆段6米水深、新洲至九江河段二期、芜湖至裕溪口河段等航道整治工程和长江口南槽航道治理一期工程等项目开工建设。

三峡枢纽水运新通道和葛洲坝航运扩能工程项目前期工作加快推进，国家发展改革委、水利部、交通运输部等有关部门对三峡枢纽水运新通道和葛洲坝航运扩能工程开展多次论证，项目建议书已通过审查并上报国务院。继续推进三峡翻坝转运体系建设，三峡翻坝江北高速公路建设项目有序推进，武汉铁路局对三峡枢纽茅坪港疏港铁路项目工可方案进行了行业批复。

2.支流航道

14省市全年完成内河航道建设投资300多亿元。继续以高等级航道建设为重点，加快完善航道布局，改善等级结构，提高通过能力。江苏省出台《全省航道补短板三年行动方案（2018—2020年）》和《江苏省干线航道网规划（2017—2035年）》，安徽省出台《安徽省干线航道网规划（2018—2030年）》，《湖北省内河航道发展规划》环评报告通过审查，加强内河航道网的规划布局。

金沙江：开展攀枝花—水富航道基础设施规划建设和溪洛渡电站翻坝转运系统专题研究，白鹤滩和乌东德电站翻坝转运系统开展设计工作，向家坝库区航道建设工程开展前期工作。四川省与云南省签署《推进金沙江航运共同发展合作备忘录》，启动金沙江下游航运发展规划和规划环评编制工作。向家坝升船机通过试通航前验收，金沙江中游库区航运基础设施综合建设一期工程、二期工程继续推进。

岷江：东风岩等5个项目开展前期工作，犍为、龙溪口、虎渡溪、汤坝等航电枢纽工程继续推进，老木孔航电枢纽工程、龙溪口至宜宾段航道整治工程（一期）开工建设。

嘉陵江：利泽航运枢纽项目初步设计取得川渝两省交通部门批复，渠江达州—广安段航运建设工程开展前期工作。川境段航运配套工程已基本完成，已全面复航。草街航电枢纽船闸大修恢复通航。草街至河口航道整治工程、草街库尾航道整治工程一期工程、上石盘船闸工程继续推进，渠江风洞子航运枢纽工程开工建设。

乌江：河口至白马航道整治工程、白马至彭水电站航道整治工程（彭水段、武隆段）、索风营等库区航运建设工程开展前期工作。乌江渡电站库区航运建设工程、河口至彭水枢纽航道支持保障系统工程继续推进，构皮滩水电站通航工程进入全面调试阶段。

湘江：湘江2000吨级航道建设一期工程进行扫尾工程建设，二期工程株洲二线船闸建成通航，大源渡二线船闸及跨船闸桥基本完工；永州至衡阳三级航道建设一期工程开工建设。

沅水：常德至鲇鱼口航道开展2000吨级航道提质升级前期研究工作，浦市至常德航道建设工程、洪江至辰溪段航道整治工程完成主体工程建设。清水江白市至分水溪航道工程开展前期工作。

汉江：陕西省境内洋县至安康航运建设工程项目全面完工，开展旬阳、蜀河、白河等水电枢纽过船设施建设项目前期工作。湖北省境内汉江局部航道整治工程全面完成，碾盘山至兴隆段航道整治工程通过交工验收，雅口航运枢纽、夹河枢纽、孤山枢纽工程、汉江武汉至蔡甸航道整治工程继续推进，碾盘山水利枢纽、新集航电枢纽开工建设，支流唐白河（唐河）航运开发工程获湖北省发改委批复。

赣江：新干航电枢纽、龙头山航电枢纽实现船闸通航，石虎塘—神岗山Ⅲ级航道整治工程主体工程基本完成，井冈山航电枢纽船闸主体工程完成80%，万安枢纽二线船闸工程开工建设。

信江：界牌至双港渠化航道配套整治工程、双港至褚溪河口湖区Ⅲ级航道整治工程初步设计获江西省发改委批复。八字嘴航电枢纽工程、双港航运枢纽工程继续推进。

合裕线：合裕线（合肥新港~施口）航道改造工程通过竣工环境保护验收，继续推进合裕线巢湖一线船闸扩容改造工程，南淝河航道马家渡航行锚地工程开工建设。

沙颍河：河南段沙颍河航运工程继续推进，漯河段新开工了多个控制性工程，周口段签订PPP合作协议，沈丘枢纽、郑埠口复线船闸等控制性工程开工建设。安徽段耿楼复线船闸工程继续推进。

淮河：淮河干流航道淮南段整治工程开工建设，淮河（河南段）航运工程、三河尖至蚌埠闸段整治工程、蚌埠闸至红山头段整治工程、淮河入海水道二期工程继续推进。

京杭运河：山东境内微山一线船闸改扩建工程交工验收，万年闸复线船闸工程完成船闸主体通水，韩庄复线船闸工程继续推进，京杭运河主航道升级改造工程济宁段开工建设。江苏境内湖西航道整治工程、东平湖区段航道工程等项目开工建设，苏南运河无锡段项目完成竣工验收前各项准备工作，苏北段全线建成通航2000吨级船舶的二级航道，苏南段全线建成通航1000吨级船舶的三级航道。京杭运河浙江段四改三、八堡船闸段、京杭运河二通道开工建设。

长江三角洲高等级航道网：芜申运河航道（安徽段）改造工程主体工程已完工。江苏境内九圩港二线船闸建成通航，施桥三线船闸通过竣工验收，芜申线、丹金溧漕河、杨林塘、锡澄运河开展扫尾工作，通扬线泰州及海安段、秦淮河航道、锡溧漕河前黄枢纽继续推进，通扬线高邮段、申张线青阳港段开工建设，芜申线溧阳东段、德胜河、通扬线南通市区段等项目继续开展前期工作。上海境内大芦线等航道整治工程建设继续推进。浙江境内长湖申线西延、丁诸线继续推进，杭平申线主线贯通；湖嘉申线嘉兴段二期开工建设；长湖申线“美丽经济交通走廊”建设工程一期、杭申线（嘉兴段）三级航道改造工程、乍嘉苏线、杭申线继续开展前期工作。

引江济淮航运工程：引江济淮工程自南向北划分为引江济巢、江淮沟通、江水北送三大工程段落，引江济巢段菜巢线、江淮沟通段已经完成施工招标，安徽段引江济淮航运工程全面开工建设。

此外，交通运输部组织开展了湘桂运河和粤赣运河工程前期研究情况调研。湘桂运河和赣粤运河工程已纳入《全国内河航道与港口布局规划（征求意见稿）》。

2.1.3 内河航道运行养护

1.长江干线航道养护

长江航道管理机构严格执行航标、整治建筑物、船闸等相关维护管理规定，加强航标养护管理，加强航道泥沙原型观测和分析研究，科学组织航道养护，合理开展维护疏浚，加大现场管理力度，及时发布航道信息，确保长江干线航道水深、宽度、弯曲半径均达到养护标准要求，保障了干线航道畅通安全。长江干线航道全年航道水深保证率、航标维护正常率、信号揭示正常率、信息发布准确率均达到100%。长江口12.5米深水航道通航水深保证率95%以上，南槽5.5米水深保证率达到100%。

航标养护管理。长江浏河口以上（不含庙河至中水门段）不含全年最大设标数6814座，完成航标养护244.9万座天；庙河至中水门段完成航标养护6.22万座天。强化"两会"、春运、三峡船闸检修期和三峡蓄水期等重点时段航道航标维护，及时优化调整航道航标维护方案，继续推进"擦亮行轮的眼睛"航标专项行动，进一步完善全线航标维护管理标准，推进杆形岸标改塔形岸标，开展重点河段航标优化配布工作。

航道探测和观测。完善重点河段航道维护跟踪观测分析机制，长江浏河口以上（不含庙河至中水门段）全年完成航道维护测绘4.58万换算平方公里，完成航道整治建筑物日常检查8239座次，观测9083.9换算平方公里和11处航道整治建筑物维修工程；庙河至中水门段完成航道测量1584.2平方公里。长江口完成航道考核测量18次、1078.03平方公里，多波束测量10.73平方公里；整治建筑物测线长度1313公里，沉降位移观测451点次，潜水探摸62次。

航道维护疏浚。长江中游周天、界牌、嘉鱼等河段航道整治建筑物维修及太平口水道维护疏浚等四个三峡后续工作规划项目加快实施，启动实施长江中游芦家河河段、沙市河段、城陵矶至武汉河段航道维护性疏浚工程以及藕池口水道天星洲护岸维修工程、界牌河段航道整治建筑物维修工程等三峡后规划2018—2019年度项目。全力做好重点水道航道维护疏浚工作，对上游香炉滩、叉鱼碛、瓦窑滩、鸳鱼嘴，中游涴市、太平口、芦家河、枝江、下游戴家洲、东流、福姜沙、南通、通东等30处重点水道实施了疏浚工作，完成维护疏浚量2788万立方米；开展南京以下12.5米深水航道维护管理研究及交接等前期工作，完善重点河段航道维护跟踪观测分析机制。长江口12.5米深水航道完成维护疏浚量5939万立方米，南槽完成航道维护疏浚量269万立方米。

推进水深资源充分利用。充分利用航道整治成果和自然水深，继续提高长江干线部分河段航道维护尺度，在试运行的基础上正式提高了宜昌—武汉河段、安庆吉阳矶—皖河口河段以及成德洲东港的航道维护尺度，试运行提高了城陵矶至武汉河段、芜湖高安圩至芜湖长江大桥河段枯水期，以及武汉—芜湖河段中洪水期的航道维护尺度，同时加强了航道实测尺度和周预报尺度的管理工作，开展了城陵矶—武汉河段深水推荐航道"深水深用"、长江干线航道尺度发展潜力研究。自2018年1月以来，交通运输部组织开展了利用长江口深水航道边坡自然水深来提升通航效率的研究工作，并由海事部门多次组织实施大型邮轮和大型集装箱船舶超宽交会的试运行。自12月1日起，长江口深水航道大型邮轮和

2018年长江干线城陵矶至安庆段海轮航道分月维护水深计划表 表2.1-3

河段	分月养护水深（米）											
	1月	2月	3月	4月	5月	6月	7月	8月	9月	10月	11月	12月
城陵矶—武汉长江大桥					5.0	6.0	6.5	6.5	6.0			
武汉长江大桥—安庆皖河口				5.5	6.5	7.0	7.5	7.5	7.0	6.0	5.0	
安庆皖河口—安庆钱江嘴	6.0	6.0	6.0	6.5	7.5	8.5	9.0	9.0	8.0	7.0	6.5	6.5

三峡坝区船闸、升船机运行维护。2018年，三峡南线船闸全年累计通航天数为315.90天，三峡北线船闸累计通航天数为344.67天。在船闸检修期间，制定实施了“1+8”通航保障方案，协调短线客船和滚装船全部翻坝转运，出台温情服务船舶8项举措，及时申请启动长江干线应急联运控制。三峡船闸全年通航率90.45%，主要设备完好率为99.32%，全年未发生设备故障碍航，修理计划完成率100%，维保计划完成率100%，船闸主要设备停机故障率0.31%。葛洲坝一、二、三号船闸全年通航天数分别为325.15天、358.49天和358.09天，葛洲坝船闸全年通航率95.14%，主要设备完好率为99.94%，全年未发生设备故障碍航，修理计划完成率100%，维保计划完成率100%，船闸主要设备停机故障率0.20%。由于三峡升船机处于试通航期间，全年共实施20次停航检修，停航652.70小时；22次停机故障处理，停航180.22小时。

2.支流航道养护

各省市交通运输部门和航道、海事管理机构根据各自职责，健全航道养护标准规范，加强航道巡查和养护工作，加强航道养护工作技术考核，积极推进航道养护设施设备、航道养护工程建设，加强航道应急维护保障，保障了支流航道畅通安全。

2018年14省市内河航道维护里程表 表2.1-4

省（市）	维护里程（公里）			
	合计	一类维护	二类维护	三类维护
上海	1972.6	484.9	678.1	809.6
江苏	23992.5	4922.5	3148.9	15921.1
浙江	9729.1	1559.3	2091.9	6078.0
安徽	3731.49	535.7	2766.0	429.7
江西	5560.0	494.0	537.0	4529.0
山东	1479.7	372.9	513.5	593.3
河南	529.0	89.0	440.0	—
湖北	2618.5	665.0	942.2	1011.3
湖南	9122.0	1301.0	—	7821.0

续上表

省（市）	维护里程（公里）			
	合计	一类维护	二类维护	三类维护
重庆	3649.4	196.0	607.4	2846.0
四川	4661.3	—	3131.2	1530.1
贵州	632.2	—	431.0	201.2
云南	4293.5	—	79.0	4214.5
陕西	1217.6	—	—	1217.6

注：贵州省为长江水系乌江、赤水河航道维护里程。

上海市全年航道养护支出2.48亿元，实施苏申外港线等7条航道（段）维护疏浚、黄浦江分水龙王庙岸形及标志亮化设施等助航标志日常维护管理等项目22个。江苏省印发了《江苏省内河航道养护工作标准化三年行动计划》，全年共安排养护工程 95 项，完成养护投资8.9 亿元，全年安排养护工程95项，航道养护支出8.90亿元，完成三级航道疏浚 138 公里，完成护岸整治 56 公里（单侧），内河干线航道通航保证率和船闸通航保证率均保持在 98%以上。浙江省全年共完成养护投资3.614亿元，完成渌渚江、千善线等19项航道专项养护工程，新建、加固护岸23975米；开挖陆上土方2.5万立方米，疏浚土方109.9万立方米，新建标志标牌356座，新建管理码头6座。安徽省全年完成航道维护疏浚236.4万立方米。江西省全年完成航道维护疏浚41.4万立方米，航道测绘15.0换算平方公里，赣江、信江和鄱阳湖区等主要航道通航保证率达95%以上。山东省全年完成航道维护疏浚711万立方米，航道测绘15.4换算平方公里，应急抢通投入83.8万元，一类维护航道维护保证率83.3%、二类88.2%，发光航标维护完成19.46万座天、不发光航标维护完成754座天。河南省全年下拨航道养护经费1600多万元，完成航道维护疏浚8.9万立方米，航道测绘9.6换算平方公里。湖北省全年应急抢通投入1663.6万元，完成航道清障或疏浚48.3万立方米，整治建筑物抢修4.7万立方米，航道测绘31.8换算平方公里，沉船打捞1艘；一类维护航道实际保证率99%、二类96.3%；发光航标维护完成51.95万座天，不发光航标维护完成67.78万座天。湖南省全年干线航道航标维护正常率99.78%；新建航道站房5处；投入1700余万元对湘、资、沅、澧四水干流航道18处浅滩实施应急抢通，完成疏浚工程量50.27万立方米，完成航道测绘20.5换算平方公里。重庆市全年完成航道维护疏浚4.7万立方米，航道测绘8.5换算平方公里。四川省建立嘉陵江船闸联合调度机制，嘉陵江亭子口以下船闸实现联合运行。云南省全年航道养护支出1600万元，完成航道维护疏浚4.5万立方米，重点航段通航保障率达到90%以上。贵州省全年完成航道维护疏浚2.8万立方米，航道测绘46.0换算平方公里。陕西省航道应急抢通投入295.3万元，完成航道维护疏浚2.8万立方米，整治建筑物抢修0.5万立方米，航道测绘7.7换算平方公里。

2.2 港口建设与功能拓展

2.2.1 码头泊位和能力状况

截至2018年末，14省市内河港口共拥有生产用码头泊位16809个，占全国内河港口的92.4%。散货、件杂货物年综合通过能力35.0亿吨，集装箱年综合通过能力2882.4万TEU。

2018年14省市内河港口生产用码头泊位和能力基本情况 表2.2-1

省（市）	泊位长度（米）	泊位个数（个）	泊位设计年通过能力					
			散装件杂货物	集装箱		旅客	滚装汽车	
			（万吨）	（万TEU）	（万吨）	（万人）	（万标辆）	（万吨）
合计	1057980	16809	350250.8	2882.4	17005	26297.6	455.7	3978
上海市	41628	832	10510	—	—	—	—	—
江苏省	409668	5329	167480.8	1328.9	10673	343	104.7	627
浙江省	128785	2668	35552	107	1176	2063	—	—
安徽省	70852	867	48316	134	605	728	14	140
江西省	51877	1124	16756	63.5	597	831.6		—
山东省	16300	232	7021	—	—	—	—	—
河南省	3213	71	187	—	—	30	—	—
湖北省	93888	1018	27549	448	3214	2268	164	2591
湖南省	50293	1107	11174	88	740	2169	10	120
重庆市	63760	664	14641	480	—	5708	142	—
四川省	64709	1946	6957	233	—	5905	—	—
贵州省	42820	501	3291	—	—	4185	21	500
云南省	9060	192	457	—	—	1549	—	—
陕西省	11127	258	359	—	—	518	—	—

长江干线港区共拥有生产用码头泊位2722个，散货、件杂货物年综合通过能力18.3亿吨，集装箱年综合通过能力2301万TEU。其中，万吨级及以上泊位419个（江苏省402个，安徽省17个）。

2018年长江干线港口生产用码头泊位和能力基本情况 表2.2-2

省（市）	泊位长度（米）	泊位个数（个）	泊位设计年通过能力					
			散装件杂货物	集装箱		旅客	滚装汽车	
			（万吨）	（万TEU）	（万吨）	（万人）	（万标辆）	（万吨）
合计	337431	2722	183032	2301	14699	9076	428	3026
江苏省	151129	924	101331	1062	8479	21	80	377
安徽省	41710	412	32594	64	552	421	14	140
江西省	15311	146	9421	64	589	832	—	—
湖北省	57863	540	22121	448	3214	1921	154	2391
湖南省	4339	42	2817	33	265	407	8	80
重庆市	57089	573	12785	480	—	5137	142	—
四川省	9750	82	1933	150	1600	287	30	38
云南省	240	3	30	—	—	50	—	—

2.2.2 港口运输系统建设

各省市交通运输部门和港口企业，继续以航运中心核心港区和主要港口为重点，加快完善港口布局，加强港口码头和集疏运体系建设，提高服务能力。

1.港口码头建设

上海港现有海港码头泊位1121个，货物年通过能力5.26亿吨。2018年6月，吴淞口国际邮轮码头后续工程完工并投入试运行；12月，洋山四期工程通过上海市交通委组织的竣工验收，核定码头靠泊能力为15万吨级。

浙江省拥有宁波舟山港、温州港、嘉兴港、台州港等4个沿海港口，拥有万吨级及以上泊位240个，年货物通过能力超过11亿吨。2018年，建成舟山实华二期原油中转码头等沿海万吨级以上泊位6个，梅山港区6#~10#集装箱码头工程、中宅矿石码头工程等稳步推进，嘉兴港独山煤炭中转码头、大浦口集装箱码头一阶段工程、鼠浪湖40万吨矿石中转码头等标志性工程完成竣工验收。建成建德十里埠等500吨级及以上内河泊位46个。

江苏省完成港口建设投资92.5亿元，其中内河港口完成投资32.64亿元，新增沿江沿海万吨级以上泊位7个、内河1000吨级以上泊位45个，建成龙潭港区汽车滚装码头工程和徐圩港区防波堤工程，泰兴港区联成液体化工码头扩建工程通过竣工验收，南通通海港区集装箱码头正式投入运营，太仓港集装箱四期工程等一批重点项目有序推进，连云港港盛虹炼化一体化配套码头工程完成施工图设计批复，东华能源、卫星石化、中航宝胜等重大产业项目配套码头岸线获部批复。

安徽省完成港口建设投资25.76亿元，新改（扩）建码头泊位40个（其中万吨级泊位2个）。合肥港巢城港区二期工程、皖江物流淮南码头、铜陵新兴际华东港码头等项目稳步推进，宣州综合码头二期工程完成工可报告。

江西省完成港口建设投资1.45亿元。赣江吉安段沿线码头建设加快推进，九江港彭泽港区红光作业区一期工程完成年度投资0.994亿元。

山东省完成沿海港口建设投资83.62亿元，内河100万元。沿海港口大型专业化码头和深水航道建设持续推进，青岛港开工建设2个自动化码头，日照港岚山港区原油码头二期工程已完工并正式运行，日照钢铁精品基地配套30万吨级矿石码头工程等大项目加快推进。内河港口已建成济宁、枣庄、菏泽三个港口，泰安港在建。

河南省继续推进沙河漯河港建设。

湖北省完成港口建设投资28.81亿元，新改（扩）建码头泊位22个。武钢集团鄂钢三江港区矿石钢铁件杂货码头、武汉新港三江物流园区超凡物流码头工程、宜昌港主城港区白洋作业区一期工程、荆州港李埠港区一期综合码头工程 2#~4# 等一批港口项目基本建成。武穴盘塘港、襄阳新港等项目加快推进，黄石新港二期、荆州车阳河港二期等港口工程开工建设。

湖南省全年在建港口工程13个。长沙港铜官港区一期工程、津市港窑坡渡港区嘉山作业区、益阳大通湖500吨级码头工程、中石油湖南销售分公司长沙油库码头工程、岳阳港湘阴港区漕溪码头二期工程等港口项目建成投产，长沙港霞凝港区金霞作业区一期工程、岳阳港岳阳县港区鹿角作业区2000吨级码头工程已完工，城陵矶港区（松阳湖）二期工程、湘阴港区城关作业区（漕溪港）二期工程、汨罗港区推山咀作业区一期工程稳步推进，长沙港霞凝港区三期工程开工建设。华容港区塔市驿长江作业区一期工程、道仁矶港区彭家湾作业区一期工程配合长江岸线湖南段港口码头专项整治工程暂停建设。

重庆市完成港口建设投资32.73亿元。万州港区新田作业区一期工程、主城区果园作业区二期工程及其扩建工程、开县港区白家溪作业区一期工程、江津港区珞璜作业区改扩建工程、忠县港区乌杨公用码头一期工程（乌杨工业园区公用码头）、奉节港区梅溪河作业区华电码头工程、忠县港区新生作业区一期工程、涪陵港区龙头山作业区一期工程、涪陵港区龙头山作业区二期工程、朱沱港区朱沱作业区工程等续建工程或新开工工程加快建设。

四川省完成港口建设投资1.5亿元，南充港、广元港、广安港集装箱码头均已开港运行。

贵州省完成港口建设投资1.4亿元，沿河县乌江渔港码头、耳海码头、沿河县复兴码头工程等加快建设。

云南省大理港、昆明港、绥江港、水富港扩建工程、景洪港、思茅港、关累码头已建成投产，全年新增千吨级泊位3个。

陕西省加强安康港、旬阳港、蜀河港、白河港等中心港口建设，加快安康火石岩、流水港、石泉港、紫阳港及小型客货运码头建设。

此外，长江沿线港口进一步推进港区的岸线码头整治整合工作，非法码头整治和砂石集散中心建设工作深入推进。

2.港口集疏运系统建设

加快实施《“十三五”港口集疏运系统建设方案》《“十三五”长江经济带港口多式联运建设实施方案》《推动长江干线港口铁水联运设施联通的行动计划》《推进运输结构调整三年行动计划（2018—2020年）》，加快港口集疏运系统建设,重点突破铁路、公路进港“最后一公里”。

上海港、宁波-舟山港等沿海港口疏港铁路建设加快推进。

江苏省加快推进南京港龙潭港区铁路专用线、西坝港区铁路专用线、苏州港太仓港区港口支线铁路、上合组织（连云港）国际物流园专用铁路、南通港通海港区至通州湾港区铁路专用线一期、通州湾港区疏港铁路专用线等项目。

安徽省马鞍山港郑蒲港区铁路专用线等一批集疏运项目开工建设，安庆港月山站至皖河新港铁路专用线、安庆港长风作业区至城东铁路支线正在开展预可研究。安庆港长风港区公路集疏运项目、芜湖港朱家桥港区疏港道路和芜湖港三山港区疏港道路正在开展前期工作。

江西省九江港彭泽港区彭郎矶作业区公路开工建设，彭泽港区矶山作业区疏港公路施工图完成批复，湖口港区银沙湾作业区—澎湖高速大垅出口、都昌港区城区疏港公路初步设计完成批复，湖口港区屏峰作业区—三里疏港公路工可报告完成批复，彭泽港区红光—定山、星子港区环山公路—神灵湖作业区、永修港区昌九大道—公司墩作业区疏港公路工可报告已编制完成并通过交通部门行业审查。九江港城西港区疏港铁路专用线完成工可报告审查，湖口港区疏港铁路专用线开展工可研究。

河南省加快推进漯河港区、平顶山港区、鹿邑港区、永城港区、南阳港社旗港区马店作业区等铁路专用线前期工作，周口中心港区疏港公路专用通道建设完成试通车。

湖北省武汉港集装箱铁水联运工程一期主体建成运营、二期工程开工建设，阳逻港集疏运公路改造加紧实施；黄石多式联运地方铁路（黄石新港铁路）正式开通；鄂州三江港集疏运项目有序推进；荆州煤炭铁水联运储配基地一期工程铁路专用线项目开工；荆州江陵港、襄阳小河港等疏港铁路项目纳入全省铁路中长期发展规划。

湖南省岳阳港城陵矶港区松阳湖铁路专线开工建设，长沙港霞凝港区新港铁路专线前期工作加快推进。华容煤炭铁水联运储配基地（煤炭物流园）和铁水联运码头完成初步设计。

重庆市已建成果园港区、蓝家沱、珞璜港区、九龙坡和万州红溪沟5个铁水联运港区，铁路专用线39公里，铁路年装卸车能力3000万吨。万州新田港集疏运系统建设有序推进。

四川省泸州港进港铁路已建成投入运营，宜宾港进港铁路已开工，泸州港、广元、遂宁等港口集疏运公路建设加快推动。

云南省水富港进港专用公路开工建设。

2.2.3 港口功能体系拓展

1.推进区域港口资源整合和一体化发展

2018年，苏浙沪皖四地不断加强港口联动协作。6月，发布《长江三角洲一体化发展

三年行动计划（2018—2020年）》，推进长江南京以下江海联运港区、连云港港区域性国际枢纽港、南京长江区域性航运物流中心和太仓集装箱干线港“一区三港”建设。7月，江苏港口集团与浙江省海港集团达成了相互参股意向。10月，浙江省海港投资运营集团有限公司对上港集团全资子公司上海盛东国际集装箱码头有限公司进行增资，上港集团与浙江海港集团分别持有80%和20%股权，共同推进小洋山综合开发和北侧支线码头建设。12月，安徽省港航集团有限公司挂牌成立，并分别与上海组合港管委会办公室、中国远洋海运集团、上港集团、浙江省海港集团签订了战略合作协议，安徽省港口运营集团有限公司也在芜湖正式注册成立；江苏省太仓港口管委会分别与上港集团、宁波舟山港集团、江苏省港口集团签署战略合作协议，将在合力做大江海中转平台、深化资本合作、加强口岸合作、加快对接上海自由贸易试验区、加强双向交流联动等方面深化战略合作；交通运输部与上海市、江苏省、浙江省、安徽省人民政府联合印发《关于协同推进长三角港航一体化发展六大行动方案》，实施“区域港口一体化行动”等六大行动，推动长三角地区港口功能布局进一步优化，完善江海直达、江海联运配套港口设施，依托省级港口企业集团，推进安徽、江苏港口资源整合，提升一体化运营水平。此外，江苏省港口集团全年完成了省属3家航运企业以及镇江、扬州、泰州、常州、苏州等5市港口资产整合和股权交割工作，协调推进宁镇扬港区一体化发展，推进南京、苏州两大枢纽港良性互动，整合集装箱、大宗散货等重要货物一体化经营，优化了集装箱、大宗散货、航运、物流、信息等五大业务板块。

2018年3月，山东渤海湾港口集团挂牌成立，负责整合黄河三角洲的潍坊港、东营港和滨州港三个港口，三地市政府均以所持港口企业股权进行了出资。10月，渤海湾港口集团与万通海欣控股集团签署合作协议，万通海欣控股的东营港区码头、仓储、管线等涉港资产，由渤海湾港口集团控股。

江西省推进南昌港和九江港一体化，编制完成《九江江海直达区域航运中心总体规划》《九江港、南昌港一体化发展工作方案》，江西省交通运输厅将对九江港和南昌港实行统一的港政管理，构建统一规划、统一建设、统一运营、统一管理的“四统一”发展模式。

湖北省统筹推进长江干线和汉江沿线港口码头资源整合，开展“推动湖北省港口资源整合策略研究”，印发《湖北省长江段和汉江沿线港口岸线资源清理整顿工作方案》，对泊位利用率不高、产能低下的港口码头，通过“关停并转”推进转型，提高岸线资源利用效率。将沿江团风港、黄州港、浠水港、蕲春港、武穴港、黄梅港六个港口整合为“黄冈港”，启动编制《黄冈港总体规划》。

湖南省探索建立湖南省长江港口码头统一经营管理的体制。2018年12月，湖南省港务集团有限公司在岳阳市挂牌成立，定位为全省港口的建设运营一体化平台、港口建设运营投融资平台、服务“港产园城”融合发展的支撑平台和湖南省通江达海、走向世界的开放合作平台，具体负责“一江一湖四水”国有港口资产的资源整合，公共码头及配套设施的投资建设和统一运营，港口物流及相关产业的投资开发。

重庆市按照“一城一港”、统筹资源、政府参与、合作共赢的优化思路，加快推动全市港口资源整合集约发展。将重庆港九股份有限公司作为港口资源整合平台，推动集团内部资源整合。

2018年11月，四川省交投集团和泸州、宜宾三方签署泸州港—宜宾港整合发展协议，明确将整合泸州、宜宾港口资源，共同组建省级港口平台公司，对两港实行“四统一”管理（即统一规划、统一管理、统一运营、统一筹融资建设），实现两港投资、开发、运营“一盘棋”。

2.加快港产城融合发展

配合做好口岸扩大开放工作。2018年4月，泸州港、宜宾港获批国家临时开放口岸；6月，浙江宁波港口岸扩大开放穿山港区（北）通过国家验收；12月，国务院批准连云港口岸扩大开放赣榆港区、徐圩港区和灌河港区，武汉港口岸扩大开放汉南港区、花山港区、金口港区、黄州港区和鄂州港区，黄石港口岸扩大开放棋盘洲港区，芜湖港口岸扩大开放三山港区，安庆港口岸扩大开放长风港区和皖河农场港区。重庆自贸试验区设立进口药品和生物制品口岸，设立重庆果园保税物流中心。安庆港长风港区开工建设汽车整车进口口岸工程。江苏南通港、张家港港、江阴港获批首批进口期货大豆指定口岸。在江苏张家港保税港区、湖南岳阳城陵矶港、重庆铁路口岸开展汽车平行进口试点。浙江省宁波港穿山北港区中宅煤炭码头、浙江液化天然气（LNG）接卸码头、光明通用码头、港鑫东方码头通过开放验收。

依托自贸试验区建设加大航运服务业开放力度。上海自贸试验区负面清单中航运服务业扩大开放力度不断加大，在船舶管理、国际海上运输、船舶代理、外轮理货、国际海运货物装卸、海运集装箱站和堆场业务等领域实现全面开放；已有15家外商独资和4家合资船舶管理公司入驻自贸区。浙江省依托自贸区建设打造国际油品交易中心、国际海事服务基地、国际石化基地、国际油品储运基地和大宗商品跨境贸易人民币国际化示范区。湖北省依托自贸区建设，申请设立宜昌综合保税区，推进宜昌口岸提效降费工作，开通武汉自贸片区花山港外贸航线，长航局配合出台了支持湖北自贸试验区高端服务业发展的政策措施。重庆市依托自贸区建设，不断加强港口功能建设，果园港区申请设立进口粮食、木材、植物种苗、药品等指定口岸功能，两路寸滩保税港区不断优化提升内陆开放通道、口岸、制度、环境等系列优势。四川省依托自贸区建设在港航发展方面，加快东向开放通道培育力度，提升口岸服务能力和便利化程度，加大水运航线、公路通道、铁路通道和泸州港保税物流中心等功能平台补贴支持力度。

配合推动通关一体化。落实《关于做好国际贸易“单一窗口”标准版应用推广工作的通知》要求，海事部门配合推动船舶监督系统与“单一窗口”数据中心的“总对总”对接和信息系统硬件改造，实现船舶通关无纸化，推进联合登临检查常态化；创新“保税物流中心与港口出口联动”“江上申报、抵港验放”“启运港退税+无水港”等作业模式。长航局积极对接湖北口岸管理部门，参与“单一窗口”建设，全年进出湖北省国际航行船舶通过“单一窗口”申报16艘次。上海市加快完善国际贸易单一窗口，实现邮轮旅客信息申报、船舶抵离港动态信息查询共享，单一窗口海港“通关+物流”项目上线；跨境贸易管理大数据平台初步建成，实现贸易、供应、物流数据共享。浙江省推进进口重箱设备交接单无纸化，探索进出口企业“最多跑一次”一站式办理相关业务手续。江苏省加快推进南京电子口岸特色化应用项目建设，加强港航综合信息系统与省港口集团、南京航运交易中心的联动。湖北省加强武汉海关与沿海口岸海关的协作，加强口岸与检验检疫机构的合作，加快推进“一次申报、一次查验、一次放行”模式；宜昌市创新推出“集装箱放行总量控制、限时出区”通关模式。湖南省将保税区的保税优惠政策功能扩展到港口，港口范围延伸到保税区，同时将海关、检验检疫功能整合，实现区港联动。

推动水运与城市和产业融合发展。上海市深化物流园区与外港码头联动，加快推进洋山保税港区国际中转集拼基地建设，探索进出口货物与保税、非保货物集拼模式。浙江省利用运河文化资源，建设运河博物馆，打造城市运河景观带，杭州、湖州、绍兴开通水上巴士，纳入城市交通运输系统，推动运河与城市发展相协调；推进临港产业园区、物流园区建设，形成了一批沿河产业带，全省航道沿线集聚了36个产业园区或经济开发区。江苏省南京港及南京龙潭国际综合物流集聚区、江北化工物流园及滨江现代物流园初具规模，建成苏商保税、太古冷链物流（南京）等物流园区，加快建设双楼保税物流园区多式联运物流基地、北三环物流集聚区多式联运物流基地、顺堤河煤炭作业区多式联运物流基地。江西省九江港彭泽港区红光作业区综合枢纽物流园（一期工程）开工建设。湖北省加快申报和建设武汉新港空港综合保税区，重点建设阳逻港综合保税园区，引导航运、代理、报关、船舶供应、航运结算等企业聚集，吸引国内外物流、贸易、加工企业入驻。湖南省推行港产园城融合发展，岳阳港引进顺丰速运、深国际华南物流、海吉星等龙头物流企业，加快相关物流园区建设，基本形成了航运物流、冷链物流、粮油物流、钢铁物流、汽车物流、化工物流、纸品物流等物流产业集群。四川省依托港口重点发展先进装备制造业、新材料两大主导产业，并积极延伸主导产业链，大力发展现代生产性服务业集群。

市场形势

3.1 航运市场总体状况

3.1.1 航运市场景气状况

1.中国航运景气指数

根据上海国际航运研究中心发布的中国航运景气报告，2018年第四季度，中国航运景气指数为106.54点，虽仍处景气区间，但是已经连续两个季度处于微景气区间。同期，中国航运信心指数为109.76点，较上季度下降1.22点，已经连续两个季度出现下调。尽管四季度部分航运企业的景气度出现一定回调，但是总体上都已经处于微景气区间。

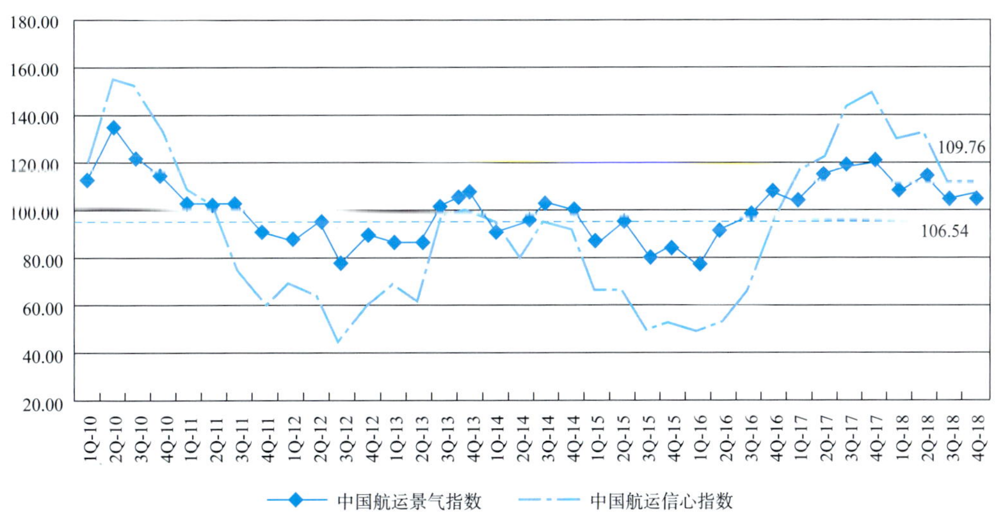

资料来源：上海国际航运中心

图3.1-1　中国航运景气指数走势图（2010年至2018年）

2.长江航运景气指数

根据长江航运发展研究中心发布的长江航运景气报告，2018年长江航运景气状况呈震荡格局，其中一季度景气指数和信心指数均位于景气分界线以下，二季度景气状况全面回升，三季度景气状况有所回落，四季度景气状况小幅回升。1~4季度景气指数分别为97.68点、107.51点、103.85点和104.80点，与2017年同期相比分别上升1.01点、下降5.95点、下降14.89点、下降2.55点。1~4季度信心指数分别为98.26点、110.93点、104.71点和96.32点，与2017年同期相比分别下降5.74点、10.43点、17.62点、10.63点。

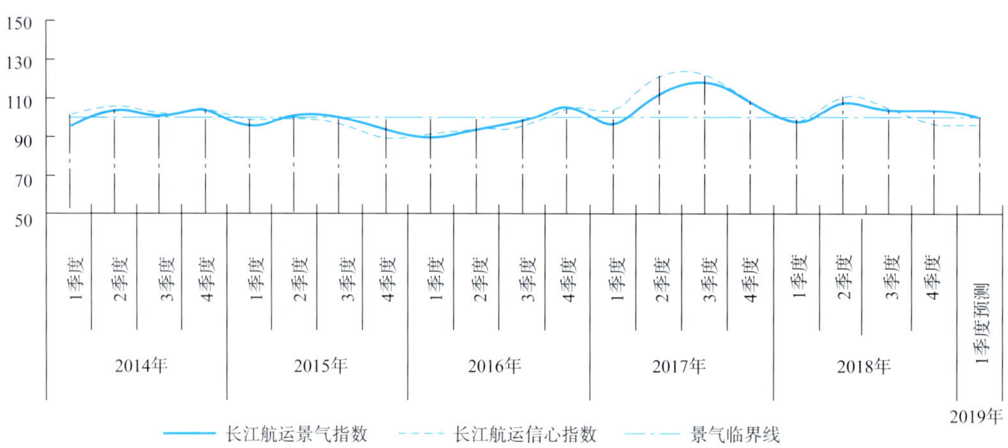

图3.1-2　长江航运景气指数和信心指数走势图（2014年至2018年）

从企业类型看，港口企业景气指数均高于航运企业，其中，一季度航运企业和港口企业景气均处于不景气区。从区域分布看，一季度、二季度下游景气水平好于上、中游，三季度、四季度中游景气水平好于上、下游。从运输分类看，除一季度外，货运景气水平好于客运。从主要运输货种看，除一季度外，干散货景气指数均好于液体散货、集装箱、滚装汽车。

2018年长江航运景气指数　　表3.1-1

项　　目	第一季度	第二季度	第三季度	第四季度
长江航运景气指数	97.68 ↓	107.51 ↑	103.85 ↓	104.80 ↑
长江航运信心指数	98.26 ↓	110.93 ↑	104.71 ↓	96.32 ↓
港口企业景气指数	98.21 ↓	110.99 ↑	107.57 ↓	106.53 ↓
航运企业景气指数	96.83 ↓	106.64 ↑	99.93 ↓	101.81 ↑
上游企业景气指数	91.55 ↓	110.21 ↑	97.39 ↓	100.47 ↑
中游企业景气指数	103.75 ↑	106.55 ↑	110.69 ↑	107.24 ↓
下游企业景气指数	111.41 ↓	112.57 ↑	104.36 ↓	102.46 ↓
客运景气指数	99.36 ↓	102.49 ↑	101.95 ↓	99.11 ↓
货运景气指数	97.25 ↓	112.19 ↑	105.75 ↓	107.35 ↑
其中：干散货运输	96.97 ↓	110.93 ↑	106.44 ↓	107.22 ↑
液体散货运输	96.70 ↓	103.70 ↑	105.04 ↑	102.37 ↓
外贸运输	94.42 ↓	103.05 ↑	96.32 ↓	97.79 ↑
集装箱运输	98.07 ↓	102.94 ↑	102.26 ↓	104.66 ↑
载货汽车滚装运输	99.36 ↓	102.35 ↑	97.44 ↓	99.00 ↑

3.1.2 航运市场运价状况

1.波罗的海干散货运价指数

2018年12月24日，波罗的海贸易海运交易所干散货运价指数（BDI）收于1271点，全年最小值948点，最大值1774点，中位数1356.50点（相比2017年中位数1134点，上涨19.6%），平均值1352.63点（相比2017年平均值1145.23点上涨18.1%）。

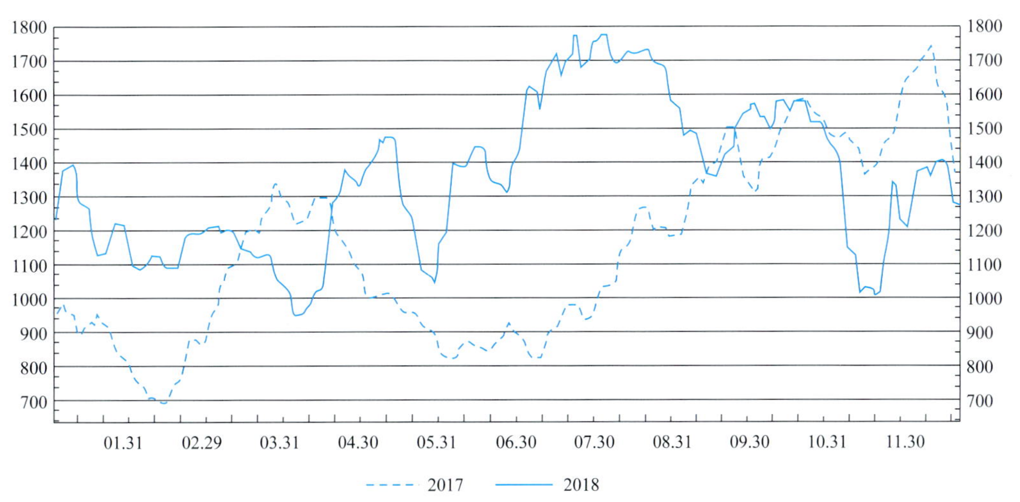

图3.1-3　波罗的海干散货航运市场运价指数（2017年01月—2018年12月）

2.中国沿海散货综合运价指数

2018年12月28日，上海航运交易所发布的中国沿海（散货）综合运价指数报收于1052.66点；年均值为1149.05点，同比上升0.1%。进入2018 年以来，中国沿海干散货运价总体延续 2017 年缓慢复苏态势。2018 年 1–9 月份运价均值同比增加 6.68%，但 10 月之后，中国沿海干散货运价开始大幅下跌。12 月 28 日煤炭货种运价指数报收1080.16点，较2017 年同期大幅下跌492.07点；金属矿石货种运价指数报收1024.02点，金属矿石运价走势主要受煤炭运输市场行情影响，同比下跌490.62点；粮食货种运价指数报收907.14点，同比下跌693.21点。

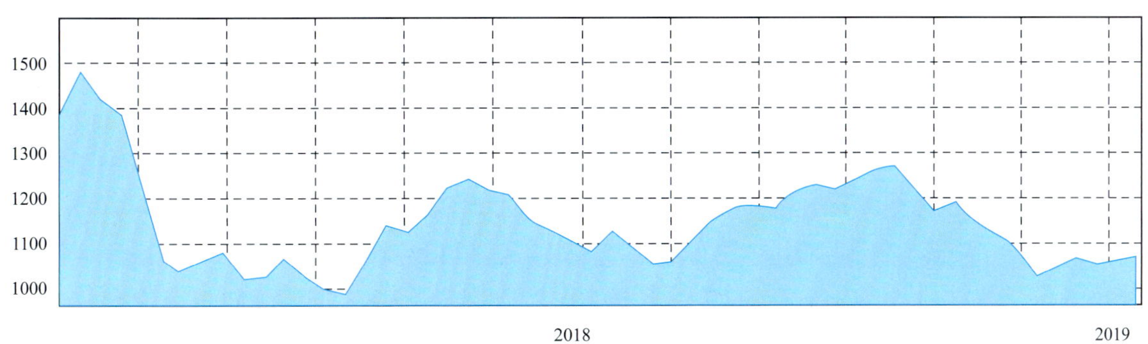

资料来源：上海航运交易所

图3.1-4　2018年中国沿海散货综合运价指数走势图

3.中国出口集装箱运价指数

2018年12月28日，上海航运交易所发布的中国出口集装箱运价指数为834.86点，同比上升8.3%，年均值为818.43点，同比微跌0.2%；上海出口集装箱运价指数为910.81点，同比上升10.5%，年均值为832.53点，同比微升0.7%。受全球经贸环境影响，中国出口集运市场行情震荡，部分航线运价走势虽较为强势，但仍难以带动整体市场复苏。12月，中国出口至欧洲、地中海航线运价指数平均值分别为1024.16点、1018.88点，较上年同期分别上升6.91点、154.53点；出口至美西、美东航线运价指数平均值分别为806.71点、1004.47点，较上年同期分别上升201.12点、233.66点；出口至澳新航线运价指数平均值为794.46点，较上年同期下跌117.21点；出口至南美航线运价指数平均值为530.64点，较上年同期下跌208.95点；出口至日本航线运价指数平均值为713.52点，较上年同期上升42.61点。

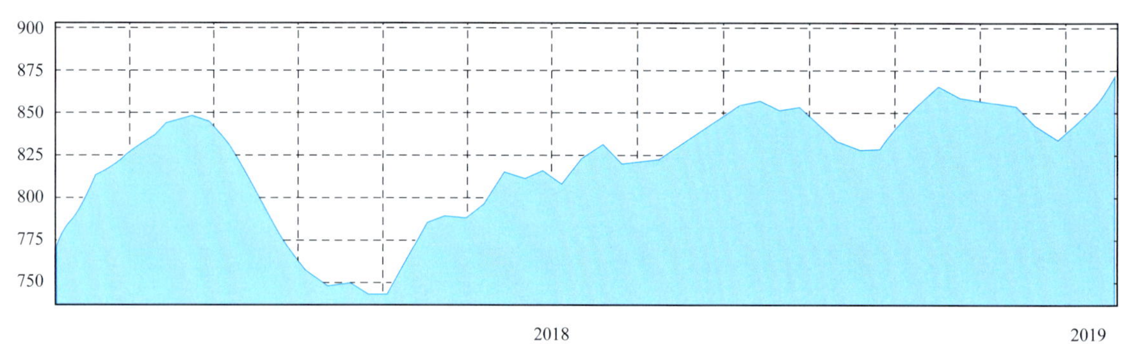

资料来源：上海航运交易所

图3.1-5 2018年中国出口集装箱运价指数走势图

4.长江航运运价指数

（1）长江干散货综合运价指数

根据长江航运发展研究中心发布的长江干散货运价指数报告，长江干散货综合运价指数2018年平均872.14点，较上年上升为24.0%，较年初下跌9.6%。全年在811–983点区间运行，一季度大幅上涨，二季度明显回落，三、四季度平稳小幅上涨，2月运价指数983.0点为全年最高值。

主要大宗货类运价全年呈现先高后低走势。其中，煤炭运价指数运行在730~854点区间，平均795.4点，较上年上升27.5%；金属矿石运价指数运行在713~942点区间，平均792.4点，下跌8.7%；矿建材料运价指数运行在1342~1498点区间，平均1410.6点，下跌1.3%；非金属矿石运价指数运行在1050~1199点区间，平均1146.1点，上升13.0%。

（2）长江集装箱综合运价指数

根据长江航运发展研究中心发布的长江集装箱运价指数报告，长江集装箱综合运价指数2018年运行在1110–1148点区间，12月较上年同期下跌3.2%。上游集装箱运价指数二季度跌幅最大，与一季度环比下跌3.68%，四季度趋于稳定；中游集装箱运价指数一、二季度稳中略涨，四季度下跌；下游集装箱运价指数波动不大，四季度略有下跌。

从区域分布看，上游平均运价指数为1133.1点，较上年下跌5.0%；中游平均运价指数为994.1点，上升0.47%；下游平均运价指数为1235.3点，下跌1.0%。

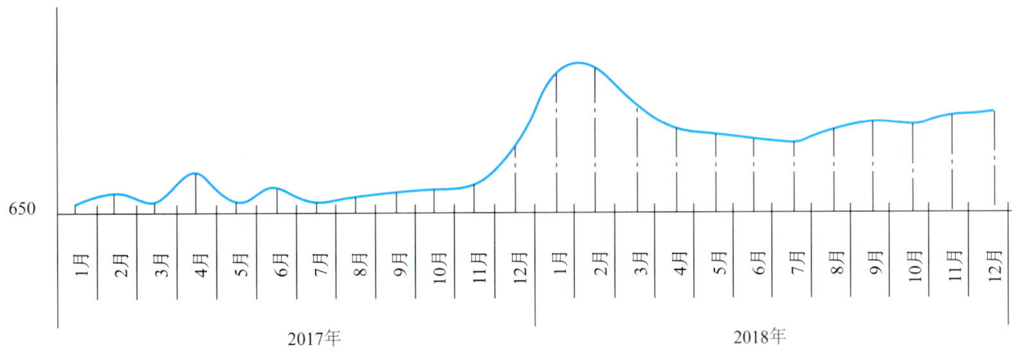

图3.1-6　2017—2018年长江干散货运价指数走势图

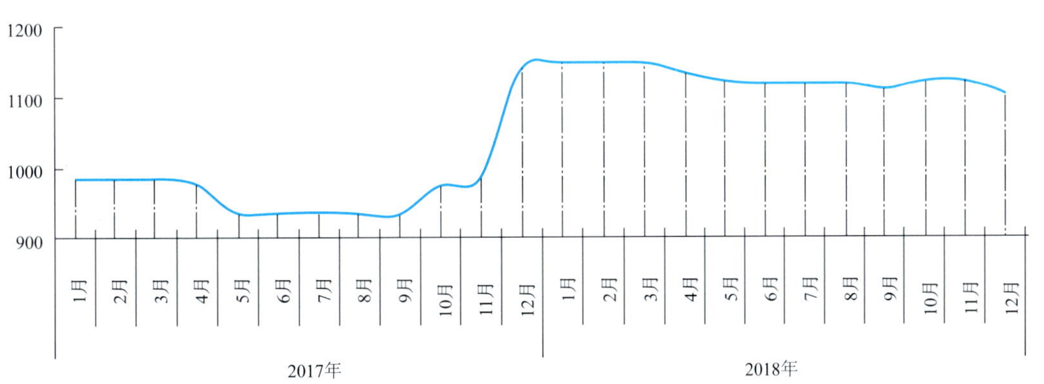

图3.1-7　2017—2018年长江集装箱运价指数走势图

3.2 船舶运力和运输服务

3.2.1 运力总体状况

截至2018年末，14省市拥有水上运输船舶11.29万艘，同比减少6.1%；净载重量1.89亿吨，减少4.4%；载客量58.13万客位，减少2.0%；集装箱箱位134.03万TEU，减少15.2%；船舶功率5096.66万千瓦，减少0.2%。其中，机动船10.22万艘，减少5.0%；驳船1.07万艘，减少15.2%。14省市水上运输船舶数量和净载重量分别占全国的82.4%和74.9%。

2018年14省市水上运输船舶拥有量　　表3.2-1

省（市）		船舶数（艘）	其中		载客量（客位）	净载重量（吨）	标准箱位（TEU）	总功率（千瓦）
			机动船	驳船				
总计		112869	102171	10698	581270	188633622	1340250	50966580
其中	内河	105629	94972	10657	487527	115664054	232328	28113690
	沿海	6777	6736	41	87974	43543719	226070	12940746
	远洋	463	463	0	5769	29425849	881852	9912144

续上表

省（市）	船舶数（艘）	其　中		载客量（客位）	净载重量（吨）	标准箱位（TEU）	总功率（千瓦）
		机动船	驳船				
上海市	1461	1414	47	38075	21443039	964182	11360212
江苏省	32703	28631	4072	50825	40200084	68396	9497665
浙江省	14287	14284	3	87364	30289581	58992	7366396
安徽省	25065	24308	757	14782	47042690	112576	10584294
江西省	2708	2706	2	13665	2525967	3830	755427
山东省	10484	6265	4219	66419	16590859	6728	3259139
河南省	5469	5153	316	14090	10430446	0	2236862
湖北省	3278	3172	106	33345	6930336	11450	1763237
湖南省	5131	4895	236	71085	4308171	2730	1432873
重庆市	2806	2774	32	41720	7183807	107993	1813962
四川省	5316	4431	885	47565	1336368	4358	553963
贵州省	2059	2057	2	54654	152757	0	166093
云南省	1246	1241	5	31080	168960	0	133788
陕西省	856	840	16	16601	30557	0	42669

按航行区域分，内河运输船舶10.56万艘，载客量48.75万客位，净载重量1.16亿吨，分别减少6.5%、2.3%和1.8%；沿海运输船舶6777艘，载客量8.80万客位，净载重量4354.37万吨，分别增长1.2%和减少0.3%、6.2%；远洋运输船舶463艘，净载重量2942.58万吨，分别减少9.2%、11.0%。14省市内河、沿海、远洋船舶净载重量分别占全国的89.4%、63.2%和55.4%。

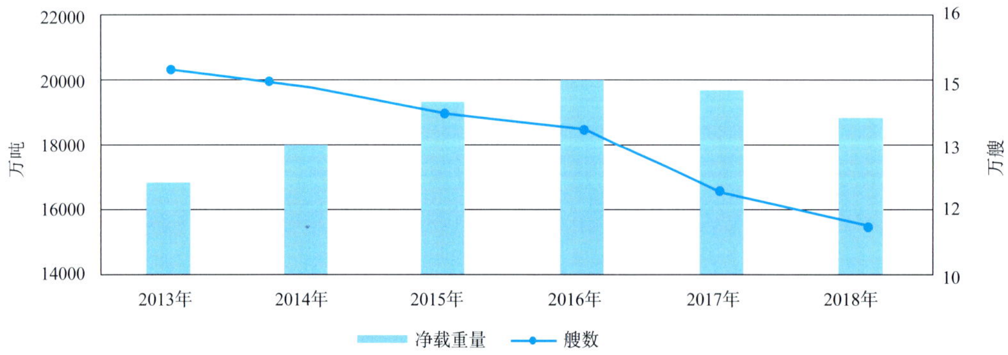

图3.2-1　2013—2018年14省市船舶运力

1.客运船舶

客运船舶（包括客船、客货船，不含客运驳船）艘数和载客量分别为1.18万艘、57.91万客位，分别减少7.6%、2.0%。其中，内河客运船舶艘数和载客量分别为1.12万艘和48.54万客位，分别减少7.9%和2.4%。

2018年14省市客运船舶运力情况 表3.2-2

省（市）	合　计		其　中					
			内河		沿海		远洋	
	船舶数（艘）	载客量（客位）	船舶数（艘）	载客量（客位）	船舶数（艘）	载客量（客位）	船舶数（艘）	载客量（客位）
总计	11050	554944	10470	461201	572	87974	8	5769
上海市	123	38075	122	37759	0	0	1	316
江苏省	421	50825	419	50725	2	100	0	0
浙江省	1297	87364	1123	44579	174	42785	0	0
安徽省	374	14782	374	14782	0	0	0	0
江西省	305	13665	305	13665	0	0	0	0
山东省	1087	66419	684	15877	396	45089	7	5453
河南省	468	14090	468	14090	0	0	0	0
湖北省	282	33345	282	33345	0	0	0	0
湖南省	2053	69161	2053	69161	0	0	0	0
重庆市	510	41720	510	41720	0	0	0	0
四川省	1615	47565	1615	47565	0	0	0	0
贵州省	1636	54654	1636	54654	0	0	0	0
云南省	1057	31070	1057	31070	0	0	0	0
陕西省	588	16413	588	16413	0	0	0	0

2.货运船舶

货运船舶（包括货船、驳船）艘数和净载重量分别为9.92万艘和1.88亿吨，分别减少5.8%和4.4%。其中，内河货运船舶艘数和净载重量分别为9.27万艘和1.15亿吨，减少6.2%和1.8%。

2018年14省市货运船舶运力情况 表3.2-3

省（市）	合　计		其　中					
	船舶数（艘）	净载重吨（吨）	内河		沿海		远洋	
			船舶数（艘）	净载重量（吨）	船舶数（艘）	净载重量（吨）	船舶数（艘）	净载重吨（吨）
总计	99194	188284185	92706	115457295	6033	43454330	455	29372560
上海市	1294	21372071	471	385880	553	2304809	270	18681382
江苏省	31422	40153186	29991	26939290	1317	8655372	114	4558524
浙江省	12937	30279026	9891	4753465	3035	25051425	11	474136
安徽省	24584	47038340	24026	43777440	558	3260900	0	0
江西省	2399	2525967	2361	2351540	38	174427	0	0
山东省	8919	16459645	8529	8561478	332	2384649	58	5513518
河南省	4985	10429129	4985	10429129	0	0	0	0

海直达双燃料（LNG/柴油）集装箱船建造。浙江省加快集装箱船型研发，集装箱船舶运力达到99艘，标准箱位4547TEU，年均增长50%。

3.2.3 水路运输情况

2018年，14省市完成水路客运量1.92亿人、旅客周转量50.90亿人公里，分别比上年减少1.5%和增长2.9%，分别占全国水路客运量和旅客周转量的68.6%和64.0%；平均运距26.6公里，增长4.5%。完成水路货运量49.83亿吨、货物周转量58099.3亿吨公里，分别增长5.7%和8.9%，分别占全国水路货运量和货物周转量的70.9%和58.7%；平均运距1165.9公里，增长3.1%。其中：内河水路客运量1.40亿人、旅客周转量31.03亿人公里，分别减少2.6%和增长1.9%；平均运距22.2公里，增长4.6%。内河水路货运量30.60亿吨、货物周转量13954.6亿吨公里，分别增长0.5%和2.3%，分别占全国水路货运量和货物周转量的81.8%和90.8%；平均运距456.1公里，增长1.8%。

2018年14省市水路运输量 表3.2-5

省（市）	客运量（万人）		旅客周转量（万人公里）		货运量（万吨）		货物周转量（亿吨公里）	
	合计	中：内河	合计	中：内河	合计	中：内河	合计	中：内河
总计	19150.6	13969.9	509031.9	310343.5	498344.3	305977.5	58099.3	13954.6
上海市	426.9	0	7943.8	0	66905.9	2282.4	27990.8	46.2
江苏省	2383.4	2366.8	34683.1	21187.9	87735.0	62805.0	6121.9	2063.1
浙江省	4497.2	1232.0	62986.9	10542.5	98219.5	22503.9	9352.5	373.6
安徽省	240.0	240.0	3912.0	3912.0	114877.1	106752.0	5630.9	4870.9
江西省	253.0	253.0	3355.0	3355.0	11483.0	11131.5	238.0	195.3
山东省	2044.0	572.0	127597.0	2792.0	17964.0	4820.0	1835.5	194.3
河南省	330.5	330.5	6120.8	6120.8	14240.2	14240.2	1021.8	1021.8
湖北省	650.4	650.4	47298.5	47298.5	36971.1	31814.3	2878.1	2270.1
湖南省	1729.4	1729.4	36324.9	36324.9	21100.7	20894.9	459.0	356.9
重庆市	730.6	730.6	55856.1	55856.1	19452.0	19337.5	2237.8	2229.4
四川省	1991.1	1991.1	19057.8	19057.8	6862.3	6862.3	270.1	270.1
贵州省	2211.0	2211.0	67716.0	67716.0	1669.0	1669.0	45.1	45.1
云南省	1342.0	1342.0	30235.0	30235.0	687.5	687.5	17.3	17.3
陕西省	321.1	321.1	5945.0	5945.0	177.0	177.0	0.5	0.5

3.3 港口生产情况

3.3.1 货物吞吐量总体情况

2018年，14省市港口完成货物吞吐量83.28亿吨，同比增长0.9%，占全国港口货物吞

吐量的58.2%。其中，完成外贸货物吞吐量23.11亿吨，增长2.7%，占全国的55.2%；集装箱吞吐量1.24亿TEU，增长6.3%，占全国的49.4%。

2018年14省市港口货物吞吐量 表3.3-1

省（市）	货物吞吐量				集装箱吞吐量			滚装汽车（万辆）
	合计（万吨）		出港（万吨）		箱数	重量（万吨）		
		其中：外贸		其中：外贸	（万TEU）		货重	
总计	832797.4	231109.9	323017.6	61648.1	12428.3	133986.7	108991.1	874.8
上海市	73047.8	40206.0	31101.4	19720.0	4201.1	41126.5	33084.4	151.4
江苏省	258469.2	49045.2	94367.9	9051.2	1800.4	21862.5	18217.1	25.1
浙江省	169210.2	52035.6	64613.9	14742.4	2975.2	30252.5	24108.0	255.0
安徽省	51135.0	1660.2	26282.0	316.1	148.7	1338.7	1069.8	13.1
江西省	24488.5	388.8	10631.8	236.0	62.2	857.7	733.2	0
山东省	168878.1	84785.0	60431.6	16148.9	2764.8	31902.3	26086.5	251.5
河南省	64.5	0	31.0	0	0	0	0	0
湖北省	34620.5	1822.4	15020.7	819.0	193.6	2910.6	2535.8	90.9
湖南省	24343.2	507.3	8105.3	282.7	67.7	895.1	758.6	2.3
重庆市	20443.7	567.5	8974.4	307.4	116.9	1540.4	1296.4	85.5
四川省	5685.4	75.6	1974.9	16.1	97.3	1295.7	1097.1	0
贵州省	1066.1	0	554.4	0	0	0	0	0
云南省	1072.6	16.3	829.7	8.3	0.4	4.7	4.2	0
陕西省	272.6	0	98.6	0	0	0	0	0

全年沿海港口完成货物吞吐量39.68亿吨、外贸货物吞吐量19.05亿吨、集装箱吞吐量10359.9万TEU，分别增长5.1%、2.7%和6.1%。

2018年14省市沿海港口货物吞吐量 表3.3-2

省（市）	货物吞吐量				集装箱吞吐量			滚装汽车（万辆）
	合计（万吨）		出港（万吨）		箱数（万TEU）	重量（万吨）		
		其中：外贸		其中：外贸			其中：货重	
总计	396807.5	190511.5	145668.2	52908.7	10359.9	107321.8	86470.8	657.9
上海市	68392.0	40206.0	29939.0	19720.0	4201.1	41126.5	33084.4	151.4
江苏省	33368.7	13685.3	11175.8	2382.7	495.5	4954.4	3942.5	0
浙江省	133534.3	51835.2	50687.4	14657.1	2898.5	29338.6	23357.4	255.0
山东省	161512.5	84785.0	53866.0	16148.9	2764.8	31902.3	26086.5	251.5

3.3.2 内河港口吞吐量

2018年，14省市内河港口完成货物吞吐量43.60亿吨、外贸货物吞吐量4.06亿吨，分别减少2.7%和增长2.8%，分别占全国内河港口的89.2%和91.2%。完成集装箱吞吐量2068.5

万TEU，增长7.5%，占全国内河港口的71.1%；上游地区港口完成集装箱吞吐量214.6万TEU，减少3.4%，占全部内河港口的10.4%；中游地区323.5万TEU，增长19.1%，占15.6%；下游地区1530.4万TEU，增长6.9%，占74.0%。

2018年14省市内河港口货物吞吐量 表3.3-3

省（市）	货物吞吐量				集装箱吞吐量			滚装汽车（万辆）
	合计（万吨）		出 港（万吨）		箱数	重量（万吨）		
		其中：外贸		其中：外贸	（万TEU）		货重	
总计	435989.8	40598.4	177349.4	8739.3	2068.5	26664.9	22520.3	216.8
上海市	4655.8	0	1162.4	0	0	0	0	0
江苏省	225100.4	35359.9	83192.1	6668.5	1304.9	16908.1	14274.6	25.0
浙江省	35675.9	200.4	13926.5	85.2	76.8	913.9	750.6	0
安徽省	51135.0	1660.2	26282.0	316.1	148.7	1338.7	1069.8	13.1
江西省	24488.5	388.8	10631.8	236.0	62.2	857.7	733.2	0
山东省	7365.6	0	6565.6	0	0	0	0	0
河南省	64.5	0	31.0	0	0	0	0	0
湖北省	34620.5	1822.4	15020.7	819.0	193.6	2910.6	2535.8	90.9
湖南省	24343.2	507.3	8105.3	282.7	67.7	895.1	758.6	2.3
重庆市	20443.7	567.5	8974.4	307.4	116.9	1540.4	1296.4	85.5
四川省	5685.4	75.6	1974.9	16.1	97.3	1295.7	1097.1	0
贵州省	1066.1	0	554.4	0	0	0	0	0
云南省	1072.6	16.3	829.7	8.3	0.4	4.7	4.2	0
陕西省	272.6	0	98.6	0	0	0	0	0

14省市内河港口完成液体散货吞吐量2.36亿吨，增长4.2%，占总量的5.4%。其中，原油3017.2万吨，增长19.7%；成品油7187.0万吨，增长6.1%；液化气天然气及制品1274.9万吨，增长9.4%；分别占液体散货吞吐量的12.8%、30.5%和5.4%。

2018年分地区内河港口液体散货吞吐量 表3.3-4

省（市）	液体散货（万吨）			
	合计	其中		
		原油	成品油	液化气天然气及制品
合计	23557.2	3017.2	7187.0	1274.9
上海市	11.2	0	0	0
江苏省	17272.0	2262.7	4639.7	1134.3
浙江省	722.6	0	252.1	0
安徽省	1136.1	0	473.3	17.7
江西省	501.9	13.1	486.9	0
湖北省	994.0	21.9	646.8	121.5

续上表

省（市）	液体散货（万吨）			
	合计	其中		
		原油	成品油	液化气天然气及制品
湖南省	1233.7	678.3	527.0	1.4
重庆市	1616.4	0	135.5	0
四川省	69.3	41.2	25.7	0

14省市内河港口完成干散货吞吐量32.97亿吨，减少3.7%，占总量的75.9%。其中煤炭及制品8.59亿吨，减少2.2%；金属矿石6.63亿吨，增长7.9%；散水泥1.88亿吨，减少8.9%；分别占干散货吞吐量的26.1%、20.1%和5.7%。

2018年分地区内河港口干散货吞吐量 表3.3-5

省（市）	干散货（万吨）					
	合计	其中				
		煤炭及制品	金属矿石	散水泥	散粮	散化肥
合计	329681.1	85906.6	66348.0	18799.3	3895.4	1121.7
上海市	3451.6	33.9	6.6	335.8	7.2	0
江苏省	163533.4	56436.6	46916.3	4604.7	2962.5	1033.8
浙江省	30413.3	2997.4	47.1	3528.4	140.3	9.4
安徽省	45363.2	7445.4	5415.4	8816.2	544.9	12.6
江西省	19488.0	2905.0	1589.6	555.9	65.0	40.1
山东省	6578.8	5148.7	13.9	0	0	0
河南省	47.7	21.2	0	0.6	0	0
湖北省	23730.1	3139.0	4415.0	383.9	0	0
湖南省	19792.1	4889.1	5952.2	89.9	172.0	22.5
重庆市	11186.9	2352.2	1539.8	0	0	0
四川省	4026.3	191.0	95.6	12.7	2.0	2.7
贵州省	864.1	319.4	71.4	471.2	1.5	0.6
云南省	937.3	27.7	285.1	0	0	0
陕西省	268.3	0	0	0	0	0

14省市内河港口完成件杂货吞吐量5.37亿吨，减少1.9%，占总量的12.4%。其中水泥6460.4万吨，减少10.6%；木材5836.6万吨，增长37.7%；粮食5413.3万吨，减少30.7%；化肥2219.6万吨，减少1.4%，占4.1%；分别占件杂货吞吐量的12.0%、10.9%、10.1%和4.1%。

2018年分地区内河港口件杂货吞吐量　　表3.3-6

省（市）	件杂货				
	合计	其中			
		木材	粮食	化肥	水泥
合计	53690.0	5836.6	5413.3	2219.6	6460.4
上海市	1193.0	0.0	48.9	0.3	43.6
江苏省	29220.4	3831.3	3148.1	1467.3	2767.4
浙江省	3626.2	76.3	43.9	4.3	239.5
安徽省	3166.4	8.9	99.3	24.7	419.8
江西省	3640.9	68.6	383.4	16.2	121.4
山东省	786.8	0	1.8	0	4.4
河南省	16.7	0	12.4	0	0
湖北省	5011.1	1251.9	665.2	208.8	818.0
湖南省	2418.8	388.2	578.9	112.1	184.8
重庆市	3978.7	151.9	352.0	276.5	1717.9
四川省	294.2	16.2	22.4	76.6	45.9
贵州省	202.0	38.8	52.3	26.1	84.8
云南省	130.5	4.5	4.7	2.4	12.9
陕西省	4.3	0	0	4.3	0

14省市内河港口滚装船汽车（按标辆计算）吞吐量216.8万辆，增长0.3%。其中，商品汽车滚装吞吐量173.0万辆，减少2.8%，重庆港、武汉港出现下滑，岳阳港发展势头迅猛。载货汽车滚装吞吐量43.8万辆，增长15.0%。

2018年分地区内河港口滚装汽车吞吐量　　表3.3-7

省（市）		滚装汽车吞吐量（万辆）	比上年增长（%）
合计		216.8	0.3
重庆市		85.5	-9.8
其中：	商品汽车滚装	63.0	-17.0
	载货汽车滚装	22.5	19.0
湖北省		90.9	-3.8
其中：	商品汽车滚装	69.6	-7.6
	载货汽车滚装	21.3	10.9
湖南省		2.3	283.3
安徽省		13.1	7.4
江苏省		25.0	78.6

3.3.3 重点港口吞吐量

1.沿海港口

区域范围内有7个沿海主要港口（江苏沿江港口除外）。其中，上海港集装箱吞吐量连续9年保持世界第一；宁波舟山港货物吞吐量连续10年保持世界第一。

2018年14省市沿海主要港口货物吞吐量 表3.3-8

港口		货物吞吐量				集装箱吞吐量			滚装汽车（万标辆）
		合计（万吨）		出港（万吨）		箱数（万TEU）	重量（万吨）		
			其中：外贸		其中：外贸			其中：货重	
上海港		68392.0	40206.0	29939.0	19720.0	4201.1	41126.5	33084.4	151.4
连云港港		23560.3	11884.3	8665.5	1919.8	474.6	4795.4	3825.5	0
宁波舟山港		108438.8	49432.8	45872.5	14190.9	2635.1	26201.5	20782.4	154.3
其中	宁波港域	57651.5	34274.6	22446.8	13688.4	2509.5	25341.0	20174.0	79.3
	舟山港域	50787.3	15158.2	23425.7	502.5	125.6	860.4	608.4	75.1
温州港		8238.9	543.8	1155.5	72.4	66.7	1015.5	882.1	59.3
烟台港		44308.0	12684.6	17605.6	1873.4	300.2	2632.3	1974.7	356.8
青岛港		54249.8	39142.2	20599.3	11475.8	1931.5	20792.5	16746.8	2.7
日照港		43763.0	29532.1	11128.4	1390.5	401.7	6918.5	6044.4	0

2.长江干线港口

长江干线亿吨大港数量达到15个，扬州港货物吞吐量首次突破一亿吨大关。两亿吨大港数量达到 5 个，重庆港、泰州港货物吞吐量首次突破两亿吨大关。亿吨大港中，江苏段以上港口除重庆港、武汉港外，吞吐量均有不同程度的下滑；江苏段除苏州港外，吞吐量稳定增长。外贸货物吞吐量中，南京、江阴、泰州等港口增长超过20%，武汉、铜陵、镇江等港口增长超过10%，重庆、岳阳、九江、南通、苏州等港口下降比较明显。集装箱吞吐量中，武汉、岳阳、九江、芜湖等港口吞吐量快速增长，分别突破150万TUE 、50万TUE、40万TUE和80万TUE，马鞍山、铜陵、重庆等港口集装箱吞吐量下降较为明显。

2018年长江干线货物吞吐量超过亿吨的港口 表3.3-9

序号	港　口	货物吞吐量（万吨）		其中：外贸货物吞吐量（万吨）		集装箱吞吐量（万TEU）	
			比上年增长（%）		比上年增长（%）		比上年增长（%）
1	重庆港	20443.7	3.7	567.5	–15.3	116.9	-9.3
2	岳阳港	11121.0	–6.8	387.7	–9.0	50.5	19.4
3	武汉港	10318.0	3.0	1197.7	13.3	157.4	16.0
4	九江港	11688.6	–0.2	310.0	–14.8	42.9	28.1

续上表

序号	港口	货物吞吐量（万吨）		其中：外贸货物吞吐量（万吨）		集装箱吞吐量（万TEU）	
			比上年增长（%）		比上年增长（%）		比上年增长（%）
5	铜陵港	10007.8	-9.8	31.3	11.4	2.7	-38.6
6	芜湖港	12015.9	-6.2	304.7	-3.3	80.3	14.1
7	马鞍山港	10354.5	-6.0	1195.3	4.8	18.0	-28.6
8	南京港	25199.0	6.6	3103.0	26.4	320.5	1.2
9	扬州港	10129.0	7.5	972.0	-3.9	50.0	2.2
10	镇江港	15331.0	7.9	3750.0	11.0	43.2	6.7
11	泰州港	24509.0	22.9	2196.0	22.7	35.6	7.9
12	江阴港	17560.0	10.0	4397.0	28.3	57.4	6.1
13	南通港	26702.1	13.3	6063.1	2.0	96.8	-3.9
14	苏州港	53227.0	-12.0	13893.0	-10.0	635.5	8.2
	其中：张家港港	23373.0	-12.5	5463.0	-11.2	102.9	7.0
	太仓港	22884.0	-8.1	7184.0	-6.1	507.1	12.4

注:江苏沿江港口、九江港为长江干线区段港区货物吞吐量。

长江干线其他重点港口中，池州、安庆等港口货物吞吐量增长超过20%，宜昌、泸州等港口均有不同程度的下降。池州、宜宾常州等港口外贸货物吞吐量大幅增长，其中宜宾港翻番，池州港超过70%，常州港超过30%。集装箱吞吐量均呈现较快增长态势，水富港翻番，黄石港达到70%，安庆港接近50%，常州等港口超过20%。

2018年长江干线其他重点港口吞吐量 表3.3-10

序号	港口	货物吞吐量（万吨）		其中：外贸货物吞吐量（万吨）		集装箱吞吐量（万TEU）	
			比上年增长（%）		比上年增长（%）		比上年增长（%）
1	昭通（水富）港	696.6	10.4	0	0	0.4	100.0
2	宜宾港	1278.2	-1.4	30.6	155.0	40.3	6.1
3	泸州港	1370.7	-54.5	44.3	6.2	57.1	3.8
4	宜昌港	5749.4	-10.0	67.2	0.3	15.2	-10.6
5	荆州港	3720.1	14.1	46.2	1.5	13.0	19.3
6	黄石港	4205.1	5.3	511.3	-3.2	5.1	70.0
7	安庆港	2737.6	20.9	43.4	13.6	12.1	45.8
8	池州港	6489.7	39.0	43.1	73.8	1.7	13.3
9	常州港	4863.0	3.2	950.0	37.3	31.2	22.8

注：水富港按昭通地区全口径计算，其他港口为长江干线港区，不包括全市内河港区。

3.其他干支线港口

支流重点港口中，杭嘉湖三港吞吐量均过亿吨。淮安、枣庄、合肥、钟祥等港口货物吞吐量增长较快，徐州、长沙、襄阳、广元等港口下降幅度较大。支流港口集装箱吞吐量均呈现快速增长的态势。

2018年14省市内河支流重点港口吞吐量 表3.3-11

序号	港　　口	货物吞吐量		集装箱吞吐量	
		（万吨）	比上年（%）	（TEU）	比上年（%）
1	昆明港	24.1	-26.7	—	—
2	贵阳港	80.0	-18.4	—	—
3	遵义港	206.9	18.2	—	—
4	广元港	711.0	-36.8	—	—
5	南充港	586.7	1.4	—	—
6	乐山港	250.1	-6.7	—	—
7	襄阳港	216.9	-48.9	—	—
8	钟祥港	219.0	37.1	4684	392.5
9	仙桃港	122.0	8.3	13257	919.8
10	长沙港	3469.2	-33.7	163924	10.3
11	衡阳港	2514.1	-1.4	2409	—
12	常德港	1760.5	-27.4	5622	32.5
13	南昌港	2948.5	-11.5	193079	44.8
14	赣州港	2896.3	0.4	—	—
15	上饶港	1669.3	-13.8	—	—
16	合肥港	4786.5	35.0	316847	20.0
17	无锡港（内河）	5680.0	5.3	41600	37.8
18	徐州港（京杭运河）	3140.0	-41.0	31500	107.4
19	淮安港（京杭运河）	8769.0	294.6	202100	17.1
20	济宁港（京杭运河）	5949.4	2.3	—	—
21	枣庄港（京杭运河）	1416.3	93.7	—	—
22	杭州港	11812.3	10.2	60661	18.1
23	湖州港	10486.2	-0.5	478543	35.3
24	嘉兴内河港	10696.0	13.4	203933	8.2

注:（1）衡阳港、常德港、南昌港、赣州港、上饶港按全市港口计算。

（2）无锡港、杭州港、湖州港、嘉兴内河港含京杭运河区段港区货物吞吐量。

次、运量3.1万吨。河口宜宾港完成货物吞吐量1278.2万吨，同比下降1.4%；集装箱吞吐量突破40万TEU，达到40.3万TEU，同比增长6.1%。自2001年以来，乐山大件码头转运来自成都、德阳等地的重大件共1263批次，27.4万吨。

嘉陵江：建立嘉陵江船闸联合调度机制，亭子口升船机进入调试阶段，亭子口以下船闸实现联合运行，过闸船舶累计1600艘次。四川境内完成货物吞吐量2785.7万吨，同比下降4.6%。

乌江：贵州境内完成386.2万吨，增长34.7%。思林升船机开闸2次，通过船舶4艘；沙沱升船机开闸11次，通过船舶26艘，通过量442吨。

湘江：沿线港口完成货物吞吐量9247.7万吨，减少16.51%。其中，长沙港货物吞吐量3469.2万吨、集装箱吞吐量16.4万TEU，减少33.7%和增长10.3%；衡阳、株洲、湘潭港分别为2514.1万吨、1165.8万吨、1643.6万吨。有长沙、株洲、大源渡、近尾洲、土谷塘等航电枢纽，湘祁、浯溪、潇湘、太洲等水电站枢纽，其中长沙航电枢纽船闸通过船舶60315艘次，船舶通过量9042万吨；株洲航电枢纽船闸通过船舶13238艘次，船舶通过量1515万吨。

沅水：沿线港口完成货物吞吐量2230.3万吨，减少23.8%。湖南境内完成2193.6万吨，减少23.5%，其中常德港完成货物通过量1760.5万吨，集装箱吞吐量5622TEU，减少27.4%和增长32.5%；桃源枢纽船闸运行6周年累计通过船舶18010艘次，过闸货运量1376万吨。贵州境内黔东南等港口完成吞吐量36.7万吨，减少37.5%。

汉江：沿线港口完成货物吞吐量2463.6万吨，下降14.3%；湖北境内港口完成2191.0万吨，减少15.3%；陕西境内完成货物吞吐量272.6万吨，减少4.7%。集装箱继续保持快速增长，吞吐量达2.92万TEU，是2017年的5.6倍。在通航枢纽方面，安康火石岩大坝升船机船舶通过量200万吨；丹江口水利枢纽升船机通过船舶56艘次，船舶通过量9409吨；崔家营船闸通过船舶670艘次，船舶通过量31.75万吨；兴隆水利枢纽船闸通过船舶13022艘次，船舶通过量664.4万吨。

江汉运河：全年完成通航船舶8638艘次，船舶总吨649.17万吨，货物总吨433.52万吨。4月3艘千吨级船舶组成的3000吨级船队首航，12月首次通过集装箱船舶。高石碑船闸通过船舶4501艘次，船舶通过量235.7万吨；龙洲垸船闸通过船舶4104艘次，船舶通过量231.8万吨。自通航以来，已累计通航船舶30235艘次。

赣江：沿线港口完成货物吞吐量8509.3万吨，减少10.8%。其中，南昌港货物吞吐量2948.5万吨、集装箱吞吐量19.3万TEU，减少11.5%和增长44.8%；赣州港、吉安港、宜春港分别为2896.3万吨、1428.0万吨、1236.5万吨。万安枢纽船舶通过量198.26万吨；石虎塘船闸通过船舶167艘次，船舶通过量1.67万吨。

信江：沿线港口完成货物吞吐量2376.5万吨，增长4.7%。其中，上饶港货物吞吐量1669.3万吨，占全线总量的71.5%，减少13.8%。界牌枢纽通过船舶5007艘次，船舶通过量253万吨。

合裕线：合肥港完成货物吞吐量4786.5万吨，增长35.0%；集装箱吞吐量31.7万TEU，增长20.1%。巢湖船闸和巢湖复线船闸通过船舶42588艘次，船舶通过量5850万吨。裕溪船

闸和裕溪复线船闸通过船舶61710艘次，船舶通过量8412万吨。

沙颍河：河南段沈丘船闸通过船舶9749艘次，船舶通过量529.2万吨；郑埠口船闸通过船舶2974艘次，船舶通过量253.2万吨.安徽段颍上船闸通过船舶24567艘次，过闸货运量2847万吨；阜阳船闸通过船舶12723艘次，船舶通过量1039万吨；耿楼船闸通过船舶18613艘次，船舶通过量1568万吨。

淮河：蚌埠船闸通过船舶11122艘次，船舶通过量1605万吨；蚌埠复线船闸通过船舶55611艘次，船舶通过量8023万吨。

京杭运河：山东段微山二线船闸通过船舶85513艘次，船舶通过量8031万吨；韩庄船闸通过船舶68821艘次，船舶通过量6691万吨；枣庄段台儿庄二线船闸通过船舶74169艘次，船舶通过量7477万吨；枣庄段万年闸船闸通过船舶69472艘次，船舶通过量6972万吨。江苏苏北段全年货物通过量3.17亿吨，同比增长1.3%，集装箱运量19.2万TEU，增长31%；全线10个梯级28座船闸累计开放闸次36.7万次，通过船队7.6万个、船舶92.6万艘次，船舶通过量20.77亿吨、货物通过量15.71亿吨，分别减少0.4%、1.2%。苏南运河谏壁船闸全年船舶通过量1.56亿吨，货物通过量超过1亿吨，连续两年“双过亿”；通过货物以焦炭、建材以及钢材、木材、矿粉、水泥、大型构件等工业半成品类物资为主。

长三角高等级航道网：江苏省全省交通船闸全年累计通过船舶 290.8 万艘次，过闸船舶总载重吨 25.4 亿吨，同比增长 5.01%，过闸货运量 21.2 亿吨，增长 5.32%。锡澄运河江阴船闸全年累计通过船舶202463艘，减少5.9%；船舶总吨位为7065万吨，减少1.2%。

杭甬运河：全线完成货运量2315.7万吨，同比增长28.3%，集装箱过闸箱量达12.1万TEU，增长86.3%。其中，宁波段累计通过船舶18649艘次，货运量469.05万吨，分别增长41.83%和45.66%；余姚段累计通过船舶18617艘次，货运量468.96万吨。

第4章 航运服务

4.1 港航企业发展

4.1.1 港航企业基本情况

根据14省市水路运输管理部门国内水路运输及其辅助业年度核查情况，应核查长江水系内河水路运输企业3575家，通过核查3052家，未通过核查297家；其中省际运输企业应核查企业2686家，通过核查2328家；省内运输企业应核查企业889家，通过核查724家。

2018年14省市内河水路运输企业核查情况表（长江水系） 表4.1-1

省（市）	省际运输企业（家）				省内运输企业（家）			
	应核查数	通过核查	未通过核查	未参加核查	应核查数	通过核查	未通过核查	未参加核查
合计	2686	2328	181	177	889	724	116	49
上海市	58	51	2	5	24	22	2	0
江苏省	689	624	16	49	92	88	3	1
浙江省	78	72	4	2	87	80	3	4
安徽省	727	619	50	58	32	31	1	0
江西省	115	103	11	1	26	20	6	0
山东省	190	111	68	11	112	87	16	9
河南省	92	83	9	0	48	24	22	2
湖北省	276	241	16	19	44	37	5	2
湖南省	152	131	0	21	77	69	1	7
重庆市	218	212	2	4	56	51	3	2
四川省	74	66	1	7	159	152	0	7
贵州省	3	3	0	0	69	63	1	5
云南省	12	12	0	0	0	0	0	0
陕西省	2	0	2	0	63	0	53	10

截至2018年底，上海市拥有内河港口企业467家，其中危险货物企业23家，集装箱企业2家，内河小型游船码头13家；年末从业人员3694 人。江苏省从事国内水路运输经营者共有944家。浙江省拥有水路运输企业696家，其中客运企业90家、普通货船运输企业474家、油船运输企业138家，化学品船运输企业30家，其他类型6家，兼营多种经营范围企业42家。安徽省拥有水路客运企业27家，水路货运企业116家，港口经营业务单位277家，年末从业人员34327人。江西省拥有港口经营企业146家，水路货运企业131家，水路客运企业15家。湖南省拥有港口经营企业116家，其中集装箱港口经营企业4家，港口危险货物经营企业19家；水路运输企业224家，船舶辅助业106家，其中内河运输企业221 家，沿海运输企业 3家；液货危险品企业10家（其中从事长江水系省际液货危险品运输企业9家、从事沿海省际液货危险品运输企业1家）；内支线集装运输企业11家，其中9家企业经营省内港口至上海港运输航线，2家企业经营省内港口间或省内港口至武汉港的短途运输航线。湖北省拥有水路运输企业370家，个体户194家；具有港口经营资质的企业数量340家。重庆市拥有水路客运企业55家、水路普通货物运输企业223家、港口经营企业284家。四川省拥有省际水运企业79家，其中万吨以上运力水运企业31家。云南省拥有经营长江水系水路运输企业42家。

4.1.2 港航业联盟化发展

2018年，长江港航物流联盟按照“参谋助手、桥梁纽带”的工作基调，坚持服务宗旨，围绕服务长江发展大局，服务行业主管中心工作，服务港航企业所急所需，推动长江港航、物流企业联动联盟，先后组建了全程物流、互联网+航运、绿色航运、安全管理、江海联运、多式联运、人才等12个专业委员会，就发展共性问题分专业、分区段、分企业开展了调研工作，并积极推广经验、共享资源，实现沿江与沿海港口东西互动、上下联动，联盟的影响力和覆盖面进一步扩大。安全管理专业委员会开展了长江港航物流联盟安全操作规程和事故案例汇编；全程物流专业委员会协作单位深化战略合作，中国长江航运集团有限公司与四川省川威集团有限公司签署战略合作协议，共同打造铁水联运、江海联运一体化示范项目，与重庆钢铁股份有限公司签署战略合作协议，加强海进江矿石全程物流业务合作；旅游客运专业委员会与宜昌市、秭归县政府多次沟通，确保了三峡旅游客运新产品的顺利推进；绿色航运专业委员会加强行业研究，积极为会员单位提供信息、技术支持；商品车滚装专业委员会帮助协调商品车滚装船优先过三峡船闸问题，探讨了商品车物流合作，降低车企物流成本等事宜；载货汽车滚装运输专业委员会研究了川江四个滚装码头实施岸电的可行性问题，制定并完善了《川江滚装船舶服务质量标准实施办法细则》；液货危险品运输专业委员会以推动长江船舶洗舱基础建设为突破口，促进会员单位船港深度合作以及绿色航运发展；集装箱运输专业委员会探讨了港航联盟航线的可行性问题，积极实践长江集装箱船型的优化和升级，协调同行共同应对航线成本增长；互联网+港航专业委员会加强港航货一体化公共服务平台合作，初步得到长江航道测量中心数据与技术支持，南京航运交易中心与金马云物流开展平台共建，涉及二手船舶交易、船舶竞拍、货运业务等；多式联运专业委员会建立多方联动机制，积极搭建铁水联运经营平台，加强多式联运信息互享；江海联运专业委员会；协调马鞍山海船锚地扩容、芜湖大桥至高安圩航段深水深用等问题。目前，包括港口、船舶代理、货主单位、科研院校、电商企业等百余家单位已申请加入联盟。

2018年7月，长江中游航运中心港航联盟发布了“保护长江生态 发展绿色航运”共同行动宣言：以生态优先、绿色发展的科学理念引领港航企业转型升级，以整体推进、重点突破的一致行动助推长江港航绿色发展，以改革创新、提质增效的得力举措奏响美丽长江动人乐章。

4.1.3 多式联运（铁水联运）

作为多式联运最为重要的组成部分，2018年长江港口集装箱铁水联运得到快速发展。政策引领支撑发展，交通运输部和国家发展改革委着力加快运输结构调整，着力发挥水运的比较优势和多式联运的组合效率，以集装箱铁水联运为重点，通过开展多式联运示范工程，在基础设施建设给予中央财政资金支持，引导和推动了铁水联运场站建设、组织模式优化、技术装备推广、信息资源共享等；多个省市也出台了相关政策支持港口集装箱铁水联运的发展，不断完善水运与铁路、公路等其他运输方式的高效衔接，着力优化联运市场营商环境，对做大做强铁水联运起到了有力有效的扶持和推动作用。港口多式联运市场参与主体不断扩容，由过去的港口企业为主推动，参与主体从港口、铁路、航运等国有企业逐步拓展到代理、物流等民营企业，经营主体不断丰富，逐步发展成为港、铁、航、代理、物流等企业多方参与、多方推进的发展格局。中外运、中远海、顺丰等大型物流企业以及各地中欧班列平台公司，加大资源整合力度，着力打造全流程多式联运经营人。中远海运集团明确将多式联运作为发展战略重点之一，投资近20亿元建设长江经济带武汉铁水联运枢纽工程，积极打造以武汉为枢纽、辐射长江经济带、对接“一带一路”的多式联运网络。同时，各参与主体创新运营模式、创新服务体系，加强信息共享，着力提升集装箱铁水联运业务协同水平和服务效能。

2018年，长江干线四川省、重庆市、湖南省、湖北省、江西省、安徽省、江苏省等主要港口集装箱铁水联运总量快速增长，全年完成集装箱铁水联运量约24万TEU（2018年全国港口集装箱铁水联运量完成451万TEU，同比增长近30%）；联运设施设备不断完善，重庆港等已经基本实现港铁之间的无缝衔接；铁水联运线路覆盖范围更加广泛，以泸州、重庆、武汉、南京等主要港口为枢纽的铁水联运班列不断拓展，开行的中欧（亚）国际班列、内陆至沿海港口的铁海联运班列也不断增加。

上海市全年完成集装箱海铁联运量约4.0万TEU。设有杨浦站、何家湾站、北郊站、芦潮港站等铁路货运站，承担海铁联运集疏运，其中杨浦站主要承担外高桥集装箱运输，芦潮港中心站主要承担洋山港集装箱运输，何家湾站主要承担上海港散杂货运输。由于铁路装卸线没有直接通入港区，外高桥港区和洋山深水港区的海铁联运集装箱都需要35~40公里的公路短驳到铁路车站。

江苏省全年南京港和连云港港共完成集装箱铁水联运量35.5万TEU，增长14.0%；其中南京港完成5.2万TEU。江苏省沿江沿海港口具有疏港铁路专用线的港区有 4个，包括连云港区、西坝港区、新生圩港区、大港港区，内河港口铁路专用线通达的港口有4个，包括徐州港、无锡内河港、苏州内河港、淮安港，多式联运示范工程已达19个。沿江宁镇扬港区拓展铁水联运国际班列，全年共开行中欧（亚）班列 143 列；连云港港全年共开行中欧国际班列 826 列。此外，连云港港也是国内重要的铁矿石铁水联运节点；徐州港和南京港是煤炭铁水联运的重要节点，煤炭铁水联运量约1000万吨。

浙江省全年完成集装箱海铁联运量突破60万TEU，增长50%。全省集装箱铁路疏运量占比2.3%，矿石铁路疏运量占比9.1%，煤炭铁路疏运量占比6.4%。目前宁波舟山港海铁联运业务已辐射至15个省（区、市），提供海铁联运服务的城市（地级市）达到46个，运营集装箱海铁联运班列线路12条，其中多式联运示范工程主要通道有9条班列线路，开通国内首列双层集装箱海铁联运班列，基本形成了沿着“丝绸之路经济带”和“长江经济带”南北两条线路同步发展的格局。

安徽省全年完成集装箱铁水联运量8310TEU，同比增长215%。目前运营的港口集疏运铁路主要是芜湖港的裕溪口港区，以煤炭铁水运输为主，并开展“南通—芜湖—全国各地”的集装箱水铁联运业务。合肥至上海芦潮港和宁波舟山港、蚌埠（皖北）铁路“无水港”至上海芦潮港站和杨浦站等铁海联运集装箱专线实现与沿海港口无缝对接。合肥中欧班列运营线路已达12条。

江西省全年完成铁水联运量1120.6万吨，其中煤炭759.05万吨，其次为铁矿石；完成集装箱铁水联运量8798TEU。主要是九江港开展铁水联运业务，有2条疏港铁路专用线，一条主要为上港集团九江外贸码头服务，一条为江西煤炭储备中心服务。赣州港“一带一路”多式联运示范工程加快建设，赣州国际陆港获批肉类、汽车整车进口指定口岸，开行至盐田港、厦门港、广州港“同港同价”双向班列，开通中欧（亚）班列线路19条，年吞吐量突破40万TEU。

山东省完成集装箱铁水联运量117.2万TEU，同比增长148.88%。青岛港形成了“覆盖山东、辐射沿黄、直达中亚”的海铁联运物流大通道。济南铁路局集团给予省内班列运价下浮51.8%、管内班列铁路运费最高下浮50%、管外铁路运费最高下浮30%的运价优惠政策，与青岛港集团实行“量价互保”联动措施，推动青岛港海铁联运继续高速增长，成为首个国内集装箱海铁联运量超过100万TEU的港口。

湖北省全年完成集装箱铁水联运量5.6万TEU。现有6个铁水联运港（宜昌港、荆州港、武汉港、鄂州三江港、黄石港、襄阳港）。宜昌港开通宜蓉班列，白洋港区江海铁多式联运示范项目正式启动，连接云池港区、枝江港区的宜昌紫云铁路试运营，枝城煤炭铁水联运港区首次开通至湘潭的公铁水联运集装箱专列。“襄阳—宁波舟山港号”铁海联运实现每周一班。武汉港阳逻港区集装箱铁水联运示范工程一期实现常态化运行，到发量突破3万TEU；汉新欧班列、沪汉蓉班列等形成了“上海—武汉—川渝”“上海—武汉—陕西（新疆）”两条双向物流大通道，中欧（武汉）班列合计发运423列，计37474TEU；武汉至西南、西北方向铁水联运班列开行达到312列；开通武汉至宁波铁海联运班列、“东北三省—盘锦港—武汉港—云贵川”铁水联运通道班列。黄石新港多式联运新港综合站场项目投入运营，开通至成都、重庆、河南铁水联运示范线路。武汉粮食物流、宜昌翻坝运

轮航线2条，班轮航线达到10条，每周发班30余班。现已开通泸州、宜宾至上海等集装箱班轮航线8条，每周发班30余班。泸州港完成水水中转4.83万吨。

4.2 航运中心服务功能建设

4.2.1 上海国际航运中心

上海市政府制定《上海国际航运中心建设三年行动计划（2018—2020）》，明确到2020年，基本建成航运资源高度集聚、航运服务功能健全、航运市场环境优良、现代物流服务高效，具有全球航运资源配置能力的国际航运中心。

对标国际一流，倾力打造世界先进的海空枢纽，提升海港服务能力和水平，提升空港服务能力和水平，提升邮轮港服务能力和水平，促进港口水路集疏运发展，优化陆路集疏运网络。2018年。上海市拥有国际船舶运输企业55家，外商独资船务公司17家，国内船舶管理企业36家，国际船舶代理企业105家，无船承运人企业3025家，国际航行船舶登记数411艘（其中：特案免税登记数13艘），国际航行船舶登记总吨10691551吨（其中：特案免税登记总吨121820吨）。吴淞口国际邮轮码头后续工程于2018年6月完工并投入试运行。全年上海港接待国际邮轮靠泊406艘次。其中，以上海为母港的邮轮378艘次。邮轮旅客吞吐量275.29万人次，比上年下降7.4%。

树立品牌观念，全面提升现代航运服务能级，促进航运服务集聚区发展，促进船舶、船员服务功能完善，提升海事法律服务水平，推动航运金融服务发展，提高航运信息咨询服务能力，促进航运文化服务发展。上海航运交易所在建设上海航运指数品牌，指数服务航运金融市场、实施班轮运价备案、航运信息服务等方面功能进一步提升，国内外影响力进一步扩大。上海海事仲裁院（中国海仲上海分会）、上海国际航运仲裁院、上海海事法院在海事法律与仲裁方面的服务能力进一步提高。上海航运保险协会发布上海航运保险指数。上海国际航运研究中心已经形成了以上海为起点，以长三角地区为重心，以我国沿海和长江沿线等主要港航省市为服务对象，紧密联络全球航运界，已逐步成为国际航运界有一定影响力、国内航运界知名的航运类新型智库。

4.2.2 武汉长江中游航运中心

湖北省人民政府正式批复《武汉长江中游航运中心总体规划》，规划提出，武汉长江中游航运中心将着力实现“三中心、一门户”的战略定位。即以长江黄金水道为主轴、港口为核心的综合交通运输中心，以发展铁水联运、江海直达为主的多式联运物流中心，以航运交易、科技研发、投融资、保险、人才培训、信息交流为服务重点的现代航运服务中心，以综合保税区、临港产业物流园区、国际航线为推进抓手的对外开放水上门户。

编制《阳逻国际港核心功能区专项规划》，推动形成核心港港航功能项目落地机制。加快推进武汉港阳逻集装箱铁水联运示范工程建设，一期工程实现运营以来，先后培育了西南方向“上海—武汉—四川、重庆”和西北方向“上海—武汉—陕西、新疆”的联运通道，开行了武汉阳逻至四川德阳孝泉、陕西西安新筑、四川绵阳北、陕西渭南、四川成都城厢、陕西汉中城固、重庆大弯镇等站点的班列，多式联运海关监管中心（关检集中查验区）项目正在加快推进。加快推进武汉航运产业总部区和武汉新港空港综合保税区建设，航运产业总部区系列项目开工建设，依托阳逻滨湖城区规划建设集企业总部、行政办公、研发设计、会议中心、综合服务功能于一体的航运产业特区；武汉新港空港综合保税区阳逻港园区（一期）实现封关运营，近20家从事保税加工、保税物流、保税服务的企业已经入园，阳逻进口肉类指定口岸建成运营，加快推进汽车整车进口水运口岸申报工作，推进跨境电商等新兴业态发展。巩固并继续推进品牌航线培育工作，巩固现有江海直达、武汉至东盟四国、武汉至日韩、泸汉台等品牌航线，汉江支线班轮航线实现常态化运营，武汉至上海洋山江海直达集装箱示范船（长海国际集装箱公司1110标准集装箱、武汉长伟国际航运实业有限公司1140标准集装箱）开工建造。整合资产和经营资源，武汉港航发展集团与卓尔控股集团联合成立公司对阳逻港一、二、三期码头进行统一运营。继续推进高端航运服务发展，以货运、船舶、人才、知识产权交易为依托，武汉航运交易所不断扩大航运交易规模，完善航运金融服务体系，吸引中远海运、中外运等大型航企将航运金融、航运结算等高端业态向武汉集中。充分发挥航运对内外贸企业和进出口的支撑拉动作用，支持80万吨乙烯、武船双柳基地、航天科工商业航天基地等石化、造船、航天等制造业和京东、招商局等物流业沿江临港布局，推进港产城一体化发展，阳逻、花山、金口等临港新城初具规模。

4.2.3 重庆长江上游航运中心

进一步完善长江上游航运中心顶层设计，加快推进《重庆长江上游航运中心总体规划》和《重庆长江上游航运中心建设实施方案》编制。重庆市政府常务会议审议通过了《重庆长江上游航运中心建设实施方案》，明确长江上游航运中心建设要注重前瞻性、科学性，合理布局航道、港口、船队、航运服务等体系，增强辐射带动能力；到2022年，初步建成航道网络紧密衔接、港口布局科学合理、运输装备节能环保、运输组织先进高效、航运服务高效便捷的长江经济带绿色航运体系，航运科学发展、生态发展、集约发展的良好态势基本形成，在综合运输体系中的作用进一步提升。

依托重庆航运交易所，积极推进全国内河最具影响力的交易中心、信息中心、人才中心、结算中心建设，现代航运服务体系初具雏形。一是搭建航运交易电商平台，开展水路货物运输、港口业务、二手船舶、三峡邮轮旅游等航运交易。完成长江水路旅客运输实名制平台建设并投入使用，覆盖企业用户56家，运输船舶88艘，累计查验航班共8500班，查验旅客人数170余万人。二是开展航运交易、船舶交易、三峡旅游、集装箱订舱等交易，累计实现交易额400亿元以上，上千家企业通过航交所开展交易，日均结算额3000万元以上。成立我国首家内河船东互保组织重庆船东互保协会，率先开展全国内河航运保赔保险及信用保险，增强航运企业抗风险能力。组建航运融资担保公司，成功开发“e航通”和“固融通”融资产品，降低了航运企业融资成本50%，创新了航运金融服务模式，提升了融资效率。三是编制发布重庆航运月度信息、季度分析和年度发展报告，定期编制发布典型航线干散货运价指数，以及重庆水路集装箱、干散货、三峡邮轮典型航线保本运价、市场运价、船用燃油价格等，成为企业决策高参和行业发展风向标。组建重庆交通电子口岸，已成为国家七个交通电子口岸分中心之一，与交通运输部、长江航务管理局、重庆海关、上海市电子口岸实现了互联互通。四是搭建长江上游航运人才交流服务平台，成立重庆航运人才服务中心；开展重庆船员职业档案集中备案，累计完成310家企业、2183艘船舶、20431名船员备案工作，为港航企业招聘人才和航运人才求职提供服务；实施航运人才“151”工程，即：培养10名领军人才、50名高级专家、1000名船舶骨干，引入三峡后续支持政策，实施“双万工程”，帮助一万名库区群众向航运业转移就业，提升一万名库区航运人才岗位技能，累计争取培训补助资金约3000万元，开展培训20000余人。

4.2.4 南京区域性航运物流中心

《南京海港枢纽经济区建设三年行动计划（2018—2020年）》印发，未来三年，实现“两个基本、三个显著”（重要基础设施建设基本到位，综合交通运输体系基本建成，航运服务能力显著提升，营商发展环境显著优化，港产城融合发展关系显著改善）发展目标，到2020年，南京港口集装箱吞吐量达到340万TEU。重点推进建设畅达的综合交通枢纽、打造开放的交通运输体系、构建完善的航运服务功能、营造优质的营商发展环境、创建融合的港产城发展格局五大任务，三年期间计划完成投资855亿元，推进92个项目建设。

南京区域性航运物流中心建设全年完成投资 71 亿元，引入航运管理机构 12 家、航运物流及相关企业 25 家，初步建成集货运交易、船舶交易、船舶竞拍等服务功能于一体的航运交易综合信息管理平台。建成苏商保税、太古冷链物流（南京）等项目，龙潭普洛斯、太古、维龙等项目投入运营，南京港及南京龙潭国际综合物流集聚区、江北化工物流园及滨江现代物流园初具规模。南京下关长江航运物流服务集聚区一期投入使用。南京航运交易中心“e航无忧”正式上线运行，新增“在线船舶竞拍”，实现船舶、人才交易线上线下同步运作，成为江苏省电子口岸在宁唯一电子口岸申报试点。截至2018年12月，南京区域性航运物流中心共有33个重点项目在建，其中集疏运体系项目19个、主枢纽港项目8个、物流园区项目3个、航运物流服务体系（含智慧港口）项目3个。

南京港拥有集装箱航线83条、航班736班/月，“南京—中亚五国”班列实现周双班稳定运行，“南京—欧洲（莫斯科）”班列实现周班运行，新增“南京—日本”近洋航线，新增“南京—营口”内贸干线及“南京—重庆”“南京—宿迁”“南京—皖江”中转航线。太仓港近洋航线总数从2015年的20条增加到24条，航班达92班/月。开通运营进口肉类指定口岸，实质性启动东南亚进口水果业务，引导东南亚优质大米进口，做大进口食用水生动物业务，推动太仓港特色货种业务量居全省前列。依托深水大港建设，进一步提升向长江中上游地区江海联运物资的中转服务功能，目前江苏沿江港口15%的吞吐量为长江中上游转运，对长江中上游地区的辐射带动能力显著提升。

4.2.5 舟山江海联运服务中心

提升江海联运综合枢纽港功能，累计完成投资524.84亿元，其中港口项目投资完成

108.1亿元，建成万吨级以上泊位17个，累计达82个，新增通过能力6760万吨。

优化江海联运物流组织，完成江海直达商品车滚装船、冷链运输船概念船型研发，组建江海联运船队，运力规模达15万载重吨；完善和提升江海联运公共信息服务能力，实现与浙江国际贸易“单一窗口”信息互联，形成口岸港航通关服务一体化“4+1”新模式。探索推进全程物流配送体系，搭建全程物流信息平台，初步形成铁矿石全程配送体系，全年实现全程业务量150万吨。

拓展现代航运服务，国际海事服务基地船用燃料油供应、外轮供应、船舶保税维修业务快速发展，全年船用燃料油供应量达359万吨，约占全国总量的30%，实现外轮供应货值15.11亿美元，完成外轮修理1683艘；启动建设新城航运服务集聚区，全年共引进航运科技、船舶管理、航运咨询、海事法务、技术服务、船员服务等现代航运服务企业和功能性机构47家；优化口岸营商环境，率先在全国实现国际航行船舶进出境无纸化通关，创新开展不同品质铁矿石简单加工、“直卸直装”“施检无纸化”等通关便利化举措。

培育发展大宗商品贸易交易，加快建设以油品为重点的大宗商品交易市场，启动建设亚太铁矿石分销中心和国际农产品贸易中心。

深化江海协作机制，与长江航务管理局建立江海联运“2+N”合作模式。推进江海项目合作，实现与沙钢、马钢、重钢等沿江20余家钢厂物流配送合作，与黄石新港达成战略合作。推进国际港口合作，舟山港与新加坡、荷兰、希腊等地港口合作开展船用燃料油供应、油品检测、国际船舶管理等业务。

4.3 现代航运服务业发展

4.3.1 航运交易服务

上海航运交易所“航运交易平台”上线，包括美元支付、船舶招投标、船舶信息服务、航运信息商城等主要功能模块，涉及线上支付、退保、结算等航运业务，提供船舶资产网上交易、拍卖、评估、中介，航运信息产品在线订购等各类特色服务。全年船舶交易鉴证共计成交船舶91艘次、12.51万总吨、18.32万载重吨，成交金额2.81亿元人民币；船舶招投标20艘次，总底价6601.7万元人民币，实际中标价6996.11万元人民币；船舶评估50艘次。

武汉航运交易所推出e航运、e订舱、e运车、e惠通等货运交易平台，完成货运交易额54.05亿元，同比增长50.94%。宜昌市船舶交易中心完成交易额5302万元。

重庆航运交易所搭建航运交易电商平台，开展水路货物运输、港口业务、二手船舶、三峡邮轮旅游等航运交易。全年完成航运交易结算额71.41亿元，累计实现交易额超400亿元、船舶交易2410艘。两江游联网售票公共服务平台投入使用，现有企业用户41家，其中船票代理商40家，分销售票点70余个，通过平台销售船票42万余张，交易结算金额4800多万元。“聚航网”航运油料电商平台完成燃油交易3613笔，交易量7.4万吨，交易额5.03亿元。

势分析报告、季度长江干线水运经济形势分析报告、年度长江水系航运统计资料汇编。长江航运物流公共信息平台自上线以来，总体运行正常，发布行业新闻、航行通告、船源、货源、招聘、求职等物流信息。江苏海事局推广“船e行”，建设安全与预警信息发布平台，开发预警与安全信息制作、发布、阅读跟踪、统计查询等功能，自试运行以来已经发布预警信息367条，覆盖了14500余名APP用户、1820余家企业用户。长江航道局全面开放长江电子航道图服务应用，大力推广长江电子航道图APP，用户可在苹果、百度、360等应用市场方便快捷地下载使用，提高长江电子航道图应用覆盖面，具备了较好地为航运物流和航运管理提供及时、在线、直观的航道信息服务能力。

上海航运交易所积极向中国航运智库的目标迈进，完成每日网站快报、每周航运交易公报、每月航运动态报告、每半年水运市场形势分析等“全时段”信息产品序列，完成交通运输部委托的《2017中国航运发展报告》编写出版工作，完成或开展相关单位委托的课题项目，发布《上海航运物流业薪酬福利调研报告》和《上海船公司船代公司薪酬福利调研报告》等年度调研报告。上海国际航运研究中心建设了国际上第一个数据完整、功能全面的“中国航运数据库”，已入库数据280万条，建设的“港航大数据实验室”被列为上海国际航运中心建设重点任务。

舟山江海联运服务中心加快完善和提升公共服务、行业监管、数据交换、航运交易四大功能，入选全国首批骨干物流信息平台试点名单，实现与浙江国际贸易“单一窗口”信息互联，形成口岸港航通关服务一体化“4+1”新模式。江海联运信息互联扎实推进，初步构建形成江海联运数据交换节点，实现月数据交换量近70万条，服务沿江沿海港航企业近1000家。大数据应用取得积极成效，合作上线船货交易、船舶拍卖、船员服务平台。

重庆航运交易编制发布重庆航运月度信息、季度分析和年度发展报告，在发现价格、稳定秩序和引导市场等方面发挥重要作用，已成为企业决策高参和行业发展风向标。组建重庆交通电子口岸，已成为国家7个交通电子口岸分中心之一，与交通运输部、长江航务管理局、重庆海关、上海市电子口岸实现了互联互通。与市政府口岸办签订战略合作协议，把重庆交通电子口岸平台列为国家级战略“单一窗口”成员要素。目前，服务范围已覆盖全市11个集装箱码头、团结村铁路中心站，全市100%的水运外贸集装箱通过EDI系统进行数据交换。

4.3.5 航运指数服务

长江航运发展研究中心发布2018年长江干散货运价及长江集装箱运价指数报告，向国家统计局报送四个季度运价指数，丰富运价样本单位和样本航线，补充发布特定航线平均价格，推进长江指数调查与管理系统与监测网页的开发。与武汉航运交易所定期联合发布长江商品汽车滚装运输综合指数。开展长江航运景气指数评估与技术优化方案研究，优化景气指数统计指标及技术方案。定期发布长江船东满意度指数及长江海事局社会满意度指数。

上海航运交易所对外试运行发布中国（上海）进口贸易海运指数，包括一个综合指数和一个“一带一路”区域指数；在中国沿海（散货）运价指数（CBFI）的基础上，调整优化样本航线、发布频率，对外试运行发布中国沿海金属矿石运价指数（CBOFI）和中国沿海粮食运价指数（CBGFI）。至此，上海航运交易所发布的上海航运指数由17个增加到20个，航运价格指数已覆盖集装箱、干散货、油轮等航运市场，以及船舶交易、货运贸易等航运相关领域，形成了比较完整的航运指数体系。指数服务航运金融市场，以运价指数为结算标准的指数挂钩协议、指数衍生品交易创新了航运业定价、交易模式。

武汉航运交易所发布武汉航运中心出口集装箱运价指数（WSCFI）、中国长江煤炭运输综合运价指数（CCSFI）及中国长江（商品）汽车滚装运输景气指数（CARPI）。其中，中国长江（商品）汽车滚装运输景气指数，是国内首个综合反映长江（商品）汽车滚装运输市场所处的状态或发展趋势的指标。

重庆航运交易所定期编制发布典型航线干散货运价指数，以及重庆水路集装箱、干散货、三峡邮轮典型航线保本运价、市场运价、船用燃油价格等，动态反映航运要素市场走势，引导航运市场健康发展。

第5章 智慧航运

5.1 创新发展能力建设

5.1.1 科技创新环境建设

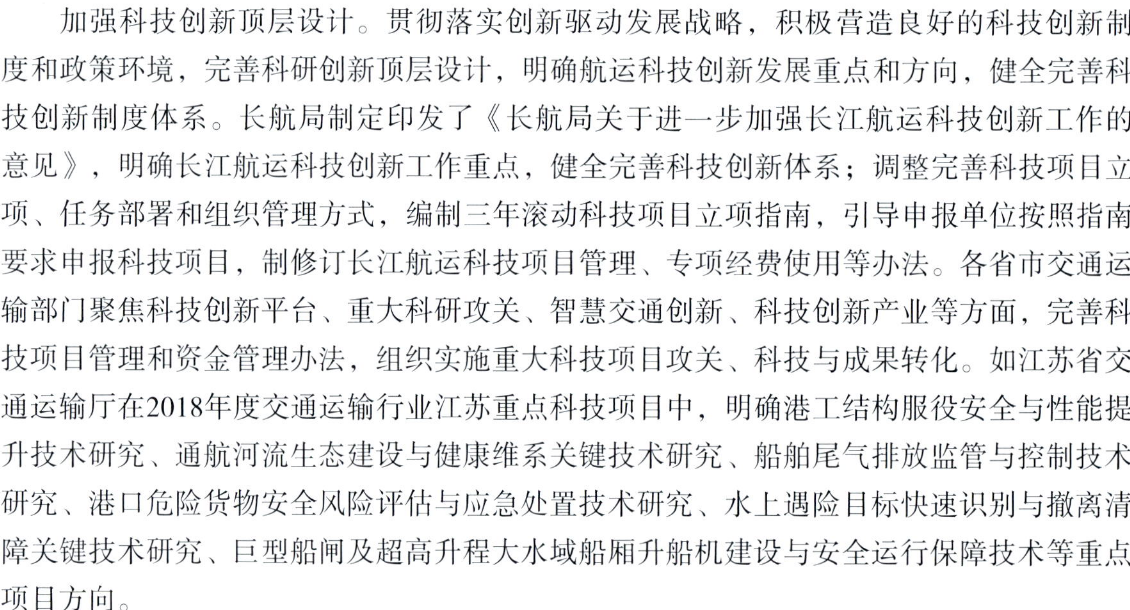

加强科技创新顶层设计。贯彻落实创新驱动发展战略，积极营造良好的科技创新制度和政策环境，完善科研创新顶层设计，明确航运科技创新发展重点和方向，健全完善科技创新制度体系。长航局制定印发了《长航局关于进一步加强长江航运科技创新工作的意见》，明确长江航运科技创新工作重点，健全完善科技创新体系；调整完善科技项目立项、任务部署和组织管理方式，编制三年滚动科技项目立项指南，引导申报单位按照指南要求申报科技项目，制修订长江航运科技项目管理、专项经费使用等办法。各省市交通运输部门聚焦科技创新平台、重大科研攻关、智慧交通创新、科技创新产业等方面，完善科技项目管理和资金管理办法，组织实施重大科技项目攻关、科技与成果转化。如江苏省交通运输厅在2018年度交通运输行业江苏重点科技项目中，明确港工结构服役安全与性能提升技术研究、通航河流生态建设与健康维系关键技术研究、船舶尾气排放监管与控制技术研究、港口危险货物安全风险评估与应急处置技术研究、水上遇险目标快速识别与撤离清障关键技术研究、巨型船闸及超高升程大水域船厢升船机建设与安全运行保障技术等重点项目方向。

健全科技与标准化互动支撑机制。贯彻落实国家和交通运输部关于深化标准化工作的战略部署和政策规划，引导科技、产业等各类资源积极参与技术标准研制与应用，建立健全新型技术标准体系。长航局研究制定了《长江航运标准化发展规划》及《长航局标准化管理办法》，组织开展“液化天然气燃料水上加注设施作业安全规程”“航道工程施工安全风险评估指南”等交通运输部标准计划的编制工作，交通运输行业标准《长江航运信息系统数据交换共享规范》正式发布。各省市交通运输部门加强行业地方标准的制修订，加强新兴和交叉领域技术标准研制，推动科技计划成果转化为技术标准，“安徽省桥梁防船撞设施及助航标志配布工程专项设计编制格式”“江西省过闸运输船舶标准船型主尺度系列”等一批地方标准的发布，为行业高质量发展提供了有力支撑。

5.1.2 科技创新能力建设

科研创新平台建设。推进国家内河航道整治工程技术研究中心、长江航运技术行业研发中心、河口海岸行业重点实验室等科技创新平台建设，平台通过交通运输部组织的考核评估。长江航运技术行业研发中心全年共完成项目29项，在研项目74项，形成成果8项，科技成果推广与应用6项，获得省部级奖项9项，专利31项；其中，航道整治与维护基地主要围绕航道整治、航道维护、数字航道3个方面开展相关研究，枢纽通航基地围绕三峡枢纽升船机工程的技术攻关开展研究，水上安全与防污染基地面向交通安全的关键技术和国家重大需求开展研究工作，信息与智能航运基地主要围绕内河航运的智能化、信息化技术开展了内河电子航道图APP平台关键技术研究和内河航道公共信息微服务关键技术研究等。作为“内河智能航运交通运输行业协同创新平台”的下设组织，由武汉理工大学发起组建的“智能新能源船舶技术创新产业联盟”在国家内河水运转型发展示范区—浙江省湖州市成立，该联盟由24家来自船舶、配套、航运、新能源、融资租赁等涵盖智能新能源船舶技术产业链上下游的高校、科研院所、企事业单位组成。

发挥科研院所和高校的创新源头作用。长航局与大连海事大学加强高新技术研发、科研成果转化和人才培养等方面的交流合作，建立了智慧绿色长江联合协同创新中心。江苏省成立综合交通运输学会和协会，搭建现代综合交通运输高端学术平台，积极开展现代综合交通运输行业学术交流与推广，推进移动互联和大数据等信息技术在综合交通运输领域的广泛应用。

行业科技创新人才队伍建设。加强行业智库单位转型发展，充分发挥社会各类智库作用。加强基础研究人才队伍建设，完善人才评价激励机制，实施创新人才计划，积极开展省部级科技奖励和交通科技青年英才申报工作，长航局系统科技成果全年共获得17项省部级科技奖励，其中“长江黄金水道扩能工程关键技术及应用”项目获“中国航海学会”特等奖，2名同志获交通科技青年英才称号。

5.2 科技研发和成果应用

5.2.1 重点科技项目

“国家黄金航道扩能工程关键技术及应用”项目。经过近10年的协同科技攻关与关键技术总结，全面完成了预期研究任务和目标，重点突破长江重点河段和西江的枢纽下游航道系统整治、长江三峡枢纽和西江长洲枢纽船闸通过能力等方面的关键技术，专项研究成果总体达到国际先进水平，部分重大关键技术成果达到国际领先水平。本项目突破的关键技术有黄金航道通航条件预测预报技术、黄金航道长河段系统整治成套技术、黄金航道整治施工工艺与质量安全控制技术、黄金航道生态建设关键技术；形成的成果包括7项标准规范、35种新的理论与方法，58项专利、19项软件著作权、231篇论文、10部专著，并培养各类高素质人才125名以上。

“长江黄金航道整治技术研究与示范”。本年度项目在新水沙条件下航道演变机理及航道承载力、航道整治关键技术、长江生态航道评价方法与生态整治技术等取得了重要进展，部分研究成果已在长江中游武汉至安庆河段6米航道整治等工程初步设计中得到运用，可全面推广至长江干线航道整治工程中。本项目全年共发表科技论文71篇，其中SCI、EI收录23篇，出版专著4部；培养了研究生15名；获发明专利1项，申请发明专利12项，新编规范3部。

其他重点科研项目进展情况。14省市交通运输部门和长航局落实国家及行业相关科技规划任务，响应行业科技攻关需求，继续加强对基础性、前瞻性理论研究或前沿性、应用基础研究及共性关键技术研发的统筹部署。长航局系统安排自筹科技资金1500余万元（其中长航局资助经费200万元），重点在工程建设、枢纽通航、安全管理、智能航运、绿色生态等领域加大科技攻关力度，并申报国家重点研发计划“内河航道设施及要素智能化监测预警与信息服务”；以“645工程”“三峡升船机”“三峡新通道”等重大工程建设为依托，提升重大产品、重大技术装备的自主开发能力和系统成套水平研发攻关，长江黄金航道整治技术、重大水利枢纽通航建筑物建设与提升技术、三峡升船机通航初期运行维护关键技术、三峡新通道航运关键技术等国家、省部级项目取得阶段性成果。各省市交通运输部门聚焦于重大工程建设、基础设施性能提升、交通运输服务及智能管控、交通安全保障与应急处置、绿色交通、交通信息化等领域推进重点科技项目，江苏省“船闸水下检测交互式柔性机器人系统研究与开发”、浙江省“衢江航运开发工程深开挖航道养护与生态效应研究”、江西省“赣江、信江中下游桥区通航条件及船舶尺度研究”、湖南省“湖南省内河电子江图制作规范”、四川省“港口资源配置和开发利用研究”、贵州省“峡谷河流超高水头梯级水运通道开发关键技术研究及应用”、云南省“金沙江、澜沧江库区旅游客船和滚装船船型论证研究”等一批省级科技重大专项通过评审，“江苏内河船舶污染防治关键技术研究”“金沙江库区船型标准化研究”等一批在研项目正在积极推进。

5.2.2 科技成果推广应用

总结提炼重大项目创新成果，推荐一批创新成果、专利、专著等列入交通运输重大科技创新成果库。2018年度交通运输重大科技创新成果库入库成果遴选工作中，长江航道局“叙渝河段卵石滩群治理关键技术研究”、长江三峡通航管理局“三峡船闸快速检修关键技术研究”、重庆交通大学“山区通航河流自浮升降式桥梁防撞装置研发及应用”等入选重大科技创新项目，江苏省常州市航道管理处“工业化装配式护岸结构关键技术应用研究”、中设设计集团股份有限公司“内河船舶运行状态监测与适航预警系统”等入选科技成果推广项目，长江航道规划设计研究院“三峡工程蓄水后长江中游航道演变规律及整治技术”、长江航道局“长江航道整治滩体控制成套技术研究及应用”等入选交通运输科技专著，入库成果展示了交通运输科技创新的先进水平和发展方向。

推进无人技术的推广及应用、大型通航枢纽扩能与运营安全保障、长江危险品船舶动态安全监管与应急等交通运输部科技成果推广项目和示范工程实施。推进新技术、新材料、新工艺、新设备在航运建设、生产、管理和服务中推广应用。长江武汉航道局研制的无人测量船先后在长江泸州航道局永川航道处、长江南京航道局扬中航道处辖区水域成功

完成试用测试，具备了在长江全线各种复杂工况下进行航道测量的能力。基于无人机的技术在武汉桥区水域长江海事立体监管系统和航道一体化测量中得到示范应用。长江洪湖航标器材维修中心自主研发的磁吸式太阳能遥测遥控航标灯控制器在武汉航道局辖区安装上线运行，并在长江全线推广运用。

5.2.3 围绕产业链推进科技创新

依托装备制造优势产业，聚焦产业升级需求，重点支持新能源动力推进技术、建设养护装备及先进载运工具制造技术等方面的核心关键技术攻关，设立研发、制造、运营基地，努力实现关键核心技术自主可控，推动长江航运关联产业做强做优。

推进船舶装备升级。加快实施内河船型标准化工作，推动LNG动力和电动船舶建造改造；大力支持发展江海、江河直达船舶；加大船舶受电设施建设和改造力度；支持江苏新型能源动力船舶运输装备研发制造水平提升。

研发推广航道整治等建筑新材料。及时跟踪水运工程建设国际国内前瞻性需求，充分发挥钢结构、建材行业优势企业引领作用，重点聚焦预应力锚固体件、高性能沥青、高阻尼隔震橡胶、长寿命防腐涂料等产品，积极研发和推广应用新材料。

5.3 信息基础设施建设

5.3.1 北斗卫星导航系统在长江航运的应用

交通运输部紧密配合北斗卫星导航系统发展步伐，明确要求由长航局负责组织实施北斗系统在长江航运率先实现全覆盖全应用。长航局牵头制定了《推进北斗卫星导航系统在长江航运应用全覆盖实施方案》，以2019年、2020年、2025年为重要时间节点分步有序推进。2018年，长江干线北斗地基增强系统建设工程全面启动，北斗终端安装应用稳步推进，长江干线单北斗AIS终端研发成功，北斗应用相关制度规范不断完善。中国交通通信信息中心基于北斗的内河船舶航行运输服务监管示范工程获初设批复，将为长江干线公务船舶和澜沧江重点船舶配置516套北斗高精度船舶导航智能终端，建设基于北斗的船舶航行动态监测预警系统、内河遇险报警管理系统、应急船舶资源管理与调度辅助系统，并实现智能终端与应用系统的对接。各省市交通运输部门积极推进北斗卫星导航系统在内河航运领域的应用。

5.3.2 “云上长航”建设

长航局继续推进实施“云上长航”总体规划，加强统筹部署，制定印发了《长航局关于推进“云上长航”建设的指导意见》《实施“云上长航”规划推进数字长江建设三年行动计划》，进一步明确了发展目标和实施路径。

2018年，“长江航运数据中心工程”“长江干线水路交通应急指挥平台建设二期工程”可行性研究报告获交通运输部批复。长江航运数据中心工程将建设长航局系统主数据

库、主题数据库、感知数据库、目录数据库等长江航运数据资源平台，完善与长航局系统各单位、交通运输部的数据交换通道，建设数据资源治理和交换共享管理系统、政务信息资源采集与管理系统、长江航运信息资源综合服务系统等数据资源管理系统，并完善应用支撑环境和基础平台及机房环境。长江干线水路交通应急指挥平台建设二期工程将在一期工程应用系统功能框架的基础上，完善监测预警、应急处置、应急值守、综合管理、辅助决策、应急演练和统计分析等功能，建设长江航运应急数据专题数据库，构建长江航运地理信息基础图。

5.3.3 航运大数据建设

依托物流公共信息平台，加快物流大数据应用，推动信息资源交换共享与开放应用。

长江航运物流公共信息平台与国家交通运输物流公共信息平台合作，为其提供抵、离港签证等4个长江航运物流应用页面，物流业务应用系统覆盖货种包括集装箱、危险品，提供船舶、船企等23个web service服务。2018年，共计发布新闻795条，新增货源2732条，日新增业务数据500余条，全部累积数据（含AIS信息数据）超过1700亿条。

浙江数字港航综合管理与服务平台（浙江港航船e通）作为智慧交通应用示范项目，以数据共享促进流程优化、业务协同，实现材料电子化、办事标准化、服务便捷化，实现港航办事事项“一网”通办。2018年，平台网总办件量近8.3万件，23个事项已全部与浙江省平台对接，证书、文书等数据基本实现跨部门共享，通过海事局船舶进出港报告系统（手机APP）办理近197万件。

舟山江海联运公共信息平台、重庆智慧物流公共信息平台入围全国首批骨干物流信息平台试点名单。舟山江海联运公共信息平台初步建成江海联运大数据中心，与国家物流公共信息平台、长江航运物流公共信息平台、马鞍山港等实现信息互联互通。湖南省依托部海事局的一级数据中心，建设二级数据中心，实现全国的船舶登记数据、船员基础数据和全省的船舶检验数据的下发、同步。重庆智慧物流公共信息平台已有超过300家物流企业注册开展业务，建立了线上线下的货运信息交易子系统—蜜蜂智运。贵州省水运物流公共信息平台上线运行。安徽皖江物流面向内河中小港口多式联运智慧物流平台示范工程项目、湖南交通物流信息共享平台项目、重庆市港航大数据平台、四川省航务海事综合信息平台和水路交通数据中心等一批物流信息服务平台或港航大数据服务平台统筹推进。

上海市港航大数据实验室承建了“洋山港水上交通大数据智能服务平台建设项目”“浙江省港航大数据应用研究”等大数据应用思路课题，发布了《沿海部分集装箱港口服务评价指数》《基于大数据的全球集装箱热门航线、船型分析》《基于大数据的内贸散货船东运营效率排名》等大数据分析成果。

5.3.4 网络安全管理

长航局系统深入贯彻落实《网络安全法》，贯彻落实国家和部省关于网络安全的决策部署，加强长江航运领域网络安全的统筹部署和协调，落实网络安全等级保护制度的要求，进一步完善相关管理制度和标准规范，强化网络安全宣传教育，加强网络安全保障。

加强日常信息化运维工作，持续推进网络安全监测预警通报机制，完善网络安全信息通报机制，确保重要时段和节假日期间网络安全可靠。依托云技术和安全监控平台，采取多种方式对网站进行24小时不间断监测，掌握网络安全态势。推进关键信息基础设施保障工作，组织关键信息基础设施网络安全应急演练和安全评估，切实提高关键信息基础设施保障水平。长航局系统初步形成了以设备外围安全防护、分区分域重点防护、设备目标安全防护为一体的纵深安全防护体系，并先后对系统单位10多批次、100多个业务系统、数百台主机和安全设备进行全面网络安全检查，针对“服务器宕机”“病毒爆发”等各项状况开展安全演练。

各省市港航管理部门继续加强港航系统数据安全防护能力建设，推进政府网站等关键信息基础设施保障工作，不断健全完善常态化的网络安全保障机制，网络安全保障基础不断夯实，网络安全保障能力得到提升。

5.4 智慧航运发展

5.4.1 基础设施智慧建设

水运工程BIM技术应用。贯彻落实《交通运输部办公厅关于推进公路水运工程BIM技术应用的指导意见》（交办公路〔2017〕205号），各省级交通运输部门和长江航务管理局加强对BIM技术应用的组织领导，积极推进BIM技术在水运工程建设推进项目设计、施工、养护和运营管理示范应用工作，支持设计单位加大BIM技术研发投入。推进工程建设全工程信息化应用水平，通过以BIM、云计算、物联网、人工智能、大数据等为代表的当代先进技术的综合应用，有效提高工作效率、增强工程项目的精细化管理水平、提升行业监管和服务能力，降低现场作业安全生产风险，提高工程全寿命周期质量。长江航道局深化BIM技术应用，逐步搭建了主要涵盖“1个中心、5大领域、15个模块、100余项功能”的长江航道整治工程施工BIM管控平台，初步实现了基于BIM模型的航道整治工程项目质量、安全、进度、投资全过程管理，全面推进BIM技术在航道工程建设中的应用，力争新开工整治工程BIM技术应用率100%。江苏省深入开展BIM技术应用试点、示范，发挥企业主体作用，推动BIM技术在公路水运工程全过程应用。

数字航道建设。长江航道局把数字航道建设作为航道转型升级发展、提高航道服务水平的战略引擎，围绕“联得上、通得了、用得好”目标，加快推进数字航道主中心建设和分中心升级，协调完善数字航道建设运行管理机制和提升数字航道管理服务水平。长江干线四川段数字航道建设项目正式上线试运行，武汉、南京段数字航道建设项目进入验收阶段，宜昌、重庆段数字航道软件升级工程正式启动，上巢湖至浏河口段数字航道建设工程软件系统开发部署及完善工作完成，大埠街至上巢湖段数字航道建设工程水位遥测遥报系统及水位站建设单位工程通过交工验收，“一主六分七中心、一图一站三平台”的长江干线数字航道总体框架体系已初见雏形。结合数字航道建设，不断完善长江电子航道图功能，创新推广应用工作方式，长江电子航道图APP正式运行，截至2018年12月31日，长江航道图APP累计下载安装量突破30449人次，手机注册用户9696人。

江苏省开展了高效的航道、船闸通航环境动态数据采集体系和全省统一运行调度系统的研究，加快推进干线航道电子航道图建设，开展全省内河干线航道网运行监测及调度指挥体系、智能感知、船闸智能化管控等研究，积极推进智慧船闸建设。江西省推进制作赣江、环鄱阳湖等重点水域电子航道图，电子航道图覆盖里程388公里。湖北省全长300公里的汉江外业测绘基础数据采集工程即将竣工，内业数据信息、电子航道图也正在开展相关工作。湖南省电子航道图系统工程交工验收，制作了1455公里信息完备、数据准确的电子航道图，覆盖了湘资沅澧干线航道及洞庭湖区等重要通航水域，并在系统中叠加了天地图数据和卫星遥感图像，接入了船舶AIS系统信号。四川省依托嘉陵江航运配套工程，已完成嘉陵江电子航道图的测量，正在开展数字航道服务系统研发工作。贵州省开展了乌江数字航道（一期）建设，探索高山峡谷河流条件下水运信息化建设的经验，电子航道图覆盖里程38.4公里。

自动化码头建设。洋山四期自动化码头已具备昼夜1万标准箱以上的作业能力，有效检验了码头高位生产时的组织能力、设备和系统的稳定性及技术保障的可靠性。洋山四期码头装卸作业采用“远程操控双小车集装箱桥吊+轨道吊+自动导引车”的生产方案，主要由码头装卸、水平运输、堆场装卸的自动化装卸设备及自动化码头生产管控系统构成。智能理货方面，上海港智能理货系统已实现“一人对两路”的远程理货，并具备“一人对三路”的作业条件，箱号、箱型、箱位等信息识别率超过95%，并具备提供5个箱面图像数据的事后可追溯的服务能力。后续残损识别、铅封识别、危险品标识自动识别等功能的研发和使用将进一步完善该系统的功能。

智能船舶发展。贯彻落实《智能船舶发展行动计划（2019—2021年）》，推动发展智能船舶。上海船舶研究设计院智能船舶网络平台系统通过网络风暴实验室测试，为智能系统的联调和交验奠定了基础。中国船舶工业集团公司建造的世界首艘智能船舶—中船Idolphin 38800吨智能散货船命名交付。外高桥造船建造的全球最大吨位智能船舶40万吨矿砂船H1447船完成海上试航。中国船级社（CCS）、珠海市政府和武汉理工大学携手云洲智能公司，四方共同启动“筋斗云”全球首艘小型无人货船项目。浙江省首艘人工智能工作船在嘉兴开建。四川企业自主创新研发“河宝”H系列智能清污机器人。国内首条智能汽渡，搭载最新科技智能辅助安全驾驶系统的“板新贰号”在南京板桥汽渡江北码头首航。

5.4.2 智慧型生产组织建设

航运物流企业“数字化”转型提速。流程可视化、操作自动化和决策智能化水平成为重点，以数字化转型为基础开展运营模式、商业模式、组织模式的全方位重构。上港集团积极探索智能化在生产、调度、管理中的应用，自主开发了智能过磅系统、通用短信平台、装卸船作业信息实时统计程序、生产统计报表等新程序、新流程；依托“互联网+”，打造了集卡预约平台、港航纵横平台、长江支线服务平台、设备交接单电子化平台等，有效地提高了集团公司的生产效率和管理效率。江苏省港口集团通过统一的生产管理系统，统筹集团各港口的生产和经营，优化码头货种结构和航线航班资源，实现一体化、集约化的经营管控；通过搭建一站式的港航综合物流信息服务平台，给客户提供全程物流方案、物流信息查询、口岸通关等便利化信息服务，提升全省港口综合服务能力；京杭运河沿线船闸充分利用航闸智能运行系统，通过智能排档、智能调度，提高闸室利用率和船舶通过量，加快船舶周转运行速度，推动“船讯通”功能拓展与应用升级，调整“闸船之间信息沟通”方式，提高运行效率；南京港智慧港口项目列入国家智慧港口示范工程，连云港港绿色智能港口建设与运营科技示范工程通过交通运输部验收。湖南省湘江枢纽船闸通航智能调度系统二期工程在株洲、土谷塘、大源渡枢纽船闸试运行一年后完成验收；岳阳城陵矶新港有限公司启用上海海勃TOPS4.0集装箱生产管理系统，实现了全流程的无纸化信息流转。招商轮船与吉联合作，打造其业务财务一体化集成平台，全面提升智能化管理水平，实现招商轮船航运经营管理、船舶管理、船员管理等业务与财务的无缝对接。

5.4.3 智慧决策监管

长航局积极开展与系统内外相关单位信息资源整合和共享。配合交通运输部开展省级数据交换节点部署工作，通过“智慧征稽”系统实现与港口、口岸等单位的信息共享，利用AIS信息共享平台向三峡局、航道局等单位提供稳定可靠的AIS定位信息转发服务。推进长江智慧海事建设，创建了基于数据驱动的长江干线重点船舶安全智能监管技术体系，长江海事智能监管系统、长江干线危化品船监管系统和基于红外热成像技术的客渡船客流量统计分析系统等方面的应用提高了内河重点船舶安全监管信息化水平；升级完善电子巡航系统功能，电子沙盘等智能化应用在武汉段开展试点，常态化开展无人机现场巡航，初步与电子巡航、海巡艇巡航形成联动，提升了海事动态监管的整体效能。

上海港推行网络监测和网络监测派发现场检查，制定并下发了《上海市码头管理中心网络监测、网络监测现场检查工作要求》。网络监测和网络监测派发现场检查监管模式全面转变了勤务工作模式，从“人车”巡查工作模式转向依托信息系统为主，人车巡查为辅；实现全面智能化监管，做到实时监控，全面提高了执法效率。

江苏省智慧海事建设任务基本完成。全年完成 6442 艘 VITS 船载终端安装任务，累计安装近 3 万艘，基本实现本省籍内河船舶安装全覆盖；完成 VITS 监测平台二期开发项目并在全省推广使用。各市县水上指挥中心依托各类感知监测、通讯平台和海事监管业务系统，对辖区内的监管对象、通航环境实施全方位、多维度的远程监测监控，全面开展电子巡航、违章船舶电子取证、重点船舶追踪协查、远程在线交通管制、水上险情应急救助等工作。在南通、无锡市开展桥梁智能防撞系统安装试点，继续在徐州、扬州、无锡、苏州、南通等市布局安装船舶超载吃水监管系统，在湖区汽渡船安装主动智能防碰撞系统，研发和试用桥梁净空高度电子检测装置，向过往船舶实时发布相关桥梁净空高度数据。通过无人机对辖区水域开展定期例行巡航，对水上交通突发险情开展定点巡视，并提供水上重大活动通航安全监视服务。航道部门首次将“北斗”卫星导航技术用于水上航标定位。

浙江省推进智慧港航“一张网、一张图、一大平台、一个数据中心和一套标准体系”五个一工程建设，浙江港航智慧海事工程一期项目突出“以指挥中心为核心、以动态监管为抓手”，基本建成“e航运、海事通、动态监管、水上交通指挥、智能决策分析”等五大子系统为重点的海事监管新模式支撑平台，目前进入试运行。在全国率先推广内河船联网RFID电子船名牌，现已完成7450艘货船安装，占省内河正常营运货船的85%以上。

安徽省推进“智慧船运”物联网信息化项目，以“海运图”为基础，集智能调度、智能搜索、电子地图、站点管理、远程拍摄、轨迹回放、线路管理、区域管理、报表管理等多个功能于一体，协助船舶管理人员实时开展船舶监管及信息交互，实现行业管理智能化。

河南省开展水路路网运行监测信息系统建设前期工作，包括一个航务海事数据中心和五个业务系统（包括水路路网运行监测监控系统、海事安全监督管理系统、船员综合信息服务系统、水路交通运行统计分析系统、船员在线培训考试管理系统等）。

贵州省开展了水运综合管理平台（一期）建设。依托贵州省智能交通云，打通省政务外网、省交通运输业务专网、部海事局内网、云上贵州等网络组成的业务内网，接入并处理由以乌江数字航道（一期）为示范的数字航道各类数据，获取海事业务系统数据，实现了航运业务信息数据初步融合。

陕西省推进“智慧水路”建设，开展全省水路安全畅通与应急处置系统、航运海事综合业务管理系统建设。

电子政务应用得到进一步深化。长航局政府网站综合浏览量达500万人次，发布5000余条信息，本年度长航局政府网站可用率达100%。长江海事局“船舶安全监管管理系统”“海事行政处罚管理系统”等新上线信息系统全面运行。江苏海事局“单一窗口”标准版运输工具（船舶）系统上线运行，推广“船e行”，建设安全与预警信息发布平台。江苏省开启港口建设费远程申报与电子支付试运行工作，在线完成港口建设费船舶载运货物舱单申报，海事部门确认后即可在线完成缴费。湖北省开放船舶检验发证管理、内河船员管理、船舶登记三大业务系统数据，接入省“一张网”系统。长江南京航道局推出“微服务”项目，通过第三方平台向社会提供航道公共信息，实现主动、伴随、智能型服务。

5.4.4 智慧型航运服务体系建设

“互联网+”物流促进“协同化”模式创新。航运电子商务平台不断创新，一批社会化物流平台相继推出。运输类平台围绕在线订舱、在线租船、多式联运、港口物流等业务进行，并且不断向第四方物流领域延伸，运去哪、航运城、九爪鱼、货代助手等在线订舱平台开始更多从用户视角深度改造航运业务模式。船舶服务类平台悄然崛起，上海思舶网作为一家专业船舶配套在线交易平台，用户已超过5000家，累积为200多艘各类型船舶提供服务；海商通自主研发的船舶行业的在线询报价系统，成功将传统的服务模式转化为专业的系统化的服务流程。上海航运企业独自或联手第三方提供互联网在线订舱服务，锦江航运升级电商平台移动客户端“锦江e航运”中文版电商APP功能，并开发APP英文版；ONE公司开通网上订舱服务。长江航运互联网服务平台企业“长江汇”与“用友网络”“汇通达”“云田科技”“享佳健康”“找汽配”“良晋数码”“上船配”等七大平台商签订战略合作协议，整合产业链相关企业，发挥协同效应。在航运金融服务、法律服

务、信息服务、客运服务等方面的“互联网+”模式同样在不断探索和应用。

区块链技术应用在物流行业开始启动。中国大陆第一家航运区块链平台MarineX在上海宣布成立。上港集团、中远海运集运、长荣海运、东方海外、阳明海运在内的10家大型港航企业在上海联手成立了全球首个航运业区块链联盟，推出基于分布式账本技术的开放数字平台The Maritime Executive。

移动支付逐步发力。江苏省整合船讯通和新版便捷过闸系统，建立统一的过闸费电子支付渠道，在省内交通船闸实现便捷过闸全覆盖（干线航道船讯通推广），水上便捷过闸APP用户总数约3万个，便捷过闸方式占比80%，部分船闸达到90%以上。同时，便捷过闸系统在省内率先与省财政公共支付平台对接，实现了通过支付宝、微信、银联等第三方支付平台在线支付功能，构建了全省统一的过闸远程申报与电子支付以及电子票据打印平台。

第6章 绿色航运

 6.1 绿色航运治理能力建设

6.1.1 突出生态文明理念，加强生态环保政策沟通

各省市交通运输部门和长航局深入贯彻落实习近平生态文明思想和关于长江经济带发展的重要论述，正确把握新时代推进生态文明建设的六大原则和推动长江经济带发展的五大关系，把生态优先、绿色发展的要求落实到具体工作中去，积极探索保护和发展协同共进的新路。

加强绿色航运的宣传和引导，引导全行业树立生态文明意识，提升全行业生态文明理念，加强从业人员绿色发展知识和专业技能培训教育，加强生态环保政策沟通，在行业内外形成推动绿色航运发展的良好氛围。充分发挥传统媒体和新媒体作用，宣传生态文明和绿色发展理念、法律法规、政策标准、技术实践，在“美丽中国长江行—共舞长江经济带生态篇”网络主题活动、“大江奔流—来自长江经济带的报道”主题采访活动等主题活动中，讲好长江航运绿色发展、生态环保故事。长江海事局通过微信公众号、水上安全信息台、门户网站、宣传手册等积极开展《水污染防治法》《船舶水污染物排放控制标准》《船载危险货物安全监督管理规定》等新出台的法律法规宣传。

加强政企统筹，发挥企业主体作用。强化企业行为绿色指引，鼓励企业采取自愿性措施。鼓励企业优先采用低碳、节能、环保、绿色的材料与技术工艺。规范指导相关企业在建设过程中履行环境社会责任。长江中游航运中心港航联盟发布了“保护长江生态 发展绿色航运”共同行动宣言，积极践行“共抓大保护，不搞大开发”的发展理念。

6.1.2 加强组织协调，积极落实长江生态保护相关要求

各省市交通运输部门和长航局系统，围绕全面贯彻落实党中央、国务院、交通运输部以及各地方政府相关部署要求，围绕河长制、湖长制、水污染防治、长江经济带绿色航运发展以及相关生态环境专项整治等重点工作，建立健全落实绿色航运发展机制，统筹推进，细化工作方案，相继出台了长航局系统“保护长江 绿色航运 从我做起”三年专项行

动方案，以及《云南省航务局水路交通绿色发展行动方案》《贵州省公路水路环境保护工作的指导意见》《湖南省交通运输水环境保护及水运绿色发展三年行动计划2018年实施方案》《河南省交通运输污染防治攻坚战三年行动计划（2018—2020年）》《江苏省绿色港口建设三年行动计划（2018—2020年）》等政策性文件，确保有关部署和举措落实到各部门、各地方以及每个项目执行单位和企业。

加强环保合作机制建设，联合推动长江大保护和长江航运绿色发展。长航局与四川、重庆、湖北、湖南、江西、安徽、江苏等沿江7省市交通运输部门签署了“保护长江生态发展绿色航运”共同行动方案，提出以绿色航道、绿色港口、绿色船舶、绿色运输组织方式为抓手，着力推进饮用水源地保护、岸电设施建设、公共锚地建设、洗舱站和船舶污染物接收设施建设、非法码头整治等重难点工作，努力推动形成绿色航运发展方式，建立有效衔接、联合执法和信息共享工作机制，形成推动保护长江生态、发展绿色航运的整体合力。长航局与长江委签署《共抓长江保护　力推绿色发展行动方案（2018—2020年）》，充分发挥派出机构的独特优势，引领、推动、督导沿江各省市水利、交通运输部门全面融入，在长江水环境保护、河道采砂秩序管理、长江干线岸线利用、长江河道与航道治理、联合调度协作、长江干流涉水事务监管执法、信息共享等方面深化协同和配合，形成推动发展的合力。

6.1.3　加强环保监管和应急能力建设，防范杜绝生态环境风险

加强防污染设施建设和污染物排放的监督检查，坚决制止和纠正违法违规行为。完善应急资源储备和运行维护制度，加强应急演练，油品、泄漏事故应急能力建设。长江海事部门推行“船上储存，交岸处置为主”的零排放治理模式，加强船舶污染物产生、储存、处置全过程监管。各地方海事机构采取集中督查和日常巡查相结合，强化船舶污染监管，查纠船舶未配备防污染设备及防污文书的违法行为，对船舶倾倒垃圾和排放油废水的污染行为进行及时查处；开展船舶污染源普查工作，开展船舶污染防治专项治理行动，严厉打击船舶未持有有效防油污证书、未按规定记录油类作业及船舶含油污水去向、未配备船舶油水分离设备或含油污水储存装置、未按要求使用船舶油水分离设备或含油污水储存装置、非法排放未达到排放标准的含油污水、未使用非标船用燃料等违法行为。

推动建立港口和船舶污染物排放的部门间联合监管机制。充分利用长江一线水域海事管理机构联席会议平台，联合长江一线水域14家海事管理机构组织开展了推进长江大保护“五个一活动”：发起一个倡议，向沿江港航单位和广大水上从业人员发放“共护碧水蓝天共建美丽长江”倡议书；建立一个机制，组织长江一线水域14家海事管理机构共同制定了以信息共享、联动执法、应急联动、交流合作等方面的船舶污染防治工作联动协作机制；开展一个行动，组织开展了船舶污染防治专项整治活动；统一一个标准，组织编制了“长江防治内河船舶污染现场监督检查工作手册”，统一执法要求；提出一个建议，结合水上污染防治工作中的重难点问题，组织向江西省等政府提出相关建议，推动长江船舶污染防治工作深入开展。长江海事局全年推动沿江20个地市实施船舶污染物接收转运处置联单制度。

加强船用燃油联合监管。严格落实内河和江海直达船舶使用合规普通柴油、船舶排放控制区低硫燃油使用的相关要求。各级海事机构开展船舶燃油质量专项检查活动，重点对在港船舶油类管理情况、燃油供应单位和水上加油站（点）等供应单位的分布情况等进行监督检查，抽检“冒黑烟”船舶。上海港全面普及燃油硫含量快速检测仪，提升船舶污染排放监视监测水平。云南省大理港自筹资金建设了船舶溢油实时监控预警系统。

加强危化品运输船舶安全监管。各地海事机构加强危化品船舶动态实时监管，督促航运企业加强船舶污染防控体系建设，完善防污染管理制度，加强从业人员教育培训，制定船舶污染应急预案，组织开展应急演练，提高船舶污染处置能力。开展危险货物运输船舶和专项检查，保障了危化品船舶的运输安全。长江海事局实施船舶防污染行政处罚1962件。

加强岸线资源保护和集约化利用。规范、细化港口岸线使用的许可程序及许可后续管理要求，综合考虑长江水系生态环境承载力、沿江饮用水源保护、运输安全等因素，结合生态功能区划、环境保护规划以及城乡规划，合理有序利用岸线资源，提高港口岸线利用效率。全面落实水运工程环保规范要求，在港口项目岸线许可、初步设计、施工图设计、交竣工验收等各个阶段，紧盯环保设施的实施，确保环保要求落到实处。长航局加强长江干线港口岸线使用情况的监督和评估，开展了宜昌、九江等港口的岸线使用情况评估工作。江苏省印发《江苏省港口岸线管理办法实施细则》，进一步明确建立港口岸线利用监管指标体系和港口资源管理信息系统；建立健全长江港口岸线保护和开发利用协调机制，严控工贸和港口企业无序占用港口岸线，严控新建危化品码头。重庆市细化港口审批管理程序和建设规模。

长江海事局实施碧水保护、蓝天保卫、宁静守护、生态卫护、能力提升等“五大攻坚战”，助力美丽长江建设。实施“碧水保护”攻坚战，推动长江船舶污染物达标排放。开展辖区船舶生活污水污染防治情况摸底调查、辖区非法洗舱作业大排查；试点开展码头船舶污染水域环境风险评价，推动港口污染风险防控和隐患治理机制建设，督促码头配备污染物接收设施、设备；加强对船舶污染物监测，组织开展船舶油污水监测236艘次，生活污水监测249艘次。实施“蓝天保卫”攻坚战，严控长江船舶废气超标排放。开展船舶燃油取样检测2449个，查处船舶燃油品质相关违法行为166件。实施“宁静守护”攻坚战，推进长江船舶噪声污染防控。加大船舶噪声污染防治宣传力度，鼓励船舶使用吸声降噪材料，加强对水上水下施工作业的噪声防控，在重点港区实施水上水下活动分时、限时管控措施。实施“生态卫护”攻坚战，助力长江生态环境修复。开展辖区自然保护区有关情况摸排，按中央环保督查和地方政府要求，搬迁生态敏感区海事码头9处，改造趸船防污染设施15艘；建立长江干线水生生物保护区数据库，研究实施水生生物自然保护区管控要求和水生生物保护区内的停泊区等优化调整方案，制定《长江干线生态敏感区安全监管工作指导意见（试行）》。实施“能力提升”攻坚战，提高长江船舶污染防治水平。举办2018年长江泸州水域船舶溢油联合应急演习；加大水上防污染人员培训与演习演练力度，组织开展危防培训40余次，船舶污染应急演习50余次。

6.1.4 加强法规标准建设，强化政策引导，强化评价引导

完善绿色航道标准体系。按照交通运输部发布的交通运输行业标准《绿色交通设施评估技术要求　第3部分：绿色航道》，推进内河绿色航道和绿色船闸评估工作。为指导绿色航道建设，长江航道局编制了《长江航道整治工程生态设计指南》《长江航道整治工程绿色施工指南》；江苏省开展《江苏绿色航道标准体系及建设指南研究》，制定《江苏绿色航道建设指南（试行）》。

完善绿色港口标准体系。江苏省推动《内河低压岸电建设技术标准》列入2018 年省地方标准实施计划，评选星级绿色港口（港区），示范带动全省绿色港口建设。

此外，山东省对流域水污染物综合排放标准进行了修订，加严了部分污染物排放限值，提高部分流域排放控制要求，同时增加了禁止船舶污染直排的规定；陕西省完成水运企业节能减排指标体系研究。舟山发布国内首个船舶燃料油加注系统计量技术规范。

6.2 推进绿色基础设施建设

6.2.1 推进绿色航道建设

围绕生态文明建设、可持续发展目标以及相关环保要求，正确处理生态保护和航道发展的关系，以长江航道的生态承载力为约束，统筹航道基础设施空间布局，变革传统治理维护技术，把生态保护理念贯穿到基础设施规划、设计、建设、运营和养护全过程，着力打造生态航道。

在航道基础设施规划、设计阶段，做好基础工作，优化布局，防范生态环境风险。了解项目所在地的生态环境状况和相关环保要求，识别生态环境敏感区和脆弱区，开展综合生态环境影响评估，合理布局航道整治工程项目。长江航道局充分整合国内顶级生态保护研究资源，积极引导社会科研机构共同参与生态航道建设的基础性研究，完成了《长江上游宜宾—重庆生态航道建设研究》。

航道整治工程建设中，优先采用生态影响较小的航道整治技术与施工工艺，积极推广生态友好型新材料、新结构，实施生态建设工程，减少工程施工对环境的破坏和影响。长江航道局总结荆江航道生态环保示范工程经验，在武安段6米、新洲至九江河段二期等航道整治工程中，强化顶层设计充分考虑工程布置与生态环保要求，在实施阶段配套开展生态修复、环境保护工程建设，加强生态节能环保的新材料、新结构的研究和应用，会同地方政府及渔业部门开展增殖放流、渔民补偿等各项环保措施，切实将工程对环境的影响降到最低；武安段工程采取水生生物增殖放流、疏浚土营造生态湿地、使用鱼巢砖和鱼巢排等生态结构等多种措施，建设“生态涵养实验区”；长江南京以下12.5米深水航道工程采用适合水生生物生长和栖息的生态护底、护岸及坝体等结构形式，试验性建设10万平方米人工鱼巢和100亩生态浮岛。安徽省推广采用生态护坡等手段，尽可能利用自然河道、自然岸坡。江西省在航电枢纽建设和运营中采取修建过鱼设施、营造栖息生境和优化运营调度等生态环保措施，赣江新干航电枢纽工程完成仿自然生态鱼道建设。湖北省在汉江蔡甸

汉阳闸至南岸嘴航道整治工程中进行了生态工程技术运用和材料创新。湖南省株洲航电枢纽鱼道已建成投产，大源渡航电枢纽鱼道正在建设，在衡阳、株洲两地组织4次“四大家鱼”和鲴鱼人工增殖放流、人工鱼巢设置、护渔监测等一系列渔业生态补偿举措。四川省依托岷江犍为航电枢纽等重点项目推动绿色水运工程建设。

推进绿色港航示范工程建设。浙江省推进以京杭运河湖州段、杭平申线浙江段、钱塘江中上游衢州段三条绿色航道为主的绿色港航示范工程建设。江苏省把清水绿岸、亲水宜居作为航道发展的重要目标，加强生态护坡建设，并建成了一批以航道为核心的城市示范景观带、旅游带、居住走廊和休闲走廊；推进苏北运河、苏南运河绿色生态综合整治工程项目建设；开展绿色航道示范工程，依托丹金溧漕河（常州段）航道工程、芜申线（南京段）航道整治工程完成了“水上砼运泵一体化工法及资源综合利用技术在绿色航道中的应用”。湖北省培育梁子湖、丹江口等绿色航运示范区，梁子湖区主要航线已完成太阳能发光航标。

开展疏浚土综合利用应用研究，探索研究利用粘合材料，将疏浚土制作为稳定的固滩守槽、护坡的整治建筑物，实现原有的废弃材料的再利用、再开发。长江口航道全年累计吹填疏浚土3407万立方米，利用率57.4%。开展太平口疏浚弃土综合利用试点，已上岸利用40.94万立方米，启动九江疏浚弃土综合利用试点，推进鄂州疏浚弃土综合利用前期准备工作。

6.2.2 开展绿色港口创建

落实交通运输部《深入推进绿色港口建设行动方案（2018—2022年）》，完善绿色港口创建制度。张家港港、徐州港、江阴港、大丰港等4个绿色循环低碳港口主题性项目通过交通运输部验收审核。湖南岳阳港绿色港口示范工程项目通过交通运输部验收，港务集团旗下岳阳新港公司承担的港口智能化运营信息系统应用、靠港船舶岸电技术、港区设备电机变频调速及势能回收综合节能三个重点支撑项目总体完成了实施方案预期目标和任务。武汉国际集装箱有限公司（阳逻港一期码头）通过对码头的主要用电机器如集卡车、龙门吊以及岸电设施的改造，采用新能源系统，全力打造长江内河首家绿色港口示范码头。上海国际港务（集团）股份有限公司尚东集装箱码头（中国）获得经亚太绿色港口奖励计划（GPAS）专家委员会评审的2018年亚太绿色港口荣誉称号。宁波舟山港宁波港域、温州港绿色港口项目加快推进。

推进老旧码头整合升级，清理生态红线、保护区、饮用水源保护区等范围内的港口岸线，因地制宜制定老旧码头的升级改造方案，实施港口岸线功能优化。江苏省全面取缔饮用水水源保护区内的排污口，要求新建码头依法建设水污染防治设施，老旧码头实施改造并制定计划加快推进，目前已有828个泊位（占沿江港口泊位总数的71.2%）完善了水污染防治设施；沿江21个危化品码头完成清理整治，沿海沿江180家港口企业基本具备靠港船舶产生的垃圾、生活污水和油污水等接收能力。湖北省推进砂石集并中心（点）建设，长江沿线8个市（州）砂石集并中心规划获省政府批复。湖南省岳阳市取缔砂石码头6个、浮吊船舶28艘，长沙市取缔砂场134家。重庆市实施主城区“两江四岸”港口岸线功能优化、朝天门码头减量提质和餐饮船舶综合治理等工程；累计搬迁主城饮用水源保护区船舶29艘，改造老旧船舶生活污水装置64艘，拆除或封存362艘船舶重油设施，完成123艘餐饮船舶防污染专项整治，启动32座老旧码头、39艘趸船环保改造和川维危化品洗舱基地提档升级工程，督促4座新建码头完善环保手续。

开展散货码头堆场粉尘防治，推进主要港口既有大型煤炭、矿石码头堆场建设防风抑尘等设施。江苏省沿江74个大型煤炭、矿石码头堆场中，已有64个完成防风抑尘设施建设，全省老旧散货码头粉尘综合防治率已达70%，新建码头粉尘综合防治率达到100%。上海市易扬尘码头完成扬尘防治综合改造并安装完成扬尘在线监测设备。安徽省对一般散货码头落后的装卸工艺加大技改力度，采取抑尘措施或增设抑尘设施，对扬尘污染严重的大型码头煤炭堆场还要求加设防风网（墙）、抑尘喷淋装置、沉淀池等设施，小型散货堆场要求通过覆盖等措施控制扬尘。江西省九江港（长江干线）辖区83家港口企业扬尘、粉尘污染得到有效治理。开展码头及罐区油气回收。湖北省煤炭、矿石码头、散货码头的大型堆场采取设置防风抑尘网、喷淋设施、干雾抑尘设施、封闭皮带机等多种措施进行防尘，截至目前全省大部分散货码头，均已或在配置港口扬尘设施。湖南省完成长沙港、岳阳港大型煤炭矿石码头堆场及其防风抑尘设施整治。重庆市在干散货港口推广防风网、堆场洒水设施，以及固定或流动除尘设施的应用，同时在闸口以及主要道路路面配备降速设施，限制港口运输车辆机械在港口生产区域的行驶速度，在主要生产设备上加装节水设施和污水处理与回用设施。

继续推动原油成品油码头油气回收，确保新建的原油、汽油、石脑油等装船作业码头全部安装油气回收设施，对已有原油、汽油、石脑油等装船作业码头开展油气回收系统改造。江苏省全年建成 27 个原油成品油码头油气回收设施，南京沿江油品化工码头18个泊位加装了油气回收装置，连云港、苏州新建油气化工码头基本实现了油气回收装置的全覆盖，原有库区、自备加油站也加装了油气回收装置。

6.3 推广应用新能源和清洁能源

6.3.1 节能环保技术应用

加快淘汰老旧高排放港作机械，推进港作机械“油改电”，积极采用绿色照明。上港集团下属港区共有轮胎吊453台，其中75%已完成油电混合动力改造；内集卡1240辆，其中1114辆已更换为LNG牵引头，占车辆总数的90%。江苏省推进集装箱码头“油改电”和港作机械“油改气”，截至年底已完成107台RTG“油改电”，改造率达95%以上，全省纳入统计范畴的规模港口2954台港口起重机有2884台采用电动起重装卸作业，码头电动起重机覆盖率达97.6%；江阴港完成了光伏发电、风光互补发电照明和风光互补供电3G视频监控以及风光互补供热等多项工程，南京港和徐州港分别建设了1套和8套太阳能供热系统，镇江港在趸船试点应用了太阳能发电系统；连云港港和南京港建设了4套空气源热泵。浙江省推进港作机械“油改电”工作，积极采用绿色照明等节能设备和技术，新建

服务区、港口全部采用绿色照明。湖南省引导相关企业淘汰改造26台排放不达标的港口机械。安徽省推进港口企业在港区内作业的水平运输机械、装载机、运输车辆等“油改气”。湖北省集装箱码头装卸设施90%以上采用电力驱动。湖南省引导相关企业，对燃油排放标准为国I和国II的26台港口机械进行淘汰或改造。云南省鼓励通过“油改气”“油改电”、报废更新等措施，加快淘汰不满足我国第三阶段非道路移动机械用柴油机排气污染物排放限值的港作燃油机械。

鼓励船舶改造油气收集系统，加装尾气污染治理装备，鼓励内河船舶安装生活污水收集存储或收集处理装置。加快推广三峡船型、江海直达船型和节能环保船型，开展内河集装箱（滚装）经济性、高能效船型、船舶电力推进系统等研发与推广应用。湖北首艘采用集成控制作业、交流变频调速等先进技术的电力推进疏浚船建成，国内首艘“零排放”“环境友好”的绿色动力客船-武汉轮渡300客位全电动客船投入运营。四川省研究设计并试建30客位钛酸锂电池作为船舶动力推进装置的旅游船舶，在乐山试点推广旅游示范船型。贵州省实施船舶“油改电”项目，完成改建先期示范船1艘，实现贵州省纯电驱动船舶零的突破。

6.3.2 推进港口岸电设施建设

各地积极推动落实《港口岸电布局方案》，加强港口岸电设施建设，有序引导船舶靠港使用岸电。

上海港已建成规模以上岸电20台套，覆盖26个港口泊位，其中集装箱泊位7个、邮轮泊位2个、电厂散货泊位4个、修船泊位6个、通用码头6个，工程泊位1个；客滚码头泊位、上海港作船舶码头泊位已实现低压岸电全覆盖。

江苏省制定了岸电建设三年行动计划，新建码头严格按法律法规要求建设岸电，老旧码头逐步配套岸电设施，鼓励靠港船舶使用岸电。全年建成沿江沿海港口 35 套高压、458 套低压岸电系统，累计建成内河港口 2000 余套小容量供电设施，新改建 21 个水上服务区和 6 个船闸待闸区共 274 套智能岸电系统，岸电系统已覆盖沿江、沿海及内河的主要港口。江苏首创的船舶高压岸电系统在连云港、张家港等5个港口推广应用。

浙江省建成岸电设施187套，累计建成747套（其中高压岸电13套）标准化岸电设施，港口岸电建设经验全国推广。舟山供电公司顺利通过对浦远减载平台岸电设备的验收，全国首个减载平台岸电工程正式建成投入运行。

安徽省鼓励支持靠港船舶使用岸电项目建设，新建码头同步规划、设计、建设港口岸电配套设施，同步投入使用。同时，积极支持、鼓励、配合其他码头改造建设船舶靠港岸电设施，对符合要求的，帮助申报国家补助资金。到2018年年底，列入2018年岸电改造任务的23个集装箱码头、大型货运码头已全部改造完成；其他码头岸电改造已完成39座。

江西省九江市沿江75家码头单位全部安装港口低压岸电设备，实现长江江西段低压岸电全覆盖，湖口境内11个码头完成港口岸电设备升级。

山东省沿海港口建成岸电设施项目60余个，岸电设施130套，覆盖泊位170个；济宁、枣庄市建成内河港口岸电桩86个，京杭运河沿线船舶聚集区基本实现了岸电设施全覆盖。

河南省新建港口在设计阶段同步进行了港口岸电设施设计，对建成时间较早的港口码头，引导港口码头经营单位按照现行法规和标准要求实施港口岸电技术改造，鼓励运输企业实施船舶岸电技术改造。

湖北省武汉、宜昌、荆州、黄石、黄冈、仙桃等港口已有58个泊位标准岸电设施安装到位。武汉市完成集装箱泊位岸电设施8套，重件多用途泊位岸电设施4套，3000吨级以上客运泊位1个；宜昌完成客运泊位岸电设施8套，多用途泊位岸电设施4套，通用散货泊位岸电设施1套；荆州市完成集装箱泊位岸电设施2套，件杂货岸电泊位岸电设施4套，客运码头岸电设施1套；黄石完成集装箱泊位岸电设施7套；黄冈市重要港口完成5个散杂货码头的岸电设施配备并运行；汉江仙桃港区完成4个多用途泊位岸电设施。长航局、湖北省交通运输厅港航管理局、国家电网、宜昌市政府等多方面合作，共同推进三峡坝区岸电实验区建设，秭归茅坪港客运码头岸电工程已试运行，沙湾待闸船舶综合绿色服务区、仙人桥锚地岸电工程已开工建设。

湖南省港口共有34个泊位建设岸电设施，分别是长沙港霞凝港区8个泊位、长沙港铜官港区2个泊位、株洲港5个泊位、岳阳港城陵矶港区16个泊位和岳阳港湘阴港区3个泊位。岳阳城陵矶港和长沙新港是湖南省已建港口岸电试点示范项目，其中长沙新港有限责任公司通过与国网湖南省电力公司长沙供电分公司签署《长沙新港智能港口岸电示范项目合作协议》以合作方式完成建设。目前有11个泊位岸电完成了首次接船。

重庆市积极开展集装箱码头、旅游客运码头的岸电技术研究及示范工程试点，其中市交通局与国网重庆市电力公司共同组织开展了重庆朝天门八码头智能港口岸电应用示范，“果园港低碳示范工程”建成岸电设施1套、“新田作业区神华码头低碳示范工程”完成3套岸电设施的接入。加快港口岸基岸电系统建设，完成果园、寸滩、珞璜、朝天门、新田等主要港口的岸电设施改造，全年投用7座码头岸基供电设施。截至年底，全市共有129个码头建有岸电供电设施，靠港船舶使用岸电占靠港船舶总数约60%。

四川省积极推动靠港船舶使用岸电，联合省能源局、国家电网公司建立合作保障机制，泸州、宜宾、南充港15个泊位建成岸电系统15套，首套港口岸电智能充电系统在宜宾上线投入使用。

6.3.3 推进LNG动力船舶和配套码头建设

长航局组织开展LNG动力船通过三峡船闸安全性评估，制定了《LNG动力船通过三峡船闸的工作方案》，积极推动LNG加注站和接收站建设，推进船舶应用LNG清洁能源。各地按照长江干线、京杭运河及西江航运干线液化天然气加注码头布局方案（2017—2025年），加快推进LNG加注码头建设。

上海市共有内河LNG动力船舶运营企业3家（绿色动力水上运输有限公司、绿动水上运输有限公司、上海环境物流有限公司），在营内河LNG动力船舶94艘，主要船型为600吨级、800吨级散货运输船。市交通委组织编制了《上海天然气加注码头布局规划》，共规划布局天然气加注码头11处，预留2处。

江苏省在京杭运河江苏段及干线航道上建成15座水上船用LNG加注站点；在南京港、

染物监控点、船舶污染物接收点，同时推动当地政府统筹规划建设港口船舶污染物接收设施，进一步完善与城市公共转运处置设施之间的衔接。

湖北省从长江港航建设专项经费中列支1000万元，实施“以奖代补”，对建设接收油污染和其他污染物体分别按80%、50%的标准实施奖励，全省十五个地市均已完成50%方案建设目标。各地市政府印发《船舶污染物接收、转运及处置联合监管制度》和《船舶污染物接收、转运及处置联单制度》，着力推进监管制度和联单制度运行。全省港口设置船舶生活垃圾箱2000多个，流动接收船舶71艘、8000总吨。

湖南省14个市州均已按要求完成本地区港口和船舶污染物接收、转运及处置方案编制并由当地市人民政府发布；洞庭湖生态经济区有18个船舶污染物收集点正在建设或运营；长沙、岳阳、益阳、常德均完成建设任务。已组建成立18家船舶水污染物接收企业，投入运行12家，其中收集船舶水污染物的企业有9家。全年收集船舶污染物4073吨，完成166艘400总吨以下货船防污染改造任务。

重庆市加快推进港口和船舶污染物接收、转运和处置设施建设，健全船舶污染物接收、转运、处置监管联单制度。奉节县等8个区县的船舶废弃物接收处置工程暨清漂码头项目开工建设，并出台船舶污染物接收、转运、处置监管联单制度。全年辖区船舶污染物接收、转运、处置共计船舶垃圾724.42吨、船舶生活污水2830.21吨、船舶含油污水56.11吨、船舶残油4.78吨。

四川省泸州、宜宾等10个市州印发并实施船舶污染物接收、转运、处置监管联单制度及联合监管制度，乐山等13个市州完成《港口与船舶污染物接收、转运和处置建设方案》编制工作并由市政府印发，其余6个市州正抓紧推进。

贵州省编制了《贵州省港口和船舶污染物接收转运及处置设施建设方案（2018—2025）》，各市州均出台港口码头防污染设施接收处置和转运方案，全面推进港口码头防污染设施建设，按照“水十条”考核要求，均达到50%以上，其中遵义达到81%。完成营运船舶防污染改造319艘，打造垃圾收集和清理船25艘，其中万峰湖船舶污染物收集船投入资金达1074万元。

云南省昆明、昭通、大理、西双版纳4个重点州市完成了船舶与港口污染防治建设方案的编制，建立了船舶与港口污染物接收、转运和处置联单制度，并积极筹措资金实施接收转运及处置设施建设，目前方案建设内容已完成50%以上。

6.4.3 推进船舶洗舱站建设

按照交通运输部关于长江干线水上洗舱站布局方案的要求，各级交通运输部门充分利用好国家已有相关政策，积极争取资金与政策支持，研究制定洗舱站建设和运营的资金补助等具体扶持政策，积极支持项目业主加快推进洗舱站建设前期工作。四川省积极争取在泸州港设置洗舱站，目前正推进相关前期工作。

江苏省加快长江干线水上洗舱站前期工作研究，推动南京、南通、江阴等5个沿江水上洗舱站建设。湖北省出台引导政策，对建设化学品洗舱站按建设经费的50%，不高于500万元的标准实施奖励，目前正在推进武汉市洗舱站建设。湖南省统筹考虑将洗舱站规

划在云溪港区，现正开展前期相关准备工作。重庆市已建成投用长寿川维和涪陵泽胜船舶水上洗舱基地2处，年洗舱能力达到700艘次/年，基本能够满足目前危化品运输船舶洗舱需求。

6.4.4 通航水域环境专项整治

船舶污染防治专项整治。各地组织开展船舶污染防治专项整治活动，深入重点水域，突出加强油船、危险化学品船、客船、餐饮船等船舶污染物排放、接收、转运、防治及船舶作业活动可能造成污染的监督检查。湖北省印发《船舶污染事故应急预案》《防治船舶及其有关作业活动污染环境应急能力建设规划》，开展航运公司安全与防污染监督检查和船舶污染防治专项整治行动，加强油船、危险化学品船、客船、餐饮船等船舶污染物排放、接收、转运、防治及船舶作业活动可能造成污染的监督检查。贵州省印发船舶防污染专项治理行动实施方案、船厂污染防治专项行动实施方案。

非法码头整治。巩固非法码头专项治理成果，建立常态化监管机制，积极推进砂石集并中心建设。长江干线1361座非法码头全部完成整改，其中彻底拆除1254座，并实现生态复绿；规范提升107座，实现合法运营。

各省市非法码头治理情况 表6.4-1

省（市）	码头整治情况
江苏省	拆除116个，规范提升1个，完成 13.3 公里长江自然岸线恢复和生态复绿工作，复绿面积达 284 万平方米，新增港口作业区绿化面积 14.19 万平方米、新增航道两岸绿化面积 1690 万平方米。
安徽省	990个无证经营码头、砂场、船厂纳入“取缔”“规范提升”整治范围，已完成整治94%。
江西省	九江港全面完成沿长江非法码头整治工作，共腾出岸线7529米，完成复绿种植面积65.89万平方米，赣江、信江和鄱阳湖沿岸关停非法码头114家、拆除15家、完善手续2家。
山东省	累计共计取缔非法小码头作业点572处，其中济宁市520处，枣庄市52处。
河南省	撤销渡口59道，拆除非法码头42处，取缔非法渡口15处。
湖北省	自2016年以来共取缔各类码头1211个，泊位1383个，清退港口吞吐能力1.56亿吨，清退岸线长度149.8公里，复绿面积809万平方米。
湖南省	全省251处非法码头、堆场，已关停177处，其中拆除了114处，复绿了12处，规范提升9处；推动洞庭湖区及湘资沅澧干线航道非法砂石码头整治，清理39个长江沿岸非法砂石码头。
重庆市	关停主城区“两江四岸”城市岸线范围内的27个货运码头。118座非法码头全面完成整治目标，已拆除设备230套，迁移趸船36艘，生态复绿1095亩，收回岸线17公里。
四川省	启动全省主要通航河流非法码头整治工作。长江干线泸州、宜宾两市共有非法码头88座（泸州64座，宜宾24座），已82座应取缔，6座已规范提升；全省长江码头数量由101个减少至19个，共减少码头82个，对已取缔的码头开展绿化美化，生态复绿总面积达37.83万平方米，恢复生态岸线12.25公里。

打击非法采砂。按照《水利部交通运输部长江河道采砂管理合作机制2018年度工作要点》的相关要求，长航局与长江委进一步深化合作，推动地方行政首长负责制全面落实，持续深化政府领导下的各部门联合执法机制、各地区的联动协作机制，依法从严从快打击长江非法采砂行为。长航局加强采砂现场监管，严厉打击非法采砂破坏航道、影响通航安全秩序行为，实施涉砂类行政处罚26件；开展非法涉砂船舶专项治理，推动地方政府牵头拆除各地非法涉砂船舶400余艘；推进非法采砂入刑实践，破非法采矿案566起，抓获犯罪嫌疑人187人，涉案价值2034万元，扣押采砂、运砂船44艘，扣押涉案江砂53431吨。在湖北省水利厅、交通运输厅、公安厅、长江航务管理局及各市州相关部门开展的枝江河道采砂管理联合执法行动中，湖北非法采砂入刑首案的涉案船舶被依法拆解。作为我国首例危害长江流域环境资源保护涉黑案件，团伙垄断长江武汉水域非法采砂利益的主犯获刑20年。同时，云南省对金沙江、澜沧江干流、洱海、滇池重点湖泊航道通航水域环境进行整治，打击非法采砂；湖北省开展汉江打击非法采砂“清江行动”，对汉江沿线采砂管理、采砂船舶监管情况进行了全面排查。

水上过驳非法作业治理。开展船舶水上过驳非法作业治理，禁止和取缔内河危险品水上非法过驳作业。长江江苏段过驳整治取得阶段性成效，除砂石以外的原油、煤炭过驳均已取缔，过驳作业点由原来的22个压缩到7个，过驳作业船由原来的700艘压减到344艘。

打击非法捕捞等破坏水生态违法行为。长航公安机关联合渔政等相关职能部门，组织开展为期四个月的长江禁渔期打击非法捕捞水产品犯罪专项整治行动，破非法捕捞水产品类刑事案件1678起。

打击固体废物倾倒长江等违法犯罪行为。组织开展长江干线固体废物非法转移倾倒运输环节情况排查，主要针对危险废物在港口装卸、水上运输，重点排查散杂货码头装卸危险废物情况和长江主要支流水上转移危险废物情况，强化监管执法，坚决打击各类“污染转移行为”。长江海事局开展固体废弃物非法倾倒运输排查等专项治理，查处装载固体废物船舶62艘次，滞留18艘次，联合检查码头210家。长航公安局开展了长江干线污染环境违法犯罪集中打击整治行动，共侦破破坏、污染长江环境案件149起；成功侦破“10·12”污染长江环境系列案件，查证非法倾倒长江水域的废物1万余吨、涉案源头企业16家，一举打掉多条由浙江、江苏至安徽非法转移危险废物和固体废物的“产业链”，并通过此案排查出88起破坏生态环境犯罪案件。开展内河沿线无环评危险货物码头整改行动，对因历史原因等形成的无环评手续危险货物码头完善环评手续或实施关停。

第7章 行业治理

7.1 管理体制机制建设

7.1.1 行政管理体制改革

省级交通运输行政管理体制改革。贯彻落实《中央编办交通运输部关于地方交通运输行业承担行政职能事业单位改革试点有关问题的意见》《关于深化交通运输综合行政执法改革的指导意见》，稳步推进省级交通运输行政职能事业单位改革和综合执法改革，推动实现行政职能回归机关、执法职能综合行使、公益服务强化。江苏、安徽作为行政职能事业单位改革试点省份，改革基本到位。其中，江苏省将省交通运输厅港口局（江苏沿江港口锚泊调度中心）、省交通运输厅航道局整合组建省交通运输厅港航事业发展中心，安徽省将省地方海事局（省港航管理局、省船舶检验局）整合设立安徽省地方海事（港航）管理服务中心，承担港航公益服务和事业发展职能，行政许可、行政裁决职能划入省交通运输厅相应内设机构，省级执法职能由新成立的省交通运输综合行政执法监督局承担。上海市交通委员会在综合执法改革中，拟将水上交通运输领域执法职责和队伍整合成立上海交通执法总队，市航务管理处（上海市地方海事局、上海市船舶检验处）、上海市码头管理中心行政执法职能剥离后，设立上海市港航事业发展中心。除了试点省份及直辖市外，其他各省份都在纷纷研究制定本地的交通运输综合行政执法改革方案。

长江航运行政管理体制改革。长航局围绕交通运输部《关于深化长江航运行政管理体制改革的意见》确定的主要任务，持续巩固改革成效。航道事企分开改革取得突破，长江航道工程局有限责任公司正式挂牌，公司“两会一层”正式运转，与长江航道局及5个工程单位之间的事权关系进一步理顺。通信、搜救、引航等改革深入推进，完成长江干线通信管理体制改革和长江无线电通信行政管理交接，长江通信实施全面统一管理；泸州、宜宾长江水上搜救中心正式挂牌运行；印发实施长江引航中心体制改革意见，完成“三定”方案编制并报交通运输部；设立三峡过闸船舶安检机构。推进长航局系统事业单位法人登记工作。水上综合执法深入推进，规范全线航道行政处罚工作，航道执法系统投入运行，航道行政处罚实现网上办理，全年共实施航道行政处罚835起；航道、海事执法系统实现

数据对接，执法信息化水平进一步提升；综合执法示范区建设顺利开展，建立9个水上综合执法示范区。执法改革试点有序开展，武汉港区海事处执法全过程记录部级试点工作进展顺利。

7.1.2 法治政府部门建设

贯彻落实《交通运输部关于全面深化交通运输法治政府部门建设的意见》《交通运输部2018年交通运输法制工作要点》的工作部署和各地省委、省政府有关法治政府建设的有关要求，贯彻全国交通运输法治政府部门建设电视电话会议精神，各省市交通运输部门和长航局始终把法治建设放在改革发展大局中谋划推进，把法治要求贯穿到规划、建设、管理、运营服务和安全生产等各领域，统筹推进法治政府部门建设工作，依法履行管理职能，依法行政意识和能力明显提高，法规制度体系框架初步建立，行政权力运行逐步规范公开透明，严格规范公正文明执法扎实推进。

健全完善航运法规体系。各省市交通运输部门加快推进重点领域立法，配合相关部门做好地方性法规立法规划制定工作，加快行业有关地方标准制定，《贵州省通航设施管理办法》印发实施，《江苏省水路交通运输条例》已经江苏省人大常委会一审，《江西省水路运输管理条例》列入省人大立法规划，浙江省出台内河水运转型发展标准体系清单；长航局积极推进《内河交通安全管理条例》等制修订工作。各省市交通运输部门加强对涉及生态环保、市场公平竞争、民营经济发展等方面的地方性法规、规章和规范性文件的清理，围绕改革需要特别是行政审批、安全发展新要求，做好相关规范性文件、规章的制修订工作；长航局对2002年以来以局名义制定的108件规范性文件进行清理，在局政府网站上公布了长航局保留、修订、废止规范性文件目录。

推进严格规范公正文明执法。继续推进落实行政执法公示制度、执法全过程记录制度、重大执法决定法制审核制度等“三项制度”，各省市交通运输部门在系统内推广“三项制度”试点工作可借鉴经验，长航局开展了荆州海事局行政执法公示制国家级试点工作和武汉港区海事处执法全过程记录部级试点工作。加强执法质量管理和执法监督检查，长江海事局、长江航运公安局落实《关于完善长江航运行政执法与刑事司法衔接机制的意见》，制定了移送犯罪案件的工作规程和办案指引。加强行政执法队伍建设，继续推进执法“三基三化”建设。深入推进执法信息化建设，利用云计算、大数据、人工智能等手段实现高效精准执法，江苏省等部分省市开发并推广使用运政在线电子签章系统。

推进法治宣传教育。贯彻落实“七五”普法规划，扎实开展法治宣传教育，各省市交通运输部门和长航局健全完善了学法用法制度，加强对领导干部、公务员、执法人员法律法规的学习培训，推进领导干部普法制度化、公务员普法常态化、执法人员普法系统化。

深化“放管服”改革。按照国家、交通运输部和各地方政府统一部署，继续做好行政许可取消下放工作，重点推进“经营港口理货业务许可”等中央指定地方实施审批事项取消落实工作。贯彻落实行政许可标准化指引要求，完善标准化办事指南和审批业务手册，进一步优化审批流程，推进水路运输、港口经营许可等审批事项“证照分离”改革。继续推进“互联网+政务服务”，完善行政许可网上办理平台，深化网上行政审批应用。

长航局不断优化行政审批流程，权责清单公开与动态调整实现常规化运行；长江海事局推行政务服务“一站式”办理、海船船员证书异地办理、试点国际航行船舶证书“三合一”办理，调整下放船员管理业务事权层级。推进“最多跑一次”工作落实，探索“三合一”模式精简办事流程，实现船舶登记、船舶国籍证书核发、船舶最低安全配员证书签发三个事项一次性办理；贵州省将行政许可、行政奖励、行政给付、行政裁决、行政确认、其他行政权力六类事项及办事指南按照全国一体化政务服务平台标准进行完善，实现了省市县“三级四同”；上海海事局公布“马上办、网上办、就近办、一次办”审批服务事项目录；江苏省实施船舶营运检验新机制，实现本省籍船舶在全省“通检通认”，继续落实省政府有关船舶过闸费等优惠政策。

加强事中事后监管。贯彻落实《交通运输部全面推行“双随机、一公开”监管工作实施意见》，建立健全“双随机、一公开”监管工作制度，完善“双随机”抽查“两单两库一细则”，健全“双随机”抽查方式、程序和工作机制的有关要求。完善事中事后监管措施，重点对“证照分离”涉改事项制定强化事中事后监管具体措施。长航局全面推行“双随机一公开”监管，长江海事系统逐级建立了“一单两库一细则”。

推进水路建设与运输市场信用体系建设。江西省、河南省、江苏省、浙江省等省作为全国创建“交通信用省”首批试点，扎实推进水路建设与运输市场信用信息服务系统建设，整合信用信息平台数据，完善相应的水运建设市场信用信息管理办法、港口经营信用评定考核管理办法等信用管理体系。四川、湖北等省市组织开展水运市场信用信息管理系统培训，完善省级水路运输市场信用信息管理系统，实现与国家、省有关信用平台的信息交换、共享和共用。长航局系统实施《长江干线水路运输市场和安全信用管理办法》《三峡通航诚信管理办法（试行）》，运行长江客船、危险品船运输经营人诚信信息监测系统，全年共公布企业及所属船舶、船员的诚信和失信行为111起；落实诚信公司和诚信船舶优惠待遇，对重点监管对象实施重点监管，实施了信息通报和联合惩戒措施；优化“信用长航”网络专栏，将专栏并入到网站总体布局。湖南省启用省水路运输市场信用信息管理系统，配合部运行全国水路运输市场信用信息管理系统，全省航运和港口经营企业基本信息录入完成，正在完善相关处罚信息。

落实政务公开工作部署。贯彻党中央、国务院关于全面推进政务公开工作的系列部署，落实交通运输部2018年政务公开工作要求，完善例行发布、应急发布、政策解读等机制，做好对热点敏感问题的舆论引导，及时回应群众关切，进一步推进长江航运业重大建设项目批准和实施、公共资源配置、社会公益事业建设等重点领域政府信息公开工作。

完善行政权力立体监督机制。贯彻党中央、国务院关于全面推进政务公开工作的系列部署，落实交通运输部2018年政务公开工作要求，以公开为常态、不公开为例外，推进行政决策、执行、管理、服务、结果公开，统筹兼顾、突出重点，不断提升政务公开的质量和实效，推动转变政府职能、深化简政放权、创新监管方式，充分保障人民群众知情权、参与权、表达权、监督权。巩固清理规范长江航运领域行政处罚、行政检查成果，建立暗访常态化工作机制，不定期组织开展暗访，加强对处罚、检查清单的监督管理，建立清单动态管理机制，根据法律、法规、规章等的调整，及时对清单事项进行调整和完善。完善

舆情监测及突发事件应对机制，及时收集分析各类信息舆情，加强分析研判和预警，强化个案措施应对。畅通信访渠道，用法治方式引领和保障信访工作，接受社会各界监督，保障合理合法诉求依照法定规定和程序得到解决。

7.1.3 协作合作交流机制建设

长江干线行业管理协调机制。长航局与沿江省市交通运输部门和地市人民政府的“2+N”合作机制进一步深化完善，先后与四川、安徽、浙江等省市召开了合力共建长江黄金水道座谈会，与浙江省海洋港口发展委员会签署战略合作协议。长航局与长江流域涉水涉航部门间合作不断深化拓展，与水利部长江水利委员会签署《共抓长江保护 力推绿色发展行动方案（2018—2020年）》，两部门围绕长江经济带高质量发展和长江大保护，在长江河道采砂、岸线管理、信息数据共享、防洪调度、港口码头等多个重要领域加强合作；与湖北省人民检察院、水利部长江水利委员会召开座谈会并审议通过《关于加强协作配合推进长江流域生态保护公益诉讼促进依法行政的会议纪要》，三方通过建立信息共享机制、工作配合机制、干部交流机制、常态联系机制，增进保护长江生态环境工作合力。

区域协调与合作发展机制。四川、云南两省签署《推进金沙江航运共同发展合作备忘录》，建立向家坝枢纽涉船重大险情应急协调机制。四川省和重庆市签订《深化川渝合作深入推动长江经济带发展行动计划（2018—2022年）》，探索交流渠江交界水域客渡船、砂石船舶安全管理及信息互通共享等。重庆、四川、云南、贵州四省市举行第二届长江上游地区省际协商合作联席会议，协商解决跨区域重大合作事项。滇黔桂三省（区）共管库区水上交通安全管理联席会议制度进一步完善，破解共管库区安全管理存在的突出难题。湖北、湖南、江西三省召开长江中游城市群水运合作第四次联席会议，三省港航部门共同签署水运合作备忘录，围绕加强水运基础设施建设、航道管理、港口经营管理、航运、船舶检验工作、绿色水运发展等六个方面合作。沪浙皖鲁苏“四省一市”海事机构商讨联动监管。

7.2 水路运输市场监管

7.2.1 宏观调控与市场监管

水路运输市场调控。长航局积极拓展宏观调控新思路，进一步优化了船舶运力结构，促进企业做优做强，推动水路运输市场平稳有序发展。统筹考虑企业生产经营、安全管理等情况并开展量化评比，对长江水系原油船运输市场采取公开竞争择优方式，分二批有序投放于长江中下游干线省际运输市场，已完成第一批（10艘原油驳船）的运力投放择优评价工作。继续实施长江水系省际客船、液货危险品船运输市场宏观调控政策，严格控制新增经营主体和新增运力，全年省际客船、液货危险品船运输企业分别较上一年度减少3家、12家（截至年底，省际客船、载货汽车滚装船、危险品船运输经营人分别为18家、10家、158家）；实施省际客船、危险品船企业“3艘换1艘”和“吨位换吨位”的运力置换政策，加快淘汰老旧船舶，全年淘汰船舶138艘，约5万载重吨。对兼并重组和淘汰老旧船舶的企业给予一定激励，继续推动企业通过购买运力、兼并重组等方式实现自有运力达标，推动企业规模化经营。加大对空壳公司、僵尸企业、挂靠公司的清理整顿，全年按规定撤消了1家僵尸企业经营资质，对1家存在挂靠行为的企业进行了查处。

水路运输市场监管。长江水系各省市交通运输部门和长航局探索市场监管新方法，运用多种监管模式强化事中事后监管工作，进一步提升监管效率。加强对水路运输经营人的经营行为、经营资质、运输船舶的营运资格的核查，按照《交通运输部关于开展2018年国内水路运输及其辅助业和国际船舶运输业核查工作的通知》要求进行再部署，全面完成水路运输及其辅助业年度核查工作。长航局积极探索建立了“双随机一公开”监管模式，制订并实施了《长江水系省际客船、液货危险品船运输监督检查工作细则》等有关制度文件，建立了检查对象名录库和检查人员名录库，并按计划组织实施了对重庆等4省（市）的随机抽查；加强信用管理工作，通过长江客船危险品船运输经营人诚信信息监测系统及时记录、公布企业及所属船舶、船员的诚信和失信行为，落实诚信公司和诚信船舶优惠待遇，实施信息通报和联合惩戒措施。实施长江干线省际客运安全专项治理行动，检查企业及船舶在生产经营和安全管理等方面的问题、缺陷，有效防范化解客运企业和客运船舶存在的安全风险隐患。加大违法事故船舶处罚力度，全年对发生事故的1艘省际客船、5艘液货危险品船实施了停航整顿，并对企业负责人采取了约谈措施。

7.2.2 运输组织协调与服务

水路运输组织协调。加强春运、节假日、汛期、枯水期等重点时段旅客运输、重点急运物资和特种拖带工作等运输组织保障，实现客船零事故、旅客零伤亡、旅客零滞留、服务质量低投诉。春运期间，长江干线累计安全运送旅客1082万余人次，渡运车辆255万余台次；累计完成4次特种拖带运输保障工作。

三峡过坝运输组织协调。在三峡南线船闸和葛洲坝一号船闸停航检修期间，船舶过坝遵循“安全第一、兼顾效率、重点优先、先到先过、合理分流”的原则，特殊任务（警卫任务、军事运输、载运抢险救灾物资等）船、长线客船、整船载运鲜活货船、载运重点急运物资船、商品车滚装船、集装箱船优先安排过闸（对优先过闸的船舶艘次进行总量控制，并每天公布优先船舶名单），其他船舶一律按先到先过的原则安排过闸，累计核准55艘次重点急运物资船舶优先过闸，共计15万吨重点急运物资。根据《长江干线过坝船舶联动控制方案》，按照“远程申报、分类排序、滚动计划、分段控制、沿途待闸、实时公开”的原则，长江海事机构、三峡通航管理部门对过坝船舶实施联动控制。为减轻三峡—葛洲坝枢纽河段通航压力，沿江地方政府有关部门组织做好相关重点物资利用铁路、公路进行货物分流。同时，鼓励货主、港航企业开展件杂货物翻坝转运。

深化服务港航企业措施。长航局继续组织开展“春暖行动”，制订并实施了《2018年长航局促进港航企业转型升级工作措施》。加强运输市场监测，加强信息引导，定期召开水运经济形势分析座谈会，发布市场供需分析报告。相关地方政府继续出台或完善集装箱运输专项补贴政策，支持水路集装箱运输发展。支持企业在特定航线开展江海直达运输发展。江苏省全面贯彻船舶过闸优惠政策和集装箱船舶免费优先过闸、LNG 船舶优先过闸政策，全年共优惠内河船舶过闸费2.6亿元，惠及船舶316万艘次，免除集装箱船过闸费3560万元。

7.2.3 长江引航服务

长航局修订了《长江干线船舶靠离泊和引航或移泊辅助作业拖轮配备标准（试行）》，新标准使辅助作业拖轮配备更加合理。

深化“阳光引航”服务举措，长江引航中心推出长江引航“八项服务”新承诺，提出公开引航计划、引航申请受理程序、引航费收标准，确保引航责任事故率低于0.3‰等新举措，实现引航申请受理率100%，按时开航率100%。

长江引航中心全年共引领中外籍船舶62755艘次、6.2亿净吨，同比分别增长1.2%、7.5%；引领夜航船舶33014艘次，占比52.6%，有效应对寒潮大风、雾霾、台风等恶劣天气影响169天，应急疏港船舶6361艘次；引领受限船舶10141艘次，同比增长11.35%，其中开普型船3669艘次，同比增长12.1%，助力太仓港集装箱吞吐量突破500万TEU。开辟重点物资运输“绿色通道”，优先引领电煤船、集装箱船、成品油船共8605艘次。助力长江航运物流降本增效，引领船舶最大吃水太仓港突破至12.3米、南通港突破至12米、南通以上至南京各港达到11.36米。

2013—2018年引航业务量完成情况统计表 表7.2-1

项目		2013年	2014年	2015年	2016年	2017年	2018年
引航业务量	引航量（艘次）	39416	39743	40717	44299	45902	45854
	总吨位（$\times 10^9$）	5.72	6.28	7.17	8.11	9.23	9.80
	净吨位（$\times 10^9$）	3.09	3.42	3.95	4.46	5.11	5.41
	里程（万公里）	442	428	432	482	500	468

7.3 水路建设市场监管

7.3.1 水运工程建设市场管理

规范项目招投标工作。各省市交通运输部门和长航局认真履行招投标监管职责，加强水运行业建设市场制度体系建设，规范水运工程建设市场参与方的行为。长航局在工程项目招标评分细则中引入信用评价分，建立并完善“守信联合激励，失信联合惩戒”制度，全年共完成106个标段招投标监管工作。四川省印发《四川省水运工程建设项目招标投标管理实施细则（试行）》；贵州省出台《进一步加强贵州省水运建设工程项目管理工作的实施意见（试行）》；江苏省加强招标投标和信用考核，在招标文件中明确扬尘污染防治和品质工程有关要求。

加强建设市场信用管理。长航局开展了2017年度设计、施工和监理单位信用评价工作，对75家施工企业、25家设计企业、16家监理企业进行综合评价，评出AA级69家，A级46家，B级1家；对2017年从事长航局系统建设工程的监理工程师进行了信用评价，共评价了123位监理工程师（含专业监理工程师）；对2017年长航局系统的试验检测单位和人员开展了信用评价工作，评价了4家试验检测单位和72名检测人员（含检测工程师和检测员），信用等级均为A级，检测人员无具体失信行为。加强建设市场从业单位和从业人员信用信息审核发布，做好长航工程建设市场信用管理平台运行工作，信用评价结果在长航局政府网站进行公示并汇总到交通运输部网站。

开展“品质工程”示范创建及质量提升行动。贯彻落实交通运输部《品质工程攻关行动试点方案（2018—2020年）》，各省市交通运输部门加快完善创建品质工程的管理制度和实施措施，完善有关工程质量安全技术标准，落实工程建设项目管理工作职责和措施，强化工程建设全过程质量监管，推进水运品质工程示范创建活动。四川等省市印发《关于加快推进公路水运品质工程建设的实施意见》，明确工作推进的具体时间节点及示范项目、实施范围，全力打造“工程实体内实外美，功能服务尽善尽美”的公路水运工程。江苏省印发了《江苏省公路水运品质工程评价实施办法》《江苏交通优质工程挂牌创建与评审办法》等5个管理类文件和15个技术类文件，实施公路水运品质工程创建月报制度，研究设立公路水运工程项目“首席质量官”制度，连云港港30万吨级航道一期工程荣获詹天佑奖，邵伯三线船闸工程荣获国家优质工程奖。浙江省实施以京杭运河（浙江段）三级航道整治工程湖州段为代表的浙江省水运施工标准化示范项目，打造“优质耐久”“安全舒适”“经济环保”“社会认可”的品质工程。按照交通运输部办公厅关于开展《严重危及公路水运工程施工安全生产的落后工艺、设备和材料的淘汰目录》编制及试点工作的通知要求，长航局和各省市交通运输部门组织相关单位对落后工艺工法、施工设备、工程材料进行评估、筛选，编制形成目录清单并进行公示，淘汰严重影响工程质量、安全、环保的落后工艺，促进先进成熟工艺的应用。长航局公布长航系统严重危及公路水运工程施工安全生产的落后工艺、设备和材料的淘汰目录，共4项，其中禁止类3项，限制类1项；四川省公布的目录清单共35项，其中禁止类21项，限制类14项；安徽公布水运工程拟淘汰落后工艺、设备、材料目录共6项；江苏省公布公路水运工程落后工艺淘汰目录清单（第一批）。

7.3.2 水运工程质量安全监督

各省市交通运输部门和长航局不断强化水运建设工程质量安全职责履行、落实质量安全责任，以质量和安全为核心，以质量安全综合督查和平安工地考核评价为手段，以品质工程示范创建和施工标准化示范创建为契机，不断推进工程质量安全监督工作的标准化、规范化。2018年，长航局监督的在建工程项目共72个，工程质量监督覆盖率达100%，单位工程验收一次通过合格率达100%，未发生等级以上的质量安全责任事故。

完善工程质量安全监督管理制度和考核评价标准。长航局编制了《长江干线航道整治工程质量通病防治手册》《水运工程施工标准化指南》《长航局工程质量监督服务手

门加强对辖区内相关港口企业的工作指导和安全检查，并监督港口企业切实建立完善安全管理制度体系、落实相关措施。港口企业加强安全生产防范能力建设，以企业安全生产标准化的建设和运行来落实港口安全监管的主体责任，并大力开展法律、法规宣传教育工作和港口安全警示教育活动。深化危险货物港口作业安全治理专项行动和港口危险货物储罐安全专项整治，督促港口企业依法依规从事生产经营，强化安全隐患排查治理，加强港口危险货物作业安全源头防范、风险管控和作业管理，以完善预案和实战演习来提升企业应急处置能力。

7.5 水上交通安全监管

7.5.1 水上交通安全形势

2018年，长江干线及长江水系14省市沿海和内河通航水域运输船舶全年共发生一般等级及以上水上交通事故145件，没有发生一次性死亡（失踪）10人以上的事故和重大船舶污染事故，未发生重大群体性事件，水上交通安全形势稳中趋好。

全年，长江干线共发生运输船舶一般以上等级事故27件，死亡失踪35人，沉船19艘，直接经济损失3926万元，四项指标同比“全面下降”，分别下降5.2%、20.4%、5%和39.2%；长江海事局辖区发生2起船舶操作性污染（溢油）事故；长江干线航道全年未发生航道维护责任事故，未发生堵航事件；三峡船闸、升船机设备运行总体稳定，未发生船闸、升船机管理责任事故和船舶漂流撞坝事故、水域污染事故；长江干线引航事故险情总件数较上年略有下降，有效应急处置船舶失控险情157起，未发生群死群伤和水域污染等重大事故。

2018年水上交通事故“四项指标”基本情况 表7.5-1

区域		四项指标				比上年同期（%）			
		一般等级以上交通事故（件）	死亡失踪人数（人）	沉船艘数（艘）	直接经济损失（万元）	一般等级以上交通事故	死亡失踪人数	沉船艘数	直接经济损失
部直属海事局辖区	长江海事局	27	35	19	3926	-5.2	-20.4	-5	-39.2
	其中：江苏海事局	19	25	16	3312.6	5.6	-16.7	45.5	-31.7
	上海海事局	17	40	15	6626	-26.1	135.3	200	-1
	浙江海事局	35	53	23	8305	66.7	89.3	76.9	92.5
地方海事辖区	上海地方海事	2	2	0	33	50	0	-100	-59.4
	江苏地方海事	5	5	1	13.4	25	0	-50	-12.4
	浙江地方海事	11.25	15			-8.7	87.5	—	—
	安徽地方海事	37	1	10	977	-8.3	-85.7	0	41.3
	江西地方海事	1	0	0	139	—	—	—	—

续上表

区域		四项指标				比上年同期（%）			
		一般等级以上交通事故（件）	死亡失踪人数（人）	沉船艘数（艘）	直接经济损失（万元）	一般等级以上交通事故	死亡失踪人数	沉船艘数	直接经济损失
地方海事辖区	山东地方海事	0	0	0	0	—	—	—	—
	湖北地方海事	1	1			-50	-66.7	—	—
	湖南地方海事	4	9	3	195	33.3	125	0	-9.7
	重庆地方海事	1	3	1	—	-50	-25	-66.7	—
	四川地方海事	4	5	4	20	100	150	100	66.7
	贵州地方海事	0	0	0	0	—	—	—	—
	云南地方海事	0	0	0	0	—	—	—	—
	陕西地方海事	0	0	0	0	—	—	—	—
	河南地方海事	0	0	0	0	—	—	—	—

7.5.2 安全监管能力建设

长航局及各地港航（海事）管理机构，深入贯彻习近平总书记关于安全生产工作的重要指示精神和党中央国务院关于安全生产领域的有关部署，认真落实交通运输部关于加强水上交通安全管理工作等有关安全生产工作要求，树立安全发展理念，弘扬生命至上、安全第一的思想，坚守红线底线，深化“平安交通”“平安长江”建设，着力完善安全责任体系，着力夯实安全生产基础，着力构建双重预防机制，着力构建安全发展支撑体系，确保长江航运安全生产形势稳定。

1.完善安全责任体系

按照“管行业必须管安全、管业务必须管安全、管生产经营必须管安全”和“谁主管、谁负责”的原则，长航局及各地港航（海事、船检）机构，加快厘清安全生产监管职责边界，制定并公布安全生产权责清单，细化履职行为规范，健全落实安全生产责任制，强化层级责任落实，推动实施安全监管规范化标准化；督促落实企业安全生产主体责任，推动企业建立健全覆盖生产经营各环节、责任明晰的安全生产制度，积极推进企业安全生产标准化建设。开展安全生产信用管理，加大安全生产失信行为惩戒力度，强化评价结果应用。

2.完善安全监管基础保障能力

继续推进安全监管基础设施建设与装备配备工作，积极推进安全监管信息化智能化建设，进一步整合海事信息资源，加强对现场监督执法的技术支持，积极探索人工智能技术在安全监管领域的融合落地。

长航局系统推进北斗系统在海事管理中的应用，长江海事局三峡库区船舶交通管理系统（VTS）二期工程通过竣工验收，补点完善CCTV系统，新的高清视频监控系统在重点

区域实现与AIS数据的联动，镇江五峰山VTS、泰州港全程可视化信息系统、“智慧长江·南通”（一期）、太仓综合指挥系统等项目如期推进。截至2018年底，长江干线已建或在建8个监管救助综合基地、3个监管救助基地、1个应急打捞基地、10个公安警备基地，以及207个监管救助站点码头、45个派出所警备码头，18个航标维护基地、83个航道基层码头，拥有海巡艇总数283艘、趸船199艘（含江苏海事局巡逻艇93艘、趸船73艘），建成VHF基站56个、VTS雷达站106个、AIS基站76个、CCTV监控点1300余个，AIS覆盖长江干线重庆界石盘至江苏浏河口水域，VTS和CCTV基本覆盖重点港区、桥区等重点水域，其中江苏段、马鞍山至安庆段VTS实现全覆盖，基本形成了“布局合理、重点突出、巡救结合”的长江干线水上安全监管和救助系统，三峡坝区形成“九站一中心”监管系统。

地方海事部门继续推进VHF、AIS、CCTV等监管系统和船艇装备建设。上海市完成VHF模拟电台升级改造，建成800兆内部数字集群对讲通信，AIS基站覆盖达80%。江苏省启动江苏籍内河船舶“船舶身份识别与轨迹传感器”（VITS终端）免费安装工作，VITS船载终端安装使用率近100%；现有工作船艇735艘。安徽省水上交通安全监管和应急救助基地船艇建造任务全部完成，现有工作船艇254艘。江西省现有工作船艇165艘。河南省实施了7个库区（水域）港航安全监管基础设施标准化建设工程。湖南省实现对湘江衡阳至城陵矶段及洞庭湖区的水上安全通信（VHF）覆盖、AIS船舶动态监控和CCTV视频监视，以及渡口码头视频监视，“湘救拖3号”应急搜救船交付使用。湖北省搜救系统接入崔家营航电枢纽管理处、江汉运河管理处船闸视频信号。重庆市推进乌江、小江、梅溪河、抱龙河等支流VHF及CCTV视频监控系统建设，建设VHF基站7座，视频监控点48个，完善航道智能监测实施，建成水上交通运行管理系统，整合水上信息资源。四川省在广元、乐山、南充、凉山开工建设市（州）级水上交通安全监管系统，加快推进水上交通安全监测巡航救助一体化建设；累计建成码头及船载视频1515个，渡口码头和客渡船覆盖率25%，建成VHF基站8个、AIS基站31个，现有工作船艇1864艘。云南省现有海事执法船艇41艘，在澜沧江所有国际航行船舶上均安装了北斗终端及自动识别终端。

深入推进安全工程建设，继续加大港口、航道等安全设施建设投入。推进水上交通安全实践教育基地建设，继续深入开展水上交通安全知识进校园活动，普及水上交通安全知识，增强学生水上交通安全意识，提高应急求生技能。

继续实施从业人员安全素质提升工程，四川省开展2018年度全省水上交通安全监管业务培训，提升航务海事系统水上交通安全监管业务能力，规范和提高全省水上交通安全监管水平。

3.深化安全监管规律研究

长江海事局基本完成十大监管规律研究并逐步转化应用，推进基层建立海事监管“一库一图一手册”，编制“三基”资料库、监管示意图和监管规律手册。实现长江干线船舶定线制全覆盖，推动完成四川段航路改革，开展8个航行规则的运行评估及安徽段定线制上延研究。推广“12345”安全监管经验。

4.完善预防控机制

继续深入推进安全生产风险分级管控和隐患排查治理双重预防体系建设，加快制定各领域安全生产风险和事故隐患判定指南，指导督促企业建立风险隐患排查、评估、治理的长效机制。

强化重点保障，加强安全生产形势分析研判，提前部署做好全国两会、春运、“十一”黄金周等重大活动、重点时段安全生产工作。

强化隐患治理，在水路危险货物运输、水上客运等重点领域开展风险辨识与隐患排查治理工作，推动关口前移，严把风险防控。长江海事局开展“平安长江百日行动”，全面排查安全风险和隐患，挂牌督办6项重大隐患整改；排查干支交汇水域，列出风险清单，细化管控措施；督促企业运行双重预防机制，对13家省际客运公司开展专项治理。

健全预警联动机制，强化恶劣天气和汛期安全预警，长江海事部门加大与气象、地质部门的沟通联系，对外发布1295次安全预警；开展安全预警后续管控措施研究，提升针对性和有效性。

强化教训汲取，及时开展安全生产事故和重大事故隐患警示、通报、约谈、挂牌督办及安全生产事故典型案例警示教育。湖北省深入开展典型事故案例“双进”活动，结合辖区特点选择渡运事故、砂石船事故、散货船事故等典型事故案例及警示教育片，到船员培训机构、航运公司进行宣讲。浙江、上海两地海事联合开展“3.25”内河安全警示活动，以上海“内河安全警示日”为契机，联合开展主题为“安全航行，关爱生命，保护水域环境”的宣传活动。

落实水路旅客运输实名制，长航局对长江干线35个客运港口码头的实名制落实情况进行督查验收，对不具备实名制及安检条件的码头采取了禁止客船停靠的措施。

5.加强安全生产应急能力建设

应急救助指挥体系建设。推进水上应急指挥管理平台的使用和管理，强化水上险情信息的报送工作，进一步规范水上交通预警预报信息的发布工作，加强与水利、航道等单位联系和沟通，预警预防网络进一步健全。长航局与四川、重庆、湖北、江苏等交通运输部门和沿江地市人民政府建立了应急合作机制。实施海事巡航救助一体化和应急动态待命工作，设立了189个应急动态待命站点，构建了三级指挥，四级待命的应急组织体系。安徽省完成省水上交通指挥中心试运行，基本形成了省、市、县三级海事机构应急指挥和值守处置机制。湖北省省级搜救协调中心基本建成，16个市州分中心和60余个县级巡航救助站点投入使用，初步建成了省、市、县三级“看得见、呼得通，层层快速反应”应急救助体系。湖南省建设省级安全应急指挥中心和岳阳、长沙、常德、衡阳等4个省级水上安全监管救助基地。推进环洞庭湖区域18个应急监管救助基地及危化品船舶监控能力建设。积极整合应急资源，引导社会力量参与。加强与气象等部门的配合，及时通过短信平台转发气象预警信息，提高水上安全预警预防能力。海事与渔政、水上公安等部门的执法船艇，在水上搜救行动中经常开展协作。

完善应急预案体系。完善水上交通突发事件各类预案。四川省修订完善《四川省水上运输事故应急预案》，编制印发《四川省水路危险货物运输应急预案》《客渡船应急预案》《船舶污染防治应急预案》，指导20个市州公布印发《水上运输事故应急预案》，基本形成多层次、广覆盖，相互联动，操作性强的应急预案体系。湖南省发布了船舶污染

应急处置预案，湘江沿线七市已完成部分应急能力建设工作，环洞庭湖的三市一区正在推进落实相关建设工作。浙江省港口应急预案体系基本建立，省级层面已制定《浙江省港航系统港口突发事件应急响应预案》，各地也依法建立港口危险货物事故、重大生产安全事故的旅客紧急疏散和救援以及预防自然灾害等预案。重庆市持续深化与社会救援力量的合作，修订完善水上交通突发事件应急预案，筑牢航运安全发展的最后防线。

加强应急救助设施装备建设。加强应急基础建设，增强应急处置能力。推进水上交通安全监管和应急救助系统规划，加强信息化监管和救助系统建设。应急指挥、视频监控、车船定位等指挥系统，水路交通专网，固定视频监控点、移动视频监控点，安全监管和应急搜救趸船，执法艇等不断完善。加强应急物资装备配备工作。截至2018年底，长江干线一般性通航水域船舶一次性溢油控制清除能力达到50~100吨，武汉、镇江、太仓等重点通航水域能力达到200吨，南京、张家港等水域能力达到400吨；武汉应急抢险打捞基地在建，长江干线具备了1000吨的应急抢险打捞能力。

加强重点港口企业、重点港口区域应急保障能力建设。港口企业基本按规定配备了应急救援队伍和相应器材、设备。新建油气化工码头、大型储罐、高危储罐等重点场所均设置了紧急切断系统，已建企业也积极通过系统改造、技术升级等方式提高企业安全管理控制化水平。大型港口危货储存企业均按规定建立起专职消防队，配置了消防车辆和站舍等设施或落实了消防联防力量。重庆市围绕“装备、队伍、预案”三个贴近实战，加快推进“一中心六基地”应急救援体系建设，61艘各类应急艇趸配备到位。

7.5.3 水上交通安全基础管理

1.船舶管理

长江海事局继续做好船舶登记工作，全年完成船舶登记工作量10785艘次；其中江苏海事局完成船舶登记工作量1889艘次。继续实施船舶进出港报告制度，构建起船舶进出港监管的新模式，江苏海事局辖区全年船舶进出港253万艘次、载货量19.6亿吨、集装箱992万TEU，国际航行船舶进出口岸3.6万艘次、外贸货物3亿吨，危险品船舶11万艘次、危险货物1.8亿吨；开展内河船舶非法从事海上运输、国内航行船舶进出港报告专项整治，实行进出港报告网上信息核查率100%、现场监督进出港报告检查率100%和严重违法行为行政处罚率100%，核查52.3万艘次，加大对船舶进出港实施情况、船舶开航前自查情况和船舶标志标识配备情况的检查力度，打击了船舶不按照规定进行进出港报告、开航前自查和故意遮挡船名标志等违规行为；汇总公布脱管船舶名单并加强监管；继续做好船舶安全证书文书核发工作。

地方海事部门继续做好船舶登记和船舶安全管理工作。浙江省在全国交通运输系统率先推出内河船舶证书“多证合一”、船舶检查“多检合一”改革试点。江苏省船舶登记业务办理26098次。江西省登记注册船舶3587艘，船舶登记业务办理1917次；全年船舶进出港88.62万艘次，货物到发量6171.4万吨。安徽省登记注册船舶25888艘，全省申报登记船舶电子注册19737艘，完成船舶电子报港36.8万艘次。河南省共开展船舶登记业务办理4685次，沙颍河、淮河航道共报告船舶进出港11526次。湖北省开展登记船舶清理排查，共排查船舶8377艘，发现问题29625项，全部督促整改。湖南省登记注册船舶14063艘，全年完成船舶登记工作量8890次。重庆市登记注册船舶2790艘，船舶进出港43.62万艘次、货物到发量3005.2万吨。四川省印发《关于进一步加强全省船舶安全管理的通知》，举办全省船舶管理业务培训，船舶登记业务办理7973次。云南省开展C级船舶安全检查员培训，加强和规范船舶安全监督检查工作。

2.船员管理

推进船员队伍建设。长航局制定了长江干线内河客船、危险品船船员素质提升指导意见。各海事机构持续开展船员履职专项检查、典型事故案例进船员培训机构等工作，严格对内河从事危险品运输的船员进行培训和安全教育，加大对危险品航运公司船员培训管理的监督检查力度。长江海事继续开展“船员流动课堂”和培训教育机构“六进课堂”，举办技能比武和精品课程视频大赛，会同大型国企航运公司合作开展驾驶和轮机考官实船培训，船员实操技能和安全意识不断提升，全年开展船员履职专项检查15114人次，强制船员在船培训1585人次，组织开展危防培训40余次，培训危防人员近千人次。各地方海事机构，以船员适任为目标，强化船员培训监管，提升船员适任能力。江苏省在苏州开启了校企合作培训、船上培训的试点工作。湖北省将船员服务簿签发审批时限由7个工作日压缩至5个，将船员证书类审批业务由三级审批调整为二级，推广使用船员电子申报系统。四川省建立船员培训机构联席会议机制，强化船员集中安全教育培训。湖南省建立证书过期预警机制，完成3.15万本过期船舶船员证书清理。云南省成立澜沧江—湄公河国际航运人才培养基地。

规范船员考试管理。长江海事局（不含江苏海事局）全年组织海船适任考试14343人次，海船专特培考试93746人次，内河适任考试5928人次，内河专特培考试4202人次；发放海船适任证2772本，专特培证54941本，内河适任证6542本，专特培证11440本；年末辖区船员有效证书数量57425本。江苏海事局全年组织船员考试1545期，参加考试6.3万人次，签发船员证件4.2万本；年末辖区共有65181名注册船员，其中国内海船船员9137名，国际海船船员44699名，内河船舶船员11345名。上海海事局组织各类船员考试评估43509人次，办理各类船员证书44089本，签发海员证10619本，受理回复船员咨询服务1400余次。各地方海事机构，继续开展内河船舶船员实操考试，做好内河船员适任证书的发放工作。四川省采用“自建+租赁”计算机考场模式，船员考试全部实现无纸化。浙江省细化内河船舶船员培训内容、方式、时间和评价要求，提高客船、危险品船舶船员培训和考试执行标准，优化船员证书签发模式。

2018年部分省市地方海事辖区内河船员证书有关情况 表7.5-2

省（市）	船员有效证书数量（本）	船员考试数量（人）	船员证书发放数量（本）
浙江省	17489		
江苏省	80746	6640	10877
安徽省	30447	11136	11483

巡航里程24.5万公里。四川省地方海事系统全年巡航14842次，巡航里程17.2万公里；全年检查船舶36505艘次。贵州省地方海事系统全年巡航21770次，巡航里程30.1万公里。云南省地方海事出动检查船艇633艘次、检查执法车辆4620次、被检查船舶4000余艘次。

2.四类重点船舶安全监管

加强对“四类重点船舶”的安全监管，构建“四类重点船舶”安全监管长效机制。“四类重点船舶”是指：客船（含普通客船、高速客船、旅游船、邮轮、客滚船、客渡船、汽渡船、载货汽车滚装船等）、危险品船、砂石船、易流态化固体散装货物运输船舶。

涉客船舶管理。长江海事部门完善客渡船监管长效机制，深化“斑马线”行动，划定停航封渡水位，加强协议水域渡船监管，保障8935万人次、2402万车次渡运安全。配合地方政府建桥撤渡，减少渡口45处、渡线33条、渡船29艘；开展客运码头经营资质查验和实名制检查，实施客船“1+7”长效机制，完成50艘客船专项检查，与3家客运公司签订搜救合作计划，对违规的省际客船实施停航整顿。推进水上客运、旅游船舶的公司化管理，安徽省宁国市青龙湾、太湖县花亭湖、舒城万佛湖等湖库区对水库实施统一管理，对库区原有不规范船舶实行收购，统一建造适航客船并实行公司化运营，消除了水上安全隐患。

危险品船舶监管。长江海事部门落实相关船舶限航工作，禁止单壳化学品船和600载重吨以上的单壳油船航行长江干线，全面实施小型液货船禁限航制度。加强载运危险货物的船舶动态监控，对载运一级易燃易爆危险货物船舶实行动态监控率100%和特殊时段、重点航段现场维护率100%，动态监控800艘次载运一级危险货物船舶，现场维护196艘次载运一级危险货物船舶通过一级重点水域。继续推行危险品船分级管理，加强108艘C级危险品船舶监管，推广危化品货主选船机制。开展水路危化品运输基础情况调查，船舶载运危化品专项治理行动，推进水上危险品运输信息化建设。全年共办理船载危货申报140728艘次，开展危险货物装卸作业检查34279艘次，辖区危险货物吞吐量22463.2万吨；散装危险货物吞吐量21997.8万吨，其中散装油类12388.4万吨，散装化学品8196.2万吨，散装液化气1413.2万吨；包装危险货物吞吐量465.4吨；载运危险货物集装箱吞吐量30.8万TEU。

砂石船监管。长江海事部门继续深化运砂船监管，强化巡航检查，加大执法力度，形成有效的砂石船舶长效管理机制。巩固“两非”整治成果，合理设置砂石船舶锚泊基地，推进河道采砂综合治理。

3.重点时段安全监管

长江海事部门继续加强春运、“两会”、进博会等重点时段监管；强化恶劣天气和汛期安全预警，发布预警1295次；保障三峡船闸停航检修期间2500艘次船舶、588万吨货物安全过坝。

4.重点水域安全监管

长江海事部门深化通航水域分级管理，加强35处一级水域和180处二级水域监管；强化桥区水域安全监管，保障137座已建在建桥（隧）和12.5米深水航道、“645”航道建设等重大工程的通航安全；维护枯水期太平口、枝江、九江等重点浅窄水道的通航秩序。

加强桥区、库区、湖区以及旅游区、渡口、水库、通航密集区等水上交通活动频繁水域的安全监管。各地海事机构开展防堵保畅隐患排查专项行动，春夏火灾防控专项治理行动，防范船舶碰撞桥梁专项整治活动，中小型船舶安全管理专项行动，乡镇渡口渡船质量提升行动，水上游览经营活动安全检查。严格浮桥安全设施设置及管理措施的落实，提升浮桥装备水平，督促地方政府全面落实渡口安全管理责任，营造良好渡运秩序。加快渡口标准化建设、渡船更新改造和撤渡建桥、撤渡并渡。

加强共管水域水上交通安全管理。金沙江川滇两省交界水域、滇黔桂三省区共管水域、澜沧江跨州市共管水域建立水上交通安全管理联席会议机制，加强共管水域水上交通安全管理。

涉水工程通航安全监管。开展涉水工程通航安全检查。2018年6月1日起全面实施三峡过闸船舶100%安全检查，累计检查过闸船舶3.2万艘次。

5.安全生产专项活动

平安交通百日行动。按照交通运输部“平安交通百日行动方案”任务要求，各省市交通运输部门和长航局、部直属海事局以“防风险，除隐患，强责任，建机制，抓落实”为主题，深入开展“平安交通百日行动”，集中整治一批长期性、反复性、根源性顽症痼疾，切实保障水路运输安全生产形势持续稳定。坚持关口前移，对航道等基础设施，以及港口危险货物作业、水路危险货物运输、内河水上游览经营活动、渡口渡船等重点领域开展安全生产风险辨识，建立安全风险清单和企业（单位）风险档案数据库，严格落实风险分类分级管控制度，建立动态监测、评估、管控机制；加强航道、船闸等基础设施的隐患排查力度，督促企业建立隐患排查责任制和工作制度，建立隐患清单，完善隐患自查、自报、自改的闭环管理机制。长航局在“平安长江百日行动”中，全面辨识排查了12项重大风险和6项重大隐患，督促生产经营单位落实风险管控措施，积极整改重大隐患。

长江干线省际客运安全专项治理行动。长航局继续加强省际客运安全管理工作，督促客运企业落实安全生产主体责任，保障人民群众生命财产安全，确保长江干线水上客运安全持续发展。组织运政、海事、公安、港航等单位开展了长江干线省际客运安全“回头看”专项治理行动，对13家省际客运企业、50艘省际客船以及客船停靠的31个港口客运码头实施100%检查。落实交通运输部“冬季行动”方案要求，结合枯水期“三保一创”专项活动，长航局制定了冬季安全“2+7”行动方案，严格客运船舶安全管理。

中小型船舶安全管理专项整治行动。落实交通运输部海事局开展中小型船舶安全管理专项整治行动的要求，各海事机构针对3000总吨（含）以下的中国籍船舶及承担其安全与防污染责任的航运公司，在船舶安检、现场监督、VTS监控、公司日常监督检查、安全管理体系审核、事故调查等环节采取明察暗访、突击检查、联合执法、工作督查、鼓励举报等方式和手段，对公司管理不到位、船舶质量差、船员不遵守船舶航行规定，避让协调和应变能力差等突出问题开展专项整治。通过专项整治行动，长江海事部门滞留船舶225艘次，扣留船员证书255本，移交司法机关38人；上海海事局检查船舶21628艘次、发现问题12626项。

水上过驳专项治理。交通运输部长江航务管理局、江苏省交通运输厅联合出台《关于长江江苏段水上临时过驳规范管理的实施意见（试行）》，加强水上临时过驳作业区监

督管理，港口主管部门将过驳区内过驳作业纳入港口经营范围，履行经营秩序、安全监督管理职责；长航局系统履行过驳区水上安全、船舶防污染、水上治安、消防安全监督管理等职责。督促过驳区经营单位全面落实安全稳定、环境保护、经营秩序等主体责任；浮吊业主按规定配合船员和操作人员，配备符合安全环保要求的设施设备并正常运行，严格执行安全环保生产作业规程。切实规范水上临时过驳作业区经营管理行为，加强过驳市场管理，严格限制过驳货种和船舶种类，不得从事砂石以外货种过驳。目前，长江江苏段设置水上临时过驳区7个，保留338艘过驳浮吊，作业货种仅限为砂石。

其他专项治理。江苏省地方海事开展防范船舶碰撞桥梁专项整治活动，共排查跨航道桥梁 3379 座，发现存在通航安全隐患的桥梁 524 座，督促桥梁管养单位落实主体责任，桥区水域现场安全监管不断强化。江西省印发交通运输系统2018年安全生产专项整治行动实施方案，在水路运输领域，集中治理水路运输经营者经营资质不达标、运输船舶违规挂靠、船舶违章航行以及港口危险货物集中区域安全隐患问题，要求各生产经营单位建立“一图、一牌、三清单”，即绘制安全风险“红橙黄蓝”四色分布图，对安全风险制作告知牌和风险管控责任、风险管控和应急处置措施等清单。重庆市全面部署开展全市餐饮船舶专项整治行动，切实治理餐饮船舶污染。建立由交委、环保局牵头，工商局、食药监局、农委等多部门参与的联席会制度，制定《重庆市餐饮船舶污染专项整治工作验收标准》，排查出共涉及23个区县的餐饮船舶138艘。

6.应急演练和救助

举办各类业务和训练培训，开展水上人命救助、防污染及消防演练演习和技能比武等活动。长江航务管理局、四川省交通运输厅、泸州市人民政府联合举办“2018年长江泸州水域船舶溢油联合应急演习”，是我国首次在长江上游川江自然航段、急流水域开展的一次船舶溢油应急演习，也是长江干线四川段水上安全监督管理体制改革完成之后举行的首次船舶溢油应急演习。长江干线全线189个巡航执法与应急救助站点24小时待命，有效处置了多起突发事件。长江海事局全年开展搜救行动201次，共救助遇险船舶252艘、遇险人员2344人，人命救助成功率98.3%；成立宜宾、泸州长江水上搜救中心，实现长江干线水上搜救责任区全覆盖。江苏海事局全年完成搜救64次，成功救助遇险人员919人，人命救助成功率97.15%，救助船舶81艘，挽回经济损失近4亿元。上海海事局全年实施海上搜救266次，成功救助遇险人员2029人，搜救成功率95.39%。

浙江省舟山市举行了绿色石化暨国家溢油应急设备库大规模综合演练。江苏省张家港港开展了内河水上溢油事故应急演练。安徽省铜陵市组织多部门在中石化铜陵油库码头联合开展溢油应急演练。湖北省在武汉中韩石化码头举行危化品消防演练。河南省全年组织水上交通应急搜救演练19次，其中多部门联合演练12次，跨区域演练2次。四川、云南航务管理部门及中国长江三峡集团有限公司开展了向家坝升船机过机船舶火灾事故及枢纽河段船舶失控海事应急救助演练。四川省地方海事机构在涪江黑石湾水域举行大型非自航船舶失控救助处置应急演练。贵州省地方海事机构全年开展43次水上交通安全应急演练，乌江航道、海事部门及大唐武隆水电开发有限公司在银盘船闸进行了过闸船舶闸内失火的消防应急救援演练。

2018年部分地方海事系统辖区应急救助情况 表7.5-3

辖　区	遇险船舶数（艘）	搜救行动次数（次）	搜救成功率	获救人员数（人）
上海地方海事	53	66		117
江苏地方海事	1792	689	99.80%	1666
安徽地方海事	75	72	98.46%	192
江西地方海事	13	19		10
重庆地方海事	1	1	66.67%	2
四川地方海事	111	32	98.6%	143

7.5.5 水上治安消防监管

1.水上治安防控

治安防控体系建设。长江航运公安局继续推进治安防控体系建设，织密织牢长江公共安全网。全力推进项目建设，完成芜湖、安庆分局警备码头建设工程等5个项目。长江干线下游治安防控视频监控系统工程开工建设。金盾信息网二期工程建设工程可行性研究报告通过评审，110调度指挥系统二期工程初步设计完成招标。强化新船型研发和续建船前期工作启动，初步形成基层派出所、分局、局机关三级船舶配置体系。进一步深化执法规范化建设，通过多形式、多内容的学法用法活动，提升整体执法能力和执法水平。

治安防控与联合执法。根据上级统一部署，长江航运公安机关先后组织开展了打击枪爆违法犯罪、“扫黄打非”和“三保一创”“安全生产月”“汛期百日安全”“长江江苏段水上过驳集中整治”“平安长江百日行动”等一系列专项行动。共出警43043起，查处治安案件10635起，同比分别下降17.6%、9%。保持对各类刑事犯罪的高压打击态势，全年破刑事案件4515起；破获水运物流案件354起，破获“盗抢骗”案件493起，为企业、群众挽回经济损失2亿余元。加大水上巡查和联合执法力度，在长江干线全线建设驻海事水上警务室54个，全年开展联合执法5709次，救助各类遇险船舶51艘、救助遇险人员245人，查处无证驾驶机动船舶案件1831起，破获伪造、变造国家机关公文证书案共计408起。

保障水路客运安全。加强船舶派乘工作，安全运送中外旅客190万余人次。扎实推进长江水路旅客乘船实名制工作，对长江干线17个客运港口码头的实名制落实情况进行督查验收。加强上海吴淞国际邮轮港现场交通安全保卫，确保了240万中外旅客过境安全。

长江干线水域安保。长江航运公安局严格落实各项安保措施，建立健全长效机制，先后完成春运、三峡两坝船闸停航检修、“两会”和大型活动期间等重点时段及春节、清明、五一、国庆等重要节假日期间长江水上安保任务，确保了长江干线水域治安秩序持续平稳。

2.消防安全监管

长江航运公安局着力推动辖区单位消防安全主体责任落实，多措并举消除消防隐患，查处消防行政案件1507起，责令限期改正火灾隐患920处。全年长江干线水域发生火灾27

起，持续保持火灾零死亡及多年未发生重特大火灾事故。

深入贯彻落实《消防安全责任制实施办法》，对发生火灾事故的船舶公司及消防安全责任人、管理人开展警示约谈。以季节性防火工作为抓手，对人员密集场所、重点船舶、长期作业地船舶开展专项消防监督检查行动，落实中小船舶突出违法行为专项整治、易燃易爆火灾高危场所消防安全专项检查，加大消防安全日常巡查、检查力度，充分运用“查、改、罚、封、停、拘”等执法手段，严厉查处火灾隐患和消防安全违法行为。

提升消防救援应急处置能力，加强消防装备力量建设，完成三峡消防1号、2号消防艇及配套趸船移交工作；立足实战完善各类应急疏散预案、灭火救援预案，严格落实灭火救援战术训练；坚持实战实训，开展三峡坝区、危化品码头以及各类船舶灭火救援应急演练；举办长航公安消防灭火救援培训班和消防监督员培训班，开展战训业务学习和战例研讨；制作并免费发放水上消防公益宣传片，充分运用传统媒体和新媒体，全面开展消防安全宣传。

第8章 行业文化

8.1 思想政治教育

强化理论武装。各地交通运输部门和长航局系统始终把党的政治建设放在首位，坚持以党建为统领，党建、业务“两手抓、两促进”。深入学习习近平新时代中国特色社会主义思想和党的十九大精神，推动“两学一做”学习教育常态化、制度化，引导广大党员干部不断提高政治站位，切实树牢“四个意识”，坚定“四个自信”，坚决做到“两个维护”。长航局系统结合实际大力实施“万里长江党旗红”党建创新工程，推动了全面从严治党在全系统向纵深发展、向基层延伸。浙江省港航系统开展“三级四联五举措”党建联动工作，为港航系统“最多跑一次”改革落地提供有力保证。

抓实思想教育。各地交通运输部门和长航局系统坚持以人为本，将细致的思想政治工作与为职工办实事解难题相结合，确保了职工队伍稳定。长航局系统在深化改革过程中，积极引导职工正确看待改革、充分理解改革、积极参与改革，充分显示了思想政治的强大力量；充分发挥群团组织作用，持续建设“四位一体”职工之家，推进“青年引航工程”，开展“三送”活动等，进一步改善基层一线工作环境，极大地增强了干部职工的归属感自豪感。

8.2 核心价值观践行

培育和践行社会主义核心价值观。以培育践行社会主义核心价值观为主线，充分发挥干部职工的主体作用，创新举措，丰富载体，抓好抓实群众性精神文明活动。长航局系统开展了“中国梦”宣传教育，引导干部职工共谱“中国梦”长江篇，唱响主旋律、弘扬正能量；以全面提升长江航运服务能力和水平为目标，在长江航运全行业开展“爱岗敬业、明礼诚信”社会主义核心价值观主题实践活动。在船、港、站广泛制作宣传栏、发放宣传品，积极利用各种媒体网络平台大力传播践行社会主义核心价值观的文艺作品和公益广告，做到全方位覆盖、多形式展现，使长江航运成为践行社会主义核心价值观的先行者、传播社会主义核心价值观的重要窗口。

完善和实践行业核心价值体系。推进社会主义核心价值观在长江航运行业的落地生根，完善和发展以行业使命、共同愿景、行业精神、职业道德等为基本内容的行业核心价值体系，使之始终与时代要求同步、与行业发展合拍，成为引领干部职工奋发向上的精神力量和团结奋斗的文化纽带。用社会主义核心价值观和长江航运核心价值体系引导人、凝聚人、激励人、塑造人，大力培育爱岗敬业、诚实守信、拼搏进取、甘于奉献的干部职工队伍，营造见贤思齐、戮力同心、奋发进取的工作氛围。在制度文化和行为文化建设上下功夫，将行业核心价值外化于形、固化于制。贵州省港航系统以“砥砺江河，默默奉献”为行业价值观，四川省航务海事系统以“忠诚担当 尚法笃行 风清气正 护航兴港”为行业价值观，浙江省港航系统弘扬“争当排头兵，甘做航标灯”的港航精神。

8.3 文明创建提升

选树感动交通人物。交通运输部、中华全国总工会联合开展“2017年感动交通十大年度人物”评选。其中，民生实业（集团）有限公司董事长卢国纪获2017年感动交通年度特别致敬人物，长航局驻农村工作队（扶贫工作队）、江苏省淮安市洪泽区地方海事处马浪岗海事所获2017年感动交通十大年度人物。

加强文明单位创建。系统谋划和深入推进文明单位、文明行业创建工作，不断拓展创建领域、深化创建内涵、打造创建品牌、细化创建措施，推动行业文明水平不断提升。长航局系统19个单位新获和保持全国文明单位称号，二级单位100%为省部级以上文明单位，一大批港航单位进入省级文明单位行列，行业保持全国交通运输文明行业称号。湖北省港航海事系统“六型”文明示范窗口数量达到171个，覆盖面76%。安徽省合肥市南淝河水上交通安全检查站获得2018年中国郑和航海风云榜“最佳基层海事监管机构”称号。江苏省邵伯船闸连续十年五次荣获全国文明单位，谏壁船闸“微引航”服务平台获“江苏交通十大服务品牌”。

培树先进典型。把培树先进典型作为加强行业文明建设的重要载体。长航局出台先进典型培树工作指导意见和劳模先进典型培养规划（2018—2025年），着手建立长航局系统先进典型库。一批个人获2016—2017年度全国交通运输行业精神文明建设先进个人，其中，湖北省汉江崔家营航电枢纽管理处黄伟、常德航道管理局沅陵航道处舒脉才、重庆市嘉陵江航道管理处北碚航道站王小万、长江航道整治中心何传金等9人获全国交通运输行业文明单位职工标兵，四川省交通运输厅航务管理局杨钱梅、江阴海事局丁湖海、长航局赵明明、长江航道局陈宇、长江航运公安局曹建平等5人获全国交通运输行业精神文明建设先进工作者。何军、谢启龙、吕洪等同志获“全国交通技术能手”称号，多人入选2018年度交通运输青年科技英才和新世纪十百千人才工程第一层次人选名单。

强化文明窗口建设。长航局系统以“爱岗敬业立新功 明礼诚信树新风”为主题，开展长江航运第22届“文明窗口月”暨“行业核心价值体系学习实践教育月”活动，在窗口单位中集中开展“讲文明、树新风、创一流”活动，推动窗口单位提升管理水平，提供文明优质的满意服务；积极开展标准化服务、精细化服务、个性化服务、品牌化服务和自助式服务；完善公示制、承诺制、首问负责制等服务制度；改善服务环境，加强服务硬件建设，强化精神文化体验，提升服务品质和附加值。镇江市地方海事局谏壁海事所、安徽省江淮船舶检验局、贵州省赤水河航道管理局水堤滩信号台、中国水运报社全媒体编辑中心等11家单位获全国交通运输行业文明示范窗口。

8.4 文化建设引领

行业文化品牌建设。充分利用长江航运文化资源丰富、历史积淀厚重的有利条件，长江引航中心的“水上国门形象第一人”，长江海事局的“人和、忧乐、坚韧”和“激情海事平安峡江”，江苏海事局的“幸福船员”，长江航道局的“绿色航道、畅通服务”，长江三峡通航管理局的“畅行三峡、一路阳光”和“三峡水上温情驿站”，长航公安局的“忠诚精进、善战刚正”和“110报警联动服务”，中国船级社武汉规范研究所“江海青蓝”等为代表的长江航运文化品牌进一步巩固、丰富和发展。江苏省以大运河文化带建设为主线，启动大运河航运文化示范航段和标识项目研究，积极推动蔺家坝船闸、谏壁船闸大运河航运文化标识项目建设，南京市航道处创新打造全省首座航标文化馆、水运文化长廊及全省首座航道文化主题公园（南京水运文化展示中心）。

行业文化阵地建设。长航局继续推进“春晖工程”和“四位一体”职工之家，大力改善基层一线工作环境；深化“春雨计划”，改善基层文化场所；开展“送温暖（清凉）、送文化、送健康”活动，组织长航文艺轻骑兵深入一线慰问演出，丰富基层职工精神文化生活；开展长航系统“书香三八、智慧长航”女职工征文活动，4名女职工获全国“书香三八”读书活动表彰。江苏省组织开展“诗话大运河、潮涌新时代”知名主持诵经典大型活动，创建了一批全省交通运输文化建设示范单位。中国首家内河航运专题博物馆贵州航运博物馆获评贵州省爱国主义教育基地。武汉航运交易所启动筹建长江航运博物馆。《当代安庆港发展史》作为“大江神韵，当代长江航运发展史丛书”的组成部分正式出版。大型纪录片《中国灯塔》完成在长江航道的拍摄取景工作。各地交通运输部门继续按《中国水运史（1949—2015）》《中国水运工程实录（1978—2015）》的任务分工做好编纂工作。

行业机关文化建设。长航局坚持以机关学习为抓手，以机关窗口建设为重要发力点，有效提升文明创建工作活力；坚持打造“大气、正气、雅气”的机关文化，树品牌、建阵地、铸精品，弘扬主旋律，提振精气神，提升创建魅力。江苏省推进京杭运河人文运河建设示范项目建设，建设一批运河文化的科普基地和教育载体，完善淮阴船闸闸史陈列室、邵伯船闸闸史陈列室，在徐州、扬州等地建设陈列室。建设运河航运文化标识，打造蔺家坝船闸、谏壁船闸两个文化标识项目以及运河镇江段、淮安段两个示范航段。

8.5 宣传舆论引导

主题宣传报道。各地交通运输部门和长航局系统广泛开展“纪念改革开放40周年”“水运绿色发展”等专题宣传活动。长航局组织庆祝改革开放40周年10项系列活动，开展长江航运改革开放40年微视频、摄影大赛，征集出版长江航运改革开放40年新闻作品集，刊发10大发展成就系列报道，举办“壮阔大江潮”纪念改革开放40周年长江航运图片展；“守护长江万里行”网络直播专题荣获国家“五个一百”网络正能量精品专题；加强舆论引导，发挥中国水运报等宣传阵地作用。四川省通过水上交通安全知识进校园、“安全宣传月”活动、春运“情满旅途”活动、重要纪念日等载体，加大精神文明建设和行业新闻宣传力度，增强行业凝聚力，扩大行业影响力。

“大江奔流——来自长江经济带的报道”主题采访活动。7月中旬至8月中旬，中宣部组织开展“大江奔流——来自长江经济带的报道”主题采访活动。在采访团乘坐“长江壹号”轮从重庆至上海开展采访期间，长航局派出专门工作组和专家团队协助采访，确保了长江采访水上航行和人员安全，展示了交通运输系统推进长江经济带发展取得的成效，受到中宣部、交通运输部通报表扬。活动中，策划组织20家媒体集中直播船过三峡升船机、长航局记者见面会、生态航道建设等宣传活动，并选派专家参与中宣部组织的“夜话长江”访谈直播节目。活动期间，各大媒体刊发涉及交通运输、长江航运的重点报道稿件150余篇，转发量达14000篇次，取得了很好的效果。

行业典型宣传。长航局系统组织开展第六届“长航双十杰”颁奖表彰和巡回风采展示活动，在交通运输部党校以“为了母亲河的微笑”为主题组织了长江航运先进典型汇报展示活动，组织姚泽炎参加国务院新闻办公室举办的“与交通运输改革发展共成长”中外记者见面会活动。各地港航系统组织开展学习“时代楷模”王继才同志先进事迹等活动。

第9章 发展展望

9.1 发展形势展望

9.1.1 中国经济发展形势和总体要求

当前，世界面临百年未有之大变局，经济全球化进程已发生深刻转变，全球多边主义体制正酝酿深刻调整，现有国际体系和全球秩序亟待深刻转型和重塑。这些历史性的大调整大变革，将从技术、结构、规则、体系等各个层面深刻影响未来较长时期的世界经济走势和经济全球化进程。受全球贸易紧张、金融环境收紧、政策不确定性上升等多重因素影响，全球经济增长从2018年下半年开始减速，特别是中美贸易摩擦对企业信心和市场预期影响，国际贸易波动幅度加大，衡量国际贸易水平的波罗的海干散货运价指数（BDI）持续回落（2019年1月2日1282点，3月29日689点），表明国际贸易摩擦持续发酵对全球贸易和全球物流产生一定负面影响。国际货币基金组织（IMF）2019年4月9日发布最新一期《世界经济展望报告》，将2019年全球经济增长预期下调至3.3%，创下2008年金融危机以来的最低水平。但总体而言世界经济下行压力虽然加大，但仍将延续缓慢复苏态势。

虽然外部环境正在发生着深刻变化，但中国发展仍处于并将长期处于重要战略机遇期。中国经济正在由高速增长阶段转向高质量发展阶段，经济长期向好、稳中求进的态势并未发生根本性变化，且新时代的新变量、新动能、新空间、新布局，为新时代中国经济迈向高质量发展提供了新动力、新机遇、新前景。“一带一路”倡议稳步推进，国内主动扩大开放，宏观政策效应逐步显现，产业升级加快、企业活力增强等都为我国经济发展提供强有力的支撑。国务院总理李克强在第十三届全国人民代表大会第二次会议上做的政府工作报告，对2019年经济社会发展总体要求和政策取向进行了全面部署，并提出了国内生产总值增长6%~6.5%的预期目标。

面对中国特色社会主义进入新时代以及“百年未有之大变局”的战略机遇期，各地区各部门认真贯彻习近平新时代中国特色社会主义思想，紧紧围绕贯彻落实党中央部署和中央经济工作会议精神，坚持稳中求进工作总基调，坚持新发展理念，坚持推动高质量发展，坚持以供给侧结构性改革为主线，细化“巩固、增强、提升、畅通”八字方针落实举措，统筹推进稳增长、促改革、调结构、惠民生、防风险、保稳定工作，进一步稳就业、稳金融、稳外贸、稳外资、稳投资、稳预期。把推动制造业高质量发展作为稳增长的重要依托，引导传统产业加快转型升级，做强做大新兴产业，以高水平对外开放促进深层次改革，加快建设现代化经济体系。继续打好三大攻坚战，巩固“三去一降一补”成果，增强微观主体活力，提升产业链水平，畅通国民经济循环，推动经济高质量发展。

9.1.2 交通运输发展形势和总体要求

当前，交通运输处于基础设施发展、服务水平提高和转型发展的黄金时期。加快经济结构优化升级、推动高质量发展为行业转型带来新机遇，提升科技创新能力、抓住新一轮技术革命和产业变革机遇为交通运输发展赋予新动能，深化市场化改革、扩大高水平开放为行业迈向现代治理带来新机遇，加快绿色发展、推进生态文明建设为绿色交通发展带来新机遇，参与全球经济治理体系变革、提升国际话语权和影响力为行业开放发展带来新机遇。同时，世界经济下行风险逐步加大、外部环境复杂多变，国内经济面临下行压力、发展要素制约，结构调整阵痛凸显、行业转型升级，关键核心技术“卡脖子”问题突出、自主创新能力和现代治理水平不足，风险事件易发多发、安全稳定形势严峻等等，交通运输发展风险挑战明显增多。

全国交通运输工作会议对2019年交通工作进行了部署，明确将坚持以供给侧结构性改革为主线，紧紧抓住并全面用好重要战略机遇期，落实中央经济工作会议的“巩固、增强、提升、畅通”八字方针总要求，重点抓好“一个主题，一条主线，六个着力”，为服务全面建成小康社会收官打下决定性基础。

一个主题，就是推动交通运输高质量发展。加快形成推动交通运输高质量发展的指标体系、政策体系、标准体系、统计体系和绩效评价、政绩考核机制，建设安全、便捷、高效、绿色、经济的现代化综合交通运输体系。

一条主线，就是深化交通运输供给侧结构性改革。更多采取改革的办法，更多运用市场化、法治化手段，落实好“巩固、增强、提升、畅通”八字方针。巩固“三去一降一补”成果，补短板、降成本；增强微观主体活力，优环境、强服务；提升产业链水平，抓创新、增动能；畅通经济循环，提效率、促融合。

六个着力，就是审时度势，坚持目标导向、问题导向和结果导向，找准工作着力点。重点在提高综合交通运输网络效率、降低物流成本、确保安全稳定、深化市场化改革、扩大高水平开放、推动科技创新等六个方面精准发力。加强综合交通运输网络体系建设，大力推进综合交通通道和枢纽节点建设，加快实施一批补短板、增后劲的重点项目。优化运输结构，以促进大宗货物中长途运输“公转铁”“公转水”为主攻方向，促进联程联运发展，发挥好各种运输方式的比较优势和组合效率。加强运行管理，促进战略、规划、法规、政策、标准等治理体系协调，促进发展要素综合配置，促进信息数据互通共享。加强交通基础设施网络的运营维护，实施精细化管理。推进结构性、制度性、技术性、管理性降本增效，推进多式联运，调整运输结构，着力治理乱收费、乱罚款，降低高速公路、机场、港口、铁路等收费，以标准化促进物流体系标准兼容、信息共享、实体互联，推动管理创新、组织创新，培育和支持平台型龙头骨干企业整合“小散弱”市场主体，提高企业管理水平。牢固树立“安全第一、生命至上”安全发展理念，健全各级安全管理体制机制；加快完善安全生产的法律法规、规章制度；强化政府监管责任和企业主体责任的落实；充分发挥科技兴安作用；加强安全风险管控和隐患排查治理。坚持市场化改革方向，优化营商环境。进一步深化“放管服”改革，加快推进重点领域改革，加快破除制约微观主体活力释放的体制机制障碍。支持民营企业发展，推动新旧业态融合发展。转变政府职能，以推进行业综合行政执法改革、事业单位分类改革等重大改革为契机，加快提升行业治理体系和治理能力现代化水平。以共建“一带一路”为重点，以通道、运输、组织、政策、治理为发力点，系统构建我国全球物流运输体系，加快研究布局对外开放新通道，提升运输便利化水平和国际运输品牌影响力，加强对外开放工作体系建设和力量配备，以上海、海南等自贸区为试验田构建交通运输高水平开放政策体系。以科技创新为引领，重点解决好关键核心技术“卡脖子”的问题，加快新技术攻关和推广应用。以智慧交通为主攻方向，推动大数据、互联网、人工智能等技术与交通运输深度融合。以人才为支撑，坚持“高精尖缺”导向，加大行业人才队伍培养力度。

9.2 长江航运发展展望

9.2.1 2019年长江航运发展形势和要求

展望2019年，习近平新时代中国特色社会主义思想和系列重要讲话精神，中央经济工作会议和全国“两会”以及全国交通运输工作会议，都为长江航运实现更高质量发展指明了方向。当前，中国主要宏观经济指标保持在合理区间，市场信心明显提升，新旧动能转换加快实施，改革开放继续有力推进，经济运行总体平稳、好于预期。国家加快推动“一带一路”建设、长江经济带发展、长三角一体化发展，加快推进交通强国建设，为长江航运推进高质量发展提供了重大历史机遇；提出坚持向改革要动力，坚持以供给侧结构性改革为主线，加大改革开放力度，增强微观主体活力，加快运输结构调整等要求，为长江航运深化改革创新提供了良好环境；坚持稳中求进工作总基调，做好稳就业、稳金融、稳外贸、稳外资、稳投资、稳预期工作，确保经济平稳运行，为长江航运发展提供了有力支撑；新一轮产业革命、技术革命深入推进，物联网、云计算、大数据、人工智能、区块链等一些重大技术与产业深度融合，智慧航运生态体系的构建，为长江航运发展提升了新动能。

同时，外部经济环境总体趋紧，国内经济下行压力仍然存在，长江航运发展面临的国内外形势正在发生深刻而复杂的变化，市场需求增速放缓是行业面临的突出问题；长江航运更好地把握一系列国家战略实施的重大历史机遇，进而转化为发展的优势，面临较大挑战；在迈向高质量发展的进程中，在新技术不断涌现的背景下，进一步充分发挥长江航运的比较优势，打造一流的设施、一流的技术、一流的管理、一流的服务，面临较大挑战；世界经济增长乏力，贸易保护主义蔓延，中美贸易摩擦不确定性增加，航运业复苏困难重重，港口运营成本刚性上涨，要确保长江航运经济运行稳定增长，面临较大挑战；着力打

运工程和京杭运河升级改造工程。加快推进赣江、信江、汉江、湘江、沅水、嘉陵江、乌江、岷江等高等级航道建设步伐。

加快推进港口建设。推动长江干线沿江标准化、专业化、大型化港口公用码头建设，加快支流内河港口提档升级。推动重点港区加快进港铁路支线建设，强化港区集疏港铁路与干线铁路和码头堆场的衔接，完善江海联运配套港口设施。

3.加快转型升级，提升运输服务品质

全面加强基础设施养护管理。加强航道船闸养护管理，抓好2019年度航道、船闸养护计划的落实。推进内河航道现代化养护体系建设，抓好航道养护系列规范标准落实，推动航闸养护技术和养护手段创新，推进智慧工地、智慧船闸建设，开展新材料新技术的应用研究。

深入推动运输结构调整优化。落实国务院办公厅《推进运输结构调整三年行动计划（2018—2020年）》，加强国家级铁水联运示范项目和省级铁水联运示范项目建设，积极引导大宗货物运输和集装箱运输向水运转移，加快公铁水联运、江海河联运和江海直达运输发展，巩固铁水联运、江海联运、江海直达精品航线，壮大干支直达运输。落实降物流成本优惠政策，引导和鼓励“互联网+货运物流”等新业态新模式发展。

全面打造舒适出行服务品牌。推进重点水域水路客运联网售票，建设“一区三站”三峡通航综合服务区。进一步推进水路旅游客运服务质量和档次的提升，鼓励和支持企业打造水上旅游客运品牌，推进长江游轮运输发展，鼓励地方利用等级低、货运量小的内河航道发展水上旅游，支持旅游航道建设，鼓励发展旅游客运码头、游艇停靠点等。深化“阳光引航”服务，研究长江引航收费改革。

加强港口资源整合，提升一体化运营水平。推动整合港口岸线资源，推进港口一体化发展，促进港航融合发展。推动长三角沿江主要港口年底前基本实现外贸集装箱设备交接单电子化。

促进高端航运服务业发展。大力发挥上海航运交易所、武汉航运交易所、重庆航运交易所等航运交易中心在高端航运服务建设中的作用，支持建设航运中心大数据平台，丰富公共交易服务平台体系，继续丰富长江航运指数产品。

4.推进科技创新，提高港航智慧发展水平

推进科技创新体系建设。加强创新能力建设，聚焦关键核心技术研发，推进研发平台、协同创新中心和重点实验室建设，强化关键共性技术、前沿引领技术等研究和应用。完善科研资源共享、科研平台管理、科技成果转化等方面的制度，实施一批重大科技项目，促进科技成果有效转化。

推动现代信息高新技术应用。加快物联网、大数据、无人技术、BIM技术、人工智能、监测仿真模拟等新兴技术及生产一线急需技术的研发应用，进一步推进虚拟航标、无人测量船、多功能机械手和电子航道图等新装备的应用。实施电子识别新技术等在内河航运领域应用研究与示范。推动物流公共信息平台升级工作，推进多式联运信息化平台建设，加快推进政务信息系统整合共享。实施“云上长航”规划，加快推进长江航运数据中心建设。加强北斗卫星导航系统等自主可控技术的行业应用，全面落实北斗系统在长江航

运应用全覆盖实施方案，加快推进在公务船舶上的安装使用，确保实现第一阶段目标。推进网络安全设备和通信信息化系统产品等国产化替代，加强网络安全管理，完善综合防控体系。

推动智慧基础设施建设。跟踪新一代人工智能、新材料、新能源等重点领域科技进展，推动长江航道智能运维等技术研发及应用，推进智慧港口、智慧船闸和自动化码头等工程建设。加快推进电子航道图建设，在航道维护中应用电子航道图、航标遥测遥感等新技术。

提高港航智慧发展水平。优化港航信息化系统，推动建立港航大数据辅助决策机制与港航运行服务动态监测机制，建设港航综合信息系统和服务平台，积极推动信息共享，积极支持港航企业提高信息化水平，建设信息化商务平台。

5.强化绿色发展，扎实提升绿色发展水平

推进绿色航运基础设施建设。继续推进航道建设生态化，积极推广应用生态影响较小的航道整治技术与施工工艺以及生态友好型新材料、新结构在航道工程中的应用，加强疏浚土等资源综合利用，强化工程建设和运营中的生态环保和环境污染防治，加强采砂管理、航评审核及固废治理等专项工作。继续推进绿色港口创建，加强岸线管理和岸线资源节约集约利用。加快实施一批生态修复绿色发展的水运项目，加快推进绿色航运示范段建设。优化长江港口码头功能布局，促进港口岸线保护和合理利用。

加快推进清洁能源应用。继续引导淘汰、改造安全和环保性能差的老旧运输船舶，加快新能源和清洁能源船舶推广应用。继续推进港作机械能源清洁化改造。加快港口岸电设施建设和船舶受电设施改造，开展三峡坝区等岸电示范区创建。推动内河LNG船舶新建改建，支持企业建设内河LNG加注站点，研究LNG动力船优先过三峡船闸政策。

强化船舶和港口污染防治。制定并实施长江干线船舶排放控制区方案，加大现场监督检查、取样、执法力度。探索建立船舶污染物监视监测系统，强化船舶污水直排、偷排现场监管和大气污染防治监督管理，推动建立齐抓共管的污染防控联席机制。落实船舶和港口污染防治相关行动计划。推进港口粉尘监测系统研究和建设。继续严控在长江干流及主要支流岸线1公里范围内新建布局危化品码头。依法整治长江干支流港口规划范围内各类非法生产设施以及危化品、石油类泊位，建立监督管理长效机制。加强船舶防污染设施设备的配备和使用情况的监管。推动各地加快船舶港口污染物接收、转运及处置设施建设，做好船港之间、港城之间污染物转运、处置的衔接，推进落实船舶污染物接收、转运及处置联单制度和联合监管制度，开展船舶生活污水处置专项检查，加强对船舶防污染设施、污染物偷排漏排行为和燃油质量的监督检查。加快长江干线水上洗舱站建设，继续推动原油成品油码头油气回收。

6.严把安全第一，着力提升安全保障能力

着力深化平安长江建设，推动实施“大安全”综合管理，大力推进长江航运安全治理体系建设。长航局将持续抓好重点安全工作，加强水上交通安全监管，提升航道通航保障能力，加强三峡枢纽通航安全保障，加强治安消防管理，加强运输服务管理，提升应急保障能力，加强内部安全管理，继续实施“平安长江”升级工程（“平安渡线”“平安船

舶”“平安航道”“平安三峡”“平安引航”“平安工地”等六项升级工程）。

深入学习贯彻习近平总书记关于安全生产的重要指示和党中央、国务院决策部署，认真落实国务院、交通运输部有关安全生产工作部署。切实提高政治站位，紧扣安全发展主题，深化平安交通建设，制定针对性落实措施，坚决抓好贯彻落实，有效开展安全生产督促检查。

完善安全责任体系。健全安全生产管理组织体系，理清监管职责，分清安全监管边界，建立安全责任清单，规范安全管理制度，全面落实安全生产责任。健全落实安全生产责任制，制定并公布安全生产权责清单，细化履职行为规范，推动实施安全监管规范化标准化。督促落实企业安全生产主体责任，积极推进企业安全生产标准化建设，推动企业建立健全覆盖生产经营各环节、责任明晰的安全生产制度，开展安全生产信用管理，加大安全生产失信行为惩戒力度，强化评价结果应用。落实高危风险管控责任，突出涉客运输、危化品存储装卸作业、高危施工作业等重点领域。严格落实企业安全生产主体责任，做到重大风险防控全覆盖，责任到人；严格落实部门安全监管责任，确保对重点企业和重点地区高危风险的全面掌控。加强行业指导和事故整改责任落实，完善安全生产督查检查和考核评价制度。健全完善安全生产执法机制，加强基层执法力量建设，提升行业依法治安能力。加大对非法违法生产经营行为打击力度，依法加强水路运输挂靠经营、船舶管理公司“代而不管”、非法营运等重点违法违规行为的综合执法和联合执法。强化安全生产领域标准引领作用，健全优化安全生产领域标准规范工作机制。

强化重点领域监管。继续贯彻落实《船舶安全监督规则》和《船舶进出港报告制度》，加强船舶动态日常监管，加强对船舶集中的通航水域、危货港口码头、渡口、桥梁以及水上水下作业施工工地的日常巡查，加强重要节假日、汛期、恶劣天气等重点时段现场监管。持续做好“四类重点船舶”和重点水域安全监管，推进建设水上交通运输运行监控体系。加强公司安全管理，扩大ISM规则国内化范围，基本实现国内航运企业安全覆盖。加强船舶检验机构和船舶检验质量的监督，努力提升船舶检验管理和船舶检验能力。深化施工安全风险管控与隐患排查治理体系建设。加强危险货物领域治理。组织开展一系列水上安全专项行动。

完善预防控机制。落实交通运输部关于水上交通安全管理的有关规定，持续加强对客船、危险品船等重点船舶、三峡船闸（升船机）等重点环节，以及长江江苏段、渡口、桥区等重点水域安全监管。深化“12345”科学安全监管体系建设，组织开展安全监管规律的研究与应用经验交流。加强船舶自备救生艇（筏）的安全管理，推动重点港区组建专业化交通服务公司。继续深入推进安全生产风险分级管控和隐患排查治理双重预防体系建设，指导督促企业建立风险隐患排查、评估、治理的长效机制。组织开展安全生产重大事故隐患“清零”行动，推动行业安全生产事故隐患“减增量、去存量”。加强安全生产形势分析研判，强化重大活动、重点时段安全生产工作。强化教训汲取，完善安全生产事故典型案例举一反三、汲取教训工作机制，及时开展安全生产事故、重大事故隐患警示、通报、约谈、挂牌督办和安全生产事故典型案例警示教育。

提高安全基础保障能力。完善水上交通安全监管和救助系统建设，开工建设江苏海

事局干线船舶交通管理系统改扩建工程，加快推进长江干线水上应急指挥平台二期工程建设，开展三峡过闸船舶安检设备购置安装工作。继续推进支持保障系统船舶和生产设施建设。完善安保联动机制，做好新中国成立70周年、第七届世界军运会等重点时段安保工作。落实《长江干线水上应急救助能力提升专项行动方案》，完善长江航运应急救助体系和应急联动机制，落实巡航救助一体化，加快“三个基地”（万州、武汉、南京）功能整合，提高长江干线应急救助打捞、溢油应急处置、极端天气预警防范及自然灾害防治能力。继续推进长江干线水域立体化治安防控体系和消防能力建设，严厉打击破坏长江生态环境的犯罪活动。深入推进安全工程建设，继续加大港口、航道等交通运输安全设施建设投入。积极推进安全监管信息化智能化建设。加快推进安全生产监管监察、危险货物道路运输安全监管等信息化系统建设。进一步整合海事信息资源，加强对现场监督执法的技术支持，互通监管信息，实现船舶监管现代化。积极探索人工智能技术在安全生产领域的融合落地。继续实施从业人员安全素质提升工程。加强安全生产应急能力建设，提升水上交通安全应急救助打捞能力，整合优化安全生产应急资源和救援队伍。

7.提升治理水平，不断强化行业发展保障能力

深入推进管理体制机制改革。继续深化长江航运行政管理体制改革，加快政事企分开改革步伐，深入推进航道生产经营类事业单位转企改制工作，完成长江引航中心等改革工作，完成长江通信管理局分支机构内部运行机制建设，按上级部署要求扎实推进长航公安改革。深入推进省、市两级交通运输综合改革试点。

深入推进法治政府部门建设。加快完善法规标准体系，加强行政规范性文件制定和监督管理工作。严格规范执法，加大综合执法力度，规范监督检查和执法活动，开展长江干线水上综合执法示范区建设，完善执法联动相关配套标准和制度。严格长江航运行政执法，推行行政执法“三项制度”，开展“四基四化”建设；深入推进“双随机、一公开”监管和行业普法工作。推进“互联网+政务服务”，进一步完善各类政务服务系统，优化行政许可流程，完善许可办理指南，提高审批工作透明度和工作效率。

加强运输市场监管。严格新增运力审批，健全企业退出市场机制，加快建立和完善统一开放、竞争有序、充满活力的长江航运市场体系。探索实施长江干线省际客船实行航线管理模式。加强竞争择优新增长江水系省际客船和散装液货危险品船运力的综合评审管理。加强运输市场监测与信息引导。推动实施长江航运信用信息分级分类管理，加大联合奖惩力度，加快建立长江干线水路运输市场和安全生产信用管理体系。

全面优化服务。深入研究谋划引领水运大发展的重大改革措施，增强宏观规划的导向能力，引导要素向国家和区域发展战略聚集，着力在航道维护管理统一、港口经营管理统一、船型开发标准统一及通关口岸服务统一上取得突破。增强中观规划的融合能力，形成对供给侧结构性改革和区域经济优化转型的有效支撑和引领，提高长江航运发展与区域经济布局的融合能力。增强微观计划的适应能力，更加合理地调整港航空间布局，增强港航一体化系统化效能，提升运输结构调整的承载能力。积极回应港航企业热切期盼，更大力度解决港航公共服务瓶颈问题。稳定现有港航建设专项资金政策，争取出台支持争取加快出台绿色航运、多式联运项目等补助政策。

落实党建要求。深入学习贯彻习近平新时代中国特色社会主义思想和十九大及历次全会精神，以习近平总书记考察长江时的重要指示精神为动力，认真落实党建工作的各项要求，切实发挥党组织在长江航运改革发展中的统领作用。进一步贯彻落实全面从严治党新要求，坚决做到“两个维护”，营造风清气正的政治生态。

2018年

14省（市）水运发展回顾与展望

省域报告

报告1

上海市水运发展综述

一、2018年发展概况

上海自贸试验区的扩大开放和深化改革创新，“五个中心”建设不断提速，国资国企改革全面深化，为水运加快转型发展提供了有利条件。国家“一带一路”倡议及长江经济带发展、长三角区域一体化发展等国家战略的实施，对上海市水运及物流等相关业务的发展形成巨大推动作用。

国际航运中心建设稳步推进。洋山深水港四期工程通过竣工验收，核定码头靠泊能力15万吨。长江口南槽航道治理一期工程开工，长江口深水航道大型邮轮和大型集装箱船舶超宽交会实现常态化。2018年，上海港完成货物吞吐量73047.94万吨，比上年下降2.7%。其中，集装箱吞吐量完成4201.0万TEU，同比增长4.4%，连续9年保持世界第一。洋山港区完成集装箱吞吐量1842.5万TEU，同比增长11.3%，占全港集装箱吞吐量的 43.9%。水水中转业务持续增长，水水中转完成1967.6万TEU，同比增长4.7%，水水中转比例为46.8%，其中，国际中转比例为8.8%。全年上海港接待国际邮轮靠泊406艘次。其中，以上海为母港的邮轮378艘次。邮轮旅客吞吐量275.29万人次，比上年下降7.4%。

上海市内河运输经黄浦江与长湖申线、苏申外港线、杭申线、平申线等江南水网干线航道相沟通，沿线又与浦东新区的主要航道大浦线、大芦线相连。全年内河运输完成货运量2282.4万吨、货物周转量46.2亿吨公里；内河港口完成货物吞吐量4655.75万吨，其中干散货3451.56万吨。一年来，上海市地方航务管理机构积极开展本市地方海事、水路运输、内河港口、内河航道、船员证件、船舶检验等行政执法和行业管理，依法维护内河水上交通安全和水运市场秩序。

（一）依法行政

落实行政审批制度改革。取消审批事项3项，下放1项，增加当场办结许可2项，压缩审批时限8项。推行“双随机，一公开”11项，对接“一网通办”事项3项；减少海事类许可事项申请材料8项，修订行政许可办事指南9项。

推进政务公开。发布实施“双随机，一公开”事项的目录14项、制定实施细则11个。

开发应用现场移动执法APP。

（二）行业管理

完善监管制度。制定《上海内河船舶限制主尺度标志布局方案》《100总吨以下内河船舶船员适任考试大纲》，编制《上海市内河小型游船码头开业条件技术要求》《内河航道维护疏浚实施工作规范（试行）》。研究制定《关于提升本市跨内河航道桥梁防撞能力的工作方案》，积极配合防撞设施建设。

规范企业主体行为。印发《关于切实做好冬季安全生产工作的紧急通知》，督导企业落实责任；约谈在外地发生安全事故的航运公司，跟踪落实整改；对被信访投诉、涉嫌违规企业严格执法；组织开展企业年度核查，培训企业安全管理人员200余人。

加大综合整治力度。开展船舶AIS监督检查，检查船舶43986艘次，纠正缺陷315项，处罚88艘次、12.78万元。加强黄浦江水域船容船貌整治，检查船舶29009艘次，纠正问题1142项，处罚161次、23.16万元。开展中小型船舶安全管理专项整治，检查船舶21628艘次、发现问题12626项。检查内河22户危险品码头特种设备，查处隐患31件。

（三）安全管理

层层落实安全责任。印发《年度内河港航安全重点工作任务分解表》《内河港航行业安全监督检查工作计划》《上海内河港航行业安全生产督查规定（试行）》，签订《内河港航安全工作责任书、承诺书》，修订《安全生产约谈办法》。开展救助行动66次，救助遇险船员117人次、船舶53艘次。

抓实安全监管重点。“两节”期间，出动人员8700余人次、船艇2300余艘次、车辆550余辆次，检查船舶2900余艘次、企业508户次，整改隐患1648项。应对强台风期间，督促危险品、客运、水工作业等重点企业落实防台防汛主体责任，检查企业273户次、船舶2130艘次，整改隐患69项。开展平安交通百日行动暨迎进博会隐患排查治理，检查企业340家，整改隐患1206项。

夯实安全基础。“3.25内河安全警示日”设活动点41处，发放资料4700余份、救生衣1360件，布设横幅183条、展板155块、LED屏21处，开展讲座和培训14次。“安全生产月”活动设活动点36处，悬挂横幅220条、发放资料2800余份，编发宣传信息1000余条。全年组织应急演练14次。

全力保障重大活动。中国国际进口博览会期间，完成内河通航水域的交通管控、安保和空气质量改善攻坚任务，落实船舶信息比对与查控；完成船舶专项安检2950次，发现并纠正缺陷7575项，实施船舶信息报告13635艘次，船上人员信息报告12497艘次。“航海日”系列活动期间，组织协调14艘动力帆船、10艘游艇和5艘游船，在杨浦大桥巡江至卢浦大桥水域开展船舶巡游活动；出动人员75人次，开展海事安全知识进校园活动26次，参加师生1878人，发放宣传品5780份。

（四）港航服务

努力打造绿色航运。加强本市内河辖区船舶水污染物接收转运监督管理，检查船舶

40766艘次；重点水域巡航8954次，纠正问题234项、罚款27.72万元。开展船用燃油抽样检测216艘次、处罚20艘次、4.45万元。

实施航道疏浚及设施维护。实施航道维护疏浚、助航标志日常维护管理等项目22个。完成苏申外港线等7条航道（段）维护疏浚招标和项目实施许可。做好黄浦江分水龙王庙岸形标志亮化设施检查和维护工作。

逐步推进信息化建设。完成VHF模拟电台升级改造，建成800兆内部数字集群对讲通信，推进AIS基站建设，信号覆盖达80%；制定内河视频监控建设技术要求，全部视频信号对接上海市交通委指挥中心；完成内（外）网的升级改造和“航务海事现场业务整合系统”的政务云迁徙工作。

二、2019年重点工作

（一）服务国家战略，加快上海国际航运中心建设

推进区域港航协同发展。积极推进内河航道网络化、区域港口一体化、运输船舶标准化、绿色发展协同化、信息资源共享化、航运中心建设联动化，协同推进区域港航一体化发展。进一步发挥好上海港在21世纪海上丝绸之路上的桥头堡作用，推进“四个港口”建设，更好地服务“一带一路”建设。积极挖掘与长江战略实施的结合点，更加有效地推进长江战略，进一步提升对长江流域经济发展的服务能力，不断深化与浙江、江苏、安徽等相关港口企业的战略合作，更好服务长三角高质量一体化发展。

加快上海国际航运中心建设。继续推进《上海国际航运中心建设三年行动计划（2018–2020）》，加快提升高端航运服务能力，向2020年基本建成具有全球航运资源配置能力的上海国际航运中心冲刺。优化港口集疏运体系，大力推进海铁联运发展，研究促进江海联运发展的方案举措。提升长江口通航能力，推进长江口南槽航道治理一期工程建设。支持河海联运船舶推广应用，支持长三角地区至上海港集装箱河海直达运输发展。完善现代航运服务体系，推进上海国际海员服务中心试运营，推动上海船员评估示范中心建设；丰富“上海航运指数”体系，继续发展航运金融衍生品业务；打造浦江游览世界级旅游精品项目，加快新型游船设计建造，完成老旧游船更新改造，推进浦江游览信息化平台建设。促进邮轮经济健康发展，基本建成吴淞口国际邮轮码头船舶交通管理中心，深化邮轮船票制度试点，推出电子船票，推进邮轮物资配送中心建设。

（二）坚持安全第一，提升精细化管理水平

提高船舶监管精细化水平。全面使用新版现场业务整合系统，重点检查高风险船舶；扩大船舶燃油快速检测设备应用，提升执法能力；加强与交通运输部海事局及邻省海事机构的船舶协查与重点跟踪，提高违章查处效率。

督促企业安全主体责任落实。强化培训，在企业中牢固树立安全第一的责任意识；以客运、危险品运输企业为重点，督促企业从严落实主体责任；推进普通货物航运企业安全生产标准化达标工作。

推进内河港口平安建设。固化交叉检查机制，扩大检查范围，加大检查力度；加大对危险品码头安全管理的力度；做好码头应急预案专家评审工作。

（三）坚持服务至上，提升专业化管理水平

提高源头监管与服务水平。定期发布国籍证书失效、船舶长期脱检、名存实亡的航运公司信息；强化航运公司安全与防污染监督检查；逐步推进船舶所有权证书、国籍证书、配员证书“多证联办”。

发挥好船检前置把关的作用。通过专家评审、完善流程；解决法定检验无规范依据问题；主动联系当地船检机构，提前解决异地建造船舶潜在风险；严格把控船龄长、设备较旧的低质量船舶，保证转入船舶符合法规要求。

深化行政审批制度改革。研究制定“证照分离”改革试点，加强国内水路运输业务事中事后监管系列制度；结合市场监管重点，按照“双随机、一公开”原则，制定检查年度计划并有序推进。加快水运信息平台建设，及时发布最新政策信息，优化工作流程，为企业提供便利。

（四）坚持创新发展，提升智能和绿色发展水平

推进智能航运发展。加快智慧港口建设，强化对岸线、码头可视化动态监管，进一步提升港口智能化管理水平。推进内河信息化基础设施建设，完善海事二级数据中心建设，在重点水域和口门试点建设激光扫测，热成像监控等专用设备，获取船舶实时动态数据，建设内河航道的卡口管理系统，建立视频监控图像管理应用机制，完善移动执法APP功能。

推进绿色航运发展。实施好更严格的排放控制区政策，推动高污染船舶限行立法，研究重点区域禁止高污染船舶通行可行性，推动内河船舶环保试点改造。新建码头同步规划建设岸电设施，完善岸电专项扶持政策，推进内河港口岸电建设，提高岸电使用率。推进船舶节能减排，加快淘汰老旧高能耗、高污染和非标准船舶。实时跟踪易扬尘码头污染指数，巩固大气污染防治成效。加强船舶防污染设施设备配备使用、污染物处置文书记录监督检查和污染物接收、转运、处置全过程监管，加大违法行为查处力度。

（上海市航务管理处（地方海事局））

报告2

江苏省水运发展综述

一、2018年水运发展情况

（一）政策环境综述

完成《江苏交通强省建设港口实施方案》《高水平全面小康社会决胜期江苏港口三年行动计划（2018—2020年）》《全省航道补短板三年行动方案（2018—2020年）》《江苏省有力有序有效推进长江集装箱江海河联运发展实施方案》《大运河文化带建设三年行动方案（2018—2020年）》《关于推进沿江沿海港口高质量发展的工作方案》的编制，进一步明确发展重点。印发《江苏省内河集装箱发展行动计划（2018—2020年）》，推动实施航运通道畅通、港口功能提升、示范航线打造、集装箱船型标准化提升、江海河集装箱联运、发展环境改善等“六大工程”。

（二）行业运行概况

1.港航建设

全年共完成港航建设投资124.5亿元。其中，内河航道完成建设投资32亿元，新增内河高等级航道达标里程700公里。长江南京以下12.5米深水航道二期工程、长江下游福南水道12.5米进港航道、九圩港复线船闸等建成，施桥三线船闸竣工验收，续建通扬线泰州及海安段、秦淮河、锡溧漕河前黄枢纽，开工建设通扬线高邮段、申张线青阳港段，芜申线溧阳城区段、通扬线南通市区段等航道整治工程前期工作加快推进。航道养护实现高标准推进，全年航道养护里程23993公里，航道维护里程2868公里，完成三级航道疏浚138公里、护岸整治56公里（单侧）。港口完成建设投资92.5亿元，建成沿江沿海万吨级以上泊位7个、内河1000吨级以上泊位45个，港口通过能力提高到20.5亿吨。龙潭港区汽车滚装码头工程、徐圩港区防波堤工程等建成，连云港港30万吨级航道二期工程、南通港洋口港区15万吨级航道工程、吕四港区10万吨级进港航道工程持续推进，开工建设连云港港盛虹炼化一体化配套码头工程，中石化30万吨级原油码头使用岸线通过交通运输厅合理性评估。

2.水路运输

年末全省实际从事国内水路运输经营者共944家，较上年减少55家，企业总资产1036.6亿元，净资产547.6亿元，运输收入397.5亿元，拥有国内水路运输船舶3.3万艘、2211.8万总吨，3792.5万净载重吨，集装箱箱位4.6万TEU，船舶总功率879.3万千瓦，船舶平均载重吨达到1004吨。全年完成水路货运量8.8亿吨，货物周转量6126亿吨公里；客运量10201万人次，客运周转量22567万人公里。

全年联网收费船闸共过闸船舶318.8万艘次，过闸货物22.4亿吨，同比分别下降4.4%和增长3.8%；过闸集装箱船舶2.0万艘次，过闸集装箱量99.6万TEU，分别增长42.2%和58.3%。

3.港口生产

全年规模以上港口完成货物吞吐量23.3亿吨，同比增长0.8%；外贸吞吐量4.9亿吨，增长0.8%；集装箱吞吐量1756.7万TEU，增长3.9%。沿江沿海规模以上港口完成货物吞吐量合计21.1亿吨，增长3.5%；外贸吞吐量4.9亿吨，增长0.8%；集装箱吞吐量1799万TEU，增长4.4%。内河规模以上港口集装箱吞吐量33.7万TEU，增长37.0%。扬州港货物吞吐量首次突破一亿吨大关，泰州港货物吞吐量突破两亿吨大关，全省两亿吨大港数达到5个。集装箱铁水联运方面，南京港和连云港港共完成集装箱铁水联运量35.5万TEU，增长14.0%。其中南京港完成5.2万TEU，连云港港完成30.3万TEU。

4.南京区域性航运物流中心建设

南京下关长江航运物流服务集聚区基础建设持续推进，一期永宁街项目建成。南京航运交易中心货运交易平台上线运行，初步建成集货运交易、船舶交易、船舶竞拍、航运人才等服务功能于一体的航运交易综合信息管理平台；船舶交易市场交易船舶388艘，成交金额 8.2亿元；航运人才市场利用官网、微信公众号、办事窗口为航运企业、航运人才有效开展线上线下公益性服务。

（三）航运发展成绩

1.规划体系持续完善

印发《江苏省内河港口布局规划（2017—2035年）》，明确了今后一段时期内河港口发展的战略定位、战略目标；《江苏省干线航道网规划（2017—2035年）》获批复，规划4010公里“两纵五横”千吨级干线航道网。沿江沿海港口规划体系日趋完善，《扬州港总体规划》获省政府批复，《南通港通海港区总体规划局部调整》《南通港洋口港区总体规划局部调整》《连云港港赣榆港区总体规划优化方案（修订）》获部省联合批复。长江经济带江苏新出海口通州湾港区规划研究进一步深化。

2.改革发展开创新局面

完成承担行政职能事业单位改革，成立了省交通运输综合行政执法监督局、省港航事业发展中心。持续推进港口一体化改革，推动港口岸线资源整合。省港口集团逐步做大做强，自成立以来已完成省属3家航运企业以及镇江、扬州、泰州、常州、苏州等5市港口资产整合和股权交割工作，相继成立了长江集装箱事业部、大宗散货事业部和物流公司，加

快全省集装箱发展一体化进程和推进沿江沿海大宗散货物流统筹运营。

3.监管机制逐步完善

升级水路运输管理信息系统，完成水路运输管理信息系统和水路运输企业平台的开发，加快实现全省水路运输运政管理信息横向互连、纵向贯通。做好行政许可工作，严把水路运输企业及辅助业经营资质审核转报关，进一步规范工作程序，统一工作标准，全年办理转报交通运输部、长航局各类业务1000余件，无船承运经营业户数量增长至485家。

4.绿色航运焕发生机

全面贯彻“共抓大保护，不搞大开发”要求，落实“263”行动和交通干线沿线环境综合整治五项行动。沿海沿江180家港口企业基本具备靠港船舶产生的垃圾、生活污水和油污水等接收能力；内河港口码头污水纳管或自处理达标率达到88%，散货码头的中水回收利用率达到50%。加强港口粉尘综合治理，全省72家大型煤炭矿石码头已建成防风抑尘设施或实现封闭储存69家，主要港口90%的大型散货码头防尘设施建设完成既定目标任务。推进非法码头专项整治，完成732个内河非法码头整治，沿江恢复长江自然岸线13.3公里、复绿面积达到284万平方米。沿江沿海港口共建成35套高压、458套低压岸电系统；内河港口累计建成2000余套小容量供电设施，21个水上服务区建成274套岸电系统。

5.安全形势持续平稳

完善规范制度建设，出台《平安航道建设三年行动计划》，开展《交通运输船闸运行安全双重预防机制关键技术研究》《江苏省交通运输船闸运行安全分析报告》研究，完成《江苏省交通运输船闸单位安全生产标准化规范》实施细则编制工作。开展平安航道百日行动，开展第三方安全检查，完成全系统14个航道处及其基层航道站、船闸检查工作。完善安全生产监管联合执法机制，实现安全监管信息互通共享，增强监管执法效能。

二、改革开放40年发展成就

1.航运基础更加坚实

（1）航道服务能力大幅提升

内河航道通达水平显著提升。1978年江苏内河航道里程23657公里，经过40年持续不懈的努力，航道建设累计投资超过670亿元，截至2018年底全省内河航道总里程达到24362公里，约占全国航道总里程的1/5，占长三角地区内河航道总里程的2/3，航道密度为24.2公里/百平方公里，居全国之首。全省已初步形成了“东部达海、中部连江、苏南成网”的高等级航道网主网络，千吨级及以上航道达到2254公里，设区市均通达千吨级航道，并配套建有千吨级泊位内河港区，千吨级航道县级节点覆盖率75.6%。

长江航道通航等级显著提升。2005年10月实施长江口-10米深水航道向上延伸工程，使10米深水航道延伸到南京，5万吨级海轮可乘潮直达南京。2011年长江南京以下12.5米深水航道一期、二期工程开工建设，2018年5月实现了南京至长江口12.5米深水航道全线贯通，通航的主要船型从3万吨级提高到5万吨级，5万吨级集装箱船可以直达南京，10万吨级散货船减载后可直达南京，20万吨级散货船减载乘潮可到江阴。

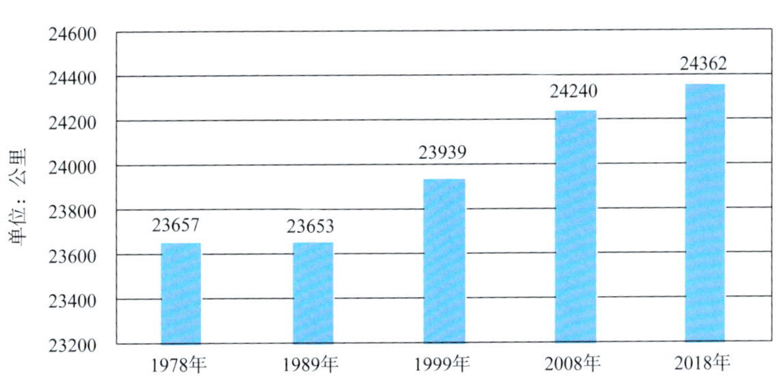

图1　江苏省内河航道里程变化情况

沿海进港航道加快建设。1978年，沿海港口通航等级最高为连云港港2.5万吨级进港航道，盐城港、南通沿海港口处于未开发状态。随着连云港港30万吨级航道扩建工程一期工程、大丰港区深水航道一期工程、吕四港10万吨级进港航道一期工程等一批进港航道项目竣工投产，沿海港口进港航道条件快速优化。目前，连云港港、盐城港和南通沿海港口已建成25万吨级、10万吨级和10万吨级进港航道，沿海港口进港条件显著改善。

（2）港口通过能力大幅提高

1978年，江苏港口通过能力仅为0.5亿吨，最大靠泊等级仅为1万吨级。1978年以来，江苏全面加强港口基础设施建设，累计投资超过1400亿元，相继开辟了南京新生圩、镇江大港、张家港、南通狼山、连云港庙岭等新港区，港口逐步由沿海向沿江地区拓展，港口深水化、大型化、专业化发展趋势明显。至2018年底，全省港口拥有生产性泊位5480个，占全国的1/5；其中万吨级以上泊位497个，占全国的1/5。江苏港口大省地位不断巩固，全省共有10个沿江沿海港口、13个内河港口，是兼有江港、海港和河港的省份；港口通过能力、万吨级及以上泊位数等多项指标均居全国第一。至2018年底，江苏省最大码头泊位为30万吨级，通过能力突破20亿吨，分别是40年前的30倍和40倍。

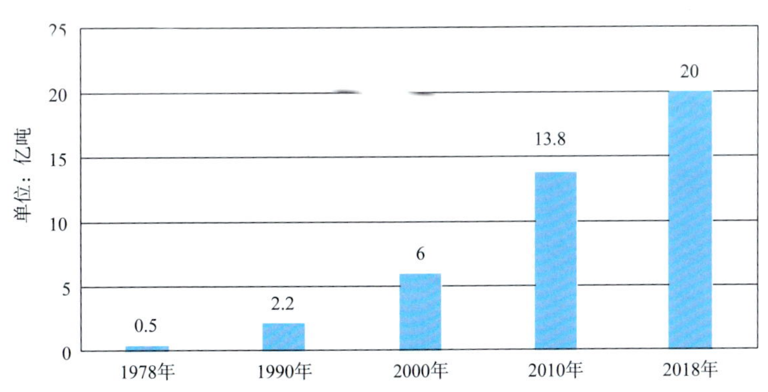

图2　江苏省港口综合通过能力变化情况

（3）船舶运力跨越发展

改革开放初期，江苏省水路运输全部为内河和沿海运输，主要由县以上交通部门136家航运企业专业化经营，共拥有船舶86.9万载重吨，船队3000余个。至1985年，随着水上个体运输业迅速发展，全省运输船舶总量增加到15.86万艘、335.24万载重吨，船舶平均载

重吨为21.1吨。20世纪90年代后，江苏省对外贸易规模快速扩大，海洋运输实现突破，水路运输得到快速发展。至2018年底，全省共有从事国内水路运输船舶3.3万艘，船舶总吨2211.8万吨，净载重吨3792.5万吨，集装箱箱位4.6万TEU，船舶平均载重吨1004吨/艘，船舶载重能力较改革开放初期扩大44倍、船舶平均吨位增加近50倍。

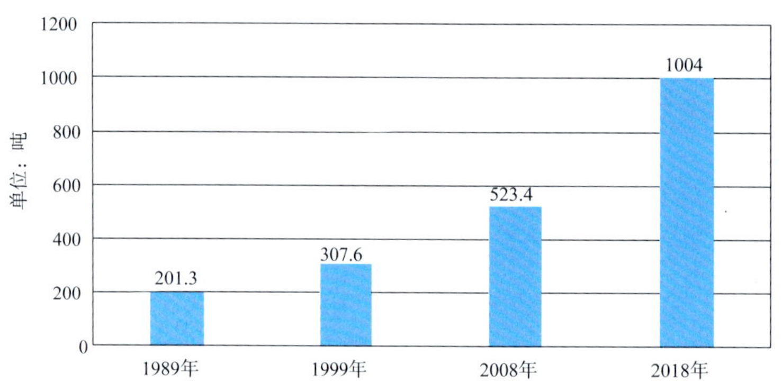

图3 江苏省内河航道船舶吨位变化情况

2.服务能力显著提高

（1）港口生产稳步增长

1978年，江苏港口货物吞吐量仅为0.59亿吨，主要开展简单装卸作业。至2018年，全省港口货物吞吐量25.8亿吨，位居全国第一，是1978年的43.6倍，苏州港、南京港、南通港、连云港港、泰州港、无锡（江阴）港、镇江港、扬州港成为亿吨大港。港口装卸货种从煤炭、粮食、化肥、砂石等传统货种发展为既有传统的干散货，又有液态、滚装、集装箱等新型货物品种，基本形成以铁矿石、煤炭、油品等重要货类为主的海运直达、江海联运、长江中上游和内陆地区中转联运三大运输体系。其中，港口集装箱运输从无到有、从缓慢起步到高速增长，20世纪90年代初全省港口集装箱吞吐量仅有11万TEU；进入21世纪后，全省港口集装箱吞吐量以年均40%以上的速度增长，2018年集装箱吞吐量达1800万TEU，南京港、苏州港、南通港、连云港港4个港口集装箱吞吐量超百万TEU。

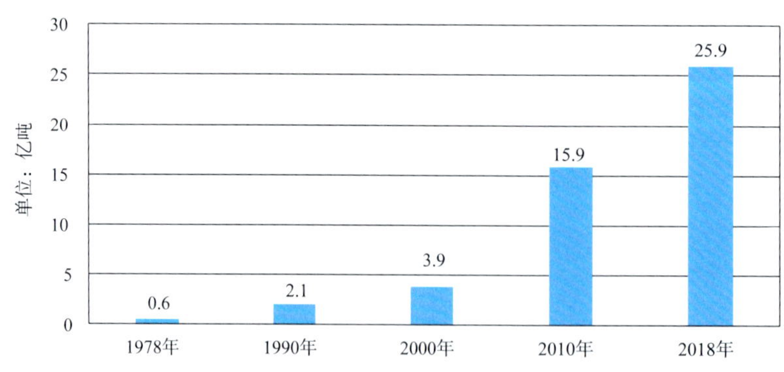

图4 江苏省港口吞吐量变化情况

（2）水运规模持续扩大

1978年，江苏全省水路货运量0.66亿吨，货运周转量88.0亿吨公里。到2018年，全省水路货运量达到8.8亿吨，货运周转量6126亿吨公里，分别是1978年的13.3倍和69.6倍，水路货运周转量占全省货运周转总量的68.3%，成为货运主力军。其中，江苏远洋运输从1980年由无到有迅速发展，当时只有1条船，至2018年，全省远洋货运量达0.44亿吨。

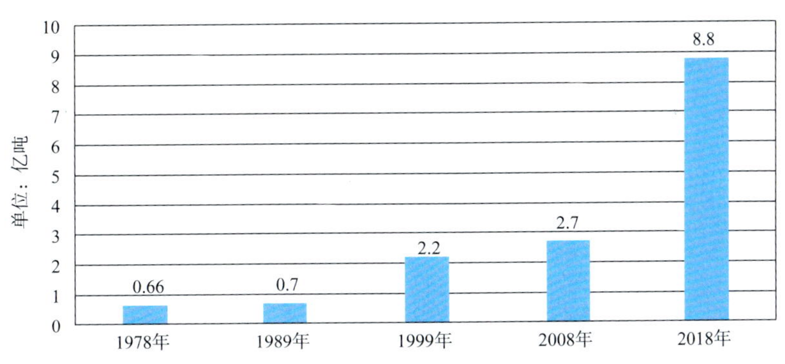

图5　江苏省水运量变化情况

（3）开放水平持续提高

1978年前，江苏港口仅连云港对外开放，自2001年4月常州港批准为一类开放口岸后，江苏逐步实现沿江沿海港口全部对外开放，且淮安港、无锡港也发展为二类对外开放口岸。目前全省沿江沿海共有对外开放码头190余个，实现与世界上30多个国家和地区的60多个港口直达运输。港口外贸吞吐量实现快速增长，2018年达4.9亿吨，是2000年0.52亿吨的9.4倍。截至2018年底，全省共开辟外贸集装箱航线72条，其中：远洋航线3条（美西、中东、非洲），近洋航线69条，覆盖日韩、东南亚、美西、中东和非洲等地区。同时，依托港口的陆桥过境运输服务能力得到明显提升，1992年连云港港至阿拉山口首列国际班列发车标志着新亚欧大陆桥正式开通运营，2014年以来南京相继开通中亚、中欧班列，已实现“连新亚”“宁新欧”等多条国际班列稳定运行。目前，全省共开行至中亚（莫斯科）集装箱国际班列2条，每周运行16列，国际集装箱班列可覆盖中亚5国和俄罗斯共6个国家。2018年，南京港、连云港港分别开行国际班列143列、826列。

江苏水路一类口岸　表1

序号	港　口	开放时间	序号	港　口	开放时间
1	连云港港	1905年	6	常州港	2003年
2	盐城港	2007年	7	江阴港	1992年
3	南通港	1982年	8	苏州港	1982年
4	南京港	1986年	9	扬州港	1992年
5	镇江港	1986年	10	泰州港	1992年

3.战略定位空前提升

江苏航运体系成为推动长江经济带发展的重要支撑和强力引擎，连接“一带一路”的重要纽带。近年来，江苏连续发布《江苏省沿江沿海港口布局规划》《江苏省内河港口布局规划（2017—2035年）》《江苏省干线航道网规划（2017—2035年）》，水运的战略地位和发展引领功能空前提升，有利于江苏提升陆海统筹、海陆双向国际运输服务能力，打

造更为便捷、高效、经济的江海河联运体系，发挥通江达海的交通枢纽转换地位和面向国际、辐射内陆的区位优势。航运战略地位的强化也为进一步推进国家战略，辐射带动中西部地区、增强国际互联互通能力发挥了巨大作用。

4.生态保护成效显著

江苏全力推动水运绿色发展，从完善绿色航运发展规划、建设生态友好的绿色航运基础设施、推广清洁低碳的绿色航运技术装备、创新节能高效的绿色航运组织体系、提升绿色航运治理能力、开展绿色航运发展专项行动等六个方面，努力推动形成内河航运绿色发展方式。近年来，在全省港口加强岸电推广应用，其中沿江沿海港口已累计建成35套高压、458套低压岸电系统，内河港口已累计建成2000余套小容量供电设施。新增、改造LNG作业机械车辆98台，RTG“油改电”改造率已达97%，码头电动起重机覆盖率已达97.6%。在京杭运河、连申线等干线航道上的21个内河航道水上服务区，建成低压小容量岸电系统274套，共324个接口，在全国率先实现内河水上服务区岸电系统互联互通联网运行。

5.航运管理逐步优化

改革开放初，江苏港口、航道等航运多个要素归属不同部门管理。改革开放以来，围绕事权分工的集中和下放、行政管理与企业经营的合并和分开，江苏航运管理体制和机构设置历经了多次调整。其中，港口管理体制经理了两次改革，第一次是在1984年，逐步形成了“双重领导，以地方为主”的管理体制，南京港、镇江港、张家港、南通港、连云港港改为由交通部与地方政府双重领导，泰州、江阴等港口改为由地方政府管理。2001年国务院将港口管理职能下放至地方政府直接管理，并实行政企分开，全省港口下放由地方政府直接管理。2005年，江苏省港口管理局正式成立。2009年按照国家大部制改革的要求，撤销江苏省港口管理局，设立江苏省交通运输厅港口局，负责全省港口行政管理职能。江苏水运管理抓住市管县行政体制改革和交通部对沿海、沿江港口政企合一、高度集中的港口管理体制进行改革的机遇，组建市（县）航政管理处（站），成立江苏省交通厅航道局、运输管理局，同时成立京杭运河江苏省交通厅航务管理局及苏北航务管理处，并逐步建立了从省到市、县、乡的四级交通管理体制。2018年，江苏省交通运输厅推动行政职能的事业单位改革，形成“一局两中心”总体架构，同时地方航运管理体制改革同步推进。通过不断调整优化航运管理体制机制，使航运管理工作成为保障航运快速发展的重要保障。

三、2019年工作重点

（一）补齐基础设施发展短板

继续推进连云港港30万吨级航道、连云港港盛虹炼化一体化配套码头等“一区三港”重点项目建设。重点完成苏南运河扫尾工作，续建申张线张澄段，开工建设申张线青阳港段、京杭运河施桥船闸至长江口门段等工程，优先消除大运量货运主通道和“两纵四横”航道主骨架上的“卡脖子”问题，力争开工建设通州湾一港池起步码头工程，推进小庙洪航道和徐宿连航道前期工作。全面推进内河航道现代化养护体系建设，重点抓好航道养护系列规范标准落实，推动航闸养护技术和养护手段创新，推进智慧工地、智慧船闸建设。

（二）深入推进港航一体发展

深化港航“放管服”改革，深入推进航道工程建设管理模式改革，全面优化完善建设管理责任体系，进一步明确省、市、县等各方事权和责任。深入推进沿江沿海港口一体化改革，推进以资本为纽带的港口资源整合模式，提升港口布局、运营、管理、服务、物流一体化水平，推动省港口集团优化整合集装箱、大宗散货、航运、物流、信息化等领域。加强港口岸线资源整合，加快推动省级港口岸线资源利用评价指标体系研究制定工作，加强存量资源整合，整合改造一批岸线利用效率效益效能低、等级不适应、环保水平低的码头。

（三）推动运输结构调整优化

大力发展江海河联运、公铁水联运，助推江苏打造运输结构调整示范省份。以大宗货物和集装箱运输为重点，通过开展基础设施建设、运输组织创新、运输装备升级、运输主体培育、信息资源整合等工作，推动公路货物运输尤其是中长距离公路货运转向水路运输或铁路运输，优化运输结构比例，降低物流成本。实施差异化收费政策，对进出南京港、连云港港、太仓港的集装箱运输车辆及中欧班列集装箱主要装车点和集货点的运输车辆，在全省所有高速公路、普通公路收费站全免车辆通行费。加快运力结构调整，落实内河集装箱发展三年行动计划，引导集装箱货源向内河港口聚集。

（四）扎实提升绿色发展水平

继续推进落实污染防治攻坚战三年行动计划和长三角水域船舶排放控制区实施方案，加快港口岸电设施建设和船舶受电设施改造，严控在长江干流及主要支流岸线1公里范围内新建布局危化品码头。依法拆除长江干支流各类非法生产设施以及危化品、石油类泊位，建立监督管理长效机制。打造京杭运河绿色航运示范区，引领全省内河航道绿色发展。利用信息化手段推动船舶污染物监管联单制度的有效运行，加强船舶防污染设施设备的配备和使用情况的监管和执法，加大对违反排放规定的船舶实施行政处罚力度，督促船舶配备的防污染防治设施、设备正常使用。加强防治船舶及其有关作业活动污染应急能力建设，大力推进建设省级船舶污染事故应急设备储备库，完善水上和港区船舶污染事故应急预案。

（五）继续推动航运安全发展

持续推进“平安交通”建设三年行动计划，融合平安海事、平安船舶、平安港口建设工作，深化平安航运建设，确保水上交通运输安全生产形势持续稳定。突出重点领域安全管控工作，融合水路危化品运输、港口危化品装卸储存、渡口渡船、水上风景旅游区等重点领域安全管控。落实企业主体责任和管理部门监管责任，开展以“强化监管、落实责

任、规范行为、消除隐患”为目标的各类专项活动。继续推进交通运输部试点示范“江海河全覆盖的智慧港口安全监管信息系统”建设。开展“水路及港口危险货物运输一体化监管平台”建设，探索建立“一船多方”的水路安全监管体系。

（江苏省交通运输厅运输管理局）

报告3

浙江省水运发展综述

一、2018年水运发展综述

（一）水运经济运行情况

1.水运生产情况

全省水路运输船舶14287艘，同比下降1.6%，运力为3028.96万载重吨，增长17.0%；全省完成水路货运量9.8亿吨、周转量9352亿吨公里，分别增长13.5%、15.9%；完成水路客运量4497万人、周转量6.3万人公里，分别增长5.0%、下降0.14%。内河集装箱运输量为69.6万TEU，增长18.4%。

2.港口生产情况

全省港口完成货物吞吐量16.9亿吨，其中沿海港口完成货物吞吐量13.3亿吨，集装箱吞吐量2898万TEU，分别增长6.2%、7.9%。其中宁波舟山港完成货物吞吐量10.8亿吨，增长7.3%，连续10年位居全球第一，完成集装箱吞吐量2635万TEU，增长7.0%，首次位居全球第三。内河港口完成货物吞吐量3.6亿吨，增长7.8%；完成内河集装箱吞吐量76.8万TEU，增长27.8%。

3.水运安全形势

全省各级地方海事管理机构积极履行应急救助和水上交通事故处理职能。全年共组织水上搜救行动589次，出动船艇1567艘次、人员3918人次，成功救助船舶218艘、人员613人，救助成功率达98.7%；做好“三防”工作，共救助或转移受灾人员6463人、船舶14302艘，太湖封航累计196小时，钱塘江封航165小时，曹娥江航段禁航72小时；进一步加强船舶现场监管，组织开展中小型船舶安全管理专项整治行动和辖区船舶安全专项核查行动，今年累计实施船舶现场监督17448艘次，船舶安全检查11301艘次，滞留船舶13艘。

（二）基础设施供给与建设

1.水运基础建设投资

全年完成水运投资198亿元，增长7%，居全国首位。其中市场投资主导的沿海项目完成108亿元，下降13%；政府投资主导的内河项目完成90亿元，增长48%。年末全省高等级航道里程达到1587公里；钱塘江中上游全线建成通航，京杭运河浙江段“四改三”、瓯江、丁诸线等项目均已完成过半。湖嘉申线嘉兴段二期、京杭运河二通道等项目开工建设。杭申线、新坝二线船闸等项目前期工作稳步推进。建成建德十里埠等500吨级及以上泊位46个。

2.航道建设与养护

全省各级港航管理机构加大航道养护投入，加强航道巡查和养护工作力度，养护水平不断提高。全年共完成养护投资3.614亿元，其中专项养护工程2.987亿元，例行养护0.627亿元。完成项目包括渌渚江航道养护工程、千善线航道养护工程、武太线航道养护工程、栅温线航道养护工程等19项专项养护工程的竣工验收。新建、加固护岸23975米；开挖陆上土方2.5万立方米，疏浚土方109.9万立方米，新建标志标牌356座，新建管理码头6座。

在航道例行养护中，骨干航道例行养护4234.7万元，其他航道例行养护2039.3万元。维修护岸约34074平方米，疏浚土方62.5万立方米，航标维护5493/59280座/座次，绿化养护348万平方米，维修管理码头26座，无主障碍物清除23艘/532吨，其他障碍物清除97处/620吨。

3.港口码头建设

沿海建成舟山实华二期原油中转码头等万吨级以上泊位6个，总数达到241个，居全国第三。梅山港区6#~10#集装箱码头工程、中宅矿石码头工程等稳步推进。嘉兴港独山煤炭中转码头、大浦口集装箱码头一阶段工程、鼠浪湖40万吨矿石中转码头等标志性工程完成竣工验收。

（三）行业创新转型发展

1.行业监管执行力度不断加强

完善运政、航政、港政事中事后监管机制，制定了水路运输市场信用管理制度、危险货物港口安全评价机构信用管理办法。

2.“最多跑一次”改革不断深化

组织实施“三联三化”行动计划，全面推广船舶证书“多证联办”，在全国率先实施船舶证书“多证合一”改革，全年共发放内河船舶证书信息簿1648本（占总数的15%）。继续推进“四减”，许可事项共取消2项、下放5项。实现全流程网上办理基本实现全覆盖，比例已达99.07%。浙江数字港航综合管理与服务平台共办理8.59万件，全部推送至浙江政务服务网。21个港航事项的电子文书、证照实现互联网自助打印，占比65.6%。全年非现场执法案件共办理3359件，占比达34.2%。

3.对接国家战略服务长江经济

积极推动海港集团与迪拜环球港务集团、中远海运集团等港航企业合作。吉林珲春—俄罗斯扎鲁比诺港—宁波舟山港航线正式开通。

推动出台了新一轮海铁联运、海河联运、江海联运集装箱扶持政策；全国首艘江海直达船投入运行，完成江海河联运量2.9亿吨，完成集装箱江海联运量25.2万TEU，分别增长

11.7%、152%。制定江海联运数据互联标准，进一步扩大与长江港口信息互联互通。加快推进海铁联运，已开通14条固定班列，辐射全国15个省份，集装箱联运量突破60万TEU，增长50%。完成集装箱海河联运量77万TEU，增长28%。

4.数字港航建设持续有效推进

完成浙江数字港航综合管理与服务平台四期开发，并与交通运输部水运局实现系统对接和主要数据交换试运行。协同省安监局做好全省港口、运输危化品企业的“一图一表”数据共享工作。“智慧海事”工程一期平台六大功能的开发基本完成。在全国率先推广内河船联网RFID电子船名牌，已完成7450艘货船安装，占浙江省内河正常营运货船的85%以上。

5.全面做好船舶污染防治工作

积极推进落实船舶污染物接收上岸工作，共检查717家企业港口船舶污染物接收转运处置设施建设、652家企业港口作业扬尘治理情况。内河港口船舶污染物接收转运及处置设施建成率达到50%。在全国率先开展100~400总吨内河运输船舶生活污水收集存储装置安装奖励工作，已完成改造安装2000艘。

通过美丽渡口创建工作现场会、修订美丽渡口创建评价体系，进一步规范和提升渡运安全和服务水平，完成美丽渡口建设55个，提升改造渡埠渡船项目150个，建成陆岛码头泊位6个。创建美丽航道562公里。

二、改革开放40年发展成就

纵观40年，港口对外开放、航道先求大通、港航强省，一项项战略举措的引领，历经恢复发展、全面发展、跨越发展三大阶段，浙江港航面貌日新月异，总体发展水平跃居全国前列。

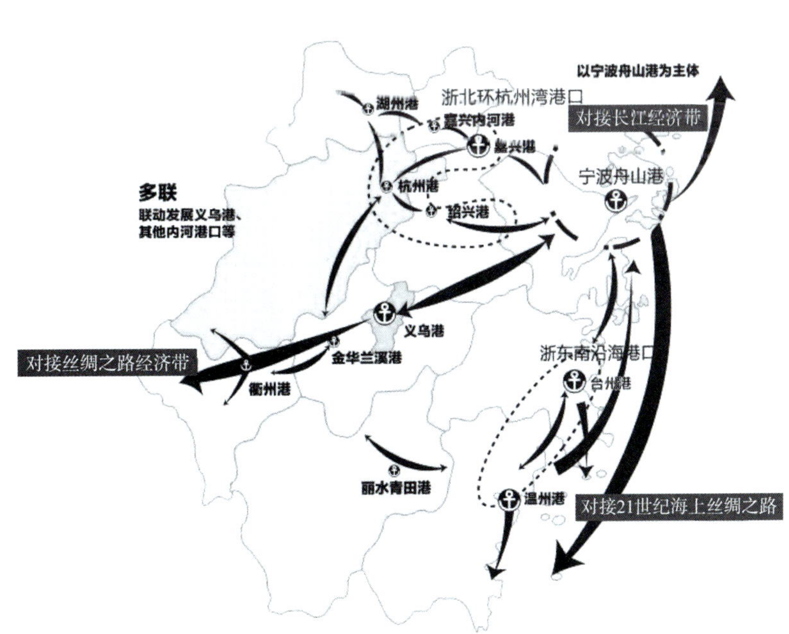

图1　全省港口分布与格局示意图

水运投资跃居全国第一。自改革开放以来，全省水运建设投资逐年增长，尤其是21世纪后突飞猛进，连续十年投资额超百亿。从1978年仅0.14亿元，到2018年的198亿元，居全国第一位，投资增长1387倍，年均增长20%。

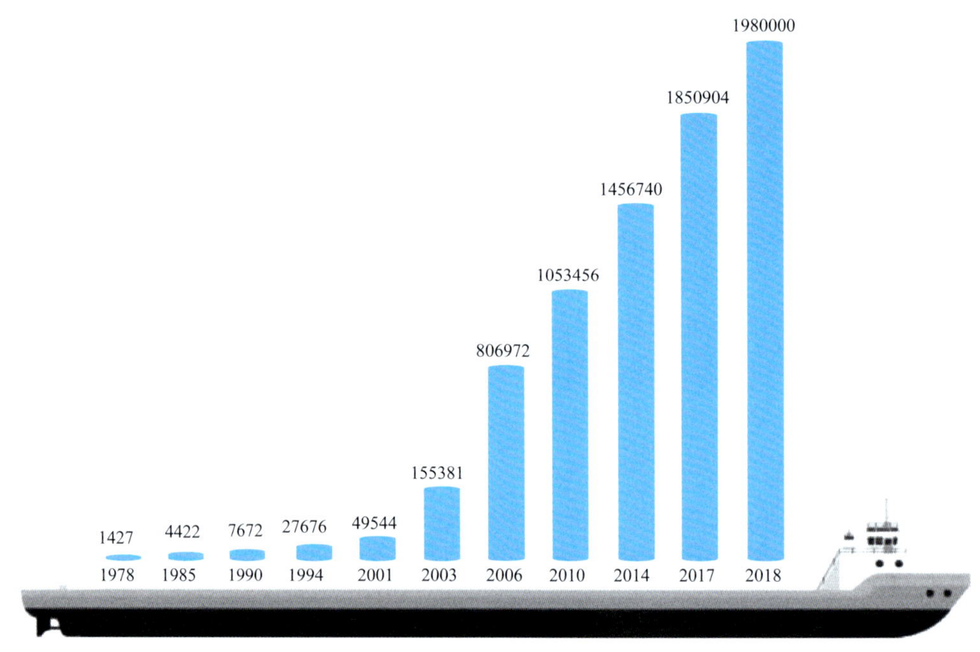

图2　全省水运建设总投资（万元）

水运基础设施日益完善。到2018年底，全省拥有港口泊位3849个，年通过能力11亿吨。其中，沿海港口泊位1084个，万吨级以上泊位从零起步达到240个；内河港口泊位2765个。内河航道构建起“北网南线、双十千八”的骨干航道框架，实现全省11个地市通江达海。全省航道总里程9781公里，其中高等级航道从1998年的512公里到2018年的1605公里，增长2.1倍。

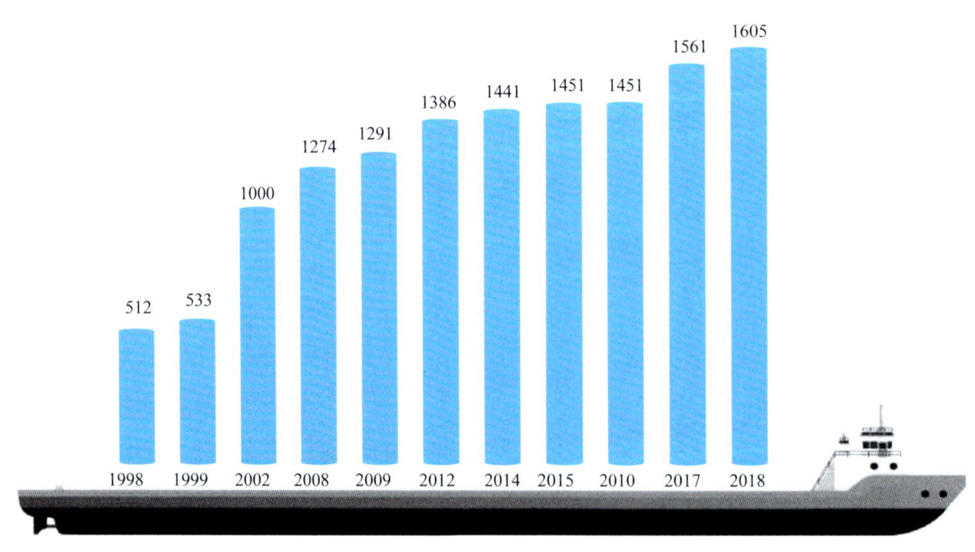

图3　全省高等级航道里程（公里）

船舶总运力居全国前茅。充分发挥浙江水运优势，船舶运力规模快速增长，并呈现大型化、专业化方向发展趋势。从1980年的57万载重吨到2018年的3043万载重吨，增长52倍，年均增长11%，其中沿海船舶运力连续多年居全国各省市首位。

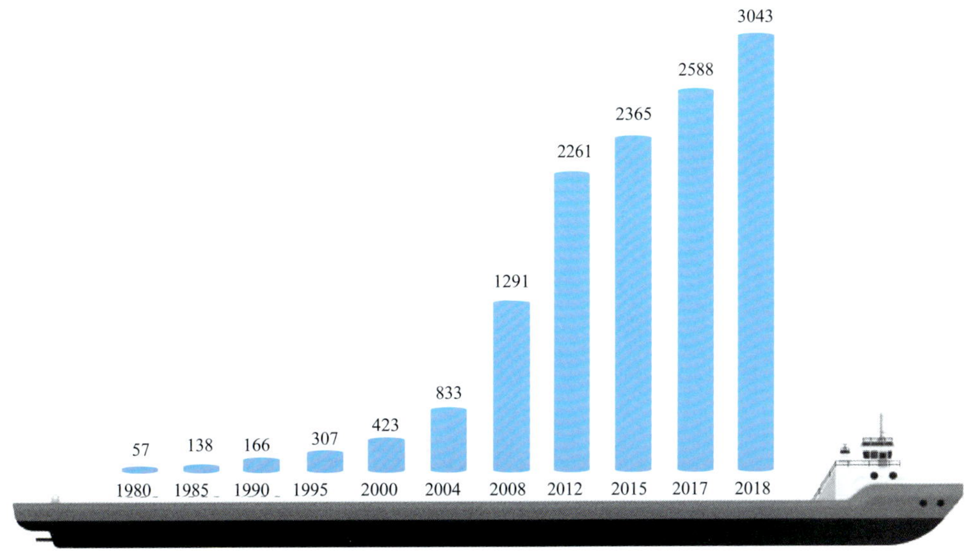

图4 全省水路运输船舶运力（万载重吨）

水路运输保持高速增长。1978年，全省货物运输量4355万吨，货物周转量44.7亿吨公里，分别占全省交通运输量的61.8%、87.0%。2018年，全省货物运输量9.8亿吨，货物周转量9352亿吨公里，分别是1978年的22.5倍、209.1倍。

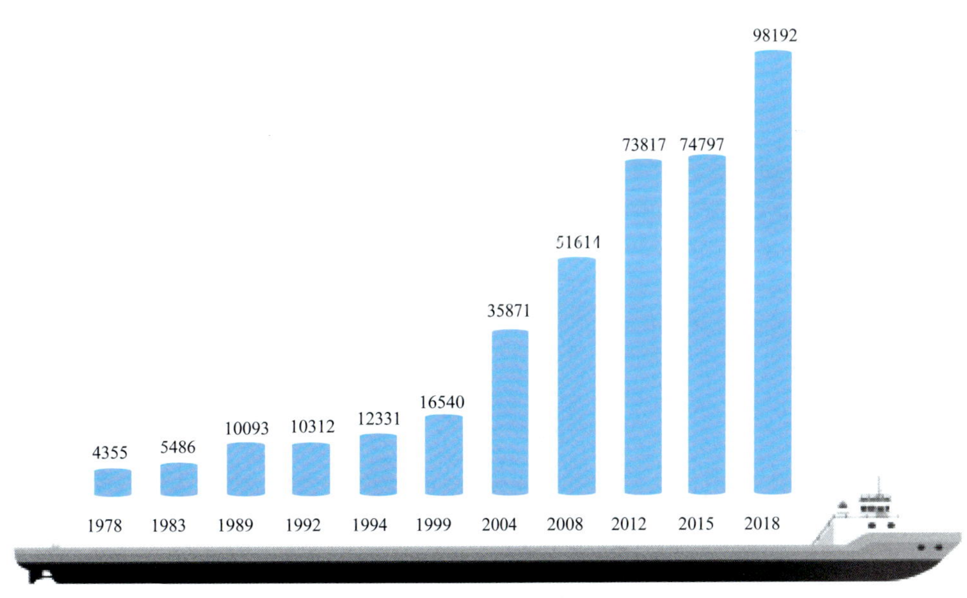

图5 全省水路运输量（万吨）

港口生产蝉联全球首位。全省港口加快对外开放步伐，经过四十年发展，拥有国际航线250条，其中远洋干线123条，连接世界100多个国家600多个港口，与“一带一路”沿线13个港口建立友好港关系。全省港口货物吞吐量从1978年的0.09亿吨增至2018年的16.9

亿吨，增长194倍，年均增长14%。宁波舟山港2009年以来年吞吐量连续10年蝉联全球首位。

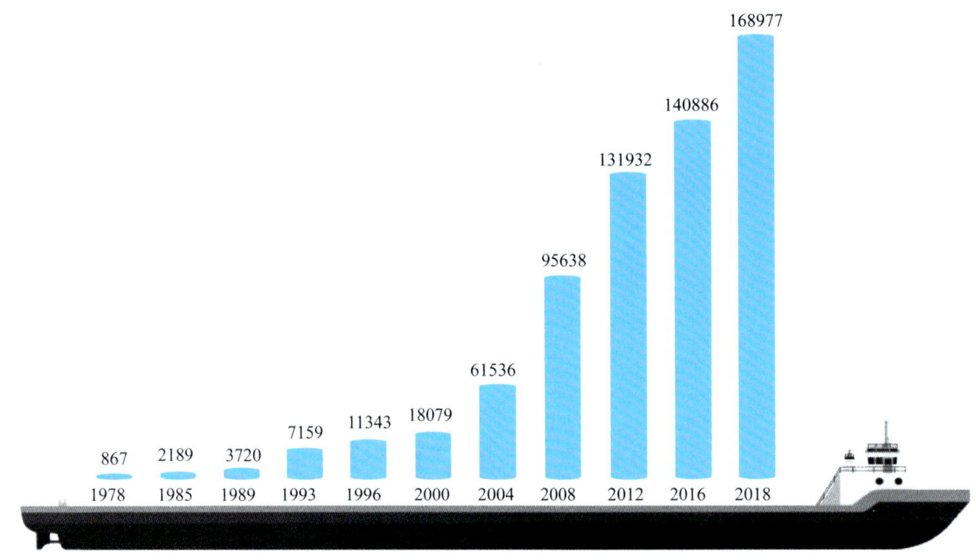

图6　全省港口货物吞吐量（万吨）

全省沿海港口集装箱吞吐量从1984年106TEU，到2018年的2900万TEU，增长27.36万倍；内河集装箱吞吐量从2000年的0.18万TEU到2018年77万TEU，增长427倍。其中宁波港1990年累计完成集装箱吞吐量20012TEU，首次跨入中国大陆沿海十大国际集装箱运输港口行列，宁波舟山港2018年完成集装箱吞吐量2635万TEU，跃居全国第二，首次闯进全球前三；湖州港2018年共完成集装箱吞吐量47.8万TEU，同比增长35.3%，位居全国同类内河港首位。

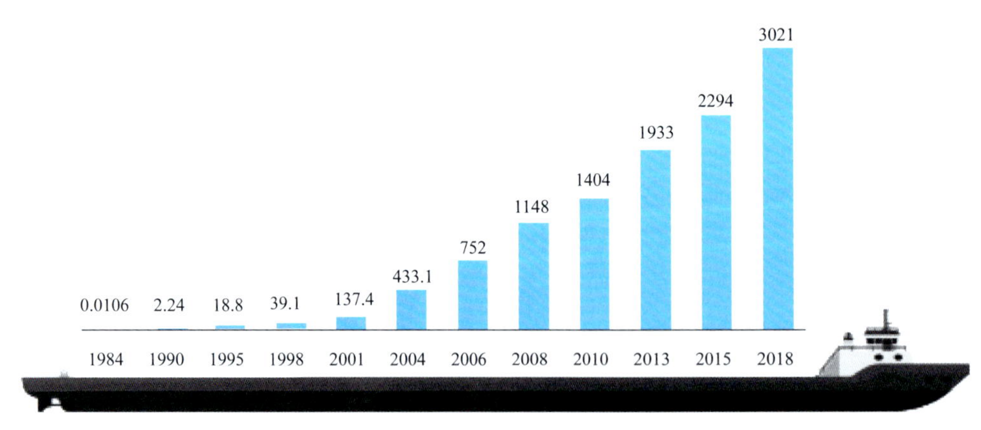

图7　全省港口集装箱吞吐量（万TEU）

三、2019年发展展望

2019年，浙江省水运将围绕“八八战略”再深化、改革开放再出发，深入实施“1210”交通强省行动，围绕“强港口、畅内河、兴航运”总体目标，在“补短板、调结构、优环境、深改革、保安全、强队伍”上持续发力，为实施综合交通“三区”建设战略和全省“两个高水平”建设做好港航保障。

（一）高水平推进港航一体化

推进港口一体化。配合推进中国（浙江）自贸试验区扩权扩区，推动油气全产业链码头的规划建设，基本建成舟山国际绿色石化基地配套码头工程。完善港口基础设施，加快穿山中宅矿石码头二期、东白莲油品储运、穿山1#集装箱码头、梅山6#~10#集装箱泊位、台州头门作业区二期等项目续建，确保建成10个万吨级以上泊位，持续提升煤矿油箱四大货种接卸能力。加快沿海航道及锚地建设，提升沿海通道通航保障能力。

推进航道网络一体化。加快长三角地区畅通高效的内河航道建设，谋划与沪苏皖航道网的高水平对接。基本建成京杭运河四改三杭州段、湖州段等千吨级航道60公里。加快湖嘉申线嘉兴段二期、杭平申线桐乡段、京杭运河嘉兴段、瓯江航道等项目建设。深化乍嘉苏线、新坝二线船闸等项目前期，力争完成杭申线工可，力争启动浙北集装箱运输主通道工程建设。推进航道标准化养护机制，提高支线航道通达辐射范围和干支通达水平，加快建设渌渚江、杭申线大麻至羔羊段、东练线等航道专项养护项目，创建美丽航道300公里。

推进协同管理一体化。以船检莫干山协议平台为载体，带动区域管理协同，先行推进长三角地区污染防治、安全监管、交通管控、应急指挥和船舶船员诚信管理等联防联治联控。强化信息资源互联共享，加快推进海港与长江沿线港口互联互通，拓展舟山江海联运公共信息平台服务功能和服务范围。在长三角区域推动船舶“多证合一”互认。

（二）大力推进水运结构调整

深入推进湖州内河水运转型发展示范区创建，再制定内河水运转型发展示范区评价标准等示范经验10项，并在全省推广。

积极引导内河集装箱运输发展。加快集装箱运输通道和码头建设，推进内河集装箱船型标准化，综合实施集装箱运输补贴、优先和免费过闸等政策，同步大力推进大宗货物“散改集”。计划完成内河集装箱吞吐量达85万TEU，同比增长10%以上。

推进大宗货物多式联运。发展江海直达、江海联运船队，加快推进集装箱海河联运。推动煤炭等大宗货物实现海河中转联运，积极开发海上运输支线，引导沿海大宗物资向海上运输转移。计划完成海铁联运集装箱量75万TEU，同比增长20%以上；计划完成江海河联运量达3.2亿吨，同比增长10%。

创新港产城协同发展的综合运作模式。将嘉兴、湖州内河码头+物流园区+产业集聚区的港产城联动模式，加快在全省特别是钱塘江中上游地区推广。打造一批内河区域性海河联运综合枢纽，推进内河码头与物流园区一体化发展。加快建设湖州铁公水物流码头、衢州大路章作业区、绍兴嵊州中心作业区码头等一批港产联动项目，建成500吨级泊位10个。

加快发展现代航运服务业。做强舟山江海联运服务中心，拓展大宗散货和集装箱供应

链服务，着力打造外轮供应、特色航运交易、船舶融资租赁、海事衍生服务全面发展的国际海事服务基地。推进保税油供应，助推自贸区发展。加快推进小洋山北侧集装箱江海联运支线码头开发，打造以“水水中转”为特色的大宗商品及集装箱中转运输体系。

（三）坚决打好防污染攻坚战

全面推进船舶污染源头治理。完成绿色港航创建项目验收。落实岸电推进计划，建成高低压岸电60套。继续推进100~400总吨内河运输船舶生活污水收集存储装置安装工作，力争完成改造2500艘。补齐内河船舶生活污水收集监管短板，提高收集存储装置正常使用率。推进渔船按有关标准配备防污染设备。

加快船舶污染物接收转运处置设施建设。推进省管内河船舶水污染物“船上存储岸上处置”的“零直排”治理模式，按要求完成三年总建设任务75%以上。会同相关部门指导督促地方政府做好船港之间、港城之间污染物转运、处置设施的衔接，推动“截污纳管”“污水零直排区”建设。

切实抓好船舶污染防治联合监管工作。进一步完善船舶污染物接收、转运、处置联合监管制度，会同相关部门有效运行船舶污染物接收处理联合监管机制，组织联合执法，全面落实船舶污染物接收上岸工作，共同实现闭环监管。严格督促落实船舶排放控制区政策措施要求。联合市场监督管理部门，继续强化内河通航水域船舶燃油质量监管，委托第三方专业机构对船舶燃油进行抽样检测，掌握辖区船舶燃油硫含量达标情况。

（四）深化“最多跑一次”改革

纵深推进“最多跑一次”改革。继续围绕“三联三化”，进一步完善和推广浙江数字港航综合管理与服务平台（即“船E通”）。推广船舶证书“多证联办”“多证合一”等创新举措。

加快推进智慧海事二期建设。着力加强智能感知基础设施建设，着重开展指挥和应急处置系统及大数据处理和智能决策分析系统建设。积极争取全面开放船舶、船员等数据信息。

加强事中事后监管。开展水路运政检查，维护水运市场秩序。落实水路旅客运输实名制，在重点水域开展网络售票。推动行业信用建设，积极实施水路运输信用管理办法、危险货物港口安全评价机构信用管理办法，做好相应领域的信用评价工作。加快信用信息的有效归集、整合，推进行业信用信息公开和应用，加强推进守信联合激励和失信联合惩戒工作。依法开展航道通航条件评价审核，组织全省涉航建筑物建设事中事后监管对口检查。

（五）切实加强水运安全监管

切实加强省管内河通航安全监管。研究制订《浙江省管内河主干航道通航管理规定》。组织开展事故险情多发点隐患排查治理。会同相关部门开展内河农（林）自用船安全管理专项治理工作。全面运行以水上交通指挥中心为枢纽的日常交通指挥、安全预警、

应急反应处置的联动机制。继续加强对水上搜救工作的领导、协调，组织实战化应急预案演练。

强化港口危货监管。继续推进港口危化品安全治理和危险货物储罐定期检测。督促企业和管理部门落实安全生产管理责任，持续开展港口危险货物安全生产工作巡查（督查）。对全省一级重大危险源企业或涉及液体化工品作业的港口企业进行安全体检。组织各地港口管理部门对一级重大危险源以外的港口危险货物企业进行交叉互检互查。

加强船舶检验工作。试点开展船舶建造检验政府购买服务。继续深化温岭、奉化、象山渔船检验“检管分离”改革试点，形成完备的制度体系。

继续推进四好农村路水路建设。力争创建美丽渡口45个，建成陆岛码头泊位10个。进一步规范和统一渡运设施标识、渡埠安全防护设施、候船亭等，改善渡口硬件条件，美化渡口环境，提升渡运安全和服务水平。推动县级政府切实承担“四好农村路”水路建设主体责任，健全农村渡口属地管的管理体制。

（浙江省港航管理中心）

报告 4

安徽省水运发展综述

一、水运经济运行情况

（一）固定资产投资

2018年，全省完成水运建设投资107.2亿元，同比增长95%。其中，非交通系统社会民间投资24.1亿元，占22%；江淮运河（引江济淮）项目完成60.9亿元，占56%。交通系统共完成投资22.2亿元，其中省港投集团占19%，水运系统内及省市共建项目占1.4%。

（二）航道、港口新增能力

年末全省内河航道通航里程5728.62公里，其中Ⅳ级以上航道1473.53公里，同比增长2.79%；全年改善航道里程57.54公里。全省港口拥有生产用码头泊位867个，年设计通过能力4.8亿吨，其中万吨级泊位17个；全年新增港口吞吐能力1988.65万吨。

（三）运输船舶

年末全省共拥有各类营运船舶2.51万艘，4707.4万载重吨，船舶数较上年减少418艘，净载重量增加80.8万吨，运力上升1.7个百分点。

（四）水路客货运输量

全省全年共完成客运量、旅客周转量、货运量和货物周转量分别为240万人、3912万人公里、11.5亿吨和5630.9亿吨公里，同比分别下降5.14%、3.69%和上升0.76%、2.32%。

（五）港口吞吐量

全省全年共完成港口吞吐量5.1亿吨（其中出口2.6亿吨）、集装箱吞吐量148.7万TEU，同比分别下降0.2%（5.2%）和上升7.5%。其中，煤炭及制品、石油等七种主要货类共完成吞吐量4.8亿吨，同比下降1.5%。

（六）水上交通安全

全省全年共发生运输船舶水上交通事故37件，沉船10艘，死亡失踪1人，直接经济损失约976.7万元；与上年比，事故件数减少4.3件，沉船艘数增加1艘，死亡人数减少6人，直接经济损失增加403.5万元，四项指标呈两升两降态势。非运输船舶水上交通事故6起，死亡失踪2人，直接经济损失6万元；与上年比，事故件数增加3.3件，死亡人数持平，沉船减少1艘，经济损失减少4.7万元，四项统计指标呈一升一平两降态势。

二、重点工作开展情况

（一）推进绿色水运发展

港口岸电设施建设。沿江年吞吐量500万吨以上的23家大型货运码头、集装箱码头提前1个月全部完成年度改造计划，具备为靠港船舶供电条件。全省建成较早的老码头也正在逐步推进岸电设施改造。

船舶和港口污染物接收转移处置设施建设。省级层面配套的港口和船舶污染物接收转运及处置设施建设方案以及船舶污染物接收、转运、处置联单制度和联合监管制度获省人民政府批复。各市加快推进港口船舶污染物接收、转运、处置设施建设方案和监管制度的实施，16个市已全部完成年度建设任务。

妥善处置固废非法转移、倾倒、处置问题。开展全省港口码头固废整治专项行动，全面督查沿江等重点城市，制定清单制度和日常监管制度，并在全省范围内逐步建立起长效机制。

积极推进水清岸绿产业优、大气污染、水污染、船舶污染、河长制等环保工作。

统筹推进绿色交通污染防治。完成全省船型标准化资金清算工作，2014年以来全省累计拆解、改造、新建完工船舶15630艘。开展蓝天行动、港口码头扬尘污染、水污染和大气污染综合督查，开展中小船舶安全管理专项整治检查，切实落实长江经济带船舶污染防治三年专项行动。

（二）推进行业治理现代化

落实有关水运涉企行政事业性收费项目清理改革工作部署。2018年1月1日零时起，关闭“安徽省海事征费管理收费系统”中“货物港务费”收费项目功能，停止征收货物港务费。

推进全省港口资源整合和港口一体化、港航协同化发展，安徽省港航集团有限公司挂牌成立，并注册成立安徽省港口运营集团有限公司。

规范水运市场秩序，持续巩固沿江非法码头整治和无证经营码头专项整治行动成效。长江干线沿江224个非法码头已全部拆除。全省无证经营码头，已完成整治的码头、砂石堆场919个，占总数93%。

（三）积极支持综合运输衔接

鼓励支持企业申报国家多式联运示范项目，推进铁水联运、公水联运示范点建设。安徽省主要港口和重点港口中的17条公路、铁路集疏运项目纳入国家《“十三五”长江经济带港口多式联运建设实施方案》。省交通运输厅与长江芜湖、安庆海事局建立联络协调机制，配合推进自贸区试点经验复制推广。

三、行业管理工作情况

（一）水运建设

完成安徽省水运“十三五”发展规划中期评估，安徽省高等级航道网发展规划报省政府待批。推进涡河、新汴河、秋浦河、阜阳复线船闸、合裕线裕溪一线船闸扩容改造等水运重点工程前期工作。重点项目加快推进，引江济淮航运工程全面开工建设，淮河干流、青通河、顺安河、汾泉河航道整治工程等一批重点工程稳步建设。马鞍山郑蒲港区疏港铁路、皖江物流淮南码头、铜陵新兴际华东港码头等社会和民间投资水运项目稳步推进。全省水上交通安全监管和应急救助基地船艇建造任务全部完成，蚌埠、芜湖综合基地建设任务基本完成。

（二）改革创新

“放管服”改革持续深入。调整省级海事港航权责清单事项6项，调整全省海事系统行政许可和公共服务事项清单28项，统一规范省市县三级其他依申请类权力事项和公共服务事项共40项，纳入省互联网+政务服务平台，推进网上办理；对7项“证照分离”改革事项提出优化审批和强化监管具体措施，精简申请材料50%，压缩审批时限三分之一；清理涉及改革的规范性文件46件，其中废止7件、修改2件；推进建立以企业信用管理为核心的新型监管机制，全面推开“双随机”抽查监管模式，6项监管事项纳入随机抽查事项清单，通过信息化平台实现随机抽取抽查企业和执法人员，实现事项清单、检查计划、标准、结果全公开。

（三）行业管理

加快行业法律法规体系建设。《安徽省港口条例》立法修订工作正式启动，已申请列为2019年实施类立法项目。

加强运输市场准入。组织开展2018年度国内水路运输及辅助业年度核查。推进液货危险品运输企业换证，注销2家危险品运输企业资质。

推进全省港口岸线资源普查，建设港口岸线资源监测管理系统。

加强航道通航条件影响评价审核管理，有效保护航道资源。完成2017年度航道管理与养护迎检工作。

全面实施船舶进出港报告制。实施以来，全省申报登记船舶电子注册19737艘，完成船舶电子报港367863艘次。

加强船员管理。全省登记注册船员达到14.5万人。实施船员违法记分，全年共有1155名船员被违法记分，记分分值4008分。

（四）安全管理

贯彻落实“党政同责、一岗双责”责任制，组织“平安交通”“百日除患铸安”活动，组织全省水上交通与港口安全大检查，开展安全督查和隐患督办。以“四季七节”“四类船舶”和重点航道、湖库区、旅游水域为重点，进一步强化安全监管和应急保障。继续开展危险货物码头装卸、储存作业、储罐专项整治，加强对危险品集中风险源的安全评估及重大危险源的监管。持续开展内河船舶违法从事海上运输治理行动，对问题突出的航运企业实施安全约谈和重点监管，督促企业落实主体责任，做好船舶安全管理和召回工作。开展“安全生产月”“典型事故案例进航运企业进船员培训机构”及安全知识进校园等宣传活动。

四、2019年发展展望

2019年，全省计划完成水运建设投资100亿元；预计完成港口吞吐量5亿吨、集装箱吞吐量150万TEU；完成客运量和旅客周转量250万人、4060万人公里；完成货运量和货物周转量11.4亿吨、5500亿吨公里。

1.推进重大项目落地

加快合肥、蚌埠、阜阳、亳州等部分地市港口总体规划调整，推进淮河临淮岗复线船闸、浍河、涡河航道整治工程等项目前期工作。推动《安徽省干线航道网规划（2016—2030年）》《安徽省水路交通建设规划（2017—2021年）》等规划实施。推进安徽长江、淮河、引江济淮航运工程“一纵两横”水运大通道建设，加快青通河、秋浦河、汾泉河等支流航道建设步伐。推进沿江沿淮标准化、专业化、大型化港口公用码头建设，完善港口集疏运体系。

2.推动水运行业转型

推动港口结构优化，加快淘汰老旧运输船舶，提升船舶技术水平和防污染能力，推进水运业节能减排。促进一批企业实现规模化、集约化经营，提升市场主体核心竞争力。优化运输组织方式，促进港、航、运与腹地经济相匹配，与其他运输方式相协调。落实“共抓大保护”要求，全面贯彻落实环保法律法规和“水十条”“大气十条”等相关规定，配合做好中央环保督察“回头看”问题的整改，推进水运绿色发展。

3.增强行业发展活力

继续推进全省港口资源整合，进一步推动船检体制改革。继续加强法规及制度建设，落实重大事项决策制度和合法性审查全覆盖，严格规范性文件审查、备案制度。继续深化“放管服”改革，做好权责清单动态调整；推进海事港航行政执法规范化建设，强化行业执法和服务能力。加强船舶报港制、电子签证、船员动态管理、船员考试等工作。

4.保持安全态势稳定

完善水上安全监管责任制，落实“党政同责、一岗双责、齐抓共管、失职追责”要求。加强水上交通安全管理，做好重点时段、重点领域安全监管，加强船舶船员动态监管。加强港口安全监管，完善港口安全监管机制，强化对危险品港口码头及管线、罐区、库场的监督管理，加强物流安全管理。

5.优化通航治理能力

加快水上交通安全监管和应急救助体系建设，促进管理资源科学配置，实现水上安全和应急管理网格对全省通航水域的全覆盖。加强高等级航道及其重要支流航道的养护和航标管理维护，做好航道应急抢通。加强船闸的规划、建设和运营监管，着力解决船闸堵航问题。加强重点时段、重点区域和重点部位的巡航巡查，做好极端天气的预防、预警和应急保障，提升水上运输安保和应急处置能力。

6.提升行业治理水平

完善运输市场管理机制，强化水运企业经营资质管理，加强水上液货危险品运输企业监管，开展水运企业年度核查。完善港口市场管理机制，持续巩固内河无证码头和长江干线非法码头专项整治成果，建立长效机制。完善水运建设市场管理机制，进一步规范基本建设程序，督促查处港口码头建设未批先建行为，强化信用评价结果应用。加强船舶船员管理，持续提高船舶监督管理信息化水平，强化船员任职资格监管和船员培训服务质量。加强船舶检验管理，做好船检发证系统改造工作，提升验船师队伍整体素质。

（安徽省地方海事（港航）管理服务中心）

报告5

江西省水运发展综述

一、2018年水运发展情况

（一）水运基础设施建设

全省全年完成水运建设投资32.06亿元，比上年增长47.7%。赣江、信江高等级航道规划项目全部落地，赣江新干航电枢纽等11个水运重点项目平行建设，其中龙头山航电枢纽船闸具备通航条件，石虎塘—神岗山整治项目主体工程基本建成。赣江新干航电枢纽船闸实现通航。井冈山航电枢纽船闸主体工程完成80%。信江八字嘴航电枢纽导流明渠建成通水，双港航运枢纽导流明渠已开挖，九江红光综合枢纽码头一期工程陆域已形成。

（二）水运经济运行

全省全年完成水路货运量1.15亿吨，货物周转量238亿吨公里，港口吞吐量2.45亿吨，集装箱吞吐量62.24万TEU，客运量253万人，同比分别增长4.5%、-5.5%、-14.3%、33.6%和-5.4%。

（三）水上交通安全形势

全省全年发生一般等级及以上水上交通事故1起，无人员伤亡，渡运和水上客运、水上重点工程建设未发生伤亡事故，水上交通安全生产形势持续保持稳定。

全省港航系统全年共组织了30余个督查组开展安全生产明查暗访，共排查和督促整改安全隐患1918项。成立4个安全专业委员会，编制完成省级港航安全生产权责清单（初稿），港航安全管理体制机制不断规范。组织港航企业开展风险辨识、评估、分级工作，122家港航企业建立了“一图、一牌、三清单”。查处汛期超限超高船舶违规进入管控水域，全省全年共检查船舶2694艘次，行政处罚89起，有效保障了管控水域桥梁和船舶航行安全。开展《赣江、信江下游桥区通航条件及船舶尺度研究》，为超限船舶管控等相关通航安全保障工作提供依据。开展了企业安全生产标准化达标“双随机”抽查。

研究建立重点船舶船检审图及现场检验数字化档案。

严格管控岸线资源利用。开展九江港沿江“小、散、低”码头整治综合提升，年底完成3000吨级泊位达80%以上目标。完成赣江、信江高等级航道及鄱阳湖沿岸规范提升类码头的规范提升。

持续推进污染防治攻坚。完成港口和船舶污染物接收、转运及处置设施建设达75%以上。深入开展船舶港口防污染治理行动和“清河行动”。

深入推进法治港航建设。做好《江西省水路运输管理条例》立法相关前期工作。组织开展行政执法评议考核和执法视音记录系统使用情况专项督查，规范基层执法行为。加强“双随机、一公开”和行业信用监管工作。

（三）确保航运畅通有序

加强航道养护管理。对赣江全流域航道图进行测量更新，配备与航道养护相适应的航标、船艇等装备设备。重点做好汛期航标设置和枯水期航道应急抢通工作，严格执行年度航道养护计划。规范通航秩序管理。加大巡航执法力度，严厉查处船舶乱停乱靠、非法占据航道、未按规定报港、未开启船载自动识别系统等影响通航秩序的违法违规行为。规范长期停航船舶管理，推动地方政府组织联合清理整顿工作。有针对性地开展超限船舶管控、治理船舶超载等专项整治活动，逐步建立完善通航管理长效机制。理顺船闸管理体制。适应三级通航要求，尽快成立赣江、信江船闸管理机构，重点落实非交通部门承建的枢纽船闸的接管工作，实行统一调度，统一应急指挥。

（四）构建智慧绿色航运生态

加强智慧水运建设，依托工程项目建设，同步推进CCTV 、VHF、AIS等配套信息化项目建设。推进绿色航运发展，优化水路运输结构，推进九江港、南昌港一体化发展。促进水运企业转型升级，重点推进鄱阳湖区、枢纽库区、水库等主要景点旅游码头服务能力提档升级。

（五）维护行业安全平稳态势

进一步压实监管责任，严格执行安全生产考核问责机制，筑牢安全生产的“防火墙”。完善安全生产诚信评价机制。强化重大危险源管控，开展风险辨识、评估、管控和监督管理工作，建立风险动态监控机制。持续推进超限船舶管控、危险化学品安全综合治理、中小型船舶安全管理等专项整治活动，严厉打击“三无”船舶非法载客等违法违规行为。筑牢水上交通、港口、航道水路运输、工程建设等领域的安全监管网络。提升应急处置能力。完善应急信息互通机制，充分运用气象、水文、地质灾害等部门的预测预报成果，及时、滚动发布预警信息和风险提示，指导企业和社会公众做好防范应对。

（江西省港航管理局）

报告6

山东省水运发展综述

一、2018年水运经济运行情况

（一）港口吞吐量

全省全年完成港口吞吐量16.89亿吨，同比增长6.7%；沿海港口完成16.15亿吨，增长6.4%，其中外贸8.5亿吨，增长5.8%，金属矿石3.8亿吨、增长5%，液体散货2.55亿吨，增长1.6%，集装箱2765万TEU，增长8%；内河港口完成7365万吨，增长12%。水路客运量完成2044万人次，同比增0.35%，旅客周转量12.76亿人公里，增长5.7%；货运量完成1.8亿吨，增长7.8%，货运周转量1835亿吨公里，增长4.4%。

（二）基础设施建设

全年完成港航建设投资103亿元，新增万吨级以上泊位10个，新增年通过能力6700万吨。沿海港口大型专业化码头和深水航道建设持续推进，青岛港在正式运行2个自动化码头基础上再开工建设2个自动化码头，日照港岚山港区原油码头二期工程（第3个30万吨级原油码头）已完工并正式运行，日照钢铁精品基地配套30万吨级矿石码头工程等大项目进展较快。全年完成内河建设投资20亿元，较上年增长42.9%，京杭运河主航道升级改造工程济宁段、湖西航道整治工程开工建设，微山一线船闸改建工程基本完工，万年复线船闸主体工程基本完工，新万福河复航工程、韩庄复线船闸工程等在建项目有序推进；小清河复航工程PPP方案获得省政府正式批复。

（三）水运结构调整

引导中韩客货班轮航线运力更新，自2014年开展专项整治以来，山东省7家中韩航线企业全部完成或启动了运力更新，陆续淘汰12艘船舶，更新7艘船舶，船舶平均船龄由2014年的22.6年下降到2018年的8.9年。长岛至旅顺陆岛航线获交通运输部批复，正在开展船舶建造。山东海运与德国莱茵集团成功签署10艘18万载重吨干散货船长期租约。渤海湾水路客运联网售票信息系统建设获交通运输部补助资金850万元。生态环保工作扎实推进，港口和船舶污染物接转处、港口作业扬尘防治、环渤海港口禁止接收柴油货车集疏港煤炭等工作措施得到有效落实；青岛、烟台等沿海港口18个港口岸电项目及2套船舶受电设施通过交通运输部验收；推进船舶排放控制，印发了《山东省船舶排放控制实施方案》。京杭运河港口岸电设施建设取得显著成效，2018年新建充电桩70个。

（四）行业监管服务

持续推进“放管服”制度改革，编制完成《山东省水路运政行政许可事项办理手册》和《山东省水路运输企业现场监督检查工作手册》，统一全省各级水路运政行政许可办理、事中事后监管标准。严格执行港航费收管理规定，着力清理港航违规收费项目，对举报涉及的12家港口企业、8项涉嫌乱收费项目开展调查处理；联合省物价局、商务厅印发《关于进一步清理规范口岸收费的通知》，将全省16个口岸列入清理规范范围，规范部门、企业收费行为。口岸营商环境持续优化，青岛港全面实施“全程物流阳光价格”清单，清单之外一律不得收费，全年可为企业节省通关成本1.17亿元。海事船检工作扎实有效，一类船舶船员适任证书考试和发证资质获得交通运输部海事局批复。

（五）港航安全形势

紧盯渤海湾客滚运输、中韩客货班轮、港口危险化学品、内陆水域渡运等重点领域，坚持最高要求，执行最高标准，实施最严措施，确保了上合组织青岛峰会期间港航安全稳定。开展“全省港航系统隐患清零行动”“环青护城河行动”等系列活动和全省沿海水运在建工程安全生产大检查。建立健全安全生产风险分级管控和隐患排查治理双重预防体系，起草编制水路危险货物运输、港口危险货物储存装卸企业双重预防体系实施指南。运用政府购买服务方式委托专业技术力量对全省105家港口危险货物装卸、仓储企业进行“诊断式”安全检查，发现各类问题隐患1127项，下发整改通知书104份，全部整改完成。全年无重特大安全责任事故发生，港航安全形势持续稳定。

二、2019年重点工作

（一）加快沿海现代化港口群建设

加快港口资源整合步伐，尽快形成以青岛港为龙头的现代化沿海港口群，推进渤海湾港口整合取得实质性进展，持续推进港口一体化发展，支撑保障海洋强省建设。全年计划完成沿海港口投资50亿元，新增泊位13个，新增通过能力1800万吨。重点推进青岛港前湾港区自动化码头二期工程、董家口港区原油码头二期工程、日照港岚山港区原油码头三期工程（第4个30万吨级原油码头）、烟台港西港区大型通用泊位工程等项目建设。继续加强陆岛交通码头、渡口等涉及民生项目的建设、改造和维护。实施老港区功能调整和码头技术改造，推动新港区快速承接老港区原有功能转移，实现港城协调发展。

（二）加快内河通江达海工程建设

全年计划完成内河建设投资30亿元。推动京杭运河航道扩能升级，加快推进京杭运河主航道升级改造工程济宁段、湖西航道工程、新万福河复航工程和东平湖湖区航道工程等在建项目，开工建设京杭运河枣庄段二级航道整治工程，建成韩庄复线船闸主体工程，争取开工建设大清河航道工程和小清河复航工程。开展京杭运河黄河以北山东段复航研究。

（三）继续保持港口生产稳定增长

加强港口运输生产组织，巩固沿海港口大宗干散货运输优势，不断壮大油气、集装箱运输，继续保持外贸、金属矿石、液体散货全国第一的领先优势。2019年预计全省港口吞吐量完成15.7亿吨，其中沿海港口吞吐量完成15亿吨，内河港口吞吐量完成7400万吨；预计全年水路客运量完成2000万人次，水路货运量完成1.8亿吨。

（四）加快打造一体畅联的水路运输服务体系

充分发挥港口衔接各种运输方式的枢纽优势，推进水运与其他运输方式互联互通、高效衔接。完善港口集疏运体系，加快实现主要集装箱、大宗干散货港区与高速公路、铁路的直接连通，推进港口管道集疏运设施建设。落实打赢蓝天保卫战及交通运输结构调整等工作部署要求，做好集疏港运输“公转铁、公转水”工作，2019年底前全省沿海港口“水水中转”集装箱数量占吞吐量比例不低于10%，青岛港集装箱铁水联运量同比增长10%以上。优化航线布局，实现海上运输全球通。优化船舶运力结构，推进现代化海运船队建设。

（五）优化行业监管和服务

加快智慧港航建设，建设完成港口危险货物安全管理系统、京杭运河智能通航及公众服务系统，加快渤海湾水路客运联网售票信息系统建设。强化港口码头污染防治，加快污水垃圾接收、转运及处置设施建设；继续推动内河船舶配备并使用防污染设施设备；继续推进大型港口设施“油改电”和码头岸电改造工程。优化口岸营商环境，全面对标上海港，实施口岸收费清理降费工作，严格查处违规收费行为。加强地方海事工作，强化内陆水域船舶防污染监管，严格一至三类内河船员考试发证管理；加强船检队伍建设，开展验船师廉政教育活动，强化船舶质量检验。

（六）发展现代航运服务业

强化青岛、日照、烟台航运服务集聚区建设，建设现代航运大数据综合信息平台，全面推动港航交易贸易市场建设。积极发展邮轮经济，完善青岛、烟台等港口邮轮服务功能，打造邮轮品牌，服务邮轮经济健康发展。大力发展高端高质物流业，实现传统物流业务向现代物流业务升级；积极打造“门到门”运输，实施“码头+铁路+水路+公路+管道运输”的全程物流，建设最低成本运输通道；完善集装箱、原油、矿石、煤炭运输系统，拉长增厚产业链，促进港航业务增值增效。

（七）持之以恒加强安全管理

继续推进风险管控和隐患排查治理双重预防机制构建工作，推动港航企业全面开展安全风险辨识，科学评定风险等级落实管控措施，建立完善隐患排查治理体系。探索研究务实管用的安全监管措施新办法，充分利用安全倒逼机制，提升标准，严抓源头。强化安全生产基础工作，加大对重大危险源及重大隐患等关键部位的检查力度，强化对各市港口行政管理部门安全监管履职情况的督促检查，充分利用好专家诊断式安全检查，把开展第三方核查、“双随机”核查等方法应用于日常安全监管，全面提升港航安全防范和应急保障能力。

（山东省交通运输厅港航局）

报告7

河南省水运发展综述

一、2018年水运发展状况

（一）水运基础设施建设

1.水运项目建设

全省全年完成内河建设投资18.47亿元，其中重点水运项目完成投资15.65亿元。加快推进沙颍河、淮河、唐河等重要航运工程建设。沙颍河航运工程呈现“全线开工、全面开工”的格局，漯河段新开工多个控制性工程，周口段签订PPP合作协议，沈丘枢纽、郑埠口复线船闸等控制性工程开工建设。

2.水运脱贫攻坚

根据《河南省交通运输脱贫专项方案》有关要求，编制完成《河南省2018年库区（水域）港航安全监管基础设施建设项目投资计划表》《河南省2018年贫困地区农村渡口升级改造建设项目投资计划表》并报至省发改委批复后下发投资计划。安排投资9799万元，实施了南阳市鸭河口库区、南阳市方城县望花湖旅游区、洛阳市汝阳县前坪水库、济源市河口村水库、周口市淮阳县龙湖、永城市日月湖、濮阳市南乐县西湖等7个库区（水域）港航安全监管基础设施标准化建设工程。全年安排投资3287万元，升级改造37道农村渡口。

3.工程建设管理

着眼“品质工程”建设，不断提高工程管理水平和施工标准化水平。印发了《河南省交通运输厅航务局关于对水运建设项目进行重点督导的通知》，成立了河南省水运建设项目综合督导组，对全省水运建设项目进行重点督导。推动水运工程建设从业单位信用评价体系建设，组织开展全省水运工程设计、施工企业2017年度信用评价工作，并公布了河南省2017年度施工企业信用等级评价结果。

4.航道养护管理

印发了《河南省交通运输厅航务局关于对2017年度航道养护工作开展技术考核的通知》，组织对2017年度航道养护技术考核。制定下达了2018年度内河航道养护计划，下拨养护经费1600多万元。依法开展航道通航条件影响评价审核，全年完成航评行政审批

8项。

5.绿色水运建设

强化全省水运工程施工扬尘污染防治管理，督促施工企业严格落实施工扬尘工地管理各项措施。印发《关于进一步加强航务海事系统2018年水污染防治工作的通知》《河南省交通运输行业2018年水污染防治攻坚战实施方案》，强化环保治理和水污染防治。推进码头岸电设施和垃圾处置装置建设。

（二）水上交通运输安全

全省水路交通运输安全生产形势继续保持稳定，截至年底实现连续1553天安全无事故。印发《2018年水上交通安全管理工作指导意见》，层层签订目标责任书，落实水上交通运输安全监管责任。加强对在建水运项目、渡口、浮桥、库区等重点工程、重点水域和渡口渡船、旅游客船等重点船舶的安全监管。加大安全检查和隐患排查力度，在全省范围内开展了水上交通安全生产大检查活动。全年共开展各类安全督导检查581批次，排查水上生产经营企业48家，渡口424道，发现一般安全隐患359处，已全部得到有效整改。全省共撤销失去功能和满足不了设渡条件的渡口59道，拆除非法码头42处，取缔非法渡口15处。进一步加强企业安全生产工作，完善水上交通安全生产各项保障措施，加大安全保障投入，确保主体责任有效落实。开展中小型船舶安全管理专项整治行动，开展水路运输安全专项整治活动，推进渡口撤渡，加强隐患排查和风险防控，打击突出违法行为，整治船舶超航区经营，规范船舶进出港报告，规范船舶安全配员，严格行业准入等。

1.船舶监督和通航管理

推进新版船舶登记系统、登记证书的过渡和使用，保证船舶登记工作有序开展，全省共办理船舶登记业务4685次。落实船舶进出港报告制度，沙颍河、淮河航道共报告船舶进出港11526次。

2.船舶检验管理

全省全年共完成船舶检验7630艘，709万总吨，其中建造检验220艘，3.6万总吨，审批图纸52套，其中20套为标准主尺度系列船型船舶，办理转籍船舶441艘，其中转入船舶198艘，转出船舶243艘。建立船检人员综合能力评估制度，对新进主任验船师、验船师、船检人员进行综合能力评估。开展脱检船舶摸底排查，对近9000艘河南籍船检船舶数据进行全面筛查，共排查脱检船舶1079艘，对487艘船检数据进行隔离。开展船舶防污染设备排查及2001—2005年建造船舶隐患排查。

3.船员管理

强化船员培训监管，提升船员适任能力。全省船员考试发证机关共实施船员培训18期255人次，组织船员考试1061人次，签发各类船员适任证书2338本。严格落实船员培训许可，加强船员培训机构现场核验和质量管理体系审核。

4.水上搜救力量建设

全省社会救援队伍达到25支，人数已超过2000人。全年参与水上搜救行动218次，救生91人，打捞沉船2艘，处置失控挖砂船1艘，挽回经济损失上千万元。全年组织水上交

通应急搜救演练19次，其中多部门联合演练12次，跨区域演练2次。商丘市水上义务救援队、郑州黄河厉风救援队等19支社会救援队伍获国家搜救专项奖励资金40.5万元。河南省水上交通应急搜救中心项目取得阶段性成果。

（三）水路运输管理服务

全省全年完成客运量331万人、旅客周转量6121万人公里，分别比上年下降4.34%、3.50%；完成货运量14240万吨、货物周转量1022亿吨公里，分别增长9.87%、11.0%。完成港口货物吞吐量1152万吨（含自然岸坡船舶货物装卸量），增长20%。

1.水路春运保障

春运期间，全省水路运输共投入船舶运力31617艘次、535746客位，完成客运量137万人次，水路运输安全平稳有序，未发生任何安全生产事故和旅客滞留现象。

2.经营资质管理

开展2018年度国内水路运输年度核查工作，全省通过核查的省际普货运输企业85家，对不能满足经营资质条件的7家企业下达限期整改通知，其中5家企业经整改合格后换发了许可证。制定河南省省际普货运输企业“两证”集中换发工作实施方案，累计为通过核查企业换发4160余份船舶营运证。按照清理“僵尸企业”要求，撤销4家企业经营资质。

3.船型标准化补贴资金清算

按照交通运输部、财政部的有关要求，完成2010—2017年“长江干线船型标准化补贴资金”“船舶报废拆解和船型标准化补助资金”两项资金清算，共清算船舶2224艘、中央补助资金1.29亿元。

（四）法治政府部门建设

规范（省级）行政审批事项。梳理原有行政职权，将“修建与通航有关的设施审核”与“水上通航净空尺度审核”整合为“航道通航条件影响评价审核”；取消“通航安全影响专题认证报告审查”。严格按照“三级十同”标准，即省市县三级同一审批服务事项主项名称、子项名称、事项类型、事项编码、实施依据、申报材料、办事流程、收费标准、承诺时限、表单内容统一，对航务海事系统省市县三级审批服务事项进行全面梳理规范，完成审批服务事项“三级十同”清单网上推送。推进政务服务“一网通办”，省海事局审批服务事项（A类、AB类）全部实现“网上可办”和“一网通办”。

继续推进服务型执法单位建设。巩固服务型执法单位建设成果，济源市地方海事局、周口市港航管理局、睢县地方海事处通过省政府组织的服务型执法单位复核验收。继续做好法律法规引领行业管理发展工作，汇编形成《通用法律法规、航务海事法律法规及规范性文件（四）》。严格持证人员任职资格、培训、考核和年度审验，发放或换发海事行政执法证280人次。把“信用宣传月”和“宪法日”宣传作为普法工作的重要载体，加强法制宣传。实现全年海事航务行政执法无错案。

二、2019年工作重点

（一）水运工程建设

全年计划完成水运建设投资16亿元。继续推进内河水运通江达海建设，着力打造沙颍河、淮河、唐河三条水运出海大通道。继续建设沙河漯河至平顶山航运工程漯河段、平顶山段、沙颍河周口至省界航道升级改造工程、淮河淮滨至息县航运工程淮滨段、周口港中心港区项目和唐河省界至社旗航运工程（省界至马店段）等6个水运工程项目；实施一批库区（水域）港航安全监管基础设施建设、农村渡口升级改造和内河航道养护项目；推进淮河淮滨至息县航运工程息县段、唐河航运工程马店至社旗段、黄河小浪底库区港航工程等3个项目前期工作。继续推进涡河、沱浍河一期等航运工程建设，争取早日实现全线通航。

（二）水上交通安全监管

严格重点时段安全监管。做好法定节假日、汛期、小浪底水利枢纽调水调沙期间等重点时段水上交通安全监管，及时进行针对性工作部署，坚决防范安全事故发生。

开展水路交通安全专项整治行动。在全省水上交通领域开展安全专项整治，重点攻坚内河船非法参与海上运输、船舶进出港口不报告、脱检脱审船舶排查、船舶登记管控、中小型船舶治理等专项工作；紧盯“三船一桥”，加大对重点时段、重点水域、重点船舶、重点环节、重点人群的全链条管控，严查超载、超员、超航区营运。

严格船籍港源头管理。加强船籍港源头管控，把好船舶登记关、船舶质量关，严格省际运输船舶登记条件审查，禁止非本省户籍人员办理省际船舶登记业务。严格长江干线船员培训考试发证管理。

强化安全隐患整改。实施安全隐患排查、登记、治理、监督、评估、销号闭环管理，加大隐患整改督查力度，督促生产经营单位对排查出的隐患制定整改方案，确保隐患整改到位。

强化安全宣传教育。继续深入库区码头、渡口等船舶现场及人员密集场所，开展水上交通安全“六进”宣传，开展“兰舟行2019”水上交通安全知识进校园活动。贯彻落实企业“三类人员”培训要求和人员持证上岗规定，开展水上交通安全管理、船舶登记、船员管理、船舶安全监督等业务培训，进一步提升管理人员综合素质。

（三）水路运输服务

推进运输结构调整，引导大宗货物中长距离运输更多向水运转移。建立航道保障机制，制定港口集疏运系统建设方案，开通周口港至连云港港集装箱直达航线，组建沙颍河、淮河内河港口物流产业联盟，完成周口、漯河、平顶山、信阳淮滨临港经济专项规划编制。培育省内水运市场，协调好船舶、港口、航道、船闸、货源等各生产要素的关系。2019年省内航道水路货运量预计增加876万吨，增长85%；无船承运人集装箱运输量预计达到40万TEU。

（四）船舶检验管理

继续加强船检队伍建设。提升新规范、新规则、新要求运用能力，开展验船师培训；提高新型船舶检验能力，培养集装箱船、油船等图纸审查和检验的船检人才队伍；做好注册验船师考试和新进验船师评估。

继续加强船检管理。做好2018年船检机构资质换证复核中存在问题和不合格项的整改。对建造完工日期在2001年至2005年的一般干货船、散货船、杂货船进行全面梳理和隐患排查。开展吨位丈量抽查。探索建立完善的船舶电焊工考核评估制度。

（五）应急搜救与信息化建设

完善全省水路交通应急搜救体系。做好机制完善、预案修订、队伍建设、装备建设、应急培训、应急值班等六个方面工作，提升水上交通应急救援处置能力，健全事故应急预警先期响应机制，增强现场处置和应对能力。持续加强应急救援力量建设，培育和发展社会搜救力量，增加10支社会救援队伍和1000名社会救援人员。

加强海事信息化建设，提升航务海事智能化水平。建设河南省水路路网运行监测信息系统和河南省航务海事数据中心。并依托省交通运输厅统一数据交换共享与开放应用平台实现航务海事数据的交换共享。建设水路路网运行监测监控系统、海事安全监督管理系统、船员综合信息服务系统、水路交通运行统计分析系统、船员在线培训考试管理系统等业务应用系统，共同支撑全省水路路网运行监测和航务海事业务功能的实现。

（六）船舶和港口污染防治

加快港口、码头、装卸站及船舶修造厂等垃圾接收、转运及处理设施建设，提高含油污水等接收处置能力及船舶污染事故应急处置能力，建立并完善港口船舶污染物接收、转运及处置联单制度。继续推进港口码头污染防治，强化水运工程施工扬尘污染防治管理。

（河南省交通运输厅航务局（地方海事局））

报告 8

湖北省水运发展综述

一、2018年水运发展状况

（一）水运发展攻坚战

贯彻实施《湖北省水运发展三年攻坚工作方案（2018—2020年）》，重点实施航运中心核心功能区建设、高等级航道畅通、多式联运培育、绿色安全智慧航运等4项任务，全省全年完成水运固定资产投资59.5亿元，超计划19%，新增港口吞吐能力2054万吨，新增三级以上高等级航道60公里。

规划引领进一步加强。《武汉长江中游航运中心总体规划》获省政府批复。《湖北省内河航道发展规划》环评报告通过审查，全省“十三五”水运发展规划中期评估调整方案编制完成，武汉港、荆州港、黄冈港等一批港口总规修编取得重大进展。荆州江陵港、襄阳小河港等疏港铁路项目纳入全省铁路中长期发展规划。

航道建设实现新突破。长江武汉至安庆长江航道6米整治工程开工建设。汉江碾盘山航运枢纽工程实质性开工，雅口航运枢纽、武汉至蔡甸航道整治工程等一批在建项目进展顺利。清江航道整治工程等一批项目完成竣工验收。“十三五”项目库前期工作累计完成80%，唐白河、松西河、香溪河、汉北河航道整治工程等一批重大项目前期工作加快推进。

港口和集疏运建设进展加快。黄石新港二期、荆州车阳河港二期等港口项目开工建设，鄂州三江港集装箱码头等港口项目基本建成，阳逻港铁水联运二期疏港铁路开工建设。

（二）长江大保护标志性战役

湖北省开展长江大保护十大标志性战役以来，涉及水运领域的非法码头整治、船舶港口污染防治、长江汉江岸线清理整顿等取得积极成效。

非法码头整治。在巩固成果、严防反弹、岸滩复绿、砂石集并中心建设、建立长效机制等方面取得新进展。武汉市对二七长江大桥和鹦鹉洲长江大桥之间的所有货运码头集中拆除、搬迁或集并，宜昌市配合化工企业搬、改、关行动对相应区域内的码头实行搬迁，码头整治和集并向更深层次迈进。

船舶港口污染防治。全省港口设置船舶生活垃圾箱2000多个，流动接收船舶71艘、8000总吨。落实《防治船舶及其有关作业活动污染环境应急能力建设规划》，严格实施船舶污染物接收、转运及处置联单制度和联合监管制度，加强船舶污染监督检查和整改。强化船舶防污染检验，严格按照环保要求签发船舶适航证书。武汉、宜昌、荆州、黄石、黄冈、仙桃等港口已安装到位58个泊位标准岸电设施。宜昌市绿色服务区等一批绿色航运项目建成使用。

岸线清理整顿。对长江汉江岸线进行了全面普查，编制了长江汉江岸线清理图册，摸清了岸线使用的现状。腾退长江岸线150多公里。

（三）铁水联运、江海联运发展

推进多式联运示范工程。阳逻港铁水联运一期工程实现满负荷运营，全年完成铁水联运量5.3万TEU。黄石新港铁水联运实现铁路与港口的无缝衔接。鄂州三江港、宜昌白洋港、武汉金控粮食码头铁水联运项目列入交通运输部第三批多式联运示范工程。

巩固深化江海联运发展。武汉“江海直达”航线稳定运行，武汉港集装箱水水中转占比达到40%以上。“泸汉台”集装箱近洋航线、武汉至东盟四国航线、武汉至日韩航线等“水水”中转品牌航线不断巩固。发展汉江沿线港口至武汉港集装箱喂给航线，仙桃、荆门等地相继出台集装箱水路运输专项补贴资金管理办法。出台《湖北长江经济带集装箱江海联运发展工作方案》。研究制定《湖北省深入推进长江经济带多式联运发展三年行动计划实施方案》《开展全省多式联运示范工程创建方案》。1140TEU集装箱船建造项目进展顺利，“汉海1号”完成首航。

高端航运服务发展迅速。武汉航交所发布长江内河集装箱、散货、滚装运输等系列指数，搭建货运交易、船舶交易、航运人才服务、航运司法拍卖等平台，航运金融、保险发展势头良好。全年实现交易额54亿元，同比增长51%。宜昌等地航运交易业务量快速增长。

（四）深化改革提升服务

深化“放管服”改革。继续推进简政放权，优化审批流程，精简申请材料，取消了国际船舶管理业审批（中资）。推进“证照分离”，统一规范省、市、县三级水路交通行政管理权责清单，清理审批中介服务收费、涉企证照。推进“互联网+政务服务”，全面开展“一张网”对接工作，全省港政、水路运政审批已全部纳入“湖北政务服务网”，船员适任证书核发、船舶检验证书核发、船舶登记审批系统与省政务审批平台实现对接。

推进法治部门建设。贯彻实施法治宣传教育第七个五年规划，落实普法责任清单和普法责任考核，开展“法律六进”活动。完成全省水路交通执法骨干培训和执法资格考试。修编水路交通行政处罚自由裁量基准，组织执法案卷评查活动，监督规范行政执法行为。坚持依法决策，充分发挥法律顾问作用，顺利办结相关案件。

（五）水上安全风险防范和隐患治理

完善安全管理责任体系。全面推进渡口渡船网格化，省、市、县逐级推进责任落实，实现全省所有渡口渡船安全监管责任100%由执法人员包干。推进全省乡镇船舶县市、乡镇、村组、船主“四级”责任制落实。省、市、县三级按频次要求开展港口危险货物安全检查。

重点领域重点时段安全排查保障。深入开展水路交通安全生产“大建设、大排查、大整治”，开展内河船非法从事海上砂石运输治理、中小型船舶安全管理专项治理、船舶进出港报告专项治理等专项行动，全省共核查排查企业506家次，个体工商户548家，船舶万余艘，有效排查治理隐患770处，开展安全检查3000余次，涉及公司166家次、船舶2900余艘次，及时发现和处置问题259个，滞留船舶10艘次。

港口危险货物安全专项整治。发挥“湖北省港口危险货物安全监管基础信息系统”辅助监管作用，实现监管过程和履职情况“痕迹化”，港口企业安全意识、安全投入、从业人员资格、安全制度、安全设备、应急管理等明显改观，企业安全主体责任进一步得到落实。

开展安全宣传教育。开展“水上交通安全知识进校园”活动，受教育学生1000余人，赠送《小学生水上交通安全教育读本》2000余册。各级港航海事部门围绕“生命至上，安全发展”主题，共举办开展“6.16”安全生产宣传咨询等活动48场，参加人员达9234人；开展各类安全主题培训89场次，培训人数3765人，组织开展为期9个月的典型事故案例“双进”活动。

2018年，全省发生水上安全责任事故1起、死亡1人，同比分别下降50%、66.7%。

（六）船舶船员和船检管理

落实服务船舶、便利船员新举措。推广使用海事船舶进出港报告服务网和手机APP，便利船舶进出港，船舶进出港报告量与上年增长92.75%。开展登记船舶清理排查，共排查船舶8377艘，发现问题29625项，全部督促整改。将船员服务簿签发审批时限由7个工作日压缩至5个。取消船舶国籍证书核发复审环节，开放外网申请船舶登记业务功能。将船员证书类审批业务由三级审批调整为二级。推广使用海事综合服务平台和船员电子申报系统，开放船员外网申请最低安全配员证书功能，实现配员证书异地申办、电子推送、自行打印。组织海员日系列活动，向船员发放《第五批便利船员服务清单》等“船员节日礼包”。

加强船员管理质量控制。规范小型船舶船员管理，制定全省《100总吨以下内河船舶船员适任大纲》《辖区内河小型船舶船员值班规定》。按照部海事局要求，改版船员管理质量管理体系文件。开展培训机构资质核验和船员教育、培训质量管理体系审核。宜昌、黄冈考点推进船员考试方式改革，实现客船特培、基本安全理论考试无纸化。推广应用指纹识别进行考生身份认证，利用视频远程监控船员考试秩序和考官履职情况。

加强船检质量管理。制定下发文件进一步明晰各级船检机构的工作职责和权责边界。部海事局再次批复全省船检机构B级资质。以船检登记号授号为载体，严格实行三级审核制度。利用海事船检平台，强化新建船舶的检验过程管理。完成升级并实施《湖北省船舶法定检验质量管理体系文件（B/0）》。聘请第三方完成7艘省际客船和省内38艘100客位以上代表性客（渡）船安全技术评估。制定《湖北省河船开航风级限制核定办法》，完成客船、客（渡）船抗风等级核定。

二、改革开放40年发展成就

（一）水运基础设施逐步完善

长江航道越来越“深”。1981年、2003年，葛洲坝、三峡水利枢纽分别建成蓄水，“高峡出平湖”，成库之前通行1500吨级船舶，成库之后可通行5000吨级船舶。2005年，长江航道维护水深宜昌至武汉最低为2.9米，武汉至黄梅为4米；至2018年，宜昌至武汉最低为3.2米，武汉至九江为4.5米。2017年，长江深水航道“645”工程实质性开工，完工后6米水深将直达武汉，武汉至宜昌也将达到4.5米，万吨轮可常年直达武汉，湖北将由内陆变成“沿海”，成为中西部的“出海口”。

汉江航道越来越“畅”。1989年开始，逐步实施了襄阳至钟祥、丹江口至襄阳、蔡甸至河口段航道整治。2014年碾盘山至兴隆段1000吨级航道整治工程开工，目前已进入收尾阶段。2014年67公里江汉运河建成。2017年，汉江河口至蔡甸33公里开始实施2000吨级航道提等升级。枢纽方面，王甫洲、崔家营枢纽分别建成，库区航道条件得到改善。2016年以来，夹河、孤山、新集、雅口、碾盘山枢纽五级枢纽逐步开工。目前，汉江已建成4级航运枢纽、渠化360公里航道，碾盘山至汉口382公里已达到1000吨级航道标准，江汉运河连通长江、汉江形成810公里高等级航道圈。

港口吞吐能力逐步增加。“七五”末，全省港口年吞吐能力为6658万吨，“八五”期间沿江城市提出“以港兴市”发展战略，“九五”期间多元化投资初步形成，2000年全省港口年吞吐能力达到8690万吨。“十五”港口集装箱功能实现突破，新增吞吐能力25万TEU。“十一五”港口建设进入快速期，2017年底全省港口货物吞吐能力为3亿吨、集装箱436万TEU，货物吞吐能力为40年前的5.44倍。港口机械化逐步提升。1982年全省港口起重机械最大起重能力60吨，机械化水平为40%，2000年达到70%，目前，全省各港口作业基本实现机械化，单件最大起重量为500吨，为长江中上游港口之最。

口岸开放逐步发展。1980年国务院批准武汉港为外贸运输口岸，1991年正式对外籍船舶开放，1992年被批准为国家一类口岸；1993年黄石成为国家一类口岸；1996年、1998年荆州港、宜昌港分别成为二类开放口岸。2015年，国务院批准扩大开放5个一类水运口岸的11个港区，其中湖北5个。至此，湖北一、二类对外开放港区分别达到7个、2个，总数占长江沿线的30%。2017年，阳逻港作为湖北唯一的进口肉类指定口岸通过验收。2017年全省外贸进出口货物运输总量中，水路运输占97%。

航运中心建设稳步推进。“十一五”初期，湖北首次提出建设武汉长江中游航运中心的战略构想，2011年国务院《关于加快长江等内河水运发展的意见》将其纳入国家战略，2018年批复《武汉长江中游航运中心总体规划》。目前，航运中心建设进展顺利，尤其核心功能区武汉港发展态势良好，2017年货物吞吐量达1亿吨，集装箱吞吐量达135.7万TEU，正式成为“百万标箱、亿吨大港”，阳逻港跻身长江中游最大集装箱港区行列。多式联运不断壮大，武汉至东盟四国、泸汉台、江海直达品牌航线，以及沪汉蓉、沪汉陕等铁水联运班列、中欧（武汉）班列稳定运行。近年来，武汉又开通直航越南航线，黄石开

管理服务技术手段不断提升。1990年完成硅太阳能航标灯总装调试，填补了汉江航标灯电源系列的空白。1999年完成交通部“九五”重点科技攻关项目“汉江航道（自吸式）维护工程船的研制”，适用范围广，对内河清淤疏浚工程有普遍推广意义。2003年，在开工建设的汉江河口段航道整治工程中，利用无线电检测、GPS定位、无线数据传输、计算机信息处理和远程管理技术，开发出助航标志遥测监视系统，使维护做到有的放矢，节约成本。

水上交通应急反应能力不断提升。2011年至2014年，省港航管理局多方筹措资金，分2期建设了水上搜救应急管理系统，接入77路固定视频监控，自建111路固定视频监控，为全省2177艘渡船安装定位设备（727套GPS，1450套北斗），搭建了省搜救中心和16个市州分中心，同时将视频监控范围逐步扩大至危险货物港口码头，提升了水路交通安全监管和突发事件应急能力。

三、2019年重点工作任务

2019年，湖北省水运建设发展主要目标是：完成港航建设固定资产投资60亿元，累计完成“十三五”规划内90%重点项目的前期工作；新增港口吞吐能力2000万吨，全省高等级航道里程突破2000公里；完成引江济汉通航工程竣工验收，雅口航运枢纽蓄水通航；遏制运输船舶一次死亡10人以上的水上交通安全和船舶污染重大责任事故，确保水上交通安全形势持续平稳；完成水运建设三年攻坚战、长江大保护三大标志性战役年度任务，船舶港口污染防治任务累计完成75%；完成调整运输结构“公转水”年度计划任务。

（一）推进运输结构调整

推动做好调整运输结构的顶层设计。制定着眼全局的调整运输结构方案，争取出台调整基础设施建设投入结构、财政补助结构等重大政策。

服务湖北“一芯驱动、两带支撑、三区协同”新战略。以经济产业发展需求驱动为导向，优化相关港口总体规划、港口功能布局规划和航道网、集疏运体系等专项规划。启动“十四五”港航规划前期研究，加快发展江海联运、江海直达、中欧班列铁水联运，加快打造长江黄金水道和汉江黄金水道，加快打通省内支流航道网和省际水运通道、大力培育内支线。

加快谋划和建成一批重大水运建设项目、补齐基础设施短板。推动兴隆枢纽二线2000吨级船闸、汉江2000吨级航道建设前期工作。推动松西河、唐白河、富水、汉北河等项目早日开工。适时启动汉江水系其他枢纽二线船闸研究论证。加快推进汉江孤山、新集、雅口、碾盘山等枢纽建设。

加快实施一批生态修复绿色发展的水运项目。推进长江汉江砂石集并中心、水上绿色服务区、LNG清洁能源码头规划建设，扩大旅游渡运试点项目范围，高标准建设港口岸电、船舶油污水回收和生活污水收集处置设施，加快化学品洗舱站建设前期工作并力争开工建设，加快实施岸线4G动态视频监控系统建设。

推进多式联运发展。贯彻落实湖北长江经济带多式联运三年行动、集装箱江海联运实施方案，加强5个国家级铁水联运示范项目和省级铁水联运示范项目的动态监测，巩固铁水联运、江海联运、江海直达精品航线，壮大干支直达运输。统筹建立多式联运发展工作机制和定期联席会议制度，支持多式联运市场发展壮大，培育长航集团、华航集团、长江新丝路等一批多式联运龙头企业，促进多式联运规模化、集约化、专业化发展。

着力促进高端航运发展。发挥武汉航运交易所、宜昌三峡航运交易中心在高端航运服务建设中的作用，建设航运中心大数据平台，丰富“e系列”公共交易服务平台体系；探索发布船员薪酬指数和船舶交易价格等指数；发挥好省内各船员招募基地作用。进一步推进水路旅游客运服务质量和档次的提升，鼓励和支持企业打造水上旅游客运品牌。

（二）落实长江大保护三大标志性战役要求

把非法码头整治和岸线清理整顿引向深入。进一步巩固长江、汉江非法码头专项整治成果，工作重心从集中战役转到防反弹和巩固长效机制，持续加大岸线生态复绿，采取视频监控方式加大防控力度。加快砂石集并中心建设，严格管控临时砂石集并中心建设和运营。对港口岸线进行分类清理，列出清单，按照“一段岸线一方案”的原则，制定差异化整治方案，明确整治措施、完成时限，拟定责任清单，确保成效。

推进船舶港口污染防治。推动各地加快船舶港口污染物接收、转运及处置设施建设，确保2019年完成不低于75%的进度任务。做好船港之间、港城之间污染物转运、处置的衔接。进一步落实船舶污染物接收、转运及处置联单制度和联合监管制度，开展船舶生活污水处置专项检查，加强对船舶防污染设施、污染物偷排漏排行为和燃油质量的监督检查。督促船舶严格落实《船舶水污染物排放控制标准》中新排放标准和关于“在饮用水水源保护区内不得排放生活污水”的新增规定。

加快推进清洁能源应用。依据《湖北省港口岸电建设布局方案》，推进全省港口岸电建设。重点推进集装箱、滚装及3000吨级以上客运泊位岸电建设，支持宜昌、荆州联合国家电网实施长江港口岸电全覆盖工作，力争完成100个泊位岸电设施建设。进一步优化全省LNG码头布局规划，加快推进LNG码头建设。

（三）加强服务型政府部门建设

加强引领型服务。深入研究谋划引领水运大发展的重大改革措施，贯彻落实航道维护管理统一、港口经营管理统一、船型开发标准统一、通关口岸服务统一的总体要求，结合全省港航发展实际，着力在区域港口一体化、高等级航道维管一体化上取得重大突破。

加强保姆式服务。港航海事部门进一步转变工作方式，了解掌握辖区产业布局和货物运输情况，带领港口、航运企业走访货主企业，宣传水路运输的低成本、大运量等优势，宣传国家正在实施的运输结构调整三年行动计划，争取更多适水大宗货物选择水路运输，鼓励企业采用集装箱运输，引导航运企业开辟相应的新航线。

加强政策性支撑服务。稳定长江港航建设专项资金政策，推动修改专项资金管理办法，扩大资金支持范围。争取加快出台绿色航运、多式联运项目的补助政策，扩大国际标

准集装箱运输车辆优惠范围。积极主动推动解决好基层单位基本支出保障问题。

加强技术保障性服务。在汉江探索数字化航道的应用推广，在航道维护中应用电子航道图、航标遥测遥感等新技术。完善和加强水上搜救应急管理系统的使用管理，加大更新、巡修和协调接入力度，提高视频在线率和完好率，更好发挥事前震慑、事中监管、事后取证的作用。继续完善、推广船闸通软件，协调接入兴隆船闸视频监控。强化行政执法综合管理信息系统、船检管理信息系统、港口危险货物安全监管系统等应用。

加强督办型服务。建立各类有效的督办机制，建立清单台账，挂图作战，定向督导式督办。落实统计方式改革，落实企业“一套表联网直报”新的统计机制，加强直报数据报送监督和服务；充分利用运政、工商等行业内外数据资源，及时更新基本单位名录库。

加强法治保障性服务。完善水路交通运输法规体系，开展《湖北省汉江航道条例》立法调研。落实好普法教育，做好《海事行政许可条件规定》等新法规宣贯。推进水路交通基层执法“四基四化”建设，继续严格执法人员资格管理和培训考核。落实行政执法“三项制度”，加强执法监督，规范执法行为。继续深化“放管服”改革，持续简政放权，完善“双随机、一公开”制度，全面建成省、市、县水路交通行政审批服务“一张网”。

（四）加强水上交通安全监管

将监管的力量向通航水域、港口码头、渡口渡船一线倾斜。继续贯彻落实《船舶安全监督规则》和《船舶进出港报告制度》，加强船舶动态日常监管，加强对船舶集中的通航水域、危货港口码头、千人渡学生渡、桥梁等水上水下作业施工工地的日常巡查。完善领导带班制度和巡查检查记录制度，突出加强重要节假日、汛期、恶劣天气等重点时段现场监管。

把隐患排查和隐患整改作为水上安全监管的主要工作方式。继续完善各辖区内的船舶港口码头隐患清单台账，及时更新隐患清单。要采取“四不两直”、现场录像等方式进行隐患排查，建立隐患视频数据库。建立和完善领导包片检查制度。对排查出的安全隐患实施“零容忍”，对未按时整改的隐患当成事故来追责。

组织开展一系列水上安全专项行动。继续开展内河船非法从事海上运输专项整治、中小型船舶安全整治。重点开展危货船运输安全监管专项整治、库区游船渡船安全专项整治、集装箱危货滚装码头安全排查专项行动、汉江等水域船舶超载违章作业专项整治等系列行动。

加强水上交通预警预报和突发事故应急救助工作。建立航行安全信息发布系统，及时发布预警信息，依法依规发布禁航令。加快在重点监管船舶和重点部位安装4G动态视频监控系统。港口危险货物事故应急预案、重大生产安全事故的旅客紧急疏散和救援预案要全覆盖。

（湖北省交通运输厅港航管理局）

报告9

湖南省水运发展综述

一、2018年水运发展情况

（一）水运基础设施

2018年，全省水运建设项目28个，完成水运固定资产投资21.62亿元，其中内河航道、港口完成投资分别为11.78亿元和7.14亿元；渡口码头改造及水上运输部门完成投资7961万元及19016万元。株洲枢纽二线船闸建成通航，湘江永州至衡阳航道开工，沅水浦市至常德、洞庭湖区澧县安乡至茅草街航道完成主体建设；长沙港铜官一期建成营运，长沙港霞凝三期、岳阳港城陵矶（松阳湖）二期顺利推进。

2018年湖南水路交通固定资产投资完成情况表（单位：亿元）　　表1-1

项目名称	本年计划投资	本年完成投资	本年完成年计划的（%）	去年同期完成投资	为去年同期的（%）
固定资产投资	23	21.6	93.9	38.1	56.7

新增泊位及通过能力：千吨级及以上泊位5个，500吨级泊位2个，客运泊位2个，货物通过能力269万吨/年及2.3万TEU，旅客通过能力10万人/年。具体如表1-2所示。

2018年湖南新增泊位及通过能力情况表　　表1-2

建设项目名称	新增能力或效益名称	计量单位	建设规模	本年新增
湘江2000级航道建设二期工程（衡阳至株洲）	新增二级航道	公里	154.0	85.0
	新增三级航道	公里	240.0	
沅水浦市至常德航道建设工程	新增三级航道	公里	296.0	48.0
澧水澧县、安乡至茅草街航道建设工程—安乡	新增三级航道	公里	151.0	123.0

续上表

建设项目名称	新增能力或效益名称	计量单位	建设规模	本年新增
湘西州航运建设工程	新增六级航道	公里	77.8	25.0
	新增七级航道	公里	77.8	4.2
津市港窑坡渡港区嘉山作业区	新建通用件杂码头泊位	泊位数量（个）/码头长度（米）/前沿水深（米）/靠泊能力（吨级）/通过能力（万吨/年）	2.0/180.0/2.5/1000.0/83.0	2.0/180.0/2.5/1000.0/83.0
益阳大通湖500吨级码头工程	新建通用件杂码头泊位	泊位数量（个）/码头长度（米）/前沿水深（米）/靠泊能力（吨级）/通过能力（万吨/年）	2.0/165.0/2.0/500.0/113.0	2.0/165.0/2.0/500.0/113.0
中石油湖南销售分公司长沙油库码头工程	新建油码头泊位	泊位数量（个）/码头长度（米）/前沿水深（米）/靠泊能力（吨级）/通过能力（万吨/年）	1.0/120.0/3.0/2000.0/46.0	1.0/140.0/3.0/2000.0/25.0
岳阳港湘阴港区漕溪码头二期工程_湘阴县	新建多用途码头泊位	泊位数量（个）/码头长度（米）/前沿水深（米）/靠泊能力（吨级）/通过能力（万吨/年）/通过能力（万标准箱/年）	2.0/210.0/4.0/3000.0/48.0/2.3	2.0/210.0/4.0/3000.0/48.0/2.3
浏阳河水上客运旅游建设项目	新建客码头泊位	泊位数量（个）/码头长度（米）/前沿水深（米）/靠泊能力（吨级）/通过能力（万人/年）	2.0/70.0/3.0/500.0/10.0	2.0/70.0/3.0/500.0/10.0

1.内河航道

年末全省内河航道通航里程11967.7公里。全年新增2000吨级航道里程85公里、1000吨级航道里程86公里。

2018年湖南省内河航道里程对比表 表1-3

指　标	计量单位	2018年	2017年	同比增减	同比增减%
内河航道里程总计	公里	11967.70	11967.70	0.00	100.0
1.等级航道合计	公里	4219.20	4215.00	4.20	100.1
一级航道	公里	0	0		
二级航道	公里	465.8	380.8	85.00	122.3
三级航道	公里	645	559	86.00	115.4
四级航道	公里	274	375	（101.00）	73.1
五级航道	公里	85	155	（70.00）	54.8
六级航道	公里	1549.2	1524.20	25.00	101.6
七级航道	公里	1200.2	1221.00	（20.80）	98.3
2.等外航道	公里	7748.5	7752.70	（4.20）	99.9

2.港口

年末全省拥有港口63个，生产用泊位1107个，码头泊位长度50293米，货物通过能力11173.64万吨，旅客通过能力2169万人，集装箱新增通过能力2.3万TEU。全省全年新增1000吨级泊位2个、2000吨级泊位1个、3000吨级泊位2个，500吨级泊位4个，新增码头泊位长度745米，新增通过能力269万吨和10万人。因港口码头整治等因素影响，全省码头泊位长度较上年减少34409米，生产用泊位减少767个（含岳阳港千吨级及以上泊位14个），货物通过能力减少6454万吨，旅客通过能力减少346万人。

（二）水路运输服务

1.水运运力

年末全省货运船舶总运力达到430.8万净载重吨，单船平均净载重量达到1400.6吨；集装箱运力快速增长，总箱位达到1.05万TEU，同比增长51.95%。全年淘汰落后过剩运力1853艘，禁止新增采砂产能，免费发布湖南省标准船型图册，支持集装箱等专业运输船舶发展。

2.水路客运量

充分利用绿色生态优势，推动水上特色旅游客运发展，橘子洲、君山岛、东江湖成为水上旅游客运知名品牌，酒仙湖、穿紫河、水府庙等水上旅游客运快速发展。年末全省完成水路客运量1729.4万人，同比增长3.3%；旅客周转量36324.9万人公里，增长4.7%。旅客运输增长区域主要为郴州、怀化、湘西、张家界等市州。

3.水路货运量

强化水路运输组织，长沙、岳阳等地江海直达、江海联运快速发展；推动水运市场资源整合，构建合作平台，省港务集团有限公司挂牌成立；引导大宗货物“宜水择水”。年末全省完成水路货运量20894.9万吨，同比下降6.7%；货物周转量3568954.0万吨公里，下降6.7%。

此外，本省属远洋运输船舶完成货运量171.3万吨，增长10.6%，货物周转量936830.21万吨公里，下降18.1%；省属沿海运输船舶（自2018年4月起单独统计）完成货运量34.47万吨，货物周转量83818.92万吨公里。

2018年湖南水路运输情况 表1-4

指　标	计算单位	本年数	上年数	同比%	同比增减
全社会水路客运量	万人	1729.4	1674.0	103.3	55.4
全社会水路旅客周转量	万人公里	36324.9	34693.6	104.7	1631.3
全社会水路货运量	万吨	21100.72	22559.9	93.5	-1459.18
其中：内河	万吨	20894.91	22404.9	93.3	-1510.0
沿海	万吨	34.47	—	—	—
远洋	万吨	171.33	154.98	110.6	16.35
全社会水路货物周转量	万吨公里	4589603.1	4970683.1	92.3	-381080

续上表

指　标	计算单位	本年数	上年数	同比%	同比增减
其中：内河	万吨公里	3568954.0	3826873.1	93.3	-257919.1
沿海	万吨公里	83818.92	—	—	—
远洋	万吨公里	936830.21	1143810	81.9	-206979.8

4.港口吞吐量

年末全省港口完成货物吞吐量2.43亿吨，同比下降16.6%；集装箱吞吐量67.6万TEU，增长17.52%；旅客吞吐量1463.7人次，增长1.3%。港口滚装汽车、金属矿石、煤炭、钢铁、粮食吞吐量分别增长353.2%、54.3%、41.1%、46.7%、16.4%，砂石吞吐量下降53.2%，水路货运结构已由砂石运输为主向金属矿石、煤炭、钢铁、粮食、集装箱等多货种转型。

湖南城陵矶国际港务集团积极推进“西进”战略，成功开通“渝—岳—沪”“宜—荆—岳”水水中转航线及“岳—沪”外贸航线，对北粮南运、广东陶土、内蒙古煤炭、湖南建材等业务采取“散改集”“路改水”模式，推动集装箱业务发展。全年岳阳港集装箱吞吐量突破50万TEU。

（三）水运绿色发展

1.防污染专项整治

实施船舶防污染检验专项行动，检验设施设备1.34万艘次，督促整改防污染问题740项。完成166艘400总吨以下货船生活污水处理装置加装，对28艘公务船舶进行了防污染改造。开展固体废物非法转移倾倒专项整治、船舶污染防治专项治理和船用燃油检查，共出动执法人员1万余人次，检查船舶2万余艘次，查处违法行为200起。加快船舶污染物接收、转运、处置体系建设，建立运行联单制度和联合监管制度，推动完成洞庭湖区18个收集点建设和11家收集单位组建，收集船舶污染物4073吨。开展港口码头污染防治专项检查，改造排放不达标港作机械26台套；加强全省干线航道127处饮用水取水口保护区航标设置和防污染巡查，出动巡查人员9575人次、船艇1165艘次。

2.非法码头整治

加快长江、洞庭湖区非法砂石码头拆除后的复绿工作，完成湘资沅澧四水251处非法砂石码头、堆场整治。常德、益阳等地非法砂石码头、堆场得到有效治理。

按照“关、停、并、转”思路，长江岸线湖南段关闭拆除码头泊位42个、渡口13道，暂停泊位建设11个，退出岸线共计7302米；推进拟保留的40个泊位、8道渡口进行提质改造，推动港口码头资源整合和《岳阳港总体规划》出台。

3.水运绿色低碳环保建设

完成东江湖全国内河首艘内河LNG动力客船建造，配套建设全国首个油、电、气水上加注站点；引导支持省内首批653TEU双燃料（LNG/柴油）集装箱船建设。完成岳阳港全国内河首个绿色港口创建工作，并通过交通运输部验收；推进全省港口岸电布局方案编制，依托岳阳港、长沙港实施港口岸电试点示范项目建设，建成岸电设施29套。严格做好水运建设环保工作，落实规划环保程序，督促施工项目使用环保工艺，开展环保监测，做好了水源保护与扬尘管控。

（四）通航保障

全年全省干线航道航标维护工作量92.46万座天，航标维护正常率达到99.78%。新建航道站房5处，航道管养基础设施进一步完善。对18处浅滩实施应急抢通，完成疏浚工程量50.27万方。完成湘江文泾滩、沅水响水坎等地“战枯保畅”任务，有力保障了金属矿石、煤炭、原油等重点物资运输。衡阳、洪江等地深化桥区航标专项整治，桥区通航安全得到有力保障。

（五）智慧水运建设

建成湘江船闸通航调度系统二期工程，实现枢纽过闸数据共享、统一申报、联合调度。完成干线航道电子江图制作，智能通航基础更加稳固。推动综合监管平台试运行，推进二级数据中心建设，完成访问控制与系统安全项目，海事管理数据共享初步实现。开发小型船舶管理系统，推进通航环境数据采集，水运信息数据更加完善。

（六）行业治理和服务

持续深化“放管服”改革。取消行政许可项目3项，探索并逐步推进省内航行船舶“多证合一”，缩短船员证件办理时限，简政放权力度进一步加大。全面推行“双随机、一公开”监管，事中事后监管切实强化。推进“互联网+政务服务”，推行通航影响评价网上办理，试行船舶图纸审查电子化，实现政务实体大厅向网上大厅延伸，便民服务水平进一步提升。

逐步完善制度体系。推动《湖南省水上交通安全条例》落实，法律法规宣贯工作扎实开展；制定了《湖南省旅游木质船检验规定》《湖南省旅游PVC排筏检验规定》和过闸船舶安全检查、船舶安全检查程序等工作规定，明确了相关工作要求；推动《湖南省港口岸线使用审批管理办法》出台，规范全省岸线审批，有效促进了岸线资源集约利用。

加强市场监管。完成全省水运经营资质核查，委托第三方机构对53家企业开展资质抽查，督促未通过核查、抽查的企业按法律法规要求整改。农村水路客、渡运一体化公司化经营加快推进，新组建水路客运企业30家，基本实现全省水路客运公司化经营。规范水路运输市场和水运建设市场信用评价标准，加强信用评价结果应用，诚信体系更加完善。

加强水上安全治理。推进水上安全全生命周期监管体系建设，制定水上交通安全通报制度、约谈制度、巡查制度、隐患事前责任追究制度、视频监控及应急值班管理制度。落实省市县三级分片督导联系制度，开展多种形式的安全检查督查，省级检查督查发现并交办整改安全隐患310项。委托专业机构开展全省危险货物港口隐患排查，发现并处置一般隐患213处、重大隐患49处，完成岳阳港危货作业集中区风险评估。建立证书过期预警

机制，提前30天向船主、船员发送证书过期预警信息。加强执法力量培养，新增持证执法人员203人。组建省级应急救援船队，建立省级应急救援基地，在长沙、衡阳、永州、怀化、湘西等地开展应急救援演练，培育和发展社会水上救援力量，应急救援能力逐步增强。开展内河船舶非法参与海上运输、危货运输等专项整治，“强执法防事故”“平安水运夏秋会战”等专项行动，打击水上交通违法违规行为。清理处置“僵尸船”3193艘、“三无船舶”和非法钓鱼平台等1100余艘（个），划定汛期安全停泊水域，汛期未再出现船舶走锚情况。全省全年共发生水上交通事故4起、死亡9人，水上交通安全形势基本稳定。

二、2019年重点工作任务

（一）全力维护行业安全稳定

完善安全责任体系。落实巡航检查、船舶安检、船舶进出港报告、船员违法记分、安全约谈、值班值守等制度，出台海事行政执法监督等相关制度，落实部门监管责任。

强化安全源头管理。严格港航企业、船舶船员准入管理，进一步规范审核发证。加强船舶开工前检查，提高船舶建造检验质量，规范船检证书发放。加强船员培训机构监督，强化船员考试评估员队伍和监督机制建设。强化水路运输企业经营资质监管。

推进安全全过程监管。加大船舶进出港报告信息的现场核查力度，加强船舶船员协同管理。加强“四类重点船舶”安全监管，强化视频监控和现场执法联动，实现渡运、危化品运输等重点领域全过程监管，开展客渡运专项整治和水路危险货物运输专项整治。加强与水利、公安等部门联动，强化砂石采运等重点船舶监管。加强旅游船舶安全监督。开展打非治违行动，整治非法载客、非法侵占航道作业、非法从事海上运输等违法违规行为。

推进水上安全保障能力提升。推进全省海事机构标准化，加快推进船艇等基础建设，推进应急救援基地建设，健全完善水上应急救援体系。

（二）打赢打好水运污染防治攻坚战

加快实现危化品运输全过程监管。开展船舶载运危险化学品专项治理行动，强化危化品水路运输企业安全主体责任落实，加强危化品船任职船员适任能力检查，加快环洞庭湖区域危化船舶应急能力建设，强化过程管控，切实维护生态安全。

大力推进防污染专项治理。深入推进长江岸线港口码头专项整治，继续开展湘江航运污染防治，认真实施洞庭湖生态环境交通专项整治，统筹推进“一湖四水”生态环境综合整治。推进全省水运污染源普查工作，全面完成400总吨以下货运船舶生活污水处理装置加装工作，加强船舶防污染设备检验，全面强化船舶、港口污染防治现场监管，开展水运污染防治专项整治行动，加大船舶、港口污染物偷排、超标排放打击力度。

切实完善水运污染物接收、转运、处置体系。推进港口和船舶污染物接收、转运、处置设施建设，启动“四水”区域船舶污染物收集点建设；落实污染物接收、转运、处置联单制度和海事、水利、环保等部门联合监管制度，出台配套制度细则。

有序推动绿色低碳环保技术应用。逐步推广绿色港口创建经验，重点落实港口岸电布局方案，以岳阳港和长沙港为示范，以环洞庭湖和湘江流域港口为支撑，加快全省港口岸电设施建设及应用，严格控制港区船舶排放。引导新能源船舶发展，总结提炼东江湖LNG动力客船技术经验，加快双燃料动力货船建造，支持太阳能、电力等清洁能源船舶开发应用，推动LNG加注站点等相关配套设施建设。落实水运建设环保工作，督促施工项目落实工地围挡、材料堆放覆盖、湿法作业、路面硬化、车辆清洗、渣土密闭运输等环保施工要求。

（三）稳步推动水运结构调整

精准推动水运规划建设。计划完成水运投资17亿元，建设项目18个，其中航道项目9个、9.9亿元，港口项目6个、5.2亿元。加快重点项目建设进度，完成湘江2000吨级航道建设一期工程竣工验收，推动湘江二级航道二期工程大源渡二线船闸建成通航，加快推进湘江永州至衡阳三级航道一期工程建设，完成洞庭湖区澧县安乡至茅草街航道建设工程配套附属工程建设，推动松虎航道整治工程开工建设，推动南茅运河船闸工程建成通航，加快推动岳阳藕池东支—华容河航道建设；加快推进岳阳港城陵矶港区（松阳湖）二期工程、长沙港霞凝港区三期工程和铜官港区二期工程建设。健全水运建设工程质量管理体系，开展“品质工程”示范创建。

主动服务城乡区域协调发展。加快农村水路客运公司化，推进渡运公司化运营试点，推动渡运纳入城乡公共交通系统。推动地方航道发展，加强地方航道旅游等功能性开发立项支持，加快山区库区水运发展步伐，助推交通扶贫和乡村振兴。

扎实推进水路运力调整。积极推广主要内河货船“11+1”标准船型应用，引导老旧客船拆解，支持集装箱船、滚装船建造，发展江海直达船舶，重点研究推进江海直达滚装船舶发展，年内新建江海直达船2艘、集装箱运力1306标准箱位。

（四）着力促进水运降本增效

推进港口岸线资源集约利用。推进长江岸线湖南段港口码头“并、转”及规范提升工作；完善岳阳港功能分区，强化港区功能。深入推进非法砂石码头治理，推动砂石运输、砂石集散中心等规范提升工作。

推动水路运输市场资源整合。支持和鼓励港航企业采取并购、重组等方式实行资源整合。发挥港务集团平台功能，强化港航企业交流合作，助推港航资源整合。

强化水路运输组织。完善港口集疏运系统，以大宗货物铁水联运、集装箱及商品汽车公水联运为重点，加快推进铁水、公水多式联运发展，引导大宗货物及商品汽车陆转水，切实降低物流成本。优先发展集装箱江海直达运输，鼓励内贸适箱货物集装箱化。

（五）不断提高行业治理服务水平

继续深化“放管服”改革。研究省内航行船舶“多证合一”实施方案，开展渡船“多证合一”试点。强化事中事后监管，落实“双随机、一公开”检查。推进港口经营人规范

元。扎实开展138艘餐饮船舶专项整治，解决了多年未解决的安全环保难题。狠抓航道生态环境保护，建立定期巡查机制，加大航道执法力度，严肃查处航道违法行为5起、罚款10万元。扎实开展“两江四岸”水上交通专项治理，积极推进停泊船舶治理和货运码头退出工作。

（四）行业治理和服务

深入推进行政审批“放管服”改革，网审平台办结率达100%，事中事后监管不断加强。切实服务好航运企业，积极呼吁延续集装箱作业补贴、营改增补贴等优惠政策，协调重点物资优先过闸938艘次、426万吨、24.3万TEU。净化航运发展环境，以扫黑除恶专项斗争为契机，深入整治水运行业发展乱象。加强企业经营资质动态跟踪，全年核查港口企业313家、关停29家，核查运输企业275家、限期整改4家。

二、2019年重点工作任务

（一）继续在转型升级上做文章，全力推进航运高质量发展

提速推进干支航道整治，配合推进三峡枢纽水运新通道建设前期工作，加快长江涪陵以上4.5米水深航道整治进度，全面推进嘉陵江草街库尾、乌江白马至彭水枢纽航道整治。继续推进果园、龙头、珞璜、新田等枢纽港建设，加快推进新生、渭沱等重点港建设。继续推进船型标准化工作，加强省际客船、危化品船、滚装船运输市场调控，鼓励引导企业规模化、集约化发展。推广铁水联运、江海联运、水水中转、甩挂运输等运输组织方式。

（二）继续在安全生产上抓落实，全力确保水上交通安全形势持续平稳

督促企业落实好主体责任，扎实开展“日周月”隐患排查，加快推进企业安全生产标准化建设；督促区县落实好水上安全属地责任，加强隐患排查整改，完善部门联动执法机制；履行好行业安全监管责任，严格执行年度监督检查计划，严把企业经营资质核查关，实施挂牌督办、约谈问责制度，严厉打击各类违法行为。持续强化安全源头治理，以“大排查大整治大督查大执法行动”为主线，对航运企业、渡口码头、涉客涉危船舶等重点对象开展“拉网式”排查和专项整治，健全安全监管长效机制。持续狠抓应急救援体系建设，全面完成“一中心、六基地”建设，按照“三个贴近实战”要求，进一步提升应急救援能力。

（三）继续在绿色水运上谋创新，全力打好水上交通污染防治攻坚战

加快港口绿色发展，严防非法码头“死灰复燃”，扎实推进老旧码头检测评估，持续实施码头、趸船环保改造，推广港口岸电设施改造使用。加快船舶绿色发展，强化船舶污染源头治理，严格落实船舶污染物接收转运处置联单制度，完善船舶污染物接收体系，

加快三峡船型、三峡升船机船型、江海直达船型等节能环保船型的研究推广。加快航道绿色发展，持续推进航道生态环境保护，深化定期巡查机制，严把涉水工程建设项目许可，严查破坏航道生态、航道资源及影响通航安全的行为。加快“两江四岸”水上交通专项治理，巩固餐饮船舶整治成效，实施停泊船舶整治，加快推进27座货运码头退出主城区。

（四）继续在航运服务上出实招，全力支持水运企业健康发展

积极争取航运发展政策支持，延续集装箱补贴、“营改增”补贴及内河船型标准化补贴政策。加强与长航局沟通，做好重点物资过闸协调。优化航运金融服务，加强与金融机构协调，改善航运业融资环境，推动解决航运企业融资难融资贵问题。持续深化“放管服”改革，全面推进政务公开，不断提高网审平台办理效率。加强市场监测，推进水运市场信用体系建设，积极营造公平公正市场环境。深入开展扫黑除恶专项斗争，做好中央督导组反馈意见整改落实，净化航运发展环境。

（重庆市港航管理局）

报告11

四川省水运发展综述

一、2018年水运发展状况

（一）弥补发展短板

规划引领作用更加凸显。全省港口岸线普查启动，为非法码头整治和港口岸线保护奠定了基础。加快全省内河水运中长期发展规划、水路交通信息化中长期发展规划编制，完成“十三五”水运规划中期评估调整，4个项目调整纳入部省规划。渠江航运发展规划及规划环评、岷江成都至乐山段航运发展规划环评编制完成待审。与云南省签署《推进金沙江航运共同发展合作备忘录》，金沙江下游航运发展规划和规划环评编制工作启动。

重点项目前期工作积极推进。在生态优先的前提下，5个重点项目前期工作加快推进。长江羊石盘至上白沙段航道整治项目工可报告已完成待审批，生态专题取得预审意见，项目环评即将上报审批。岷江老木孔枢纽、龙溪口至宜宾段航道整治工程工可报告取得省发改委批复。渠江风洞子航电枢纽、沱江自贡段航道等级提升工程工可批复前置要件均仅差土地预审一项未取得。此外，嘉陵江利泽航运枢纽项目初步设计取得川渝两省（市）交通部门批复。

续建项目达到时序进度。落实《2018年续建重点水运项目推进实施方案》，建立项目推进进度清单，加强重点项目跟踪督导，8个续建项目质量、安全等“五大”管理总体受控。全年全省水路交通完成投资56.98亿元。

（二）推进运输发展

多式联运发展成效明显。积极融入南向通道，泸州、宜宾港首次开通至广州、广西钦州港铁水联运班列。深入拓展东向通道，“天天直航快班（升船机）”和“水水中转航班”持续优化加密，新开通班轮航线2条、达到10条，每周发班30余班。主动对接西向通道，“蓉欧+泸州港”班列顺利首发，蓉欧快铁第一条铁水联运线路正式开通。泸州、宜宾港在昆明、攀枝花等地建立无水港，与遵义、毕节、六盘水等地签订合作协议，宜宾港进港铁路开工建设。全省铁水联运箱量达到3.5万TEU，同比增长25%。

通航建筑物运行顺畅。建立嘉陵江船闸联合调度机制，嘉陵江亭子口以下船闸实现联合运行，过闸船舶累计1600艘次。亭子口升船机进入调试阶段。与云南建立协调机制，强化监管与服务，推动完成向家坝升船机试通航，升船机试运行正常，过闸船舶累计491艘次。

运力结构调整不断加快。开展长江上游标准船型研究，研究推广适合嘉陵江、岷江等主要江河航行的标准船型及主尺度系列9型。通过清理注销完成个体客船公司化经营，442艘个体客船成立公司。目前，全省省际运输船舶441艘，千吨级船舶304艘，平均吨位3070吨、增加80吨，过三峡船闸船舶标准化率88%。全省省际水运企业79家，万吨以上水运企业31家。三级Ⅳ类以上船舶生产企业58家，船舶工业健康发展。

运输服务更加高效。泸州、宜宾港获批国家临时开放口岸，泸州获批港口型国家物流枢纽承载城市，泸州航运物流交易所完成筹建，“启运港退税+无水港”模式在泸州港先行先试。用好三峡过闸（升船机）绿色通道，全省121艘重点急运物资船舶优先过闸得到保障。推进多式联运“一单制”，制定《全省水路集装箱运输组织优化工程实施方案》。下放自贸区省级审批权限7项，支持自贸区建设发展。加强大件运输组织协调，保障126批次、3万吨大件顺利通过岷江运输。2018年，全省完成水路货运量6862万吨、同比下降11.5%；货物周转量270亿吨公里，同比增长5.7%。

（三）强化安全监管

安全基础更加人性化。积极推进渡改人行桥建设，全省新开工建设渡改人行桥66座，已建成33座。试点实施船舶图纸集中专家审查，完成8型公益性渡船后评估并重新优化，启动第三代客渡船标准船型研发。提高旅游船主要技术指标，建立海事、船检、运政联合审批制度，严把客船准入关。强化船员集中安全教育培训，全省采用“自建+租赁”计算机考场模式，船员考试全部实现无纸化，8家船员培训机构通过部局审核。

监管责任进一步体系化。新制定修订《水上交通安全预警响应处置程序》《水上交通安全管理约谈制度》等4个制度。在全省6条主要江河建立水上交通安全监管与应急救援联防联动机制，预警响应和突发事件处置流程更加规范有效。贯彻推进安全生产领域改革实施意见，地方政府和涉水部门职责进一步理清。全面落实行业监管责任，开展中小型船舶、涉砂船等3个专项整治。组织开展沱江跨区巡航执法，省市联合应急演练2次，省市县三级共组织演练13次。

监管过程逐步实现标准化。落实水上交通风险防控指导意见，建立完善动态调整和重大风险源联防联控机制，明确全省风险源辨识和分级标准，全省风险源、隐患、监管救助力量分布“两库一图”进一步完善。对监管内容再量化，监管流程再规范，全面推广水上交通安全监管标准化工作指南。全行业共组织检查组1.3万个，检查船舶3.7万艘次，渡口码头8000余个次，巡航里程17.2万公里（含车、艇），发现并整改隐患780起。

监管手段加快科技化。全面推进水上交通安全监测巡航救助一体化建设，落实省级补助资金1.7亿元，24%的市级水上交通安全监管系统和县级监管中心启动建设，省级航务海事平台进入最后开发阶段。完成甘孜堰塞湖抢险救援保障，成功应对嘉陵江、涪江、沱江特大汛情，处置水上交通突发事件37起，救助人命128人次。全年全省发生水上交通事故4起、死亡5人。

（四）推进水运绿色发展

内河非法码头整治全面启动。强化督查督导，全面完成长江干线88座非法码头整治，生态复绿37.83万平方米，恢复生态岸线12.25公里。建立常态化监管机制，杜绝长江干线非法码头死灰复燃。制定全省主要通航河流非法码头整治工作方案，并纳入河长制年度重点工作，明确整治工作要求和时间节点。各地均已启动整治工作并完成摸底核查。

分门别类推进船舶污染防治。开展全省船舶摸底调查，建立船舶污染源台账，为"规范新建船舶、治理在用船舶、淘汰老旧船舶"奠定基础。加强船舶检验，严格审查船舶图纸107套，把好船舶设计源头关。大力推广新能源船型，2套新能源船舶设计图纸即将应用。开展船舶污染防治回头看，强化船舶污染防治动态管控。泸州、宜宾等10个市州印发并实施船舶污染物接收、转运、处置监管联单制度及联合监管制度，攀枝花、绵阳等9个市州完成防治船舶及其有关作业活动污染水域环境应急能力建设规划编制，其余市州正加快推进。

港口污染得到有效防治。乐山、内江、自贡等13个市州完成港口与船舶污染物接收、转运和处置建设方案编制并由市政府印发，其余6个市州正抓紧推进。开展危险货物港口企业专项整治，全省从事危险货物经营的港口企业减少至6家。积极推动靠港船舶使用岸电，联合省能源局、国家电网公司建立合作保障机制，泸州、南充、宜宾港15个泊位建成岸电系统15套。2018年，全省未发生港口和船舶污染事故，环保督查反馈2个问题的8个整改措施全部落实，回头看期间未收到新的问题反馈。

（五）加强行业管理

法治建设取得重大突破。全力推动《四川省航道条例》出台。《四川省水路交通管理条例（修订）》完成调研论证，《四川省水上交通安全管理条例》完成立法后评估。对11个市州进行水路交通行政执法评议考核，执法行为进一步规范。

"放管服"改革深入推进。全面规范行政权力清单和行政审批事项，省本级行政权力全部纳入省政府一体化平台。积极推进"证照分离"改革，以优化服务、落实供给侧结构性改革措施等方式，主动服务行业市场主体。省本级事项100%实现"最多跑一次"，全省行政审批事项按时和提前办结率均达到100%。

惠民工程有效落实。深入贯彻落实调整后的农村水路客运燃油补贴政策，发放燃油补贴5647万元。加快推进水路交通"厕所革命"，建成水路客运码头厕所25个。深入开展行业扫黑除恶，重点整治水运建设、运输市场、河道采砂、监督执法等方面乱象。加大精准扶贫力度，落实帮扶资金150余万元，帮助527人脱贫致富。

二、2019年发展展望

（一）畅通水路运输通道

实施一批重点项目。落实综合交通建设三年行动水运专项实施方案，推进水运通道建设。力争新开工长江四川段羊石盘至上白沙段航道险滩整治。加快推进岷江已开工建设的犍为枢纽，力争船闸主体工程基本完工；龙溪口航电枢纽主体工程开工建设；新开工东风岩等2个项目，加快推进岷江中段尖子山航电枢纽等3个项目前期工作。全面建成嘉陵江航运配套工程，航道达标和川境段全面复航；配合推动利泽枢纽尽快实现开工建设。加快完成渠江风洞子航电枢纽要件审批，确保实现开工建设。推动沱江自贡段航道等级提升工程尽快开工。加快推进金沙江溪洛渡至水富段航道建设工程工可专题要件，力争实现开工建设。做好涪江遂宁以下复航工程前期工作，开工建设三星船闸和遂宁港大沙坝作业区工程。

加强航道养护与保护。加快推进高等级航道达标专项养护工程，提升航道通过能力。做好岷江、嘉陵江枯水期航道通航保障。加强航道巡查执法力度，实现航道管理养护规范化。

加强水运工程建设管理。制定重点水运工程建设推进方案，逐月分解落实投资和建设任务。开展续建重点项目第三方质量检测，强化水运建设市场监督管理，深化“平安工地”创建，确保水运项目建设“五大”管理总体受控。

（二）提升水路运输能力

推进长江上游（四川）航运中心建设。制定长江上游（四川）航运中心建设实施方案。充分利用现有航道港口条件，加大挖潜力度，着重从优化运力结构、优化运输组织、打通运输关口等方面研究扶持政策，培育壮大运输市场。

促进港口协调发展。推动泸州、宜宾、乐山三港业务资源整合，实现川江港口统筹运营、高效利用、错位发展。继续推进宜宾港、泸州港国家开放口岸建设。落实《深化川渝合作深入推动长江经济带发展行动计划》，推动广安、南充、广元港与重庆两路寸滩保税港区协同合作发展，促进港口间优势互补、干支联动。

完善港口集疏运体系。启动《四川省港口集疏运系统布局规划》编制。推进泸州、宜宾、广元、遂宁等重点港口进港铁路、公路建设。支持泸州、宜宾港加快发展无水港，完善无水港合作机制。建立与产业园区的合作机制，引导商品汽车等适水货物通过港口转运。

推进港口智能发展。落实长江等江河主要货种水路运价公布机制。进一步完善航运物流数据，统筹全省港航大数据资源。深化“平安港口”，创新港口经营及安全监管治理模式，建立港口危险货物作业安全风险分级管控与隐患排查治理平台，实现企业和行业监管部门长效动态管控。

推动港口绿色发展。加快港口岸电改造，推广靠港船舶使用岸电。落实港口污染防治措施，完成港口与船舶污染物接收、转运和处置设施建设方案75%的建设任务。加快省内主要通航河流非法码头整治，完成港口总体规划编制或修编，拆除不合规非法码头，腾退占用港口岸线资源。配合开展长江干流（溪洛渡至合江）岸线利用清理整治工作，完成181个项目论证和整治。

（三）优化水路运输工具

提升船舶竞争力。鼓励和发展集装箱、滚装船等专业化船舶。开展过长江三峡和本省嘉陵江、岷江、金沙江等主要江河过闸、过升船机船型主尺度和标准船型研究，推广应用适合长江上游的标准船型。加快老旧运输船舶升级改造，制定老旧船舶更新的政策措施，淘汰老旧落后运力。开发设计纯电动海巡艇船型，支持新建旅游船和公务船逐步使用新能源。加强船检业务管理，继续实施船舶图纸集中专家审图模式，推进船舶稳性核算、船舶图纸资料规范化，提升船舶检验水平。

落实船舶污染防治措施。组织全省水上交通水污染防治能力评估。开展船舶和港口污染防治专项整治，深化“平安船舶”创建，加大船舶污染水域违法行为打击力度，确保船舶防污工作得到全面落实。实施《船舶污染物排放控制标准》，老旧船舶生活污水和油污水抽检率不低于10%。推动当地政府建立并完善船舶污染物接收、转运、处置监管联单制度和联合监管制度，编制并实施防治船舶及其有关作业活动污染水域环境应急能力建设规划。

培育壮大市场主体。加大扶持力度，培育打造龙头航运企业。鼓励铁路、公路货运企业向水路运输市场延伸产业链，推进航运资源优化配置。落实联合审查机制，新建旅游客船全部采用新指标，严把船舶准入关。持续推进客运公司化，加强个体船舶公司化管理。进一步探索船舶检验、检测、监理备案制度，支持地方船检机构探索向第三方购买船舶检验技术服务。积极做好渔船检验监督接收准备工作。

（四）强化水路运输组织

积极推进集装箱运输发展。以泸州、宜宾港为核心，进一步深化与长江中下游及北部湾等沿海港口合作。鼓励航运企业采用三峡升船机船型开行武汉、上海等直达快班，打造四川省集装箱“天天直航快班”品牌。

鼓励发展多式联运。支持泸州、宜宾港多式联运示范工程建设。配合推动宜宾、泸州港至钦州港、黄埔港铁海联运班列运行，形成通江达海新通道。加强与重庆港对接合作，推进达州至万州港铁水联运、宜宾至重庆水水中转班轮发展。推动干支联运，引导岷江、金沙江沿线港口集装箱、大宗散货、重大件等货物在宜宾、泸州港中转。

完善航运物流产业链。争取适水产业沿江布局，建立以港口为核心的物流供应链服务体系。拓展港口加工、配送、保税和商贸等高附加值功能，推动形成港产城联动格局。

发展“水运+旅游”。贯彻落实“交通+旅游”融合发展专项行动计划，重点推进和打造嘉陵江山水人文旅游试点项目，新建一批水上旅游码头。持续推进水运厕所革命，新改建厕所11个。

（五）抓实水路运输安全保障

落实安全责任。编制完善安全责任清单，推进企业、涉水部门和行业安全监管责任落实。指导航运企业提高安全管理水平，提升安全管理质量。建立完善省市县三级海事非现场执法制度，全面推行非现场执法。强化安全动态监管，加大违法违规行为打击力度，及时开展事故和重大隐患警示通报约谈和挂牌督办。

落实风险隐患双重预防机制。强化安全风险管控和隐患治理，充分利用“两库一图”系统，明确风险隐患清单，细化风险等级和管控措施。推进水上交通安全监管标准化工作指南，建立完善安全监管标准化体系，确保风险管控到位。落实政府机构购买安全监管服务。委托第三方开展全省老旧闸坝调查与复核，限期整治老旧闸坝安全风险。

夯实安全基层基础。完善船员培训机构淘汰退出机制，探索“模拟器+实船”的实操考试模式。开展通航环境数据采集，公布通航水域内桥梁、码头、架空电缆、管线及船闸等数据，强化数据信息共享及应用。建成渡改人行桥20座，加快建桥拆渡，全面撤销已建桥渡口。

强化应急救援。落实水上交通安全预警响应处置程序，规范预警信息收集、处置，确保预警信息传递及时。进一步评估并修订完善水上交通应急预案，提高预案针对性和操作性。

（六）完善行业治理基础

加强法治建设。深入宣贯《四川省航道条例》，加快完善相关配套制度。继续做好《四川省水路交通管理条例》立法项目前期工作。加快水路运输和建设市场信用体系建设，构建以信用为核心的新型行业监管机制。清理规范各级水路交通行政审批事项，进一步理顺行政审批职能。

加快行业信息化建设。集成船员、船舶和通航要素等动静态数据，建成航务海事综合平台和水路交通数据中心。推进嘉陵江、岷江船舶自动识别系统和北斗系统建设项目前期工作。在岷江、长江建设船舶流量动态监测终端，实现船舶监测智能化。全面清理码头及船载视频监控系统，推进视频监控系统的整合接入，加强系统建设管理。开发内河渡运智能化研判系统，启动“客渡之眼”建设。加快推进水上交通安全监测巡航救助一体化建设，完成建设任务的70%。

抓实扫黑除恶。按照“有黑扫黑、无黑除恶、无恶治乱”工作原则，聚焦行业突出问题，深入排查治理行业乱象，推动水路交通行业扫黑除恶专项斗争向纵深发展。

（四川省交通运输厅航务管理局）

报告 12

贵州省水运发展综述

一、2018年水运发展情况

（一）基础设施建设

全省内河航运建设累计完成固定资产投资13亿元。建成都柳江朗洞、温寨航电枢纽主体工程和北盘江光照库区航运建设工程，新增高等级航道73公里。从江、大融航电枢纽工程下闸蓄水并网发电。清水江平寨、旁海航电枢纽工程、桐梓河库区项目、锦江航运工程、董箐、乌江渡库区航运工程实现年度目标。

水运规划及项目前期储备取得重大进展。《全国内河航道和港口布局规划》（征求意见稿）中将贵州省乌江、南北盘江—红水河、清水江三条出省水运通道由四级提升为三级，乌江航道提等扩能工程和都柳江柳叠航电枢纽工程纳入交通运输部“十三五”水运规划调整范畴；红水河龙滩水电站1000吨级通航建筑物、乌江航道提等扩能工程和白市高等级航道工程工可报告编制完成，乌江航道提等扩能工程采取PPP模式融资进展顺利。制定出台了《进一步加强贵州省水运建设工程项目管理工作的实施意见（试行）》。

弘扬工匠精神，推进品质工程创建。召开了全省第一次水运建设领域“品质工程”观摩学习会，促进了全省水运工程打造内实外美“品质”的措施落实和理念更新。

（二）绿色水运发展

推进全省船舶与港口码头污染防治，全省9个市（州）抓住环保督察的有利时机，按照“水十条”考核要求，港口码头防污染建设进度均达到50%以上，其中遵义达到81%。

完成全省营运船舶防污染改造319艘，拆解老旧运输船舶18艘，打造垃圾收集和清理船25艘，其中万峰湖船舶污染物收集船投入资金达1074万元。

开展船舶使用燃油油样抽样送检4批次，均符合国家标准要求。船舶“油改电”项目在贵阳市实施，完成改建示范船1艘。

印发了《贵州省船舶防污染专项治理行动实施方案》《贵州省船厂污染防治专项行动实施方案》。编制了《贵州省港口和船舶污染物接收转运及处置设施建设方案（2018—

2025）》。

（三）水上交通安全监管

推进水上交通安全差别化监管，抓住中小型船舶尤其是乡镇自用船舶安全管理这个薄弱环节，深化风险管控和隐患排查整治；“海事六项禁令”和船舶“七不出航”制度得到有效落实，全省海事巡航巡查21770次，出动人员83016人次，巡航里程30.1万公里，巡查车程65.0万公里，“打非治违”工作有力推进。全年共开展43次水上交通安全应急演练，应急救助和处置能力不断提升。采取短信平台等形式及时将气象等相关信息发到乡镇、一线监督人员、水运企业、船舶、渡口渡工等，预警预报信息发布工作得到进一步强化。

全省在建重点水运工程质量安全监管不断加强，先后出动人员200人次，对在建重点水运工程项目开展各类检查、专项督查共35次，下发质量安全督查检查通报9期、安全监督意见书6份、重大质量安全隐患挂牌通知书1份，实现了全省重点水运建设项目监督全覆盖。

全年全省水上交通安全形势持续稳定，未发生水上交通安全责任事故和船舶污染水域事故，未造成人员伤亡，水上交通安全实现9年“零死亡”的历史佳绩。

（四）法治政府部门建设

推进行业法律法规的制定和修订。2018年3月省人民政府颁布出台了《贵州省通航设施管理办法》，《贵州省水路交通管理条例》列入2019年立法计划。

深化“放管服”改革。将行政许可、行政奖励、行政给付、行政裁决、行政确认、其他行政权力六类事项及办事指南按照全国一体化政务服务平台标准进行完善，实现了省市县“三级四同”。

（五）智慧水运建设

围绕“北上长江”黄金水运大通道建设的目标，超前谋划建设中可能存在的重大技术难题申报科研课题，2018年获得省重大科技专项《峡谷河流超高水头梯级水运通道开发关键技术研究及应用》，其研究成果的应用，将为乌江航道提等扩能工程建设、运营和管理提供全方位技术支撑。编制完成《航电枢纽工程质量检验指南》和《贵州省水运信息化发展规划（2019—2030年）》。

（六）水路运输服务

全面启动乌江水运市场发展战略研究。贵州省水运物流公共信息平台于2018年12月底上线运行。以乌江磷石膏运输为契机，进一步培育和恢复水路运输市场。新增董箐、三板溪、石垭子库区3条水路旅客实名制航线，全省水路旅客实名制累计已达6条。

贯彻落实省委、省政府脱贫攻坚“春风行动令”和“夏秋攻势行动令”，围绕“大扶贫”战略部署，推进脱贫攻坚工作。支持7个贫困乡镇建成渡口改桥5座、便民码头6座，支持7个极贫乡建成6座渡改桥、1座便民码头。

（七）加强行业治理

加强航道养护管理，赤水河、乌江、南北盘江—红水河三条省管通航河流，航道维护水深年保证率、航标维护正常率均达到养护技术规范要求。加强航道应急保障，落实“预防与应急并重、常态与非常态结合”和“险时搞救援、平时搞防范”的应急工作原则，完成赤水河持续暴雨造成的大小元厚、石梅滩全线应急抢通。协调推进乌江通航设施建设、试运行。持续推进依法行政，按要求全面清理行政许可和服务事项，完成权利清单动态调整、规范和清理；进一步简政放权，提高服务质量。

二、2019年重点工作任务

2019年贵州省水路交通发展主要预期目标是：“两突破”“三确保”“四提升”，全力推进贵州水路交通迈上新台阶，为决战脱贫攻坚、同步全面小康，开创百姓富生态美的多彩贵州新未来提供坚实的水路交通运输保障。

两突破：建成董箐、乌江渡库区航运建设工程，新增高等级航道175公里，全省累计建成高等级航道突破1000公里。库区航运品质工程创建实现新突破。

三确保：确保完成水路交通固定资产投资任务8亿元；确保水上交通安全形势持续稳定；确保都柳江郎洞、温寨航电枢纽工程下闸蓄水发电。

四提升：继续深化行业改革，推进改革发展、绿色水运、智慧水运、行业治理能力实现新提升。

（一）聚焦补齐短板，水运基础设施建设再夯实

抓好项目建设。全力推进水运项目建设，优化要素保障，强化调度管理，确保“建成一批、推进一批、开工一批”。建成北盘江董箐、乌江渡、桐梓河库区航运工程，加快推进清水江平寨、旁海航电枢纽工程、索风营四库区、芙蓉江库区等航运工程建设，确保都柳江郎洞、温寨航电枢纽下闸蓄水并网发电。

抓好项目管理。落实《进一步加强贵州省水运建设工程项目管理工作的实施意见（试行）》，推进水运项目建设规范化、制度化。弘扬工匠精神，继续推进航电枢纽品质工程建设，推进库区航运建设工程打造具有自身特色的品质工程。

抓好前期工作。围绕“北入长江，南下珠江”主通道建设，加快推进乌江航道提等扩能工程前期工作，协调推进龙滩枢纽1000吨级通航建筑物工程工可批复，力争清水江白市至分水溪航道工程、沙沱枢纽通航设施工程开工建设。

（二）聚焦现场监管，水路交通安全工作再强化

强化水上交通安全监管。围绕“船舶适航、船员适任、安全畅通”目标，继续深化风险水域差别化监管，切实强化一线、“四重”和“三客一砂”船舶监管，紧盯中小型船舶安全管理，着力将主要监管力量放到基层、放到现场、放到一线，细化监管措施和要求，实现监管全覆盖。开展专项整治活动，及时消除水上交通安全事故风险和隐患；加强

与安监、渔政、水利等部门的协作配合，适时开展综合治理行动。继续推进水上交通安全搜救一体化建设。继续开展水上交通安全知识进校园、进村寨等活动。继续开展“平安船舶”“平安渡口”创建活动，努力打造“平安交通”，确保第十年实现水上交通安全“零死亡”。

强化船舶检验工作。加强船舶建造检验管理和重点船舶的跟踪检验工作。

强化工程安全管理。强化工程质量安全管理，规范从业行为，落实安全责任，深入推进“平安工地”建设，建立水运工程行业安全生产监管长效机制，加大对在建重点水运工程平安工地建设管理的督导力度，有效预防安全生产事故发生。

（三）聚焦改革发展，水路交通发展活力再激发

继续推进综合行政执法改革、事业单位改革。继续推进水运投融资改革，推进乌江二线沙沱通航设施世行、亚行贷款并BOT+EPC+建设期补贴+运营期可行性缺口补贴模式。推进船舶检验机构机制改革，探索船舶检验政府购买服务，推进全省船舶检验市场化，加快渔船检验机制改革对接。加快乌江水运市场发展战略顶层设计和市场培育机制构建，推进无船承运人发展。加快航电公司改制，激发企业发展活力，增强内生动力。

（四）聚焦生态文明，绿色水运交通建设再推进

加强水污染防治。加大对船舶防污染的指导和检查力度，推进船舶防污和港口污染防治，确保完成改造排放不达标营运船舶80%以上，力争船舶污油水、生活污水收集上岸，实现零排放，港口码头防污染建设进度全部达到75%以上。

积极支持电池动力船舶在全省试运行技术支持和服务工作，继续加大对百花湖水库客船进行“油改电”工作力度。

（五）聚焦创新能力，智慧水运交通建设再提质

加快科研项目研究进度。开展“峡谷河流超高水头梯级水运通道开发关键技术研究及应用”研究和制修订《贵州省主要内河货运船舶标准船型主尺度系列标准》研究。

推进水运信息化建设。加快贵州省港口管理信息系统、贵州水路运输行政许可证书管理系统建设，接入贵州省政务服务中心。完成《贵州省水运综合管理平台（一期）》《乌江数字航道（一期）》项目验收。构建“大数据+安全监管”新模式，推进海事业务信息化管理，加强船舶登记、渡口渡船管理、船员管理、事故信息管理等系统的运用。

（六）聚焦服务优质，水运行业治理能力再增强

加强法治水运建设。加强依法治省、建设法治政府部门，开展立法调研，推动地方性法规、政府规章修订完善。

加快市场培育力度。加快水路运输市场培育，以乌江磷石膏运输为契机，理顺通航设施管理机制，推进乌江水运市场恢复，完善市场服务机制。继续推进水路旅客实名制工作。

加强航道养护管理。强化航道养护管理和应急处置能力，打造“平安航道”，全年省管航道维护水深保证率乌江、南北盘江—红水河不低于96%，赤水河不低于90%，全年省管航道航标维护正常率不低于96%。

（贵州省地方海事（航务管理、通航管理）局）

报告 13

云南省水运发展综述

一、2018年水运发展情况

（一）水路基础设施建设

全年完成水路交通投资10.52亿元。持续推进水富港扩能工程（一期）、澜沧江244界碑至临沧港四级航道等6个在建项目建设，新增航道里程45公里（四级以上高等级航道达1374公里），新增千吨级泊位3个。

完成澜沧江普洱海事工作船码头等4个项目前期工作；百色水利枢纽过船设施、金沙江下游翻坝转运系统前期工作取得实质性突破；川滇两省签订了《金沙江下游航运发展合作备忘录》，编制发展规划；昭通市完成了金沙江下游港口码头及岸线规划的编制；昆明市推进东川港前期研究；完成了澜沧江—湄公河航道二期整治项目设计报告国内及四国联合审查。

争取到中央资金补助6.1亿元，促成省交投集团用经营收益投入水运项目建设，引荐5家央企、省企参与云南水路交通建设，大理州云龙县以PPP模式建设旧州码头。

（二）水路运输服务

拓展水路运输市场。澜沧江—湄公河开通集装箱冻品运输，完成运输量97TEU、2704吨；金沙江—长江省际干线运输量460万吨；促成云南云景林纸股份有限公司通过公水联运方式运输生产原材料及产品。

提升水路旅客运输服务质量。西双版纳、大理、昆明、曲靖、迪庆等州市的重点水域实现旅客运输实名制管理，新增澜沧江小湾库区瓦窑至霁虹桥旅游航线，推动金沙江中下游库区旅游航运，探索景洪、糯扎渡库区旅游航线，澜沧江—湄公河短途客运突破100万人次。

加强水路运输行业监管。完成全省水路运输企业年度核查和“双随机、一公开”检查。

全年全省累计完成客、货运量1342万人、688万吨，同比分别增长3.3%、3.2%；客、货运周转量3亿人公里、17.3亿吨公里，分别增长5.2%、6.9%。

（三）水上交通安全监管

全年全省未发生一起统计上报水上交通安全事故，水上交通安全形势持续稳定。

实行安全生产分片“挂包帮”工作机制。形成“省级划片督导州市，州市一线督查，县级部门现场监管”的格局，层层压实行业监管责任。

加强共管水域水上交通安全管理。运用金沙江川滇两省交界水域、滇黔桂三省区共管水域、澜沧江跨州市共管水域等水上交通安全管理联席会议机制，强化日常信息沟通、业务协作和经验互享。全年共开展联合执法行动9次，打击非法运输、冒险航行等违法行为。

开展安全检查督查专项行动。全年全省共出动检查船艇633艘次、检查执法车辆4620次、被检查船舶4000余艘次，发现安全隐患及问题4000余项，整改率100%。开展水上安全知识进校园等活动，发放安全读本、宣传海报及图册10700余份。

实行乡镇船舶安全管理责任制。签订全省乡镇运输船舶四级责任承包书8617份，签订率100%。

开展攻克水上安全生产“常见病多发病”整治行动。全面梳理日常安全监督检查中反复出现的整治后又反弹的三类10余大项隐患和问题，建立“常见病多发病”清单，开展专项整治行动。

源头上把好船舶适航、船员适任关。全年全省共受理船舶图纸审查94套，新建船舶建造检验153艘，船舶营运检验1779艘，船用产品单品检验52件，核发船舶吨位证书65艘，船检登记号授予84艘，检验审核率100%；开展了大朝山、小湾等9个重点库湖区的航区划定；交通运输部海事局授予思茅、西双版纳海事局海员证签发权，已签发海员证409本。开展内河船员考试考官和评估员培训1期60人次，船舶安检员培训2期191人次，签发船员各类证书3740本。

建立水上搜救应急工作机制。推动西双版纳等州市建立完善以州市政府为主体的水上应急搜救工作体制机制，10个州市组织开展了水上搜救应急演练。

开展恶劣天气水上交通安全及应急保障。妥善处置台风“山竹”、金沙江白格堰塞湖等灾害，深入开展扫黑除恶专项斗争、涉恐涉稳隐患排查整治和打击整治枪爆违法犯罪专项行动，做好重点时段、敏感节点的维稳工作。

（四）港口航道管理

加强港口航道管养。争取到交通运输部界河航道养护经费1000余万元；澜沧江思茅、西双版纳航务处推行招投标、竞争性磋商择优选择航道养护单位，并组织开展了41次航道巡查，巡查里程7591公里，出动车辆42台，船舶39艘次，人员238人次；西双版纳州落实口岸港口收费清理工作，加强港口管理，优化口岸营商环境；完成16项港航行政审批。

加强航电协调。普洱、西双版纳、昭通等州市与华能澜沧江、三峡集团持续发布水情预报，指导船舶安全航行；景洪电站升船机、向家坝升船机分别投入运营，恢复了中断13年的澜沧江思茅港—景洪港国际运输通道和截断长达10年的金沙江新市镇—水富段的水路运输通道，通过加强管理协调、完善制度，有效提升升船机运行效率。

提升通航保障能力。配置了云航政6号等3艘航道管养船舶；组织航道疏浚及应急保通，重点开展了澜沧江航道曼厅大沙坝等航段疏浚，红河、德宏等7州市组织对18处碍航点开展了应急抢通，确保了重点航段通航保障率达90%以上。

（五）绿色水运发展

加强通航水域环境整治。开展了金沙江、澜沧江干流和洱海、滇池重点湖泊航道等通航水域环境整治3次，打击非法采砂点5个，实施航道行政处罚6起。

加强船舶与港口污染防治。组织落实《云南省航务管理局关于推进水路交通绿色发展行动方案》《云南省船舶与港口水污染物防治方案（2017—2020年）》，昆明、昭通、大理、西双版纳4个重点州市完成了船舶与港口污染防治建设方案，实施了船舶与港口污染物接收、转运和处置设施建设及接收、转运和处置联单制，加快推进其他州市船舶与港口污染物接收、转运和处置设施建设；协同推进与城市公共转运、处置设施的衔接，逐步实现船舶垃圾和污水集中处理、达标排放。

行业科技创新促绿色水运发展。依托《金沙江、澜沧江库区旅游客船和滚装船船型论证研究》《云南省重点通航水域立体监管关键技术研究与应用示范》等项目研究成果，建造了柴电混合、全电力、甲醇燃料等新能源绿色环保船舶。

此外，依托澜沧江244界碑至临沧港四级航道建设项目，探索生态航道、绿色港口建设。

（六）加强行业治理

继续推进“放管服”改革。进一步简政放权，加强事中事后监管，对涉及行业管理的20余项行政审批事项进行清理；组织开展“减证便民”专项行动，取消第三方开具的证明材料14项，并纳入省政府管理清单。

有序推进行业立法和规范性文件制定。《云南省水路交通管理条例》申报省政府2019年立法计划，拟定《云南省小型客船运输管理办法》。

规范执法行为。推进行政审批标准化，梳理编制了涉及省级的12项、州市县21项行政许可事项办事指南和业务手册，加快推行“马上办”“最多跑一次”“不见面审批”等举措。

（七）水路交通脱贫

立足本省大部分集中连片特困地区可通库湖区航运，推进库湖区港航基础设施建设，解决交通出行难、出行远、人员物资流通不畅，优势旅游资源难以开发等实际。2015年以来，省级先后安排了3274万元专项支持州市集中连片特困地区航运基础设施项目建设，建成了5个码头、11个停靠点。目前，大理洱海、昆明滇池、保山小湾、曲靖天生桥等库湖区航运旅游逐步发展壮大；文山马鹿塘、红河南沙等库区航运优势显著。

二、2019年重点工作任务

2019年云南省水运发展预期目标是：全省完成水路交通投资11亿元，新增300吨级以

上泊位6个，新增通航里程191公里，水路运输综合周转量增长3%，重点航段通航保障率达95%，库湖区航运与旅游深度融合，水路交通投融资、运输市场培育等有新突破，水上安全形势稳中向好。

（一）补短板增后劲，大力推进水路交通基础设施建设

加大基础设施补短板力度，紧盯澜沧江244界碑至临沧港四级航道建设，加快水富港扩能工程等9个项目进度，确保全年完成投资11亿元。积极争取省级财政形成长期固定的扶持政策，积极引荐央企、省企投资建设云南水路交通，积极吸引社会资本、鼓励和引导地方增强发展水路交通的积极性和主动性。

加快推进澜沧江、金沙江大通道建设。继续推进澜沧江244界碑至临沧港四级航道建设工程，力促国家尽快开工建设澜沧江—湄公河航道二期整治工程；力争开工建设溪洛渡至向家坝高等级航道整治工程和水富港扩能二期工程，完成金沙江中游库区航运基础设施建设一期工程。

加快推进库湖区旅游航运建设。加快大理功果桥、曲靖天生桥库区航运基础设施建设。

（二）谋好篇布好局，充分发挥规划引领作用

开展“十四五”水路交通规划编制工作，与四川省联合完成《金沙江下游航运发展规划》《金沙江下游航运发展规划环境影响评价》编制。协调推进金沙江下游翻坝转运系统建设，加快百色水利枢纽过船设施建设。完成澜沧江—湄公河航道二期整治工程、右江百色库区（云南境内段）高等级航道前期工作，继续推进水富至宜宾高等级航道、澜沧江—湄公河景洪锚泊地建设项目前期工作。有序开展“十三五”海事规划后两年实施项目前期工作。推动中缅水运通道建设、中越红河通道取得实质进展。结合《国务院办公厅关于保持基础设施领域补短板力度的指导意见》和《云南省人民政府保持经济平稳健康发展22条措施的意见》做好项目储备。

（三）提升监管水平，确保水上交通安全形势稳中向好

实施好水上交通领域安全管控能力提升工程三年行动计划，继续开展攻克水上交通安全常见病多发病专项整治行动。开展联合执法，推进水上安全管理由部门行为向政府、社会行为转变，形成“政府主导、部门监管、联合行动、齐抓共管”的水上安全监管长效机制。开展重点船舶、重要时段、重点水域、重要环节的安全检查，及时消除安全隐患。推进以州市政府为主体的水上搜救应急体制建设。高度重视新建电站库区航运安全监管和水上搜救应急工作，重点解决乡镇客渡船、农用船等乡镇船舶管理难点问题。

（四）加强市场培育，提升水路运输服务能力

加快发展金沙江—长江干线多式联运；推进澜沧江—湄公河国际运输向上延伸，辐射至临沧，乃至大理、保山；培育糯扎渡至临沧港200公里航道运输市场。结合云南省全域

旅游，探索水路运输和旅游融合发展新思路、新方向，协调配合西双版纳州做好澜沧江冻品运输服务保障，争取西双版纳州开通国外客运航线。力争景洪至临沧港开通水路运输，实现临沧港至老挝琅勃拉邦1000余公里运输大通道畅通。加大水路运输行业监管力度，确保全省水路运输市场持续健康、有序发展。

（五）提升管养水平，保障航道畅通、港口经营有序

争取国家航道养护资金，维护好航道养护船艇、基地、码头，继续推行航道养护市场化，按照“分类养护、突出重点”原则，加强重点航段航道巡查，采取预防式、主动式航道疏浚、清障等养护手段保障航道畅通，确保重点航段通航保障率达95%。继续加强航电协调，及时传递水情信息，协调推进景洪升船机、向家坝升船机运行维护保养，完善功能设施。加强港口收费监管，贯彻落实口岸收费清理有关要求；贯彻落实新颁发的《客运码头安全管理指南》，引导客运码头按要求配置相应的安检设施及完善安全设施，加强安全巡检。

（六）加快绿色发展，助推美丽水路交通

落实好水路交通绿色发展行动方案，抓好生态航道、绿色港口建设、水域环境整治，努力打造“江清岸绿、舟车共畅”；加强船舶污染物排放监管，运行船舶污染物接收、转运、处置监管制度，实施防治船舶及其有关作业活动污染水域环境应急能力建设规划，重点港口完成船舶港口污染接收、运转及处置设施建设方案内容的75%以上。做好重点港口污染物防治监督检查，推进重要港口建设船舶使用岸电设施，推进船舶结构调整，加强新能源船舶的研究和推广，加强非法码头整治和散货码头扬尘治理，提升污染事故应急处置能力。

（七）打赢脱贫攻坚战，助力全面建成小康社会

加快推动“水路交通+生态旅游”“水路交通+特色产业”“水路交通+电商快递”扶贫。加快实施航运基础设施建设，有效解决贫困地区出行远、出行难、人员物资流通不畅等问题，通过水运打通“最后一公里”；不断完善区域综合交通运输体系，方便群众生产、生活出行，促进沿江产业升级和航运旅游资源开发。

（八）持续深化改革，提升行业治理水平

全面深化机构改革，切实理顺部门职责和工作机制，深入推进水路交通运输综合行政执法体制改革、事业单位机构改革等重点工作；坚持市场化改革方向，切实优化水路运输营商环境，继续深化 “放管服”改革，强化事中事后监管，积极做好指导和服务工作；切实支持民营水运企业发展，借鉴自由贸易试验区海事监管制度创新在云南省复制推广，加快行业治理能力和水平提升。

（云南省航务管理局）

报告 14

陕西省水运发展综述

一、2018年水运发展情况

（一）水运基础设施建设

汉江洋县至安康291公里航道整治工程，全面完工，建成码头17座、整治滩险14个，部分工程已交付地方使用。推进小型工程和海事执勤站点建设，建成小型客货运码头11座，海事执勤站点9处。

深化完善渭河陕西段旅游航运开发研究方案。推进黄河壶口至禹门口航运建设工程前期工作。《黄河壶口至禹门口航运建设工程可行性研究报告》通过行业审查。开展汉江铁水、公水联运方案研究，编制完成了《汉江一核两网四通公铁水联运研究方案（送审稿）》。推进旬阳、蜀河、白河水电枢纽过船设施建设前期工作，白河500吨级船闸初步设计获得批复，旬阳、蜀河500吨级升船机初步设计进一步优化初步设计方案。

（二）智慧航运发展

全面推进“智慧水路”建设，陕西省航运海事综合业务管理系统（汉江瀛湖火石岩至紫阳汉王智慧航道）项目启动建设。推进信息化项目前期工作，完成汉江石泉至汉王智慧航道建设工程可行性研究报告。开展全省公路水路安全畅通与应急处置系统建设，完成监控分中心设备安装、调试、联网等工作。

（三）水路运输安全生产

夯实安全生产主体责任和管理责任，加强安全生产专项整治，开展平安交通百日行动、安全生产集中执法行动、中小型船舶安全管理专项整治及船舶进出港报告专项整治等行动，严厉打击违法违规行为。全年对水运企业监督检查517次，发现问题223起，现场检查船舶7198艘次，发现问题253起，全省水路交通安全保持平稳态势，无水上安全责任事故发生。

强化全省水路交通安全隐患治理体系建设，健全水上交通安全隐患排查台账，制定全省水路安全检查隐患排查报表制度，建立健全省、市、县三级安全隐患台账，完善安全隐患登记和检查制度。启动省、市、县（区）三级水上交通应急体系建设前期工作，制定《陕西省水上交通突发事件应急救援实施方案》，为基层海事部门配备18艘海巡艇，为全省客船配备6400件救生衣。加强水上安全宣传工作，组织开展“安全生产月”及“水上安全知识进校园”等一系列宣传活动。扎实开展船员管理工作。组织船员考试26期，参加考试647人，换发船员证书494本，全省在册船员2486人。

（四）水路运输服务保障

全年全省水路运输完成客运量321.1万人、旅客周转量5945万人公里；货运量177万吨、货物周转量5183万吨公里。完成2018年国内水路运输及其辅助业年度核查，核查船舶994艘（12客位以上客船442艘，12客位以下客船267艘，货船285艘）。推进船型标准化，对汉江、黄河、渭河流域3市6区县的水路运输企业进行实地调研，完成《陕西省船型标准化实施意见》的起草。开展全省水路运输企业整合，完成《陕西省水路运输企业整合实施意见（初稿）》的起草。

（五）绿色航运发展

完成《陕西汉江（安康汉中）港口和船舶污染物接收转运及处置设施建设方案》的编制。推进水污染防治，按照环保部门有关要求，加强重点区域、重点时段、重点项目的水污染防治工作，加大船舶防污染执法力度。在船舶检验中，突出对船舶垃圾桶、油污桶、吸油毡、生活污水收集桶的检查。配备船舶排放气体检测仪，适时在全省推广。完成《陕西省水运企业节能减排指标体系研究》。

（六）海事执法能力建设

按照省政府公布的《省级部门行政许可事项目录（2017年版）》和省厅关于做好权责清单重新梳理调整工作的有关要求，完成了部门权责清单和“双随机库”的动态调整工作。

推进“证照分离”改革。对照第一批涉企行政审批事项中“国内水路运输业务经营许可”“港口经营许可”和“建设港口设施使用非深水岸线审批”事项，提出优化准入服务改革措施。

严格执法人员资格管理，加强执法队伍建设。完成全省海事执法人员年度审验和新领执法证申报工作，全省共有617名海事执法人员参加年审，年审合格582人，注销执法资格35人，新增海事执法人员24人，目前共有海事执法人员606人。

深入实施降成本计划，全省船舶检验实现“零收费”。完善船舶检验管理制度，促进本省船舶检验工作制度化、规范化。起草制定《陕西省漂流艇自检指南》，加强漂流艇管理。积极做好渔船检验的相关工作。

二、2019年重点工作任务

贯彻落实《国内水路运输管理条例》，加强水路运输管理，不断促进水路运输健康稳定发展。加强水路交通安全管理，加大基层海事部门海事装备投入力度，促进海事装备转型升级；持续加强水上应急搜救体系建设，力争有实质性进展。理顺省级船舶检验机构与市级分支机构之间工作关系，做好渔船检验接收工作。继续做好水污染防治工作，做好新能源船舶在本省的推广应用。持续深化“放管服”改革，推进水路交通、行政审批制度、综合执法改革。继续推进渭河旅游航运开发、黄河壶口至禹门口航运建设工程和水电枢纽通航建筑物建设前期工作。做好汉江洋县至安康航运建设工程交工验收和竣工验收各项准备工作。推进“智慧水运”建设，推进陕西省航运海事综合业务管理平台（汉江瀛湖火石岩至紫阳汉王智慧航道）项目建设。

（陕西省水路交通事业发展中心）

专题报告

（三）树立“一盘棋”思想，一张蓝图干到底

习近平总书记指出，推动好一个庞大集合体的发展，一定要处理好自身发展和协同发展的关系，首先要解决思想认识问题，然后再从体制机制和政策举措方面下功夫，做好区域协调发展“一盘棋”这篇大文章。一是要深刻理解实施区域协调发展战略的要义，各地区要根据主体功能区定位，按照政策精准化、措施精细化、协调机制化的要求，完整准确落实区域协调发展战略，推动实现基本公共服务均等化，基础设施通达程度比较均衡，人民生活水平有较大提高。二是推动长江经济带发展领导小组要更好发挥统领作用，在生态环境、产业空间布局、港口岸线开发利用、水资源综合利用等方面明确要什么、弃什么、禁什么、干什么，在这个基础上统筹沿江各地积极性。三是要完善省际协商合作机制，协调解决跨区域基础设施互联互通、流域管理统筹协调的重大问题，如各种交通运输方式怎样统筹协调发展、降低运输成本、提高综合运输效益，如何优化已有岸线使用效率、破解沿江工业和港口岸线无序发展问题，等等。四是要简政放权，清理阻碍要素合理流动的地方性政策法规，清除市场壁垒，推动劳动力、资本、技术等要素跨区域自由流动和优化配置。要探索一些财税体制创新安排，引入政府间协商议价机制，处理好本地利益和区域利益的关系。

习近平总书记强调，正确把握总体谋划和久久为功的关系，坚定不移将一张蓝图干到底。要做好顶层设计，以钉钉子精神，脚踏实地抓成效。当前和今后一个时期，要深入推进《长江经济带发展规划纲要》贯彻落实，结合实施情况及国内外发展环境新变化，组织开展规划纲要中期评估，按照新形势新要求调整完善规划内容。要按照“多规合一”的要求，在开展资源环境承载能力和国土空间开发适宜性评价的基础上，抓紧完成长江经济带生态保护红线、永久基本农田、城镇开发边界三条控制线划定工作，科学谋划国土空间开发保护格局，建立健全国土空间管控机制，以空间规划统领水资源利用、水污染防治、岸线使用、航运发展等方面空间利用任务，促进经济社会发展格局、城镇空间布局、产业结构调整与资源环境承载能力相适应，做好同建立负面清单管理制度的衔接协调，确保形成整体顶层合力。要对实现既定目标制定明确的时间表、路线图，稳扎稳打，分步推进。

二、学习贯彻习近平总书记在深入推动长江经济带发展座谈会上的重要讲话精神

习近平总书记在深入推动长江经济带发展座谈会上的重要讲话，为交通运输走“生态优先、绿色发展”之路、构建高质量综合立体交通走廊、更好实施长江经济带发展战略，指明了发展方向，提供了根本遵循。交通运输部及沿江省市交通运输部门和长航局，积极学习贯彻习近平总书记在深入推动长江经济带发展座谈会上的重要讲话精神，提高思想认识，明确使命责任，以“共抓大保护、不搞大开发”为导向，坚持“生态优先、绿色发展”，正确把握整体推进和重点突破、生态环境保护和经济发展、总体谋划和久久为功、破除旧动能和培育新动能、自身发展和协同发展的关系，加强改革创新、战略统筹、规划引导，努力为建设生态更优美、交通更顺畅、经济更协调、市场更统一、机制更科学的黄

金经济带当好先行。

（一）研究出台了一系列贯彻落实意见和具体实施方案

交通运输部印发了《交通运输部贯彻落实习近平总书记推动长江经济带发展重要战略思想的工作方案》，从5个方面提出了工作要求：一是深入开展学习活动，提高思想自觉和行动自觉。深刻领会5个方面的关系，准确把握把长江经济带建设成为黄金经济带的战略目标，充分发挥交通运输先行作用，建设好高质量综合立体交通走廊。二是按照共抓大保护要求，把修复长江生态环境摆在压倒性位置，深化生态环境保护和专项治理。全面做好工程建设生态保护、岸线资源集约节约利用、运输结构调整、船型标准化、清洁能源应用、港口船舶污染防治等交通运输长江大保护工作，强化安全监管和应急能力建设，推进绿色交通发展。三是坚持在发展中保护、在保护中发展，大力提升黄金水道功能。重点做好干支线航道整治、三峡枢纽运输制约疏解、港口资源整合、集疏运通道建设等工作，真正使黄金水道产生黄金效益。四是深化供给侧结构性改革，完善综合立体交通走廊。统筹铁路、公路、水运、民航、邮政发展，开展《长江经济带发展规划纲要》中期评估，加强各种运输方式衔接和综合运输枢纽建设。五是加强组织领导，建立和完善保障措施体系，强化部省联席会议机制。深化长航改革，提升长江航运治理能力和水平。加强宣传报道和舆论引导，确保各项工作取得实效。

沿江11省（市）交通运输厅（委）根据推动长江经济带发展领导小组会议及其办公室会议、推动长江经济带交通运输发展部省联席会议的工作部署和《交通运输部贯彻落实习近平总书记推动长江经济带发展重要战略思想的工作方案》要求，制定具体实施方案。主要从4个方面贯彻落实相关要求：一是从站位上充分认识全面打造高质量长江经济带的重大意义；二是从加大力度全面把握打造高质量长江经济带的目标要求；三是落实举措切实抓好全面打造高质量长江经济带的重点任务；四是强化落实打造高质量长江经济带的组织领导。

长江航务管理局印发《落实习近平总书记推动长江经济带发展重要战略思想的实施方案》，方案从3个方面细化工作举措，明确任务分工，确保推动长江航运高质量发展。一是深入学习领会习近平总书记推动长江经济带发展重要战略思想，切实做到思想上认同、政治上看齐、行动上跟随。努力在“生态长江”上下功夫，推进长江航运绿色发展；在“提升功能”上下功夫，稳步推进长江航道系统治理；在“提升服务”上下功夫，深化供给侧结构性改革；在“安全发展”上下功夫，保障长江水上交通安全；在“机制创新”上下功夫，加强协调形成整体合力；在“提升本领”上下功夫，增强长江航运治理能力。二是坚决贯彻落实习近平总书记推动长江经济带发展重要战略思想，推动长江航运高质量发展。重点从深化环境保护和专项治理，推动长江航运绿色发展；统筹保护与发展协调，大力提升黄金水道功能；深化供给侧结构性改革，促进航运市场健康发展；牢固树立安全底线，强化水上交通安全管理；强化科技创新，加快推进数字长江建设；坚持深化体制机制改革，提升长江航运现代化治理能力；深化全面从严治党，为长江航运高质量发展提供政治保证。三是强化保障措施，务求各项工作取得实效，重点包括：加强组织领导，确保任务落实；认真细化分解，确保重点任务和项目落地；树立“一盘棋”思想，形成整体合力；加强宣传引导，营造浓厚氛围；加强监督考评，严格督促检查。

（二）以共抓大保护、不搞大开发为导向加快推进长江航运高质量发展

沿江11省市交通运输系统和长航局等有关部门，认真学习贯彻习近平总书记在推动长江经济带发展座谈会上的重要讲话精神，坚持生态优先、绿色发展，共抓大保护、不搞大开发，积极对接和融入长江经济带建设，深化生态环境保护和专项治理，着力提升黄金水道功能，扎实推进水运系统升级行动。

1.持续推进生态保护和污染治理

加强长江生态保护和修复。做好水运建设环保工作，落实规划环保程序，督促施工项目使用环保工艺，开展环保监测，加强水源保护与扬尘管控。加大港口和船舶污染治理力度，推广岸电使用、淘汰不达标船舶，强化港口岸线管理。落实推动长江经济带发展领导小组办公室印发《关于巩固长江经济带非法码头整治成果 建立监督管理长效机制的指导意见》要求，推进沿江码头监管与加强岸线保护、强化采砂监管、修复水陆生态环境结合，持续推进沿江非法码头、非法采砂专项整治工作。进一步强化环境保护联防联治，建立多层次多类型保护长江生态合作机制。

2.加快提升长江黄金水道功能

全面推进长江干线航道系统治理，实施长江水系“联通、联网、联运”工程。进一步提升三峡船闸和升船机通航效率，配合推进三峡枢纽水运新通道和葛洲坝船闸扩能工程前期工作。优化港口功能布局，积极推进上海、武汉、重庆三大航运中心建设，加快推进船型标准化，积极发展江海直达船型，加快淘汰老旧船舶，培育打造竞争力强的龙头航运企业。统筹港口规划布局，强化港口分工协作，加快港口一体化改革进程。

3.加快落实水运系统升级行动

按照《推进运输结构调整三年行动计划（2018—2020年）》要求，组织编制本地区运输结构调整工作实施方案，细化分解目标任务，制定责任清单，健全责任体系，科学安排工作进度，出台配套政策，确保运输结构调整工作推进落实。加快推进重要支流航道建设，完善内河水运网络，统筹优化内河集装箱、煤炭、矿石、原油、液化天然气、商品汽车等专业运输系统布局，加强港区集疏港铁路与干线铁路和码头堆场的衔接，加快港区铁路装卸场站及配套设施建设，推动大宗货物集疏港运输向水路转移，积极推进干散货、集装箱江海直达运输和江海联运。

三、取得的成效

一年来，沿江省市交通运输部门和长航局系统认真学习贯彻习近平总书记重要讲话精神，切实贯彻落实党中央、国务院决策部署，积极服务长江经济带发展，取得显著成效，作用更加凸显。

基础设施更加环保，绿色航道、绿色港口、绿色船舶等加快建设。长江航道整治护岸工程绿化率达到80%以上，荆江航道整治工程被交通运输部评为“内河航道生态环保示范

工程”。能源利用更加清洁化，以三峡坝区绿色岸电发展试验区为重点，长江沿线港口岸电全覆盖建设加快推进；液化天然气（LNG）船舶加快推广，LNG加注站布局建设不断完善。污染排放持续降低，船舶排放控制区硫化物排放明显降低；港口和船舶污染物接收、转运和处置设施建设加快推进，沿江地区基本建立船舶污染物接收、转运、处理联单制度和联合监管制度，基本实现规模以上港口船舶垃圾和油污水接收全覆盖。长江共抓大保护格局基本形成，沿江非法码头、非法采砂整治成果显著，生态环境协同保护机制不断完善。长江黄金水道正在努力建成上中下游相协调、人与自然和谐共生的绿色生态廊道。

长江黄金水道航道区段标准统一、船舶标准统一、港口码头管理统一、通关管理统一加快推进，航道畅通、枢纽互通、江海联通、关检直通取得积极进展，黄金水道功能不断提升。南京以下12.5米深水航道全线贯通，武汉至安庆段6米水深航道整治工程开工建设，长江水系高等级航道网络建设加快推进。船型标准化加快推进，江海直达船型加快发展，老旧船舶加快淘汰。区域港口资源整合和一体化发展纵深推进，长三角港航一体化发展加快行动，江苏、安徽、江西、湖北、湖南、重庆、四川等省市统筹建立或完善港口资源整合平台，推动区域港口统一规划、统一管理、统一运营。港口集疏运体系建设加快推进，以港口为枢纽的多式联运业务发展迅速，铁水联运、江海直达、水水中转等运输组织方式不断创新发展。航运信息化建设加快推进，长江干线数字航道、长江航运物流公共信息平台等建设，推进航运、港口、船舶、关检信息共建共享。

（长江航运发展研究中心）

专题2

改革开放40年长江航运发展成就

长江航运是综合运输体系和水资源综合利用的重要组成部分，具有独特的资源优势、经济优势、生态优势，在国民经济发展中特别是长江经济带发展中具有重要战略地位。长江航运是经济社会发展的先行官，也是改革开放的亲历者和重要参与者。改革开放40年来，长江航运始终坚持改革创新、开放发展，紧紧抓住历史机遇，成功实现了从“瓶颈制约”到“初步缓解”，从“基本适应”到“引领发展”的重大跃升，取得了举世瞩目的成就。尤其是党的十八大以来，在以习近平同志为核心的党中央坚强领导下，长江航运不断深化改革，基础设施和装备技术实现跨越式发展，服务能力和水平大幅提升，成为名副其实的“黄金水道”，为国民经济快速发展提供了强有力支撑。改革开放40年长江航运的建设发展充分证明，长江航运发展离不开改革开放，改革开放是解放和发展长江航运生产力的必然选择，实现长江航运由大到强的必由之路。推动长江航运高质量发展，实现长江航运现代化必须继续推进改革开放。

一、改革开放以来长江航运发展历程

改革开放40年，长江航运发展主要经历了以下四个阶段：

长江航运改革开放破冰启航阶段（1979—1988年）。党的十一届三中全会以后，国家确立以经济建设为中心的发展方针，把交通运输放在优先发展的位置，制订实施了一系列“放宽、搞活”内河运输的方针政策，加大了对长江航运的政策扶持力度。1980年，国务院同意张家港、南通、南京等8个长江干线港口开办外贸运输业务，对远洋国轮开放。1983年，交通部宣布长江“有水大家行船”，沿江各省境内地方航运开始组织干线长途运输。1984年，按照国务院文件精神，长江航运行政管理体制、运输企业体制、港口体制等三大改革正式启动。经过改革开放，政企分开、港航分管、统一政令、分级管理的长江航运管理体制初步形成，长江运输市场形成了国营、集体、个人一起上的多层次、多渠道、多元化的新格局。这一时期，是长江航运改革开放成果初步显现的时期，航运生产力获得迅速解放和发展，长江干线货物通过量由1977年3031.6万吨增长到1988年6272.2万吨。

长江航运改革开放涉水闯滩阶段（1989—1998年）。长江航务管理局按照“政企、事企、政事”分开原则推动改革前行，相继实施水监体制、航道疏养分管、引航集中统一管理等改革。港口管理体制改革继续推进，由交通部和地方政府双重领导的长江干线港口管理权逐步下放，实行一城一港、政企分开。期间，内河航运建设基金设立，交通运输“三主一支持”规划实施，国家进一步加大对长江航运建设的投资力度。这一期间，长江航运管理体制逐步完善，长江航运对外开放不断扩大，长江航运市场体系基本建立，形成了国营、集体、民营“三分天下”的新格局，1998年长江干线货运量达到18598.8万吨。

长江航运改革开放逐浪弄潮阶段（1999—2008年）。2002年，按照中央编办批复和交通部通知精神，长江航务管理局明确为交通部派出机构，受部委托或法规授权行使长江干线航运行政管理部门职责。同年，长江干线25个港口的管辖权完全下放给地方政府管理。2005年“合力建设黄金水道，促进长江经济发展”座谈会在北京召开，拉开了长江黄金水道和全国内河水运快速发展的序幕。2006年，交通部与沿江七省二市共同签署了《“十一五”期长江黄金水道建设总体推进方案》。这一时期，航运市场对资源配置的主导作用得到发挥，长江黄金水道的地位和作用逐步显现，基础设施建设大规模展开，运输生产继续保持强劲的发展势头，长江成为世界上运量最大、航运最繁忙的通航河流，2008年长江干线货物通过量达到12亿吨。

长江航运改革开放扬帆奋进阶段（2009—2018年）。2011年，国务院印发《关于加快长江等内河水运发展的意见》；2014年，国务院出台《关于依托黄金水道推动长江经济带发展的指导意见》，加快长江航运发展上升为国家战略。同时，长江航务管理局提出了“一条主线四个长江”的发展战略，沿江各省市将加快长江航运输发展作为优先发展的战略目标。特别是党的十八大以来，以习近平总书记为核心的党中央高度重视长江航运发展，提出要打造全流域黄金水道，对依托黄金水道推动长江经济带发展作出了重大战略部署。这一时期，长江航运在改革探索中奋勇迈进，长江航运发展战略更加清晰，行政管理体制基本理顺，航运市场体系不断完善，2018年长江干线货物通过量达到26.9亿吨。

二、战略地位空前提升，作用发挥日益增强

改革开放以来，我国政府高度重视长江航运在国民经济发展中的战略地位，长江黄金水道的资源优势、经济优势、生态优势不断凸显，在国家战略中的主通道作用、综合立体交通走廊中的主骨架作用、沿江产业布局中的主支撑作用、多式联运中的主枢纽作用、生态文明建设中的主基调作用日益增强。

2005年，“合力建设黄金水道，促进长江经济发展”座谈会强调，要把建设长江黄金水道作为我国现代化建设总体战略布局的重要组成部分切实实施好。2011年，《关于加快长江等内河水运发展的意见》的出台，标志着加快内河水运发展上升为国家战略，成为综合运输体系建设的战略重点。2014年，《关于依托黄金水道推动长江经济带发展的指导意见》的出台，标志着长江经济带发展上升为国家战略，推进长江航运发展，使黄金水道真正发挥“黄金作用”，成为构筑综合立体交通走廊的核心和推动长江经济带发展的关键。

长江黄金水道已成为长江经济带发展的基本依托，连接“一带一路”的纽带，以长江为主轴构建了与公路、铁路、航空、管道相衔接的沿江综合立体交通走廊。上海、武汉、

至“十二五”期间的44件、57人，总体呈逐年递减趋势。特别是2018年，长江干线运输船舶一般以上等级事故件数、死亡失踪人数、沉船艘次、直接经济损失四项指标同比“全面下降”，分别下降5.2%、20.4%、5%和39.2%，水上重特大安全事故得到有效遏制，水上交通安全形势持续稳定向好。

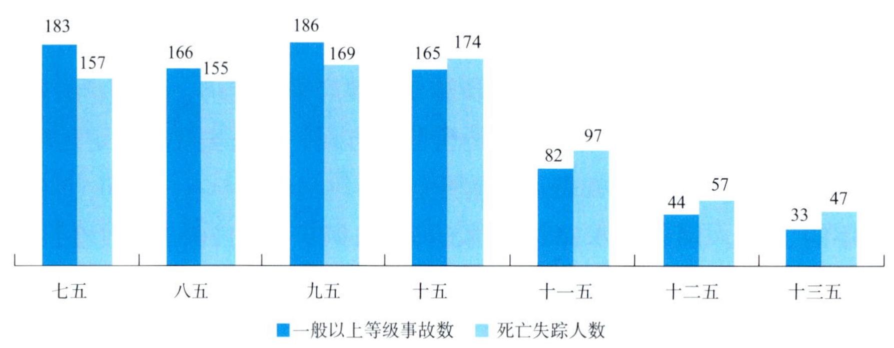

图2 “七五”期以来长江干线水上交通安全形势

六、创新驱动强劲有力，新动能引领变革

40年来，各省市交通运输部门和长航局系统创新成果层出不穷，科研体系逐步完善，科研创新人才辈出，信息化应用水平不断提高，科技创新对产业转型升级、供给质量改善、新动能培育等方面的支撑引领作用显著增强。在长江航道维护管理、港口装卸设备研制应用、船型研发、船舶交通安全管理、三峡工程通航研究、管理科学研究等方面都取得了显著成绩，巨型河口航道整治技术、长河段航道系统治理技术、大型专业化码头装卸设备制造技术、特种船舶制造技术等一大批科技成果获得国家重大奖项，或填补国内空白，或达到国际领先水平世界领先。长江航道开发的长江电子航道图和郑启湘团队研制的太阳能一体化系列航标灯，均为国内首创、国际领先。

科技创新体系逐步形成，涌现出了国家“新世纪百千万人才工程”人选等一批科技人才队伍。涵盖电子航道图、数字航道、电子巡航、电子签证（报港）、远程申报、船舶动态监控、北斗系统等领域的信息化建设成果得到广泛应用或大力推进，长航系统“云上长航”以及各地智慧港航建设不断推进。改革开放激发了科技创新活力，科研成果的转化应用极大地提高了长江航运的科技含量，增强了长江航运的核心竞争力。

七、生态保护成效显著，绿色发展深入推进

40年来，环境保护理念从无到有，从建设资源节约型、环境友好型社会，到“生态优先绿色发展”作为推动长江经济带发展的基本方略，长江生态文明建设力度不断加大，基础设施建设的生态保护工作扎实推进，污染防治和节能减排工作稳步推进，以绿色航道、绿色港口、绿色船舶、绿色运输组织方式为抓手，努力推动形成绿色发展方式。

绿色航道建设方面，不断创新航道建设和养护理念，在绿色施工技术、绿色能源应用、绿色装备和服务区、绿色环保和资源循环利用等方面积极探索，努力实现航道发展与

生态保护相协调。绿色港口建设方面，大力推动港口岸电、港口机械清洁能源使用、船舶污染物岸上接收转运设施建设，促进LNG加注站布局与建设。绿色船舶建设方面，大力实施船型标准化，拆解、改造老旧落后运输船舶，新建一批LNG动力示范船、三峡船型示范船。绿色运输组织方式方面，着力发挥水运的比较优势和多式联运的组织优势，集装箱和大宗货物铁水联运比重持续提升，江海直达船舶规模不断扩大。此外，不断强化船舶和港口污染防治工作，开展了非法码头整治、船舶水上过驳非法作业治理等专项治理行为，严厉打击非法采砂、非法捕捞、固体废物倾倒长江等破坏水生态违法行为。在绿色发展理念指引下，生态长江、美丽长江建设取得明显成效，人与自然和谐共生局面逐步形成。

八、治理体系更加健全，治理能力不断提升

40年来，长江航运管理体制不断调整，更加科学规范；管理内容和职责历经变化，更加充实明晰。从政企分开、港航分管、分级管理的管理体制，到政事企分开、港口下放，再到“统一政令、统一规划、统一标准、统一执法、统一管理”和“一体化管理、一条龙服务”，长江航运集中统一、权责一致、关系顺畅、协调有序、运转高效的行政管理体制和运行机制逐步建立健全，基本适应了航运生产力发展的需要。从“合力共建黄金水道”到由长航局提议并创立的与沿江省市交通运输部门、沿江地市人民政府之间的“2+N”合作模式创立并巩固发展，长江航运发展航运协调机制不断健全完善。

长江航运执法体制机制不断完善，执法队伍正规化、专业化、职业化水平全面提升，执法监督机制不断完备，法治建设成效显著。涵盖水路运输、港口、航道、安全和综合管理的长江航运法规规范体系逐步形成，实现了法规体系从零散到总体完备的重大转变。行政执法三项制度逐步推进，法治政府部门建设和“放管服”改革全面深化，权力清单、责任清单制度不断实施，重点领域信用体系逐步建立。此外，目标责任制全面建立，行政执法评议考核有效开展，执法机关依法行政的能力水平得到极大提升，依法治航成效明显。

经过改革开放40年的蓬勃发展，长江航运取得了举世瞩目的成就，其发展步伐之快、成就之大，有目共睹。长江航运作为经济发展的基础性和先导性产业，为国民经济发展特别是长江经济带发展、人民生活改善起到重要支撑作用。但同时也应看到，长江航运仍存在很多问题，航道瓶颈问题仍然存在，与其他运输方式的衔接仍不流畅，绿色航运发展还有较大上升空间等等。展望未来，随着全面深化改革的推进，长江航运必将迎来更光明的前景，不断向着“畅通、高效、平安、绿色、经济”的现代化长江航运目标昂首迈进。

（长江航运发展研究中心统稿）

专题 3

长江港航企业运输生产经营状况

根据长江航运发展研究中心对104家航运企业和21家港口企业的生产经营状况调查数据信息，2018 年长江港航企业积极应对经济下行压力，加快转型发展，生产经营总体稳定；104家航运企业中，80家实现盈利，盈利面较上年下降4.8个百分点；21家长江干线港口企业中，14家实现盈利，盈利面与上年持平。

一、航运企业经营状况

（一）干散货运输企业

被调查的39家干散货运输企业，拥有运输船舶1393艘/250万载重吨，分别比上年同期减少12.1%和3.3%；完成货运量4576.8万吨、货物周转量327.2亿吨公里，分别减少8.3%和1.5%；企业平均收入利润率5.7%，与上年持平。28家企业实现盈利，占71.8%，其中18家企业利润同比增长，占盈利企业的64.3%；11家企业亏损，占28.2%，其中5家企业亏损额增长，占亏损企业的45.5%；企业盈利面下降7.7个百分点。被调查企业的生产经营特点：

（1）单位运力完成货运量18吨，货物周转量13089吨公里，分别下降5.1%和增长1.9%。

（2）船舶平均营运率76.5%，船舶平均负载率为80%，分别下降2个百分点和持平。

（3）船舶平均运价0.036元/吨公里，上升4.7%。长江干线主要货种的运输价格大约为：煤炭0.03~0.06元/吨公里；金属矿石0.02~0.06元/吨公里；矿建材料0.025~0.064元/吨公里。

（4）企业完成主营业务收入15.2亿元，主营业务成本13.6亿元，分别增长9.5%和9.4%；实现利润8728万元，增长11%。

（二）液货危险品运输企业

被调查的27家液货危险品运输企业，拥有运输船舶883艘/137万载重吨，分别比上年同期减少1.2%和持平；完成货运量1912万吨、货物周转量110亿吨公里，分别减少3.9%和5.6%。企业平均收入利润率9.6%，上升1.2个百分点。23家企业实现盈利，占85.2%，其中11家企业利润增长，占盈利企业的47.8%；4家企业亏损，占14.8%，其中3家企业亏损额增加，占亏损企业的75%；企业盈利面持平。被调查企业的生产经营特点：

（1）单位运力完成货运量13.9吨，货物周转量8030.6吨公里，分别减少3.1%和5.2%。

（2）船舶平均营运率79.5%，船舶平均负载率77.7%，分别下降2.3个百分点和1.8个百分点。

（3）船舶平均运输价格0.16元/吨公里，增长0.4%。液货危险品的不同种类和不同航区，运输价格存在较大差别，散装化学品0.11~0.21元/吨公里，成品油0.11~0.26元/吨公里，原油0.2~0.4元/吨公里。

（4）企业完成主营业务收入16.7亿元，主营业务成本14.5亿元，分别减少7.1%和10.3%；实现利润1.61亿元，增长5.2%。

（三）集装箱运输企业

被调查的18家集装箱船运输企业，拥有运输船舶248艘/12.8万TEU，分别较上年同期减少3.5%和1.2%；完成集装箱运输量143.7万TEU，减少4.5%。企业平均收入利润率2.3%，减少1.4个百分点。11家企业实现盈利，占61.1%，其中6家企业利润增长，占盈利企业的54.5%；7家亏损，占38.9%，其中2家企业亏损额增加，占亏损企业的28.6%；企业盈利面下降16.7个百分点。被调查企业的生产经营特点：

（1）单位运力完成货运量11.3TEU/箱位，减少3.4%。

（2）船舶平均营运率86.7%，平均负载率76%，分别增长0.4%和0.9%。

（3）船舶平均运输价格0.50元/TEU公里，下降3.3%。

（4）企业完成主营业务收入21.9亿元，主营业务成本21.3亿元，分别下降2.2%和4.2%；实现利润5085万元，减少17.2%。

（四）旅客运输企业

被调查8家旅客运输企业中，拥有运输船舶33艘/9210客位，均与上年同期持平；完成客运量55.5万人次、旅客周转量3.13亿人公里，分别增长4.3%和减少2.2%。企业平均收入利润率11.4%，增长0.5个百分点。8家企业全部实现盈利，其中6家企业利润同比增长，占盈利企业的75%。被调查企业的生产经营特点：

（1）单位运力完成客运量60.2人次，旅客周转量34000人公里，分别增长3.4%和减少5%。

（2）船舶平均营运率81.5%，平均负载率78.8%，分别上升3个百分点和0.5个百分点。

（3）船舶平均运输价格2.5元/人公里，上升2.5%。

（4）企业实现主营业务收入8.4亿元，主营业务成本7.3亿元，分别增长6.9%和8.3%；实现利润1.46亿元，增长28%。

（五）载货汽车滚装运输企业

被调查的9家载货汽车滚装运输企业，拥有运力36艘/ 2159车位，均比上年同期下

降10%，完成滚装车量17.42万辆，增加4.1%。企业平均收入利润率1.4%。8家企业实现盈利，占88.9%，其中3家企业利润同比增加，占盈利企业的37.5%；1家企业亏损，占11.1%。被调查企业的生产经营特点：

（1）船舶平均营运率70.6%，平均负载率68.2%，分别增长1.7个百分点和2.2个百分点。

（2）船舶平均运输价格3.61元/车公里，下降7.0%。其中，上水航线平均运价4.15元/车公里，下水航线平均运价3.07元/车公里。

（3）企业完成主营业务收入2.57亿元，主营业务成本2.32亿元，分别增长3.1%和下降2.4%；实现利润386万元，上年度为亏损。

（六）商品车滚装运输企业

被调查的3家商品汽车滚装运输公司，拥有运力47艘/37227车位，分别比上年同期增长15%和12%，完成商品车量75.4万台，增加0.8%。企业平均收入利润率5.4%，下降2.7个百分点。2家企业实现盈利，占66.7%，其中1家企业利润同比增长，占盈利企业的50%；1家企业亏损，占33.3%。

企业完成主营业务收入14.95亿元，主营业务成本13.87亿元，分别增长6%和10%，实现利润8102万元，减少29%。

二、港口企业经营状况

被调查的21家长江干线港口企业，完成货物吞吐量6.4亿吨，较上年同期增长2%。其中，外贸货物吞吐量1.43亿吨，下降3.7%；集装箱货物吞吐量1123.4万TEU，增长12.5%。14家港口企业实现盈利，占66.7%，盈利面与上年持平；在盈利企业中，9家利润增长，占64.3%；7家亏损，占33.3%，其中2家企业亏损额增加，占亏损企业的28.6%；企业平均收入利润率8.3%，与上年持平。被调查企业的生产经营特点：

（1）企业平均装卸价格水平与上年相比略有下降。其中，煤炭平均装卸价格12.74元/吨，下降10.33%；金属矿石平均装卸价格12.43元/吨，上升6.87%；矿建材料平均装卸价格8.38元/吨，上升2.68%。集装箱平均装卸价格288.04元/TEU，下降2.09%。

（2）企业利润与上年相比明显增长。企业完成主营业务收入101亿元，主营业务成本88.4亿元，分别增长16.5%和16.9%，实现利润8.43亿元，增长13%。

（长江航运发展研究中心）

专题 4

长江省际客运和液货危险品运输市场监测分析

根据长江航务管理局长江干线省际客运和液货危险品运输市场监测系统数据信息，2018年总体实现安全、平稳、有序发展。长江干线省际旅游客运市场延续良好势头；省际液货危险品运输市场中，原重油、成品油运输市场有所下滑，化工品运输市场基本平稳，液化气（LPG）市场稳定增长。

一、市场主体及运力状况

（一）市场主体情况

1.省际客运企业

截至2018年底，长江干线省际旅游客运企业13家，较2017年减少了1家。其中，从事省际高端游轮（是指符合《内河旅游船星级的划分与评定》五星级内河旅游船标准）旅游的企业7家，从事经济型游轮（是指符合《内河旅游船星级的划分与评定》四星级及以下内河旅游船标准）旅游的企业6家。

2.省际液货危险品运输企业

长江水系共有省际液货危险品运输企业158家；其中，重庆市10家，湖北省18家，湖南省8家，江西省13家，安徽省25家，江苏省69家，浙江省4家，上海市11家。其中经营长江水系液货危险品干线省际运输（含上、中、下游）及支流省际运输的企业36家，占企业总数的22.8%，经营中下游及支流省际运输企业122家，占企业总数的77.2%。经营成品油船、化学品船运输的企业153家，经营原油船运输的企业6家，经营液化气体船运输的企业7家；其中同时兼营成品油船、原油船运输4家，同时兼营成品油船、液化气体船运输4家。

（二）市场运力情况

1.省际客运市场运力

截至2018年底，长江干线省际旅游客运船舶52艘，共16706客位，单船平均321客位，平均船龄14.9年。其中，高端游轮33艘，共11283客位，占总客位67.5%，平均船龄11.9

年；经济型游轮19艘，共5423客位，占总客位32.5%，平均船龄20.1年。此外，还有1艘经营奉节—宜昌客滚航线的新高湖游轮。

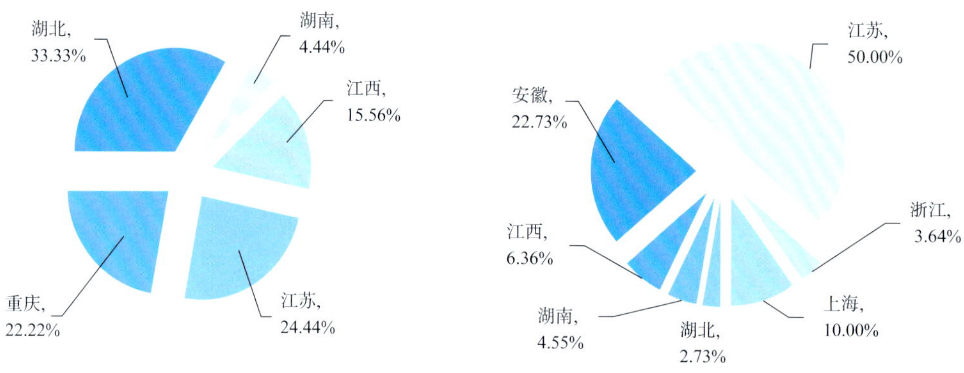

图1　长江干线省际危险品船运输企业地区分布

2018年长江干线省际旅客运输运力基本情况　　表1

项目 \ 船舶分类		高端游轮	经济型游轮	合计
总体情况	艘数（艘）	33	19	52
	客位（个）	11283	5423	16706
	占总客位比例（%）	67.5	32.5	100.0
	平均船龄（年）	11.9	20.1	14.9
运力结构	客位<200（艘）	5	11	16
	200≤客位<300（艘）	8	5	13
	300≤客位<400（艘）	5	4	9
	400≤客位（艘）	14	0	14

注：表中不含新高湖游轮运力情况。

长江干线省际旅游客运航线以重庆（包括主城、涪陵、丰都等地，下同）—宜昌为主，投入运力约占总运力的67.0%，以高端游轮为主；其次为万州—宜昌、奉节—宜昌航线，投入运力约占总运力的29.5%，集中了大部分的经济型游轮；此外，还有少量重庆—武汉、上海，上海—南京、武汉等其他中长距离航线以及奉节—宜昌客滚专线。

2018年长江干线省际旅游客运航线及运力情况表　　表2

航线	船舶总数（艘）	客位总数（个）	航线运力占比（%）	高端游轮		经济型游轮	
				艘数（艘）	客位数（个）	艘数（艘）	客位数（个）
重庆—宜昌	32	10935	67.0	29	10319	3	616
万州—宜昌	9	2476	15.2	2	376	7	2100
奉节—宜昌	7	2330	14.3	—	—	7	2330

续上表

航　线	船舶总数（艘）	客位总数（个）	航线运力占比（%）	高端游轮		经济型游轮	
				艘数（艘）	客位数（个）	艘数（艘）	客位数（个）
其他航线（重庆—武汉/上海，上海—南京/武汉等，下同）	2	588	3.5	2	588	—	—
奉节—宜昌客滚专线	1	636	—	—	—	—	—
合计	50	16329	100	33	11283	17	5046

注：皇家星光、皇家花苑两艘游轮因停运未纳入航线统计。

2.省际液货危险品运输市场运力

长江水系共有省际液货危险品运输船舶3031艘，平均吨位为1224.8载重吨/艘。其中，经营长江干线（含上、中、下游）及支流省际运输的船舶357艘/132.7万载重吨，分别占总量的11.8%、37.5%。

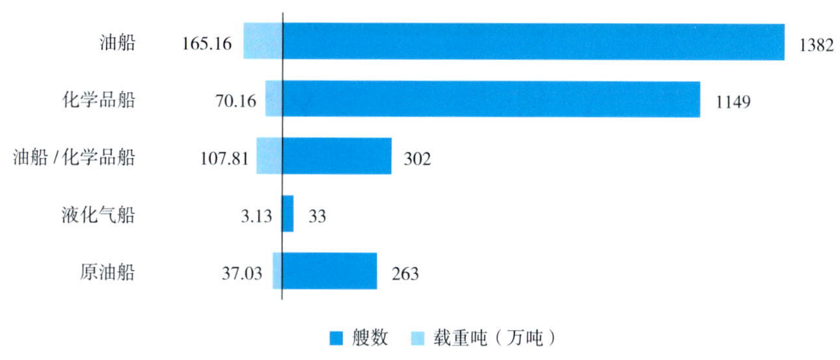

图2　2018年长江干线省际液货危险品运力结构

注：各经营种类船舶中，同时从事原油船和成品油船运输的船舶有98艘/29.53载重吨。

长江水系省际液货危险品运输船舶平均船龄为平均船龄10.7年，其中船龄16年以上的有369艘，26年以上的有39艘，分别占总艘数的12.2%、1.3%。

长江水系省际液货危险品运输船舶年龄结构　　表3

船舶类型	数量	平均船龄	船龄16年以上		船龄26年以上	
			数量	占比（%）	数量	占比（%）
油船	1382	9.7	164	11.9	4	0.2
散装化学品船	1149	11.5	92	8	3	0.26
油船/化学品船	302	6.17	4	1.3	1	0.3
液化气船	33	13	10	30.3	0	0
原油船	263	14	99	25.1	31	11.8
合计	3031	—	369	—	39	—

二、运输市场状况

（一）省际旅客运输市场

长江省际旅游客运船舶全年共运行5103个航次，接待游客99.4万人次，较上年增长10%以上。其中，高端游轮接待游客60.7万人次，约占接待游客量的61%；经济型游轮接待游客38.7万人次，约占接待游客量的39%。此外，奉节—宜昌客滚专线全年共运行176个航次，接待游客量约5.8万人次。

从分月游客接待量来看，接待量最大依次是10月、4月、5月、6月、8月，月接待游客均超过10万人次，分别达到13.6万人次、12.5万人次、11.5万人次、10.2万人次、10.2万人次；1月、2月、12月接待游客量较少。

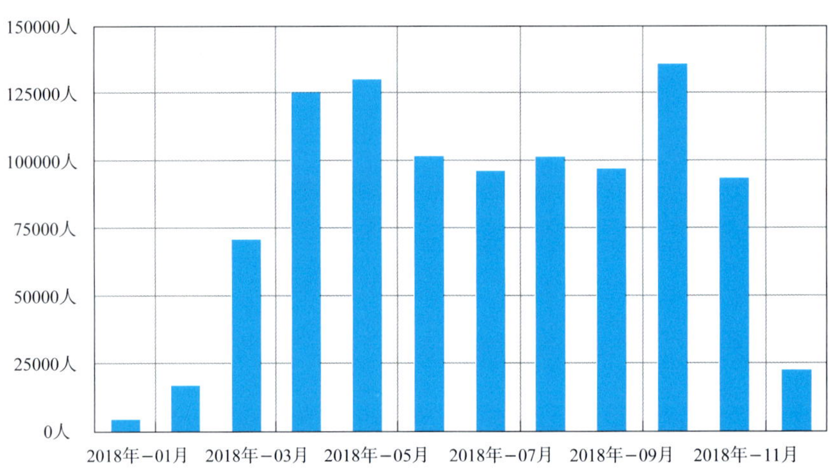

图3　长江干线省际旅游客运船舶分月接待游客量情况

1.船舶负载率

长江干线省际旅游客运船舶平均负载率为66.9%，其中，下水航线发船2562个班次，船舶平均负载率72.2%；上水航线发船2068个班次，船舶平均负载率62.4%。

2018年长江干线省际旅游客运船舶总体负载率情况表　　表4

航线		发船班次	载客数量	船舶负载率（%）
下水	重庆—宜昌	1158	280692	73.2
	万州—宜昌	557	125722	78.9
	奉节—宜昌	847	128742	65.1
小计		2562	535156	72.2
上水	宜昌—重庆	1216	296780	71.4
	宜昌—万州	460	57851	44.9
	宜昌—奉节	392	38931	45.2

续上表

航　　线	发船班次	载客数量	船舶负载率（%）
小计	2068	393562	62.4
其他航线	473	64853	56.6
合计	5103	993571	66.9

注：涪陵、丰都统计到重庆；云阳统计到万州。

从单船负载率看，有26艘船舶的平均负载率处于60%~80%之间，14艘船舶的平均负载率超过80%；10艘船舶的航线平均负载率低于60%。

2018年长江干线省际旅游客运船舶单船负载率情况表 表5

序号	负载率（k）	船舶艘数（艘）	比重（%）	高端游轮（艘）	经济型游轮（艘）
1	$90\%<k$	3	6	3	0
2	$80\%\leqslant k<90\%$	11	22	6	5
3	$70\%\leqslant k<80\%$	12	24	9	3
4	$60\%\leqslant k<70\%$	14	28	11	3
5	$k<60\%$	10	20	4	6
合计		50	100	33	17

注：皇家星光、皇家花苑两艘游轮因停运未纳入统计。

2.客源结构

长江干线省际旅游客运船舶接待境外游客11.5万人次，国内游客87.8万人次，分别占游客接待量的11.6%、88.4%。其中，境外游客主要来自美国、澳大利亚、德国、加拿大、英国、东南亚有关国家和地区，如图4所示；国内游客主要来自四川、浙江、江苏、广东等地，高端游轮航线游客主要来自长三角、珠三角、渤海湾等地区，新兴市场增长较大的是山东、江西、辽宁等地。

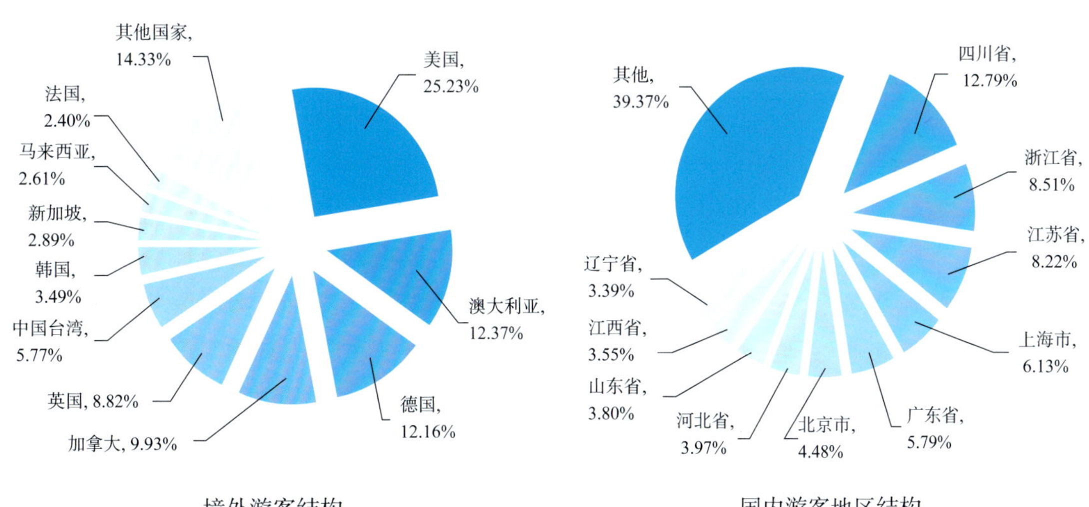

图4　境内外游客结构（前10位排名）

从国内游客年龄结构看，以60岁以上的中老年群体为主，约占游客总量的48.23%，其次为35~60岁的游客群体，约占38.86%。

3.经营情况

长江省际旅游客运淡季时间与前几年相比明显缩短。3~6月为传统淡平季，但市场整体仍呈现出快速增长态势；7~8月为传统旺季，暑期市场较上年同期相比有明显提升；暑期过后，淡季时间缩短，进入9月以后保持了平稳增长势态。

从船票价格看，高端游轮船票（重庆—宜昌）均价2000元/人，部分在2500~2800元/人之间；经济型游轮船票（重庆—宜昌）在1200~1500元/人之间。市场平均船票价格较上年增长100~200元/人，各省际旅游客运企业经营利润与上年相比也有所增长。

4.运力与市场需求的匹配度

根据“供需平衡指数”理论计算，重庆—宜昌的旅游客运市场运力供给适度超前于实际运输需求，奉节—宜航线的旅游客运市场运力供给超前于实际运输需求，万州—宜昌航线的旅游客运市场运力供给与市场需求总体相当。

2018年长江省际旅游客运市场主要航线供需匹配度 表6

航线	总客位	客运量	理论往返航次数	供需指数
重庆—宜昌	10935	577472	63	83.82
万州—宜昌	2476	183573	73	101.56
奉节—宜昌	2330	167673	130	55.36

注：供需指数=100×实际客运量/（总客位×理论往返航次数），即游轮实际完成客运量与游轮理论上可完成客运量的比值，值小于100表示供给大于需求，值大于100表示供给小于需求。

（二）省际液货危险品运输市场

1.市场需求

长江液体危险品运输市场全年需求合计约为6200万吨。其中：

原油440万吨，主要客户为中石化扬子分公司、中石化巴陵分公司、金澳科技（湖北）化工有限公司、中海沥青（四川）有限公司。运输主要航线包括江苏南京至湖南岳阳航线，湖南岳阳至四川泸州航线，以及江苏仪征至南京扬子航线。长江干线出口港口主要为南京、岳阳港，进口港口主要为岳阳、泸州、南京港。

成品油（含沥青）4000万吨，主要客户为中国石化集团公司、中国海洋石油集团有限公司、中国石油天然气集团有限公司、中国航空油料集团有限公司、中国中化集团有限公司等五大石油化工企业。基本为中石化系统沿江炼厂、海进江成品油在江苏的相关大型罐区储运企业，以及各省市中心库分销倒库、相关库的调剂倒罐、国储库的更新油品等原因产生中转运量。长江干线出口港口主要为南通、南京、泰州、扬州等港，进口港口主要为南京、南通、镇江、重庆等港。

化工品1700万吨，主要生产厂家和客户为中国石化集团公司、铜陵有色金属集团股份有限公司、新浦化学（泰兴）有限公司、镇江江苏索普（集团）有限公司、黄石大冶有色金属集团控股有限公司等企业，主要产品为PX、丙二甲醇、乙二醇、甲醇烧碱、液氯、氯乙烯、二氯乙烷、醋酸、醋酸乙酯等化工品。PX收货方主要以重庆市蓬威石化有限责任公司、中韩（武汉）石油化工有限公司、中国石化仪征化纤股份有限公司为主；硫酸受货方主要以江苏、湖北宜昌相关化工企业为主。长江干线出口港口主要为南京、芜湖、铜陵、苏州太仓等港，进口港主要为南京、镇江、黄石、宜昌等港。

液化气（LPG）60万吨，主要生产厂家和客户为中韩石化、中石化巴陵、江苏地区石化企业、扬子橡胶、中石化巴陵等五家企业，货种为碳3、碳4、碳5（工业气体）、丁二烯等，主要运输为产品互供。长江干线出口港口主要为武汉、安庆、南京、江阴等港，进口港主要为岳阳、武汉、镇江、南通等港。

2.调查企业市场运行状况

抽样调查30家长江水系省际液货危险品运输企业中，经营长江干线（含上、中、下游）及支流省际液货危险运输企业有16家，经营长江中下游及支流省际液货危险运输企业14家，共拥有液货危险品船舶总计1040艘、171.08万载重吨，分别占长江水系省际液货危险品总运力的33.2%、75.6%，平均1645载重吨/艘。30家样本企业总船数比上年减少0.2%，总载重吨比上年增加2.7%，平均载重比上年增长3.19%。

样本企业2018年分船型运力结构表 表7

运力分类	艘数（艘）			载重吨（万吨）			平均载重吨（吨/艘）		
船舶类型	本期	上年	同比	本期	上年	同比	本期	上年	同比
散装化学品船	518	508	1.97%	66.78	63.18	5.69%	1289.23	1243.78	3.65%
成品油船	424	440	-3.64%	73.77	72.87	1.24%	1739.84	1656.09	5.06%
原油船	96	95	1.05%	30.36	30.36	0.00%	3162.5	3195.79	-1.04%
液化气船	2	2	0.00%	0.17	0.17	0.00%	825	825	0.00%
合计	1040	1045	-0.48%	171.08	166.58	2.70%	1645	1594.07	3.20%

样本企业2018年分许可航线运力结构表 表8

运输业务	艘数（艘）			载重吨（万吨）			平均载重吨（吨/艘）		
	本期	上年	同比	本期	上年	同比	本期	上年	同比
干线	710	706	0.57%	147.9	141.69	4.38%	2083.1	2006.94	3.79%
中下游	330	339	-2.65%	23.18	24.89	-6.99%	701.52	734.22	-4.45%
合计	1040	1045	-0.48%	171.08	166.58	2.70%	1645	1594.07	3.20%

经调查统计，30家样本企业共完成液货危险品运输3288.29万吨，比上年减少4.4%；货物周转量共266.44亿吨公里，比上年减少12.38%。

2018年样本企业长江干线省际液货危险品运输情况 表9

运输业务	货运量（万吨）			周转量（亿吨公里）		
	本期	上年	同比	本期	上年	同比
干线	2728.84	2865.54	-4.77%	253.4	290.04	-12.63%
中下游	559.45	574.13	-2.56%	13.04	14.04	-7.12%
合计	3288.29	3439.67	-4.40%	266.44	304.08	-12.38%

30家样本企业主营业务收入376890.16万元，比上年减少11.42%；主营业务成本342098.19万元，比上年减少11.36%；主营业务利润32668.9万元，比上年减少12.08%。

2018年样本企业长江干线省际液货危险品运输经营情况 表10

运输业务	主营业务收入（万元）			主营业务成本（万元）			利润（万元）		
	本期	上年	同比	本期	上年	同比	本期	上年	同比
干线	300289.98	346721.51	-13.39%	272188.12	314401.49	-13.43%	25963.86	30030.02	-13.54%
中下游	76600.18	78762.35	-2.75%	69895.14	71634.53	-2.43%	6705.04	7127.82	-5.93%
合计	376890.16	425483.86	-11.42%	343298.19	387308.33	-11.36%	32668.9	37157.84	-12.08%

30家样本企业主营业务成本34.33亿元。其中，燃油成本6.31亿元，比上年增加2.55%；人力成本5.79亿元，比上年增加14.39%%；税务负担1.66亿元，比上年减少12.58%，财务成本0.77亿元，比上年减少15.65%；管理成本2.60亿元，比上年减少12.25%。

2018年样本企业长江干线省际液货危险品运输成本情况 表11

主营业务成本	本期（亿元）	同比	主营业务成本	本期（亿元）	同比
总成本	34.33	-11.36%	税务负担	1.66	-12.58%
燃油成本	6.31	2.55%	财务成本	0.77	-15.65%
人力成本	5.79	14.39%	管理成本	2.6	-12.25%

30家样本企业营收利润率在0%以下的占7%，0%~5%占24%、5%~10%占14%、10%~15%占14%、15%以上占41%。

2018年样本企业长江干线省际液货危险品运输盈利水平 表12

营收利润率	0%以下	0%~5%	5%~10%	10%~15%	15%以上
干线	0	10%	10%	4%	24%
中下游	7%	14%	4%	10%	17%
合计	7%	24%	14%	14%	41%

30家样本企业船舶单位产量的运量为19.22吨/载重吨，比上年减少6.92%；周转量16007.64吨公里/载重吨，比上年减少14.74%。

2018年样本企业长江干线省际液货危险品运输船舶单位产量 表13

单位船产量	运量（吨/载重吨）			周转量（吨公里/载重吨）		
	本期	上年	同比	本期	上年	同比
综合平均	19.22	20.65	-6.92%	16007.64	18776.58	-14.75%
干线	18.45	20.22	-8.77%	17133.2	20470.1	-16.30%
中下游	24.16	23.07	4.75%	6205.61	6931.24	-10.47%

30家样本企业船舶综合平均运输成本为0.1039元/吨公里，同比增长0.36%，其中干线企业为0.1007元/吨公里，同比下降0.66%，中下游企业为0.1640元/吨公里，同比上升12%。

2018年样本企业船舶运输成本情况 表14

成　本	单位运输成本（元/吨公里）		
	本期	上年	同比
综合平均	0.1039	0.1035	0.36%
干线	0.1007	0.1013	-0.66%
中下游	0.1640	0.1465	12.00%

据征询统计，2018年三峡船闸平均过闸时间，按货种分原油、化工品、液化气基本在5~6天，成品油基本在8~10天，考虑到成品油船舶比重较大，船舶综合在港时间为8天（192小时）。船舶上下水平均航速约14公里/小时。

2018年样本企业船舶使用效率情况 表15

船舶使用效率	平均往返航次数（次）			平均运距（公里）			平均航行率（与理想状态比）		
	本期	上年	同比	本期	上年	同比	本期	上年	同比
综合平均效率	19	21	-6.92%	833	909	-14.75%	37%	43%	-15.08%
干线	19	20	-8.77%	929	1012	-16.30%	40%	45%	-10.90%
中下游	24	23	4.75%	257	300	-10.47%	24%	24%	-2.80%

30家样本企业单船平均营收362.49万元，同上年相比减少11.25%；单船平均成本328.93万元，同上年相比减少11.21%；单船平均利润32.66万元，同上年相比减少22.05%。

2018年长江干线省际液货危险品运输船舶平均年收益 表16

单船年效益	营收（万元/艘）			成本（万元/艘）			利润（万元/艘）		
	本期	上年	同比	本期	上年	同比	本期	上年	同比
综合平均	362.39	407.16	-10.99%	328.93	369.41	-10.96%	32.66	41.9	-22.05%
干线	416.77	502.18	-17.01%	394.67	456.41	-13.53%	38.11	52.03	-26.74%
中下游	207.83	209.28	-0.69%	187.48	188.23	-0.40%	21.4	23.02	-7.03%

化工品市场。随着国家环保政策的日趋严厉，长江沿线化工产业将面临比以往更为严格的监管，部分安全环保不达标的化工企业将处于关停转型状态，影响到长江化工品运输市场。但同时长江沿线化工产业应对新能源和环保新政，从炼油型向化工型转型，化工品江海运输需求预计保持平衡。预计2019年及未来2~3年运输需求量预计与2018年持平。

液化气市场。国家战略和环保要求倒逼中石化沿江炼厂转型升级，对长江LPG运力的需求有很大的增量。长江沿线各炼厂的互供原料气预计随着年产量的提高而实现大幅增加，长江水运是稳中有升，并保持总体增长趋势。预计2019年及未来2~3年运输需求量估计有小幅增长。

（长江航运发展研究中心、长江港航物流联盟旅游客运专业委员会和液货危险品专业委员会、重庆航运交易所重庆邮轮中心）

专题5

长三角地区港口经济运行情况分析

长三角地区港口群，位于长江“黄金水道”与沿海运输通道构成的“T”字型水运网络的交汇点，承载了长三角区域乃至其辐射的我国内陆腹地区域对外物流门户枢纽作用。2018年，长三角地区港口完成货物吞吐量46.22亿吨，外贸货物吞吐量14.11亿吨、集装箱吞吐量9025.64万TEU，为国家“一带一路”倡议、长江经济带发展、长三角区域一体化发展等战略的大力实施作出了积极贡献。

一、经济发展态势

2018年11月5日，国家主席习近平出席首届中国国际进口博览会开幕式并发表主旨演讲时表示，将支持长江三角洲区域一体化发展并上升为国家战略，着力落实新发展理念，构建现代化经济体系，推进更高起点的深化改革和更高层次的对外开放，同“一带一路”建设、京津冀协同发展、长江经济带发展、粤港澳大湾区建设相互配合，完善中国改革开放空间布局。国家发展改革委牵头组织编制《长三角一体化发展规划纲要》，上海、江苏、浙江、安徽三省一市积极推动实施长江三角洲区域一体化发展国家战略，合力推进长三角一体化发展示范区建设。三省一市坚持稳中求进工作总基调，全面贯彻新发展理念，落实高质量发展要求，坚持以供给侧结构性改革为主线，坚决打好三大攻坚战，经济社会发展总体平稳、稳中有进、稳中向好，全年共完成国内生产总值211479亿元，按可比价格计算，比上年增长7.5%，高于全国经济增速0.9个百分点，经济总量占全国比重为23.5%。

上海市全年实现地区生产总值（GDP）32679.87亿元，增长6.6%。其中，第一产业增加值104.37亿元，下降6.9%；第二产业增加值9732.54亿元，增长1.8%；第三产业增加值22842.96亿元，增长8.7%。第三产业增加值占全市生产总值的比重为69.9%，提高0.7个百分点。全年交通运输、仓储和邮政业增加值1533.36亿元，增长10.4%。

江苏省全年实现地区生产总值（GDP）92595.4亿元，增长6.7%。其中，第一产业增加值4141.7亿元，增长1.8%；第二产业增加值41248.5亿元，增长5.8%；第三产业增加值47205.2亿元，增长7.9%。区域协调发展有力推进，扬子江城市群对全省经济增长的贡献率达81.4%；沿海经济带对全省经济增长的贡献率达16.6%。

浙江省全年实现地区生产总值（GDP）56197亿元，增长7.1%。其中，第一产业增加值1967亿元，增长1.9%；第二产业增加值23506亿元，增长6.7%；第三产业增加值30724亿元，增长7.8%。从行业看，全年交通运输、仓储和邮政业增加值2082亿元，比上年增长6.1%。

安徽省全年实现地区生产总值（GDP）30006.8亿元，增长8.02%。其中，第一产业增加值2638亿元，增长3.2%；第二产业增加值13842.1亿元，增长8.5%；第三产业增加值13526.7亿元，增长8.6%。全年交通运输、仓储和邮政业增加值985.77亿元，增长3.2%。

二、对外贸易发展态势

2018年，各地区、各部门积极贯彻落实一系列促进外贸稳定增长的政策措施，有效应对外部环境深刻变化，对外贸易总体平稳，稳中有进。据海关统计，我国外贸进出口总值30.51万亿元人民币，比上年增长9.7%。其中，出口16.42万亿元，增长7.1%；进口14.09万亿元，增长12.9%；贸易顺差2.33万亿元，收窄18.3%。按美元计价，外贸进出口总值4.62万亿美元，增长12.6%；其中，出口2.48万亿美元，增长9.9%；进口2.14万亿美元，增长15.8%；贸易顺差3517.6亿美元，收窄16.2%。具体有以下几个方面的特点：

一是年度进出口总值再上新台阶。我国外贸进出口总值超过30万亿元，比2017年的历史高位多2.7万亿元。1~4季度，进出口规模分别为6.76万亿、7.36万亿、8.18万亿和8.21万亿元，逐季提升，但增速逐季放缓。

二是一般贸易进出口快速增长，比重上升。我国一般贸易进出口17.64万亿元，增长12.5%，占我国进出口总值的57.8%，比2017年提升1.4个百分点，贸易方式结构有所优化。

三是对主要贸易伙伴进出口全面增长，与“一带一路”沿线国家进出口增势良好。我国对前三大贸易伙伴欧盟、美国和东盟进出口分别增长7.9%、5.7%和11.2%，三者合计占我国进出口总值的41.2%。对“一带一路”沿线国家合计进出口8.37万亿元，增长13.3%，高出全国整体增速3.6个百分点。

四是民营企业进出口增长，比重提升。我国民营企业进出口12.1万亿元，增长12.9%，占我国进出口总值的39.7%，比2017年提升1.1个百分点。其中，出口7.87万亿元，增长10.4%，占出口总值的48%，比重提升1.4个百分点，继续保持第一大出口主体地位；进口4.23万亿元，增长18.1%。

五是中西部和东北地区进出口增速高于全国整体增速，区域发展更趋协调。西部12省市外贸增速为16.1%，超过全国增速6.4个百分点；中部6省市外贸增速为11.4%，超过全国增速1.7个百分点；东北三省外贸增速为14.8%，超过全国增速5.1个百分点；东部10省市外贸增速为8.8%。

六是机电产品出口占比提升，出口商品结构持续优化。我国机电产品出口9.65万亿元，增长7.9%，占我国出口总值的58.8%，比2017年提升0.4个百分点。其中，汽车出口增长8.3%，手机出口增长9.8%。服装、玩具等7大类劳动密集型产品合计出口3.12万亿元，增长1.2%，占出口总值的19%。

七是原油、天然气和铜等大宗商品进口量价齐升，铁矿砂和大豆进口量有所减少。我国进口原油4.62亿吨，增加10.1%；天然气9039万吨，增加31.9%；成品油3348万吨，增加13%；铜530万吨，增加12.9%。此外，进口铁矿砂10.64亿吨，减少1%；大豆8803万吨，减少7.9%。初步测算，全年我国进口价格总体上涨6.1%。其中，原油上涨30%，成品油上涨20%，天然气上涨22.9%，铜上涨3.2%。

2018年，长三角地区外贸进出口总额为11.06万亿元，同比增长8.92%；外贸总量占全国外贸总量的36.2%。其中：上海市外贸进出口总额为34009.93亿元，同比增长5.5%；浙江省外贸进出口总额为28519.2亿元，同比增长11.4%；江苏省外贸进出口总额为43802.4亿元，同比增长9.5%；安徽省外贸进出口总额为4219亿元，同比增长16.6%。

三、水路货运量与货物周转量双双增长

2018年，长三角地区完成水路货运量36.86亿吨，同比增长7.5%；占全国水路货运量比重52.5%。其中：上海市水路货运量完成6.68亿吨，增长18%；江苏省水路货运量完成8.77亿吨，增长1.9%；浙江省水路货运量成9.91亿吨，增长11.4%；安徽省水路货运量成11.5亿吨，增长1.2%。

长三角地区完成水路货物周转量49437亿吨公里，同比增长11.7%，占全国水路货物周转量比重50%。其中：上海市水路货物周转量完成28216亿吨公里，增长14.6%；浙江省水路货物周转量完成9496亿吨公里，增长13.2%；江苏省水路货物周转量完成6090亿吨公里，下降5.4%；安徽省水路货物周转量完成5635亿吨公里，增长1.9%。

四、港口货物吞吐量低速增长

2018年，长三角地区港口完成货物吞吐量46.22亿吨，同比增长2.4%，规模以上港口货物吞吐量占全国比重为34.62%。其中，上海市共完成货物吞吐量7.3亿吨，下降2.67%；浙江省主要港口完成货物吞吐量14.4亿吨，增长5.68%；江苏省主要港口完成货物吞吐量20.8亿吨，增长3.19%；安徽省主要港口完成货物吞吐量3.72亿吨，下降3.44%。长三角地区各个港口货物吞吐量较去年同期相比，有增有降，总体比上年略有增长。各港货物吞吐量及增长率见图1。

五、港口外贸货物吞吐量略有增长

2018年，长三角地区港口完成外贸货物吞吐量14.11亿吨，同比增长1.57%，占全国比重为33.73%。其中：上海港完成外贸货物吞吐量4.02亿吨，下降2.06%；浙江省主要港口完成外贸货物吞吐量5.2亿吨，增长3.74%；江苏省主要港口完成外贸货物吞吐量4.73亿吨，增长2.36%；安徽省主要港口完成外贸货物吞吐量0.16亿吨，下降4.14%。各港外贸货物吞吐量及增长率见图2。

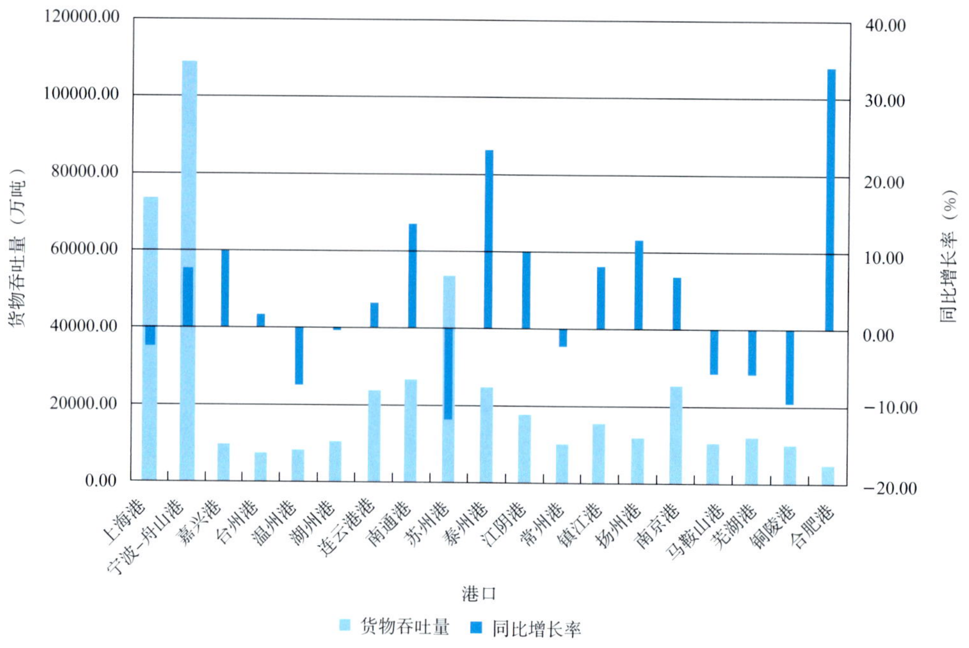

图1　2018年长三角地区港口货物吞吐量及同比增长率

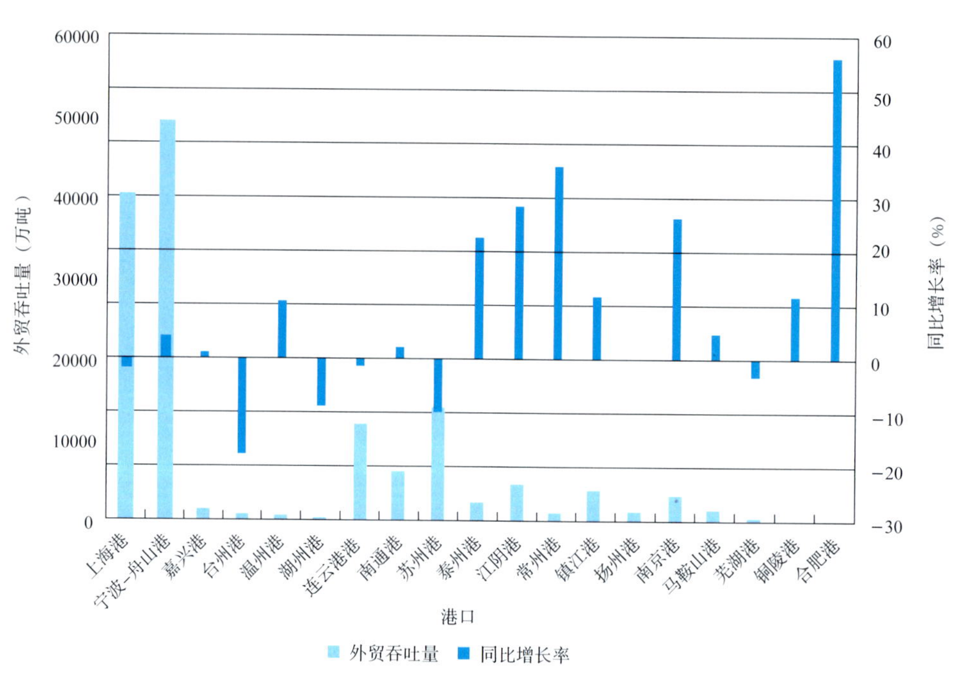

图2　2018年长三角地区港口外贸吞吐量及同比增长率

六、集装箱吞吐量保持良好的增长态势

2018年，长三角地区港口完成集装箱吞吐量9025.64万TEU，同比增长5.56%，占全国总量比重达为35.97%。其中：上海港完成集装箱吞吐量4201.1万TEU，增长4.42%，集装箱吞吐量继续保持世界第一；浙江省主要港口完成集装箱吞吐量2946.99万 TEU，增长

8.29%；江苏省主要港口完成集装箱吞吐量1744.86万TEU，增长3.92%；安徽省主要港口完成集装箱吞吐量132.69万TEU，增长4.96%。长三角地区港口集装箱吞吐量总体上保持了良好的增长态势，相比货物吞吐量和外贸货物吞吐量的增幅大幅提升，长三角地区集装箱化物流占比增加。各港集装箱吞吐量及增长率见图3。

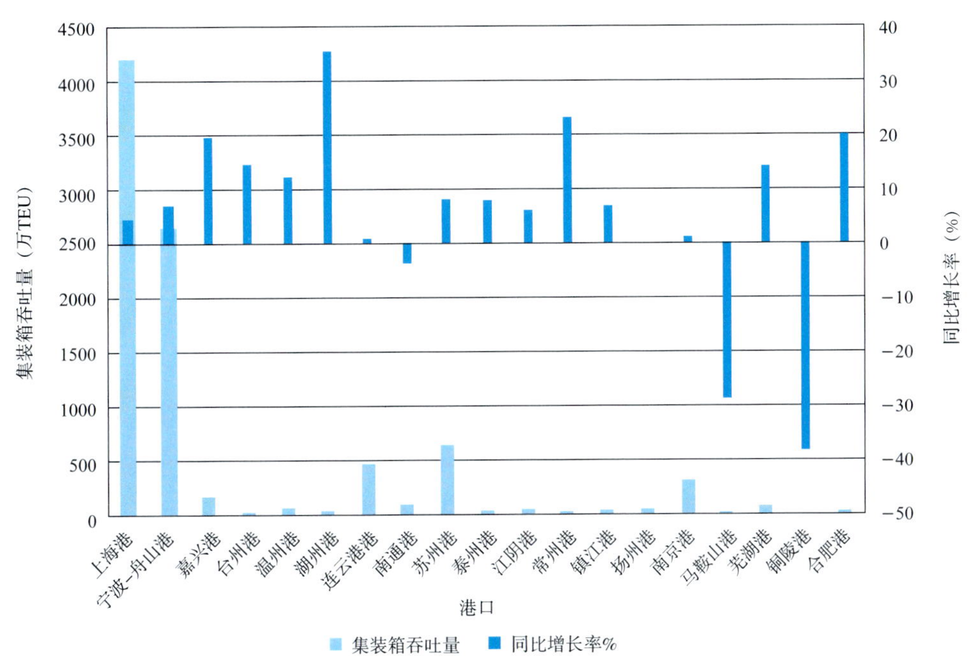

图3　2018年长三角地区港口集装箱吞吐量及同比增长率

七、2019年长三角地区港口经济发展形势展望

世界经济增长乏力，贸易保护主义蔓延，中美贸易摩擦不确定性增加，航运业复苏困难重重，港口运营成本刚性上涨，长三角地区港口发展面临较大挑战。中央加快推动“一带一路”建设、长江经济带发展、长三角一体化发展、上海国际航运中心建设等，为长三角地区港口推进高质量发展提供了重大历史机遇。长三角区域港口一体化的稳步推进，内河高等级航道高标准贯通，港口、航道等基础设施互联互通和融合协同，并通过互联网科技的手段，加强长三角一体化后的港口经济发展，实现资源的优化配置，促进铁水联运、江海联运、公水联运的融合发展，提升物流效率，区域港口将进一步转型升级、提升服务保障能力、提质增效。

2019年，预计全国规模以上港口货物吞吐量和外贸货物吞吐量将继续低速增长，增速在4%左右，较2018年有所减缓；集装箱货物吞吐量增速略高，约在5%左右。长三角地区规模以上港口货物吞吐量预计将达到47亿吨，外贸货物吞吐量将达到15亿吨，集装箱吞吐量将突破9500万TEU。

（上海组合港管委会办公室）

专题6

长江三峡游轮旅游发展情况

以三峡为主的长江游轮旅游已有30多年历史。游轮旅游具备资源消耗少、环境污染轻、经济带动作用强的显著特点，发展游轮经济是加速长江三峡国际黄金旅游带建设的现实需要，更是贯彻新时期长江经济带发展战略的具体体现。2018年，随着国民经济快速发展，大众旅游出行需求不断提升，长江三峡游轮旅游以其独特优势和优质服务吸引了无数中外游客前往旅游观光，游轮旅游市场实现了快速增长。

一、三峡邮轮

（一）企业及运力

2018年，重庆及湖北经营长江干线豪华旅游运输的企业共有9家，邮轮共计35艘，客位数共计11500个。其中：重庆长江黄金游轮有限公司，现有船舶7艘，共计3521客位；重庆冠达世纪游轮有限公司，现有船舶6艘，共计1984客位；重庆东江实业有限公司，现有船舶7艘，共计1806客位；长江轮船海外旅游总公司，现有船舶4艘，共计990客位；武汉扬子江游船有限公司，现有船舶5艘，共计1907客位；其他邮轮公司6艘，共计1292客位。

经营长江干线豪华旅游运输的主要企业船舶情况表　　表1

公司名称	邮轮艘数	邮轮名称	客位总数
重庆长江黄金游轮有限公司	7	长江黄金1号、长江黄金2号、长江黄金3号、长江黄金5号、长江黄金6号、长江黄金7号、长江黄金8号	3521
重庆冠达游轮有限责任公司	6	世纪钻石、世纪宝石、世纪辉煌、世纪天子、世纪神话、世纪传奇	1984
武汉扬子江游船有限公司	5	总统一号、总统二号、总统六号、总统七号、总统八号	1907
重庆东江实业有限公司	7	凯珍、凯娜、凯蒂、凯琳、凯莎、凯蕾、凯娅	1806
长江轮船海外旅游总公司	4	长江壹号、长江贰号、维多利亚5号、维多利亚7号	990

（二）运营情况

1.市场分析

2018年，长江水路旅客运输实名制系统实现全面覆盖长江干线各个旅游码头，水路运输客运量统计数据实现100%真实客观。全年三峡邮轮完成客运量64.86万人次，同比增长10.1%，其中：重庆豪华邮轮企业完成客运量46.21万人次，湖北豪华邮轮企业完成客运量18.65万人次。

从上下水比例分析，上行29.88万人次，同比基本持平；下行34.98万人次，同比增长20.8%。受良好市场行情带动，邮轮负载率和票价稳定在可观区间，邮轮平均负载率为70.9%，新型豪华邮轮标准间平均价格在2300元/人左右，较早年份建造的邮轮标准间平均价格在1900元/人左右。

三峡邮轮市场稳定增长的主要因素：一是党中央、国务院近年来高度重视长江沿线生态环境保护工作，三峡库区内崇山峻岭、高峡平湖美景再换新颜，吸引无数中外游客前往游玩。二是重庆市委、市府高度重视旅游产业发展，在国内外举办了数十次旅游活动，重庆旅游的品牌影响力不断提升，重庆在2018年成为全国最热旅游目的地城市，对三峡邮轮旅游形成有力拉动。三是邮轮企业不断提升邮轮服务质量和增加服务内容，并持续加大宣传力度，在春节、五一、暑期、中秋及国庆黄金周等特殊时段，针对亲子游、外籍游客等不同游客群体进行策略性宣传，取得了很好成效。

经营长江干线豪华旅游运输的主要企业客运量完成情况 表2

排名	单　位	运量（万人次）	占市场总量比重
1	重庆黄金游轮有限公司	16.41	25.30%
2	武汉扬子江游船有限公司	11.36	17.51%
3	重庆冠达世纪游轮有限公司	11.27	17.38%
4	重庆东江实业有限公司	9.45	14.57%
5	长江轮船海外旅游总公司	7.38	11.38%
其他		8.99	13.86%

2.旅客结构

（1）国内游客

2018年，乘坐三峡豪华邮轮的国内游客（含港澳台）为54万人次，游客遍及全国，其中西南地区、华东地区仍为最主要客源地，四川、浙江、江苏三省游客均超过4万人。

（2）国外游客

2018年，乘坐三峡豪华邮轮游玩的国外游客总数为10.86万人次。主要客源国家为北美的美国、加拿大；欧洲的德国和英国；亚洲的韩国、新加坡和马来西亚。

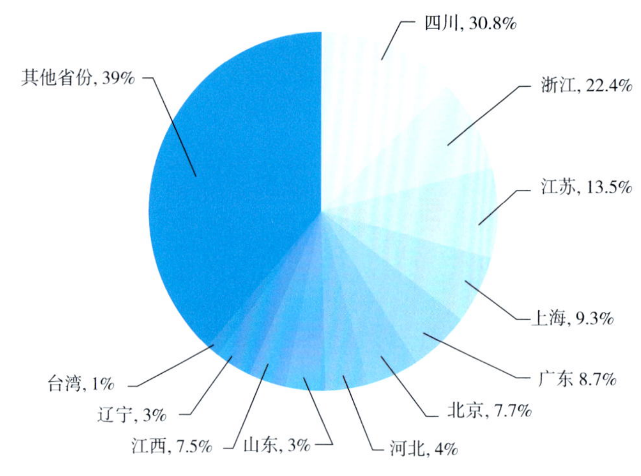

图1　国内游客来源地构成图

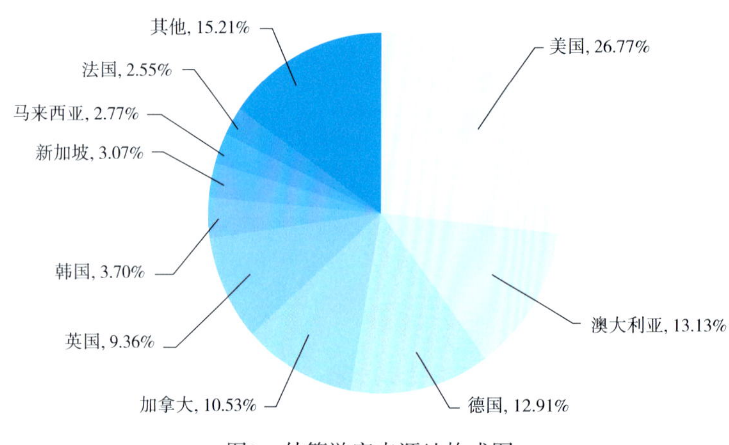

图2　外籍游客来源地构成图

（3）年龄结构

2018年，乘坐三峡邮轮旅游的旅客中，60岁以上游客最多，达到48.23%；其次为35至60岁游客，占38.86%；18~35岁游客占6.74%；12岁以下游客占3.67%；12岁至18岁游客占2.48%。根据数据显示，三峡豪华邮轮旅游消费的主要群体集中在具有闲暇时间的60岁以上退休人士，以及35岁至60岁的具有消费能力的青中年人士。12岁至18岁的学生出行机会较少，该年龄段游客占比最低。

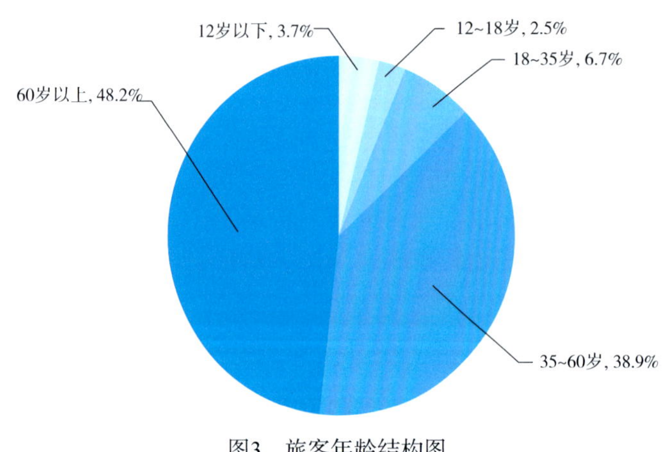

图3　旅客年龄结构图

二、经济型游船

（一）企业及运力

2018年，经营经济型游船的企业共6家，其中重庆1家，湖北5家，运行船舶共13艘。

经济型游船单位及运行船舶数量　　表3

地区	序号	单　位	运行船舶（艘数）
重庆	1	重庆渝鸿船务有限公司	3
湖北	1	宜昌隆基旅运公司	3
	2	宜昌江腾游轮公司	2
	3	巴东县楚天轮船公司	3
	4	皇家长江旅游船有限公司	1
	5	宜昌交运长江游轮有限公司	1
合计			13

（二）运营情况

2018年，受三峡豪华邮轮旅游市场带动，经济型游船市场运量增速明显，全年完成客运量32.12万人次，同比增长28.48%。其中：重庆完成8.25万人次，湖北完成23.87万人次，经济型游船负载率平均在67.7%左右，略低于豪华邮轮负载率。

三、两江游船

（一）企业及运力

2018年，重庆经营两江游船的企业共3家，分别是重庆长江轮船公司、重庆市客轮总公司、重庆汇东船务有限公司。目前在运行游船共8艘，客位数共计4300个。

两江游船运力统计表　　表4

序号	企业名称	船舶艘数（艘）	船舶名称	客位总数（个）
1	重庆长江轮船公司	3	朝天皓月、朝天门、朝天宫	1900
2	重庆市客轮总公司	3	交运明月、交运明珠、满江红	1300
3	重庆汇东船务有限公司	2	金碧女王、金碧皇宫	1100
合计		8		4300

数和时间上升100%。升船机停航3次，共计6.68小时。

全年因大雾天气致使船闸停航的总次数与停航总时间与上年比呈下降态势，尤其是三峡船闸大雾停航时间下降明显。因大雾导致三峡南线船闸停航11次、停航54.30小时，分别下降45.00%、65.01%；三峡北线船闸停航15次、停航66.35小时，分别下降37.50%、60.44%；三峡升船机停航13次、停航58.62小时，分别下降13.33%、40.73%。葛洲坝一号停航11次、停航68.57小时，分别下降56.00%、42.20%。葛洲坝二号停航15次、停航76.57小时，分别下降31.82%、28.51%。葛洲坝三号停航15次、停航77.49小时，分别下降34.78%、31.81%。

（三）运行维护情况

1.三峡船闸运行维护情况

三峡船闸已运行15年，设备事故故障隐患增加，为保证船闸安全运行，船闸停航检修频率和停航持续时间进一步增加。2018年，三峡南线船闸进行大修，计划停航33天，实际停航780小时，比计划提前20小时完成任务；除大修外，计划性停航保养4次，同比下降50%；停航33.25小时，下降37.26%。三峡北线船闸计划性停航保养7次，上升16.67%；停航49.75小时，上升2.58%。

2.葛洲坝船闸运行维护情况

2018年，葛洲坝一号船闸进行大修，计划停航20天，实际停航466小时，比计划提前14小时完成任务。葛洲坝一、二、三号船闸计划性停航保养次数分别为9次、10次、11次，比上年分别下降47.06%、33.33%、21.43%；累计停航时间分别为69.33小时、46.11小时和56.86小时，分别下降14.48%、72.88%、19.35%。

3.三峡升船机试通航维护情况

由于三峡升船机目前正处于试通航期间，设备设施尚处在磨合阶段，设计运行参数处于验证期，停机故障率仍然较高，在一定程度上影响了升船机正常运行。全年共实施20次停航检修，与上年持平，停航652.70小时，上升75.85%。全年开展22次停机故障处理，共计停航180.22小时，分别下降38.89%、62.15%。

二、三峡枢纽及葛洲坝枢纽通航情况

（一）通航建筑物运行情况

2018年，三峡枢纽累计运行14455闸（厢）次，通过船舶46867艘次，旅客16.9万人次，货运量1.43亿吨；闸（厢）次、艘次、货运量分别比上年增长13.69%、4.23%、9.90%，客运量下降61.94%；计入客轮折合吨后枢纽通过量为1.44亿吨，增长3.87%。其中：三峡船闸运行10198闸次，通过船舶42574艘次，旅客14867人次，货运量1.42亿吨，闸次、艘次、客运量分别下降2.18%、0.21%、96.18%，货运量增长9.20%；计入客轮折合吨后船闸通过量为1.42亿吨，增长3.01%；三峡升船机运行4257厢次，通过船舶4293艘次，旅客15.4万人次，货运量151.4万吨，厢次、艘次、客运量、货运量分别增长

85.98%、86.41%、180.51%、175.21%，计入客轮折合吨后升船机通过量为185.3万吨，增长191.60%。

葛洲坝三座船闸全年运行19095闸次，通过船舶48425艘次，旅客70.5万人次，货运量144.4亿吨，闸次、客运量、货运量分别增长0.10%、44.13%、6.71%，艘次下降0.83%；计入客轮折合吨后船闸通过量为149.1亿吨，增长6.65%。

2018年三峡枢纽及葛洲坝枢纽运行数据统计表 表1

通过量		2018年			2017年	同比变幅（%）
		上行	下行	合计	合计	
葛洲坝枢纽	闸次	9859	9236	19095	19075	0.10↑
	艘次	24182	24243	48425	48832	0.83↓
	客运量（人次）	453333	251500	704833	489020	44.13↑
	客船定额人数（人次）	792247	789072	1581319	1413776	11.85↑
	货运量（吨）	81725490	62700437	144425927	135347163	6.71↑
	货船定额吨（吨）	101063730	101336046	202399776	194040197	4.31↑
	船闸通过量（吨）	84341637	64779935	149121572	139825506	6.65↑
三峡枢纽	闸（厢）次	6368	8087	14455	12714	13.69↑
	艘次	23393	23474	46867	44965	4.23↑
	客运量（人次）	211999	77021	169020	444130	61.94↓
	客船定额人数（人次）	271410	272026	543436	790391	31.24↓
	货运量（吨）	81689541	61486415	143175956	130273665	9.90↑
	货船定额吨（吨）	100367925	100692109	201060034	185002411	8.68↑
	船闸通过量（吨）	82052860	61839232	143892092	138527237	3.87↑
	集装箱（TEU）	399055	391406	790461	908248	12.97↓
三峡船闸	闸次	5316	4882	10198	10425	2.18↓
	艘次	22323	20251	42574	42662	0.21↓
	客运量（人次）	8080	6787	14867	389176	96.18↓
	客船定额人数（人次）	14591	12694	27285	590292	95.38↓
	客轮折合吨（吨）	213558	163651	377209	8168245	95.38↓
	货运量（吨）	81031463	60630605	141662068	129723586	9.20↑
	货船定额吨（吨）	99125056	90835622	189960678	178663560	6.32↑
	船闸通过量（吨）	81245021	60794256	142039277	137891831	3.01↑

续上表

通过量		2018年			2017年	同比变幅（%）
		上行	下行	合计	合计	
升船机	厢次	1052	3205	4257	2289	85.98↑
	艘次	1070	3223	4293	2303	86.41↑
	客运量（人次）	203919	70234	154153	54954	180.51↑
	客船定额人数（人次）	256819	259332	516151	200099	157.95↑
	货运量（吨）	658078	855810	1513888	550079	175.21↑
	货船定额吨（吨）	1242869	9856487	11099356	6338851	75.10↑
	船闸通过量（吨）	807839	1044976	1852815	635406	191.60↑

注：船闸通过量含客船折算运量。

1.通航率

除船闸计划性大修的三峡南线船闸和试通航期升船机外，其余船闸全年通航保证率高于100%。

2018年船闸及升船机通航率统计表 表2

闸号	停航时间（小时）	通航时间（小时）	年设计通航天数	年通航保证率（%）
南线船闸	1178.52	7581.48	335	94.30
北线船闸	487.89	8272.11	335	102.89
升船机	1126.78	7633.22	335	94.94
一号船闸	956.40	7803.6	320	101.61
二号船闸	156.18	8603.82	335	107.01
三号船闸	165.77	8594.23	335	106.89

2.闸室面积利用率

三峡船闸和葛洲坝一、二号船闸平均闸室面积利用率维持在70%以上，升船机、葛洲坝三号船闸超过63%。

2018年船闸及升船机闸室面积利用率统计表 表3

船闸	面积利用率（%）	同比变幅（%）	船闸	面积利用率（%）	同比变幅（%）
南线船闸	74.01	0.20↑	一号船闸	71.15	2.48↑
北线船闸	74.58	0.67↑	二号船闸	73.20	0.12↓
升船机	63.94	1.33↑	三号船闸	66.33	1.59↑

（二）过闸船舶吨位

得益于升船机对小吨位船舶的分流，过闸船舶大型化趋势更加明显。2018年，三峡船闸过闸船舶3000吨以上船舶艘次所占比例为72.78%，5000吨以上船舶艘次所占比例为44.79%，过闸货运船舶平均额定吨位达4471吨。

三峡枢纽通过船舶额定载重吨位比例统计表 表4

吨位级别	1000吨以下	1001至3000吨	3001至5000吨	5001吨以上	艘次合计
2018年（艘次）	1436	12775	12839	19817	46867
所占比例（%）	3.07	27.25	27.4	42.28	100.00
2017年（艘次）	2636	12468	11773	18088	44965
所占比例（%）	5.87	27.73	26.19	40.23	100.00

三峡船闸过闸船舶额定载重吨位比例统计表 表5

吨位级别	1000吨以下	1001至3000吨	3001至5000吨	5001吨以上	艘次合计
2018年（艘次）	426	11161	11920	19067	42574
所占比例（%）	1.01	26.21	27.99	44.79	100.00
2017年（艘次）	2028	11852	11156	17626	42662
所占比例（%）	4.75	27.78	26.15	41.32	100.00

通过升船机船舶额定载重吨位比例统计表 表6

吨位级别	1000吨以下	1001至3000吨	3001至5000吨	5001吨以上	艘次合计
2018年（艘次）	1010	1614	919	750	4293
所占比例（%）	23.52	37.59	21.4	17.47	100.00
2017年（艘次）	608	616	617	462	2303
所占比例（%）	26.40	26.75	26.79	20.06	100.00

注：通过升船机船舶实际排水量控制在3000吨以内。

（三）过坝货运情况

1.货运总量分析

全年三峡枢纽（三峡船闸及三峡升船机）货运量1.43亿吨，同比上升9.90%。

2.上下行过坝货运量

2018年三峡枢纽（三峡船闸及三峡升船机）上行货运量0.82亿吨，下行货运量0.61亿吨；上下行货运量比例为5.7:4.3，上行过坝运量比例较上年上升1个百分点。

3.过闸主要货种

三峡枢纽（三峡船闸及三峡升船机）主要过闸货物为矿建材料、矿石、集装箱、水泥、钢材、煤炭、石油等。其中，三峡船闸矿建材料、矿石、集装箱、水泥、钢材、石油、煤炭及粮棉等主要过闸货物占货运量比例分别为33.49%、24.94%、8.78%、5.95%、5.14%、3.78%、3.76%、2.93%；三峡升船机集装箱、矿石、矿建材料、煤炭、水泥、钢材及粮棉等主要过机货物占货运量比例分别为33.94%、17.87%、13.87%、2.76%、2.37%、2.20%、1.99%、1.39%。

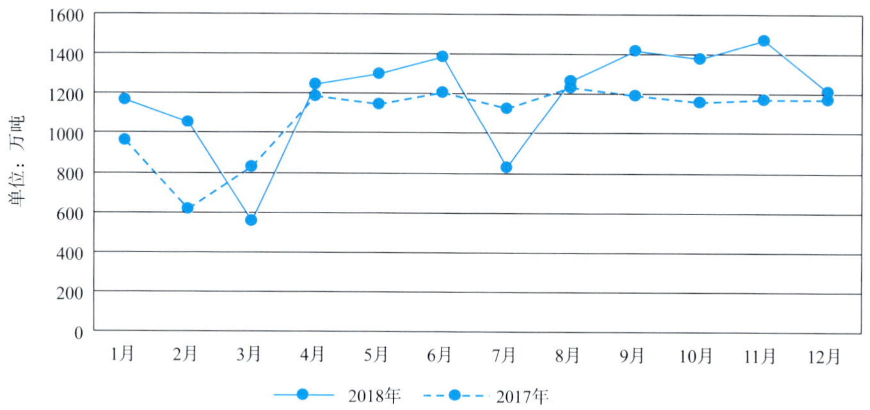

图1　2017—2018年分月三峡枢纽货运量

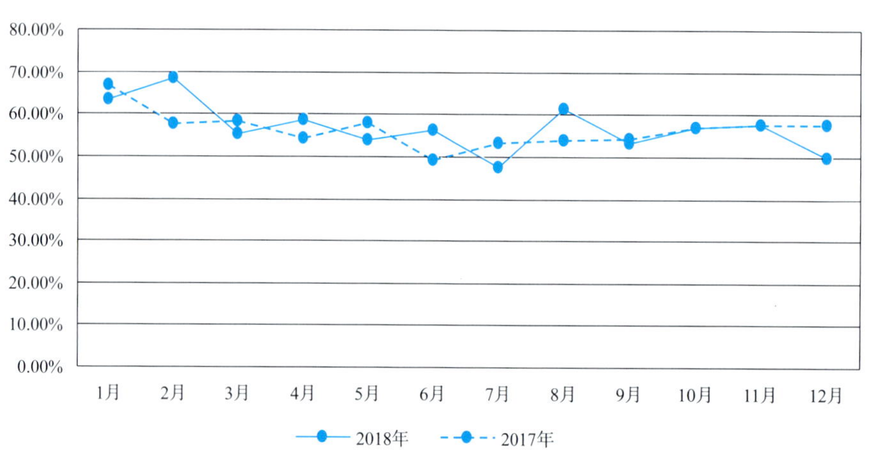

图2　2017—2018年分月三峡枢纽上行货运量比例

2018年三峡枢纽过闸主要物资　　表7

货种	上行		下行		合计		
	货运量（吨）	增长率（%）	货运量（吨）	增长率（%）	货运量（吨）	增长率（%）	比例（%）
矿建	27443354	61.35	20216007	17.40	47659361	39.24	33.29
矿石	20813607	54.98	14785805	-1.89	35599412	24.91	24.86
集装箱	6737429	-12.67	6220097	-13.22	12957526	-12.97	9.05
水泥	113594	103.76	8356104	6.78	8469698	7.47	5.92
钢材	5195425	-26.04	2125667	18.08	7321092	-17.04	5.11
煤炭	3936994	-49.36	1436677	22.14	5373671	-39.97	3.75
石油	5082453	-4.18	271518	-17.11	5353971	-4.94	3.74

注：过坝矿石中，金属矿石1945万吨，增长44.84%，流向主要为上行；非金属矿石1615万吨，增长7.16%，流向主要为下行。

（四）过坝客运情况

全年三峡枢纽客运量16.9万人次，同比减少61.94%。其中，三峡船闸客运量1.49万人次，减少96.18%；三峡升船机客运量15.41万人次，增长180.51%。

客船通过三峡枢纽实施新的过坝原则：客船航经三峡枢纽通航建筑物时，满足三峡升船机通航尺度和排水量等要求的一律安排通过三峡升船机，并优先于其他船舶（特殊任务船舶除外）安排；不满足三峡升船机通航尺度和排水量等要求的客船按长线客船优先于其他船舶（特殊任务船舶除外）安排，短线客船与商品车运输船舶、集装箱船同等级别安排。

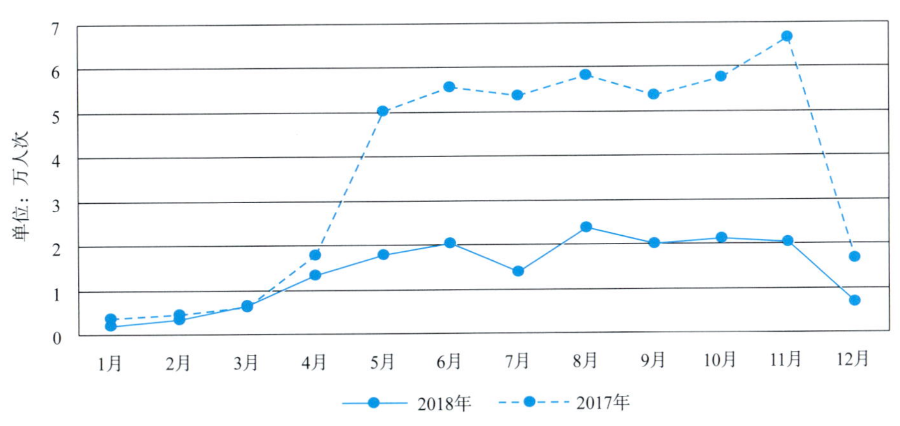

图3　2017—2018年分月过坝客运量

（五）危险品船舶过闸情况

全年通过三峡船闸危险品船舶5585艘次，占过闸船舶总艘次的13.12%，同比下降6.12%。危险品船舶过闸呈现出明显的单向运输特点，主要以上行运输为主。全年有2344艘过闸危险货物船舶空载过闸，过闸空载率为41.97%。

全年通过三峡船闸的危险品货物866.4万吨，占过闸货运总量的6.12%，下降5.64%。一级危险品331万吨，占危险品运量的38.20%，下降6.76%；二级535.4万吨，占危险品运量的61.80%，下降4.94%。

三、滚装过坝情况

2018年，三峡坝上港口进出滚装船5126艘次，同比下降7.94%；作业滚装车19.98万辆，增长3.66%。

四、船舶待闸情况

2018年，三峡河段日均待闸船舶883艘；过坝船舶平均待闸时间151.19小时，最大待闸时间为1105.03小时。三峡南线船闸停航检修期间，最高待闸船舶数量达到1501艘次/天（3月20日）。

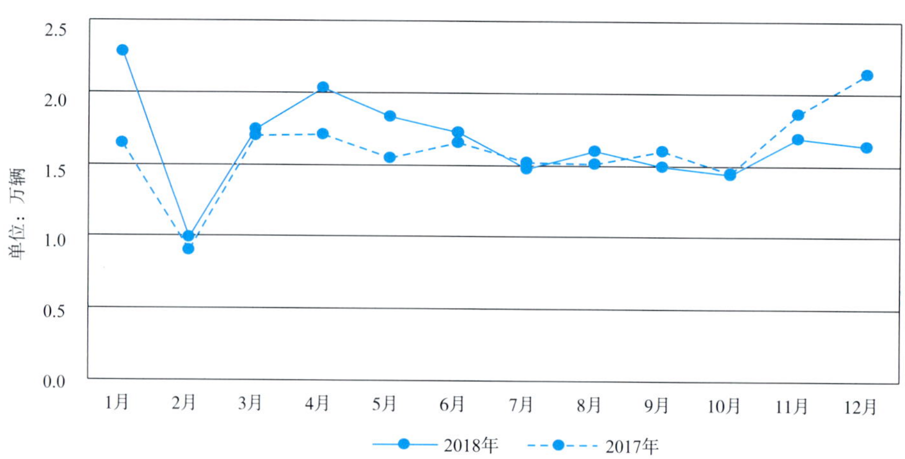

图4　2017—2018年分月滚转过坝车次

过坝船舶待闸时间统计表　　表8

方　向	类　型	本年艘次	2018待闸时间（小时）	
			平均值	最大值
葛洲坝上行	普通船舶	21432	179.84	1105.03
	危险品	2766	128.37	605.15
	上行	24198	173.96	1105.03
三峡下行	普通船舶	20666	127.17	751.83
	危险品	2810	131.81	575.43
	下行	23476	127.73	751.83
上下行	综合	47674	151.19	1105.03

2017年11月4日起，长江干线过坝船舶实施联动控制，过坝船舶沿途锚泊、有序待闸，近坝水域内（巴东长江大桥—枝城长江大桥之间水域）待闸船舶数量严格控制在600艘以内。2018年近坝水域内日均待闸船舶526.08艘。

近坝水域内日均待闸船舶统计表　　表9

河段	各水域待闸船舶数量				分区待闸船舶数量		
	核心水域	近坝水域	控制水域	调度水域	总平均	最大值	最小值
三峡坝上	183.80	52.28	43.36	83.59	362.94	765	133
两坝间	10.61				10.61	43	0
葛洲坝坝下	213.64	65.75	159.25	77.10	515.18	946	201

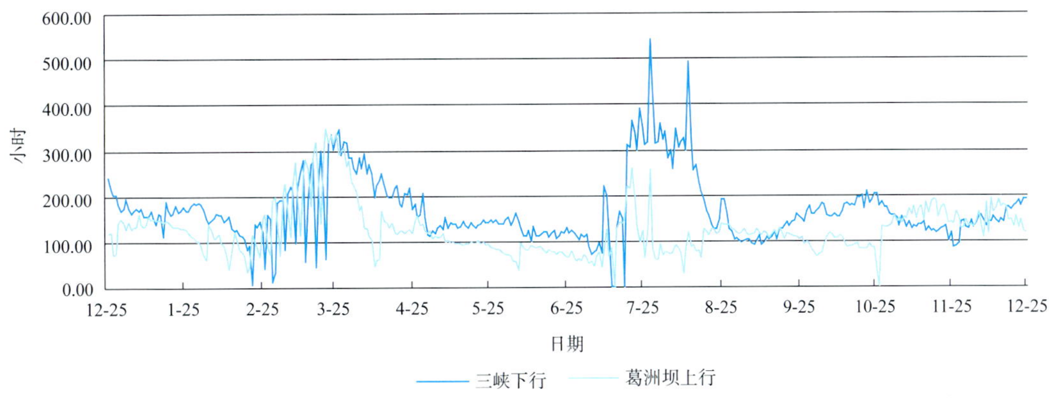

图5 船舶待闸时间变化趋势图

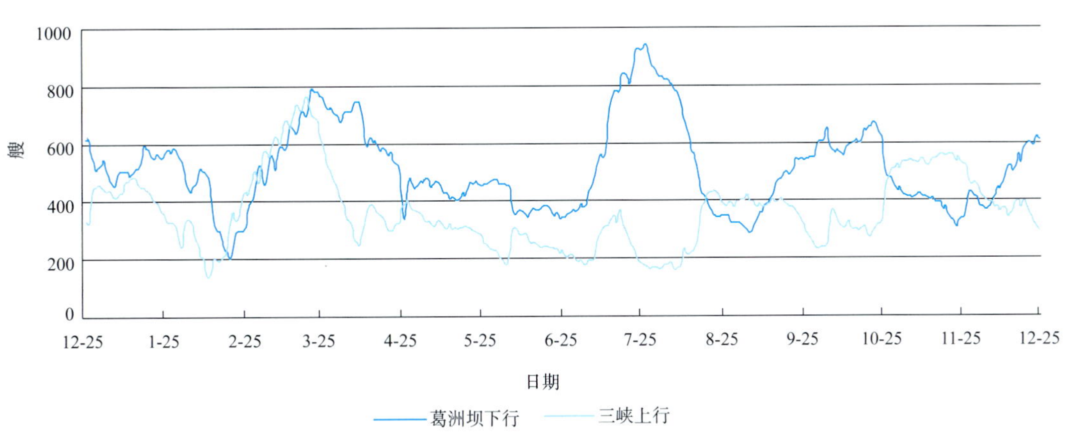

图6 船舶日均待闸时间变化趋势图

五、三峡通航形势展望

2019年，三峡通航将深入贯彻落实“绿色发展 生态优先”形势要求。

进一步优化船舶通航与待闸服务。“三峡通航综合服务区”正式纳入交通运输部2019年12件民生实事，有关建设和配套服务措施将于2019年内全部到位，过闸体验进一步提高。

进一步强化绿色发展理念。三峡坝区绿色岸电实验示范区建设方案正式获得批准，按照“先易后难、先客后货、重点突破、分步实施”的原则，分批、有序推动码头、锚地岸电建设，争取2020年底前三峡坝区码头、锚地岸电全覆盖。

配合推进三峡枢纽水运新通道项目前期工作。预计2019年底三峡枢纽水运新通道项目获得国家批准后开工建设，将从根本上解决三峡船闸通过能力不足问题。

（长江三峡通航管理局）

专题8

重庆长江上游航运中心建设综述

围绕“强安全、促发展、优服务”，着力推动航道网络化、港口枢纽化、船舶标准化、安全常态化、航运绿色化、服务优质化，加快“辐射+服务”型长江上游航运中心建设，以“一干两支四枢纽九重点”为骨架的内河航运体系雏形基本形成，水运供给能力、运输服务能力、行业管理能力、安全保障能力以及对经济社会发展的支撑作用显著增强。

一、积极构建干支联动、畅通高效的航道体系，着力推动航道网络化

聚焦航道发展短板，大力开发整治干支航道，加快推进航道基础建设。推进长江干线涪陵至朝天门、朝天门至九龙坡段航道整治，提升长江干线重庆段航道通行能力。嘉陵江、乌江及三峡库区10余条支流航道整治提速推进，嘉陵江草街、乌江银盘、涪江潼南等航电枢纽相继建成，改善和渠化航道里程376公里，全市通航里程达到4353.7公里，四级以上高等级航道达到1193.6公里，占总里程的27%。嘉陵江、乌江、大宁河等206公里航道支持保障系统全面建成，航道安全通航条件持续改善，航道昼夜通航里程达885公里，占总里程的20%。“一干两支”“通江达海”的航道网络体系基本建成，千吨级船舶可常年通达市内主要支流，5000吨级单船和万吨级船队可从下游直达重庆港。

二、积极打造结构合理、功能齐全的港口体系，着力推动港口枢纽化

聚焦枢纽港集聚辐射效益，提速推进重点港口建设，沿江现代化港口集群逐步形成，港口大型化、机械化、专业化趋势更加明显。主城果园、涪陵龙头、江津珞璜、万州新田等港区后续工程加快实施，忠县港区新生作业区等工程开工建设。全国内河最大的铁公水联运枢纽港—果园港发展迅速，“铁水联运”和“水水中转”多式联运运输格局加速形成。全市3000吨级及以上泊位184个，港口货物通过能力由1.36亿吨提升到2.1亿吨，集装箱吞吐能力实现翻番，达480万TEU，重庆港已成为长江上游地区最大的集装箱集并港、大宗散货中转港、滚装汽车运输港及邮轮母港。

三、积极发展先进高效、节能环保的船舶体系，着力推动船舶标准化

贯彻落实新发展理念，深入实施供给侧结构性改革，扎实推进船型标准化，船舶运力结构明显优化，船舶大型化、专业化、标准化工作走在全国内河前列。先后拆解淘汰一批老旧运输船舶、老旧省际客船，减少低质运力120万载重吨、4万客位。大力发展豪华游轮、商品滚装船、三峡船型等高附加值专业化运输船舶，全市专业化船舶运力占比达到35%，船舶运力从480万载重吨增加到760万载重吨，占长江上游总运力的85%。船型标准化率从63%提高到83%，船舶平均运力从1600载重吨增加到3058载重吨。鼓励企业做大做强，企业规模化、集约化、专业化趋势明显，兼并重组企业17家，运力规模10万吨以上企业达17家，企业平均运力提升至3.2万吨。推动企业创新运输组织方式，大力发展全程物流、综合物流、甩挂运输等运输方式，航运企业市场竞争力明显提升，重庆水运经济主要指标年均增速保持在10%以上，水路货运周转量占全市综合交通运输比重达到 63%，周边地区货物经重庆港中转比重达到 43%，全市 90%以上外贸物资通过水运完成。

四、积极建立覆盖全面、保障有力的安全体系，着力推动安全常态化

始终坚持安全发展，坚持党政同责、一岗双责，持续深化“四会四制、片区联系、网格化管理”工作机制，水运行业安全形势总体平稳，全市水上交通连续15年未发生重特大事故。着力夯实安全基础，累计投入安全经费近10亿元，更新改造短途客船、库周渡船等各类船舶3000余艘，改造渡口600余个、人行桥60余座，新建高洪水位锚地800余处。新建海事、航道站点76个，配备完善执法艇趸300余艘，并为农村客渡船落实渡运补贴和承运人责任保险。开展“平安交通、平安船舶、平安港口”和水上交通安全“5+N”专项整治，排查整治各类隐患2200余项，企业安全生产“日周月”隐患排查制度逐步形成常态。深入实施科技兴安战略，水上交通视频监控系统、甚高频通信系统、船舶自动识别系统等相继建成投用，重点航段、重点船舶实现“听得见、看得到、喊得应”。按照预案、装备、队伍“三个贴近实战”要求，“一中心六基地八站点”地方水上应急救援体系建设初具雏形，成功救助船舶100余艘、遇险人员300余人，航运安全保障水平显著提高。

五、积极完善低碳节能、绿色环保的航运体系，着力推动航运绿色化

实施绿色航运发展战略，依靠制度、科技和管理创新，积极培育绿色航运发展新动能，推动航运实现绿色发展。集中整改中央环保督察反馈问题，扎实开展非法码头整治，保障岸线资源集约高效利用。搬迁饮用水源保护区内船舶20 艘，督促362艘营运船舶拆除（或封存）重油设备。建立健全船舶垃圾接收、转运、处置联动机制，督促辖区码头完善

多式联运、要素集聚、服务短板；重点攻坚“八大主要任务”，即建设以长江干线为主轴的黄金水道，构建武汉港等主要港口的集疏运网络，发展铁水联运、江海直达为主的多式联运，推进航运服务业发展，打造航运中心核心功能区，优化航运中心发展软环境，促进港产城融合发展，增强平安绿色发展能力；实施“七大工程”，即高等级航道畅通工程、规模化集约化港口建设工程、核心功能区重点园区建设工程、公路铁路通道完善工程、港口集疏运衔接工程、航运服务提升工程、绿色航运创新工程。到2020年，初步建成武汉长江中游航运中心，基本建成较为完善的交通基础设施体系，初步建成以综合保税区、航运交易所、航运产业总部区为主要依托的航运中心核心功能区，形成多层次的航线体系和多式联运网络，基本建成高效、快速、信息化水平较高的支持保障体系；到2030年，全面建成设备设施先进智能、现代物流便捷高效、港航要素高度集聚、航运服务功能齐全、市场发展环境优良、支持保障绿色平安，具有较强区域辐射力和产业支撑力的规模化、现代化、国际化长江中游航运中心。

三、核心港区建设

阳逻国际港规划落地实施。完成阳逻国际港规划编制工作，并获武汉市政府批复。深化完善重大项目指导，推动形成核心港港航功能项目落地机制。

阳逻港经营整合有序推进。7月15日，港发集团、卓尔集团签署合作协议，成立合资公司对阳逻港一、二、三期码头进行统一营运，武汉新港委积极协调武汉海关，拆除一、二期平台围网。

核心港区功能日趋完善。阳逻港多式联运海关监管中心开工建设，完成平江路改造。花山港正式开通外贸集装箱运输功能，与湖北自贸区武汉片区及东湖综保区联动发展。

四、航运能力提升

长江航运组织模式持续优化。稳定“上游全中转、下游全分流”的水运集装箱全中转模式，固化长江流域以武汉港为中点的两段式运输，形成武汉全中转品牌。提升武汉—东盟四国、武汉—日韩、泸汉台快班航线服务品质，发挥武汉—岳阳—九江（南昌）中三角省际集装箱公共班轮水运绿色通道优势，拓展武汉与汉江流域航运业务。开通武汉至舟山江海直达航线，拓展江海直达新通道。推进外贸直航，全年开行直航26航次，实现运量10万吨，为上年53倍。

1140型集装箱示范船首船投入商业运营。发挥政、学、研、产、用结合优势，以1140型集装箱船型为突破，引领长江航运结构优化。1月22日，举行了示范船开工建造仪式。11月16日在阳逻港举行了汉海1号示范船首船首航仪式，正式投入汉申线运营。

铁水联运项目建设取得进展。武汉铁水联运箱量突破5万TEU，较上年增长两倍。深化阳逻国际港铁水联运规划，形成规划成果；支持阳逻电厂铁水联运常态化运营，自3月底运营以来，已完成30848TEU；推动香炉山铁水联运二期工程建设，开展阳逻港区规划调整，启动武钢码头改造前期工作，协调推进香炉山集装箱场站征地拆迁，阳逻电厂取水口应急水源地建设，为项目快速推进奠定坚实基础。

航运产业总部区开工建设。完成项目公司组建、土地解压、摘牌等系列准备工作，4月9日，武汉航运产业总部区开工奠基。目前，主体建筑建设、招商引资等工作进展正常。

五、航运服务平台建设

武汉航运交易所创新发展不断提速。武汉航运交易所推出e航运、e订舱、e运车、e惠通等货运交易平台，搭建综合物流信息平台。推动长江海事司法鉴定中心和海商法研究院落户武汉航交所，发布长江煤炭运价、长江出口集装箱综合运价和商品汽车滚装运输景气指数，指数体系渐显雏形。筹建泸州、岳阳等地分支机构，加快流域协同发展。

武汉新港空港综合保税区特色业务做实做强。建立武汉新港空港综保区联合服务机制，已办理注册入驻企业40家。启动园区跨境电商业务开展的硬件及软件建设。创新保税业务，以“利嘉保税物流园”和“中粮酒业”等项目为抓手，探索建设保税贸易中心。

电子口岸通关服务功能逐步完善。武汉电子口岸公司深化完善智能通关服务系统建设，完成智能通关服务系统全部52个子系统模块（含水运平台23个）建设并上线运营，协调联检单位以及行业部门政务系统与电子口岸平台对接互联。自主开发企业通关自动导入功能，已开展了上港、中外运、机场物流等企业的导入工作。

武汉航运产业研究中心研发和推广应用取得实效。创新推出内河岸电系列设备，编制安装标准和操作技术规范，形成岸电建造、安装、使用、政策系统推进的工作体系。完成近洋直达500TEU型集装箱船方案设计、LNG柴油双燃料动力船舶技术；LNG发动机排放控制方面申请或授权发明专利3项，实用新型专利4项。

六、生态长江建设

长江主轴码头拆除和港口岸线资源清理整顿顺利启动。武汉新港管委会根据武汉市重点工作安排，召开工作部署会，制发实施方案，启动主轴核心区范围公务码头调整优化工作。按照湖北省绿色长江建设总要求，牵头组建武汉市港口岸线清理整顿专项指挥部，及时启动各项工作。

岸电系统应用推广稳步实施。武汉市将港口岸电作为生态长江建设重要突破口，阳逻集装箱港区岸电系统试点项目顺利通过国家专家组验收。出台《武汉市关于推进港口岸电系统建设的实施意见（试行）》《武汉阳逻国际港集装箱港区岸电系统试点项目使用管理规定（试行）》及《武汉阳逻国际港集装箱港区岸电系统试点项目建设及使用支持办法（试行）》，在全市集装箱、游船、滚装码头全面推广岸电系统。

（武汉新港管理委员会）

专题10

舟山江海联运服务中心建设综述

一、2018年主要工作和成效

2018年，舟山江海联运服务中心以服务长江经济带发展和“一带一路”建设为统领，坚持浙江自贸区与江海联运服务中心融合发展，深入实施“7234”工程，各项工作取得新进展、新成效。

（一）江海联运综合枢纽港功能不断提升

全年实现港口货物吞吐量5.08亿吨、同比增长10.93%；江海联运量达到2.11亿吨、同比增长10.29%。

重大项目建设全力推进。累计完成投资524.84亿元，其中港口项目投资完成108.1亿元，建成万吨级以上泊位17个累计达82个，新增通过能力6760万吨，创开港以来新高。新奥LNG接收站一期、外钓30万吨级油品码头投入运营；实华二期45万吨原油码头完成交工验收，绿色石化基地12个万吨级配套码头、黄泽山油品储运基地一期基本建成，万向二期30万吨级油品码头、马迹山三期码头工程等前期工作加快推进；金塘集装箱码头危险品堆场完成交工验收，马迹山三期堆场启动建设，鼠浪湖堆场扩建工程前期有序推进。

港口集疏运网络不断完善。宁波舟山港主通道鱼山大桥贯通，甬舟铁路建设方案通过铁总工可审查，舟山至上海跨海大通道完成战略规划研究总报告。绿色石化基地输油管道、天然气管道建设基本完工，新奥LNG管道海上段获核准。建成鱼山进港航道一期和白泉进港航道，黄泽山、双屿门、虾峙门人工航道扩建工程等前期工作加快推进。

（二）江海联运物流组织不断优化

江海直达运输加快发展。江海直达船舶规范不断完善，推动出台特定航线江海通航船舶建造规范和法定检验技术规则（2018），商品汽车滚装船和象山港区纳入新规范。建成运营全国首艘2万吨级江海直达示范船舶，优化形成1.25万吨级散货船型，完成江海直达商品车滚装船、冷链运输船概念船型研发，组建江海联运船队，运力规模达15万载重吨。

江海联运公共信息服务能力得到提升。加快完善和提升公共服务、行业监管、数据交换、航运交易四大功能，入选全国首批骨干物流信息平台试点名单，实现与浙江国际贸易“单一窗口”信息互联，形成口岸港航通关服务一体化“4+1”新模式。江海联运信息互联扎实推进，初步构建形成江海联运数据交换节点，实现月数据交换量近70万条，服务沿江沿海港航企业近1000家。大数据应用取得积极成效，合作上线船货交易、船舶拍卖、船员服务平台。

物流组织创新取得积极成效。探索推进全程物流配送体系，搭建全程物流信息平台，初步形成铁矿石全程配送体系，全年实现全程业务量150万吨。以舟山国际粮油产业园区为依托，完成首单粮食全程物流业务。探索推进海江铁联运，完成首单宁波舟山港至西北钢厂铁矿石海江铁联运业务。探索推进“散改集”运输，引入巨化公司化肥“集改散”业务，首批化肥成功出口海外，宁波舟山港集团与川渝地区中粮、中储粮、益海粮油初步达成“散改集”合作意向。

（三）现代航运服务不断拓展

国际海事服务基地成效显著。船用燃料油供应业务快速发展。政策创新持续推进，在全国率先突破不同税号保税油品混兑政策，创新开展“一船多地供应”和“燃+润”组合供应业务；市场经营主体进一步扩大，中石化船供油全球总部正式落户，新批新加坡协力石油等2家经营企业累计达12家；基础配套设施建设不断完善，编制完成《舟山港域燃料油加注锚地规划》、《绿华山供油锚地规划布置方案研究》，加快推进马峙锚地整治扩容工程，新增供油锚位5个累计达到11个。全年船用燃料油供应量达359万吨，同比增长97%，约占全国总量的30%，稳居全国加油港首位，跻身全球十大加油港。船用燃料油市场经营不断规范，新增“白名单”供油船舶23艘累计达50艘，修订完成《国际航行船舶保税燃油供应业务操作规范》，制定出台《船舶燃料油加注系统计量技术规范》和《保税燃油加注事中事后监管方案》，在全国率先推出船用燃油加注联合惩戒机制，组建全国首个保税燃料油行业协会。加快培育外轮供应市场。创新突破锚地外轮供应业务，引进上海宝和等外供企业8家，制定《中国（浙江）自由贸易试验区国际航行船舶物料供应联合监管制度》，组建外轮供应行业协会，发布行业自律公约，谋划外轮供应仓储基地、外轮供应信息服务平台。全年实现外轮供应货值15.11亿美元，同比增长304.44%。积极谋划船舶保税维修业务。制定出台《浙江自贸试验区船舶保税维修产业发展若干意见》，拓展船舶修理业务，全年完成外轮修理1683艘，实现产值39.2亿元，增长15.1%。

新城航运服务集聚区启动建设。以“自贸区+大宗商品+江海联运”为特色，制定出台航运服务集聚区实施意见和产业发展扶持办法，积极培育引进航运服务产业链，全年共引进航运科技、船舶管理、航运咨询、海事法务、技术服务、船员服务等现代航运服务企业和功能性机构47家。全力支持中国海仲委海事仲裁中心业务发展，浙江船舶交易市场成功打造“拍船网”，积极拓展船舶国际业务，交易规模持续领先全国。全年交易各类船舶582艘，实现交易额35.07亿元，其中船舶国际业务20余艘，进出口总额近1.5亿美元，超过三年业务总和。

口岸营商环境不断优化。通关效率领跑全国。国际贸易“单一窗口”正式启用、全面

覆盖，率先在全国实现国际航行船舶进出境无纸化通关，船舶进出境申报数据从1113项压缩到371项，通关办理时限由16小时缩减到2小时，舟山经验全国推广。创新开展不同品质铁矿石简单加工、“直卸直装”“施检无纸化”等通关便利化举措，舟山口岸货物进口通关效率居全省第一，整体通关效率处于全国前列。扩大口岸开放取得历史性突破。普陀山机场空港口岸开放获国务院批复，确保了波音飞机顺利入境舟山机场。新奥LNG1#码头口岸临时开放获交通运输部批复，实现舟山口岸首次接靠大型液化天然气船；外钓油品应急码头临时开放，保障绿色石化基地原油进口。六横等6个港区11个海港项目开放列入国家口岸办年度审理计划。

（四）大宗商品贸易交易加快培育发展

以油品为重点的大宗商品交易市场加快建设。《浙江自贸区国际油品交易中心建设实施方案》成功获批。充分发挥中国（浙江）大宗油品交易中心、浙江石油化工品交易中心各自优势，大力推进油品、天然气、煤炭等大宗商品交易，全年完成保税燃料油交易量358.43万吨、天然气交易量159.79万吨、煤炭交易量2603.45万吨。与上海期货交易所签订“期现合作”战略协议，上海期货交易所首批6个原油期货指定交割仓库中3个位于舟山，保税380CST燃料油期货指定3个交割仓库全部设立在舟山，保税380CST燃料油期货业务顺利开展。

亚太铁矿石分销中心扎实起步。进一步提升铁矿石储运中转加工能力，东北亚铁矿石分拨业务正式启动，铁矿石吞吐量达到1.8亿吨，混配矿达到1296万吨。加快建设铁矿石交易中心，实现挂牌、资金结算、货物交割等全流程线上化，与淡水河谷完成BRBF混矿产品上线协议谈判。铁矿石贸易落地工作扎实推进。

国际农产品贸易中心启动建设。成功举办浙江国际农产品贸易中心推介会、经贸对接会及长江沿线农产品冷链企业对接会，全年共引进博成（中国）有限公司舟山冷链中心等企业16家,实现农产品贸易额达到168亿元。挂牌成立国家远洋渔业基地水产品贸易中心、“中国鱿鱼交易中心”，发布“舟山・全球鱿鱼产业发展指数”。国际粮油产业园建设稳步推进，良海粮油年加工120万吨油脂加工项目投入运行，全年园区实现粮油加工量123.93万吨、油吞吐量749.27万吨、贸易额55.79亿元。澳牛进境加工项目加快建设，3万吨级专用码头完成主体工程。

（五）拓展江海联运市场合作

深化江海协作机制。宁波舟山港与长江航务管理局建立江海联运“2+N”合作模式，共同推进港口基础设施建设、江海直达运输发展、港口对接合作、信息对接共享等工作。江海项目合作稳步推进，实现与沙钢、马钢、重钢等沿江20余家钢厂物流配送合作，与黄石新港达成战略合作，新开通宁波舟山港至安徽阜阳海铁联运业务，至重庆海铁联运升级为“一周一列”，省海港集团与上港集团正式签订小洋北侧区域合作开发协议。

国际港口合作有序推进。舟山与新加坡、荷兰、希腊合作开展船用燃料油供应、油品检测、国际船舶管理等业务，省海港集团与西班牙阿尔赫西拉斯湾港务局签署合作谅解备

忘录、与迪拜环球港务集团签署“一带一路”项目合作备忘录，和润集团在巴西圣路易斯港布局建设全球最大粮食专用码头，努力打造“一带一路”最佳结合点。

二、2019年总体思路和主要任务

2019年，舟山江海联运服务中心建设将以“做好自贸区+江海联运文章、逐步打造自由贸易港”为主线，继续实施“7234”工程，主动融合长三角一体化战略，更好地服务长江经济带发展。重点实施江海直达运输市场拓展攻坚行动，加快江海直达船型推广应用，扩大江海联运船队规模；亚太铁矿石分销中心建设攻坚行动，确保完成混配矿量1500万吨以上，全程物流运输量1300万吨以上；海事（航运）现代服务产业链招商攻坚行动，全年力争培育引进海事（航运）现代服务企业和机构10家以上；外轮供应服务提升攻坚行动，引进2家以上家国外知名外供企业，力争全年外轮供应货值达到20亿美元以上；数字港航（口岸）建设攻坚行动，强化大数据共享、开放、开发和应用，提升港航（口岸）综合信息服务水平；港航产业转型升级攻坚行动，推行港口岸线综合评价工作，坚持正向激励和反向倒逼相结合，促进港口企业转型升级；口岸营商环境优化攻坚行动，深化国际贸易“单一窗口”建设，深化口岸提效、降费、减证，提升跨境贸易便利化水平。围绕上述目标和行动，着重抓好以下六方面主要工作：

1.主动融入长三角区域一体化发展战略

争取舟山江海联运服务中心更多项目、更多平台纳入长三角区域一体化发展规划。加快推进《长三角港航一体化发展六大行动方案》落地实施，尽早启动小洋山北侧集装箱内支线码头，推进与长三角地区物流信息平台互联互通，推动形成上海国际航运中心、舟山江海联运服务中心和南京长江区域性航运物流中心联动发展的格局。深度融入全省大湾区大通道大花园大都市区建设，加速推进基础设施互联互通，推动港航产业、现代航运、大宗商品贸易等融合发展。

2.大力提升江海联运综合枢纽港能力

以油气、铁矿石为重点，按照“投运一批、开建一批、前期储备一批”要求，滚动推进重大港口项目建设。投产运营黄泽山广厦一期、鱼山绿色石化12个万吨级配套码头、册子实华二期45万吨级原油码头等一批重点港口项目。开工建设万向二期30万吨级油品码头、马迹山三期码头、黄泽作业区大型油品储运基地、金塘大浦口集装箱3#泊位、鼠浪湖铁矿中转码头接长工程、新奥舟山LNG接收站二期等一批重点港口项目。抓紧推进白泉、六横LNG码头项目以及浙石化（金塘）30万吨级原油码头前期工作。加强港口集疏运体系建设，开工建设鱼山航道二期、双屿门航道一期、虾峙门航道、绿华锚地供油专用锚位等工程。

3.持续优化江海联运物流组织

创建混配矿、粮油江海直达经济航线，探索“门到门”散货班轮化运输；促进省海港集团加快沿江码头布局和粮食“散改集”，创建江海直达集装箱航线；谋划化工品、LNG、海产品、商品汽车滚装等进江运输；争取交通运输部组织开展化学品、LNG等船型

态环境保护，切实保障长江饮用水和水上交通运输安全。

23日　长航公安局召开长江干线污染环境违法犯罪集中打击整治工作视频推进会，从23日起到12月底，长航公安机关将集中打击整治长江干线污染环境违法犯罪，为长江经济带发展提供安全、绿色、环保的水上运输保障。

四月

1日　长航局系统在全线启动以“爱岗敬业立新功 明礼诚信树新风”为主题的长江航运第22届“文明窗口月”暨“行业核心价值体系学习实践教育月”活动。

4日　长航局印发《推进云上长航建设 实现数字长江目标三年行动计划（2018—2020年）》，大力推动长江航运数字化、网络化、智能化建设。

8日　长江航道图APP总下载安装量突破10000人次。

9日　湖北省副省长曹广晶到长航局调研“645工程”。

10日　由宁波舟山港直达马鞍山港的全国首艘江海直达船“江海直达1”，在马鞍山市马钢港务原料总厂码头完成首航。

24~26日　中共中央总书记、国家主席、中央军委主席习近平先后在湖北省委书记蒋超良、省长王晓东，湖南省委书记杜家毫、省长许达哲陪同下，深入湖北宜昌市和荆州市、湖南岳阳市以及三峡坝区等地，考察化工企业搬迁、非法码头整治、江水污染治理、河势控制和护岸工程、航道治理、湿地修复、水文站水文监测工作等情况，实地了解长江经济带发展战略实施情况。25日，习近平前往荆州市荆州港码头乘船，沿江察看两岸生态环境和发展建设情况。途中，习近平分别听取湖北省和荆州市关于非法码头整治情况汇报，听取交通运输部关于长江航运、航道治理情况和水利部关于河势控制、护岸工程情况汇报。26日，习近平在武汉主持召开深入推动长江经济带发展座谈会。

28日　长达361.9米的中国香港籍“香港号”轮于0900时离开太仓扬子江海工码头，开往宝山交接出江，刷新了长江引航新纪录。该轮是首艘在长江港口建造并交付使用的二代40万吨超级散货船。

五月

2日　江苏省省委书记娄勤俭率沿江八市市委书记乘坐江苏海事局“海巡0603”艇，实地考察江苏长江水域生态保护现状及沿江两岸产业发展情况。

7日　交通运输部副部长何建中到江苏海事局调研长江南京以下12.5米深水航道维护保障和“12345”科学安全监管体系建设工作。

8日　长江南京以下12.5米深水航道二期工程正式试运行，南京至长江出海口431公里的12.5米深水航道全线贯通，5万吨级海轮可直达南京，10万吨级海轮可减载抵达南京，20万吨级海轮可减载乘潮到达江阴。

13日　长江海事局创新执法监督，借鉴政治“巡视”方式，率先在全国海事系统开

规范研究。继续推进江海联运综合信息平台建设。加快推进江海联运物流数据标准化，提高船效和经济配载；加快平台二期开发建设，拓展全景港口、航运+、货物链、企业圈等公共服务功能。加快推进专业化平台建设，打造航运云、港航安全监管、数字口岸等三大平台。做大做强全程物流配送服务，推广应用全程物流信息平台，积极拓展中西部市场，探索与VALE合作开展铁矿石配送业务。

4.深入推进综合海事服务基地建设

有序扩大不同税号船用燃料油混兑试点范围，加快引进国内外大型船供油平台和企业，加强供油市场管理，打造低硫燃料油生产基地，做大做强船用燃料油供应规模。发展转关备件和配件保税供应，加快推进锚地外供业务常态化，上线运行外轮供应信息服务平台，做大外轮供应市场。加快发展现代航运（海事）服务业，引进船舶、船员、船东上下游产业、关联产业和配套产业，推广应用海事仲裁、计量仲裁格式条款，做强做优做大船舶交易规模，谋划建设船员评估中心、交船中心。加快提升国际船舶修理水平，引导骨干船企加强技术改造和创新，发展高端、特色船舶的绿色修理和改装业务，加快推进船舶保税维修业务。

5.加快拓展大宗商品交易市场

启动建设国际油品交易中心，落实《国际油品交易中心建设实施方案》，深化与上海期货交易所期现合作，发展380 CST 船用燃料油、成品油、LNG、原油等大宗商品现货交易。做强亚太铁矿石分销中心。做强亚太铁矿石分销中心，提升铁矿石接卸和堆存能力，完善铁矿石交易平台建设，做大混配矿业务，拓展海外分拨业务，加快促进铁矿石贸易落地。加速建设国际农产品贸易中心，建成投产澳牛进境加工项目，提升国家远洋渔业基地加工贸易能力，推进国际粮油产业园区产能释放，做大做强对台小额贸易，积极引进高端动物蛋白、远洋（进口）水产品、进境粮油加工等农产品企业。

6.全力营造国际化营商环境

深化国际贸易“单一窗口”建设，扩大应用范围。加强各功能平台互联互通，拓展口岸通关、港航服务协同，建成应用国际航行船舶联合登临检查系统，推进口岸监管服务平台相关功能在舟山率先试点。协调加快口岸查验机构改革和业务融合，实现“查检合一、多查合一”。深化口岸提效、降费、减证三大行动。争取舟山港口岸“十三五”发展规划首批11个海港项目扩大开放申报获得国务院批复，争取外钓应急油品储备项目、实华45万吨原油码头实现正式开放。服务保障普陀山机场空港口岸、浙台经贸合作区客货滚装码头、新奥LNG 1号码头口岸临时开放。

（舟山市港航和口岸管理局）

附录

2018年长江航运大事记

一月

5日　由中国自主设计建造的20000TEU集装箱船舶“中远川崎231号”完成进出长江试航，并成功停靠中远钢结构码头。该轮总长400.00米，型宽58.6米，一次可装载20000个20英尺标准集装箱，是当前国内体型庞大、装备先进的集装箱船。此次试航打破了长江航行船舶最大尺寸的记录。

6日　长江航务管理工作会议在武汉召开。交通运输部长江航务管理局党委书记、局长唐冠军在会上作了题为《高举改革开放旗帜 争当交通强国建设排头兵》的主题报告。

31日　交通运输部部长李小鹏在长航局听取长江春运和三峡、葛洲坝船闸检修期通航保障工作情况汇报。

二月

1日　国务院副总理马凯在武汉检查春运工作，在武汉关码头听取了长航局关于长江春运工作情况的汇报。交通运输部副部长刘小明赴江苏海事局调研基层党组织组织力建设及长江江苏段春运安全监管工作。

5~7日　交通运输部副部长何建中到三峡局调研，就南线船闸检修通航安全保障、枯水期通航安全保障、长江干线春运、坝区水上消防监督、过闸船舶安检、升船机安全运行等工作作出进一步部署。

7日　湖北省人民政府批复《武汉长江中游航运中心总体规划》。

三月

1日　《贵州省通航设施管理办法》（以下称《办法》）正式实施。该《办法》的出台，是贵州交通贯彻落实建设交通强国、实现水运后发赶超的重要举措。

8日　长江港航工作座谈会暨运管工作会在江苏泰州靖江召开，长江流域各省市航运主管部门、大型港航企业、行业协会代表，围绕新时代长江航运发展新战略，共同谋划2019年工作重点和未来30年长江航运发展新思路。

14日　长航局与江苏省交通运输厅联合出台《关于长江江苏段水上临时过驳规范管理的实施意见（试行）》，进一步巩固长江江苏段水上过驳整治工作成效，做好2018—2020年3年过渡期内水上临时过驳的规范管理工作，加强长江生

展长江干线水域海事安全监管工作巡查。

25日 长江泸州水域船舶溢油联合应急演习在长江黄家碛水域（泸州市）举行。演习由长航局、四川省交通运输厅、泸州市人民政府联合举办，是我国首次在长江上游川江自然航段、急流水域开展的一次船舶溢油应急演习，也是长江干线四川段水上安全监督管理体制改革完成之后举行的首次船舶溢油应急演习。

31日 长航局与浙江省海港委在武汉签署了战略合作协议。双方一致表示，要建立全面、长期和稳定的合作关系，相互信任、密切合作、共同努力，积极推进舟山江海联运服务中心建设。

六月

1日 《长江三峡水利枢纽过闸船舶安全检查暂行办法》正式实施，实现所有过闸船舶100%安全检查。

10日 长航局推荐的“12345”科学安全监管体系入选“平安交通”安全创新典型案例（2018）“特别推荐”案例。

15日 长航局与大连海事大学签署战略合作协议。双方将聚集国家航运发展战略需求，加强高新技术研发、科研成果转化和人才培养等方面的交流合作。

25日 四川省交通运输厅航务管理局和云南省航务管理局签署《推进金沙江航运共同发展合作备忘录》，共同推动金沙江库区航运发展。

27日 葛洲坝船闸实现安全运行37年，累计运行51万闸次，安全过往旅客7551万人次，货物通过量达13.08亿吨。

七月

5日 长航局印发《长航局关于开展长江干线省际客运安全专项治理行动的通知》，组织开展了为期100天的长江干线省际客运“回头看”安全专项治理行动。

13日 长航局与四川、重庆、湖北、湖南、江西、安徽、江苏等沿江7省市交通运输部门在武汉签署“保护长江生态 发展绿色航运”共同行动方案。

18日 交通运输部党组书记杨传堂考察调研江苏长江水域，现场检查了六圩河口海事执法基地和五峰山长江大桥施工建设情况。

18日 水利部、交通运输部两部派出机构2018年度采砂管理联席会议在荆州召开。

20日 由中宣部组织的“大江奔流——来自长江经济带的报道”主题采访活动正式启动。此次主题采访活动以深入宣传贯彻习近平总书记关于推动长江经济带发展的重要战略思想为主线，采取水陆结合、边采边发的形式进行。活动覆盖长江经济带沿线11个省市，包括上海、江苏、浙江、安徽、江西、湖北、湖南、重庆、四川、云南、贵州。其间，人民日报、新华社、中央广播电视总台等10家中央媒体以及长江经济带沿线11个省市媒体的百余名记者共同参

加此次主题采访活动，全景展现长江经济带各区域的发展变化，挖掘长江经济带沿线地区的文化、民俗、历史传承与生态文明建设的重要内涵，展示长江经济带沿线各省市的文化之美、生态之美、发展之美、建设之美。

八月

10日　长航局与交通运输部公安局进行工作座谈。双方表示要进一步加强沟通，共同打击水运物流犯罪维护长江航运安全，同时还要加强长江生态环境保护工作，为长江航运行业不断发展做出新的贡献。

15日　长航局印发实施《长江航运标准化发展规划（2018—2025）》《长江航务管理局标准化管理办法》。

23日　长航局与长江水利委员会在武汉签署《共抓长江保护 力推绿色发展行动方案（2018—2020年）》。

29日　长江干线宜昌段国产高通量卫星通信应用测试项目小结及功能演示汇报会在宜昌通信局举行，标志着国产高通量卫星通信系统在长江干线的应用测试工作顺利完成。

九月

6日　山东省印发《关于突破菏泽、鲁西崛起的若干意见》，支持菏泽内河港口、枣庄内河港口、滨州海港港区建设，支持滨州、德州、聊城等市推进徒骇河复航工程前期研究。

10日　三峡水库正式启动175米试验性蓄水工作。按照国家防总批复意见，三峡水库将于9月底蓄水至162~165米，10月底或11月份蓄至175米。蓄水期间下泄流量标准为9月10日至9月底不小于每秒10000立方米，10月不小于每秒8000立方米。

18日　三峡升船机试通航2年，安全运行5743厢次，通过船舶5785艘次，通过旅客162133人次，货运量169.47万吨。三峡升船机通过量202.01万吨（含客船折合32.54万吨）。由长航局和新华网联合摄制的《壮阔大江潮》——长江航运改革开放40年影像记在升船机开机。

20日　长航局印发《长江航运发展三年行动计划（2018—2020年）》。

21日　长江航道工程局有限责任公司正式注册成立。

29日　《河南省人民政府办公厅关于进一步加强河道采砂管理的意见》印发实施。

十月

1日　《三峡—葛洲坝水利枢纽通航调度规程》正式实施。

12日　长航局与中国船级社在武汉召开工作座谈会，签署《共同推进长江航运绿色生态发展合作协议》。

1 科学实验

怎样进行科学探究

科学探究不仅是获取事实的过程，还是通过论证假设来验证科学理论和发现新事实的途径。人类科学在探究中进行观察和实验的方法叫作科学方法。

要点

✓ 科学方法是指人类在科学探究中进行观察和实验的方法。

✓ 进行一次实验获得的结果无法完全论证假设，只是提供一些数据支持。

1 观察

科学探究的第一步是观察要了解的对象。例如，你可能会发现，在春天，花园里阳光充足的地方总是最早开花。

2 作出假设

科学探究的第二步是根据已知的科学知识作出假设，来解释观察结果。例如，在春天，阳光充足的地方温度更高，更适合植物生长。

3 进行实验

科学探究的第三步是进行实验并收集实验数据，以论证假设。例如，假设春天温度越高，植物的生长速度越快，可以设计一个实验，即在三种不同的温度环境（其他环境因素保持一致）中，分别放置一盆其他条件都相同的同种植物。为使实验数据更可靠，可以在每种温度的环境中多放置几盆相同的同种植物，这样更能排除意外因素，如植物生长不正常。

在温度为10 ℃的环境中生长的风信子种球

在温度为15 ℃的环境中生长的风信子种球

在温度为20 ℃的环境中生长的风信子种球

4 收集数据

科学探究的第四步是收集实验数据。为了确保实验数据准确，科学家会重复进行实验，并将实验数据整理在表格中。

温度/℃	高度/cm				
	5天后	10天后	15天后	20天后	25天后
10	0	0	2	5	8
15	0	1	5	9	14
20	0	2	8	16	20

5 分析实验结果

科学探究的第五步是将实验数据用统计图（或统计表）表示，并分析实验结果。右边的统计图显示了植物在不同温度环境中生长25天后的高度。从右图可知，春天温度越高，植物生长得越快，符合假设。如果反复实验得到的结果相同或相似，那么这个实验就具有可重复性。

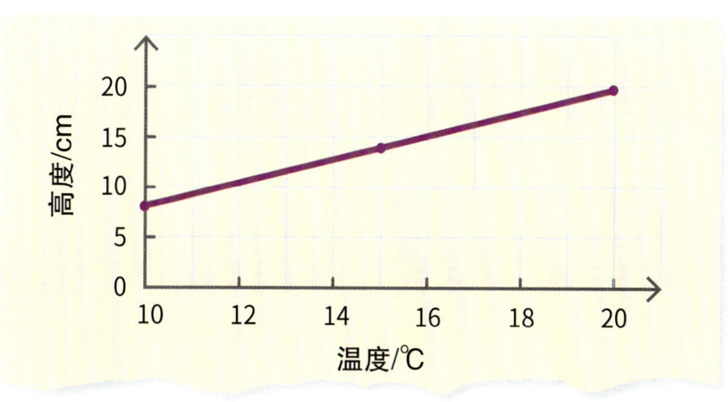

6 重复实验

科学探究的第六步是重复实验，以证明实验有效。一次实验获得的结果无法证明假设是否成立。科学家会在学术期刊上分享实验结论，以供其他科学家进行验证。这个过程称为同行评议。经他人多次验证且结论符合假设的实验才具有有效性。

科学理论与事实

如果一个科学理论经过多次验证均成立，那么它最终可能会成为公认的事实。例如，病毒能引起疾病和化石是史前生物遗骸都是公认的事实。但是，没有哪种科学理论或事实可以一直被证明是正确的，因为总会出现一些现有的科学理论或事实无法解释的新现象。

测量

许多科学实验都需要测量温度、体积和质量等物理量。在涉及测量物理量的科学实验中，要确保得到的测量结果既准确又精密。

要点

- ✓ 在涉及测量物理量的科学实验中，要确保得到的测量结果既准确又精密。
- ✓ 对实验对象进行反复测量并取所得数据的平均值，这样的测量结果更可信。

测量仪器

在实验过程中经常会用到测量质量、体积、温度、时间或长度的仪器。为了确保测量结果准确和精密，通常要多次测量，然后计算所得数据的平均值。

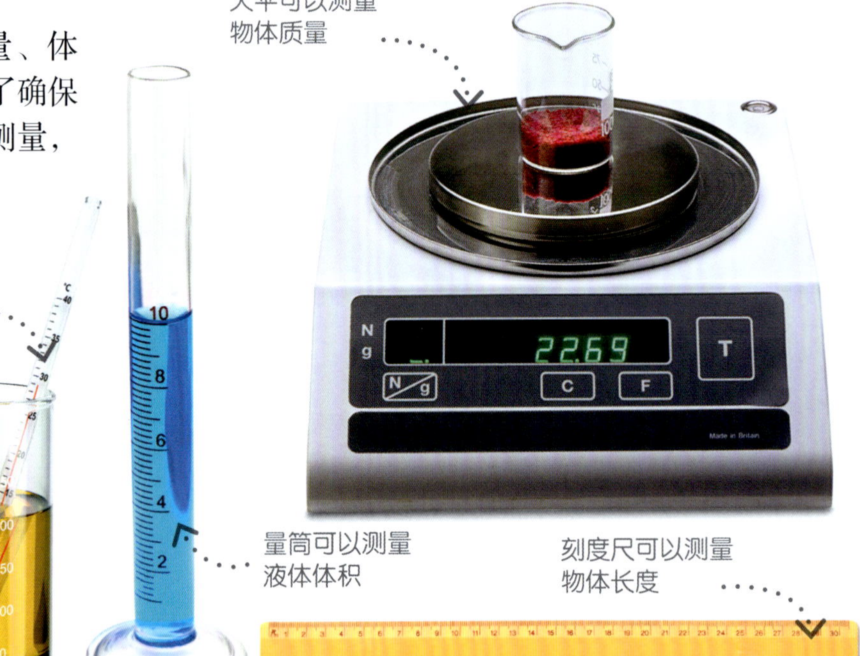

天平可以测量物体质量

温度计可以测量温度

量筒可以测量液体体积

刻度尺可以测量物体长度

准确度和精密度

准确度和精密度这两个词在科学范畴内的定义略有不同。如果一个测量值非常接近被测对象的真实值，那么表示这个测量值的准确度较高。如果反复测量得到相同或相似的值，那么表示测量值或仪器的精密度较高。

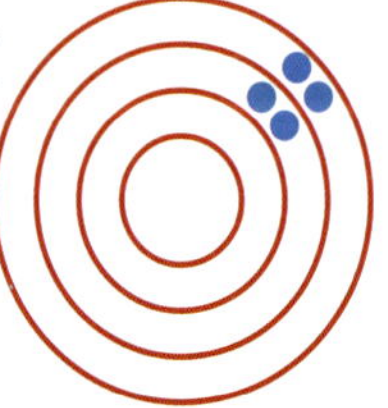

1 精密但不准确

假设用不标准的数字温度计测量四次烧杯里的水的温度，并把测量结果精确到小数点后两位，最后得到相同或相似的结果。这组实验数据虽然精密，但是不准确。

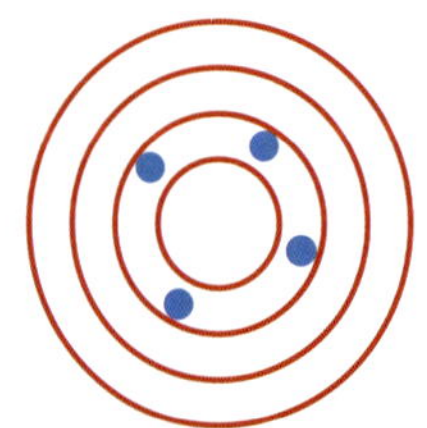

2 准确但不精密

假设用正常的数字温度计测量水温，但是每次都将温度计的测温部分放置在烧杯里的不同位置，最后得到四组略有差别的数据。这组实验数据虽然准确，但是不精密。

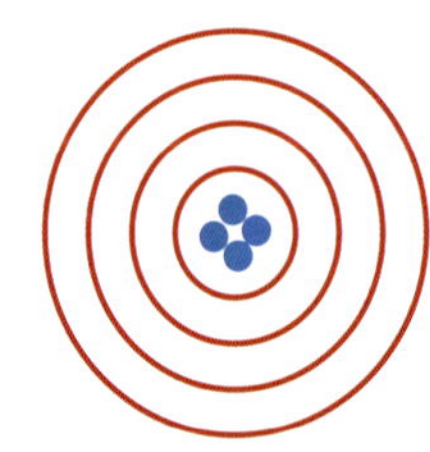

3 准确且精密

假设在测量温度之前，先将烧杯里的水搅匀，然后使用正常的数字温度计测量水温，最后得到四个相同的实验数据，那么这组数据既准确又精密。

科学实验中的变量

在科学实验中，影响实验结果的因素叫作变量。科学实验中主要涉及三种变量：自变量、因变量和控制变量。

要点

- ✓ 科学实验中主要涉及三种变量：自变量、因变量和控制变量。
- ✓ 在科学实验中，实验者可以自主控制的因素叫作自变量。
- ✓ 因变量是指实验中随自变量的改变而变化的因素。

实验中的变量

下面的实验是为了研究淀粉酶分别在温度为60 ℃、37 ℃和4 ℃的水中分解淀粉的速度。

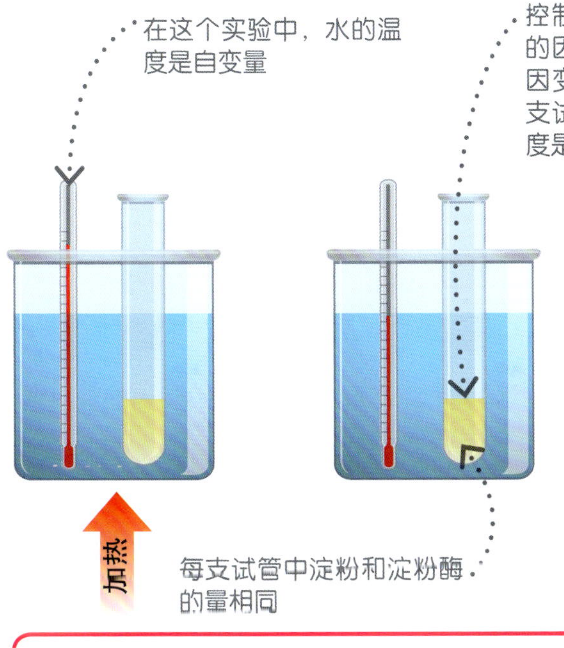

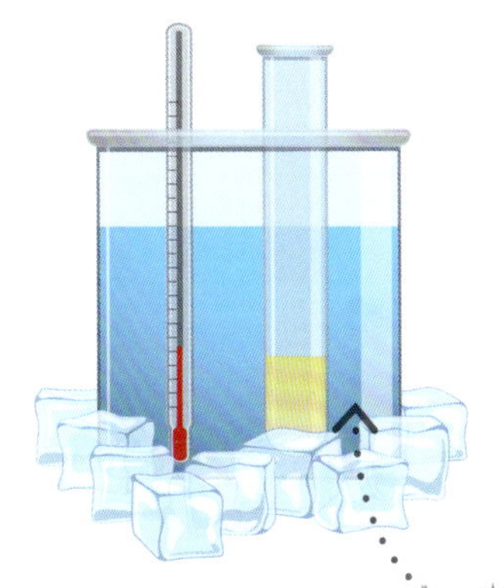

对照实验

科学地设置对照实验有助于排除不可控因素对实验的影响，使实验结果更加可信。右边的示例中，实验组和对照组的控制变量相同，但对照组中没有生物，从而便于观察因变量的变化是由生物引起的还是由其他因素引起的。

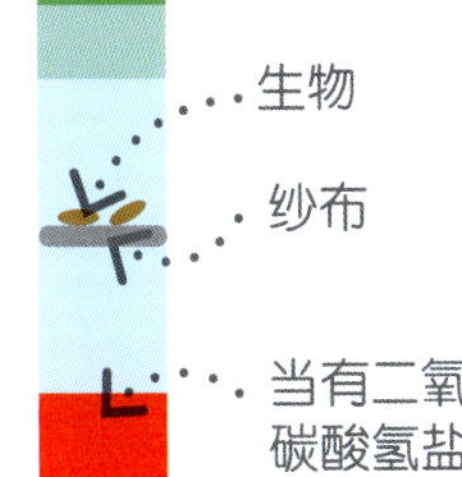

1 实验组的目的是检验生物呼吸是否产生二氧化碳。二氧化碳能让黄色的碳酸氢盐指示剂溶液变为红色。

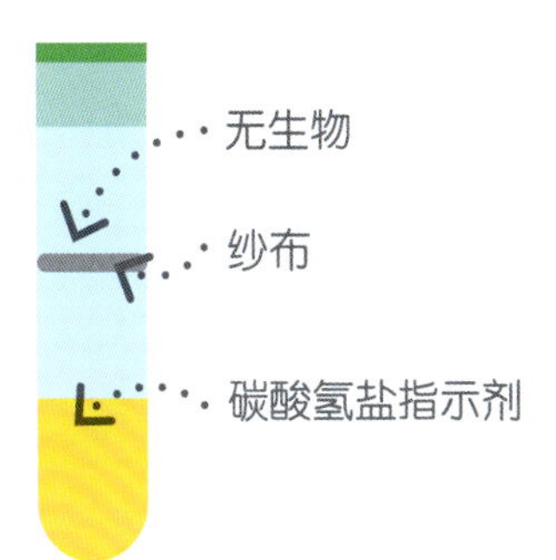

2 对照组与实验组的控制变量完全相同，但没有生物存在。如果对照组试管中的溶液没有变色，那么证明实验组溶液的变色是由生物呼吸时产生的二氧化碳引起的。

科学模型

在科学探究过程中，可以借助模型来理解或描述抽象的科学概念。模型和作出的假设一样，也可以通过科学实验进行验证。生物学中常用的科学模型主要有五种：表征模型、空间模型、描述性模型、计算机模拟模型和数学模型。

要点

- ✓ 在科学探究过程中，可以借助模型来理解或描述抽象的科学概念。
- ✓ 模型也可以通过科学实验进行验证。
- ✓ 生物学中常用的科学模型主要有五种：表征模型、空间模型、描述性模型、计算机模拟模型和数学模型。

表征模型	使用简化的空间几何结构或图像来表示现实世界中结构复杂的对象。例如，酶及其作用的化学物质的表征模型有助于了解酶的工作原理，而不需要使用相关分子结构的真实图像	底物分子与酶分子上的活性位点相吻合 酶分子
空间模型	可显示物质在三维空间中的排列方式。例如，右边维生素D分子模型中展示了碳原子、氧原子和氢原子的排列方式	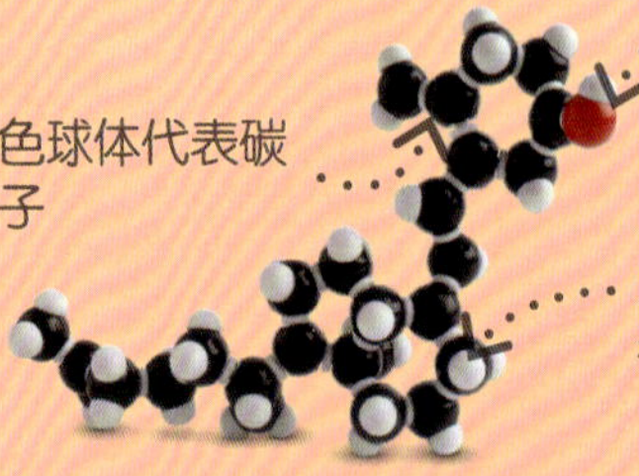 红色球体代表氧原子 黑色球体代表碳原子 白色球体代表氢原子
描述性模型	使用文字或图表来描述事物。例如，右边的描述性模型展示了瓢虫的生命周期	 成虫 卵 幼虫 蛹
计算机模拟模型	利用计算机模拟复杂的变化。例如，模拟地球气候的变化。右边这张由美国航空航天局制作的气候模型图预测了2100年夏季的最高气温，图中显示多地白天的温度超过了45 ℃（暗红色部分）	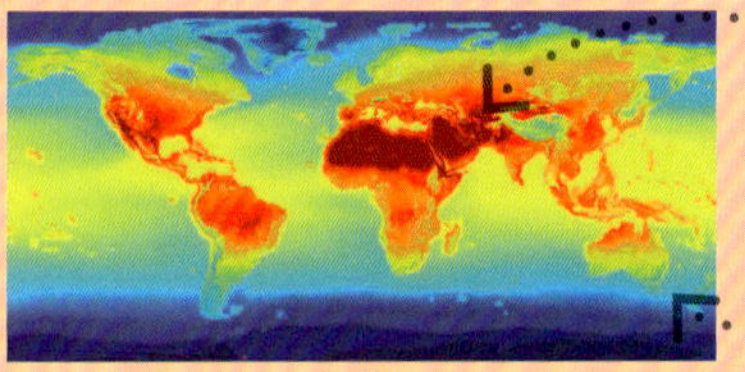 红色代表高温 蓝色代表低温
数学模型	运用数理逻辑和数学语言模拟现实世界中事物的发展过程。例如，在理想的生长条件下，细菌种群的生长情况可以通过数学模型显示在图表上。这个模型可以用来预测在一定时间内该细菌的数量变化	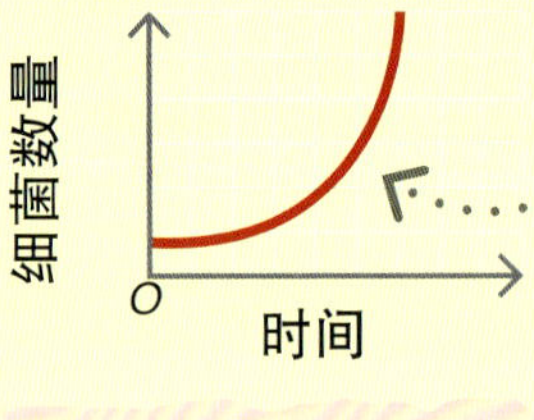 细菌数量 O 时间 这条曲线显示细菌的数量会随时间推移成倍增长

科学引发的问题

问题是科学探究过程的重要组成部分，符合科学标准的问题可以通过观察与实验来解答。但有时，科学探究会引发伦理问题，这类问题没有具体的衡量标准，科学无法为此提供答案。

要点

- ✓ 符合科学标准的问题可以通过观察与实验来解答。
- ✓ 由于没有足够的科学依据支持，有些问题暂时无法用科学解答。
- ✓ 伦理问题涉及是非对错，这类问题科学无法解答，答案因人而异。

集约农业

许多现代农场利用最新的科学技术使农作物产量最大化，这种称为集约农业的农业模式引发了许多问题。有些问题可以用科学解答，如浇灌农作物的最佳时间；有些问题暂时无法用科学解答；有些则是无解的伦理问题。

利用拖拉机喷洒肥料

集约农业带来的问题		
科学可以解答的问题	科学暂时无法解答的问题	伦理问题
一年中给农作物施肥的最佳时间是何时?	气候变化会对农作物产量造成什么影响?	农场是否应该从集约农业转向有机农业?
农药会对生物多样性造成怎样的影响?	基因工程发展到什么程度才不需要使用农药?	种植粮食比保护环境更重要吗?

动物权利

用动物进行实验可能会引发伦理问题。例如，科学家在研究癌症时会培育患有癌症的特殊老鼠。这些老鼠的寿命通常很短，且生活得很痛苦。用它们进行实验是对还是错呢？许多国家都严格限制使用实验动物，要求科学家必须证明实验的潜在好处，且必须尽量减轻实验给动物带来的痛苦。

科学技术是一把双刃剑

要点

- ✓ 科学技术的发展有利也有弊。
- ✓ 要回答涉及风险的问题，必须先权衡利弊。

科学技术的发展有利也有弊。例如，服用低剂量的阿司匹林能有效预防心脏病，但这种药可能会引发内出血。那么吃阿司匹林究竟是好还是不好呢？要回答这个问题，人类必须先权衡利弊。

麻疹疫苗

麻疹是一种能引起严重并发症的急性呼吸道传染病。每1000~2000名麻疹患者中就有1人患麻疹脑炎，这种并发症会造成永久性脑损伤。MMR[measles（麻疹）、mumps（腮腺炎）和rubella（风疹）]疫苗在预防麻疹方面具有显著效果，但同样也存在一定的风险。每10名儿童中就有1人在接种疫苗后出现轻微的麻疹症状，每2.4万名儿童中就有1人出现需要住院治疗的罕见并发症。但总体而言，注射MMR疫苗所带来的风险远低于麻疹给人体带来的危害。

麻疹疫苗通过注射完成接种

科学与社会

科学技术的发展对社会既有积极影响，又有消极影响。所以，在决定如何应用科学技术前，需要先权衡利弊。

1 对经济的影响

科学技术的发展在节省资金的同时也产生了一些问题。例如，选择育种可以使鸡快速生长、降低培育成本、增加收益，但这可能会使禽类出现健康问题。

2 对环境的影响

生物燃料是由农作物制成的燃料。种植生物燃料作物可减少化石燃料的使用，保护环境，但这会占用耕地，造成粮食短缺。

数据分析

科学实验中通常需要收集实验数据，然后进行数据分析。例如，可以通过计算平均数、中位数和众数来比较温室植物和室外植物的平均高度。

要点

- ✓ 平均数、中位数和众数是生物实验中常用的三种统计量。
- ✓ 平均数是一组数据所有数值之和除以该组数据个数所得的值。
- ✓ 中位数是一组数据按大小顺序排列后位于中间位置的一个数值或两个数值的平均数。
- ✓ 众数是一组数据中出现次数最多的数值。

1 平均数

最常见的平均数是算术平均数。把一组数据中所有的数据相加，再除以数据的个数，就可以得到算术平均数。如果数据中的某些数值非常大或非常小，那么求得的平均数则无法代表这组数据的实际水平，这是平均数的局限性。

$$平均数 = \frac{15.5 + 20.4 + 10.2 + 15.5 + 18.4 + 16.6 + 8.7}{7}$$

$$\approx 15.0\ (\text{cm})$$

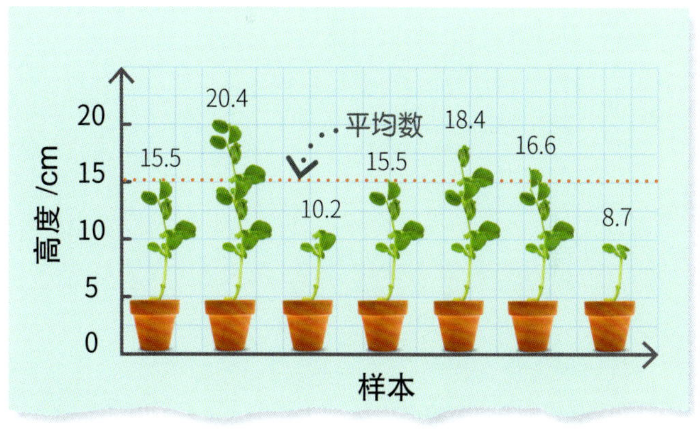

2 中位数

中位数是指在按大小顺序排列的一组数据中，位于正中间的一个数值或两个数值的平均数。如果数据中有一个或两个数值非常大或非常小，反而可以得到更准确的中位数，但它不能代表整体数据的平均水平。

中位数 = 15.5（cm）

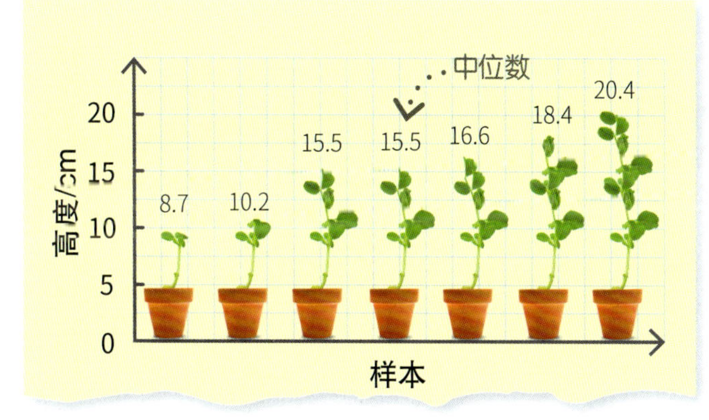

3 众数

众数是指一组数据中出现次数最多的数值。当一组数据或被观察的事物没有明显的大小顺序时，平均数和中位数就难以代表一组数据的整体水平，这时可以找出它们的众数。例如，如果想知道右图温室植物高度的平均水平，可以用众数作为参考。

众数 = 15.5（cm）

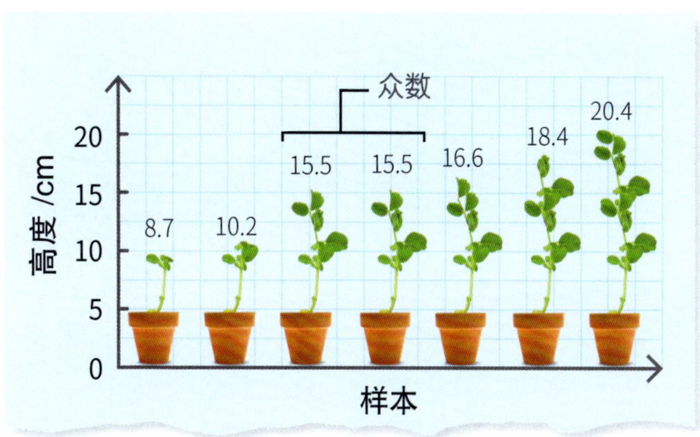

数据的直观显示

在科学实验中收集到的数据大多是没有规律且凌乱的，很难从中看出数据特征。当对数据进行整理，并用合适的图表形象化地展示时，数据特征往往更直观，更利于分析实验结果。

绘制图表

以下步骤能够帮助大家更好地绘制图表。

1. 绘制图表时，将自变量（参见第5页）放在x轴（横轴）上，将因变量放在y轴（纵轴）上。
2. 在每个轴上清楚地标注变量名称及单位。
3. 分别为两条坐标轴制定合适的刻度，以确保测量时每条轴的刻度都能得到充分利用。
4. 用笔在图表相对应的位置画上“×”或“·”等来标记实验数据。
5. 使用最合适的线条（直线或曲线）绘制趋势线。

1 饼状图

饼状图用圆形表示百分比，直观易懂。例如，右边的饼状图显示了4种血型的人在两个国家所占的比例。同时，使用两个饼状图可以使不同数据集之间的比较更直观。

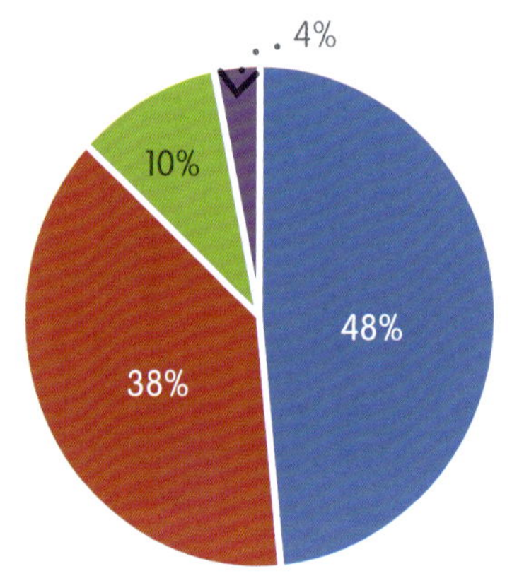

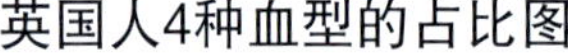

英国人4种血型的占比图

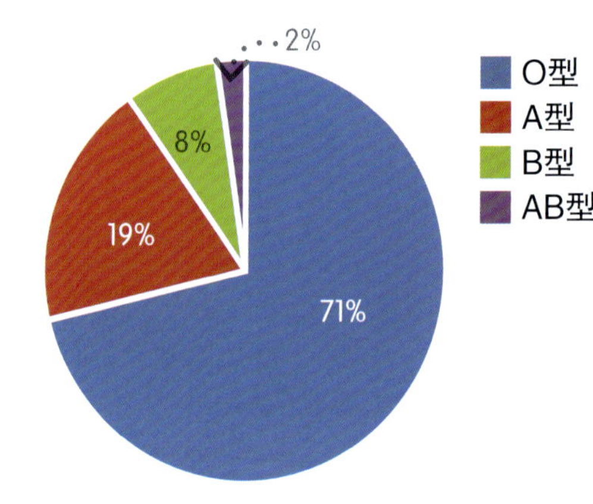

秘鲁人4种血型的占比图

2 表格

表格有助于整理实验中采集的数据，同时便于实验者发现数据中的错误。例如，右边的表格记录了在测试反应时间实验中，两个不同年龄的人3次抓住掉落的刻度尺时，各自抓住的尺子上的刻度。

年龄/岁	尺子上的刻度/cm			
	第一次实验	第二次实验	第三次实验	平均值
15	4.7	5.1	4.9	4.9
38	5.5	8.2	5.7	6.5

这个异常大的数据可能是一个错误数据，可能是该实验者没做好测试准备导致的

3 柱形图

当x轴上的变量由离散数据组成时，可以使用柱形图表示。柱形图中y轴表示数量、个数和比例等。例如，下图中的x轴表示树木的种类，y轴表示有藻类生长的树木数量。

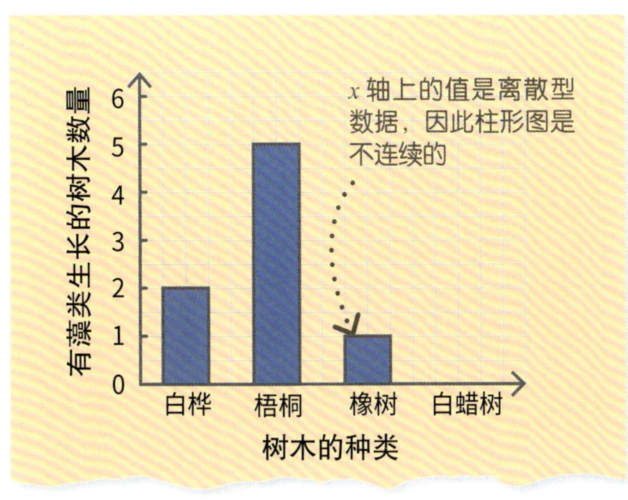

4 直方图

直方图又称质量分布图，其x轴上的变量由在一定范围内变化的连续数据组成。在直方图中，这组连续的数据以相同间隔被分为多组，以表示数据的变化。例如，下面的直方图显示了同一学龄段儿童的足长差异。

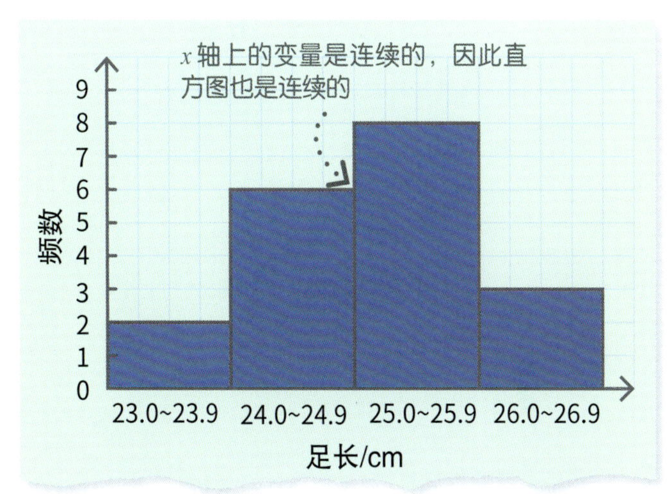

5 线状图

当x轴和y轴表示的变量都是连续数据时，可以绘制线状图。例如，在第47页的实验中，测量了马铃薯浸泡在不同浓度的蔗糖溶液中质量的变化，马铃薯的质量和蔗糖溶液的浓度这两个变量都是连续数据。

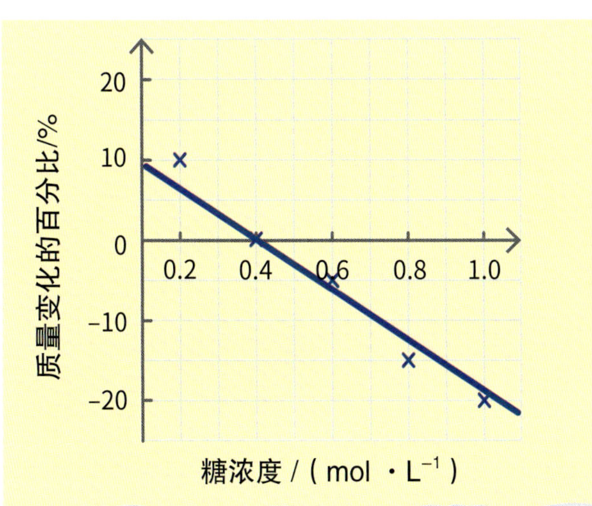

6 散点图

科学家有时会探寻两个变量之间的关系，如人的身高与足长之间的关系。当相关数据标记在散点图中时，可以绘制一条“最佳拟合线”，使其上方和下方放置的点尽可能多。例如，下图的散点图中绘制了一条上升趋势线，表示随着身高的增加，足长也会增加。

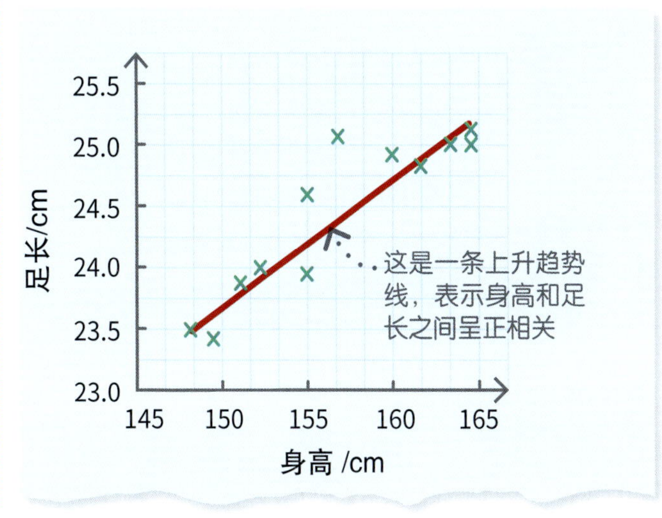

科学的进步

科学方法和理论会随着时间的推移而变化。例如，显微镜的发明推动了细胞和微生物的发现，改变了生物学分类系统。随着显微镜的功能日益完善，新的发现将不断出现，生物学分类系统也会继续发生变化。

要点

- ✓ 科学方法和理论会随着时间的推移而变化。
- ✓ 显微镜的发明推动了细胞和微生物的发现。
- ✓ 新的发现可能会产生新的理论和新的生物学分类系统。

1 复式显微镜

荷兰眼镜商詹森父子通过在长筒中放置两片透镜发明了早期的复式显微镜。几年后，意大利科学家斯泰卢蒂用复式显微镜观察蜜蜂，并手绘出一幅十分精细的蜜蜂特写图。

斯泰卢蒂绘制的蜜蜂特写图

列文虎克用显微镜观察精子后画出的细胞示意图

复刻版列文虎克显微镜

4 细菌

荷兰显微镜学家列文虎克掌握了制作球形透镜的方法，并将显微镜的放大倍数从50倍提高到了270倍。他通过显微镜发现了细菌等多种微生物，还观察到了红细胞和精子。

1620年　1660年　1665年　1676年

2 毛细血管

意大利生物学家马尔切罗·马尔皮基用复式显微镜观察到血液在青蛙的肺部流动的状况，由此进一步发现了连接动脉和静脉的毛细血管。这一发现推动了血液循环理论的发展。

马尔切罗·马尔皮基使用过的早期意大利显微镜

3 细胞

英国科学家罗伯特·胡克用自制显微镜观察树皮的软木薄片，发现了植物细胞。他把用显微镜观察到的植物细胞绘制在《显微术》里，这本书中还有用于制作显微镜的针和剃须刀片的素描图，它们看起来是钝的、呈锯齿状的。

复刻版胡克显微镜

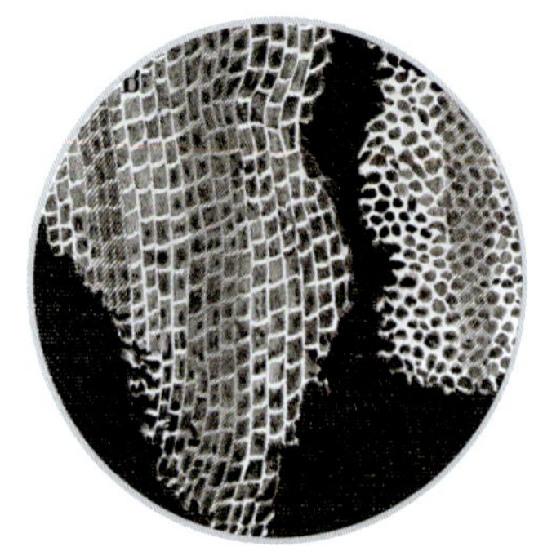

胡克绘制的细胞图

电子显微镜

电子显微镜是通过电子束来观察样本的。在光学显微镜的基础上，电子显微镜的分辨率增加了1000倍以上，但是它必须在真空环境中观察样本，因此它无法观察活体样本。电子显微镜有两种主要类型。

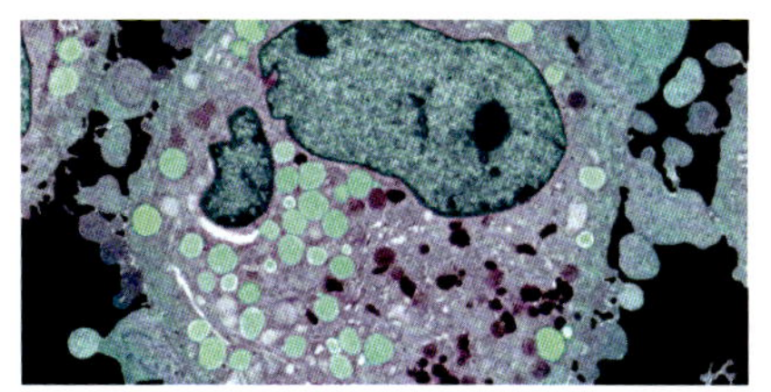

一种是透射电子显微镜。它可以把物体放大100万倍。当电子束穿透薄片样本时，会在成像器件上显示出一张二维图像。

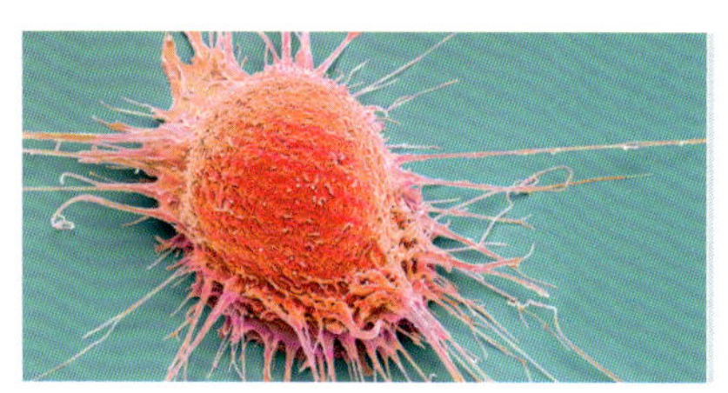

另一种是扫描电子显微镜。它可以将物体放大3万倍。当电子束聚集在物体表面发生散射时，会生成一张可进行人工增色的三维图像。

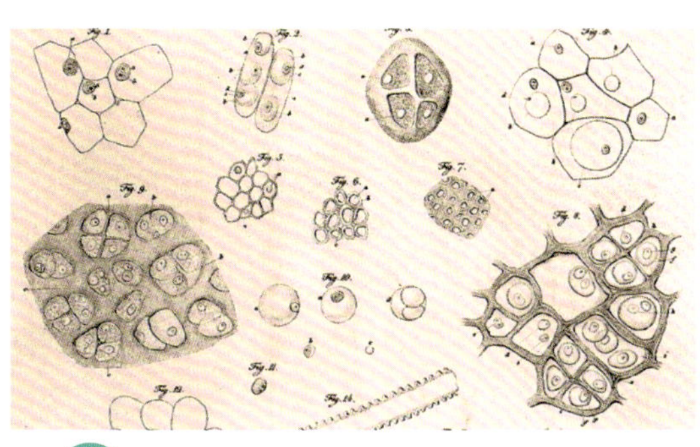

左图为施旺于1839年发表的《动植物结构和生长一致性的显微研究》中的图像

5 细胞学说

到19世纪初，人们已经在许多生物样本中发现了细胞。后来，德国生理学家施旺和植物学家施莱登提出细胞学说：细胞是生物体结构和功能的基本单位。

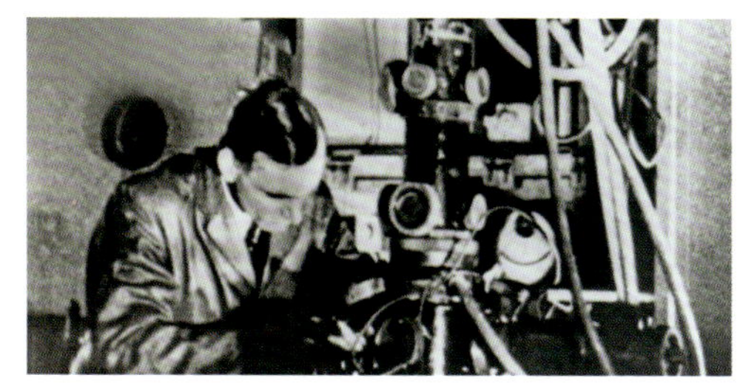

鲁斯卡和电子显微镜

7 电子显微镜

德国物理学家恩斯特·鲁斯卡发明了电子显微镜，电子显微镜用电子束代替光束生成图像，将图像的放大倍数从2000倍提高到了1000万倍。

1839年　1866年　1931年　20世纪30年代

6 原生生物

随着不同种类微生物的发现，德国动物学家恩斯特·海克尔提出了一种新的生物分类系统。他不再将生物只划分为动物界和植物界，而是为微生物创造了第三界——原生生物界。

恩斯特·海克尔用显微镜观察到的微藻

8 真核生物和原核生物

科学家用电子显微镜进行观察，发现细菌没有细胞核。这一发现催生了另一种新的生物分类系统，即根据细胞结构可以将所有的生物分为两大类群：真核生物和原核生物。

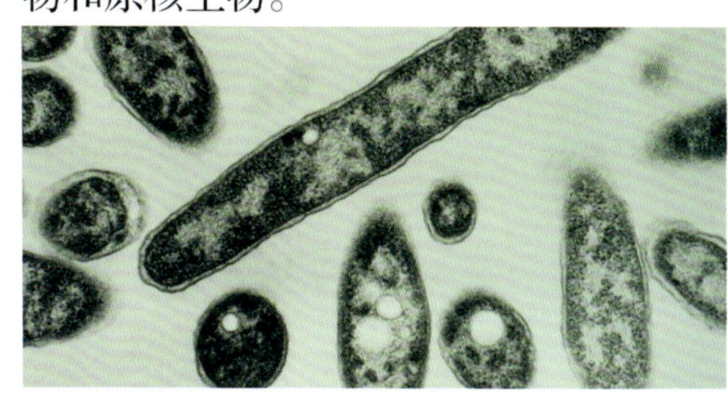

透射电子显微镜下的军团菌

国际单位制

世界上大部分地区的科学家都使用相同的单位制来表示物理量，如用米表示长度，用千克表示质量等。这种单位制被称为国际单位制（international system of units，SI）。

物理量	单位符号	单位名称
长度	m	米
体积	m^3	立方米
质量	kg	千克
热力学温度	K	开尔文

科学记数法

带有许多零的整数或小数很容易读错，所以科学家通常用科学记数法表示这些数字，即把它们写成数字乘以10^n的形式。例如，6000000可以写成6×10^6，0.000001可以写成1×10^{-6}。若要用科学记数法表示某个数字，需先计算小数点右移（负幂）或左移（正幂）的位数。在下面的示例中，小数点需右移6位，所以该数字用科学记数法可表示为1.2×10^{-6}。

$$0.0000012 = 1.2\times10^{-6}$$

1 基本单位

上表展示了生物学中一些常用SI单位的符号和名称。

2 前缀符号

大多数国际单位制单位可以通过在单位符号前添加一个前缀符号轻松地转换成更大或更小的单位。有些前缀代表10的次方数，例如，在“m（米）”的单位符号前加前缀符号“k”，“k”表示“×1000”，即1km=1000m。使用前缀可以使数字更简洁，便于计算。

前缀符号	符　　号	与基本单位的换算规则	示　　例
k	km	$\times1000（\times10^3）$	1km
c	cm	$\times0.01（\times10^{-2}）$	1cm
m	mm	$\times0.001=（\times10^{-3}）$	1mm
μ	μm	$\times0.000001（\times10^{-6}）$	1μm
n	nm	$\times0.000000001（\times10^{-9}）$	1nm

实验安全须知

在科学实验过程中存在许多未知的危险，所以了解实验中潜在的危险、知道如何安全地进行实验很重要。

1 佩戴护目镜

在处理可能会触及或伤到眼睛的物质（如可能会飞溅出来的液体）时，一定要戴上护目镜。

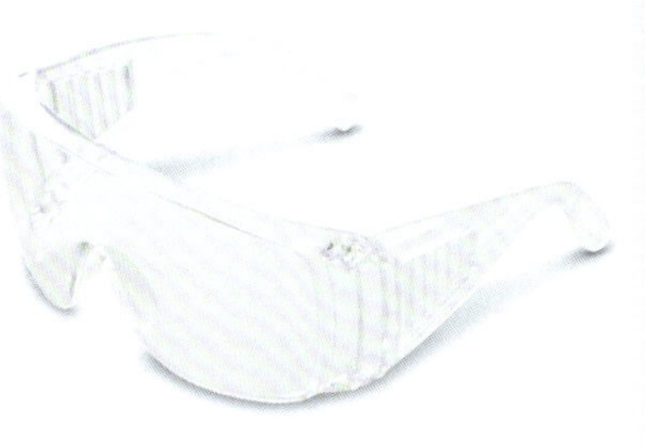

2 危险化学品

实验前务必检查化学品的标签上是否存在危险警告，并严格按照说明使用。当需要用到有害气体等危险化学品时，要使用通风柜。

3 本生灯

使用本生灯时，应保证本生灯周围区域的整洁。实验者要将头发扎起来，并防止衣服靠近火焰。切勿在明火上加热乙醇等醇类物质。

4 玻璃用具

玻璃用具易碎，所以要小心使用，并将其放在操作台的中间位置。往玻璃管中旋转塞入软木塞或将其与橡胶软管相连接时，力度要适中，速度要慢。

5 加热液体

加热液体时，应避免液体溅到皮肤上。如果不慎被烫伤，应立即用冷水冲洗烫伤处，再涂上烧伤膏，必要时应及时就医。

6 微生物实验

在进行微生物实验时，应使用无菌技术（参见第40页）以防止环境中的微生物污染培养基，并用胶带将培养皿的盖与底固定。切勿在温度高于25℃的环境中培养细菌。

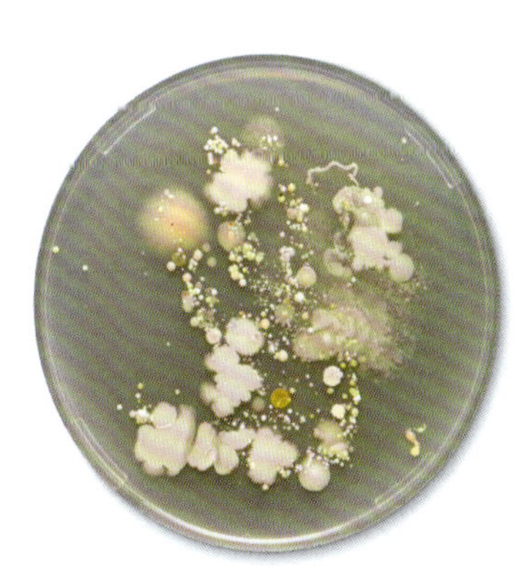

7 加热试管

加热试管时，需使用试管夹夹住试管，并使用耐热手套接触实验装置。此外，在加热其他加热时间较长的实验装置时，也应使用夹具和耐热手套，以防烫伤。

8 勤洗手

在处理危险化学品或接触生物、微生物后，都应立即用流动的水洗手。

什么是生物 2

生物的基本特征

生物拥有一些非生物所没有的基本特征，人们通过它们区别生物和非生物。

要点

- ✓ 生物的七大基本特征是繁殖、生长、获取营养、遗传和变异、呼吸、应激性以及排泄。
- ✓ 病毒没有生物的特征，但它可以寄生在活细胞内，以复制的方式增殖。

1 繁殖

繁殖是指生物为延续种族而产生后代的生理过程。不同生物的繁殖方式不同，例如，壁球虫通过产卵繁殖，其他生物或通过胎生繁殖，或以种子、孢子等形式进行繁殖。

2 生长

所有生物都会生长，其体型也不断增大。例如，蝗虫的幼虫经历5次蜕皮后会长成能飞且体型更大的成虫。

3 获取营养

生物的生存和生长都需要从外界获取营养。动物通过进食来获取营养，植物则通过吸收简单的化学物质和阳光中的能量来获取营养。

4 遗传和变异

生物体都具有控制遗传的物质，遗传物质从亲代向子代传递；遗传物质的改变会引起生物变异。

5 呼吸

所有生物都能呼吸。通过呼吸作用可分解物质、释放能量，以支持所有的细胞活动。

6 应激性

所有生物都能感知到周围环境的变化并作出一定的反应。例如，昆虫用触角探测周围环境的变化。

7 排泄

所有生物都会从体内排出多种废物。这些排出的废物也包括在呼吸过程中产生的二氧化碳。

生物的特征

生物的七大基本特征分别是繁殖、生长、获取营养、遗传和变异、呼吸、应激性、排泄。

病毒

病毒不能独立完成任何生命过程，只能通过寄生在活细胞内来实现增殖。至今科学家对病毒是否是生物仍存在分歧。

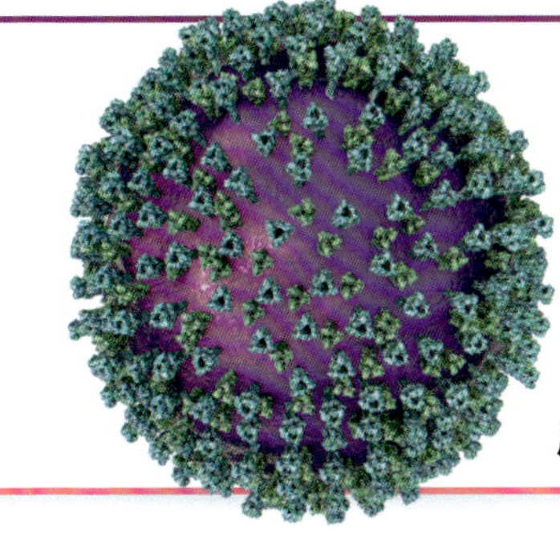

麻疹病毒

生物分类

同一物种的生物具有相似的特征，可以相互交配并繁殖出可育的后代。生物分类是一种通过研究生物的形态结构、生理功能和DNA序列等相似特征来确定不同类群之间亲缘关系和进化关系的方法。

自然界

植物（植物界） 真菌（真菌界） 动物（动物界） 原生生物（原生生物界） 原核生物（原核生物界）

门

节肢动物（节肢动物门） 脊索动物（脊索动物门） 环节动物（环节动物门）

纲

鸟（鸟纲） 哺乳动物（哺乳纲） 硬骨鱼（硬骨鱼纲）

目

啮齿动物（啮齿目） 食肉动物（食肉目） 偶蹄类哺乳动物（偶蹄目）

科

熊（熊科） 猫（猫科） 狗（犬科）

属

猎豹（猎豹属） 大型猫科动物（豹属） 小型猫科动物（猫属）

种

狮（狮种） 虎（虎种）

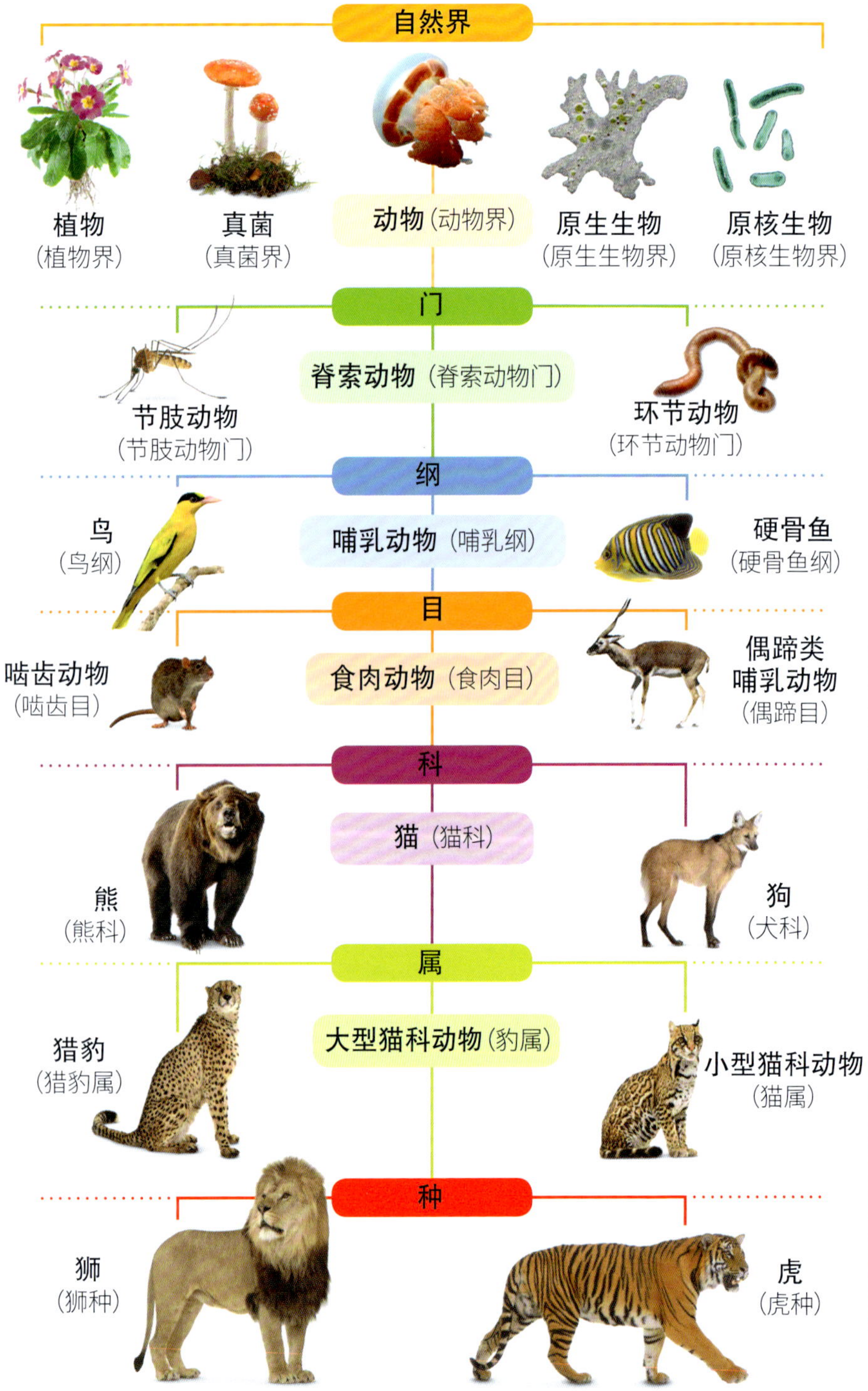

要点

- ✓ 每个物种都由一群生物组成，同一物种的成员可以繁殖出可育的后代。
- ✓ 生物分类是一种确定不同类群之间亲缘关系和进化关系的方法。
- ✓ 每个物种的属名和种加词都是独一无二的。

林奈分类法

瑞典生物学家卡尔·冯·林奈（1707—1778）提出将生物放在一系列相互嵌套的类群中进行分类，例如纲、目、属和种。他把所有生物分成植物和动物两个类群，而现在的生物学家使用了更多的分类方法，将生物划分成更多类群。

双名命名法

欧洲知更鸟

美洲知更鸟

每个物种都有一个独特的学名，由其属名和种加词两部分组成。例如，欧洲知更鸟的学名是欧亚鸲（*Erithacus rubecula*），美洲知更鸟的学名是旅鸫（*Turdus migratorius*），但后者与欧洲画眉的亲缘关系更近。

界

所有生物都可以归类于几个高的类群中，这些类群被称为界，如动物界和植物界。生物学家通常把生物分为五个界或六个界。

要点

- ✓ 生物学家通常把生物分为五个界或六个界。
- ✓ 植物被分入植物界，动物被分入动物界。
- ✓ 近年来，科学家提出了一种新的生物分类系统，把所有生物分成三类，称为域，即细菌域、古菌域和真核域。

界	主要特点	实物图
植物界	• 多细胞生物 • 细胞中有细胞核和由纤维素组成的细胞壁 • 有些植物中含有能进行光合作用的叶绿体	
真菌界	• 主要是多细胞生物 • 细胞中有细胞核和含有壳多糖的细胞壁 • 大多数真菌通过分解动植物来获取营养物质	
动物界	• 多细胞生物 • 细胞中有细胞核 • 通过食用其他生物来获取营养	
原生生物界	• 主要是单细胞生物 • 细胞中有细胞核 • 有些原生生物含有叶绿体	
原核生物界	• 单细胞生物 • 细胞结构简单，没有细胞核 • 没有染色体，环状DNA分子位于细胞内特定的区域	

三域系统

科学家通过研究DNA绘制出一棵生命之树，展示地球生物从一个共同的祖先进化形成如今的生物类群的过程。对DNA的发现和研究推动了基于进化关系的新生物分类系统，这一分类系统把所有生物分为三个域：细菌域（原核生物）、古菌域（原核生物）和真核域（真核生物）。

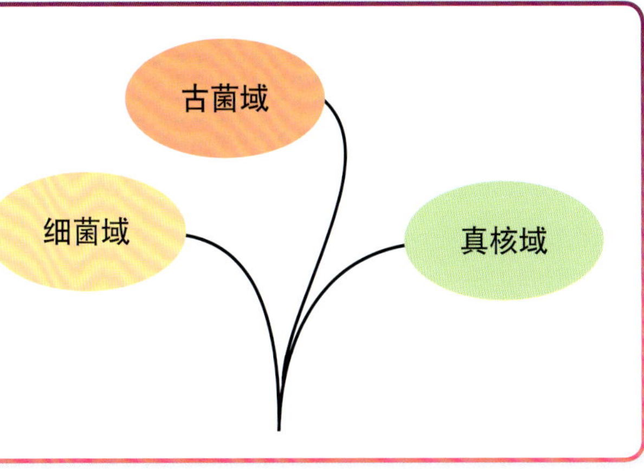

身体组织

生物体内同一类型的细胞联合在一起形成组织，不同的组织按照一定的次序组合构成器官，能够共同完成一种或多种生理功能的多个器官按照一定的次序组合构成系统，各个系统分工合作，实现身体的正常运作。

要点

- ✓ 人体有不同的结构层次：系统、器官、组织和细胞。
- ✓ 不同的结构层次有助于多细胞体高效运作。
- ✓ 绿色开花植物的主要器官是根、茎、叶、花、果实和种子。

人体系统

人体共有八大系统，包括循环系统、神经系统、呼吸系统和消化系统等，每个系统在人体内都具有特定的功能。

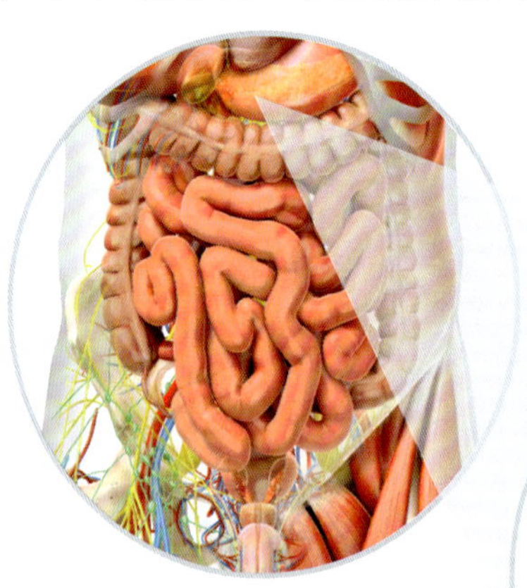

消化系统

消化系统由多个器官组成，共同完成一种或多种生理功能。例如，消化系统的主要功能是分解食物中的复杂物质，以便它们被肠道吸收并进入血液中。

胃

器官

人体系统中的每个器官都有特定的生理功能。例如，胃通过释放酶帮助人体消化食物，并搅拌食物使之与酶混合，加快消化速度。

植物结构

绿色开花植物的结构也有不同的层次。植物的主要器官是根、茎、叶、花、果实和种子。

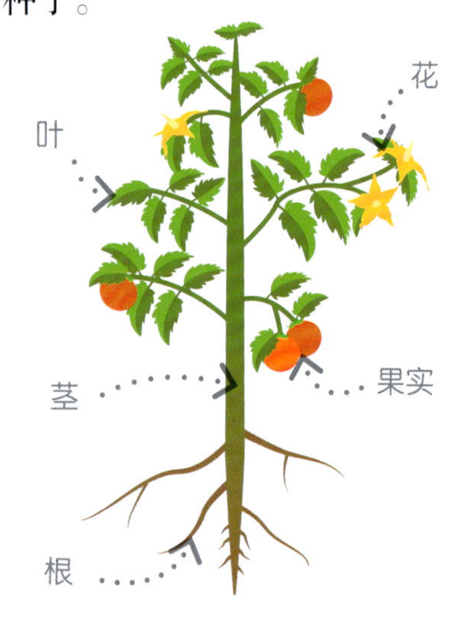

组织

器官由不同的组织构成。组织是由形态相似、结构和功能相同的细胞联合在一起形成的细胞群。例如，小肠壁主要由肌肉组织构成，通过肌肉组织不断地舒张和收缩推动食物前进。

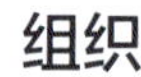

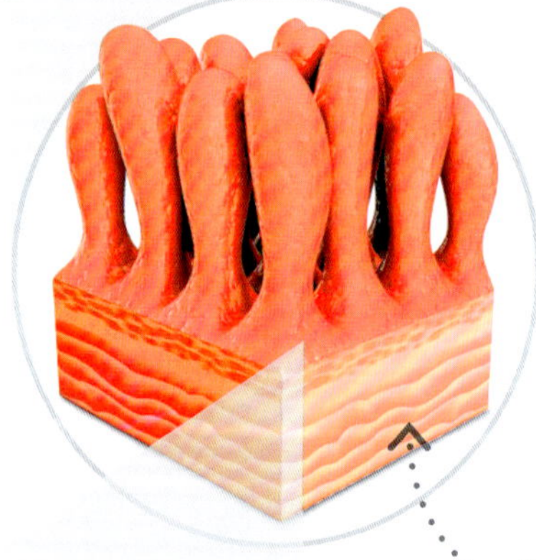

细胞

细胞是生物体结构和功能的基本单位。人体内的大多数细胞都有特定功能。例如，人体胃黏膜的上皮细胞负责分泌各种消化酶并将其释放到胃中。

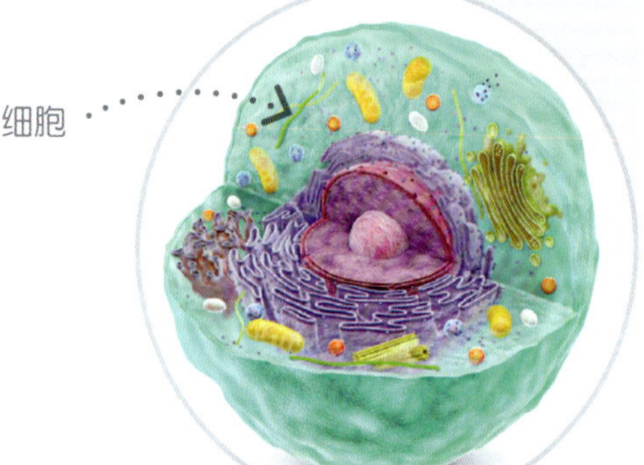

人体结构

人体内不同的器官组合在一起构成系统，每个系统都有其特定的生理功能。例如，消化系统的主要功能是消化食物，并将人体所需的物质运送到身体各处。

要点

- ✓ 人体的各个系统都具有特定的功能。
- ✓ 每个系统都由能帮助该系统执行特定功能的器官组成。

器官

下图展示了组成四个系统的器官。这些系统相互分工、协调配合，使人体内各种复杂的生命活动正常进行。

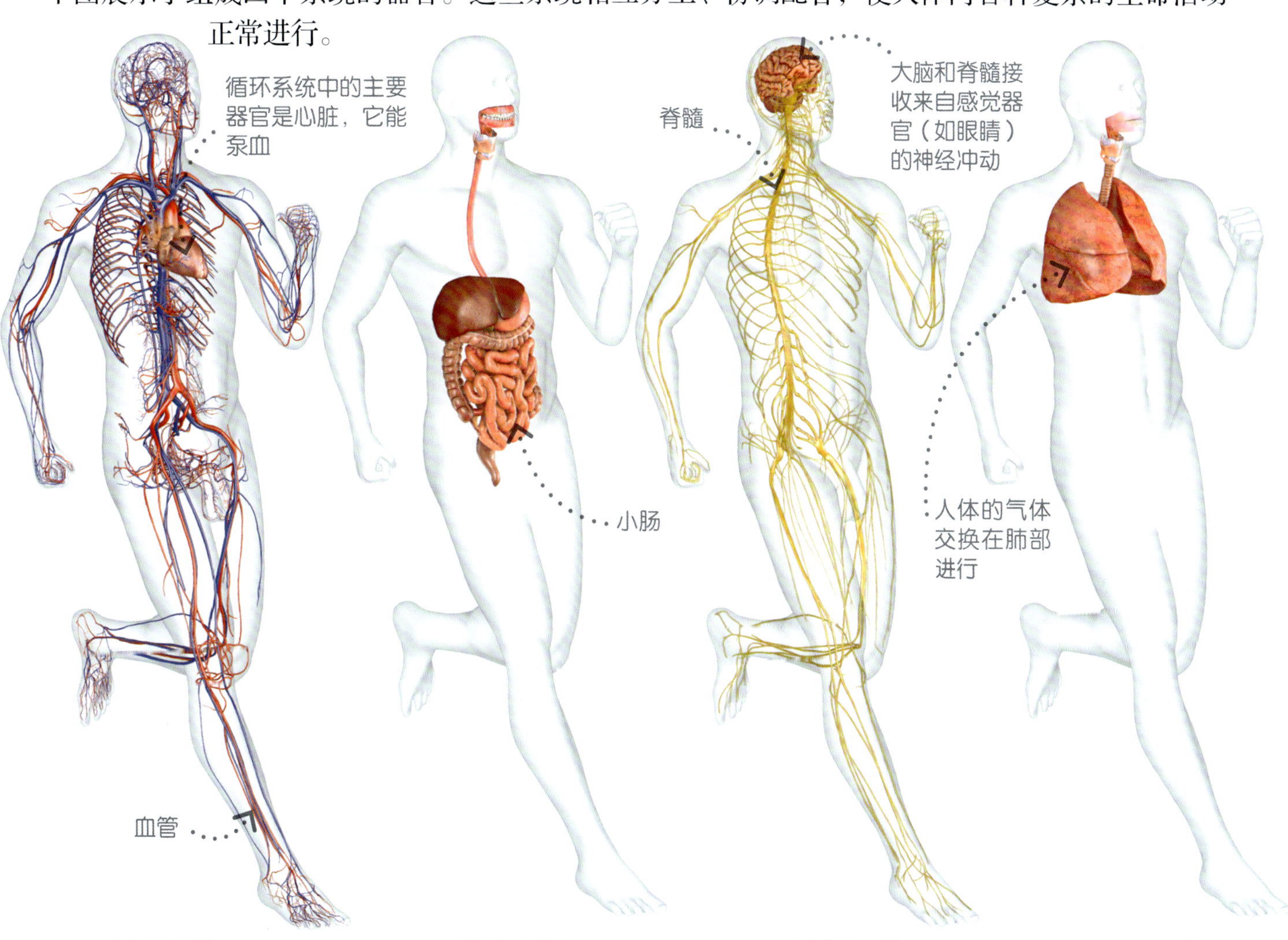

1 循环系统 循环系统主要负责将人体所需物质输送到身体各处。这些物质包括氧气、葡萄糖（细胞呼吸所需物质）以及二氧化碳和尿素（需从体内排出的废物）等。

2 消化系统 消化系统主要负责将食物中的脂肪、糖类和蛋白质等物质分解成易被人体吸收的小分子物质，如单糖、脂肪酸和氨基酸等。

3 神经系统 神经系统主要负责接收来自体内和体外的各种信息，并协调身体作出相应反应。例如，神经系统受到刺激后，会使肌肉运动或释放激素。

4 呼吸系统 呼吸系统确保身体里的每个细胞都能吸收氧气，排出二氧化碳。例如，胸腔和横膈膜引起的呼吸运动使空气从肺部进出。

脊椎动物

在动物界，根据动物体内有无脊柱可分为脊椎动物和无脊椎动物两大类。脊椎动物体内的脊柱由脊椎骨组成。

要点

✓ 脊椎动物是指体内有由脊椎骨组成的脊柱的动物。

✓ 脊椎动物可分为七大纲，每一纲都有其独有的特征。

脊椎动物的分类

脊椎动物可分为七大纲，每一纲都有其独有的特征。

哺乳纲

- 可以繁衍后代
- 用乳腺分泌的乳汁喂养后代
- 体表有皮毛
- 可以保持恒定的体温

鸟纲

- 体表覆有羽毛
- 会产卵
- 可以保持恒定的体温

爬行纲

- 体表覆盖鳞片
- 会产卵
- 体温随周围环境的变化而变化

两栖纲

- 通常在水中产卵
- 幼体的体型往往与成年后不同
- 幼体用鳃呼吸，成体用肺呼吸，皮肤可辅助呼吸
- 体温随周围环境的变化而变化

圆口纲

- 有可用来呼吸的鳃
- 没有下颌
- 有软骨骨骼

软骨鱼纲

- 有可用来呼吸的鳃
- 有软骨骨骼

硬骨鱼纲

- 有可用来呼吸的鳃
- 有硬骨骨骼

鸟类和恐龙

恐龙是生活在两亿多年前的爬行动物。科学家对恐龙化石的研究表明，许多恐龙体表覆有羽毛，并且具有鸟类的某些特征，所以也有人认为鸟类可能由恐龙演化而来。

许多恐龙长有用于隔热和展示自己的羽毛

葬火龙

无脊椎动物

地球上超过95%的动物都是无脊椎动物，它们体内没有脊柱。无脊椎动物的体型通常比脊椎动物小，且身体形态多样。

要点

✓ 无脊椎动物没有脊柱。

✓ 节肢动物（门）是无脊椎动物的一个类别，体表有坚韧的外骨骼，身体和附肢（触角和足）都分节。

✓ 节肢动物（门）包括多足动物亚门、六足动物亚门、螯肢动物亚门和甲壳动物亚门。

节肢动物（门）的分类

节肢动物体表有坚韧的外骨骼，身体和附肢（触角和足）都分节。
节肢动物（门）是无脊椎动物的一个类别，主要包括以下四个亚门。

1 多足动物亚门

包含马陆和蜈蚣等。

- 身体分为头部和躯干部，躯干部有许多分节
- 有多对足

2 六足动物亚门

昆虫纲是其中最大的一纲，包括蜜蜂、黄蜂、蚂蚁和蝴蝶等。

- 身体分为头部、胸部和腹部
- 有三对足

3 螯肢动物亚门

蛛形纲是其中的一纲，包括蜘蛛、蜱和蝎子等。

- 身体分为头胸部和腹部
- 有四对足

4 甲壳动物亚门

物种丰富，包括蟹、虾和鼠妇等。

- 身体分为头部、胸部和分节的腹部
- 有两对触角，足通常有五对或对以上

生态系统中的昆虫

昆虫在生态系统中起着重要的作用，其中之一便是帮助开花植物授粉。昆虫与开花植物之间是互惠互利的关系，昆虫从花朵中获取食物（通常是花蜜），同时携带花粉帮助植物繁殖后代，促使花朵完成受精，形成种子。

蝴蝶以花蜜为食

植物

要点

- ✓ 按繁殖能否产生种子划分，植物分为种子植物和孢子植物两大类。
- ✓ 单子叶植物是一种有须根系，叶片上有平行脉的开花植物。
- ✓ 双子叶植物是一种有直根系，叶片多为网状脉的开花植物。
- ✓ 蕨类植物产生孢子，产生孢子的叶子被称为孢子叶。

植物学家根据不同的标准将植物分成不同的类别，其中，根据繁殖能否产生种子将植物分为种子植物和孢子植物。

植物的分类

研究植物的生命周期能够帮助人们对植物进行分类。有的植物通过孢子繁殖，叫作孢子植物，如蕨类植物和苔藓植物；有的植物通过种子繁殖，叫作种子植物，而种子植物中，又根据种子外层是否有果皮包被分为裸子植物和被子植物。

1 针叶植物

针叶植物属于裸子植物。这些植物包括地球上一些很高的树木，它们通常都有针状的叶子。

2 开花植物

开花植物属于被子植物。其中一些有像草和棕榈叶一样狭长的带状叶片的为单子叶植物；另一些叶片较宽，叶脉多呈网状的为双子叶植物。

3 孢子植物

蕨类植物的孢子长在叶子背面的孢子囊里，这些叶子被称为孢子叶。

进化树

人们曾经通过比较生物的物理特征对其进行分类。如今，人们通过研究不同生物的进化史进行了更详细的分类，并用进化树表示出来。进化树还能显示不同物种间亲缘关系的远近。

要点

- ✓ 进化树能显示不同物种间亲缘关系的远近。
- ✓ 进化树上相距较近的生物比相距较远的生物有着更多相似的特征。
- ✓ 进化树也可以基于不同物种的DNA序列，其他生物化学分子或生物、物理特征来构建。

哺乳动物进化树

进化树中亲缘关系较近的物种被分在同一分支点的两条分支线上，每个分支点代表两个或两个以上群体的共同祖先。下面这棵进化树展示了不同种类的哺乳动物的亲缘关系。

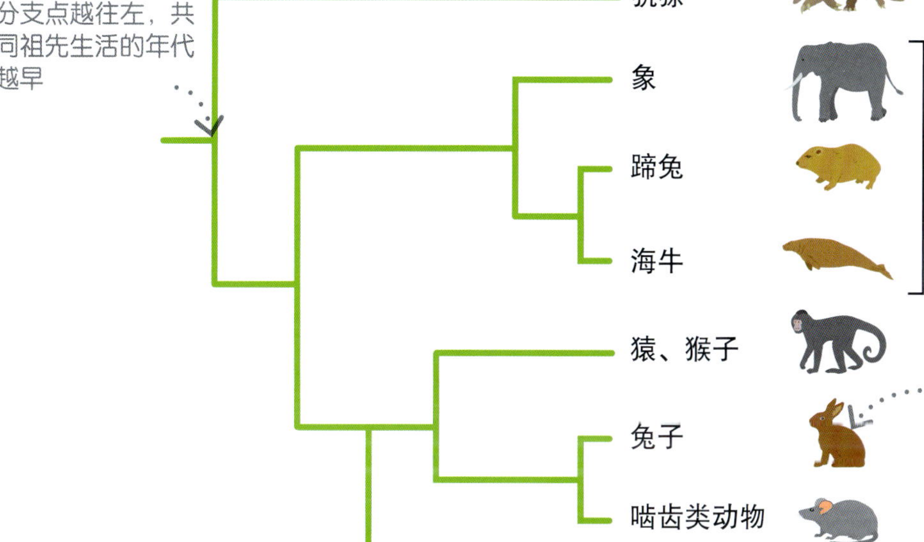

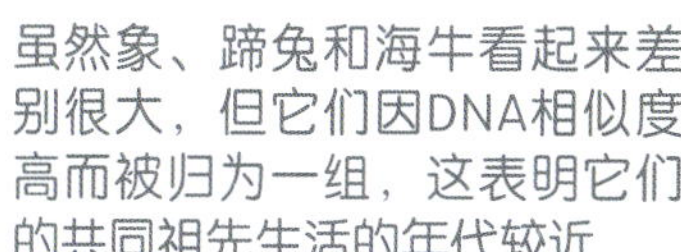

进化树

进化树也可以画成右图这种形式，每个分支点都记载着共同祖先生活的大概时间。从右边这棵进化树中可以看出，所有类人猿的共同祖先生活在约1300万年前。

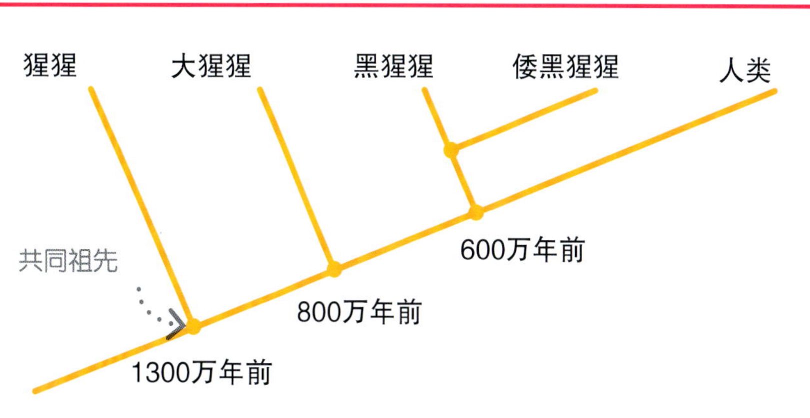

生物检索表

科学家通常使用生物检索表来鉴别生物种类。检索表的每一级都设有一个需要用“是”或“否”回答的问题，通过一系列的二分法将生物类群进行细分。

要点

- ✓ 生物检索表可以根据生物的重要特征来鉴别生物种类。
- ✓ 生物检索表的每一级都会提出一个问题，通过一系列的二分法将生物类群进行细分。

脊椎动物

是否有毛发？

是，哺乳动物

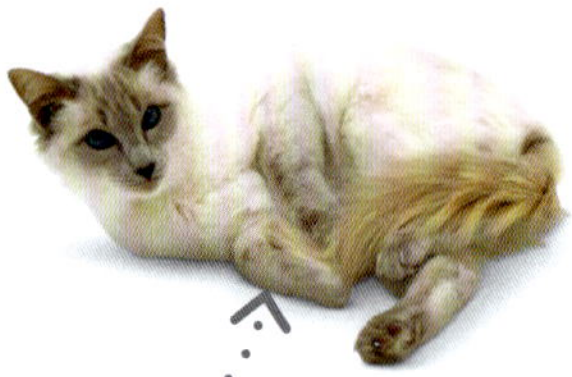

猫

否，下一题

是否有羽毛？

是，鸟类

红绿金刚鹦鹉

否，下一题

皮肤是否干燥且有鳞片？

是，爬行动物

壁虎

否，下一题

是否有鳞片？

是，鱼类

钻嘴鱼

否，两栖动物

蟾蜍

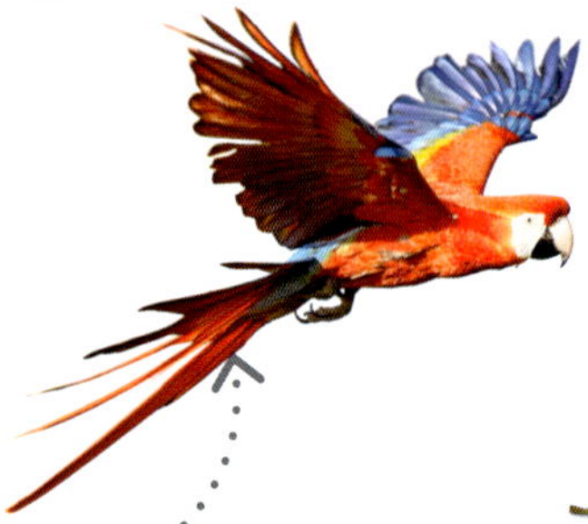

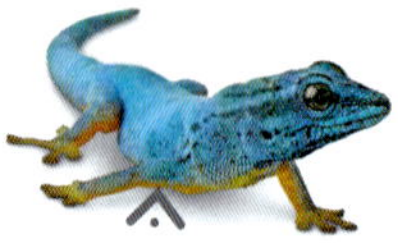

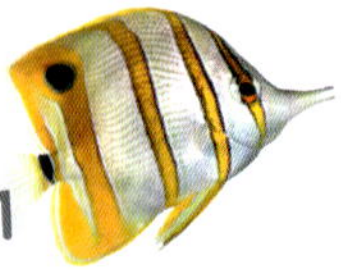

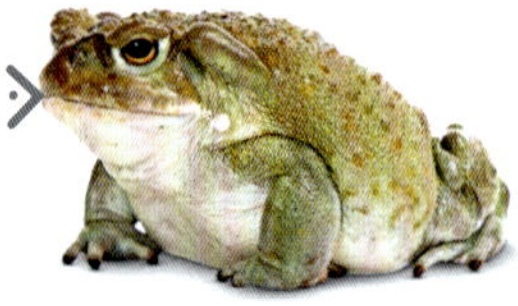

脊椎动物二叉式检索表

脊椎动物二叉式检索表提供了一种能快速确定某种生物在脊椎动物中所属类群的简便方法。

创建二叉式检索表

首先列出待鉴别的生物的主要特征，要选择该生物固有的、不会随环境变化而变化的特征（如腿的数量）。其次试着列出可以用“是”或“否”回答的问题，对生物进行分类。可试着以翅的数量、腹部的宽度与长度（如厚或薄）等为问题来为右图的飞行生物创建二叉式检索表。

蜜蜂

黄蜂

大蚊

豆娘

蜻蜓

蝴蝶

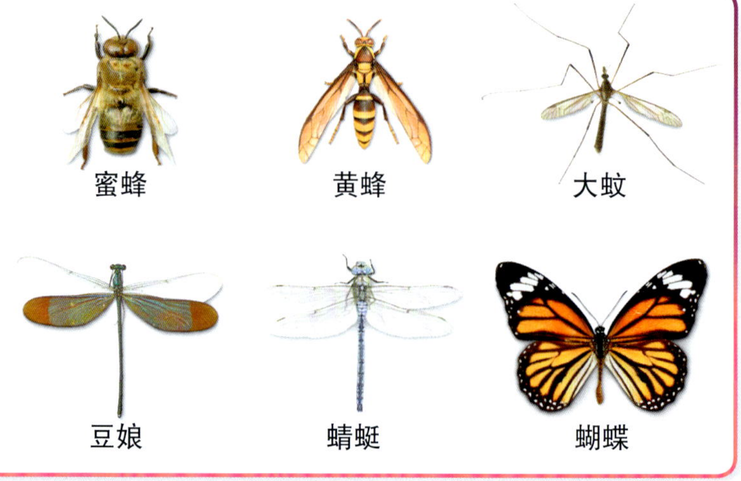

3 细胞

动物细胞

除病毒外，所有生物都是由细胞构成的，例如，人类由数万亿个细胞构成。每个细胞内都包含结构更加微小的细胞器，每个细胞器都具有特定的功能。

要点

- ✓ 除病毒外，所有生物都是由细胞构成的。
- ✓ 每个细胞内都包含结构更加微小的细胞器。
- ✓ 动物体内的绝大多数细胞都具有特定的功能。

人体细胞

人体由多种细胞构成。人体细胞和其他动物细胞一样，有一层细胞膜，细胞内含有一个控制中心——细胞核。

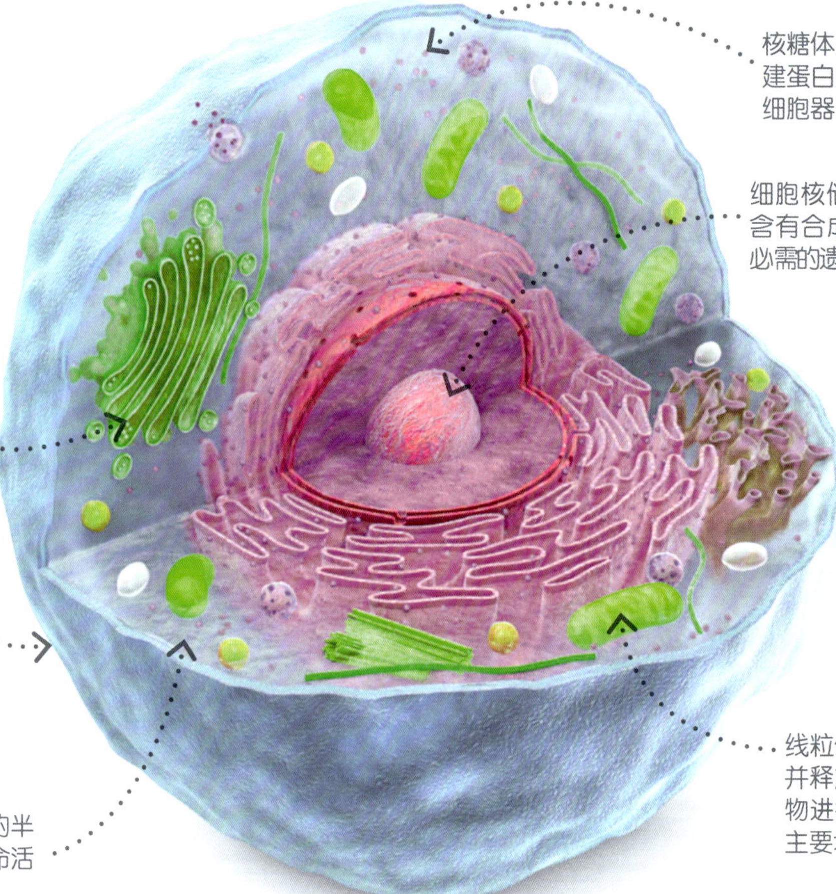

特殊的动物细胞

在胚胎阶段，动物细胞就开始不断分裂，并分化成许多不同种类的细胞。每种细胞有着不同的结构，以实现特定的功能。

1 **精子**由雄性动物产生。它们用长尾巴在体液中游动，与雌性生殖细胞（卵细胞）结合。

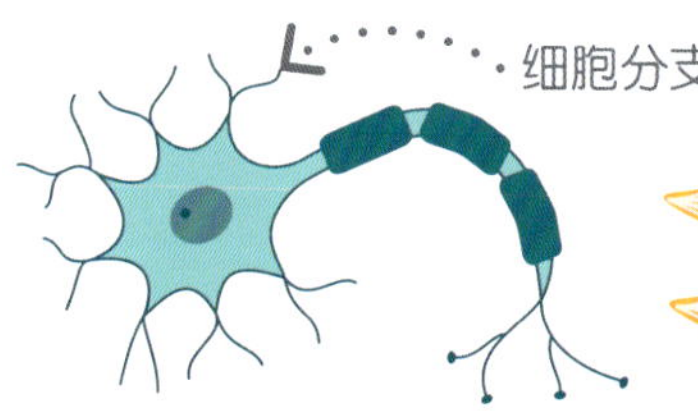

2 **神经细胞**负责传递神经冲动。它们具有与其他神经细胞相连的细小分支。

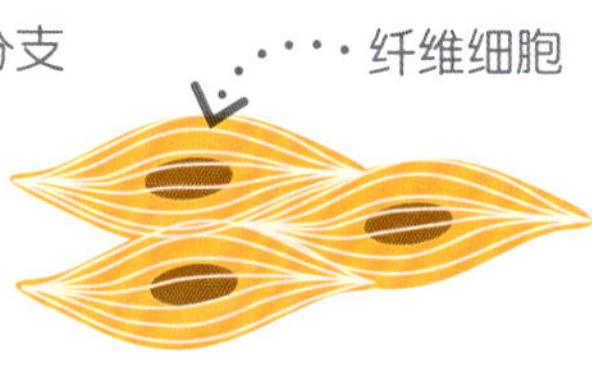

3 **肌细胞**有相互交织的肌原纤维，具有收缩性，能帮助人体完成各种形式的运动。

植物细胞

与动物一样，植物也是由细胞构成的。植物细胞与动物细胞有相似之处，但它们的结构不同，且植物细胞含有一些动物细胞没有的细胞器。

要点

✓ 由纤维素构成的厚厚的细胞壁包裹着细胞膜，维持细胞的形状。

✓ 细胞内的液泡中含有水状细胞液，帮助细胞维持饱满状态。

✓ 叶绿体是含有叶绿素的细胞器，能吸收并转化光能，从而制造养料。

叶肉细胞

与大多数植物细胞一样，叶肉细胞外有一层厚厚的细胞壁，可以维持细胞形状。细胞内部有一个充满液体的泡状结构，称为液泡。

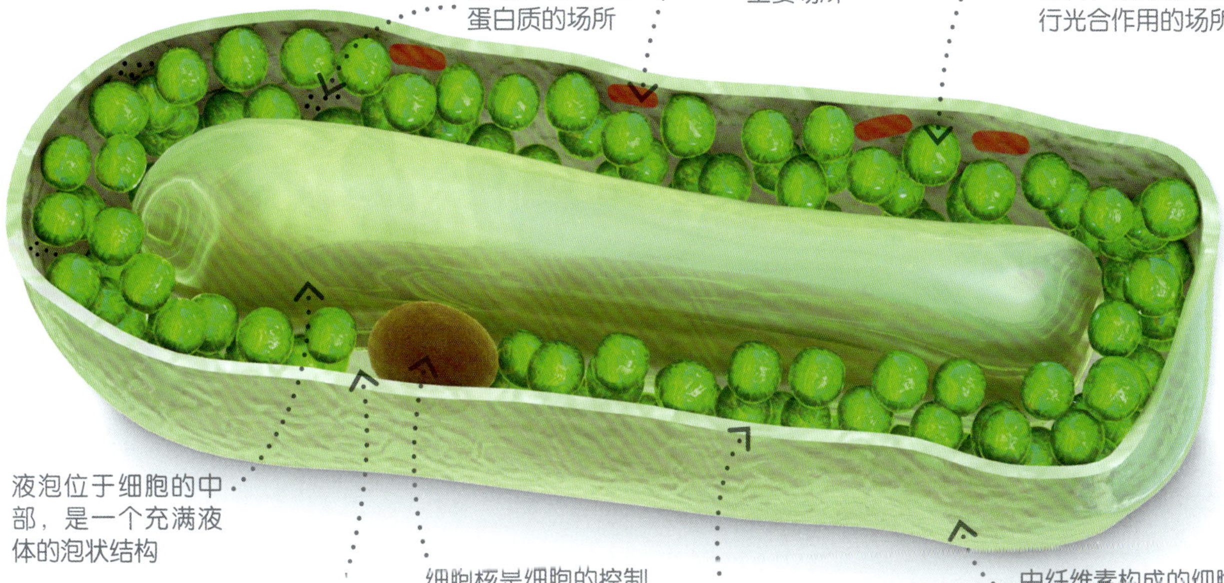

特殊的植物细胞

在种子长成植物的过程中，植物细胞会不断分裂，并分化成具有特定功能的细胞。右图显示了三种专门运输水分或糖等重要物质的植物细胞。

1 **根毛细胞**有长长的毛状延伸部分，能从土壤中吸收水分和矿物质。

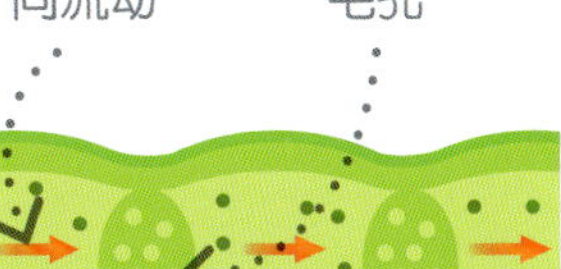

2 **韧皮部有大量筛管细胞**，负责将有机物运输到植物的各个部位。筛管的细胞壁上有筛孔。

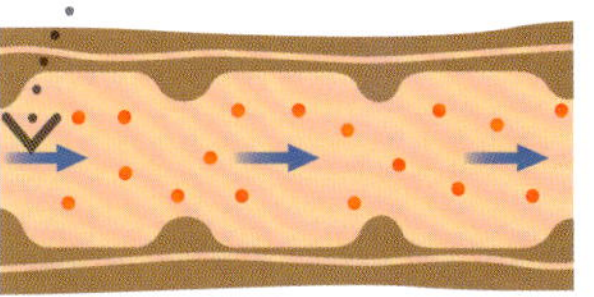

3 **木质部有大量导管细胞**，导管细胞连接成一根中空的管道，负责将水和无机盐从植物根部输送到茎、叶等部位。

单细胞生物

动植物都由数万亿个细胞构成，但有些生物只由一个细胞构成，它们被称为单细胞生物。某些单细胞生物会使人患病。

要点

- ✓ 单细胞生物仅由一个细胞构成。
- ✓ 某些单细胞生物会使人患病。
- ✓ 某些单细胞生物以捕食其他单细胞生物为生。

变形虫

变形虫是一种单细胞生物，通常生活在水中或潮湿的地方。它的细胞形状能发生改变，使流动的细胞质延伸，形成“伪足”，并借此移动。

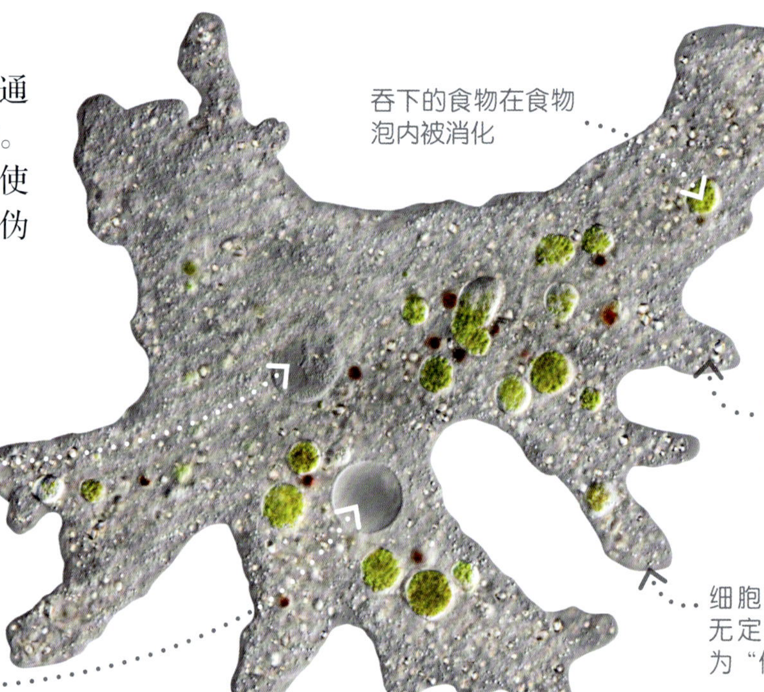

单细胞生物的种类

单细胞生物有许多不同的类型，每种类型的单细胞生物都有独特的生活方式。

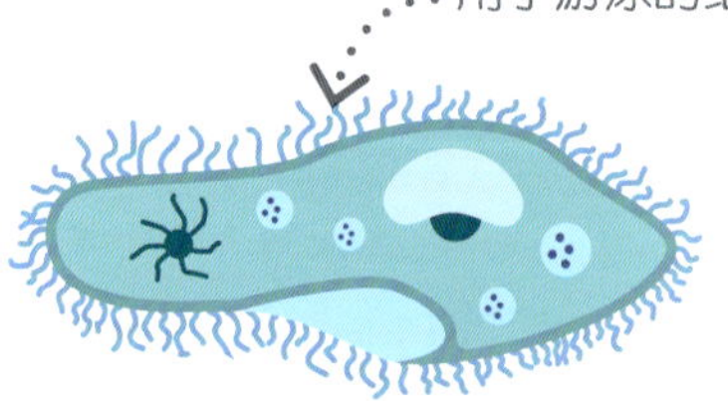

1 藻类

藻类大多为单细胞生物，少数为多细胞生物。衣藻是一种单细胞藻类，含有叶绿体，能通过光合作用制造养料。

2 原生生物

原生生物种类繁多，以捕食其他单细胞生物为生。草履虫是一种生活在淡水里的原生生物，通过摆动体表的数百根细小纤毛在水中旋转前进。

3 真菌

酵母菌是一种单细胞真菌，它和植物细胞一样有细胞壁，但没有叶绿体。酵母菌以糖为食，在呼吸过程中产生二氧化碳，可使面包等变得蓬松。

细菌

细菌不仅是单细胞生物，也属于原核生物。细菌无处不在，如人体内和体表就寄生着很多细菌。

要点

- ✓ 所有具有细胞结构的生物不是原核生物就是真核生物。
- ✓ 动植物是真核生物；细菌是原核生物。
- ✓ 原核细胞比真核细胞小得多，没有成形的细胞核和膜结合细胞器。

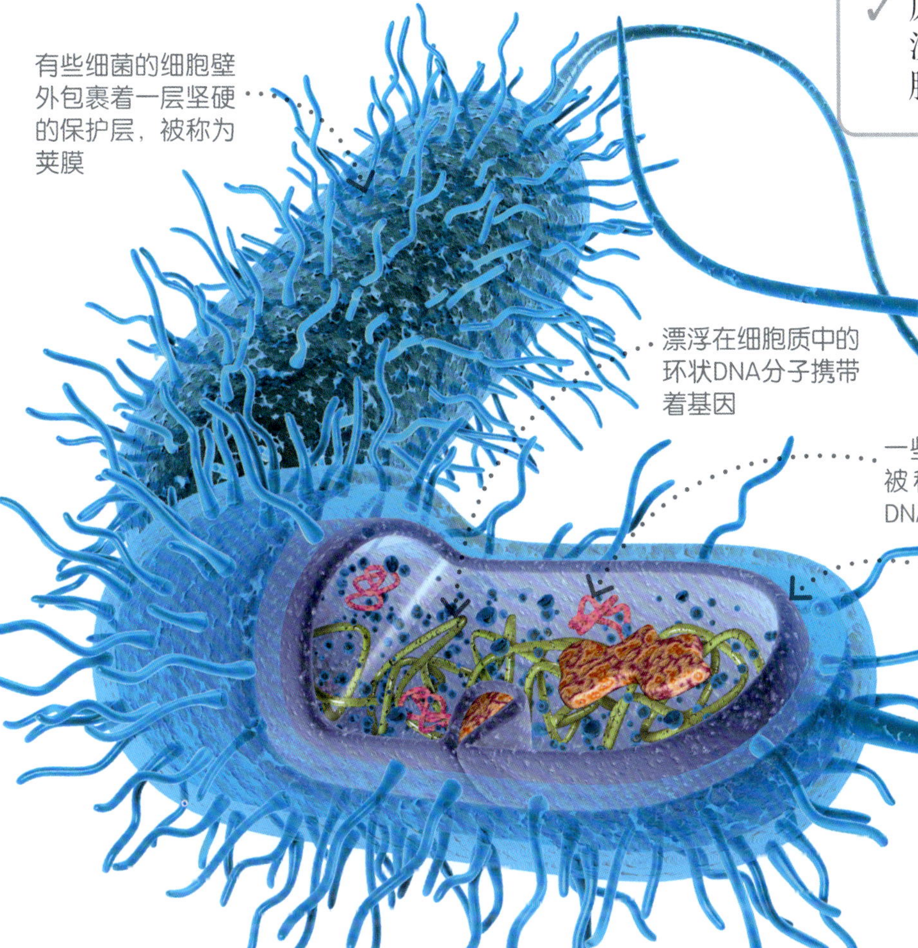

细菌的内部结构

正常的杆状细菌具有能起保护作用的荚膜、坚韧的细胞壁和包裹细胞质的细胞膜。

原核生物和真核生物

根据有无成形的细胞核，生物被分为原核生物和真核生物。真核生物包括动物、植物、真菌和一些单细胞生物。原核生物则是指细菌等原始单细胞生物。真核细胞有细胞核和膜结合细胞器。原核细胞没有成形的细胞核和膜结合细胞器，但有一个漂浮在细胞质中的环状DNA分子。

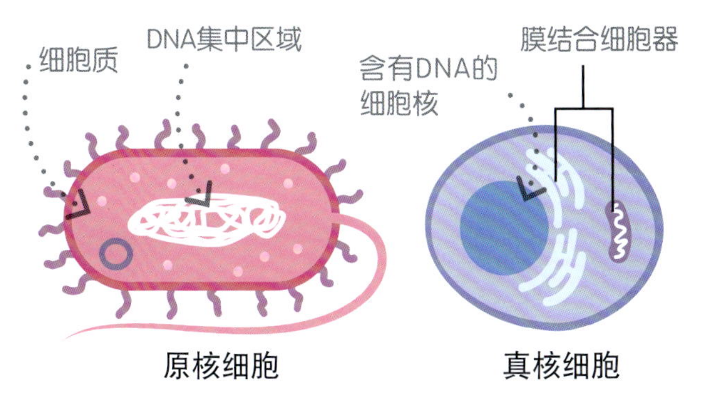

显微镜

显微镜是一种能将肉眼不可见的微小物体放大成像的仪器，显微镜可使观察者看到十分微小的物体，如细胞。

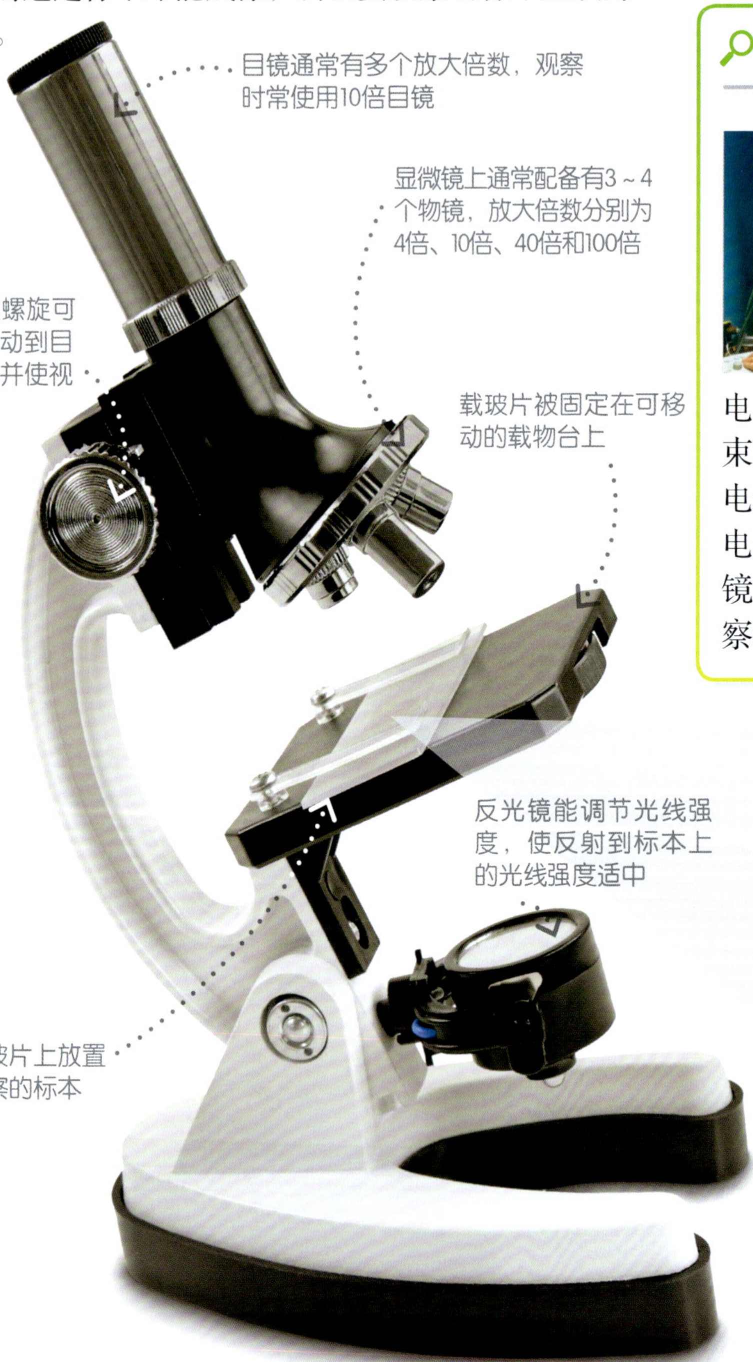

要点

- ✓ 显微镜是一种能将微小物体放大成像的仪器。
- ✓ 显微镜可用于观察微生物和活细胞。
- ✓ 光学显微镜借助可见光生成图像，电子显微镜借助电子束生成图像。

光学显微镜

光学显微镜利用透镜把标本放大几十或几百倍。使用时，光需透过标本才能成像，所以要观察的标本必须薄且透明。

目镜通常有多个放大倍数，观察时常使用10倍目镜

显微镜上通常配备有3～4个物镜，放大倍数分别为4倍、10倍、40倍和100倍

转动粗准焦螺旋可以使标本移动到目镜视野内，并使视野清晰

载玻片被固定在可移动的载物台上

反光镜能调节光线强度，使反射到标本上的光线强度适中

在载玻片上放置待观察的标本

电子显微镜

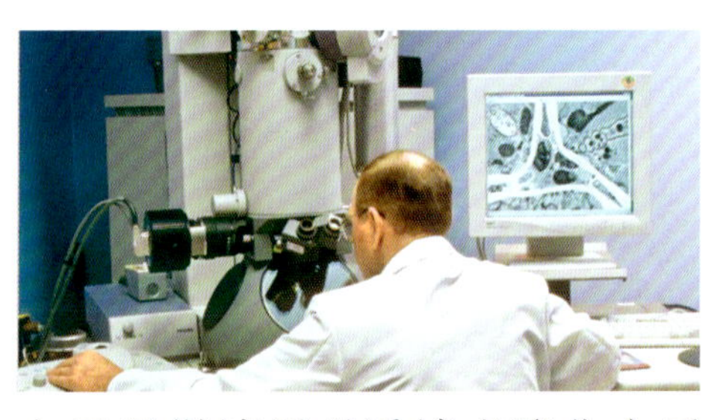

电子显微镜用磁透镜来聚焦电子束，并在计算机屏幕上生成图像。电子束的波长比光束短很多，所以电子显微镜的放大倍数比光学显微镜大很多，能使观察者更细致地观察细胞内的细胞器。

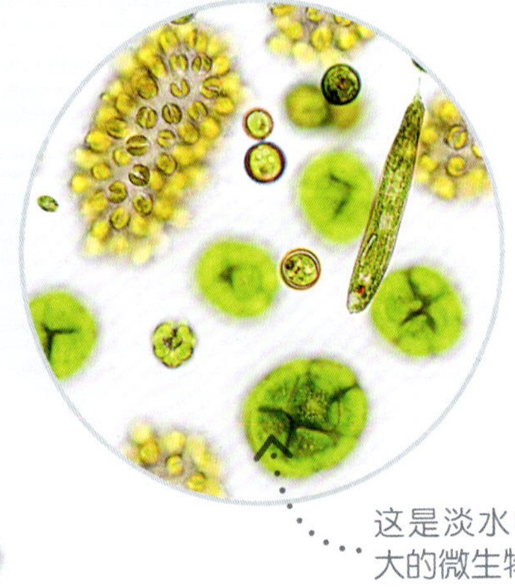

这是淡水中放大的微生物

如何使用显微镜

把标本放到载玻片上，选择适当倍数的物镜调整倍数，再转动粗、细准焦螺旋聚焦图像。

如何制作和观察标本

洋葱细胞是显微镜观察的理想标本，因为洋葱的表皮薄且透明，允许光线直接透过。

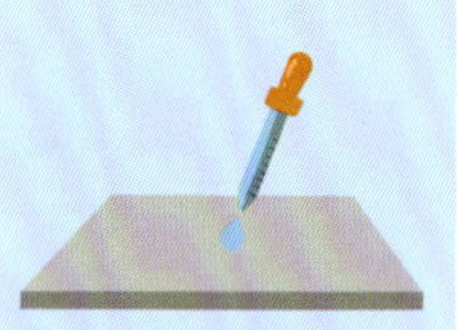

1 用洁净的纱布将载玻片和盖玻片擦拭干净后，用滴管在载玻片的中央滴一滴清水。

2 用镊子从洋葱鳞片叶内侧撕取一小块透明薄膜（内表皮），把撕下的内表皮放到载玻片的水滴中，展平。

3 用镊子夹起盖玻片，使它的 边先接触载玻片上的水滴，然后缓缓放下。

4 把一滴碘液滴在盖玻片的一侧，用吸水纸从盖玻片的一侧吸引，使碘液浸润标本的全部。

5 选择低倍物镜，转动粗准焦螺旋将载物台移至物镜正下方。

6 打开灯，通过目镜进行观察。转动粗准焦螺旋聚焦图像，然后转动细准焦螺旋进行微调。

计算放大倍数

可以通过公式计算出物体被放大的倍数。例如，细胞被放大后直径为40mm，但实际直径为0.1mm，则放大倍数为

$$\text{放大倍数} = \frac{\text{图像直径}}{\text{实际直径}} = \frac{40}{0.1} = 400$$

通过将上面的公式变形，还可以计算出细胞的实际直径。例如，放大后的细胞直径为20mm，放大倍数为100倍，则细胞的实际直径为

$$\text{实际直径} = \frac{\text{图像直径}}{\text{放大倍数}} = \frac{20}{100} = 0.2\ (\text{mm})$$

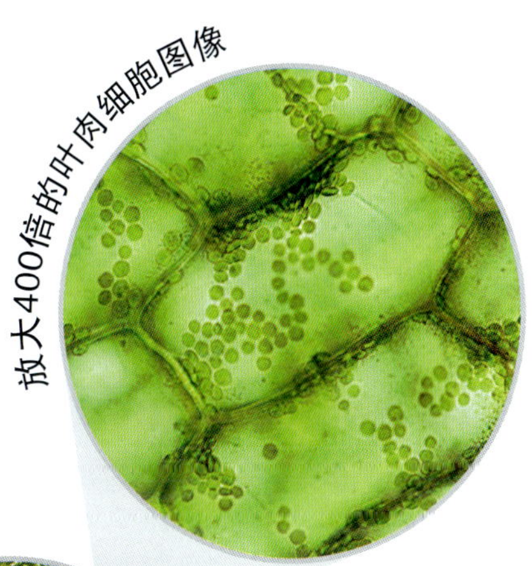

放大400倍的叶肉细胞图像

放大40倍的叶梢图像

经显微镜放大后，可以看到叶子上的细胞聚集在一起形成的组织

水蕴藻

放大图像

更换不同倍数的物镜可以改变显微镜的放大倍数。显微镜的放大倍数等于目镜的放大倍数乘所选物镜的放大倍数。例如，目镜的放大倍数为10，物镜的放大倍数为40，那么显微镜的放大倍数就是400。

干细胞

干细胞可以在生物体内分化成多种功能细胞。科学家希望通过研究干细胞找到治疗多种疾病的新方法。

要点

- ✓ 干细胞是一种未分化的细胞，具有分化的潜能，可以分化成许多不同类型的功能细胞。
- ✓ 胚胎干细胞可以分化成各种功能细胞，但成体干细胞的分化潜能有限。
- ✓ 通过研究干细胞，有希望找到治疗多种疾病的新方法，但目前对于是否进行胚胎干细胞的研究还存在争议。

胚胎中的细胞还未分化，这意味着它们还没有形成特定的体细胞

胚胎干细胞

刚形成的动物胚胎还只是一团干细胞球。这些干细胞具有分化的潜能，能分化成许多不同种类的功能细胞。

干细胞的利与弊

利

- 干细胞在医学上有着巨大的潜能。成体干细胞可用于骨髓移植，帮助治疗白血病。
- 未来，胚胎干细胞或许可以代替有缺陷的细胞，如脊髓中受损的神经细胞，或帮助治疗瘫痪等疾病。
- 与器官移植不同，从移植的干细胞中生长出的组织不易出现免疫系统排斥反应。

弊

- 一些人认为将人类胚胎用于医学研究有悖伦理道德。
- 一些国家禁止研究胚胎干细胞。
- 实验室中培养的干细胞存在被病毒感染的可能，如果移植到患者体内可能会引发疾病。

动物干细胞

干细胞是一种未分化的细胞，具有增殖和分化潜能，可以产生更多新的干细胞。这些新细胞可以继续分化成其他具有特定功能的细胞，如能携带氧气或抗击致病细菌的细胞。

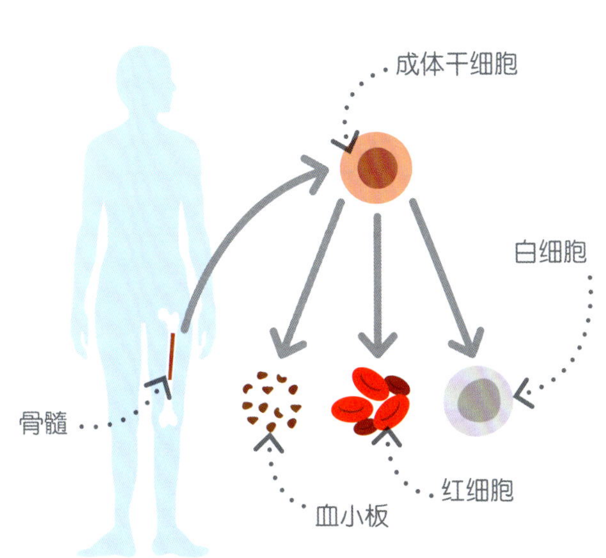

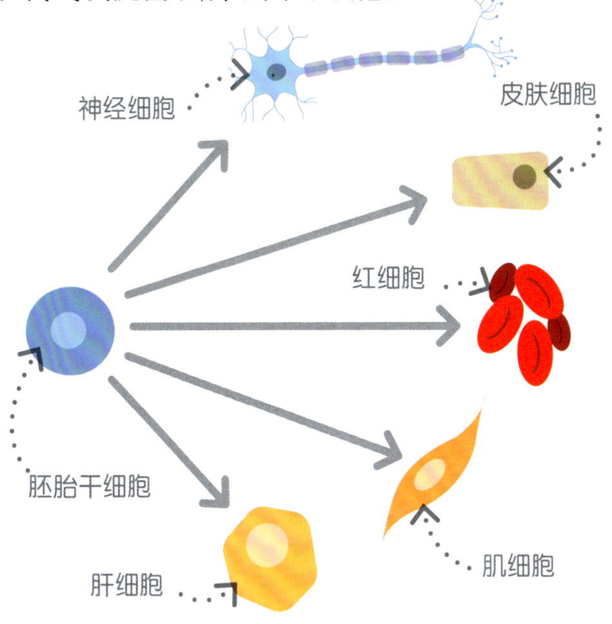

1 **成体干细胞**存在于成人体内的各个部位，如骨髓和肠道黏膜。它们可以分裂无数次，且能分化成其他类型的细胞，但分化潜力有限。

2 **胚胎干细胞**存在于胚胎发育的初期。它们可以分化成人体中任意类型的功能细胞。

植物干细胞

植物的分生组织中有成团的干细胞。与动物干细胞不同，植物干细胞能让植物在整个生命周期中不断生长及改变形态。分生组织存在于植物的茎尖、芽、根尖和茎周围。含有分生组织的植物插枝可以长成新的植物。

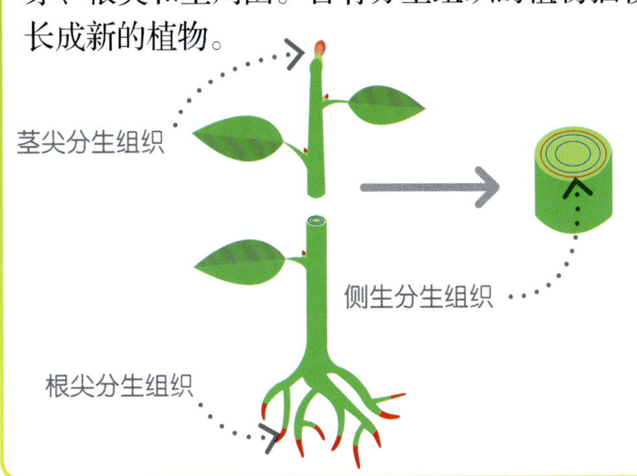

有丝分裂

动植物细胞通过分裂产生新的细胞，用于自身生长或替换受损细胞。在真核细胞中，这种通过分裂产生基因相同的细胞的过程叫作有丝分裂。

分裂成两个细胞

在动物细胞有丝分裂末期，细胞膜从细胞的中部向内凹陷，最后把细胞分裂成两个都含有一个细胞核的子细胞。人体内每秒钟都会通过有丝分裂产生数百万个新细胞。这些能快速分裂的细胞存在于人体的皮肤、发根和不断产生新的血细胞的骨髓中。

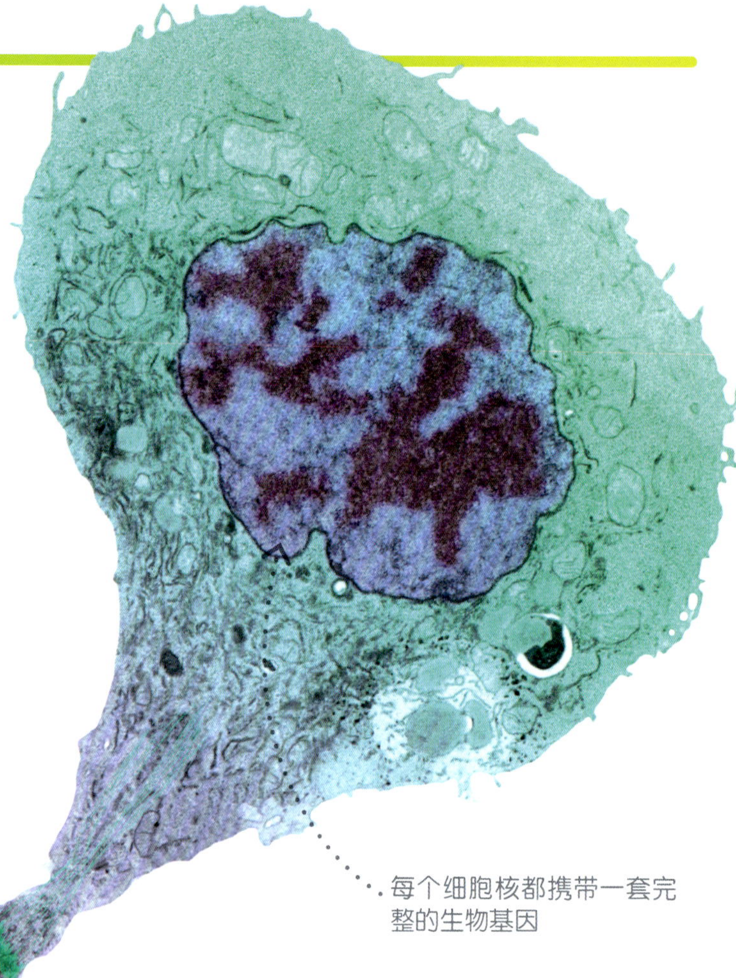

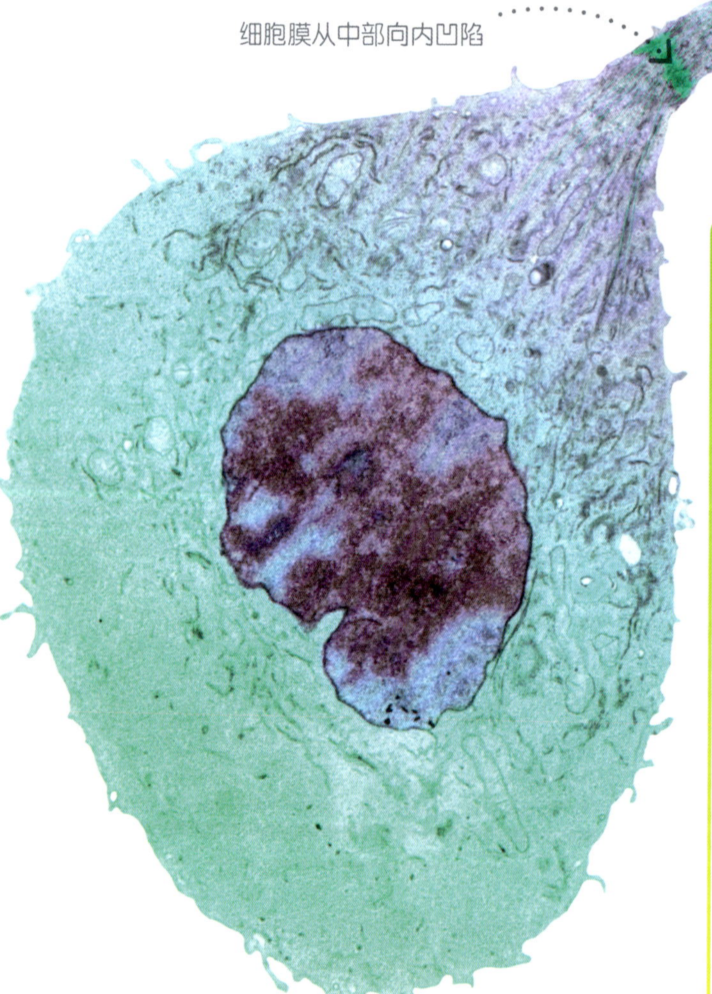

细胞膜从中部向内凹陷

每个细胞核都携带一套完整的生物基因

细胞周期

细胞周期是指细胞从一次分裂完成时开始到下一次分裂完成时为止的全过程。有丝分裂是细胞周期的最后阶段。在有丝分裂开始之前，细胞完成了DNA分子的复制。在有丝分裂后期，姐妹染色单体分开成为子染色体。有丝分裂结束后，子细胞开始生长，并重复细胞周期。

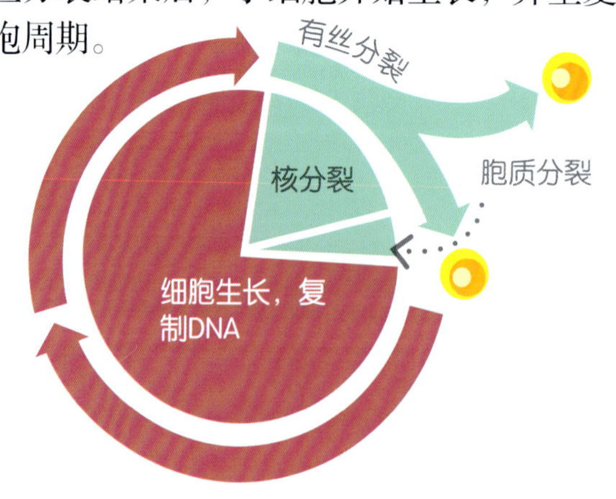

细胞是如何分裂的

在有丝分裂的过程中，细胞核分裂形成两个新的细胞核，它们各自携带着与原始细胞核相同的染色体。有丝分裂分为前期、中期、后期和末期四个时期。

要点

- ✓ 细胞周期是指细胞从一次分裂完成时开始到下一次分裂完成时为止的全过程。
- ✓ 有丝分裂是细胞周期的最后阶段。
- ✓ 有丝分裂产生两个含有相同遗传物质的细胞，染色体的数目不变。

1 有丝分裂之前 进行DNA分子的复制和蛋白质的合成。染色质还没有高度螺旋化形成染色体。

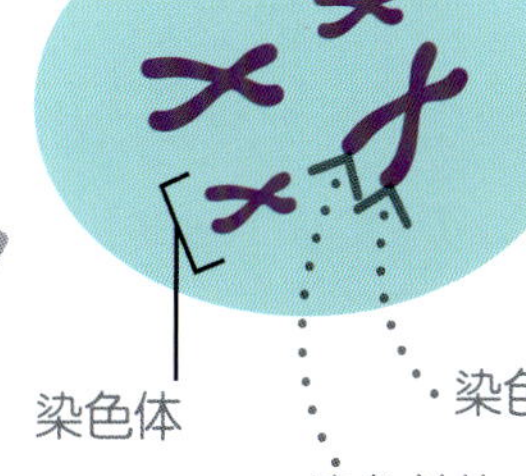

2 前期 包裹细胞核的核膜逐渐消失。染色质丝螺旋缠绕，缩短变粗，变成呈X形的染色体。每对染色体由两条染色单体组成。

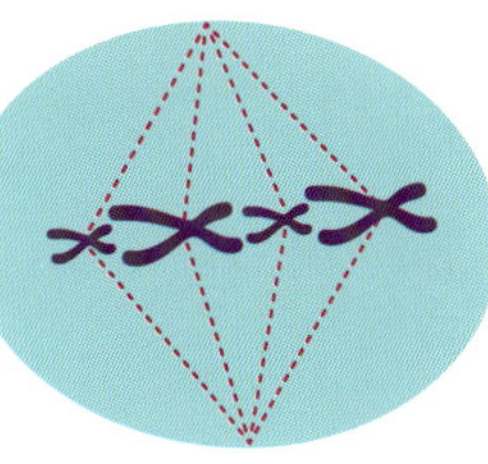

3 中期 染色体在纺锤丝的作用向下移动到细胞中央的赤道板上。

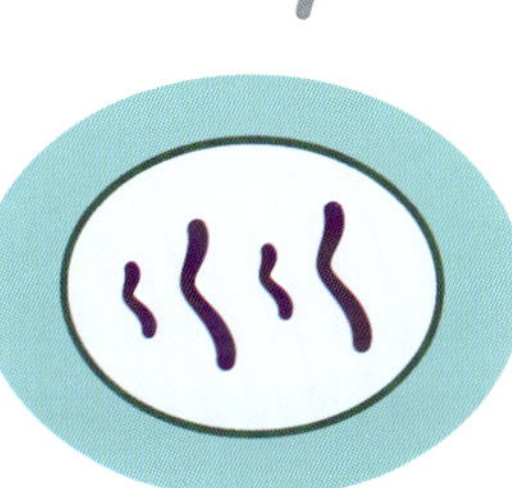

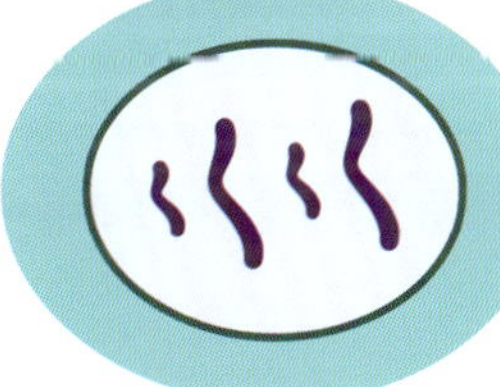

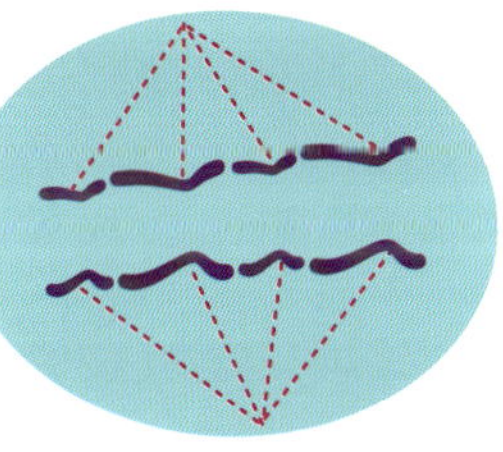

4 后期 姐妹染色单体分离成两条子染色体，由纺锤丝分别牵引至细胞的两极。

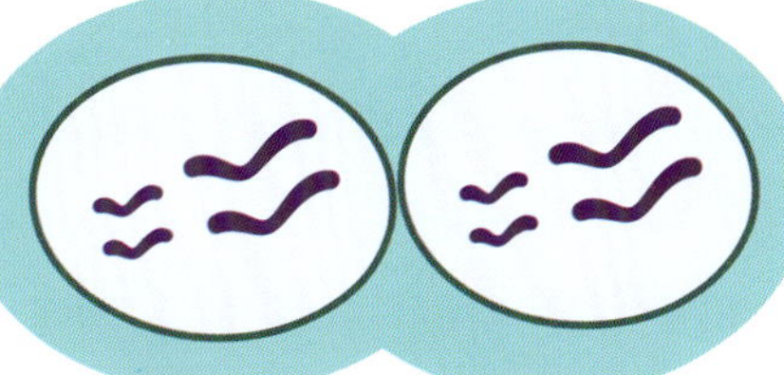

5 末期 新的核膜在细胞两极的子染色体周围形成，细胞质开始分裂。最后，细胞分裂成两个独立的子细胞。

6 新细胞形成 两个含有相同遗传物质的子细胞形成并开始生长。在细胞再次分裂之前，该细胞的所有遗传物质会被再次复制。

减数分裂

减数分裂是有性生殖生物产生成熟生殖细胞的一种特殊的细胞分裂方式。通过减数分裂产生的生殖细胞的染色体数目通常只有母细胞的一半，并且具有独特的基因组合。

要点

- ✓ 与有丝分裂不同，减数分裂是产生成熟生殖细胞的一种特殊的细胞分裂方式。
- ✓ 通过减数分裂产生的生殖细胞的染色体数目是母细胞的一半。
- ✓ 减数分裂使每个生殖细胞都有一个独特的基因组合，使每个后代都具有不同的性状。

染色体交叉互换

在正常的人体细胞中，有一半染色体来自母亲，一半染色体来自父亲。在减数分裂期间，来自母亲和父亲的染色体进行配对，并在交叉互换的过程中随机交换DNA片段。

DNA片段在染色体之间交换

减数分裂的过程

在减数分裂过程中，细胞会连续分裂两次。第一次分裂时，染色体交叉互换且数目减半。第二次分裂时，每条染色体被分成两个染色单体。

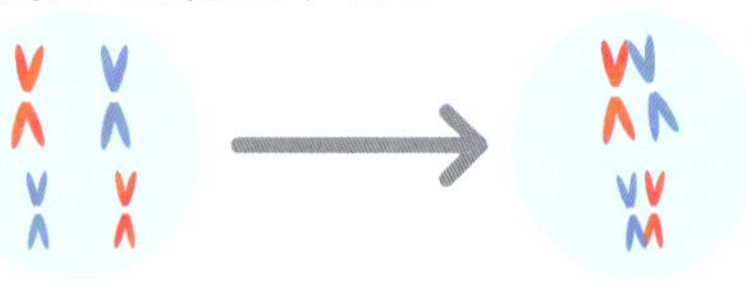

1 在减数分裂开始之前，染色体呈X形，每对染色体都由两条相同的染色单体组成。

2 第一次分裂时，来自母亲与父亲的染色体（同源染色体）开始配对。配对时，同源染色体中的非姐妹染色单体会随机交换DNA片段。

3 细胞分裂后，每个子细胞都含有各对同源染色体中的一条。此时，细胞内的染色体上的基因都携带着来自双亲的遗传信息。

4 第二次细胞分裂时，每条染色体分离成两条染色单体。

5 最后形成四个细胞。它们有些会发育成生殖细胞——精子或卵细胞，染色体的数目都只有原来的一半。精子与卵细胞结合后，染色体就会恢复为原来的数目。

二分裂

原核细胞大多通过二分裂进行繁殖，即一个细胞直接分裂成两个细胞。二分裂是细菌繁殖的主要方式。

要点

- ✓ 细菌主要通过二分裂进行繁殖。
- ✓ 细菌分裂前会先复制环状DNA分子。
- ✓ 二分裂会产生具有相同基因的两个子细胞。

细菌分裂

下图是电子显微镜下大肠杆菌的分裂图像。大肠杆菌没有成形的细胞核，通常只有一条或两条染色体，每条染色体都是一个环状DNA分子。

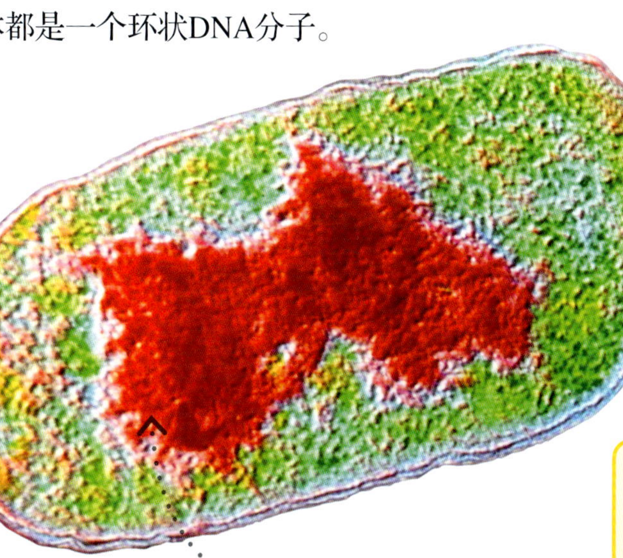

二分裂的过程

1. 复制携带细菌基因的环状DNA分子。

2. 细胞质开始分裂，形成新的细胞壁。

3. 两个子细胞分离。

计算细胞数量

在理想条件下，细菌可能每20min分裂一次。若知道细菌分裂一次所需的时间，即可使用下面的公式计算出这个细菌在一定时间内可产生的细菌数量。

细胞的数量 = 2^n（n为分裂次数）

例题：如果一个细菌分裂一次需要30min，那么3h后它可以分裂成多少个细菌？

1. 计算细菌在3h内的分裂次数。

$$n = \frac{180}{30} = 6\text{（次）}$$

2. 计算最终产生的细菌数量。

$$细菌数量 = 2^6 = 2 \times 2 \times 2 \times 2 \times 2 \times 2 = 64$$

细菌培养

细菌培养是一种用人工方法使细菌生长繁殖的技术。在实验室里培养和研究细菌及其他微生物时，为防止样品被其他微生物污染，必须严格遵守实验室无菌操作规则。

琼脂培养基

细菌可以在含有其生长所需的所有营养物质的培养基上生长。通常将营养物质与琼脂混合高温灭菌后，再倒入已灭菌的培养皿中进行冷却和凝固，以制成琼脂培养基。用接种环将细菌样品转移到已灭菌的琼脂培养基表面，密封后把培养皿放在温暖处。样品中的单个细菌会繁殖成肉眼可见的菌落，每个菌落都包含数百万个细菌。

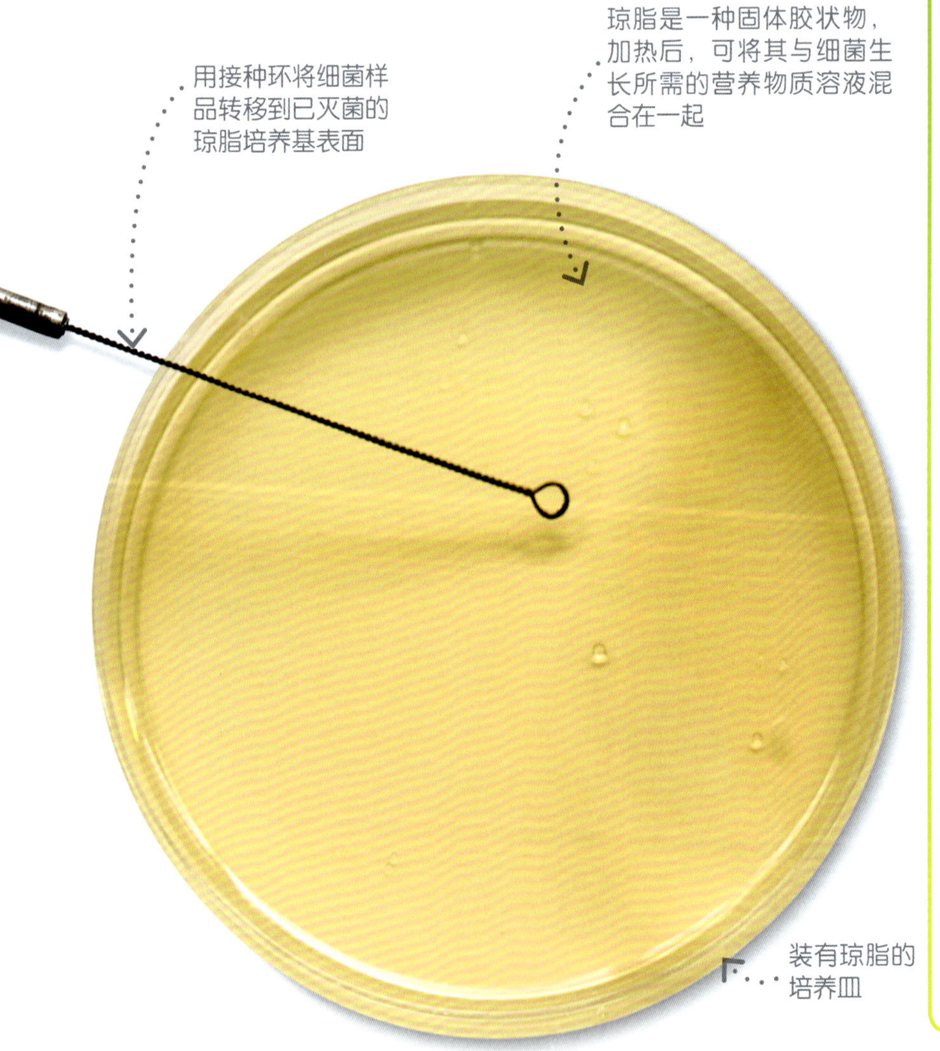

要点

- ✓ 细菌可以在琼脂培养基上生长。
- ✓ 无菌技术有助于防止培育的细菌样品被空气、灰尘或其他微生物污染。
- ✓ 细菌应该在温度为25 ℃的环境中培养。

无菌技术

无菌技术有助于防止培养的细菌样品被空气、灰尘或人体携带的微生物污染。

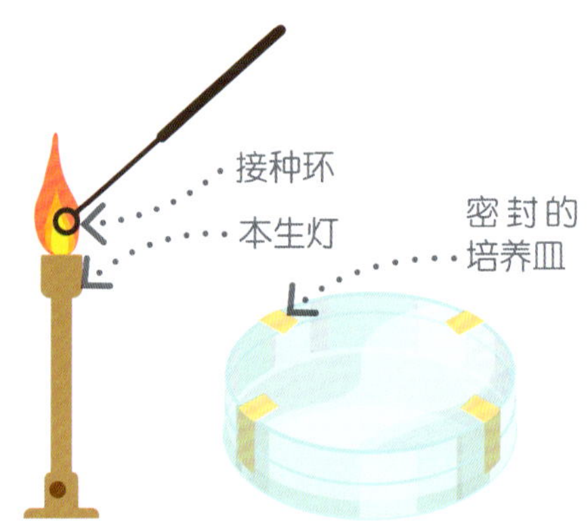

1. 接种环可重复使用。使用前需加热消毒并冷却。
2. 在本生灯火焰附近打开无菌培养皿（开口越小越好）。火焰的热量使空气上升，防止灰尘落在培养基上。
3. 用胶带封住培养皿，防止微生物进入培养基。
4. 细菌被接种到培养基后，将培养皿倒置，防止水汽在皿盖上冷凝成水珠并滴落到培养基上。
5. 在温度为25℃的环境中培养细菌样品，因为这个温度不适合大多数致病微生物生长。

抗生素的作用

抗生素是能抑制细菌生长的化学物质。下面的实验在培养基中加入了抗生素，通过观察琼脂培养基上细菌的生长数目测试抗生素的强度。

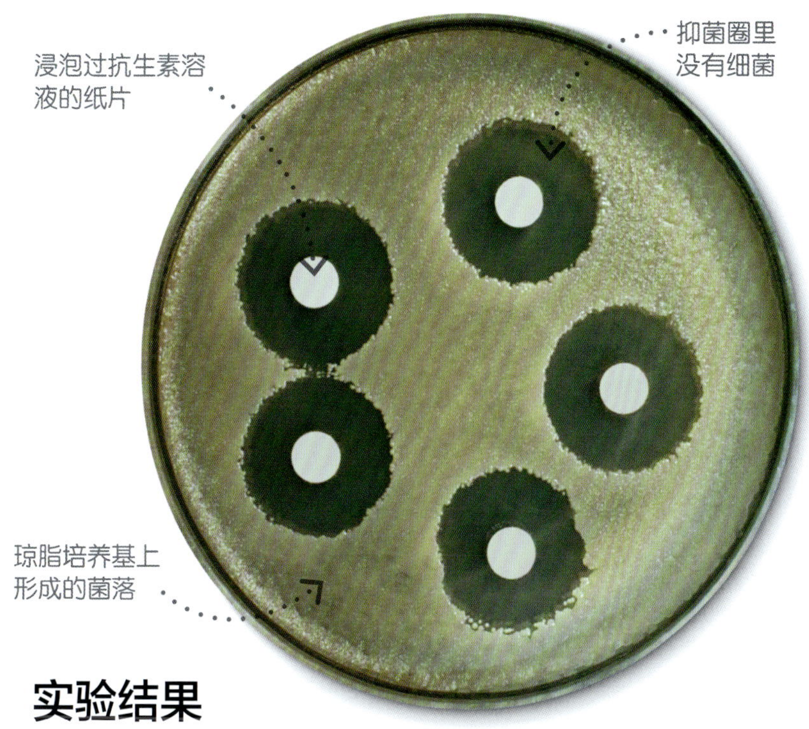

实验结果

纸片上的抗生素渗进琼脂，抑制了细菌的生长。以纸片为圆心的圆圈内没有细菌生长，这个圆圈叫作抑菌圈。抗生素的抵抗力越强，抑菌圈的面积越大。

计算抑菌圈的面积

琼脂培养基上的抑菌圈呈圆形，所以可以用圆的面积公式来计算抑菌圈的面积：

$$面积 = \pi r^2 (r为半径)$$

不用打开培养皿，可直接用尺子测量抑菌圈的直径，然后计算出平均半径，最后把平均半径的值代入公式，即可计算出抑菌圈的面积。

实验步骤

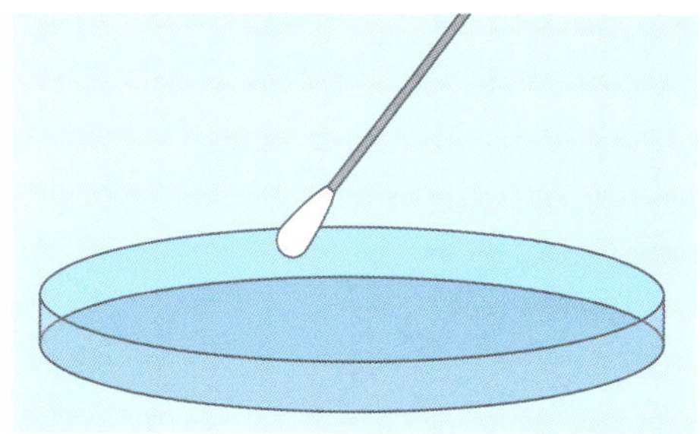

1 用滴管、涂抹器或棉签将细菌均匀地涂抹在培养基上。

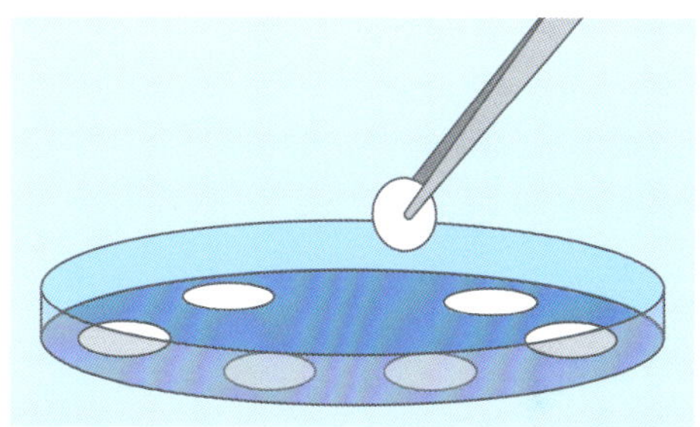

2 把浸泡过抗生素溶液的纸片放在琼脂培养基上。

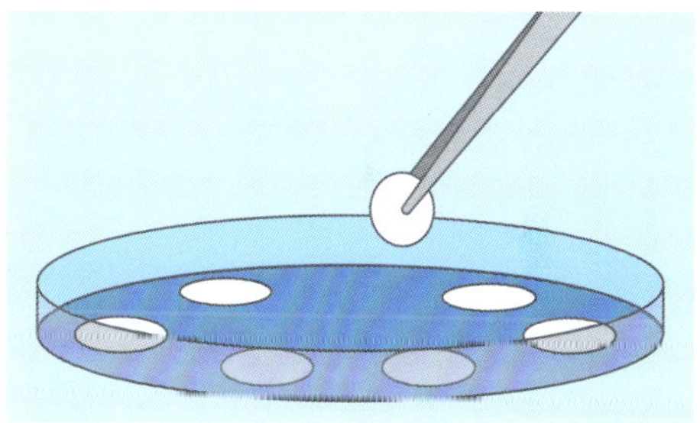

3 把浸泡过蒸馏水的纸片放入第二个培养基上，作为对照组，从而说明两个培养基中产生的不同实验现象是由抗生素造成的。

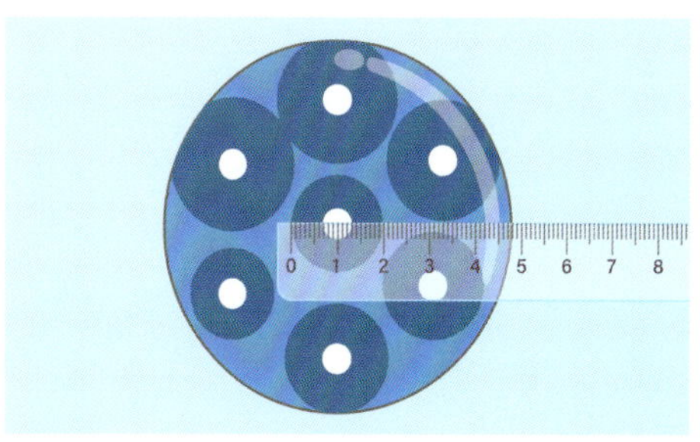

4 将培养皿放置于25℃的环境中48h，再计算抑菌圈的面积。

细胞与物质运输 4

扩散

液体和气体中的粒子逐渐从高浓度区域向低浓度区域移动的过程叫作扩散。这是细胞与周围环境进行物质交换的主要方式。

要点

✓ 扩散是指液体和气体中的粒子逐渐从高浓度区域移动到低浓度区域的过程。

✓ 自由扩散是细胞吸收重要物质和排出代谢废物的主要方式。

✓ 扩散是一个被动过程，不需要能量。

粒子是如何扩散的

当两个区域的粒子浓度不同时，粒子就会从高浓度区域向低浓度区域自由移动，且随着时间的推移，这些粒子会逐渐混合均匀。

影响扩散速度的因素

自由扩散是细胞吸收重要物质（如氧气）和排出代谢废物（如二氧化碳）的主要方式。以下因素会影响扩散的速度。

1. **温度**
温度较高时，粒子运动速度更快。温度越高，粒子扩散速度越快；温度越低，粒子扩散速度越慢。

2. **浓度梯度**
两个区域之间的浓度差异越大，粒子扩散的速度越快。

3. **表面积**
细胞或器官的表面积越大，粒子扩散的速度越快。

4. **距离**
粒子的扩散距离越短，扩散速度越快。细胞膜非常薄，因此粒子可以快速扩散。

渗透作用

渗透作用是指水分子或其他溶剂分子通过半透膜进行扩散的现象。在这个过程中，水分子或其他溶剂分子从高浓度（溶质浓度低）区域向低浓度（溶质浓度高）区域移动。

要点

- ✓ 渗透作用是指水分子或其他溶剂分子通过半透膜进行扩散的现象。
- ✓ 半透膜阻挡大分子物质，但允许小分子物质通过。
- ✓ 在渗透作用中，水分子或其他溶剂分子会从高浓度（溶质浓度低）区域移动到低浓度（溶质浓度高）区域。
- ✓ 渗透作用是一个被动过程，不需要能量。

半透膜

细胞膜是一种半透膜，具有选择透过性，允许小分子物质（如水）自由通过，而大分子物质（如葡萄糖）则不能通过。葡萄糖等溶质会使膜内的浓度低于膜外的浓度，水分子会通过细胞膜进入细胞。

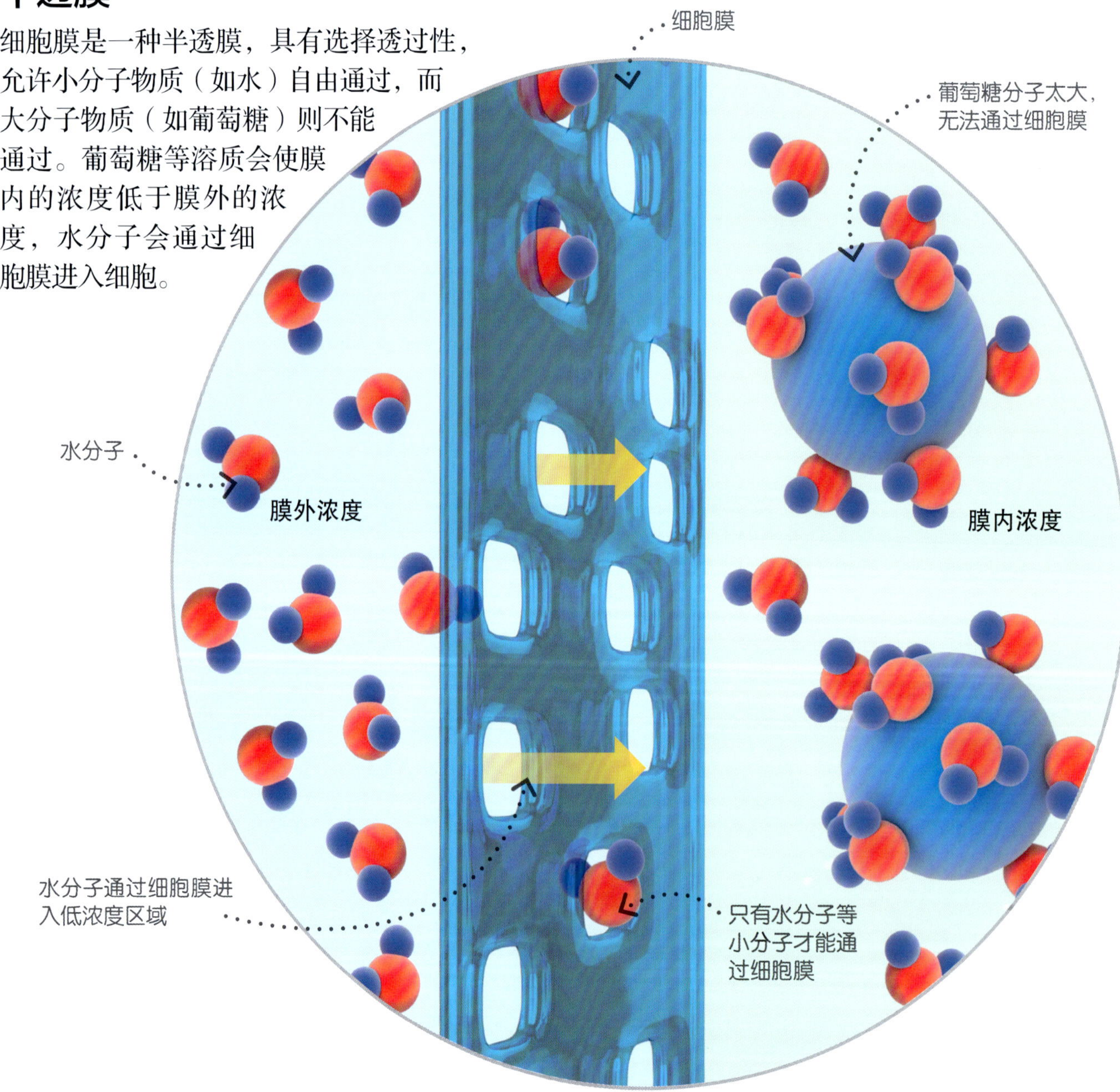

植物的渗透作用

植物靠渗透作用保持其组织的韧性，以维持直立形态。植物细胞的液泡中含有已被溶解的糖类和其他溶质，让细胞能通过渗透作用吸收水分，变得饱满、坚挺。

健康的植物

枯萎的植物

严重枯萎的植物

研究渗透作用

把大小相同的马铃薯条分别放入装有不同浓度糖溶液的烧杯中，观察和研究渗透作用对植物细胞的影响。

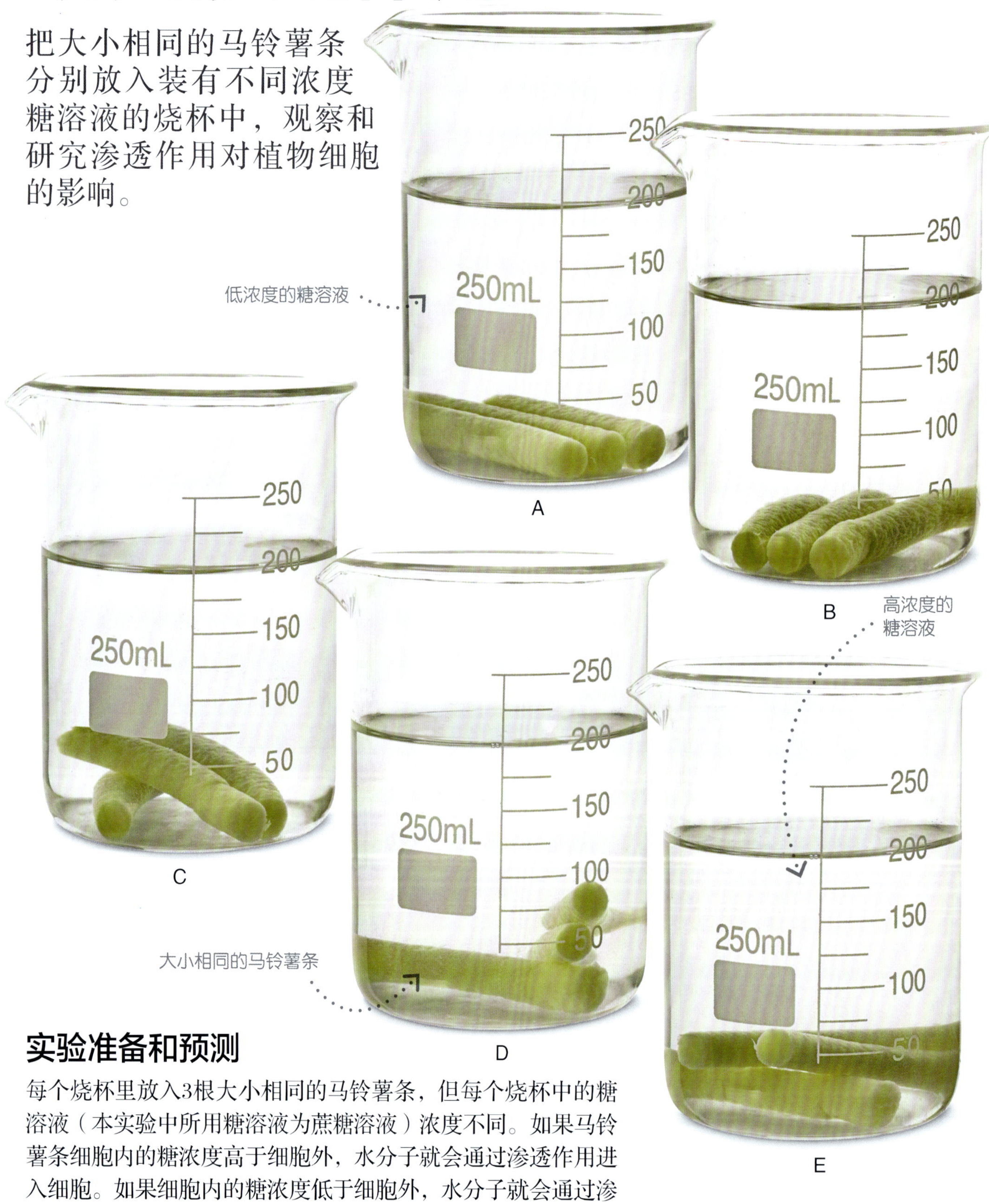

实验准备和预测

每个烧杯里放入3根大小相同的马铃薯条，但每个烧杯中的糖溶液（本实验中所用糖溶液为蔗糖溶液）浓度不同。如果马铃薯条细胞内的糖浓度高于细胞外，水分子就会通过渗透作用进入细胞。如果细胞内的糖浓度低于细胞外，水分子就会通过渗透作用从细胞中渗出。

实验步骤

1 将5个烧杯按从A到E的顺序进行标记，并往每个烧杯中倒入200mL水。

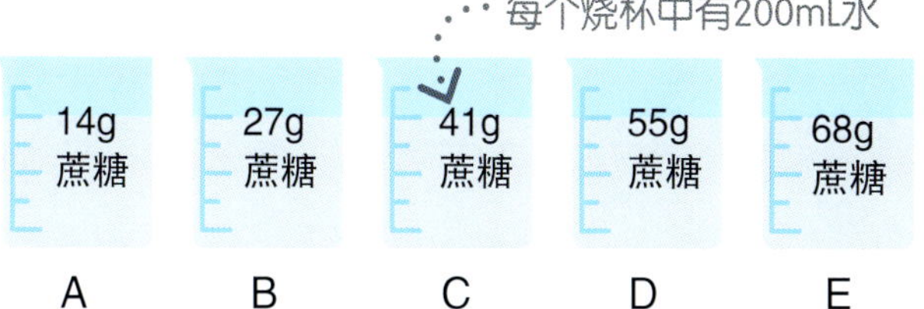

2 如上图所示，每个烧杯中溶解相应质量的蔗糖，制成不同浓度的蔗糖溶液。

3 用软木钻孔机钻取15根大小相同的马铃薯条，并将其分成5组，每组3根，然后按从A到E的顺序进行标记。

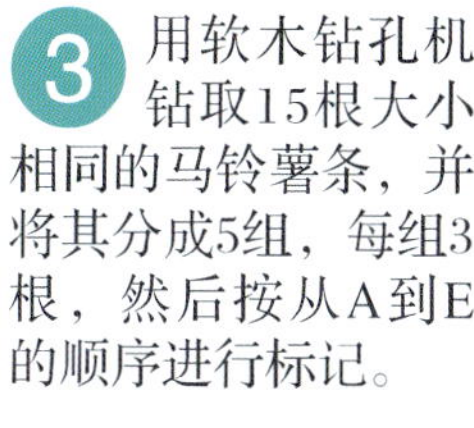

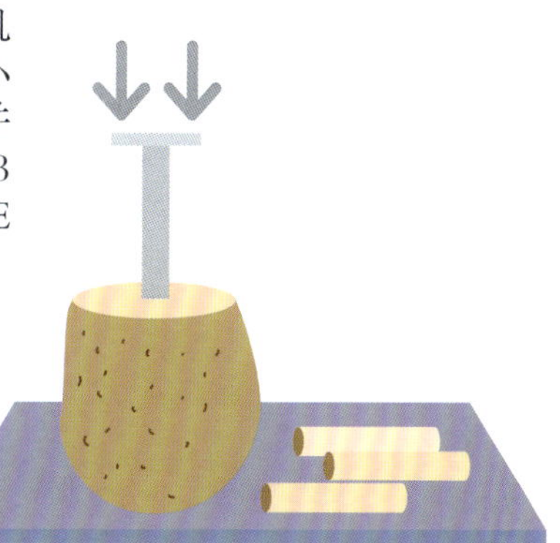

4 给每组马铃薯条称重并记下它们的质量。

5 每个烧杯中放入3根马铃薯条，静置1h。

6 取出马铃薯条，用纸巾擦干表面，再分别称重并记下它们的质量。

7 计算每组马铃薯条质量变化的百分比。

$$\text{质量变化的百分比} = \frac{\text{最终质量} - \text{原始质量}}{\text{原始质量}} \times 100\%$$

实验结果

将结果记录在表格里并绘图。y轴表示质量变化的百分比，x轴表示糖浓度，单位为$\text{mol} \cdot \text{L}^{-1}$。在坐标轴上，用叉（×）标出每组数据，然后用线将它们连起来。与x轴相交的叉号表示此烧杯中马铃薯条细胞内糖浓度等于细胞外糖浓度，此时水分子不会进入或渗出马铃薯细胞。

结果	A	B	C	D	E
糖浓度 / ($\text{mol} \cdot \text{L}^{-1}$)	0.2	0.4	0.6	0.8	1.0
质量变化的百分比/%	10	0	−5	−15	−20

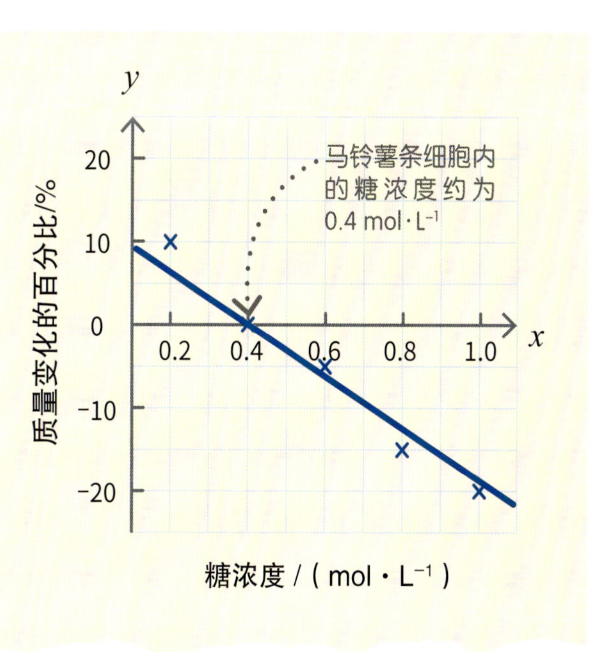

主动运输

当细胞外的物质浓度低于细胞内的物质浓度时，活细胞无法通过扩散来获取细胞外的物质。此时，细胞需要消耗细胞内化学反应所释放的能量进行主动运输，以获取营养物质。

要点

- ✓ 主动运输是将物质从低浓度区域运输到高浓度区域的方式。
- ✓ 主动运输需要消耗细胞内化学反应所释放的能量。
- ✓ 植物的根毛细胞和人体内小肠的上皮细胞都通过主动运输吸收所需的营养物质。

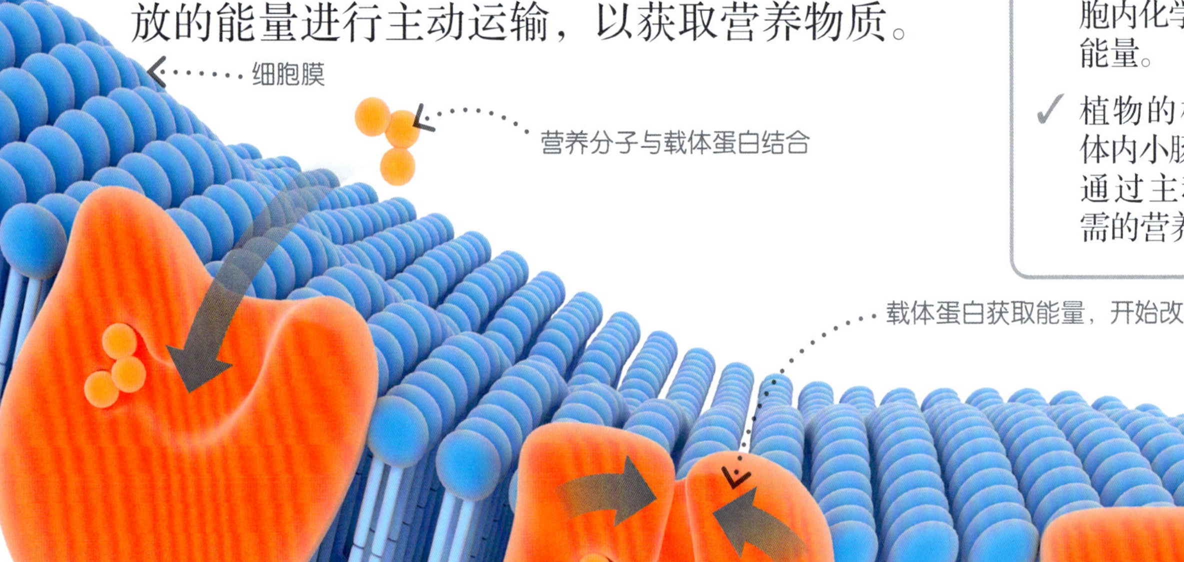

载体蛋白

主动运输需要以细胞膜上的特异性蛋白质分子作为载体，这些载体蛋白可与营养分子结合。细胞呼吸释放的能量能使载体蛋白改变形状或旋转，从而把所需的营养分子运输到细胞内。

根毛细胞

主动运输是动植物获取所需营养物质的重要方式。植物需要从土壤的水分中获取矿物质，但土壤水分中的矿物质浓度往往低于植物细胞中的矿物质浓度。因此，植物的根毛细胞（右图）会通过主动运输吸收矿物质。人体内小肠的上皮细胞也会通过主动运输吸收葡萄糖等营养物质。

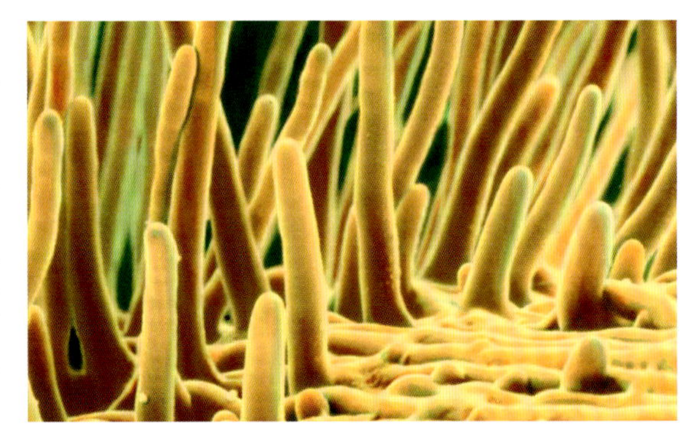

表面积与体积之比

生物体细胞与周围环境交换重要物质和能量的能力取决于其表面积与体积之比，比值越大，物质运输的效率越高。与大型生物相比，小型生物的表面积与体积之比更大，所以更利于细胞进行物质交换。

要点

- ✓ 小型生物的表面积与体积之比较大，所以它们能迅速与周围环境进行物质交换。
- ✓ 大型生物的表面积与体积之比很小，因此它们需要依靠特殊的方式吸收营养。

表面积与温度

老鼠等小型动物的表面积与体积之比很大，所以散热快，需要吃高热量食物并利用浓密的皮毛保暖。与之相反，大象等大型动物的表面积与体积之比很小，所以散热慢，靠低热量食物就能生存，且不需要皮毛保暖。

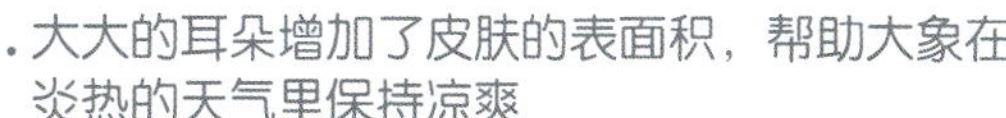

大大的耳朵增加了皮肤的表面积，帮助大象在炎热的天气里保持凉爽

老鼠

大象

表面积与体积之比

表面积是指物体所有外表面的面积之和，体积指物体所占空间的大小。这两个数值之比就是表面积与体积之比。

表面积 = $3^2 \times 6 = 54$

体积 = $3^3 = 27$

表面积：体积 = 54：27= 2

表面积 = $2^2 \times 6 = 24$

体积 = $2^3 = 8$

表面积：体积 = 24：8 = 3

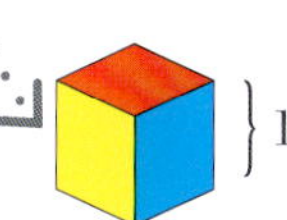

小型生物的表面积与体积之比较大

表面积 = $1^2 \times 6 = 6$

体积 = $1^3 = 1$

表面积：体积 = 6：1= 6

物质交换和运输

表面积与体积之比（参见第49页）较小的生物不能通过扩散来吸收重要物质，如人类。但是这些生物具有特殊的适应能力，可以增加吸收物质的身体器官的表面积，并具有将物质携入体内的运输系统。

要点

- ✓ 表面积和体积之比较小的生物需要通过增加能进行物质交换的器官表面积和利用运输系统来获取重要的物质。
- ✓ 生物体内进行物质交换的器官表面积越大，物质运输速率越快。
- ✓ 动植物通过运输系统在体内运输物质。

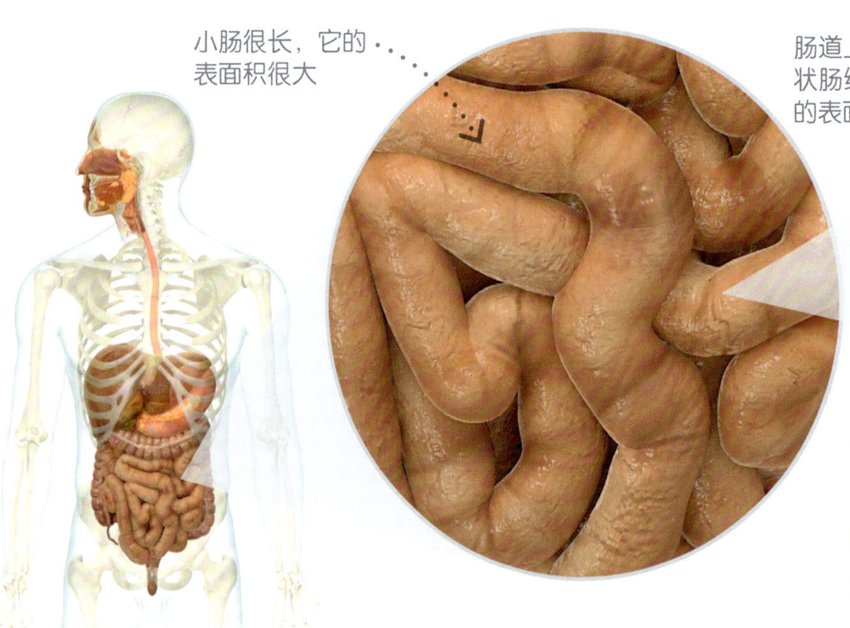

肠道上有成千上万根指状肠绒毛，扩大了肠道的表面积

小肠

人体内小肠的表面积很大，能有效吸收食物中的营养物质。为了最大限度地增加肠道表面积，小肠内壁上覆盖了成千上万根指状肠绒毛。

交换表面和运输系统

生物能通过某些器官进行物质交换。器官表面积很大，能帮助生物体吸收重要的营养物质和排出代谢废物。运输系统由动植物体内负责运输物质的组织和器官组成。

水从鱼鳃中流过

氧气通过呼吸道到达肺部

心脏

血管

1. **鳃**是水生动物在水中呼吸的器官。它具有折叠式的内部结构，能最大限度地增加与水接触的表面积。
2. **肺**吸收氧气并排出二氧化碳。肺中有成千上万个细支气管，它们的末端膨大成囊，囊的四周有很多突出的小囊泡（即肺泡），为气体交换提供了巨大的表面积。
3. **血管和心脏**构成血液循环系统。血液通过血液循环系统将氧气和营养物质运输给细胞，细胞通过各种运输机制（包括扩散、主动运输等）吸收这些物质。

5

呼吸

呼吸作用

生物体需要通过呼吸作用释放能量。呼吸作用是生物体内有酶参与并持续发生的化学反应，属于放热反应。呼吸作用能释放储存在有机物中的化学能，为各项生命活动提供能量。

要点

- ✓ 呼吸是生物体内有酶参与并持续发生的一种化学反应。
- ✓ 呼吸作用是一种放热反应，会释放部分能量到周围环境中。
- ✓ 呼吸作用释放的一部分能量储存在一种叫作腺苷三磷酸（ATP）的化学物质中。

来自食物的能量

在呼吸过程中，酶会破坏食物分子中的化学键，从而释放能量。释放的那部分能量会和其他物质一起合成腺苷三磷酸（adenosine triphosphate，ATP，又称三磷酸腺苷）。ATP水解时又会将能量释放出来，它是生物体内最直接的能量来源。

呼吸释放的能量使肌肉收缩

运动

肌细胞利用呼吸作用释放出来的能量进行收缩，以帮助动物行走、奔跑或跳跃。一些肌肉会一直持续工作，比如维持心脏跳动的心肌。

企鹅需要消耗大量能量维持体温，以抵御寒冷

维持体温

哺乳动物和鸟类利用呼吸作用释放能量维持体温恒定。呼吸时，能量被释放出来，并通过血液在体内循环。在较冷的环境中，它们会加快呼吸速率，以维持体温。

生长

生物的生长和修复都需要能量。例如，毛毛虫的生长速度很快，在整个生命周期中，它们都依靠呼吸作用释放的能量产生新细胞。

根毛

物质运输

植物通过主动运输（参见第48页）把土壤中的硝酸盐等矿物质吸收到根毛细胞中，这一过程需要消耗能量。

鹰的视力极佳，其视力范围接近人眼的6倍

构建大分子

所有细胞都需要通过连接小分子来构建大分子。树木内的细胞利用呼吸作用释放的能量使小分子氨基酸合成为大分子蛋白质。

传递信息

神经冲动将信息传递给大脑，使动物能对环境的变化作出即时反应，如在发现猎物或发生危险时。呼吸作用为神经冲动的传递提供能量，使其能在几毫秒内从身体的一个部位传递到另一个部位。

ATP分子

葡萄糖分解释放的能量储存在ATP分子中，以支持细胞的各项生命活动。右图是一个ATP分子的结构。

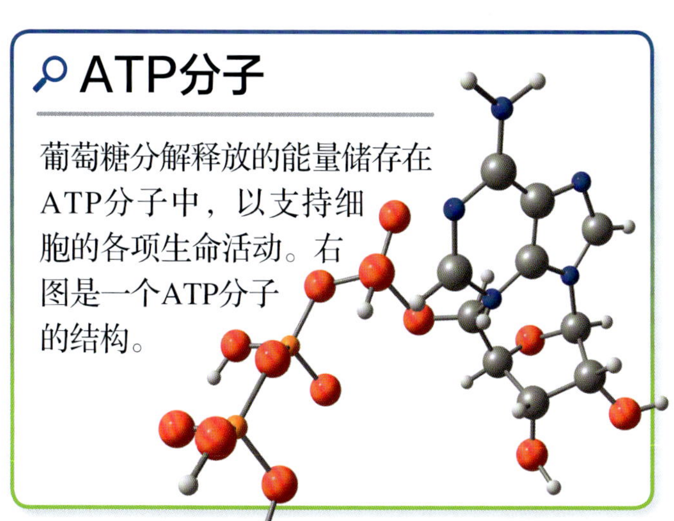

植物的呼吸作用

白天，植物利用光能、二氧化碳和水进行光合作用（参见第68页），制造自身所需的有机物（如葡萄糖和淀粉）。晚上，光合作用停止，植物通过呼吸作用分解有机物。呼吸作用每时每刻都在进行。

研究呼吸速率

生物的呼吸速率与温度等因素有关。人们可以通过测量生物吸入氧气的体积来研究生物的呼吸速率。

温度对呼吸的影响

发芽的种子需要利用呼吸作用释放的能量生长。种子在不同温度下的呼吸速率可以用呼吸计测量。

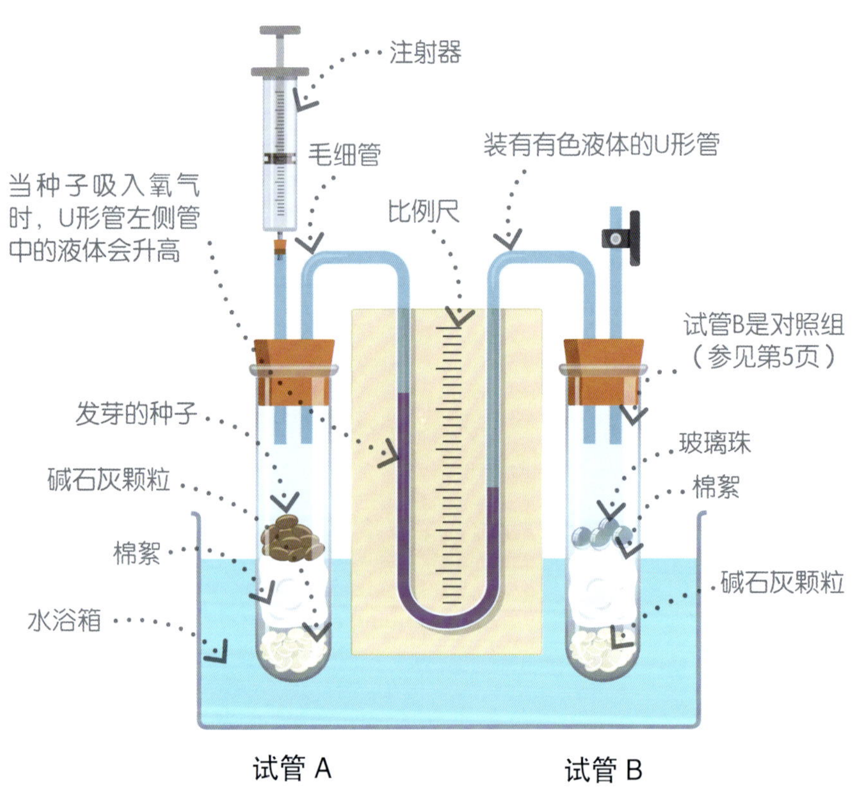

实验步骤

1. 将仪器置于温度为10℃的恒温水浴箱中进行加热。
2. 将等量的碱石灰颗粒分别添加到试管A和试管B中，并用棉絮覆盖，以防止种子被碱石灰腐蚀。碱石灰颗粒可以吸收种子呼吸时释放的二氧化碳，从而测量出种子的耗氧量。
3. 将发芽的种子置于试管A中的棉絮上，然后在试管B中的棉絮上放置质量相同的玻璃珠作为对照组。这是为了验证呼吸计中液体的流动是否由种子引起。
4. 用注射器施压，使U形管两端中有色液体的高度持平，然后标记液体的当前高度。5分钟后，用比例尺测量液体的高度。
5. 在不同的水温（15℃、20℃和25℃）下重复实验，然后比较呼吸速率。呼吸速率越快，有色液体流动的距离越大。

计算呼吸速率

U形管中液体流动的距离代表生物吸入的氧气体积。得到这个数据后，可以通过下面的公式计算生物的呼吸速率。

$$\text{呼吸速率} = \frac{\text{吸入的氧气体积}\ (\mathrm{cm^3})}{\text{时间}\ (\mathrm{min})}$$

例题：一位海洋生物学家测量了鬣蜥的呼吸速率，他发现鬣蜥在60min内吸收了420cm³氧气，所以鬣蜥的呼吸速率是

$$\text{呼吸速率} = \frac{420}{60} = 7\ (\mathrm{cm^3 \cdot min^{-1}})$$

有氧呼吸

有氧呼吸包括在有氧条件下，动植物细胞中发生的一系列由酶控制的化学反应。有氧呼吸通过分解葡萄糖释放的能量比无氧呼吸（参见第56、57页）释放的能量多。

要点

- ✓ 有氧呼吸包括在有氧条件下，动植物细胞中发生的一系列由酶控制的化学反应，属于放热反应，会向周围的环境中释放能量。
- ✓ 葡萄糖和氧气在线粒体中反应，会产生二氧化碳和水，并释放能量。
- ✓ 有氧呼吸释放的能量比无氧呼吸释放的能量更多。

线粒体

有氧呼吸的大多数化学反应都发生在线粒体内。需要大量能量的细胞（如肌细胞等）中含有大量线粒体。

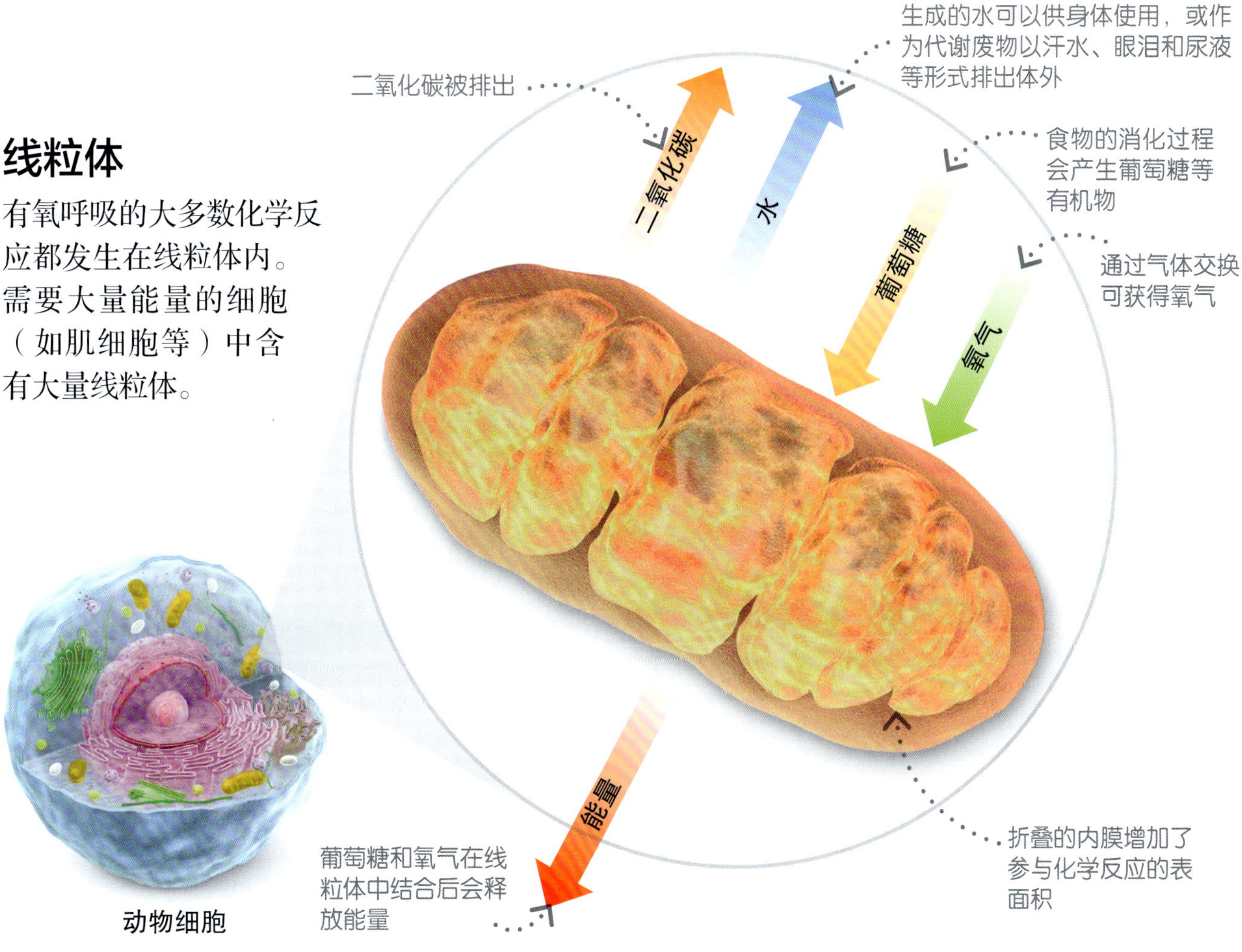

二氧化碳被排出

生成的水可以供身体使用，或作为代谢废物以汗水、眼泪和尿液等形式排出体外

食物的消化过程会产生葡萄糖等有机物

通过气体交换可获得氧气

二氧化碳

水

葡萄糖

氧气

能量

葡萄糖和氧气在线粒体中结合后会释放能量

折叠的内膜增加了参与化学反应的表面积

动物细胞

有氧呼吸的反应式

右边是有氧呼吸的总反应式，它表示有氧呼吸时葡萄糖释放能量的化学反应。

$$C_6H_{12}O_6 + 6H_2O + 6O_2 \xrightarrow{\text{酶}} 6CO_2 + 12H_2O + \text{能量}$$

$$\text{葡萄糖} + \text{水} + \text{氧气} \xrightarrow{\text{酶}} \text{二氧化碳} + \text{水} + \text{能量}$$

无氧呼吸

无氧呼吸是指在无氧条件下，通过酶的催化作用，葡萄糖等有机物被不完全分解并释放少量能量的过程。虽然无氧呼吸释放的能量比有氧呼吸（参见第55页）少得多，但在特殊情况下，它所提供的能量可能会起到巨大的作用，如在剧烈运动或环境中氧含量较低时。

要点

- ✓ 无氧呼吸在无氧条件下进行。
- ✓ 没有被完全分解的葡萄糖，在动物细胞中会生成乳酸；在植物细胞和酵母菌中则会生成二氧化碳和乙醇（酒精）。
- ✓ 无氧呼吸释放的能量比有氧呼吸释放的能量少。

肌肉运动时

人在剧烈运动时，肌肉收缩得更明显，需要更多能量。其中大部分能量来自有氧呼吸，但无氧呼吸也会提供少部分能量。

准备工作

跑步开始时，肺和心脏会为细胞提供充足的氧气，用于有氧呼吸。

在运动之前，肌肉中不含乳酸

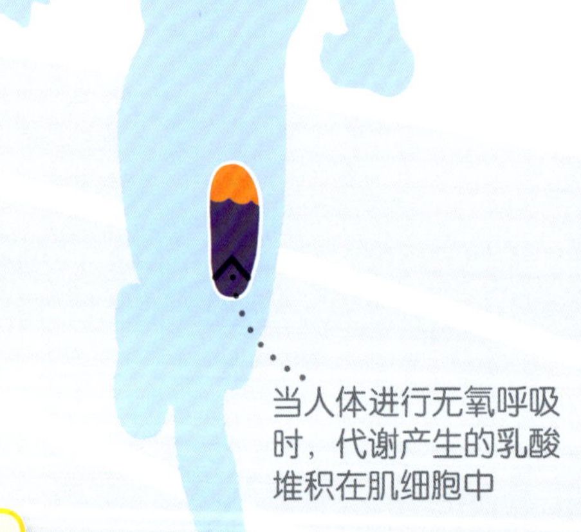

跑步

跑步过程中，心跳和呼吸速率加快，会输送更多氧气供肌肉进行有氧呼吸。但是运动强度大或持续时间较长时，人体开始进行无氧呼吸，为身体提供额外的能量。无氧呼吸不需要消耗氧气，但会生成乳酸。

无氧呼吸的反应式

动物细胞进行无氧呼吸的化学反应式为

$$C_6H_{12}O_6 \xrightarrow{\text{酶}} 2C_3H_6O_3 + \text{少量能量}$$

$$\text{葡萄糖} \xrightarrow{\text{酶}} \text{乳酸} + \text{少量能量}$$

植物和酵母细胞进行无氧呼吸的化学反应式为

$$C_6H_{12}O_6 \xrightarrow{\text{酶}} 2C_2H_5OH + 2CO_2 + \text{少量能量}$$

$$\text{葡萄糖} \xrightarrow{\text{酶}} \text{酒精} + \text{二氧化碳} + \text{少量能量}$$

其他生物的无氧呼吸

无氧呼吸在动物细胞和植物细胞中代谢的产物不同。动物细胞进行无氧呼吸会产生乳酸，植物和酵母菌（真菌的一种）则会产生二氧化碳和酒精。

酵母

有些微生物在进行无氧呼吸时，会将葡萄糖分解成二氧化碳和酒精，这一过程叫作发酵。加酵母菌可用来发酵面包。

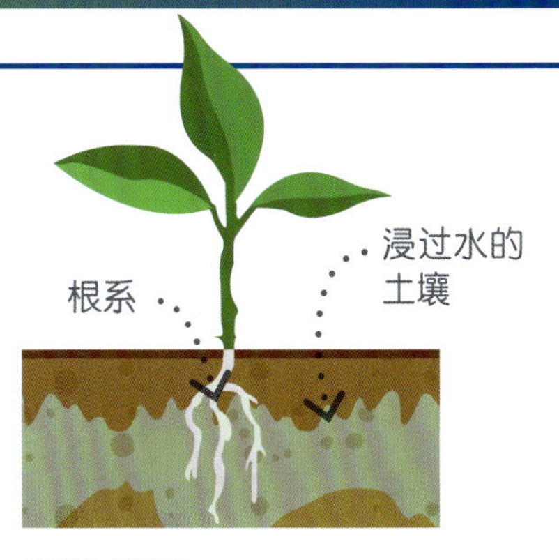

植物根系

如果土壤被水浸透，会使植物根部细胞获得的氧气量减少。这时根部细胞会进行无氧呼吸，生成二氧化碳和酒精。

恢复体力

跑步结束后，肌肉停止工作，需要的能量减少，无氧呼吸停止。但心脏和肺在一段时间内仍会继续高速运行，给身体提供氧气，以分解乳酸。

进一步分解

在跑步结束后的一小段时间内，跑步者需要进行深呼吸，给身体提供充足的氧气，从而将体内的乳酸进一步分解成二氧化碳和水。

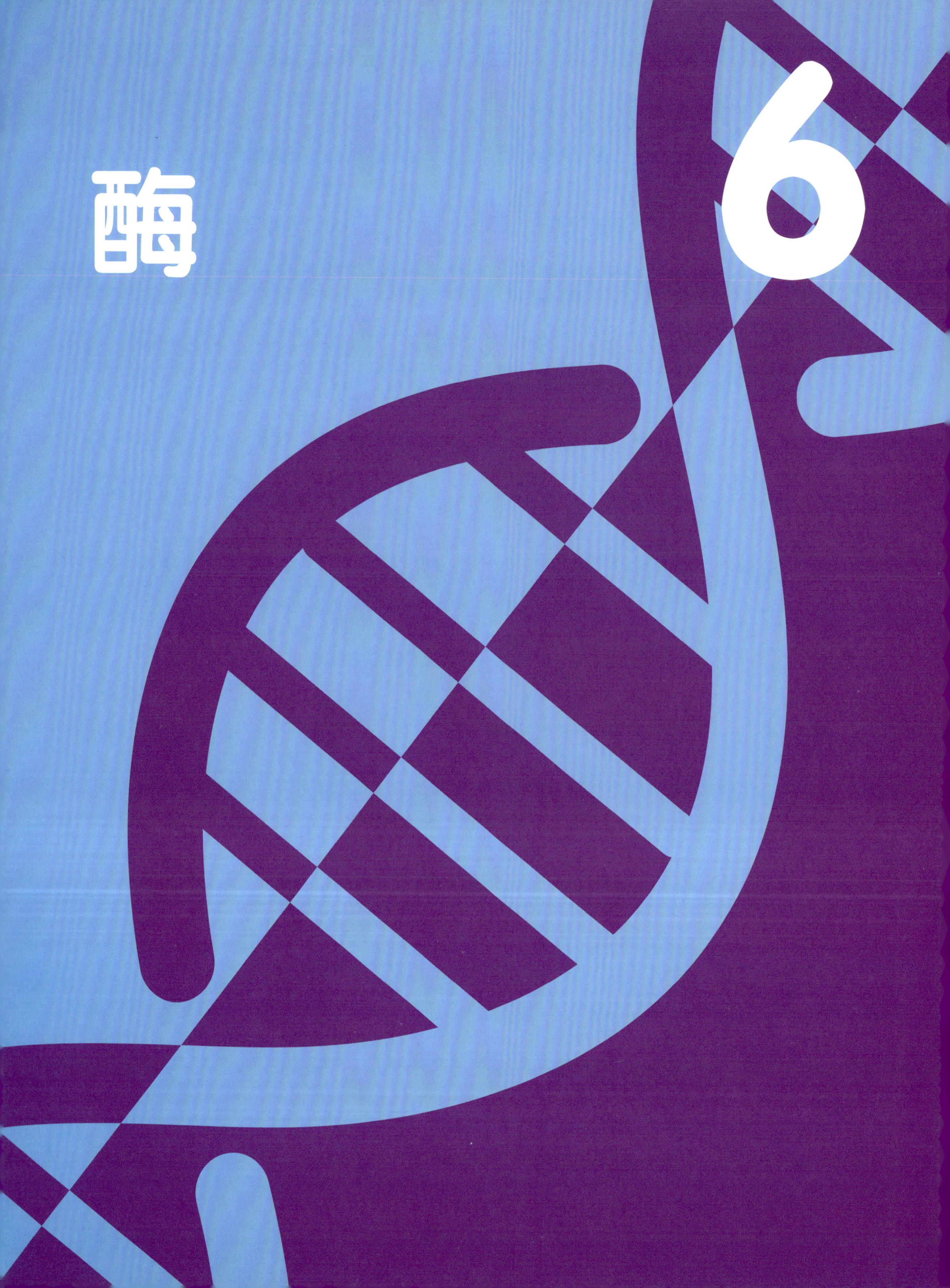

6 酶

酶的作用

绝大多数酶都是蛋白质，可以加速生物体内的化学反应（如消化作用、光合作用）。有些酶可以把大分子底物分解成小分子物质，而有些酶能使小分子底物结合形成大分子物质。酶是一种生物催化剂，能改变化学反应速率而自身不发生变化。

要点

- ✓ 绝大多数酶都是蛋白质。
- ✓ 酶是一种生物催化剂，能改变化学反应速率而自身不发生变化。
- ✓ 被酶作用的化学物质叫作底物。
- ✓ 酶的活性部位与底物分子的形状互补。

锁钥学说

锁钥学说是指每种酶都有其独特的空间结构，且适用于特定的底物（被酶作用的化学物质）。每种酶只能催化一种对应的化学反应，所以底物必须与酶的活性部位相匹配。

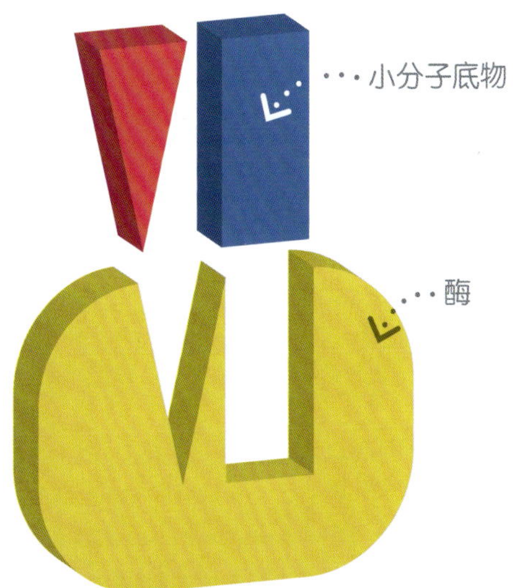

1 被酶作用的化学物质叫作底物。酶的活性部位和底物分子的形状互补。

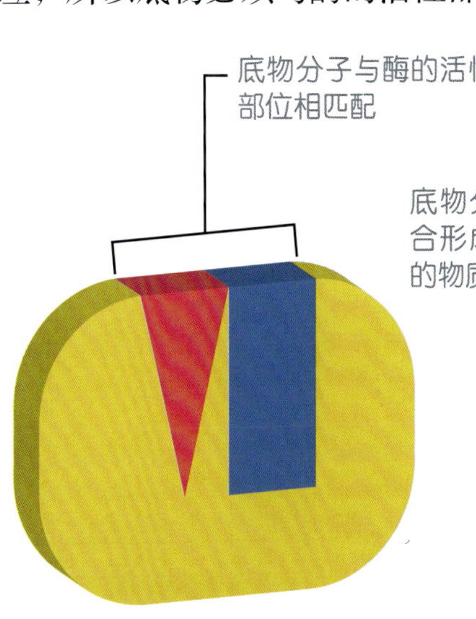

2 酶的独特空间结构使它与底物能暂时结合，然后两个底物分子相互作用。

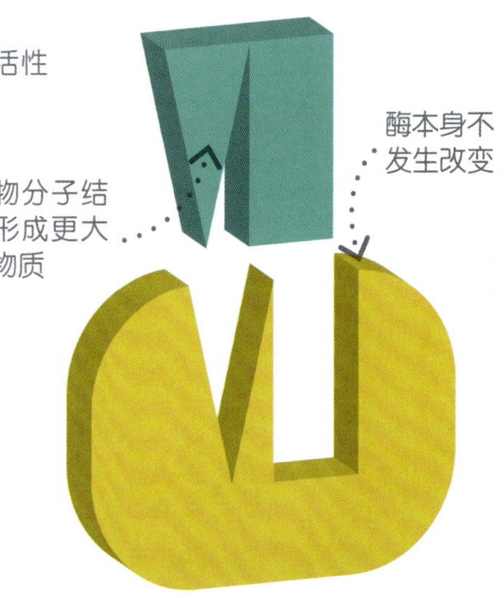

3 酶催化底物分子转化成新的、体积更大的物质。酶在反应过程中不会改变，可重复使用。

酶的结构

绝大多数的酶由氨基酸组成，氨基酸分子结合在一起形成一条长链。长链折叠成独特的三维结构，使酶能催化特定的化学反应。

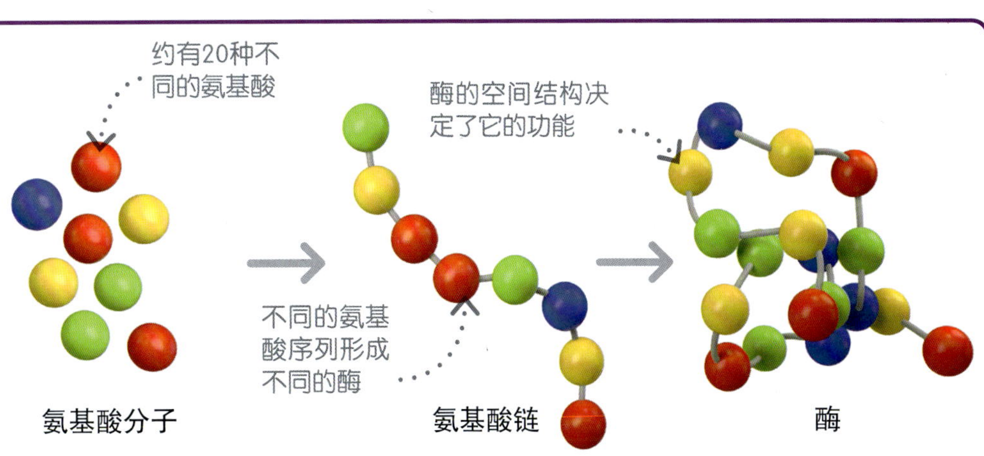

酶与温度

由酶作催化剂的化学反应叫作酶促反应。酶促反应需要的条件，如适宜的温度。每种酶在其最适温度范围内的活性最强，催化效果最好。

要点

- ✓ 温度能改变酶促反应速率。
- ✓ 在最适温度时，酶促反应速率最快。超过这个温度，酶促反应速率逐渐降低。
- ✓ 温度太高，酶的空间结构遭到破坏，与它作用的底物不再匹配，这就是酶的变性。

最适温度

右图显示了温度对酶活性的影响。如果温度过高，酶会变性（空间结构遭到破坏，不能发挥作用），反应速率就会降低；而如果温度太低，就不能产生足够的能量促进反应，酶促反应速率也会降低。

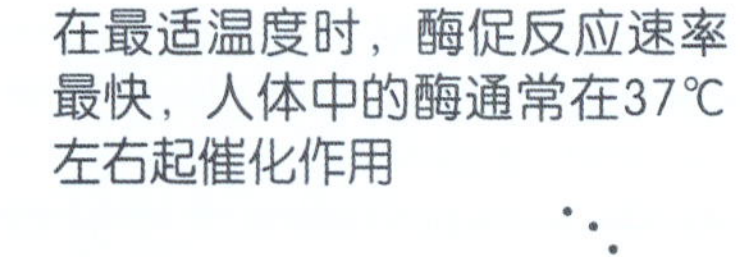

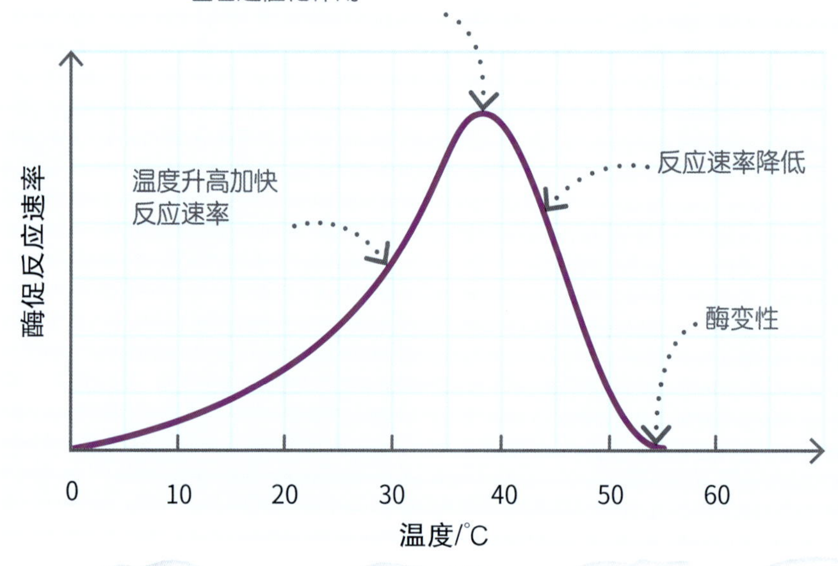

在黑暗中发光

萤火虫属于有翼甲虫类。它们利用体内的化学物质发光，以吸引异性繁衍后代。荧光来源于荧光素酶的催化作用，这种酶作用的最适温度范围为22~28℃，如果超过30℃，酶就会变性。

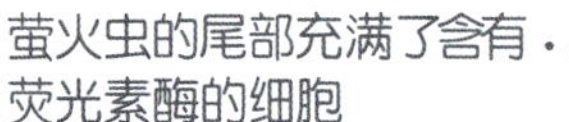
萤火虫的尾部充满了含有荧光素酶的细胞

酶与pH

酸碱度（pH，衡量物质酸碱性及强弱程度的指标）的变化会对酶产生影响。酶促反应（参见第60页）速率最快时的pH被称为酶的最适pH。物质的pH过高或过低都会破坏酶的空间结构，使其无法起到催化作用。

要点

- ✓ 每种酶都有一个最适pH，在这个pH下，酶促反应速率最快。
- ✓ 物质的pH过高或过低都可能破坏酶的空间结构，使酶变性。
- ✓ 大多数酶促反应速率在pH为7的条件下最快。
- ✓ 一些在细胞外作用的消化酶的最适pH小于7或大于7。

消化酶

在酸性条件下，胃蛋白酶起作用的最适pH约为2。胰蛋白酶有助于消化蛋白质，其最适pH约为8。

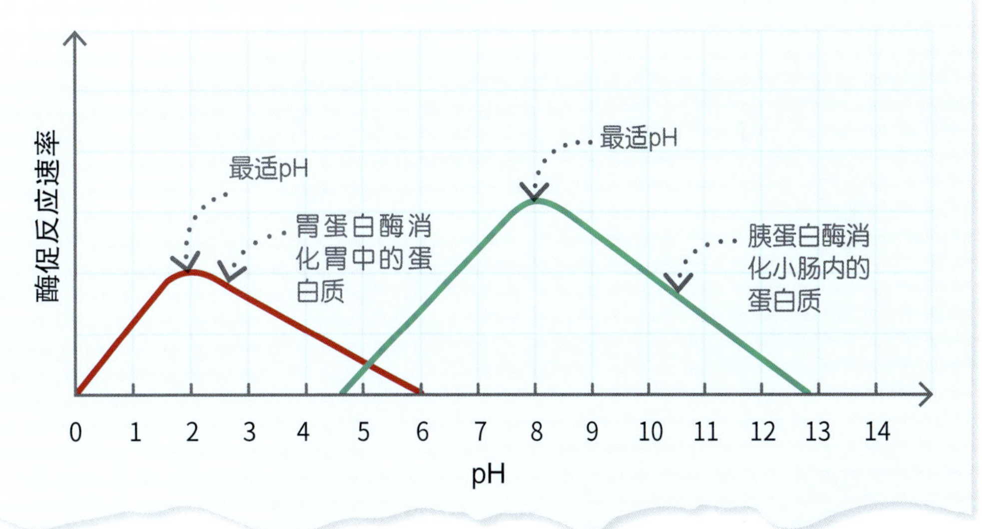

pH

pH的范围是0~14，用来表示物质的酸碱度。物质中酸或碱的含量会影响酶的活性。

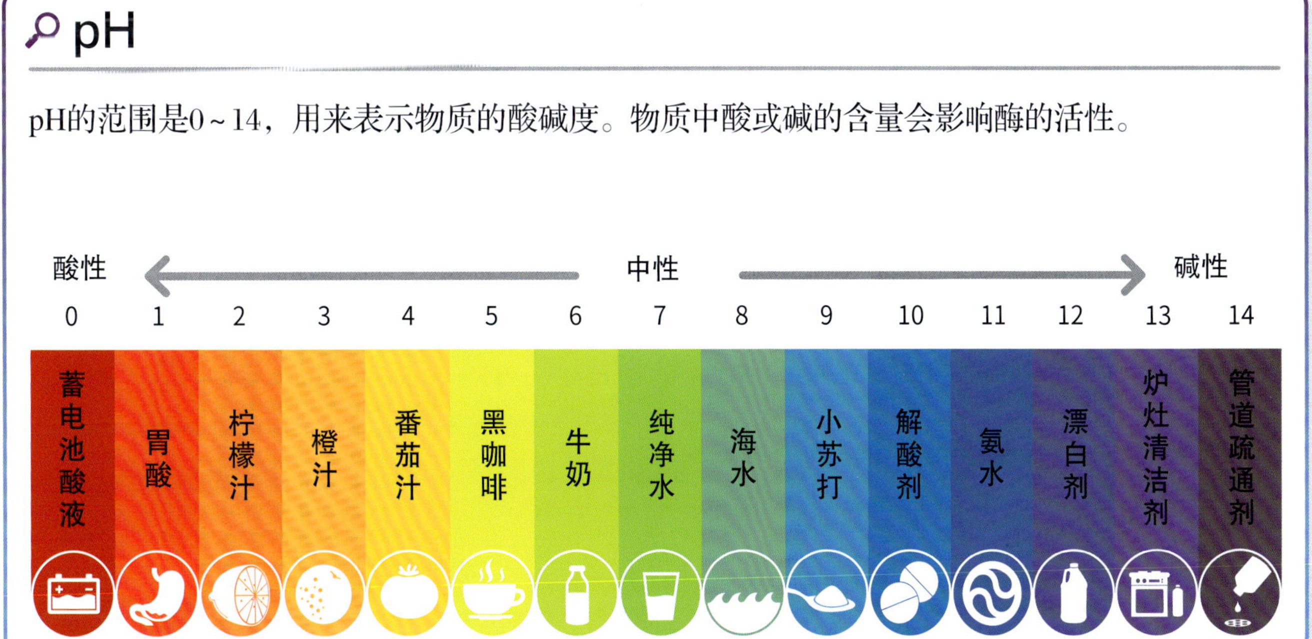

酶与底物

底物的浓度会影响酶促反应速率。随着酶或底物浓度的增加，酶与底物分子之间的碰撞会更频繁，当其中一种物质浓度不变时，反应速率最终会达到最大值，然后趋于平稳。

要点

- ✓ 在酶浓度不变的情况下，酶活性随底物浓度的增加而增加，直到没有多余的酶分子可以与底物结合。
- ✓ 达到酶饱和点时，没有更多的酶能与底物结合，反应速率趋于平稳。
- ✓ 在底物浓度不变的情况下，随着酶浓度增加，酶促反应速率会加快，并达到最大值。

酶促反应速率

当酶的浓度不变时，底物浓度越高，酶促反应速率越快；当反应速率达到最大值后，反应速率趋于平稳。同理，在底物浓度不变的情况下，酶的浓度与反应速率的关系也是如此。

酶促反应速率
反应速率达到最大值，之后趋于平稳
O
底物浓度

反应速率随着酶浓度的增加而加快
酶促反应速率
O
酶的浓度

酶饱和点

所有酶都被激活时，便达到了酶饱和点。达到酶饱和点后，酶与底物分子的碰撞反应并没有停止，而是以相同的反应速率继续进行。此时，反应速率不再加快，这是因为此时底物分子的数量比酶多。

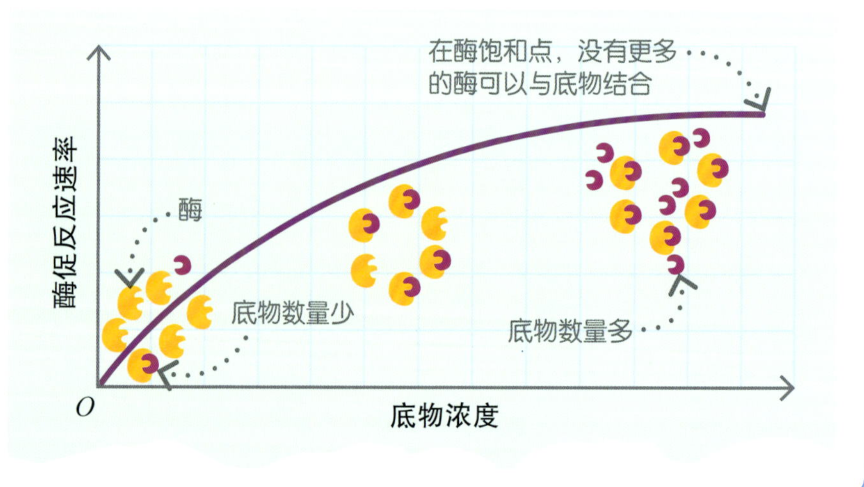

酶的用途

酶被广泛应用于食品工业和其他化学制品的生产中。酶能加快化学反应速率，还能重复使用（参见第59页），降低制造成本。

要点

- ✓ 酶广泛应用于工业生产中。
- ✓ 酶可以加快化学反应速率。
- ✓ 酶可以重复使用。

加酶洗衣粉

在洗衣粉中添加酶有助于分解污渍。不同种类的污渍是由不同的分子形成的，需要用不同的酶来分解。与其他去污化学品相比，加酶洗衣粉对环境的危害较小，这是因为其成分可进行生物降解（自然分解）。

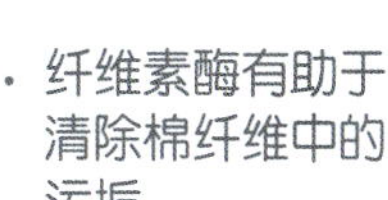

蛋白酶可以去除含有蛋白质的污渍，如血渍（含有血红蛋白）

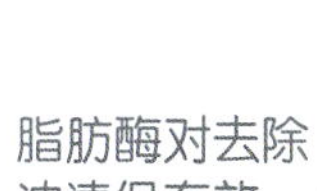

淀粉酶可以分解淀粉类食物的污渍

酶的其他用途

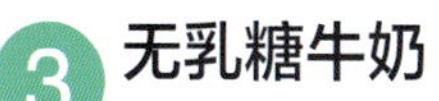

1 分解塑料

PET降解酶是一种能在几天内分解塑料的酶。科学家正在尝试提高其分解速率。

2 果汁

酶还被用于生产果汁。例如，果胶酶能帮助分解细胞壁，释放出细胞液和糖类。这些酶还能分解多糖等复杂糖类，使果汁变得清澈。

3 无乳糖牛奶

体内乳糖酶含量不足的人很难消化含有乳糖的产品。所以，乳糖酶可被用于制造无乳糖牛奶。

关于酶的研究

在最适温度和最适pH下，酶促反应速率最快。在人体中，酶的最适温度大约为37℃。如果高于或低于这个温度，酶的活性会降低，酶促反应速率也会随之降低。

要点

- ✓ 每种酶都有最适温度和最适pH。
- ✓ 温度高于最适温度时，酶的活性降低，到达临界点后，酶会变性。
- ✓ 在低温下，酶和底物分子移动缓慢，需要更长的时间来碰撞和发生反应。
- ✓ 随着温度的升高，酶促反应速率会加快，酶和底物分子的碰撞会更频繁。

温度对酶活性的影响

温度对酶活性的影响可以通过观察酶促反应速率进行研究。下面的实验研究的是淀粉酶在不同温度下将淀粉分解成葡萄糖的情况。

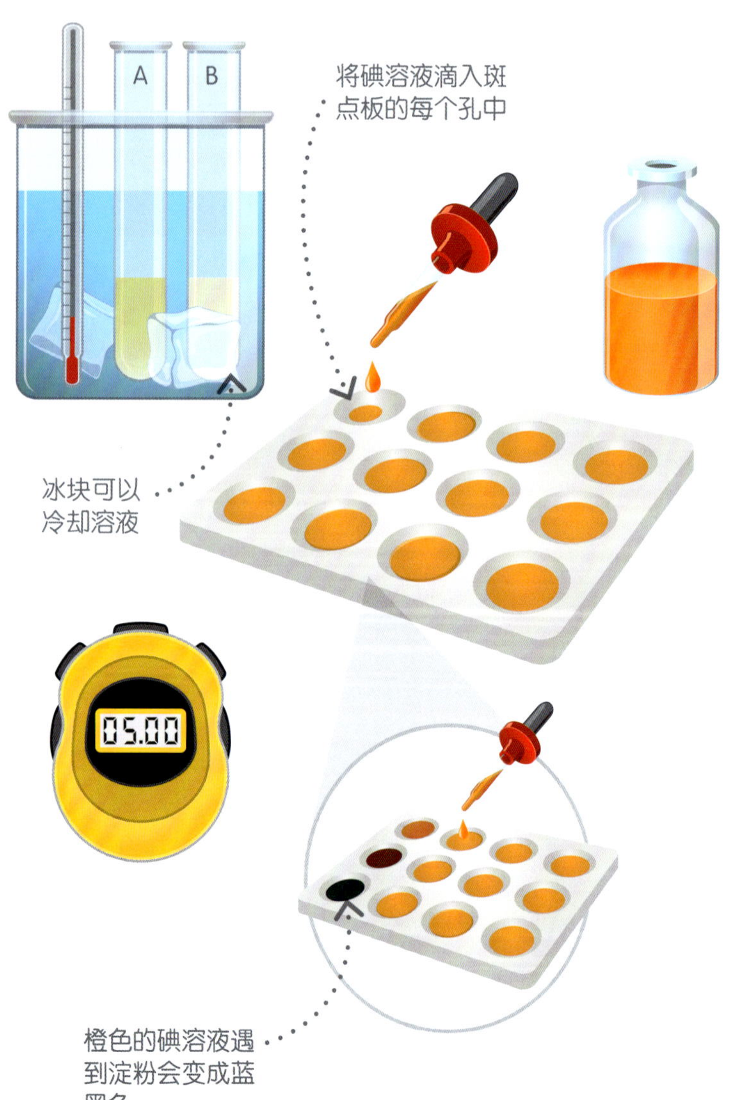

实验步骤

1. 准备一块斑点板，并往每个孔中滴入相同体积的碘溶液。
2. 往试管A中滴加淀粉溶液，往试管B中滴加淀粉酶溶液。
3. 将两支试管放入温度为4 ℃的水浴箱中进行适当冷却。
4. 将试管A和试管B中的溶液混合，然后把装有混合溶液的试管放回水浴箱中并开始计时。
5. 5分钟后，用移液管从该试管中取一些溶液，将其滴入斑点板上的碘溶液中。每隔30秒重复取液滴加一次，直到碘溶液不再变色。
6. 然后先后将水浴箱的温度设置为37℃和60℃，重复进行两次实验。花费最短时间使碘溶液不变色的样品的温度就是淀粉酶的最适温度。

pH对酶活性的影响

研究pH对酶活性影响的实验与64页的实验相似。大多数酶促反应速率在中性条件下（pH为7）最快，但是胃蛋白酶在酸性条件下（pH为1~2）的酶促反应速率最快。

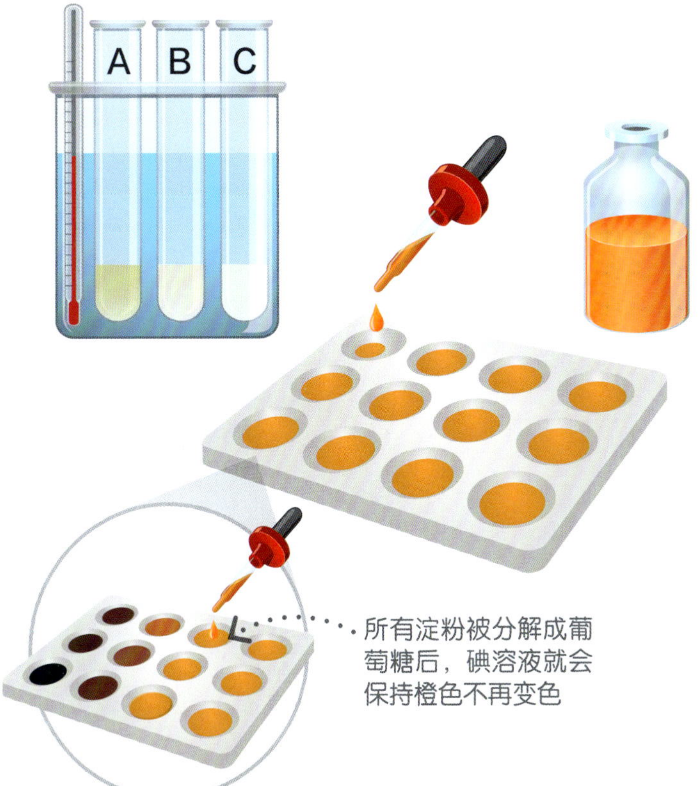

实验步骤

1. 准备一块斑点板，并往每个孔中滴入相同体积的碘溶液。
2. 往试管A中滴加淀粉溶液，往试管B中滴加淀粉酶溶液，然后将pH为4的缓冲溶液加入试管C中（使溶液的pH保持相对稳定）。
3. 将三支试管在温度为37℃（酶反应的最适温度）的水浴箱中放置10分钟，使溶液达到最适温度。
4. 将三支试管中的溶液混合，然后将装有混合溶液的试管放回水浴箱中并开始计时。
5. 5分钟后，用移液管从试管中取一些溶液，将其滴入斑点板上的碘溶液中。每隔30秒重复取液一次，直到碘溶液不再变色。
6. 往试管C中滴加不同pH的缓冲溶液，然后重复步骤1~5。花费最短时间使碘溶液不再变色的样品pH就是淀粉酶的最适pH。

计算酶促反应速率

方法一

酶促反应速率指用酶作催化剂分解底物的快慢程度。计算酶促反应速率的方法之一是测量一定时间内消耗的底物量或生成的产物量，计算公式如下：

$$\text{酶促反应速率}=\frac{\text{消耗的底物量或生成的产物量}}{\text{时间}}$$

例题：过氧化氢酶催化过氧化氢分解为水和氧气。如果在40s内该反应内释放了20cm³氧气，那么过氧化氢酶的酶促反应速率为

$$\text{酶促反应速率}=\frac{20}{40}=0.5\ (\mathrm{cm^3 \cdot s^{-1}})$$

方法二

有的实验可知道反应时长，但不知道底物或产物量的变化，如上述的淀粉酶实验。这种情况下，想要计算酶促反应速率，可以用1直接除以反应时间，计算公式如下：

$$\text{酶促反应速率}=\frac{1}{\text{时间}}$$

例题：如果淀粉酶在溶液中分解淀粉的时间是10s，那么它的酶促反应速率为

$$\text{酶促反应速率}=\frac{1}{10}=0.1\ (\mathrm{s^{-1}})$$

新陈代谢

新陈代谢是活细胞中所有化学反应的总称，这些反应在酶的作用下一直在进行，通过合成或分解来改变分子类型。有些代谢反应会释放能量，有些代谢反应则会吸收能量。

要点

- ✓ 新陈代谢包括活细胞中由酶控制的所有化学反应。
- ✓ 代谢反应会合成或分解分子。
- ✓ 有些代谢反应会释放能量，有些代谢反应则会吸收能量。

分解大分子物质

一些代谢反应通过破坏大分子的化学键形成小分子。

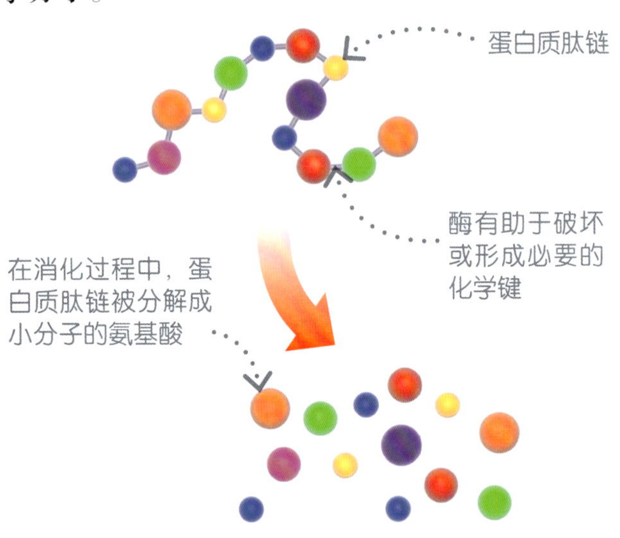

合成大分子物质

一些代谢反应将小分子通过化学键连接起来合成大分子。

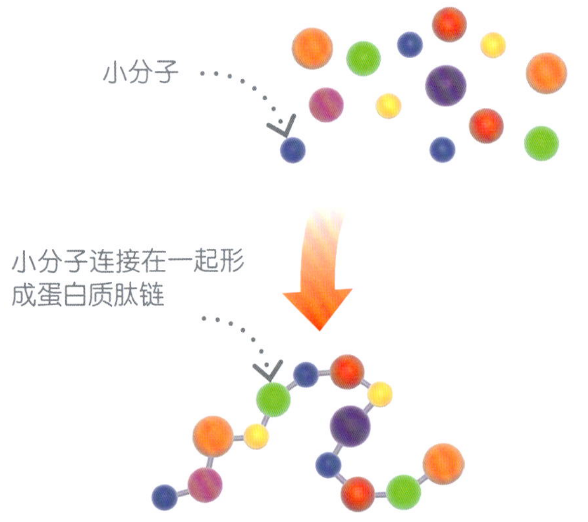

典型例子

- 所有细胞通过呼吸作用分解葡萄糖释放能量，从而进行各种生命活动。
- 当细胞需要能量时，储存的碳水化合物（植物中的淀粉、动物体内的糖原）可以分解成葡萄糖。
- 消化食物的过程中，大分子物质会被分解成小分子物质。例如，蛋白质被分解成氨基酸；淀粉被分解成葡萄糖；脂肪被分解成脂肪酸和甘油。
- 当动物体内的氨基酸含量过多时，多余的氨基酸会被分解，产生一种叫作尿素的代谢废物。

典型例子

- 小分子会互相结合形成大分子。例如，氨基酸互相结合形成蛋白质，脂肪酸和甘油结合形成脂肪。
- 葡萄糖分子结合在一起形成更大的碳水化合物（如植物中的淀粉、动物体内的糖原）并被储存起来。
- 植物通过结合葡萄糖分子制造纤维素。纤维素能促进细胞壁的形成。
- 植物在光合作用中结合二氧化碳和水分子制造葡萄糖，然后利用葡萄糖制造所需的其他分子。例如，葡萄糖和硝酸盐离子结合形成氨基酸，进而合成蛋白质。

7 植物的养料

光合作用

所有的生物都需要营养物质维持生命活动。与动物不同，植物主要通过光合作用制造养料。它们通过获取光能（阳光）、水和二氧化碳等无机物制造葡萄糖等有机物。因此，绿色植物在生态系统中被称为生产者。

要点

- ✓ 植物主要通过光合作用制造养料。
- ✓ 植物的光合作用主要发生在叶绿体中。
- ✓ 在光合作用中，植物利用光能将二氧化碳和水转化成葡萄糖等有机物并释放氧气。
- ✓ 光合作用是一种吸热反应，植物在这个过程中吸收光能。

光合作用是怎样进行的

植物通过光合作用将二氧化碳和水转化成葡萄糖等有机物，并释放氧气。葡萄糖是植物的能量来源，生成的氧气一部分用于呼吸作用，其余的作为代谢废物排出体外。

光合作用的反应式

光合作用需要吸收能量，是一个吸热反应。该反应由许多由酶控制的反应组成，这些反应依次发生。总反应式为

$$6CO_2 + 6H_2O \xrightarrow[\text{叶绿体}]{\text{光能}} C_6H_{12}O_6 + 6O_2$$

$$\text{二氧化碳} + \text{水} \xrightarrow[\text{叶绿体}]{\text{光能}} \text{有机物} + \text{氧气}$$

叶片

植物的光合作用主要发生在植物的叶片中。叶片的表面积很大，能尽可能多地吸收光能。接近叶片上表皮的叶肉中含有较多的叶绿体，能够获取大量光能。

要点

- ✓ 叶片的表面积很大，叶肉中含有许多叶绿体，能进行光合作用。
- ✓ 植物的光合作用主要在叶肉的栅栏组织中进行。
- ✓ 植物叶片与外界的气体交换主要发生在海绵组织中。
- ✓ 二氧化碳从气孔进入叶片内部，氧气和水蒸气从气孔排出。

叶片的结构

叶片看起来很薄，但它由多层细胞组成，如下图所示。叶片的结构使植物能最大限度地进行光合作用。

栅栏组织是近上表皮排列紧密整齐的柱状细胞。这些细胞中含有大量叶绿体

叶绿体中含有叶绿素，能吸收光合作用所需光能

表皮分为上表皮和下表皮，是覆盖叶片表面的透明细胞层，允许尽可能多的阳光通过细胞

角质层是表皮最外层部分，不易透水，可以减少植物体内水分的散失，防止植物枯萎

下表皮

海绵组织是近下表皮排列疏松的海绵状细胞。这些细胞间隙大而多，便于气体交换

水和矿物质通过叶脉的木质部输送到植物的叶片和其他部分

两个保卫细胞围成一个气孔，控制气孔的开合

光合作用合成的葡萄糖通过叶脉的韧皮部被输送到植物的其他部分

气孔能控制气体的进出。二氧化碳从气孔进入，氧气从气孔排出

气孔

植物在光合作用过程中通过气孔进行气体交换。气孔大多分布在叶片背面，对光线十分敏感，夜晚呈闭合状态，以减少水分散失。

要点

- ✓ 植物在光合作用过程中通过气孔进行气体交换。
- ✓ 氧气通过气孔从叶片中排出，二氧化碳则通过气孔进入叶片。
- ✓ 在蒸腾作用过程中，水蒸气通过气孔排出。
- ✓ 保卫细胞控制气孔的开合。

气孔的开合

气孔由两个半月形保卫细胞围合而成。调节保卫细胞的形状和大小可以控制气孔的开合。由于受到阳光的影响，气孔大多分布在叶片背面，以减少水分散失。

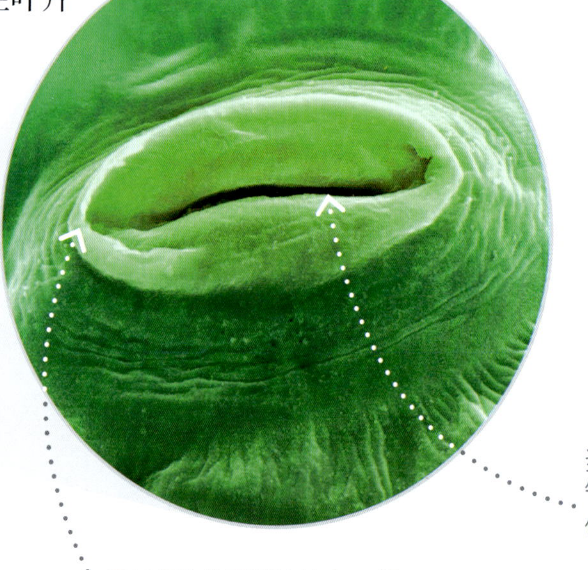

保卫细胞是怎样工作的

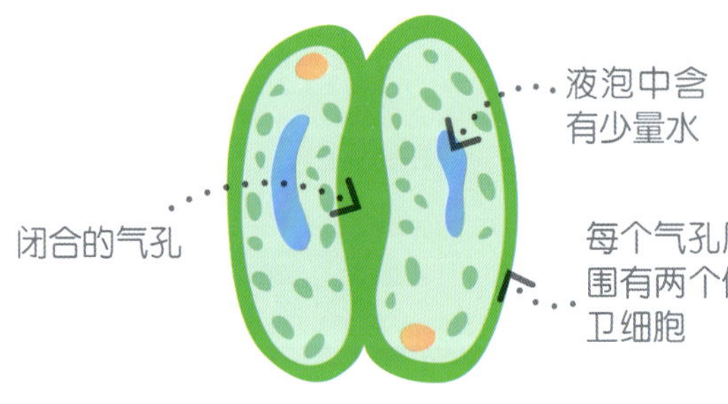

叶绿体

富含水的饱满液泡

打开的气孔

厚厚的内细胞壁

细胞核

薄薄的外细胞壁

1 气孔闭合

夜晚，光合作用停止，水分被排出。保卫细胞收缩，气孔闭合。在植物体内水分含量较低时，气孔闭合能有效防止水分散失。

2 气孔打开

白天，光线和水分充足，水分可通过渗透作用进入保卫细胞，使其膨胀、弯曲，从而使气孔张开。

植物和葡萄糖

光合作用主要发生在植物叶片中，生成葡萄糖，为植物自身提供所需的养料。葡萄糖有多种用途，其中一小部分为生产它的细胞提供能量，但大部分被用于为植物其他部分的生命活动提供能量。

要点

- ✓ 植物能通过光合作用产生其生长所需的葡萄糖。
- ✓ 葡萄糖能提供能量，合成蔗糖，转化为纤维素和蛋白质，或以淀粉的形式储存起来。
- ✓ 植物能通过呼吸作用把葡萄糖转移到细胞中。

植物如何利用葡萄糖

植物生成的葡萄糖一部分直接用于呼吸作用，为细胞提供能量，剩下的部分则以多种方式被利用。

线粒体是细胞内的微小结构，在呼吸作用中将储存在葡萄糖中的能量转移到细胞中。

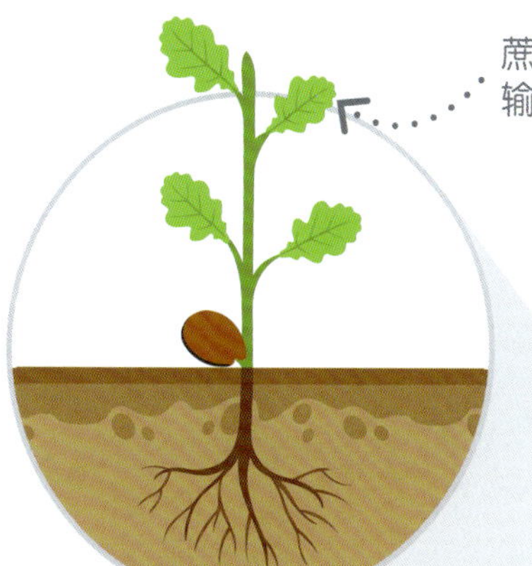

有些葡萄糖被用来合成蔗糖，蔗糖被输送到需要它的植物部分。

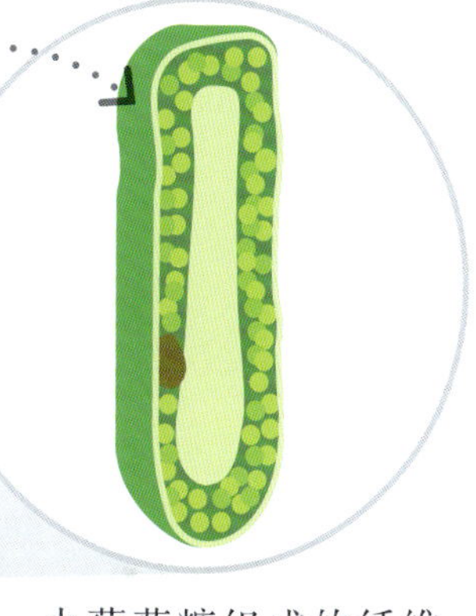

由葡萄糖组成的纤维素是植物细胞壁的主要成分，细胞壁可以维持植物细胞的形状。

脂类可由葡萄糖转化而成，能储存能量。

没有被直接利用的葡萄糖会转化成淀粉，储存在叶片、根或块茎中。

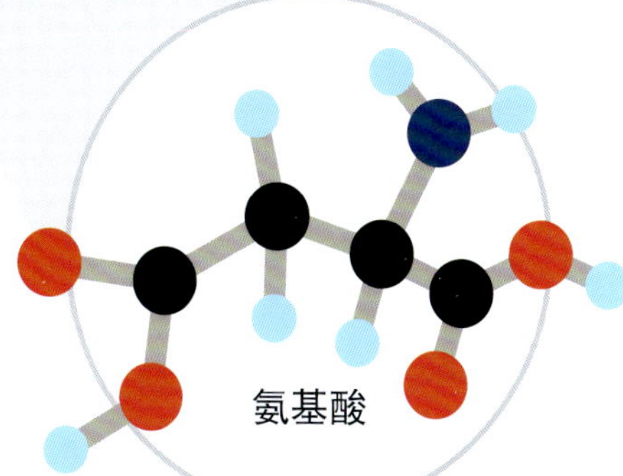

氮以硝酸盐的形式被植物从土壤中吸收，葡萄糖和氮结合形成氨基酸。氨基酸能合成用于细胞生长和修复的蛋白质。

植物和矿物质

除了光合作用产生的葡萄糖外，植物生长还需要矿物质，这些矿物质以离子的形式存在于土壤中。植物如果没有获得足够的矿物质，就会营养不良。

要点

- ✓ 植物生长所需的三种主要矿物质是硝酸盐、磷酸盐和钾。
- ✓ 镁离子（需求量较小）在植物光合作用中有重要作用。
- ✓ 植物如果没有获得足够的矿物质，就会营养不良。

矿物质	作　用	缺少时的症状	健康的植物	不健康的植物
硝酸盐（含氮）	氨基酸能合成细胞生长所需的蛋白质，而合成氨基酸需要硝酸盐	植物缺少硝酸盐，生长会受阻，叶片会变黄	玉米植株	
磷酸盐（含磷）	帮助植物进行呼吸作用、合成DNA，以及生成细胞膜	植物缺乏磷酸盐，叶片会变紫，根系会生长不良	番茄植株	
含钾的无机盐	钾离子能提高酶的活性，促进植物的光合作用和呼吸作用	植物缺钾，叶片会呈黄色（甘蓝黄叶病），根、花和果实生长不良	葡萄植株	
含镁的无机盐	镁离子能合成光合作用所必需的叶绿素	植物缺镁叶片会变黄（甘蓝黄叶病）	马铃薯植株	

植物的适应性

大多数植物不能在炎热、干燥等极端环境（如沙漠）下生存。在极端环境中生存下来的植物都具有特殊的适应性，使它们能顺利进行光合作用和气体交换。

要点

- ✓ 适应性是指生物具有与环境相适应的生物特征。
- ✓ 植物的适应性会影响根系的分布、叶片大小和形状、植物气孔的数量和开合的时间。
- ✓ 旱生植物是可以适应干旱环境的植物的统称。
- ✓ 水生植物是可以适应水域环境的植物的统称。

旱生植物

仙人掌的适应性很强，能在沙漠中生存。像这样能在极干旱的环境中生长的植物被称为旱生植物。

水生植物和极地植物如何生存

水生植物生活在水中，它们大多没有气孔，溶解在水中的气体可以直接进入植物组织。但睡莲叶的上表面分布有气孔。

极地植物体型很小，所以它们生长得很密集，以抵御寒风。极地植物的小叶片不仅能减少水分散失，还能在极低的温度下进行光合作用。

探究光合作用

植物进行光合作用时，不仅需要水，还需要光照、叶绿素和二氧化碳。以上条件缺一不可。

检测叶片中的淀粉

植物通过光合作用合成葡萄糖，再将葡萄糖转化为淀粉储存起来。可以使用碘溶液检验叶片中是否含有淀粉。如果叶片进行了光合作用，就会被检测出含有淀粉。

1 将一片叶子放入装有沸水的烧杯中，静置1分钟，使细胞壁软化，碘溶液可以渗透到细胞中。

2 将叶子放入装有半管酒精的试管中，然后将试管放入装有水的烧杯中加热5分钟。酒精能溶解叶绿素，便于观察、对比实验结果。

3 用冷水冲洗掉叶片上残留的酒精，然后将叶片放在白色瓷砖上。往叶片上滴几滴碘溶液，如果橙色的碘溶液变成蓝黑色，就说明叶片中含有淀粉。

植物中的淀粉

任何无法立即被植物利用的葡萄糖都会被转化为淀粉储存起来。夜晚，叶片中的淀粉会为植物的呼吸作用提供能量。有些植物会将淀粉储存在块茎中，这些块茎就是人类摄入的淀粉的主要来源，如马铃薯。

1 在生长季节，葡萄糖被转化成淀粉储存在马铃薯的块茎中。

2 冬天，马铃薯的叶子会枯死，但块茎会因储存的淀粉而膨胀。

3 春天，储存在块茎中的淀粉为新芽生长提供能量。

叶绿素实验

斑叶植物的淀粉实验可以证明，叶绿素是植物进行光合作用必不可少的条件之一。

实验步骤

1. 先将斑叶植物在黑暗环境中放置至少24小时，消耗掉其储存的全部淀粉，然后把它置于阳光下大约6小时。
2. 用碘溶液检测叶片中是否含有淀粉。光合作用产生的部分葡萄糖会以淀粉的形式储存在叶片中。如果叶片的绿色部分遇碘变成蓝黑色，说明进行了光合作用。

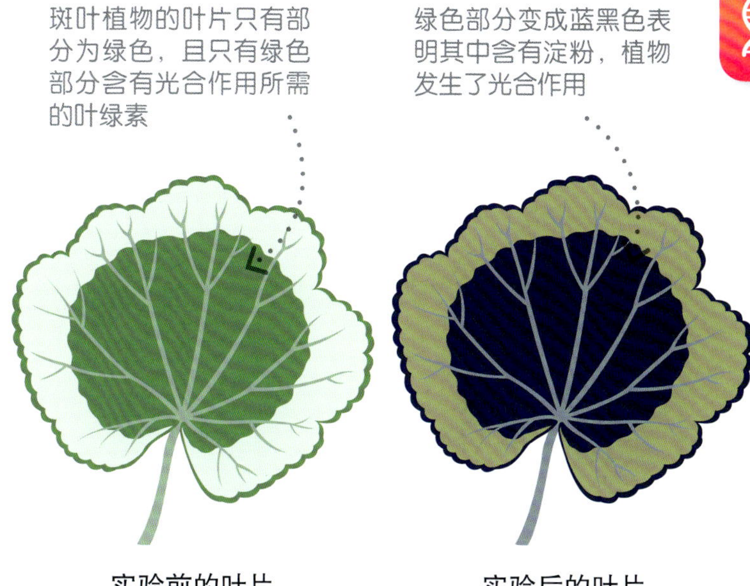

二氧化碳实验

去除植物生长环境中的二氧化碳，可以证明其是植物进行光合作用必不可少的条件之一。

实验步骤

1. 在一株脱淀粉植物旁放置碱石灰（用来吸收二氧化碳），并用塑料袋将二者包起来。然后将植物置于阳光下几小时。
2. 用碘溶液检测叶片中是否含有淀粉。如果叶片未变色，说明没有进行光合作用。

光照实验

遮住部分叶片进行实验，可以证明光照是植物进行光合作用必不可少的条件之一。

实验步骤

1. 用铝箔或黑纸片盖住脱淀粉植物叶片的一部分，然后将植物置于阳光下几小时。
2. 用碘溶液检测叶片中是否含有淀粉。叶片的遮光部分颜色不变，说明该部分叶片没有进行光合作用。

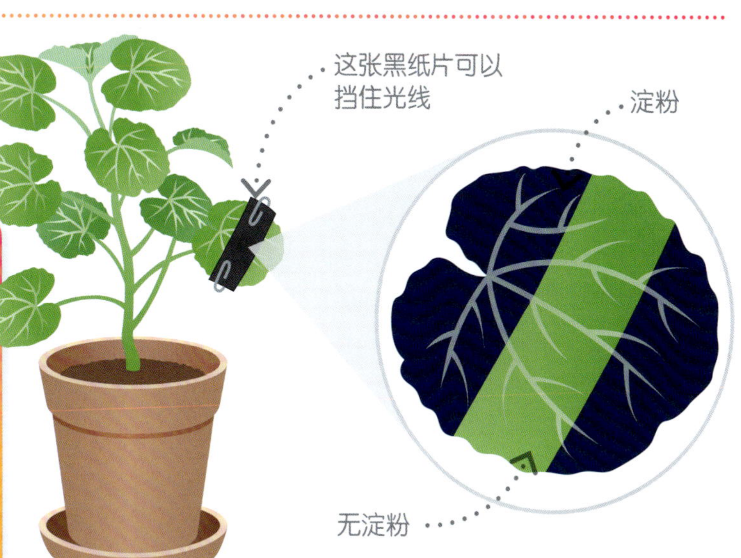

光合速率

植物的光合作用受温度、二氧化碳浓度和光照强度的影响。在一定范围内，当这三个条件中的任何一个增加时，光合速率都会随之加快。反之，任何限制光合速率的因素都是限制因素。光合速率越快，植物制造养料的效率越高。

要点

- ✓ 任何限制光合速率的因素都是限制因素。
- ✓ 限制植物光合速率的三个主要因素是温度、二氧化碳浓度和光照强度。
- ✓ 植物进行光合作用有一个最适温度，温度过高或过低都会导致光合作用停止。

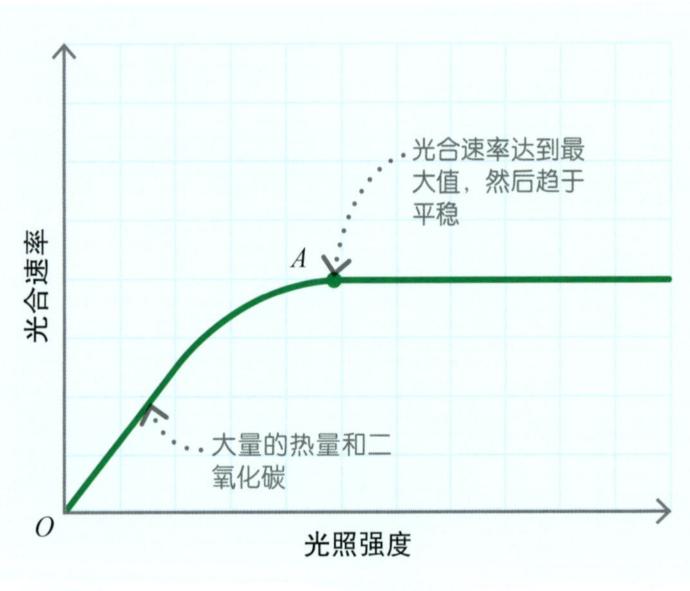

光照强度

当其他因素不变时，光照强度增加，光合速率会随之加快并达到最大值，然后趋于平稳。

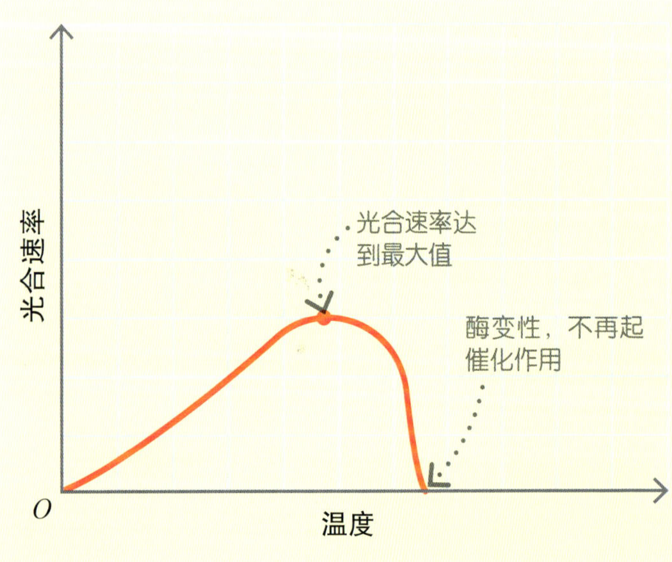

温度

当其他因素不变时，温度升高，光合速率会随之加快并达到最大值，然后下降。温度越高，分子碰撞得越激烈，光合速率越快。但当温度超过酶所能承受的最大值时，酶就会变性，不再起催化作用，光合速率就会减慢。

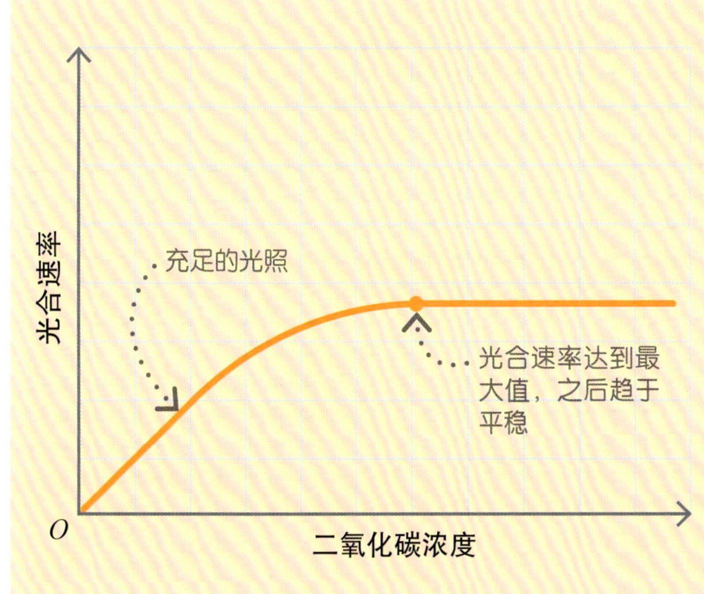

二氧化碳浓度

当其他因素不变时，二氧化碳浓度增加，光合速率会随之加快并达到最大值，然后趋于平稳。与酶碰撞的二氧化碳分子越多，光合速率越快。温度或光照强度等因素也会影响光合速率。光合速率处于最大值时，表示酶已经充分地与二氧化碳分子反应。

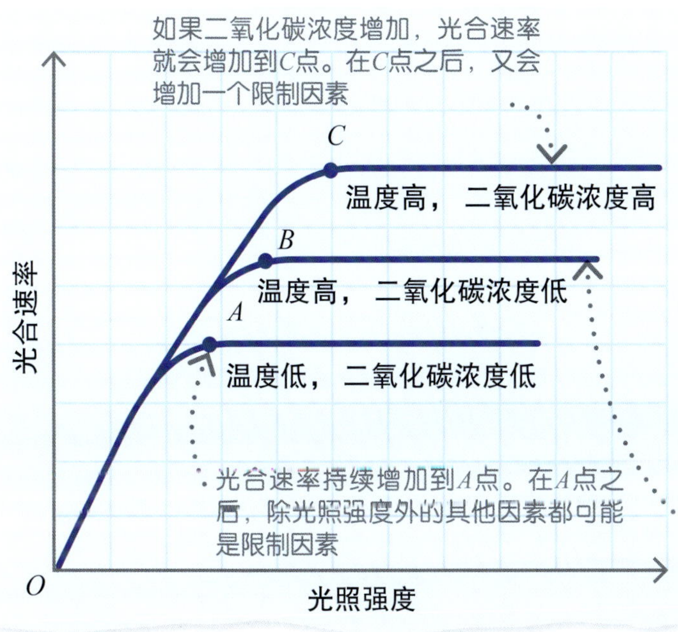

多个限制因素

随着光照强度的增加，光合速率达到A点。在A点之前，光照强度是限制因素；在A点之后，光合速率趋于平稳，此时其他因素（温度和二氧化碳浓度）就成了限制因素。温度上升会使光合速率达到B点，然后趋于平稳。在B点之后，二氧化碳浓度升高会使它在C点达到最大值，然后趋于平稳。

如果温度升高，光合速率就会增加到B点。在B点之后，其他因素会成为限制因素

影响光合速率的植物特征

植物自身的不同特征会影响其光合速率。例如，表面积较大或叶绿素含量较高的叶片能吸收更多光能，光合速率较快。而斑叶植物的叶片上有些部分叶绿素缺失，这类植物的光合速率比拥有全绿叶片的植物慢，制造养料的效率也更低。

斑叶植物的叶片

计算光合速率

通过测量一定时间内植物进行光合作用释放的氧气量来计算光合速率。在一定时间内，释放的氧气越多，光合速率越快。

要点

- ✓ 通过测量水生植物产生的气泡数来计算光合速率。
- ✓ 离光源越远的水生植物，光合速率越慢，产生的氧气气泡数越少。

光照强度对光合速率的影响

该实验通过计算水生植物产生的气泡数来计算光合速率。改变植物与光源之间的距离可以改变光照强度。

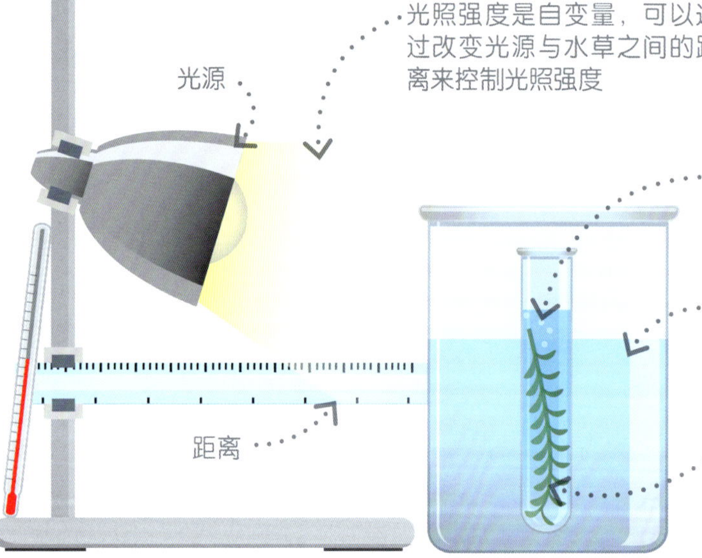

实验步骤

1. 往试管中加入碳酸氢钠溶液，碳酸氢钠会分解产生植物光合作用所需的二氧化碳。
2. 把试管放在烧杯里，烧杯里的水温在实验过程中要保持恒定。将水草浸入试管中，被切割的一端朝上。静置5分钟。
3. 当水草进行光合作用时，切割端会释放氧气气泡。将水草放置在距离光源10厘米处，用秒表计时，数一数1分钟内水草产生的气泡数。重复计数两次并求出平均值。
4. 分别将水草放置在距离光源20厘米和30厘米处，其他变量（参见第5页）不变，重复进行两次实验。实验结束后，发现随着光源与水草之间距离的增加，气泡数会逐渐减少。

测量气泡的长度

在78页的实验中，可能会因为气泡产生的速度太快而无法准确计数，并且气泡的大小不同，也可能对计算植物释放出的氧气量有影响。通过收集试管中产生的气泡并测量气泡的总长度计算的光合速率结果会更准确。

注射器

毛细管

氧气气泡

光源

刻度尺

水草

实验步骤

1. 将水草的切割端朝上，放进装有碳酸氢钠溶液的试管中，然后将试管放入盛有水的烧杯中并记录温度。
2. 将水草的切割端插入毛细管末端，在光源前放置5分钟。用注射器将产生的氧气气泡吸进毛细管里。
3. 测量气泡的长度。为了减少误差，使水草与光源之间的距离保持不变，重复进行实验并记录结果。
4. 其他变量不变，改变水草与光源之间的距离，重复实验并记录气泡的长度。

实验结果

右图显示了氧气气泡数量和光源距离的关系。随着水草与光源距离的增加，气泡数减少，光合速率减慢。

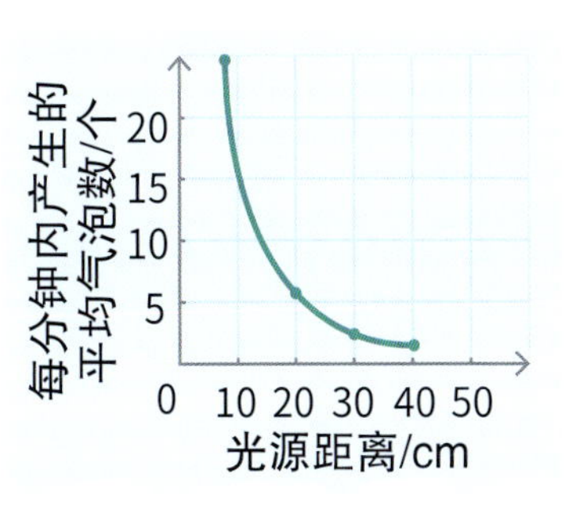

计算光合速率

用气泡的长度除以花费时间可以计算出光合速率。例如，在上面的实验中，水草在20分钟内产生的气泡总长度为4厘米。那么光合速率为

$$\text{光合速率} = \frac{\text{气泡长度}}{\text{花费时间}} = \frac{4}{20} = 0.2\,(\text{cm}\cdot\text{min}^{-1})$$

平方反比定律

如果把植物移到离光源更远的地方，光合速率就会急剧减缓。这是因为光合速率与光照强度成正比，而光照强度会随着植物与光源间距离的增加而减弱。光照强度随植物与光源间距离的变化遵循平方反比定律。

要点

✓ 光照强度与植物和光源间距离的平方成反比。

✓ 平方反比定律公式：

$$光照强度 \propto \frac{1}{距离的平方}$$

✓ 光合速率与光照强度成正比。

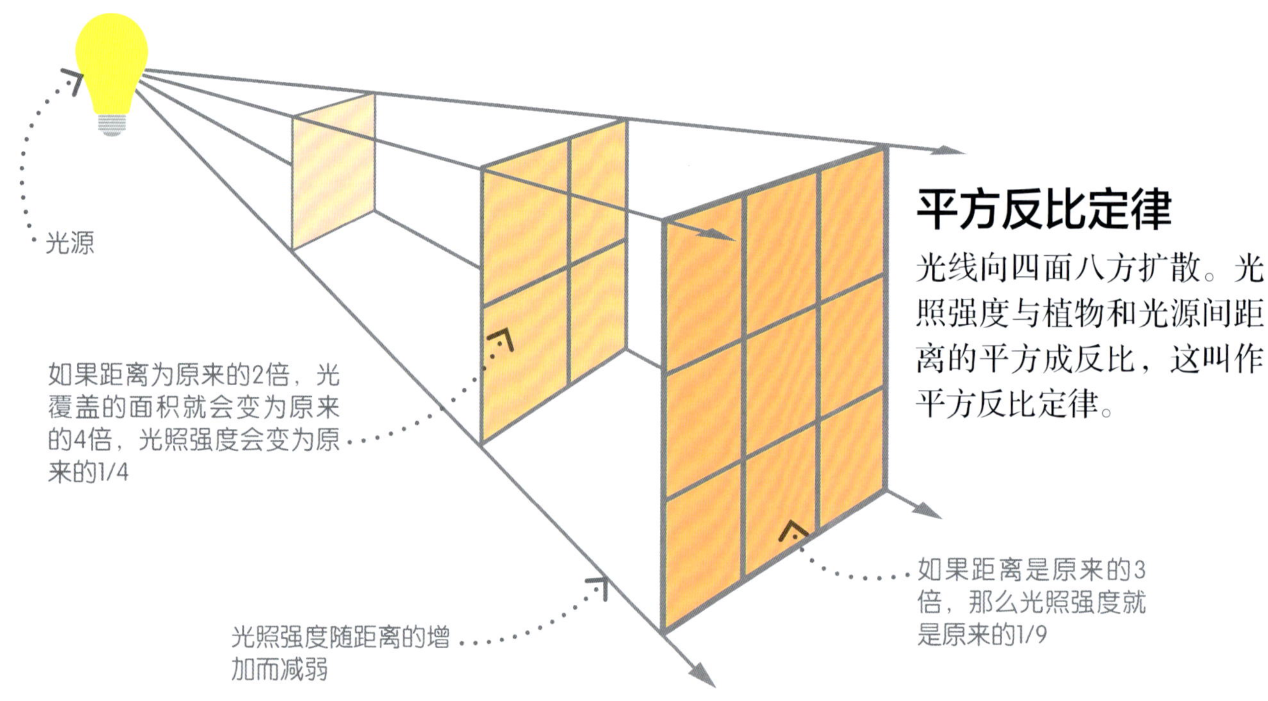

平方反比定律

光线向四面八方扩散。光照强度与植物和光源间距离的平方成反比，这叫作平方反比定律。

平方反比定律的应用

平方反比定律公式：

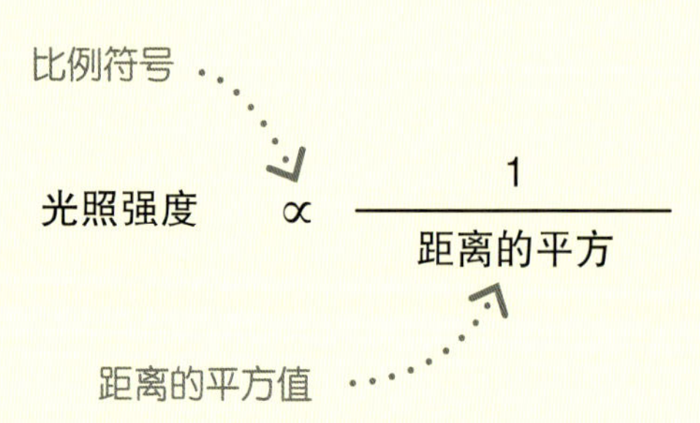

例题：一盏灯放置在距离植物20厘米处，用平方反比定律计算光照强度。

1. 列出公式：$光照强度 \propto \frac{1}{距离的平方}$
2. 代入数字：$光照强度 = \frac{1}{20^2}$
3. 计算出20的平方：$光照强度 = \frac{1}{400}$
4. 用计算器计算答案：$光照强度 = 0.0025$

温室农业

温室为作物创造了理想的生长条件，使作物的光合速率达到最大值，从而提高了作物产量，但也增加了成本，因此温室农业必须控制成本，以确保其与收入相平衡。

要点

- ✓ 温室可以提高植物的光合速率。
- ✓ 在温室里，二氧化碳、光照、温度和水都是可控的。
- ✓ 最大限度地提高光合速率可以加快作物的生长速度，增加产量。

可控条件

在温室中，人们可以控制作物进行光合作用所需的二氧化碳、光照、温度和水等条件。因此，温室里一年四季都可以种植作物。

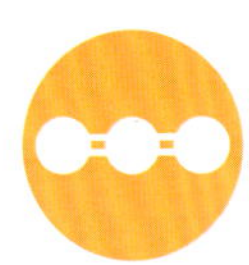

1 可以人为地增加温室中的二氧化碳浓度。因为光合作用需要二氧化碳，所以适当增加二氧化碳浓度有助于提高光合速率。

2 玻璃能阻止作物释放的热量向室外扩散，所以温室里的温度较高。冬天温室还可以使用加热器，以防止低温对作物造成损害。

3 人工补光可以增加日照时间，从而延长作物进行光合作用的时间；还可以增加光照强度，提高光合速率。

4 精准控制浇水量，可以使作物获取生长所需的水分。温室有时还会使用水培法培育植物，即将作物培育在营养丰富的水中。

5 在温室里种植作物可以有效防治害虫，如蚜虫。作物的健康有了保障，产量也会提高。

人体的营养物质 8

营养物质

营养物质是生物维持生命所必需的物质。生物通过吸收这些营养物质，为生命活动提供能量和制造新的细胞。

要点

- ✓ 营养物质是生物生存所必需的物质。
- ✓ 营养物质包括糖类、脂肪、蛋白质、维生素、无机盐、水和膳食纤维（有时被称作人体的“第七类营养素”）。
- ✓ 糖类能够为人体提供能量。
- ✓ 脂肪不仅能为人体提供能量，还可以保护人体的重要器官。
- ✓ 蛋白质可以合成新细胞和修复细胞。

糖类、脂肪和蛋白质

除了水外，细胞的主要组成成分还有糖类、脂肪和蛋白质。因此，人们在日常饮食中要适当摄入这些化合物。这些化合物被称为大分子，由许多小分子合成。

2 **蛋白质**不仅可以合成新细胞，还可以修复细胞，是构成生物体结构的重要物质。

奶制品中含有丰富的蛋白质，如牛奶

面食是一种很好的能量来源，但分解和释放能量的过程较慢

1 **碳水化合物**是人体主要的能量来源。碳水化合物以单糖或多糖等形式存在于食物中，如淀粉。糖类是生命活动最直接的能量来源。

牛油果富含脂肪

3 **脂肪**不仅可以储存能量，还能保护肾脏等器官免受损害，维持人体的正常体温。奶酪和黄油都富含脂肪，鸡蛋则富含脂肪和蛋白质。

其他人体必需的营养物质

为了维持身体的正常运转，人体还需要摄入维生素、无机盐（参见第84页）、水和膳食纤维等营养物质。

1 **膳食纤维**

膳食纤维是一种碳水化合物，能促进肠道蠕动，利于排便。蔬菜和谷类食物富含膳食纤维。

2 **水**

水不仅可以维持细胞结构（人体细胞中约含有70%的水），促进体液循环（如血液），还能运输营养物质和排出代谢废物。人体需要定时补充水分。

维生素和无机盐

虽然人体只需要少量的维生素和无机盐，但它们对维持人体健康至关重要。水果和蔬菜中含有丰富的维生素和无机盐。有些维生素和无机盐需要从食物中摄取。

要点

- ✓ 为了保持健康，人体需要摄入少量的维生素和无机盐。
- ✓ 水果和蔬菜富含维生素和无机盐。
- ✓ 人体必不可少的维生素有13种。
- ✓ 含钙和铁的无机盐是人体所需的重要无机盐。

维生素和无机盐的来源

饮食中缺乏特定的维生素或无机盐会引起相应的缺乏症，损害身体健康。

人体能将胡萝卜中的β-胡萝卜素转化为维生素A。维生素A有利于保护视力和保养皮肤

柑橘类水果是维生素C（又称抗坏血酸）的主要来源。补充维生素C能促进伤口愈合和增强免疫力

坚果富含铁。铁可用于制造输送氧气的血红蛋白。缺铁会导致贫血

乳制品富含钙。钙能维持骨骼强健和牙齿健康

维生素和无机盐

大多数人都能从食物中获得所需的维生素和无机盐。只有孕妇和某些特殊疾病患者可能需要通过服用营养剂来获取所需的营养物质。注意，长时间服用不必要的补品并不利于身体健康。

维生素和无机盐的区别

营养物质	维生素	无机盐
来源	生物：植物和动物	非生物：土壤、石头
化合物类别	有机化合物	无机化合物
稳定性	遇热（如烹饪时）、遇酸或在空气中易被分解	不易被热、光照或化学反应破坏
营养需求	人体需要所有维生素维持身体健康	人体只需部分无机盐维持身体健康

计算食物中的能量

食物中含有大量化学能。食物中的能量可以通过燃烧食物并观察水温的变化估算。

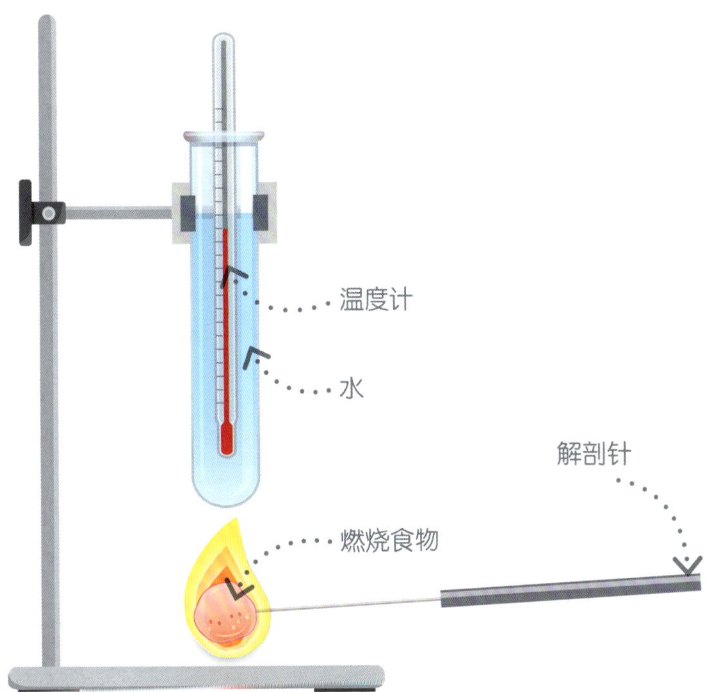

实验步骤

1 往试管中加入20cm³水，测量并记录水的质量和起始温度。例如，体积为1cm³的水，它的质量为1g。

2 给食物样品称重并记下质量，再把它放在解剖针的针头上，用本生灯点燃食物样品。

3 将燃烧的食物样品放在试管下方，直到样品燃烧完全。然后记录此时试管中的水温。

4 计算食物样品燃烧引起的水温变化。如果温度大幅升高，表明食物中含有大量能量。

5 按本页的公式计算食物燃烧释放的热量。食物释放的热量就是食物所含的能量。

燃烧食物

这个方法可以用来计算不同干货类食物中的能量含量，如坚果、薯片等。

计算食物中的能量

食物中的能量可用以下公式计算：

$$\text{食物含有的能量 (J)} = \text{水的质量 (g)} \times \text{升高的温度 (℃)} \times 4.2\ [\text{J}\cdot(\text{g}\cdot℃)^{-1}]$$

每克食物含有的能量可用以下公式计算：

$$\text{每克食物含有的能量 }(\text{J}\cdot\text{g}^{-1}) = \frac{\text{食物含有的能量 (J)}}{\text{食物的质量 (g)}}$$

例题：燃烧15g薯片用来加热含有10g水的试管，试管里的水温从20℃增加到了27℃，计算每克食物所含的能量。

$$\text{食物含有的能量} = \text{水的质量} \times \text{升高的温度} \times 4.2$$

$$= 10 \times (27-20) \times 4.2 = 294\ (\text{J})$$

$$\text{每克食物含有的能量} = \frac{\text{食物含有的能量}}{\text{食物的质量}}$$

$$= \frac{294}{15} = 19.6\ (\text{J}\cdot\text{g}^{-1})$$

均衡膳食

均衡膳食意味着摄入的食物必须含有人体所需的各种营养物质，且摄入量需适当。食物能为人体各项生命活动提供能量，比如行走或跑步。食物的摄入量与人的年龄、性别、身体素质及是否怀孕等有关。

要点

- ✓ 均衡膳食意味着摄入的食物需含有人体所需的各种营养物质，且摄入量须适当。
- ✓ 食物的摄入量与人的年龄、性别、身体素质及是否怀孕等有关。
- ✓ 吃得过少会导致体重过轻。
- ✓ 吃得过多会导致超重或肥胖。

均衡饮食

下面的食物盘代表不同食物的科学摄入比例。

体重

① 吃得过少

当摄入的能量低于身体每日所需的能量时，体重会下降。体重过轻的人免疫力较差，很难抵抗疾病，还会因为缺乏能量而时常感到疲惫。缺乏某些维生素和无机盐还会引发疾病，甚至导致死亡。

② 吃得过多

当摄入的能量超过身体每日所需的能量时，器官周围和皮下组织就会堆积形成一层厚厚的脂肪。体重过重的人（肥胖者）患心脏病、糖尿病、癌症和中风的风险比一般人更大。

右表显示了身体质量指数（BMI），它是衡量人体胖瘦程度和是否健康的重要标准。BMI过高或过低意味着身体可能存在问题。以下是BMI的计算公式：

$$\text{BMI}=\frac{\text{体重（kg）}}{\text{身高}^2\text{（m}^2\text{）}}$$

体　型	BMI /（kg・m⁻²）
偏瘦	< 18.5
正常	18.5~24.9
超重	25.0~29.9
肥胖	30.0~34.9

例题：假设一个16岁男孩的体重为65kg，身高为1.8m，那么他的BMI为

$$\text{BMI}=\frac{\text{体重（kg）}}{\text{身高}^2\text{（m}^2\text{）}}=\frac{65}{1.8^2}\approx 20.1\text{（kg・m}^{-2}\text{）}$$

他的身体质量指数处于正常范围

食物中的能量含量

根据食物标签可以得知食物的能量含量，用千焦（kJ）或千卡（kcal）表示。许多国家用黄色、红色和绿色标签（颜色编码系统）区分营养成分含量不同的食物，帮助人们选择健康的食物。

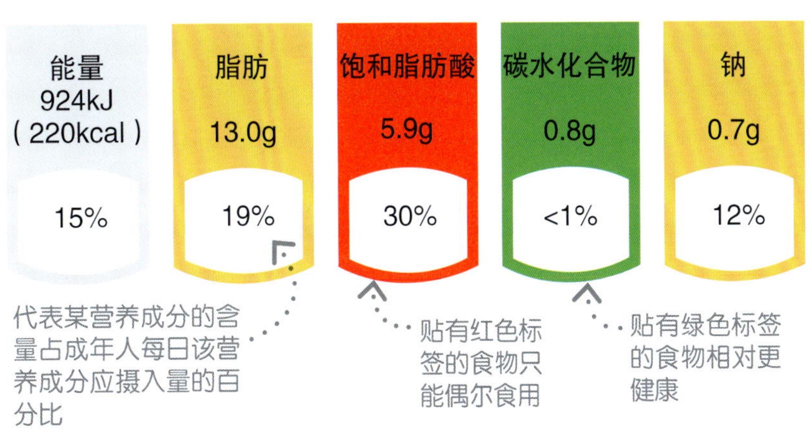

食物检测

借助化学试剂能检测食物中是否含有碳水化合物、糖类、蛋白质和脂肪。如果被检测的食物中含有这些物质，试剂会变色。在检测之前，要先将食物压碎并加入蒸馏水，制成食物样液。

要点

- ✓ 如果食物中含有淀粉，加入碘溶液后，食物样液会变成蓝黑色。
- ✓ 如果食物中含有单糖（葡萄糖），加入班氏试剂后，食物样液中会生成红黄色沉淀物。
- ✓ 如果食物中含有蛋白质，加入双缩脲试剂后，食物样液会变成紫色。
- ✓ 如果食物中含有脂肪，加入酒精后，食物样液会变成白色乳状。

检测食物中的淀粉

碘溶液遇淀粉会变成蓝黑色。

实验步骤

1. 往食物样液中滴入几滴橙色的碘溶液。
2. 搅拌混合。
3. 如果样液变成蓝黑色，说明食物中含有淀粉。

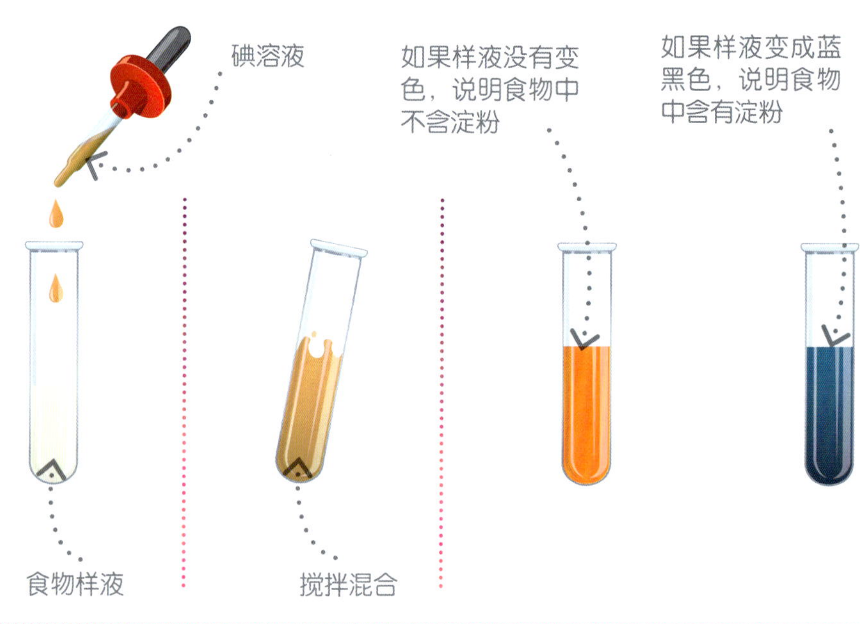

检测食物中的单糖

班氏试剂与单糖（如葡萄糖）反应后会生成红黄色沉淀物。

实验步骤

1. 往食物样液中滴入几滴浅蓝色的班氏试剂。
2. 搅拌混合（置于50℃的水中水浴加热可加快反应）。
3. 如果样液中有红黄色沉淀物生成，说明食物中含有单糖。

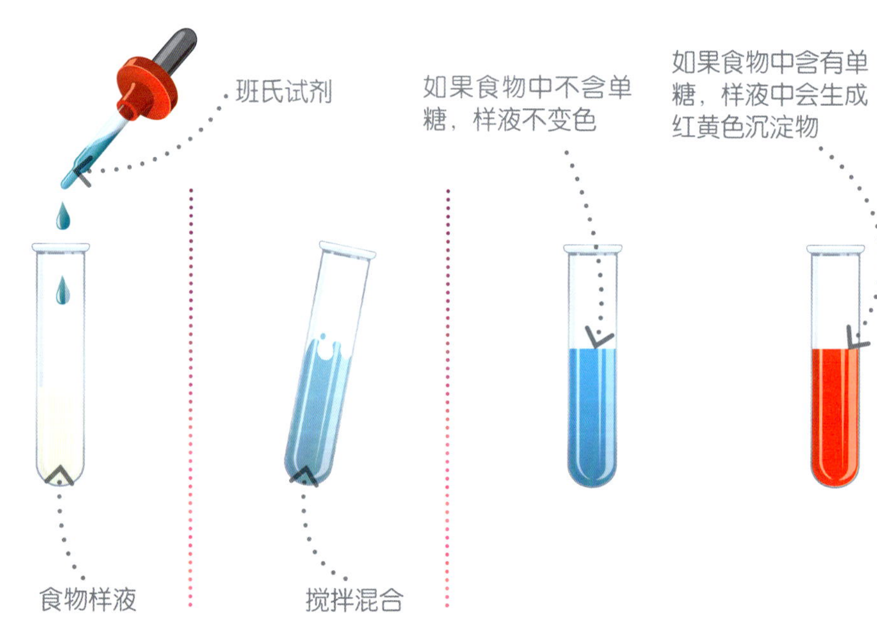

检测食物中的蛋白质

双缩脲试剂（氢氧化钠和硫酸铜的混合物）遇到蛋白质后会变成紫色。

实验步骤

1. 往食物样液中滴入几滴蓝色双缩脲试剂。
2. 搅拌混合。
3. 如果样液变成紫色，说明食物中含有蛋白质。

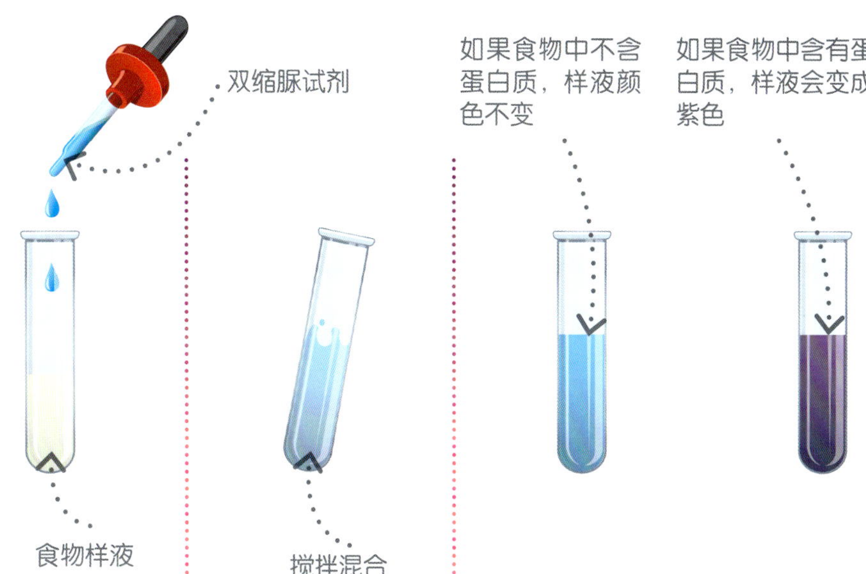

检测食物中的脂肪

酒精与脂肪反应后呈白色乳状。

实验步骤

1. 往食物样液中滴入几滴酒精。
2. 搅拌混合。
3. 将混合后的液体倒入装有蒸馏水的试管中。
4. 如果液体呈白色乳状，说明食物中含有脂肪。

酒精

将混合后的液体倒入装有蒸馏水的试管中

如果液体呈白色乳状，表示食物中含有脂肪

食物样液

混合后的液体

定性检测和定量检测

上述测试都是定性检测，可以检测出食物中含有的营养成分，但无法检测出营养成分的含量。而定量检测可以测出食品中营养成分的含量。

1. 柑橘类水果（如橘子）富含维生素C。可以从水果提取维生素C或用维生素C片制成溶液，进行定量检测。

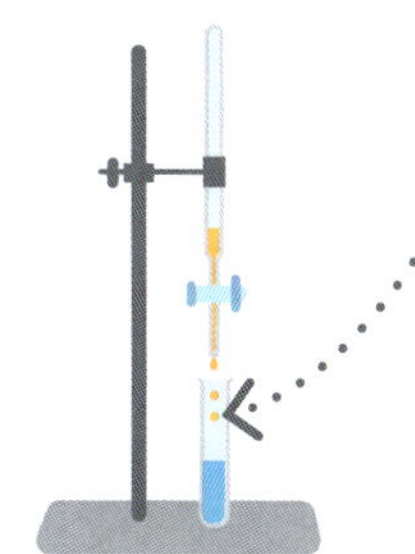

需滴入的维生素C溶液越多，表示食物中维生素C的含量越低

2. 通过测量2，6-二氯酚靛酚（DCPIP）试剂从蓝色变为无色所需的维生素C溶液滴数，即可确定食物中维生素C的含量。

消化系统

食物主要由难溶于水的大分子物质组成，比如脂肪和蛋白质。它们需要被分解成小分子物质，才能被人体吸收利用。这个过程在消化系统中进行。

组成消化系统的器官

消化系统由消化道和消化腺组成。消化道是一条从口腔延伸至肛门的肌性管道，是人体消化食物、吸收营养的场所和排泄代谢废物的通道。

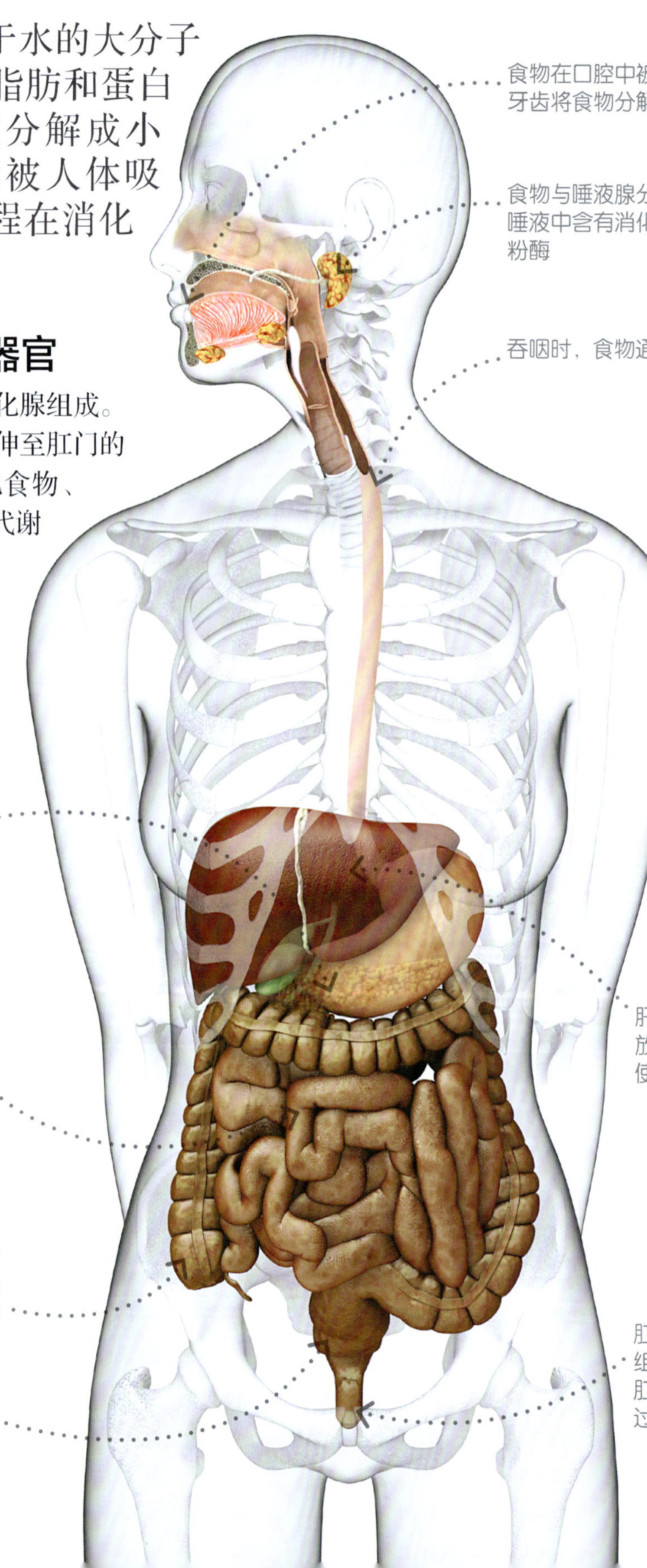

蠕动

食物在消化系统中蠕动前进。食道和肠道壁肌肉收缩，挤压食物，以收缩波的形式推动未被消化的食物前进。

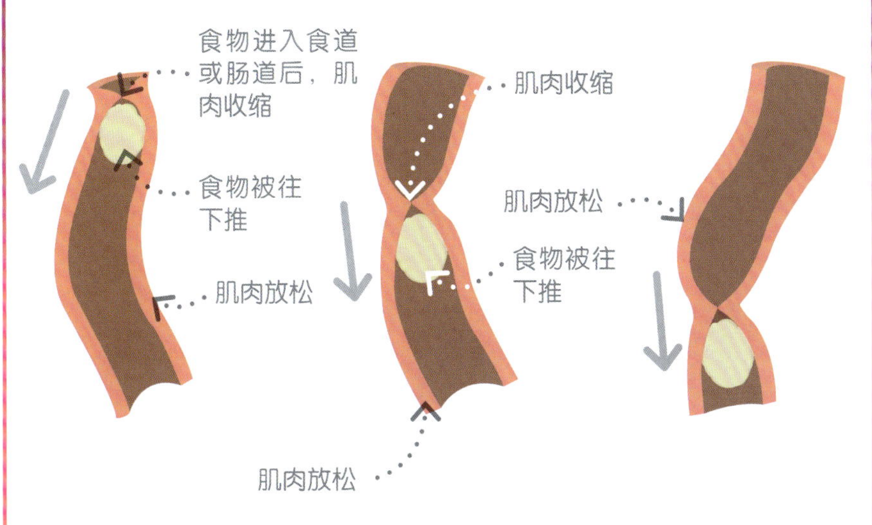

要点

- ✓ 在消化过程中，难溶于水的大分子被分解成可溶于水的小分子。
- ✓ 食物在口腔、胃和小肠中被逐步消化分解。
- ✓ 食物进入小肠后，溶于水的小分子被小肠吸收，进入血液。
- ✓ 未被消化的食物进入大肠后，水分被大肠吸收进入血液。
- ✓ 未消化的食物残渣从肛门排出。

物理性消化

消化分为物理性消化和化学性消化（参见第92、93页）两种。食物在口腔中通过咀嚼被分解成更小的部分、胃搅动食物、食物与胆汁充分混合的过程都属于物理性消化。

牙齿

在口腔中，食物被牙齿咀嚼分解成小块，与唾液混合后被咽下，进入食道。牙齿主要有三种类型（如右图），不同类型的牙齿有不同的功能。

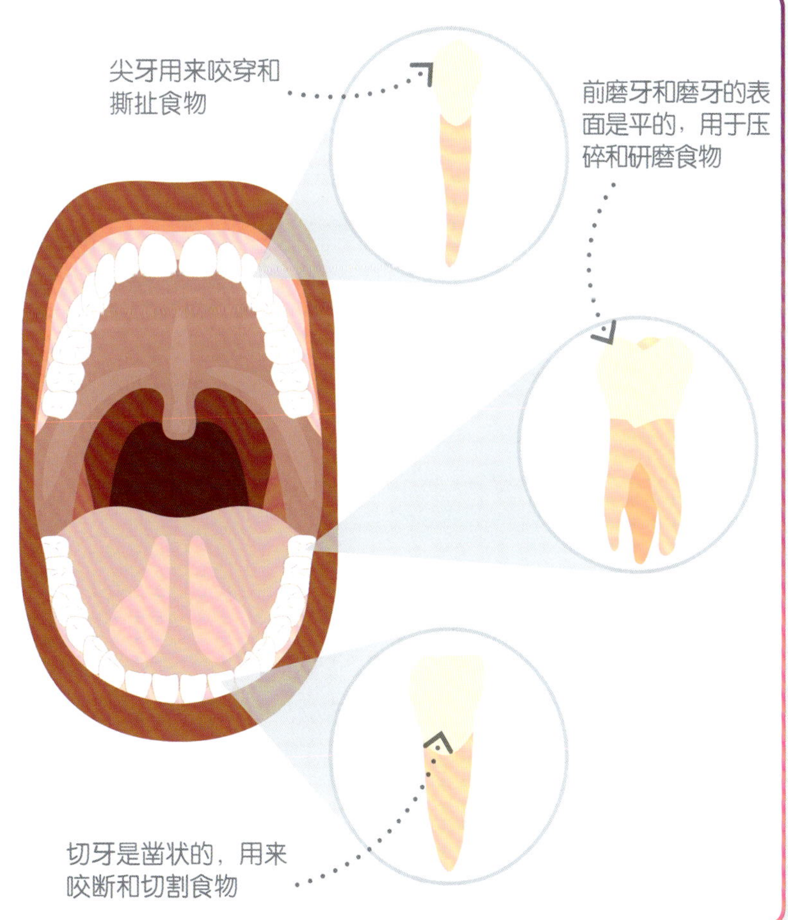

消化酶

化学性消化有酶的参与，酶（参见第59页）是一种生物催化剂。消化酶能将大分子营养物质分解成可被人体吸收的、溶于水的小分子物质。

要点

✓ 化学性消化有酶的参与。

✓ 碳水化合物活性酶会把碳水化合物分解成单糖。

✓ 蛋白酶会把蛋白质分解成氨基酸。

✓ 脂肪酶会把脂肪分解成脂肪酸和甘油。

酶的作用

唾液腺、胃腺、胰腺和肠腺分泌的消化液中都含有消化酶。不同种类的酶分解不同的营养物质。

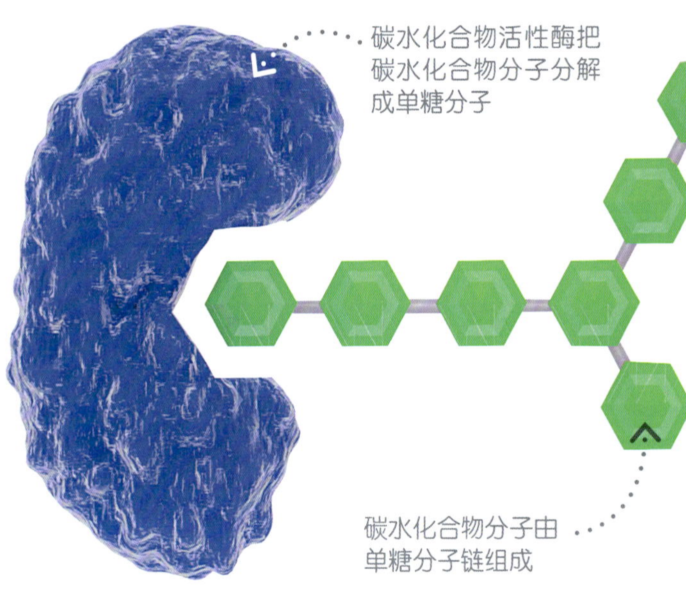

碳水化合物活性酶

碳水化合物在口腔和小肠内被逐步消化。对其起催化作用的酶叫作碳水化合物活性酶，它可以把碳水化合物分解成单糖，为身体提供能量。例如，淀粉酶能把淀粉分解成葡萄糖。

酶的最佳反应条件

在最适pH环境下，酶促反应速率（参见第61页）会达到最大。例如，胃蛋白酶的最适pH大约为2（酸性），胃酸能确保胃蛋白酶以最大速率进行酶促反应。

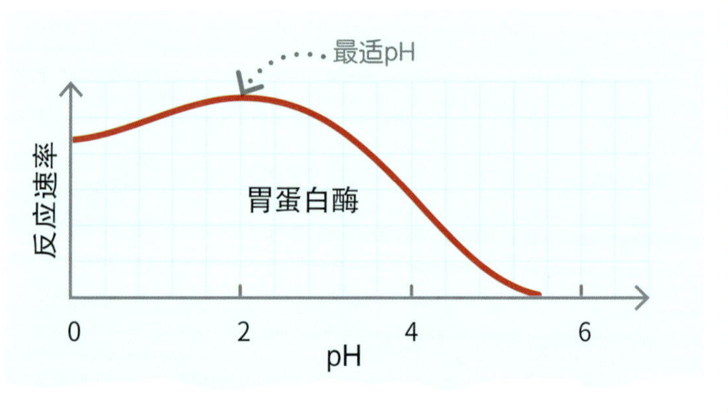

蛋白酶

蛋白质在胃和小肠中被逐步消化。分解蛋白质的酶叫作蛋白酶，它能把蛋白质分解成氨基酸，用于生长和修复细胞。

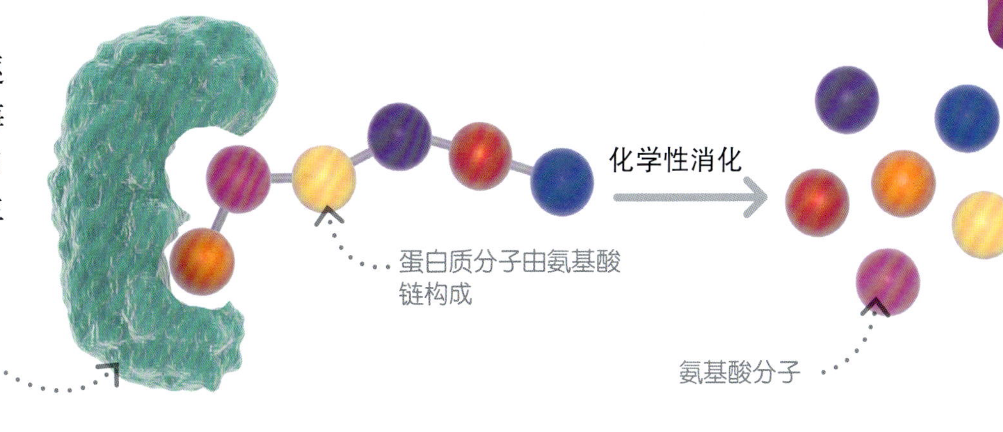

脂肪酶

脂肪可以储存能量和维持人体温度，它在小肠中被消化。分解脂肪的酶叫作脂肪酶，它能将脂肪分解成甘油和脂肪酸。

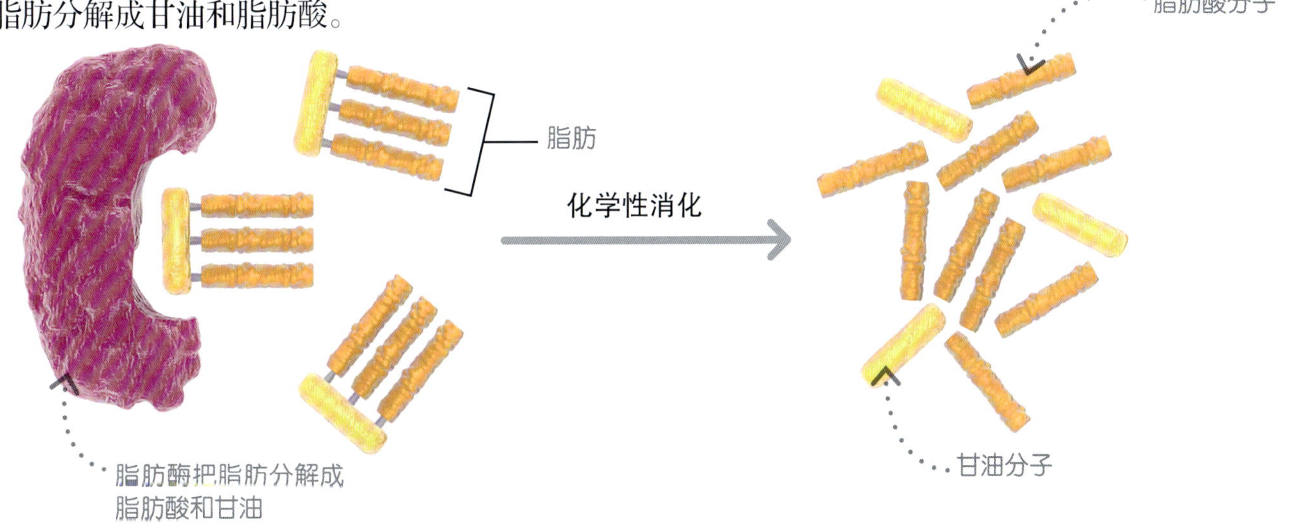

分解脂肪

小肠中的酶在碱性条件下的反应速率最快。当胃酸浓度过高时，胆汁就会被注入小肠中。胆汁有以下两个作用。

1. 中和胃酸，提供酶促反应所需的碱性条件。
2. 乳化脂肪，将其分解成脂肪微粒，增加物质表面积，促进进一步分解。

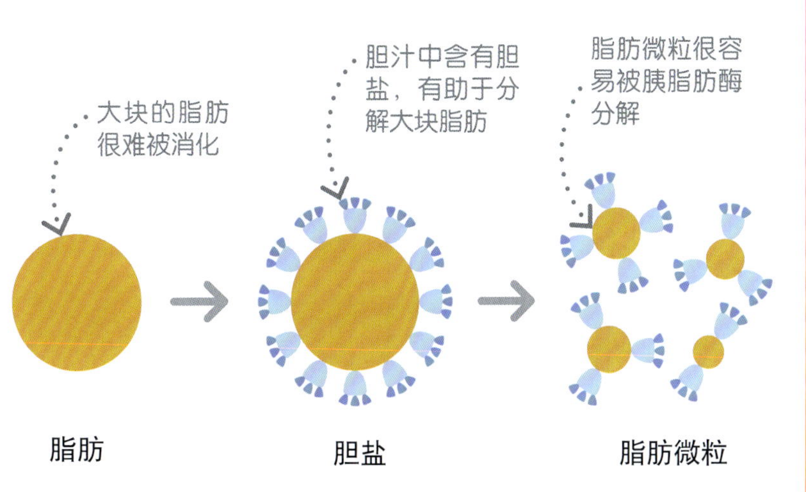

食物的吸收

消化过程中形成的小分子物质在小肠中被吸收进入血液，然后被输送到身体各处。小肠的适应性很强，能使食物中的营养物质在被排出体外前被人体充分吸收。

要点

- ✓ 营养物质通过扩散作用和主动运输被小肠吸收进入血液。
- ✓ 小肠绒毛增大了小肠吸收营养物质的表面积。
- ✓ 小肠绒毛中的血液丰富，能最大限度地扩散和运输营养物质。

小肠的结构

小肠（成人小肠的长度一般为5～6m）褶皱的内表面覆盖着突起的小肠绒毛，这种结构增加了小肠的表面积，能最大限度地提高小肠吸收营养物质的效率。

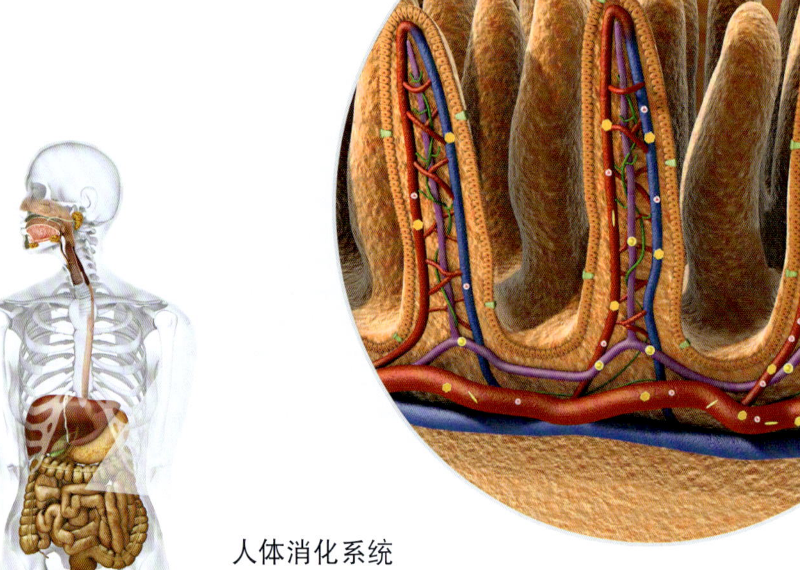

人体消化系统

合成代谢

食物分子进入细胞后被身体利用的过程叫作合成代谢。例如，葡萄糖扩散到身体细胞中，转化为糖原储存起来。

肝脏是重要的消化器官

1. 它能将过量的葡萄糖转化为糖原（一种复合碳水化合物）储存起来，直到身体需要额外的能量时再转换成葡萄糖。
2. 它能将多余的氨基酸转化为碳水化合物和脂肪，并产生一种叫作尿素的代谢废物。尿素经过肾脏，最后以尿液的形式排出体外。

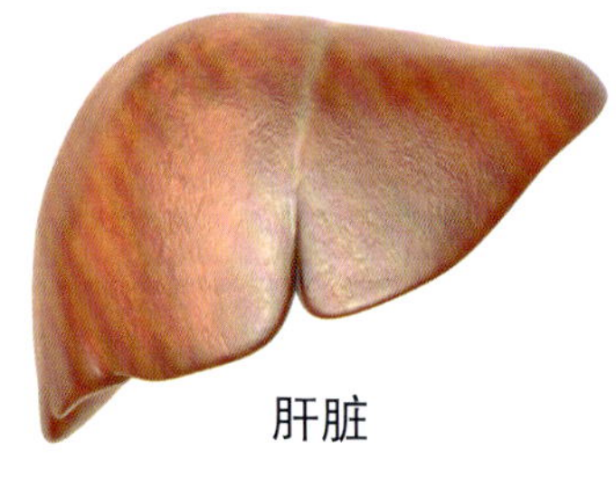

肝脏

9 植物体内的物质运输

植物的运输系统

植物通过木质部中的导管把水和无机盐从根部运输到茎和叶，通过韧皮部中的筛管把有机物从叶运输到植物的其他部位。导管和筛管都是由细胞连接而成的、运送自身所需养料的连续运输管道。

要点

- ✓ 水和无机盐通过木质部中的导管从根部运输到茎和叶。
- ✓ 植物通过光合作用合成的有机物，经过韧皮部中的筛管，被自上向下地运输到其他部位。
- ✓ 木质部和韧皮部紧密结合，组成维管束（参见第97页）。

1 木质部

木质部中的导管由细胞壁木化且没有细胞质的死细胞连接而成。木质部将无机盐和光合作用所需的水分自下而上运输到植物的各个部分。这种向上运输的水流叫作蒸腾流。

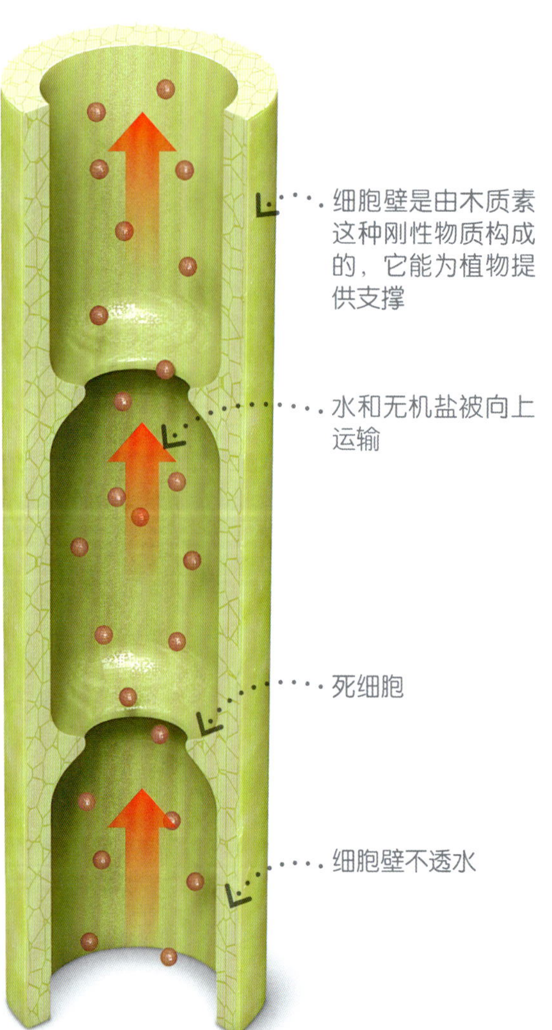

2 韧皮部

韧皮部中的筛管由许多端壁具有筛板的管状活细胞连接而成。这种结构使植物在光合作用过程中合成的有机物能通过细胞壁被吸收。筛管中物质的运输是双向的。

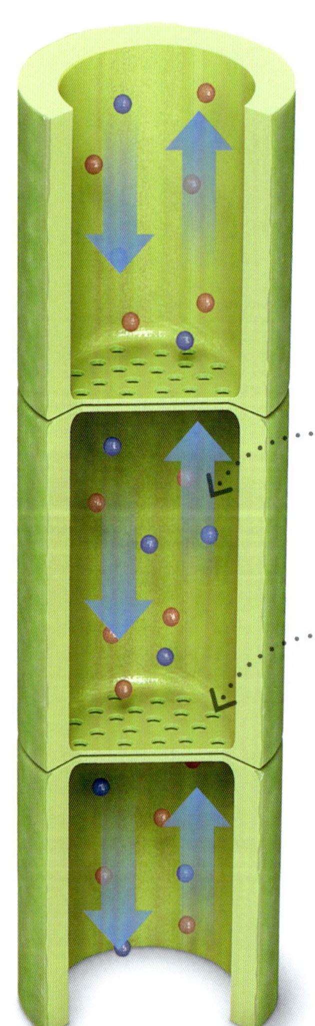

叶、茎和根的内部

木质部和韧皮部紧密结合在一起形成的束状结构叫作维管束。如图所示，根、茎和叶内维管束的位置各不相同。

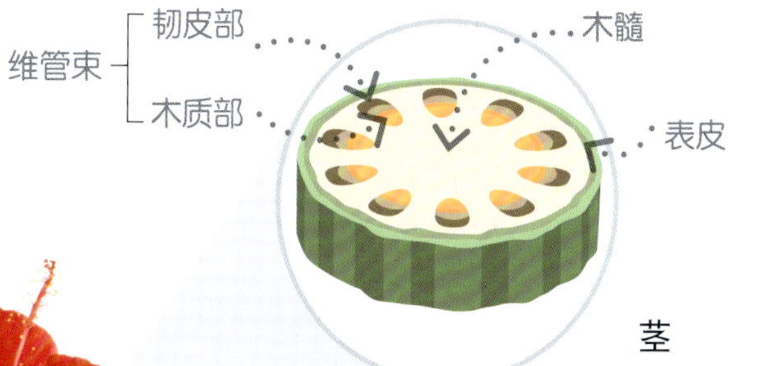

维管束
韧皮部
木质部
木髓
表皮
茎

茎中，维管束绕其外缘排列，为茎提供支撑。

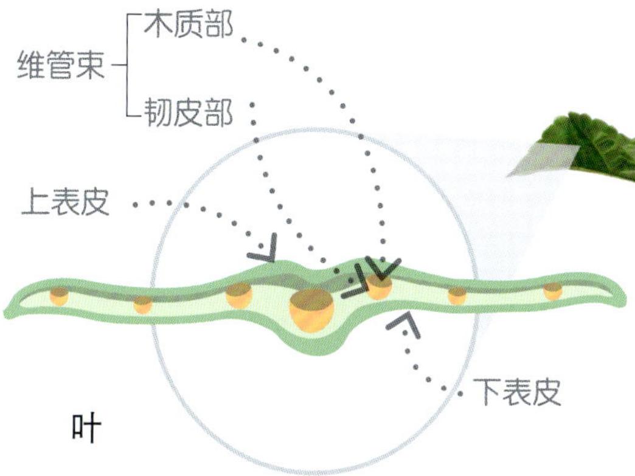

维管束
木质部
韧皮部
上表皮
下表皮
叶

叶片中，维管束形成一个静脉网络，支撑起柔软的叶片。

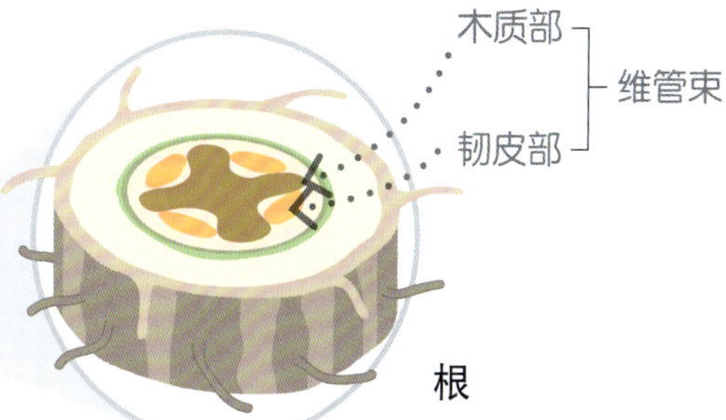

木质部
韧皮部
维管束
根

植物根部中央有一个大维管束。木质部中的导管在中间，韧皮部中的筛管围绕着它。

植物中水的流动

木质部中的导管比头发还细。如果把芹菜插入有颜色的水里静置一天，微小的导管就会染上颜色。

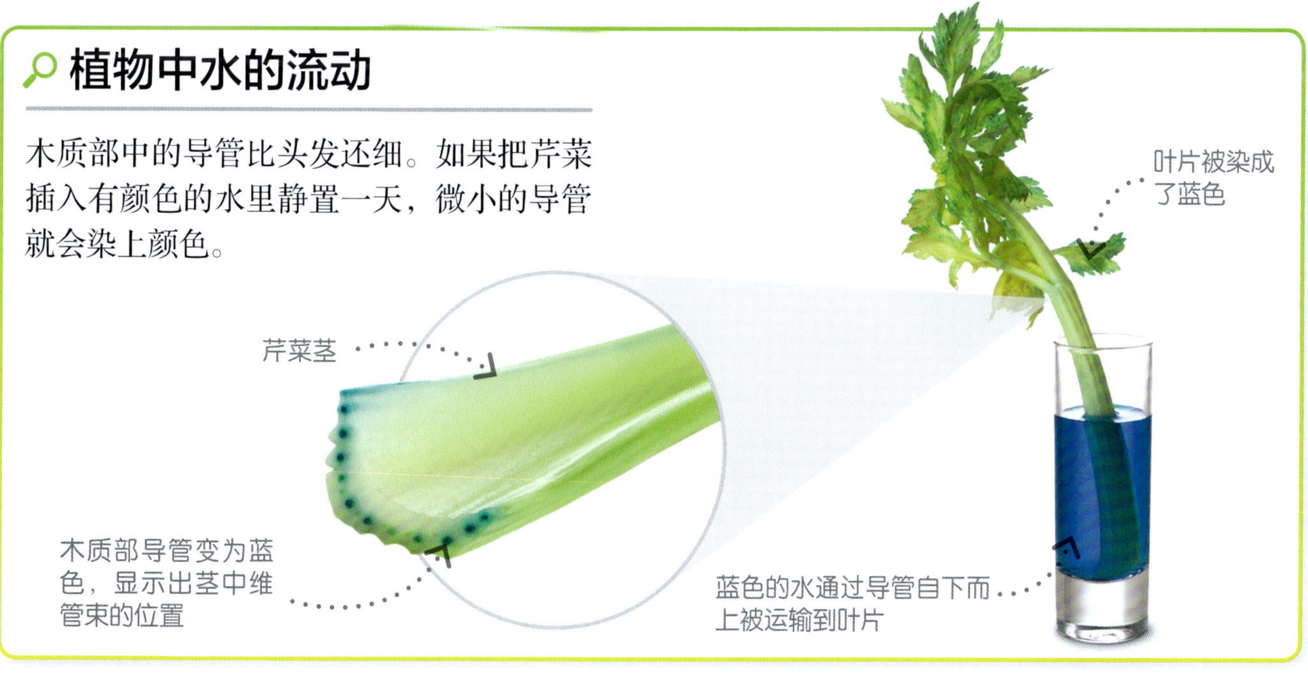

蒸腾作用

水分从活的植物体表面以水蒸气的状态散失到大气中的过程叫作蒸腾作用。植物的蒸腾作用会散失大量水分，从而促使根部吸收更多水分，并运输到叶片。

要点

- ✓ 水分从活的植物体表面以水蒸气状态散失到大气中的过程叫作蒸腾作用。
- ✓ 植物的蒸腾作用会散失大量水分，从而促使根部吸收更多水分运输到叶片。
- ✓ 植物通过气孔的开闭调节蒸腾作用。

水分的运输过程

植物可以通过根部吸收水分，以补充叶片中因蒸腾作用散失的水分。从根部自下向上运输到叶片的水流叫作蒸腾流。

水蒸发到空气中

叶肉细胞的细胞壁是湿润的

打开的气孔

1 水分经叶片上的气孔散失。二氧化碳和氧气也从气孔中进出。

2 叶片中含有海绵状的叶肉细胞。叶肉细胞的表面含有水分，水分通过叶肉细胞的气孔散失。

叶片中水分的蒸发促使根部吸收更多水分

木质部

水分通过茎部自下向上运输

根部通过渗透作用吸收水分

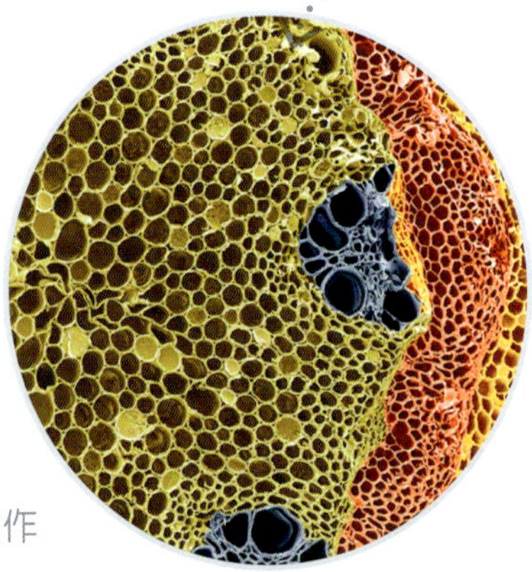

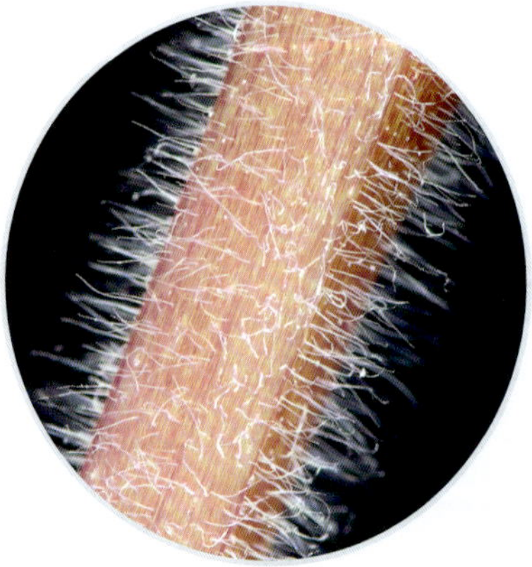

4 植物的根部覆有许多纤细的毛状突起—根毛，它们增大了根部的表面积，能帮助植物更好地吸收土壤中的水分和无机盐。

3 木质部中的导管贯穿茎部。水分的散失与补充都需要通过它们。

植物根部

植物的根部是生长在地面下的营养器官，能最大限度地吸收土壤中的水分和无机盐。如果叶片散失的水分比根部获取的水分多，植物就会逐渐枯萎，甚至死亡。

要点

- ✓ 根毛增大了根部的表面积，有助于植物吸收土壤中的水分和无机盐。
- ✓ 根部通过渗透作用吸收水分。
- ✓ 根部通过主动运输吸收无机盐。

网状的根部

根部表面覆有数百万根纤细的根毛，它们在土壤中延伸并从中吸收水分和无机盐。根部通过渗透作用（参见第44、45页）吸收水分，通过主动运输（参见第48页）吸收无机盐。

枯萎

如果没有足够的水分从根部运输到茎和叶，植物细胞内的液泡就会萎缩，细胞壁无法支撑，难以维持植物的形态，植物就会枯萎（参见第45页）。

根毛

根系在土壤中向下延伸，帮助植物固定在土壤中，同时吸收水分和无机盐

根毛细胞

根毛增大了根部的表面积，根毛细胞是根部表皮细胞的延伸。

植物细胞如何吸收水分和无机盐

根毛细胞吸收土壤中的水分和无机盐，并运输到木质部，然后由木质部中的导管输送到植物的各个部分。

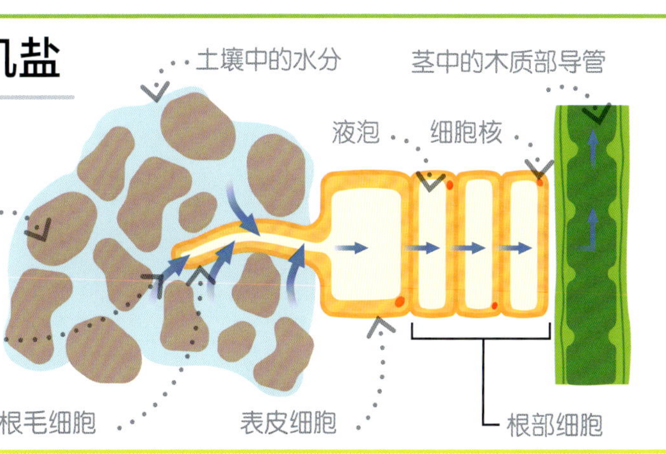

蒸腾速率

蒸腾速率是指时间单位内，水分从植物中蒸发的速度。蒸腾速率主要受温度、湿度、风速和光照强度四个因素影响。

要点

- ✓ 蒸腾速率主要受温度、湿度、风速和光照强度四个因素影响。
- ✓ 温度升高、湿度降低、风速增大及光照强度增加都会加快蒸腾速率。

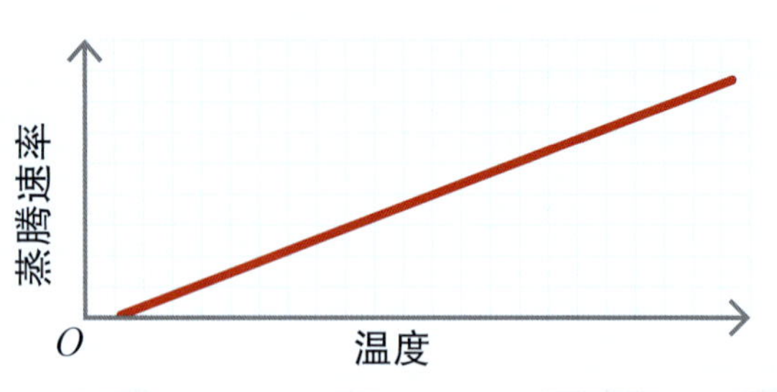

1 温度

温度升高会加快蒸腾速率。这是因为温度升高会加快叶片中水分的蒸发及水分通过气孔扩散到空气中的速度。

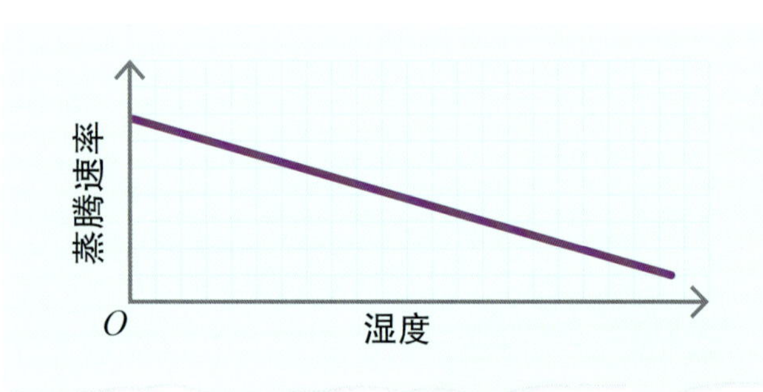

2 湿度

湿度是指空气中的水汽含量。当湿度较低时，空气干燥，叶片中的水分易被蒸发，蒸腾速率较快。当湿度较高时，水分不易被蒸发，蒸腾速率较慢。

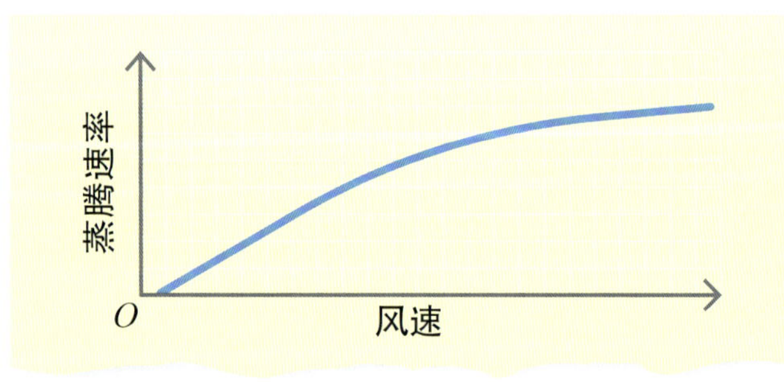

3 风速

风速增大会加快蒸腾速率。这是因为从叶片中散失的水蒸气会被风迅速吹散，防止植物周围湿度增大。

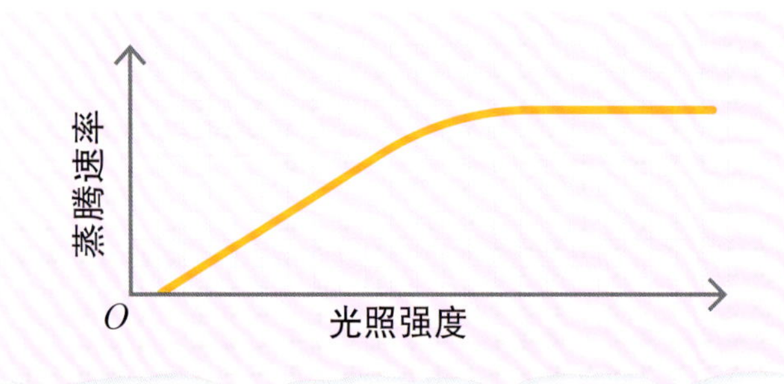

4 光照强度

光照强度增加能加快蒸腾速率。这是因为光照强度增加会加快植物的光合速率，进行光合作用时，气孔打开，叶肉细胞能获得更充足的二氧化碳，但气孔完全打开时，水也更易散失。所以，在一定范围内，光照强度越强，蒸腾速率越快。

计算蒸腾速率

利用蒸腾计可以测量植物吸收水分的速度，并估算出植物的蒸腾速率；还可以通过改变光照强度、温度、湿度和风速等因素研究环境对蒸腾速率的影响。

要点

- ✓ 蒸腾计是一种测量植物吸水速率的设备。
- ✓ 利用蒸腾计可以测量植物的蒸腾速率以及研究环境因素对蒸腾速率的影响。

蒸腾计的工作原理

当植物进行蒸腾作用时，试管中的水分会通过叶片上的气孔散失到大气中。植物吸收的水分并非全用于蒸腾作用，还用于光合作用。

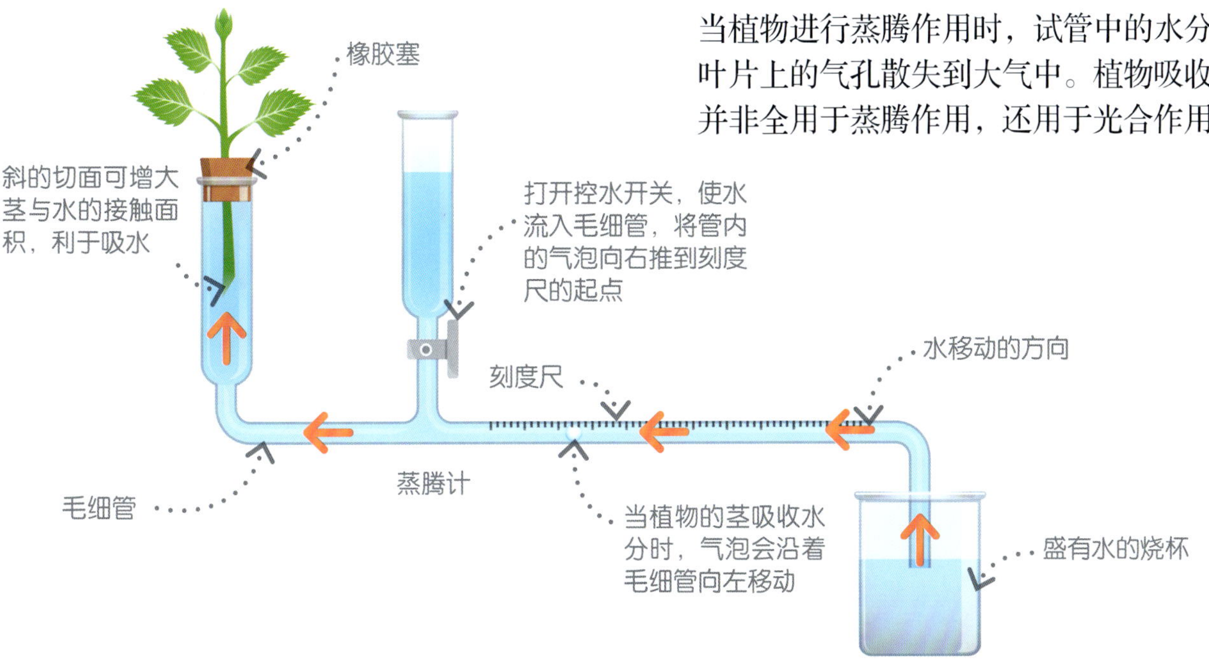

实验步骤

1. 把蒸腾计的一端插入盛有水的烧杯中，以防止空气进入。然后将植物茎通过橡胶塞插入另一端的试管中。
2. 为了形成气泡，先暂时将烧杯移走。一旦形成气泡，立刻把烧杯放回原位。
3. 当气泡到达刻度尺的起点后，用秒表测量气泡在相应时间内移动的距离。
4. 改变影响蒸腾速率的一个环境因素，其他因素不变，然后重复测量。例如，将蒸腾计放在有阳光的窗户旁，以增加光照强度。

计算蒸腾速率

如果气泡在60秒内移动了30毫米，可按照下面的公式计算蒸腾速率：

$$\text{蒸腾速率} = \frac{\text{气泡移动的距离（mm）}}{\text{时间（s）}}$$

将数值代入公式：$\text{蒸腾速率} = \frac{30\text{mm}}{60\text{s}}$

用计算器算出结果，并标注单位：

$$\text{蒸腾速率} = 0.5\ (\text{mm}\cdot\text{s}^{-1})$$

动物体内的物质运输

10

血液循环系统

大多数动物都有血液循环系统。血液循环系统不仅可以将营养物质和氧气运输到身体的各个部位，还能将二氧化碳等废物输送到相应的排泄器官，以排出体外。

要点

✓ 血液循环系统不仅能够帮助动物将营养物质和氧气运输到身体的各个部位，还能将二氧化碳等废物运输到相应的排泄器官，以排出体外。

✓ 人类具有血液双循环系统，血液在每个完整的循环过程中流经心脏两次。

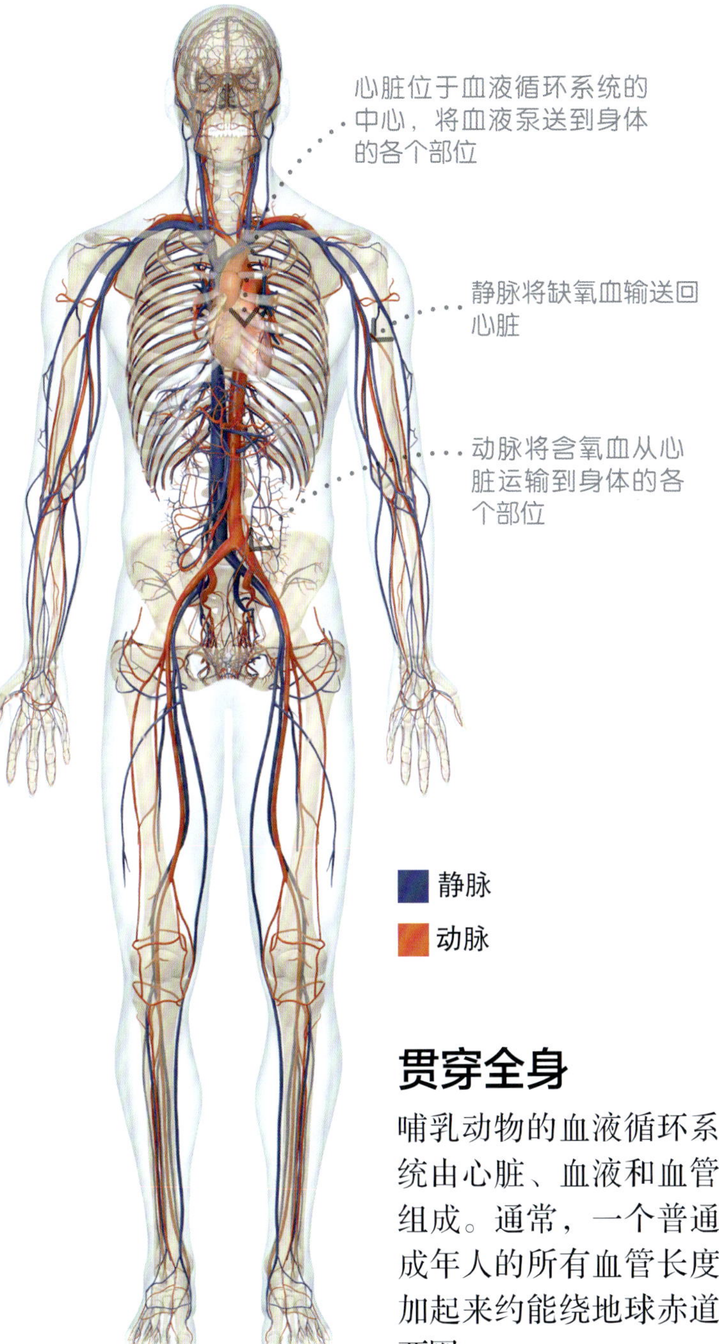

贯穿全身

哺乳动物的血液循环系统由心脏、血液和血管组成。通常，一个普通成年人的所有血管长度加起来约能绕地球赤道两圈。

血液循环系统的类型

1 双循环系统

人类和其他哺乳动物都拥有血液双循环系统，分为肺循环和体循环，因此，血液在一个完整的循环过程中会流经心脏两次。

1 肺循环 心脏将缺氧血泵送到肺部。血液被输送回心脏之前会在肺部获取氧气变为含氧血。

2 体循环 心脏以较高的压力将含氧血泵送到身体其他部位，而缺氧血则被输送回心脏。

2 单循环系统

有些动物拥有血液单循环系统，比如鱼类。缺氧血先从身体各部位运输到心脏，然后流向鳃，变为含氧血，最后又流向身体各部位。

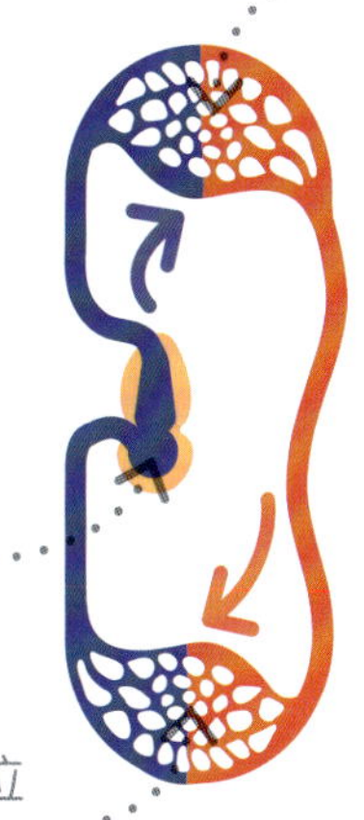

血管

血管是指血液流经的管道，根据构造功能的不同，可分为动脉、静脉和毛细血管三种。它们遍布全身，将营养物质和氧气运输到身体的各个部位。

要点

- ✓ 根据构造功能的不同，血管分为动脉、静脉和毛细血管。
- ✓ 动脉负责将血液从心脏运输到身体各个部位。
- ✓ 静脉负责将血液输送回心脏。
- ✓ 毛细血管连接小动脉与小静脉。

运输系统

动脉将血液从心脏运输到身体各个部位，静脉则将血液输送回心脏。这两种血管由细小的毛细血管网络连接在一起。毛细血管从小动脉分支出来，然后与形成静脉的小静脉汇合。

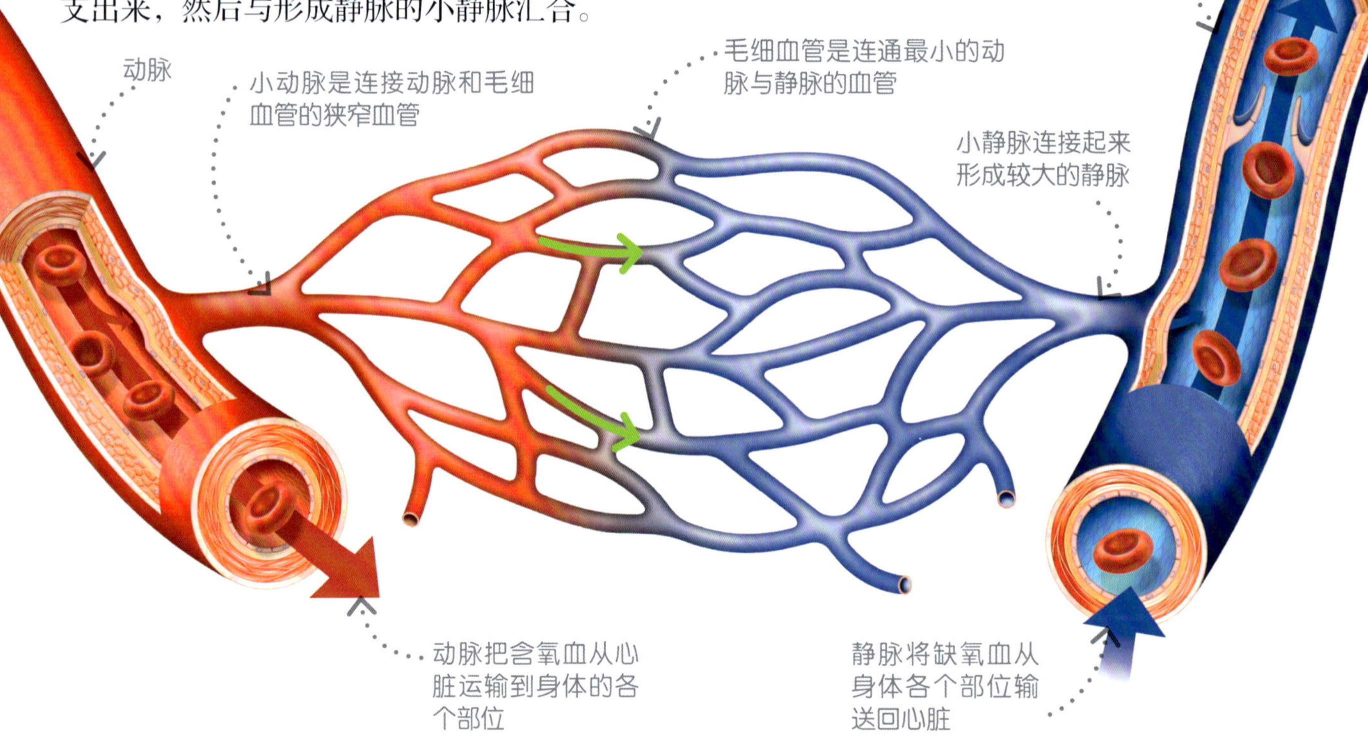

计算血流速度

血流速度取决于血液流经的血管的大小，可使用以下公式计算血流速度：

$$血流速度 = \frac{血液体积（mL）}{时间（min）}$$

例如：1866毫升血液经过动脉花了3分钟，请计算血流速度。

$$血流速度 = \frac{1866}{3} = 622（mL \cdot min^{-1}）$$

血管的结构

血管的粗细和结构是根据它的功能确定的。动脉和静脉有三层管壁，毛细血管只有一层管壁。

要点

✓ 动脉的管壁厚实，肌肉发达且有弹性，能承受较高的血压。

✓ 静脉内有能防止血液倒流的瓣膜。

✓ 毛细血管壁很薄，有利于营养物质被充分吸收。

1 动脉

心脏在收缩时会以较高的压力将血液输送给动脉，因此动脉需要坚固的结构才能承受高压。动脉的管壁较厚、肌肉发达且弹性大，使它能在血液流过狭窄的管腔时扩张。

2 静脉

静脉的作用是将血液从身体各部分输送回心脏。血液汇入静脉时压力较小，因此它的管壁较薄且弹性较小，但管腔大。静脉中还有能防止血液倒流的静脉瓣。

3 毛细血管

毛细血管狭窄的管腔能将物质运输到身体的各个部位。毛细血管中的血流速度较慢，以使营养物质、氧气和废物等通过可渗透的管壁充分扩散。

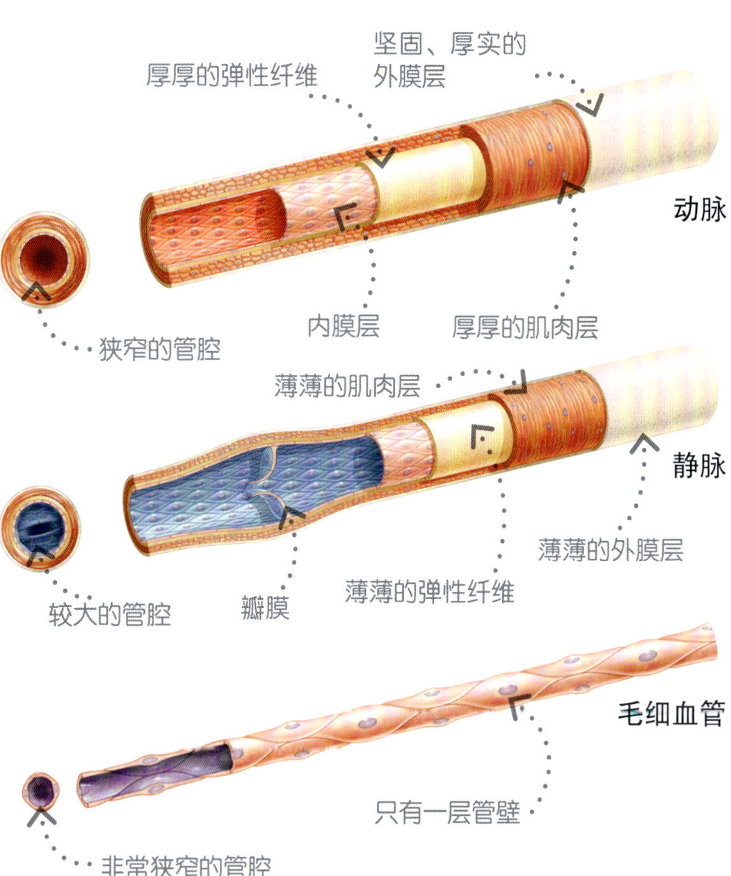

瓣膜是如何工作的

静脉有可以开合的半月形瓣膜，这些瓣膜只朝一个方向打开，能防止血液倒流。当血液推动瓣膜时，瓣膜打开；当血液倒流时，瓣膜闭合。静脉周围的肌肉也能推动血液向前流动。右图显示的是小腿静脉中的瓣膜。

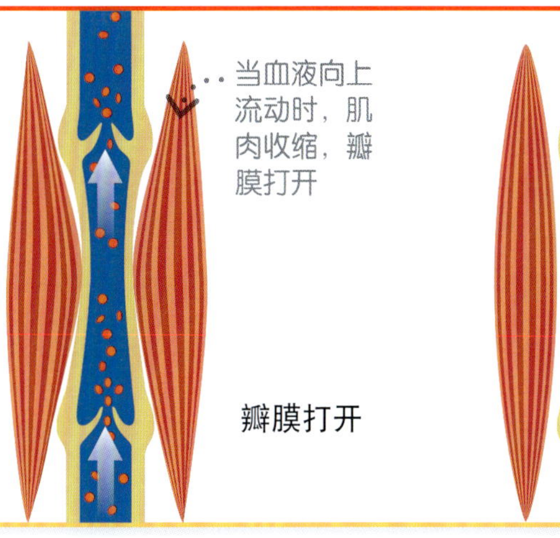

血液

血液由血细胞和淡黄色的血浆组成，负责为身体运输氧气和所需的营养物质。

血液的组成

血液由血浆和血细胞组成，血浆是血液的主要成分。血细胞有三种类型：红细胞、白细胞和血小板。

要点

- ✓ 血液的四种成分是血浆、红细胞、白细胞和血小板。
- ✓ 血浆的主要成分是水。血浆中还含有蛋白质、无机盐和少量需要血液运输的物质（营养物质、代谢废物、气体、激素和抗体等）。
- ✓ 红细胞中含有运送氧气的血红蛋白。
- ✓ 白细胞（淋巴细胞和吞噬细胞）可以抵抗病原体。
- ✓ 血小板有助于血液凝结。

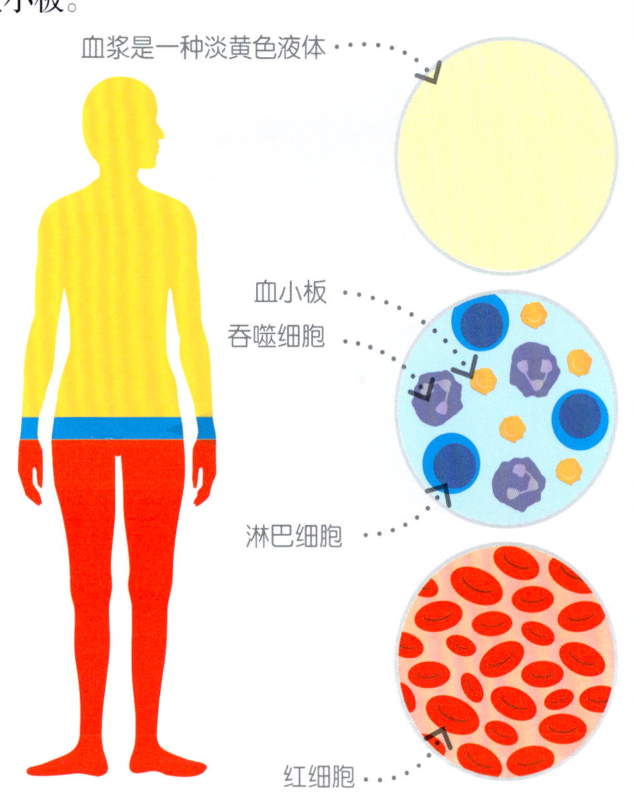

1 血浆

红细胞、白细胞和血小板都存在于血浆中。血浆的主要成分是水，还含有蛋白质、无机盐和少量需要运输的物质（营养物质、代谢废物、气体、激素和抗体等）。

2 白细胞和血小板

白细胞有细胞核，且主要分为两种类型：吞噬细胞和淋巴细胞（参见第256、257页）。淋巴细胞会产生一种叫作抗体的化学物质来攻击病原体，吞噬细胞则会吞噬并摧毁病原体。血小板是没有细胞核且形状不规则的微小血细胞。

3 红细胞

红细胞呈两面凹的圆盘状，可挤压或拉伸，以进出血管。成熟的红细胞没有细胞核，但富含携带氧气的血红蛋白。

运输氧气

细胞进行呼吸作用的过程会释放能量。红细胞含有血红蛋白，它们在肺部获取氧气并将其运输到身体的各个细胞。血红蛋白中的铁有助于氧气的运输。

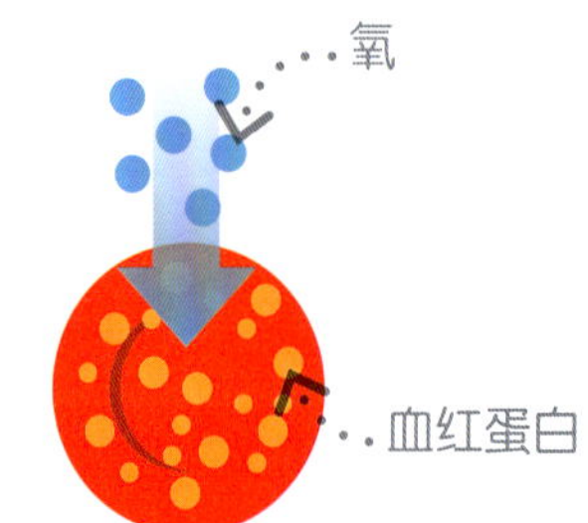

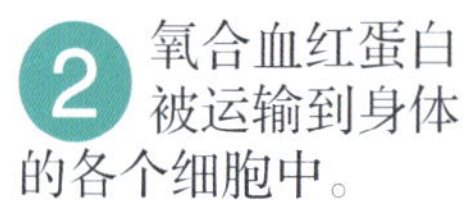

1 氧气从肺部扩散到血液中。血红蛋白与氧结合形成氧合血红蛋白。

2 氧合血红蛋白被运输到身体的各个细胞中。

3 氧合血红蛋白在毛细血管中被分解并释放氧气，供细胞吸收。

心脏

心脏可以把血液泵到身体的各个部位。心脏的右侧负责将血液泵入肺部获取氧气，左侧负责将血液泵送到身体其他各个部位。

要点

- ✓ 心脏由左心房、右心房、左心室和右心室四腔构成。
- ✓ 心脏右侧负责将血液泵入肺部，左侧负责将血液泵送到身体其他各个部位。

心脏的结构

心脏由四个腔组成，即两个上腔（左心房和右心房）和两个下腔（左心室和右心室）。运送血液进出心脏的四种血管分别是腔静脉、肺动脉、主动脉和肺静脉。心脏瓣膜只朝一个方向打开，能防止血液倒流。

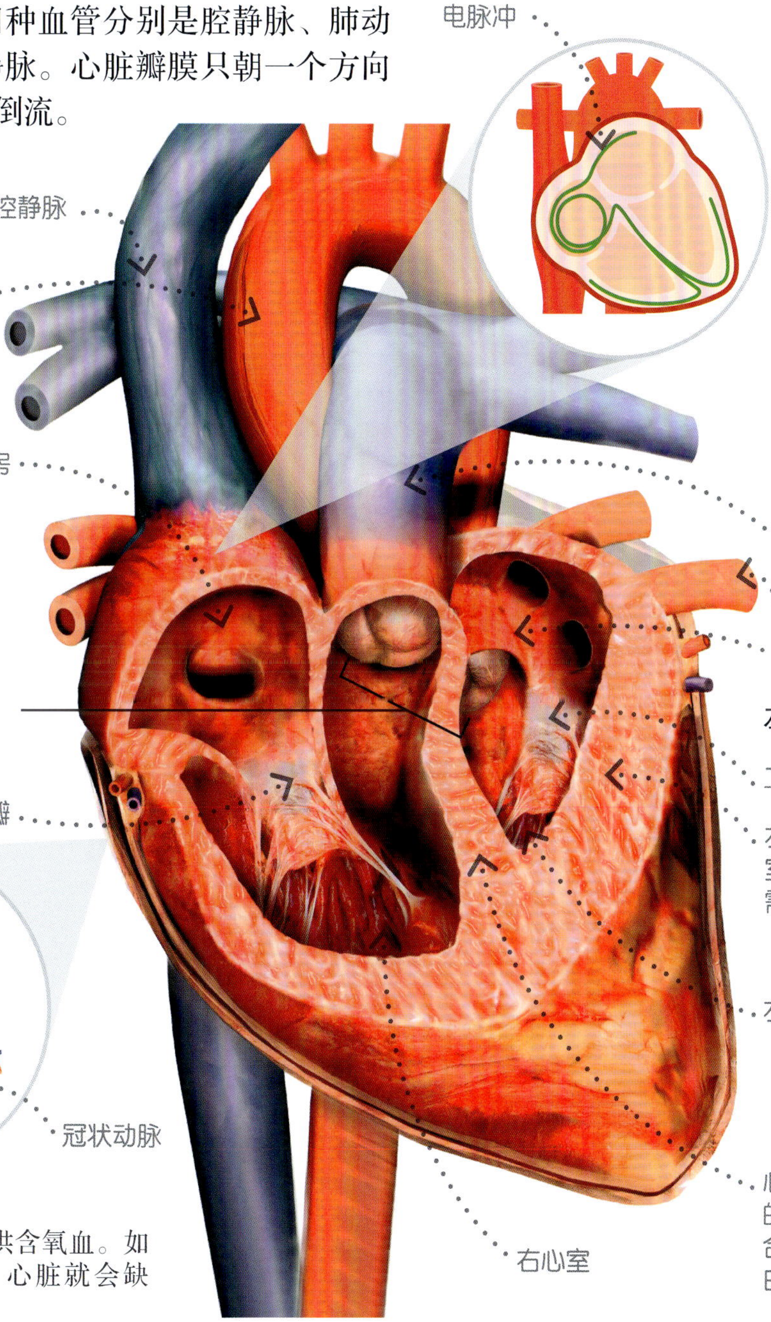

天然起搏器

右心房的特殊肌肉细胞会将电脉冲发送到左心房，然后发送到两个心室，使其收缩以泵血，这是天然起搏器。如果天然起搏器停止工作，可在胸腔植入人工起搏器（一种电子仪器）纠正不规律的心跳。

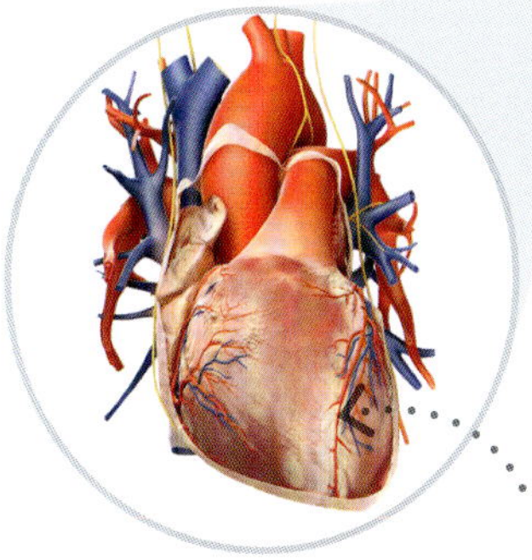

冠状动脉

冠状动脉可为心脏提供含氧血。如果冠状动脉被阻塞，心脏就会缺氧，从而引发心脏病。

心脏的工作原理

心脏的每次跳动都是由一系列精心控制的步骤组成的循环，一次循环需要的时间不到一秒。在每一次循环中，缺氧血通过心脏右侧进入肺部，含氧血通过心脏左侧进入身体其他部位。

要点

- ✓ 心房收缩时，血液进入心室。
- ✓ 心室收缩时，血液被泵送到身体的各个部位。
- ✓ 右心室通过肺动脉将缺氧血泵入肺部。
- ✓ 左心室通过主动脉将含氧血泵送到身体的其他部位。

心脏的运作原理

心跳由心脏产生的电脉冲控制。每次心跳都会经过三个阶段。心脏舒张时，心房充满了血液，心脏收缩时，血液流向心室并被泵送到身体的各个部位。

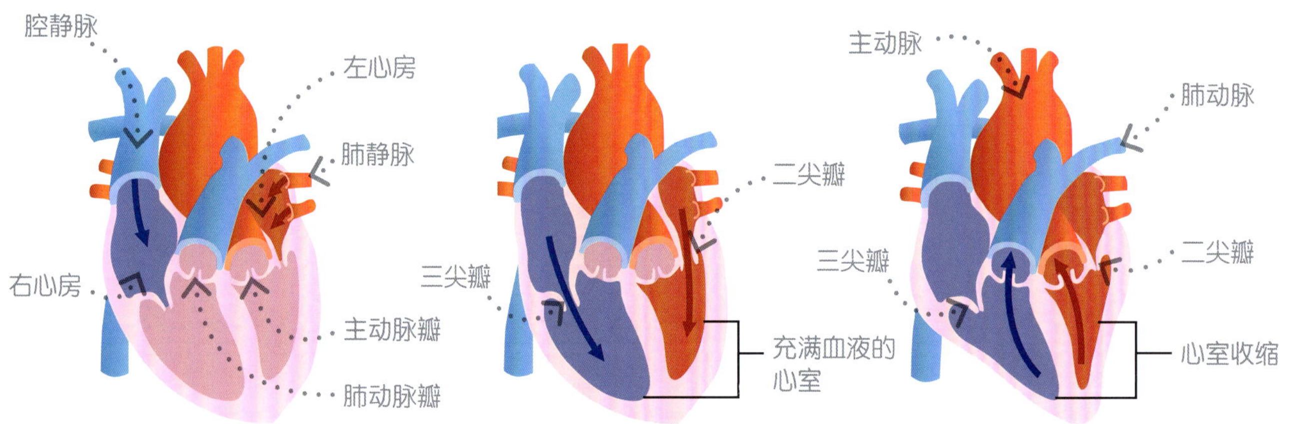

1 心脏舒张时，心房会充满来自腔静脉和肺静脉的血液。同时二尖瓣和三尖瓣闭合，阻止血液流入心室。

2 心房收缩时，血液通过三尖瓣和二尖瓣进入心室。

3 心室收缩时，半月瓣打开，血液通过肺动脉和主动脉从心脏涌出。同时，二尖瓣和三尖瓣闭合。

计算心输出量

心输出量是指左心室或右心室每分钟泵出的血液量。心率（与脉搏频率相同）是指正常人在呼吸平稳的状态下每分钟心脏跳动的次数（次/分）。可用以下公式来计算心输出量：

心输出量 ＝ 心率 × 每搏输出量

例题：心脏每分钟跳动55次，每跳动一次泵出60cm^3血液，计算心脏的心输出量。

心输出量 ＝ 心率 × 每搏输出量

＝ 55 × 60

＝ 3300（$cm^3 \cdot min^{-1}$）

心率

心率是指正常人在呼吸平稳的状态下每分钟心脏跳动的次数，一般为60～100次/分。心率受年龄、性别和身体健康水平等因素的影响。

要点

- ✓ 心率是正常人在呼吸平稳的状态下每分钟心脏跳动的次数。
- ✓ 心率受年龄、性别和身体健康水平等因素的影响。
- ✓ 心率和脉搏频率相同。
- ✓ 人的心率可以通过计算脉搏频率进行测量。

脉搏

每当心脏收缩泵血时，大量血液会流经动脉。在某些离表皮近的地方能感受到动脉，比如手腕。

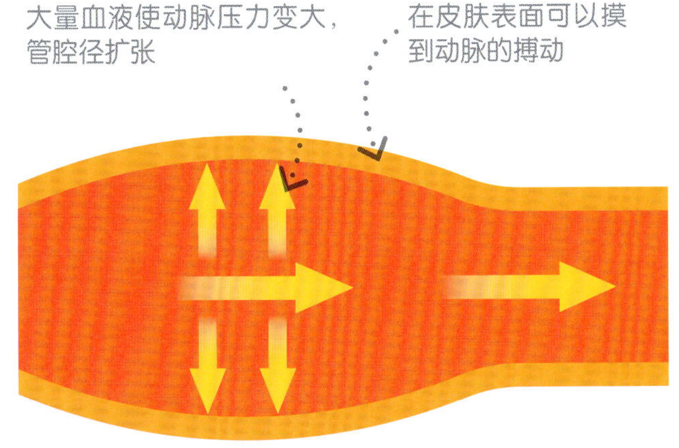

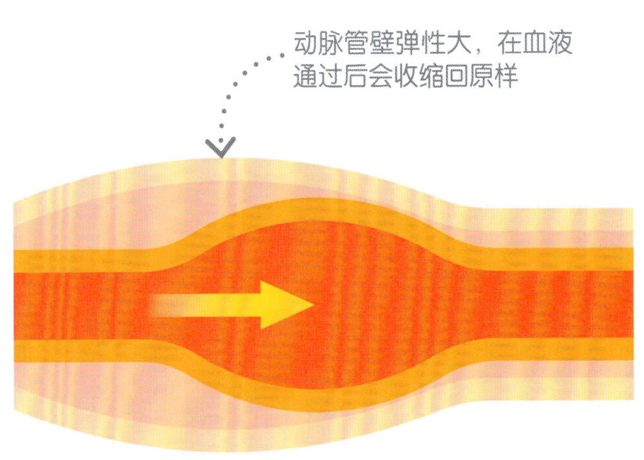

测量心率

因为心脏的每一次泵血都能通过脉搏感受到，所以脉搏频率和心率相同，且会受到相同因素的影响，比如运动。

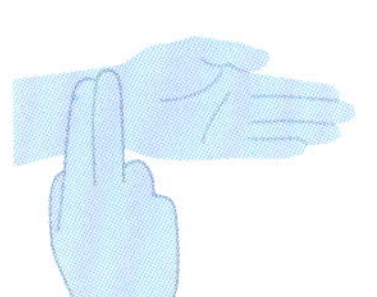

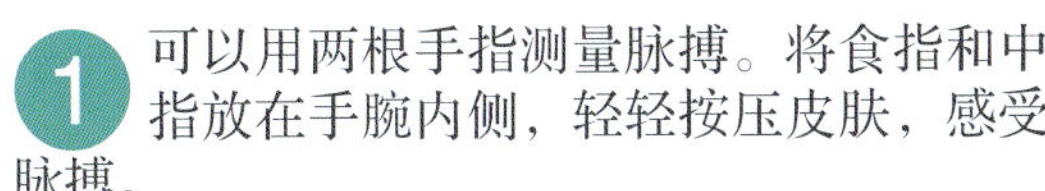

1 可以用两根手指测量脉搏。将食指和中指放在手腕内侧，轻轻按压皮肤，感受脉搏。

2 数出30秒内的脉搏次数。将得到的次数乘2，得出1分钟内的脉搏次数。至少重复3次，然后计算平均值。

心跳声

心脏正常跳动时会发出“咚咚”声，这是二尖瓣、三尖瓣及半月瓣阻止血液倒流关闭时产生的声音。

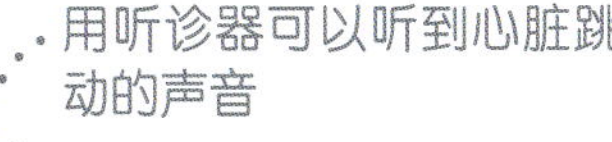

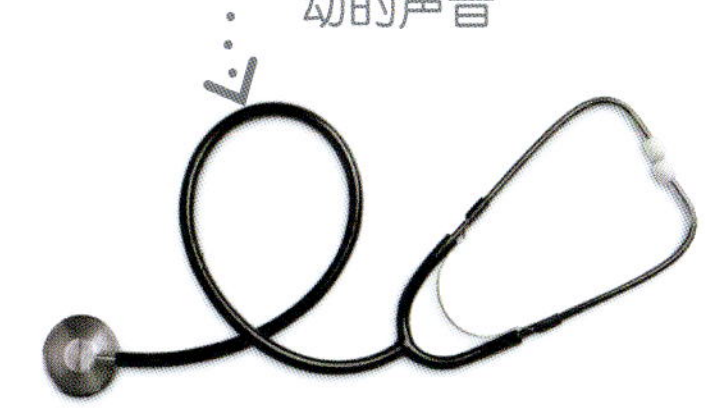

心率的变化

运动时，人体的新陈代谢会不断增强，心率随之加快。当人体产生兴奋、生气或害怕等情绪时，肾上腺素会被释放到血液中，心脏受肾上腺素刺激，心率会加快。

要点

- ✓ 运动越剧烈，心率越快。
- ✓ 心率加快会增加心脏泵出的血液量。
- ✓ 当人感到兴奋、生气或害怕时，肾上腺素会被释放到血液中，使心率加快。

心率与运动的关系

人在剧烈运动时，心脏会跳动得更快。心率加快不仅会增加心脏泵出的血液量，还会提高血液的流动速率。下图显示了人在行走和跑步时的心率变化。

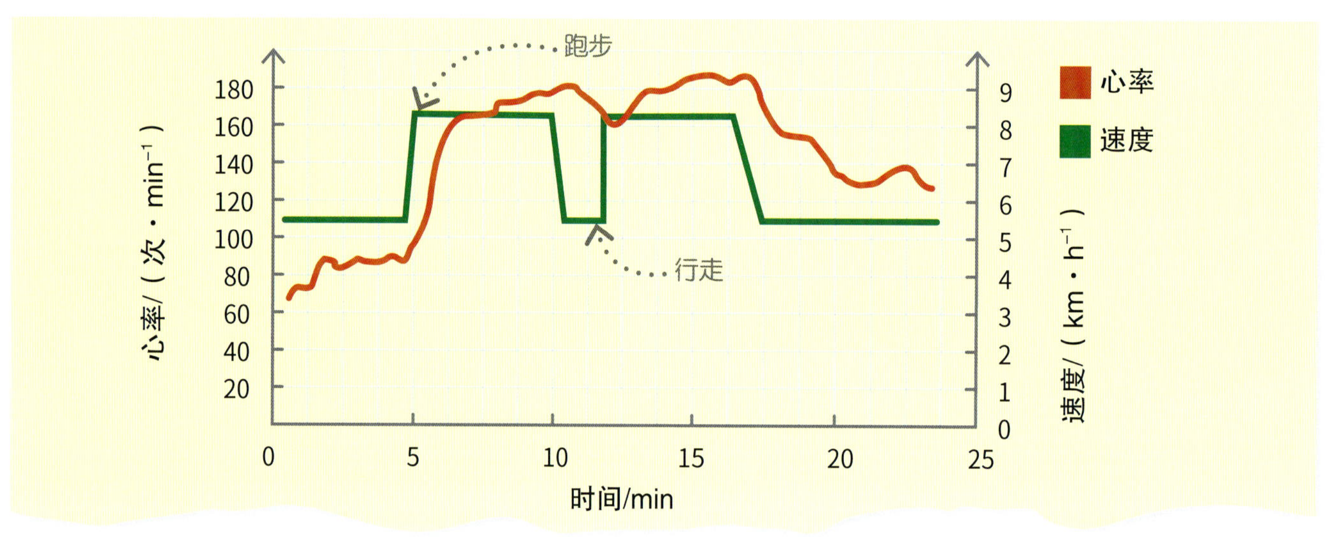

心率如何随运动变化

人的运动越剧烈，心率就越快。经常锻炼身体的人更健康，他们在安静状态下的心率更慢，其心率也会在运动后更快地恢复到安静状态。可通过测量脉搏频率（参见第109页）了解心率随运动变化的情况。

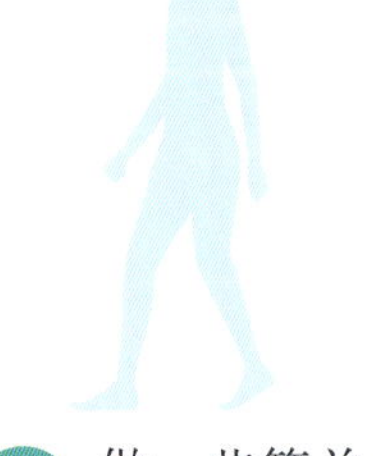

运动方式	脉搏跳动次数/分
静坐	70
走路	85
跳跃	105

1. 静坐至少5分钟，然后通过数出30秒内的脉搏次数得到心率。
2. 做一些简单的运动，比如步行或跳跃2分钟。完成后，数出30秒内的脉搏次数。
3. 休息一段时间后，可以进行2分钟更剧烈的运动。完成后，数出30秒内的脉搏次数。
4. 将脉搏次数乘2，计算出1分钟内的脉搏次数。将结果记录在表格中，可以观察到心率的变化情况。

淋巴系统

淋巴系统由淋巴管、淋巴组织和淋巴器官组成，负责将淋巴液输送到全身的各个部位。淋巴结是淋巴组织小体，其中含有淋巴细胞，可对抗病原体。

要点

- ✓ 淋巴系统输送的液体被称为淋巴液。
- ✓ 淋巴系统会将淋巴液输送到血液中。
- ✓ 淋巴液中含有淋巴细胞。

淋巴管收集淋巴液

脾脏会产生淋巴细胞抵抗病菌

淋巴管

淋巴细胞在淋巴结中产生，是白细胞的一种，能保护身体免受病原体（致病生物体）的侵害

淋巴液

淋巴系统的运作

虽然淋巴系统中没有专门的泵将淋巴液泵送到身体的各个部位，但淋巴管中的瓣膜能控制淋巴液只朝一个方向流动。此外，淋巴管周围的肌肉（如腿部的肌肉）也会帮助运输淋巴液。

淋巴管

人体所有的细胞都被组织液和从毛细血管中渗出的液体包围着。淋巴系统将这些液体收集起来并将其送回血液中。液体在流经淋巴系统时会被淋巴结过滤，淋巴细胞会攻击被病原体感染的细胞。

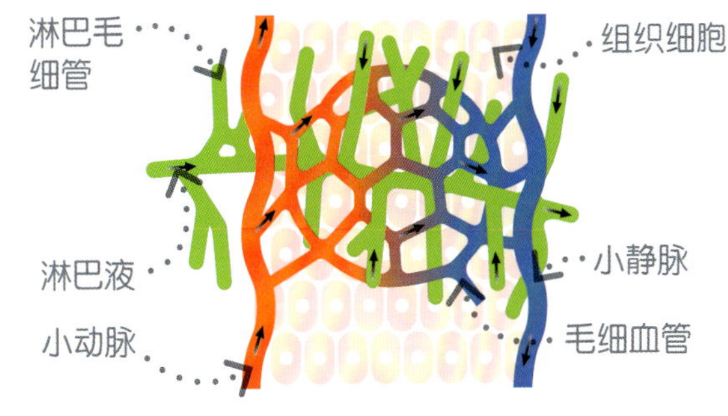

肺

肺是呼吸系统的主要器官。人在吸气时，空气中的氧气会进入血液；呼气时，血液中的二氧化碳排出体外。

要点

- ✓ 空气主要通过鼻子进入体内，经过气管、支气管和细支气管，最后到达肺泡。
- ✓ 肺泡是肺部气体交换的主要部位，氧气从肺泡进入血液，二氧化碳从血液进入肺泡。

呼吸系统

空气从气管进入肺泡，气管又分为左、右两个支气管。在肺里，支气管像树一样又分为成千上万个更小的管（细支气管）。

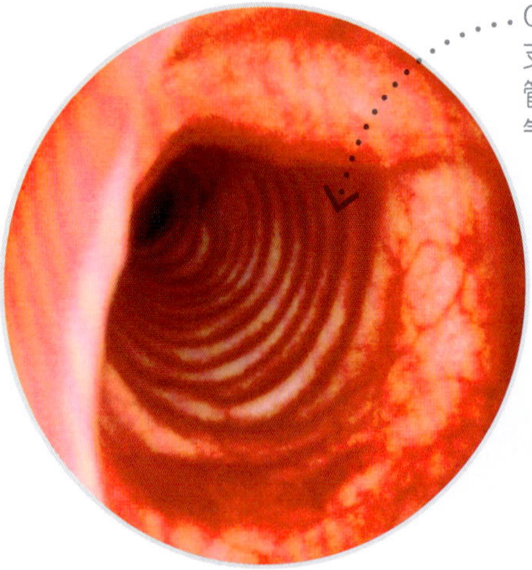

C形软骨环能支撑气管保持管状状态，使气体顺畅通过

气管

气管上有较坚硬的软骨环，可防止呼气时气管塌陷。

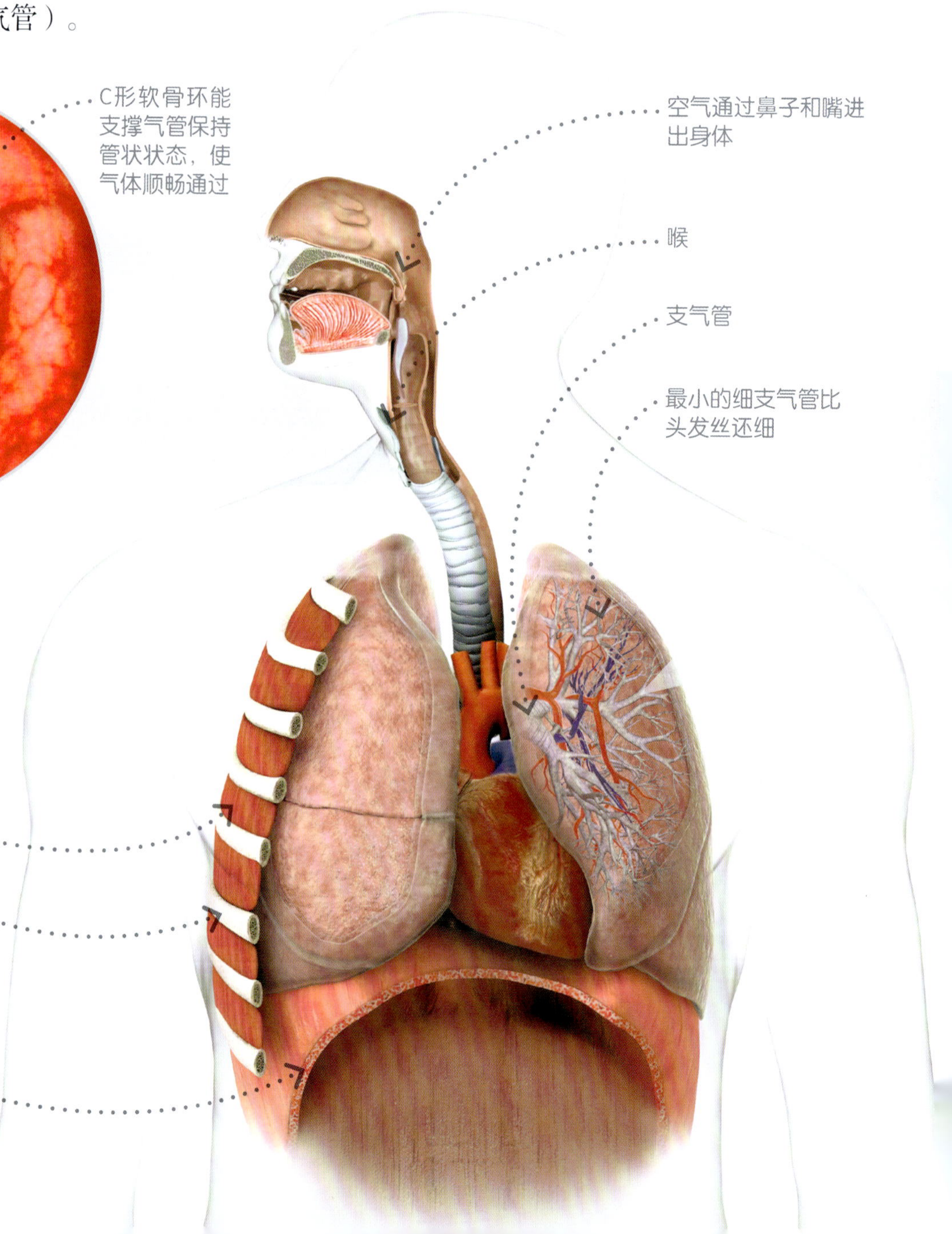

空气通过鼻子和嘴进出身体

喉

支气管

最小的细支气管比头发丝还细

肋间肌位于肋骨之间。呼吸时，它们会收缩和舒张

肋骨

横膈膜能帮助肺呼吸。吸气时，它会收缩并向下拉伸；呼气时，它会舒张并向上运动

气体交换

所有生物都有进行气体交换的场所，如肺，气体在这里进出血液。细支气管末端膨大成囊，囊的四周有很多小囊泡，即肺泡。肺泡是肺部气体交换的主要部位，氧气从肺泡扩散到血液中，二氧化碳从血液扩散到肺泡中。

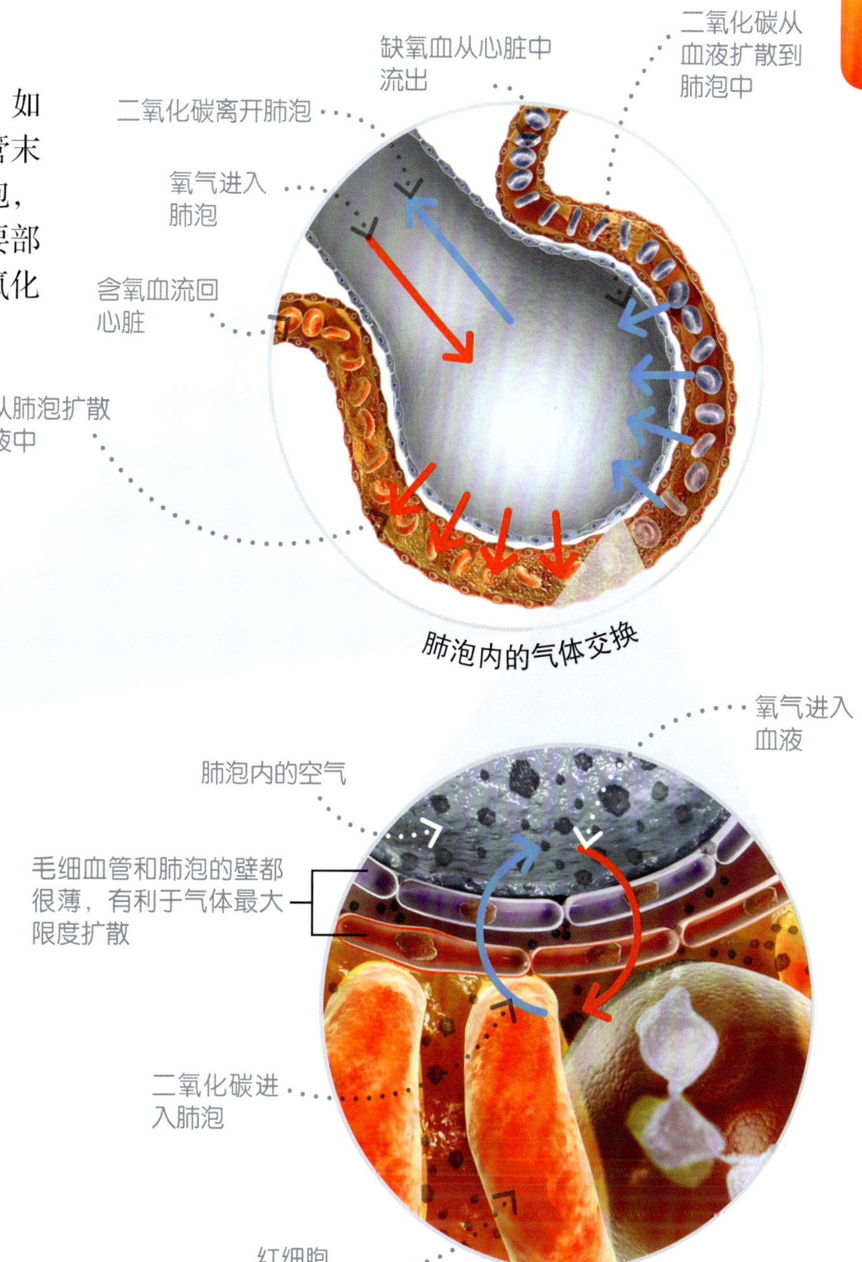

肺泡内的气体交换

肺泡

肺泡和毛细血管

鱼体内的气体交换

鳃是鱼体内气体交换的场所，由许多鳃丝组成。鳃丝和肺泡一样，可以增加气体交换的表面积。

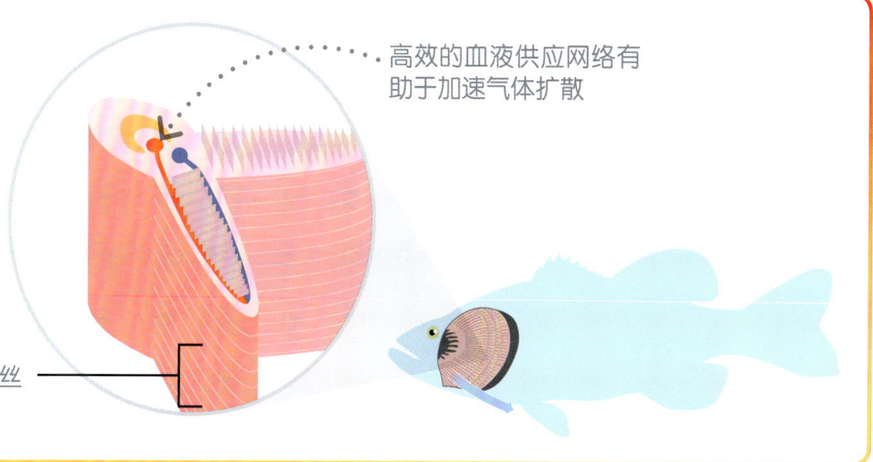

呼吸

吸气时，空气中的氧气进入肺部，然后扩散到血液中。呼气时，血液中的二氧化碳被排出，呼出的气体中氧气含量较少，从血液中扩散的二氧化碳含量较多。

要点

- ✓ 吸入空气是吸气，呼出空气是呼气。
- ✓ 呼吸由肋骨、肋间肌和横膈膜共同控制。
- ✓ 肺部压力和体积的变化，是空气进入和离开肺部的原因。
- ✓ 黏液可以吸附灰尘和微粒。
- ✓ 呼吸道的纤毛能够清除黏液中的灰尘和微生物。

吸气和呼气

呼吸受肋骨、横膈膜和肋间肌控制。它们通过收缩和舒张使胸腔容积增大或减小，从而控制气体的进出。

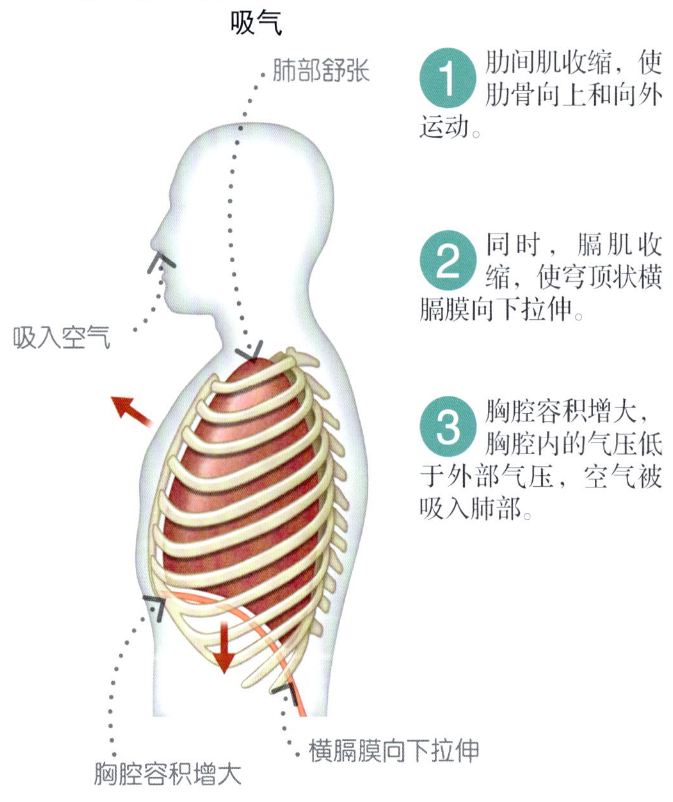

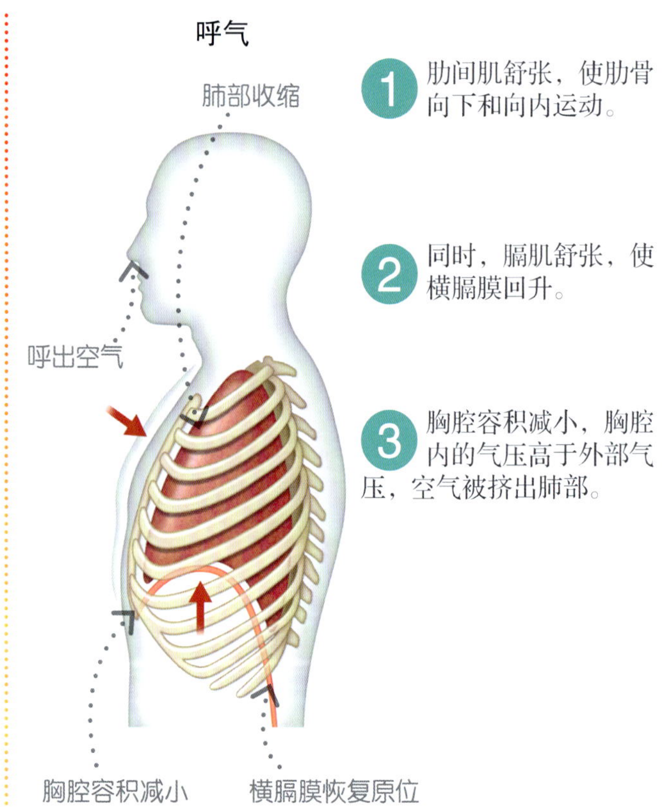

纤毛和黏液

吸气时，鼻中的纤毛能阻挡空气中的灰尘和微生物。气管和支气管的表面黏膜上有很多纤毛和能分泌黏液的腺细胞，能有效阻止粉尘和微生物进入肺部。

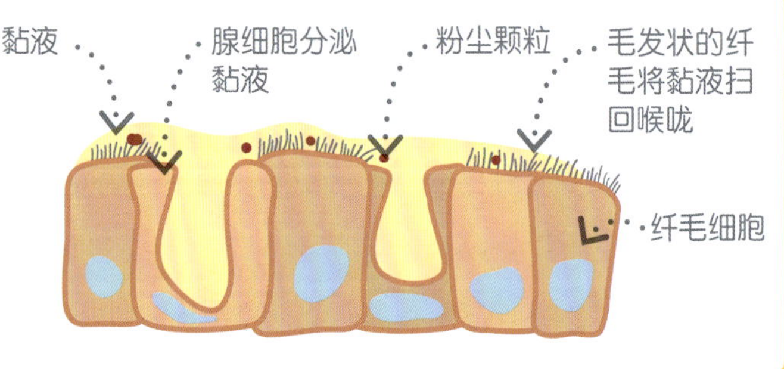

运动对呼吸的影响

运动时，人的呼吸会变得更急促，且深度增加，大量氧气吸入体内，二氧化碳排出体外。剩余的氧气用来满足肌肉细胞所增加的呼吸需求。

要点

- ✓ 运动时，人的呼吸速率加快，呼吸深度也会增加。
- ✓ 肌肉细胞需要额外的氧气加快呼吸以获得能量。
- ✓ 可以通过统计1分钟内的呼吸次数得到呼吸频率。

影响呼吸深度和频率的因素

在休息状态下，人体内进出肺部的空气量大约是500cm³。下图显示了在运动过程中，人的肺部空气量的变化情况。从下图中可以看出，随着运动时间的延长，每次吸入和呼出的空气量（呼吸深度）和呼吸频率都在增加。

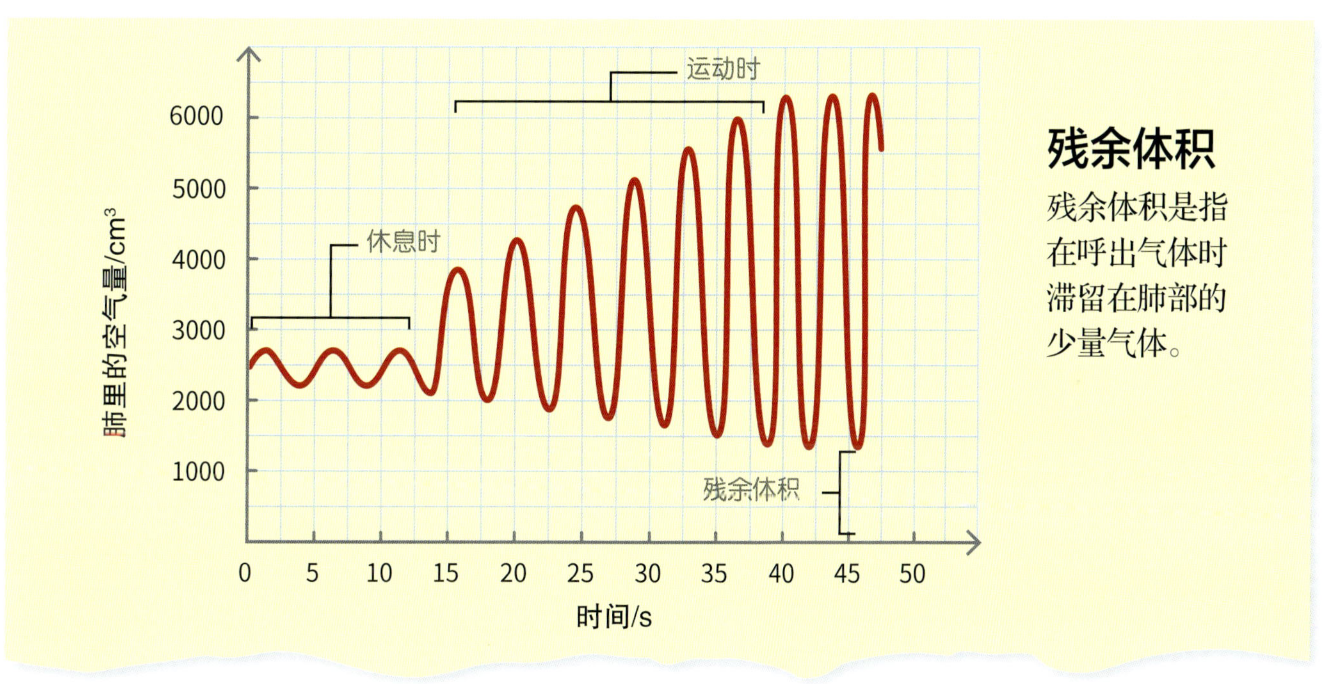

残余体积

残余体积是指在呼出气体时滞留在肺部的少量气体。

测量呼吸频率

可以通过计算1分钟内呼吸的次数来测量呼吸频率。正常成年人在呼吸平稳的状态下，呼吸频率一般为每分钟12～20次。

1. 休息1分钟，再次测量呼吸次数，重复3次并计算呼吸频率的平均值。
2. 运动1分钟，再次测量呼吸次数。我们会发现，运动越剧烈，呼吸频率越高。

11 神经系统

刺激与反应

为了生存，生物需要及时对环境中的变化做出反应。例如，动物需要学会寻找食物和躲避捕食者。所有能引起生物做出反应的环境变化都称为刺激。

要点

- ✓ 所有能引起生物做出反应的变化都称为刺激。
- ✓ 感受器是感受外界刺激的结构。
- ✓ 效应器可以对刺激做出反应，如身体的部分肌肉和腺体等。
- ✓ 感受器通过神经系统或激素向效应器发送信号。

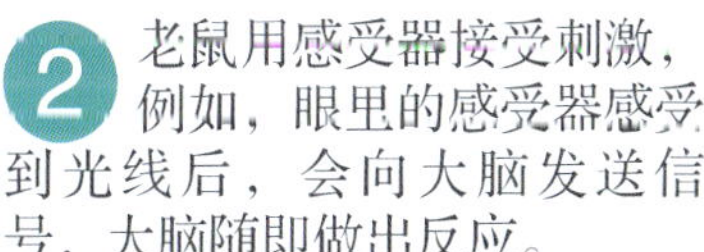

1 对老鼠来说，捕食者猫头鹰的出现是一个强大的刺激。

2 老鼠用感受器接受刺激，例如，眼里的感受器感受到光线后，会向大脑发送信号，大脑随即做出反应。

3 老鼠的大脑向效应器（如腿部的肌肉）发送信号，效应器做出反应，老鼠逃跑或躲藏。

感受器和效应器

动物主要通过感受器接受刺激。对老鼠来说，感受器就是它的眼、耳、口、鼻子和胡须。效应器则包括老鼠逃跑时使用的肌肉和它体内的腺体。例如，在看到捕食者时，老鼠的肾上腺会分泌肾上腺素，为逃跑做好准备。

神经系统概说

动物的神经系统使它能感受到周围环境的变化（刺激）并迅速做出反应。神经元是神经系统结构和功能的基本单位，又叫神经细胞，能高速传递电信号。

要点

- ✓ 感受器官包括感受器及其附属结构，能够对特定的刺激做出反应。
- ✓ 中枢神经系统（central nervous system, CNS）是神经系统的控制中心，由脑和脊髓组成。
- ✓ 神经元在中枢神经系统和身体其他神经之间传递电信号。

神经系统是如何工作的

感觉神经元（如人眼中的感光细胞）可以感知周围环境的变化，然后向中枢神经系统发送电信号。中枢神经系统处理信息，并做出回应。运动神经元将电信号传递给肌肉等效应器，使效应器做出反应。

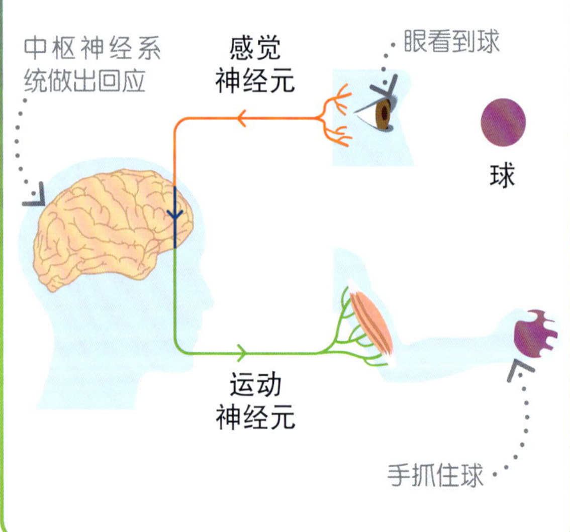

脑是人体神经系统中最高级的部分

神经系统中有大量神经元，能将电信号传送到身体各个部位

脊柱保护着脊髓中脆弱的神经组织

脊髓连接大脑和周围的神经系统

中枢神经系统

周围神经系统

人体神经系统

人体神经系统分为中枢神经系统和周围神经系统两部分。中枢神经系统包括脑和脊髓；周围神经系统分布在全身各处，包括与脑相连的脑神经和与脊髓相连接的脊神经。

神经元

神经元，又叫神经细胞，是神经系统结构和功能的基本单位。它负责把信息经感受器传送给中枢神经系统，再将反应信息传送至效应器，信息以电信号（神经冲动或神经信号）的形式进行传递。

要点

- ✓ 神经元是神经系统结构和功能的基本单位。神经元传送的电信号叫作神经信号或神经冲动。
- ✓ 神经元主要分为感觉神经元、运动神经元和联络神经元三种类型。

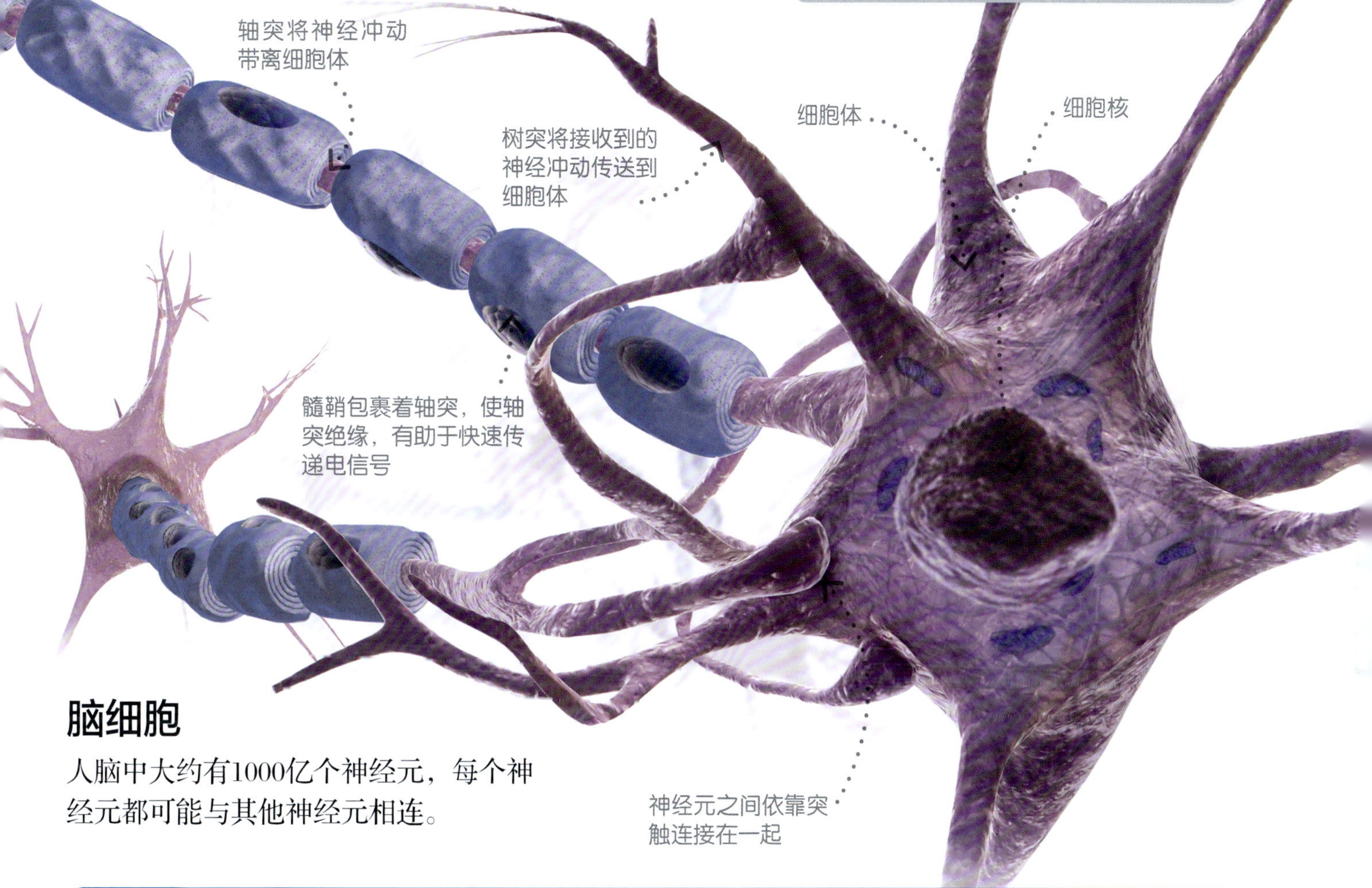

轴突将神经冲动带离细胞体
树突将接收到的神经冲动传送到细胞体
细胞体
细胞核
髓鞘包裹着轴突，使轴突绝缘，有助于快速传递电信号
神经元之间依靠突触连接在一起

脑细胞

人脑中大约有1000亿个神经元，每个神经元都可能与其他神经元相连。

神经元的类型

某些神经元的长度超过1米。根据功能，神经元可分为三类，它们位于神经系统的不同部位。

细胞体
轴突
树突

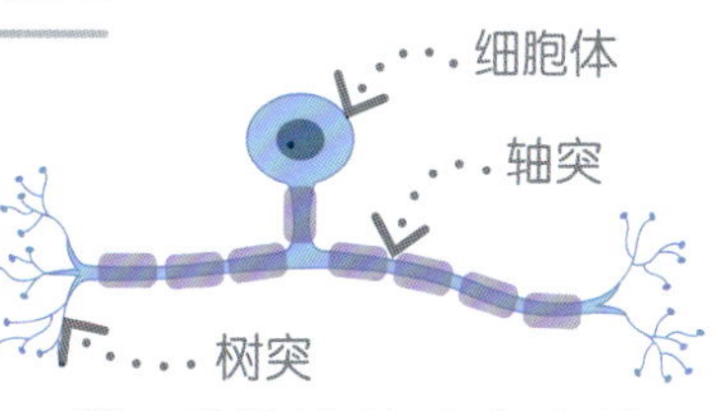

1 **感觉神经元**感受刺激，如光，并将电信号传送到中枢神经系统。

细胞体

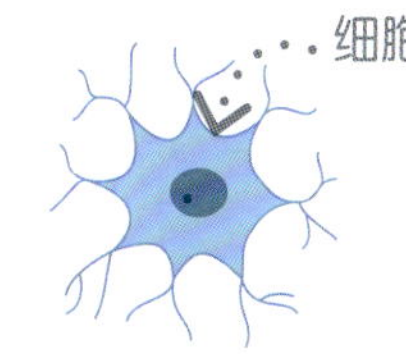

2 **联络神经元**把从感觉神经元传递过来的电信号传递到运动神经元。

树突
轴突
细胞体

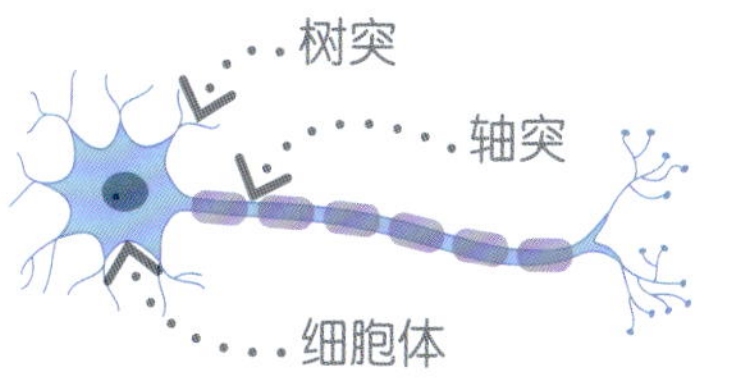

3 **运动神经元**将从中枢神经系统发出的电信号传递到效应器。

突触

神经元之间的电信号通过突触进行传递。相邻的神经元之间有微小的间隙，所以电信号不能直接穿过突触，只能通过神经递质进行传递。

要点

- ✓ 相邻的两个神经元通过突触传递电信号。
- ✓ 当神经冲动到达轴突末端时，突触小泡会分泌神经递质。
- ✓ 神经递质与接收方神经元的受体结合，能触发新的神经冲动。

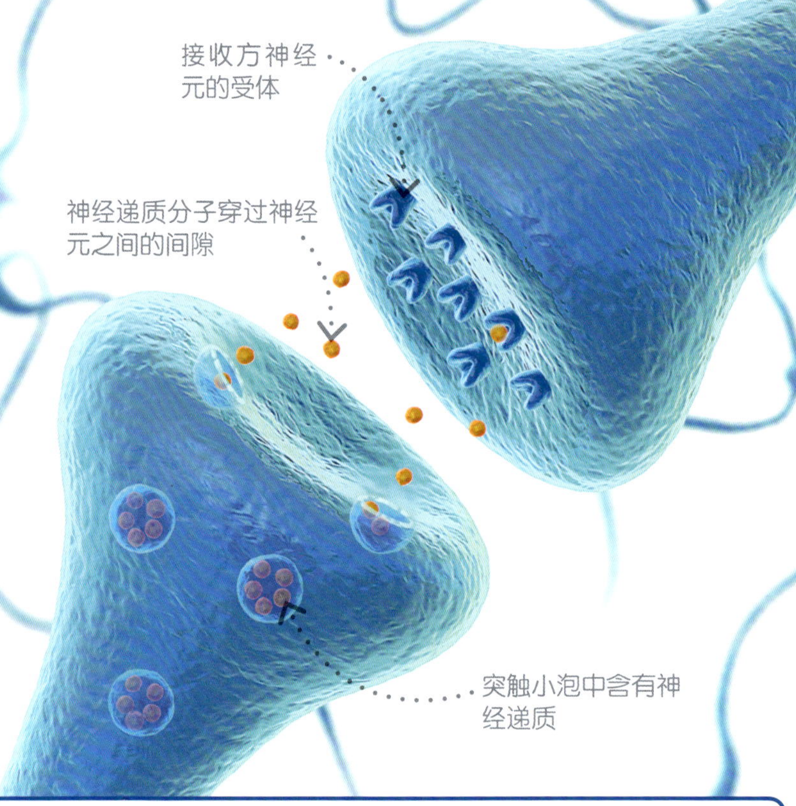

汇合点

突触是连接两个相邻神经元的结构。当神经冲动到达轴突末端时，突触小泡就会分泌神经递质。神经递质能穿过间隙到达接收方神经元，然后触发一个新的神经冲动，从而使电信号在神经系统中继续传递。

神经递质

神经递质只在神经元的输出端产生，所以神经冲动只能沿一个方向传递。影响神经系统的药物通常通过干扰神经递质及其受体发挥作用。

1 电信号沿神经元传递，最后到达轴突末梢。

2 电信号会触发突触小泡分泌神经递质。神经递质以扩散的方式通过相邻神经元之间的微小间隙。

3 神经递质分子与接收方神经元的受体结合，触发新的神经冲动。

反射弧

当手触摸到某个东西并产生疼痛感时，手会立刻缩回。像这样，人体通过神经系统对外界或内部的各种刺激做出的规律性反应叫作反射。反射的结构基础是反射弧，简单反射可以不受大脑控制。

要点

- ✓ 反射弧是指触发反射动作的神经信号经过的路径。
- ✓ 简单反射可以不受大脑控制。
- ✓ 许多反射动作都需要脊髓进行协调。

疼痛反射

屈肌反射是最快的反射之一。它使受刺激的身体部位迅速从疼痛源抽离，如缩手反射。

1 感受器 手部的感受器接受刺激。然后，感觉神经元将神经冲动传递到脊髓。

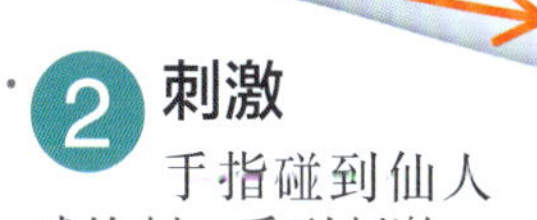

2 刺激 手指碰到仙人球的刺，受到刺激。

3 脊髓 脊髓中的联络神经元接收神经冲动，并将其传送给运动神经元。

4 效应器 运动神经元向手臂上的肌肉（效应器）发送神经冲动，使肌肉收缩，手从疼痛源抽离。

反射动作

简单反射比一般的反应要快，因为神经冲动不必第一时间传递到大脑。你可能在身体做出反应前，并没有意识到刺激。许多反射动作能保护人体免受伤害。

1 战斗或逃跑是人在面对危险时做出的反应。例如，遇到毒蛇时，你的心率加快，呼吸加深并准备逃跑。

2 当一个快速移动的物体靠近你的脸时，你会马上紧闭双眼。这种反射可以保护眼不受伤害。

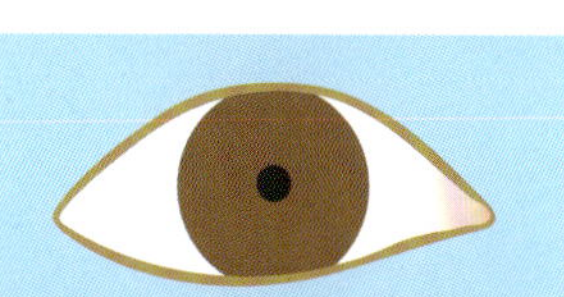

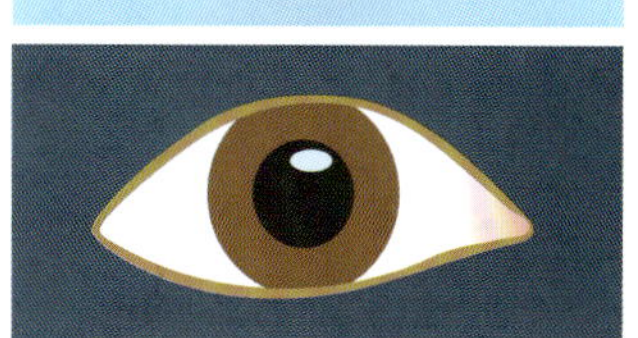

3 瞳孔在强光下会自动收缩，在黑暗中又会扩张。这种反射能够保护眼内的感光细胞不受损害。

计算反应时间

反应时间是指一个人对刺激做出反应所需的时间。可以利用刻度尺进行如下实验，并通过简单的数学运算求出反应时间。

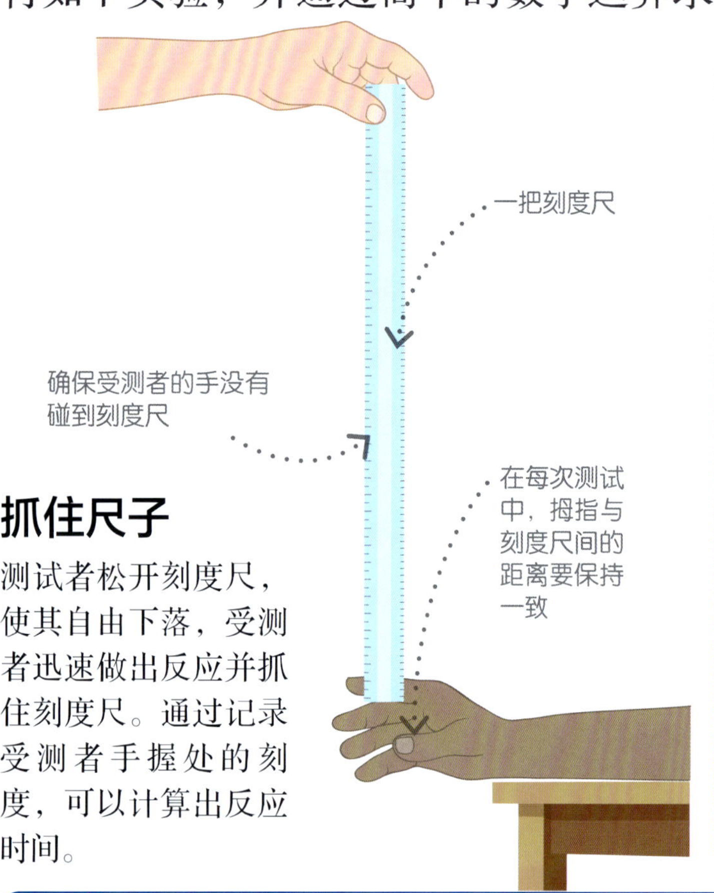

抓住尺子

测试者松开刻度尺，使其自由下落，受测者迅速做出反应并抓住刻度尺。通过记录受测者手握处的刻度，可以计算出反应时间。

实验方法

1. 受测者身体坐直，手臂放在平坦的桌面上，保证手能自由活动。
2. 取一把刻度尺，将零刻度放在受测者的食指和拇指之间，手不要碰到刻度尺。
3. 告诉受测者，当刻度尺落下时，要以最快的速度抓住它。但不要告诉受测者刻度尺什么时候会落下。
4. 随机松开刻度尺。
5. 读出受测者手握处的刻度并记录结果。
6. 可以通过这个实验比较不同人的反应时间，或比较同一个人在一天中不同时刻的反应时间。

计算反应时间

使用下面的公式可以计算出反应时间（t），时间的单位为秒（s），距离（d）的单位为厘米（cm）。

$$t = \sqrt{\frac{d}{500}}$$

为了使结果更准确，要重复实验几次，然后把每次测试的结果相加，除以测试的次数，就可求出平均距离。

大脑

人类的大脑由约1000亿个神经元组成，神经元相互连接形成复杂的回路。大脑主要负责控制人的意识、思维、记忆、语言和情绪等，并具有协调肌肉运动、维持个体生命活动的重要作用。

要点

- ✓ 脑和脊髓组成中枢神经系统。
- ✓ 大脑控制着许多复杂的生命活动，如语言和记忆。
- ✓ 大脑的不同部位有着不同的功能。

大脑的构造

大脑由不同的部位组成，每个部位都有特定的功能。大脑皮层表面的褶皱增大了大脑皮层的表面积，大大增加了相对空间内神经元的数量，提高了大脑的处理能力。

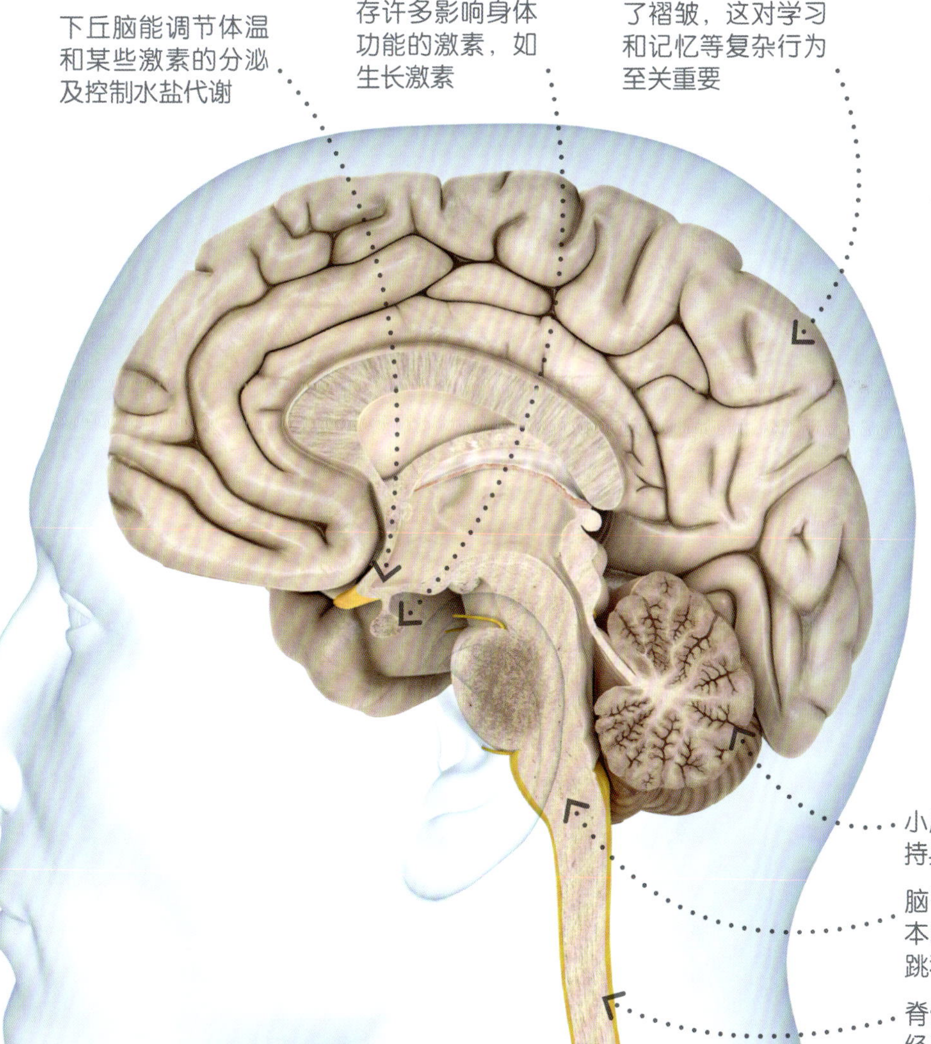

两个大脑半球

从俯视图看，大脑由左、右两个大脑半球组成，它们形状相似。人体的部分功能只由一个大脑半球控制，例如，右半球控制身体左侧的肌肉。但大多数功能都由左右两个大脑半球一起控制。如果其中一个受损，则由另一个接替受损部位的工作。

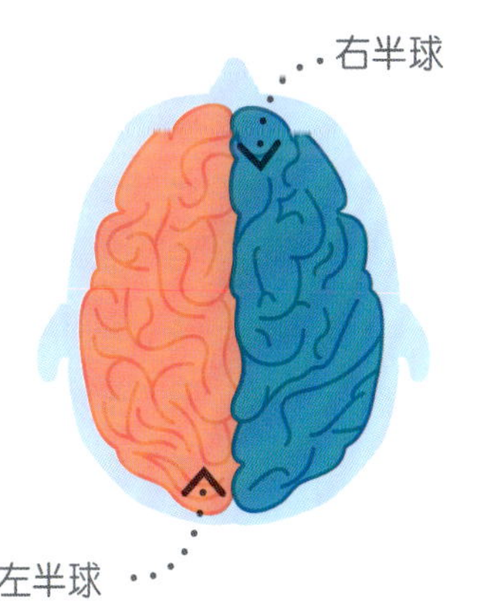

研究大脑

大脑是人体最复杂的结构。研究大脑的科学家试图将记忆等特定的功能分配给大脑的不同部位。但实验结果表明，许多高级功能需要大脑的多个部位协同完成。

功能性磁共振成像

功能性磁共振成像技术通过扫描大脑形成大脑的结构图像。下图显示出人在说话时，大脑中的小部分区域会变亮。此技术能帮助科学家研究大脑的不同部位如何控制人体的复杂心理过程，如语言，还可以用来检测中风、脑瘤等疾病对大脑造成的损害。

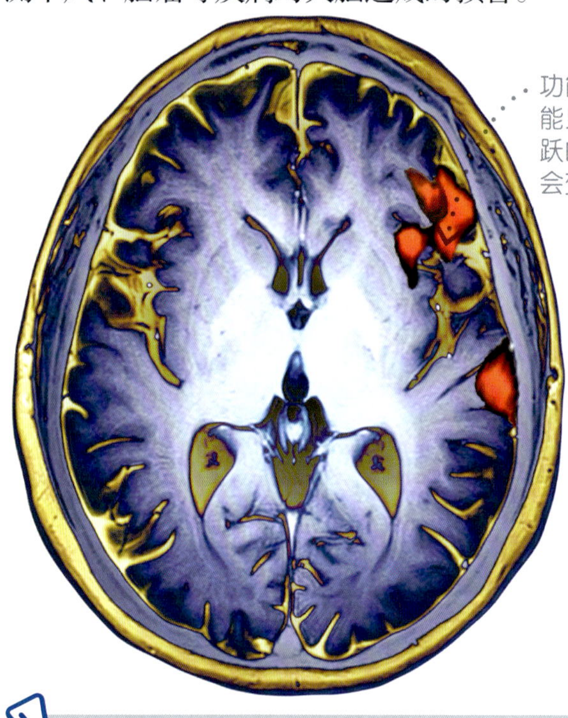

功能性磁共振成像能显示出大脑中活跃的部位，该区域会变亮

要点

- ✓ 过去，科学家借助脑损伤患者来研究脑损伤对人的记忆等的影响。
- ✓ 功能性磁共振成像仪可以显示出人在进行某项活动时大脑最活跃的部位。
- ✓ 大脑的不同部位具有不同的功能，但许多高级功能需要大脑的多个部位协同完成。

研究大脑的功能

科学家使用各种方法研究大脑的功能，每种方法各有利弊。

1 脑损伤

过去，科学家主要借助脑损伤患者来研究脑部损伤对人的记忆等的影响。

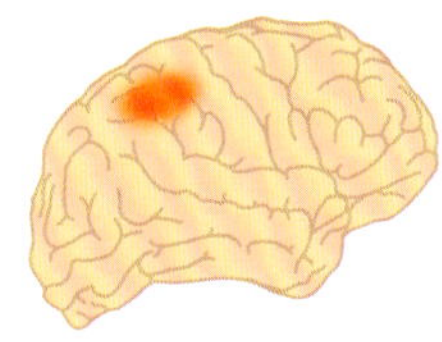

2 大脑扫描

科学家和医生使用几种不同的扫描仪器制做出大脑图像。大脑图像能显示出人在呼吸时的脑细胞活跃程度。

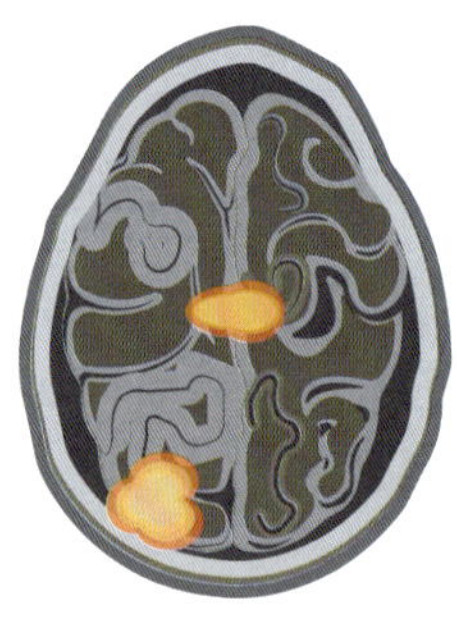

3 电极

科学家通过用电极刺激大脑皮层来观察大脑中控制肌肉的部位。但是这项技术目前只能在手术中使用。

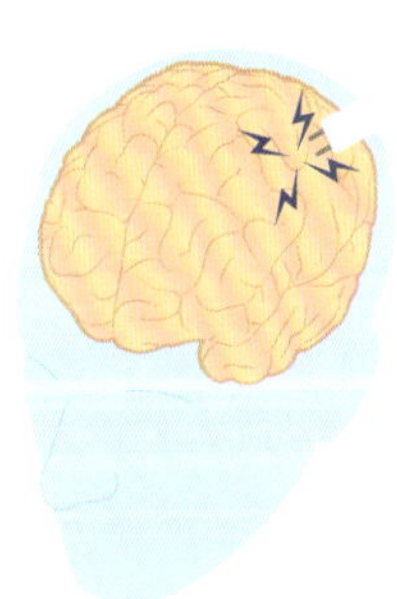

4 脑电图

脑电图（electroe-ncephalogra，EEG）能记录脑电波的活动轨迹，帮助科学家研究人在无梦睡眠和做梦时的大脑变化。

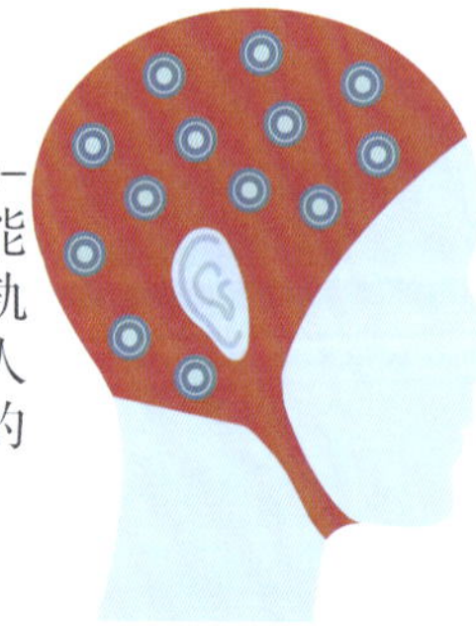

神经系统受损

神经系统受损会引发记忆丧失、感觉丧失等问题。有些神经损伤后可以修复，但中枢神经系统的损伤往往是永久性的。

要点

- ✓ 感觉神经受损会导致感觉丧失。
- ✓ 运动神经受损会导致与神经相连的肌肉丧失运动功能。
- ✓ 中枢神经系统受损后无法被修复。

脑损伤

大脑可能会因癌症或中风等疾病而受损，这种损伤是不可修复的，但大脑的健康部位可能会接替受影响部位的工作，使其某些功能得到恢复。

脊髓损伤

脊髓损伤会导致受损节段以下的肢体部位完全丧失感觉或瘫痪。这种损伤是永久性的，但科学家正在研究修复脊髓损伤的方法。

周围神经损伤

运动神经受损会导致与神经相连的肌肉失去运动能力。感觉神经受损会导致感觉丧失。

伽马刀

脑肿瘤是生长在大脑中的非正常组织。在不损坏周围健康组织的情况下，很难通过手术将脑肿瘤切除。伽马刀是一种专门用来治疗脑肿瘤的技术，病人躺在一台从不同角度聚焦了约200束伽马射线的机器里，所有射线都聚集在肿瘤处，给肿瘤致命剂量的辐射，但对周围的脑组织没有伤害。

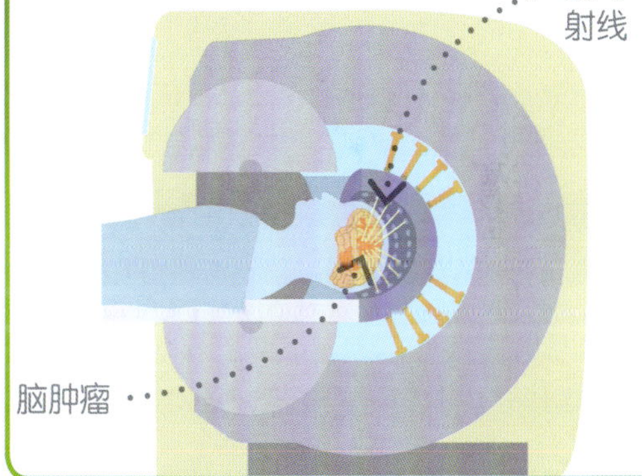

神经系统

神经系统的任何部分都有可能因疾病或其他原因受损。与周围神经系统受损相比，中枢神经系统受损会造成更严重的残疾。

眼

眼的成像原理与照相机类似。进入眼的光线通过一个弯曲的透明晶状体聚焦到眼后方的视网膜上，形成图像。

要点

- ✓ 眼通过将光线聚焦到视网膜上形成图像。
- ✓ 眼中的感光细胞对光做出反应，向大脑传递神经冲动。
- ✓ 瞳孔括约肌和瞳孔开大肌能调节进入眼的光线量。

内部结构

眼内部的大多数结构都是透明的，可以让光线通过。当光线聚焦在视网膜上时，它会刺激感光细胞向大脑传递神经冲动，大脑对接收到的信息进行处理，从而形成图像。

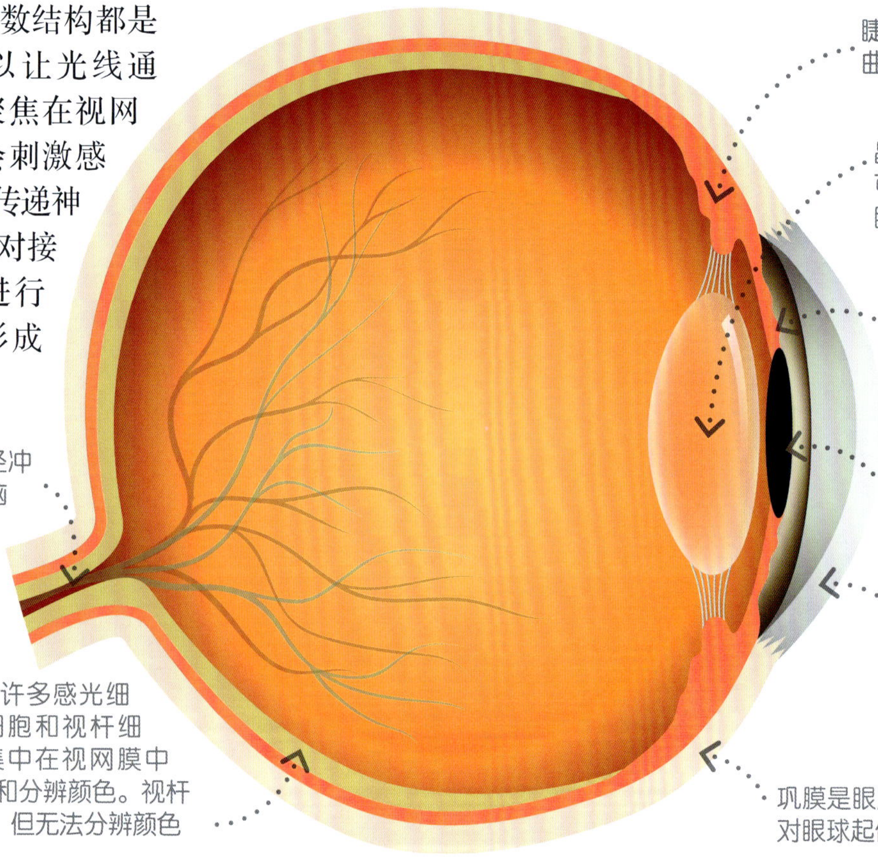

睫状体可调节晶状体曲度

晶状体位于瞳孔后，可通过改变形状调节眼的聚焦能力

虹膜是有颜色的扁圆形环状薄膜，能控制进入瞳孔的光线量

瞳孔是虹膜中央的一个小圆孔

角膜位于眼球壁前端，能聚焦进入眼的光线

视神经把神经冲动传送给大脑

视网膜上分布着许多感光细胞，分为视锥细胞和视杆细胞。视锥细胞集中在视网膜中央，能感受强光和分辨颜色。视杆细胞能感受弱光，但无法分辨颜色

巩膜是眼周围的白色部分，对眼球起保护作用

虹膜反射

虹膜内含环状的瞳孔括约肌和放射状的瞳孔开大肌。当瞳孔括约肌收缩时，瞳孔收缩，进入眼的光线减少。当瞳孔开大肌收缩时，瞳孔放大，进入眼的光线增加。瞳孔的大小会根据进入眼的光线强弱而改变。

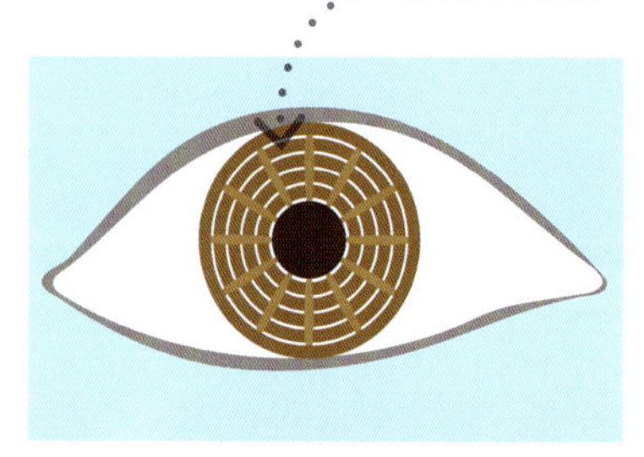

瞳孔收缩

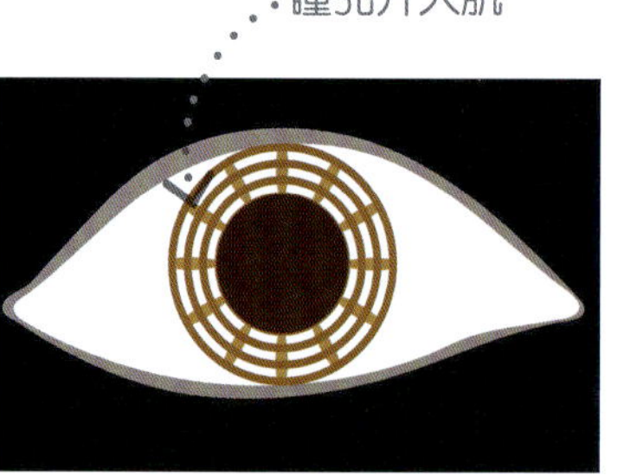

瞳孔放大

视觉

眼会折射物体发出的光线，使光线在视网膜上的某一点汇聚形成图像，这叫作聚焦。大部分光线的聚焦由角膜完成，但晶状体可以根据与被观察物体的距离对光线的聚焦进行微调。

要点

- ✓ 角膜和晶状体能将光线聚焦在视网膜上。
- ✓ 睫状肌的收缩与舒张能调节晶状体的形状和聚焦能力。
- ✓ 晶状体变厚时，近处物体的物像落在视网膜上。晶状体变薄时，远处物体的物像落在视网膜上。

视网膜成像

光线通过角膜和晶状体时会发生折射。光线穿过眼内部，在视网膜上投射出清晰、倒立的物体图像。视神经将视觉冲动传送到大脑，经大脑处理过的图像以正确的形式呈现出来。

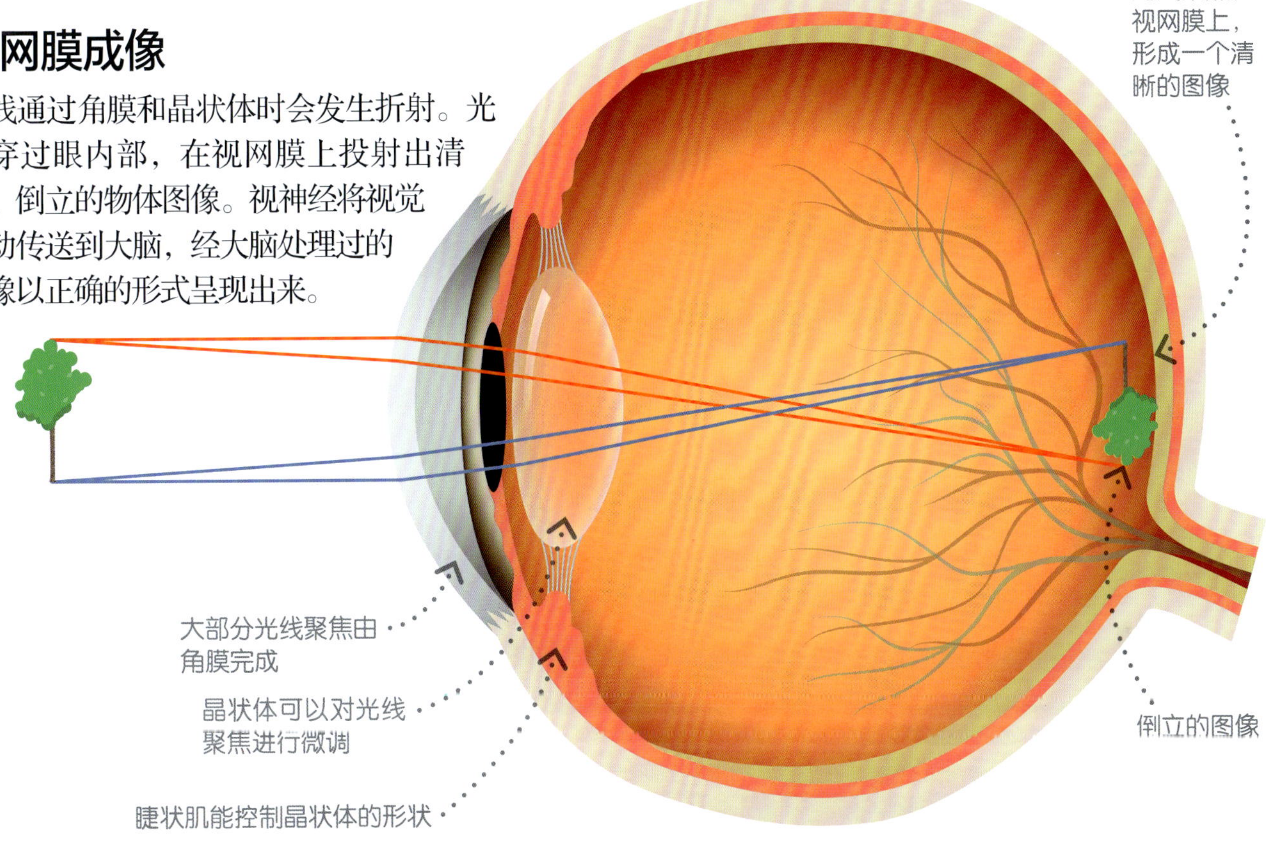

远近视觉

为了看清不同距离的物体，睫状肌会改变晶状体的形状。睫状肌收缩时，晶状体变厚，近处物体的物像落在视网膜上。睫状肌舒张时，晶状体变薄，远处物体的物像落在视网膜上。

聚焦在近处

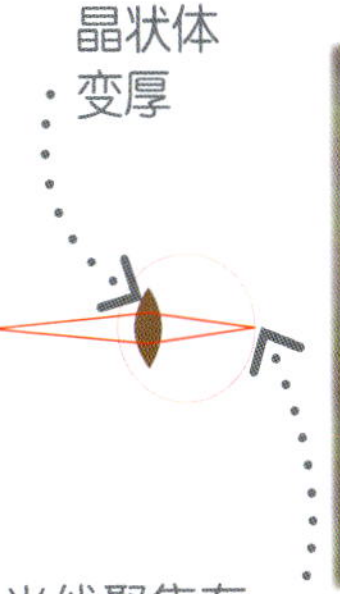

聚焦在远处

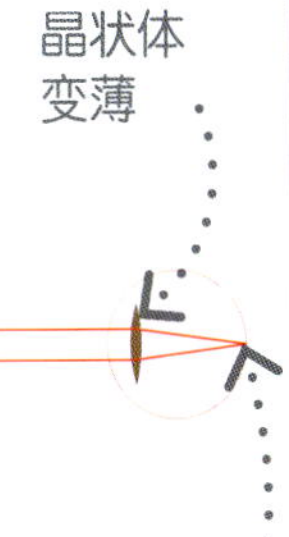

近视

近视是一种视觉缺陷，会使远处的物体看起来模糊不清。如果眼球前后径过长或晶状体和角膜过于弯曲，眼的光线聚焦能力会变强，使光线聚焦在视网膜之前，形成近视。

要点

- ✓ 近视会使远处的物体看起来模糊不清。
- ✓ 在近视眼的内部，光线被聚焦在视网膜前面。
- ✓ 凹透镜中间薄、边缘厚，可用于矫正近视。

矫正近视

在近视眼的内部，光线被聚焦在视网膜之前，视网膜上的图像会变得模糊。凹透镜可以使光线分散入眼，以矫正近视。

如果眼近视，光线会聚焦在视网膜之前

视网膜

近视眼

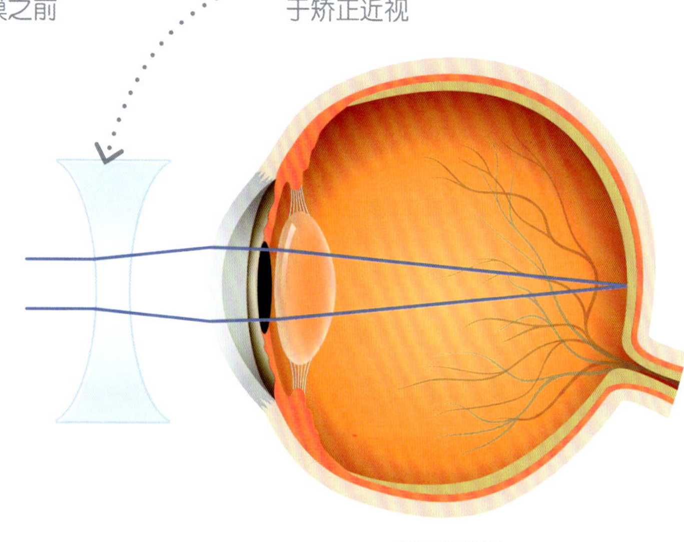

矫正近视

眼激光手术

近视、远视和散光等视觉缺陷都可以通过激光手术进行矫正。矫正近视最常用的方法之一就是重塑角膜，使角膜的曲度减小，降低对光线的聚焦能力。

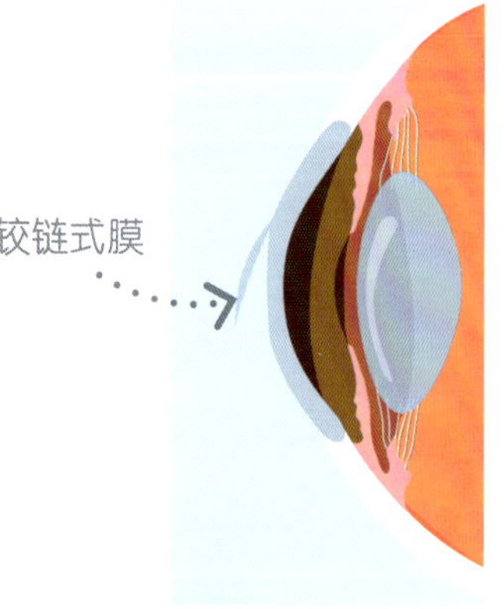

1 在角膜前部切开一个小瓣，折叠起来固定。形成铰链式膜。

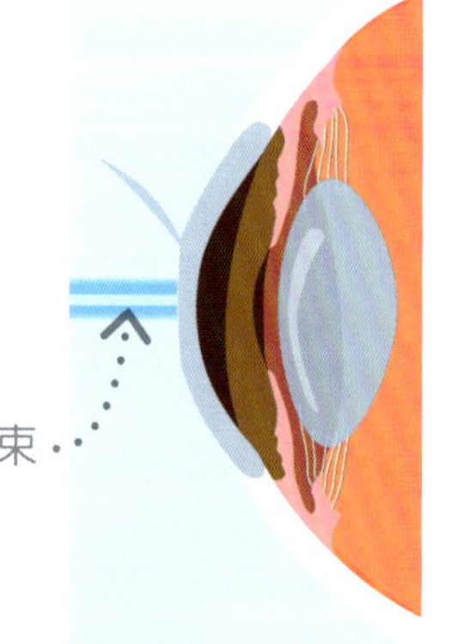

2 由计算机控制的激光束会烧掉一部分角膜组织，使角膜的曲度减小。

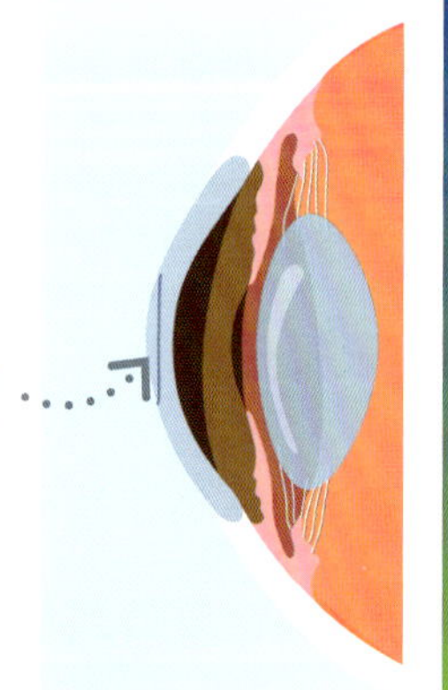

3 将切开的角膜瓣放回原位，使其愈合。

远视

远视也是一种视觉缺陷，会使近处的物体看起来模糊不清。如果眼球前后径过短或晶状体和角膜曲度较小，光线没有被充分折射而聚焦在视网膜后方，就会形成远视。另外，随着年龄的增长，晶状体硬化变厚，也会导致远视。

要点

- ✓ 远视会导致近处的物体看起来模糊不清。
- ✓ 在远视眼的内部，光线被聚焦在视网膜后方。
- ✓ 凸透镜中间厚，两边薄，可用于矫正远视。

矫正远视

在远视眼的内部，光线被聚焦在视网膜后方，视网膜上的图像会变得模糊。凸透镜可用来矫正远视，通过凸透镜的光线向内折射的角度变大，会使光线准确聚焦在视网膜上。

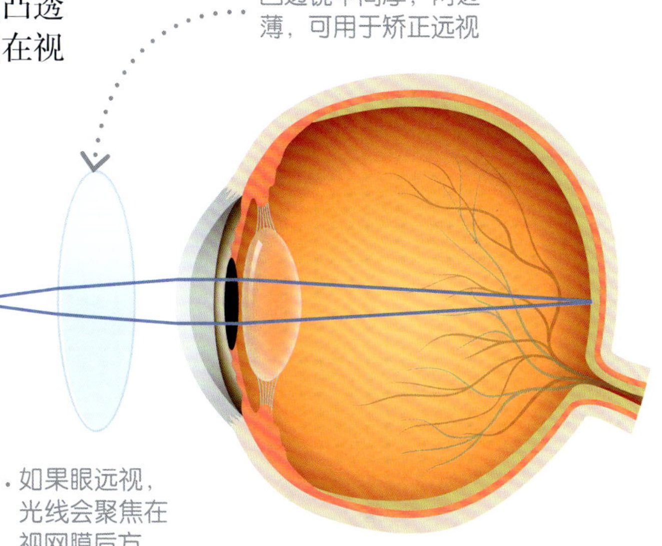

人工晶状体植入术

远视和近视等视觉缺陷都可以通过人工晶状体植入手术进行矫正。通过切口可将眼的天然晶状体摘除，然后植入人工晶状体；也可以不摘除天然晶状体，而是在它之前放置一个人工晶状体。

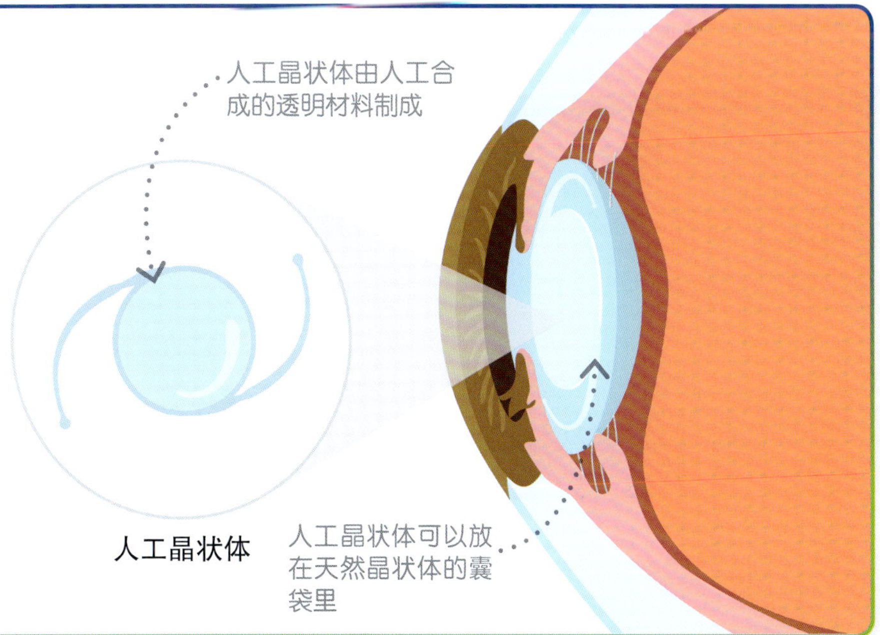

散光

散光是由角膜的弧度或晶状体的弯曲度不均匀导致的视觉缺陷。光线进入眼后，由于眼球在不同子午线上的屈光力不同，不能聚集在视网膜上，导致形成的图像模糊。

要点

- ✓ 眼散光是由角膜的弧度或晶状体的弯曲度不均匀导致的视觉缺陷。
- ✓ 散光的眼球在不同子午线上的屈光力不同，光线不能聚集在视网膜上。
- ✓ 弯曲度不均匀的镜片可用于矫正散光。

矫正散光

散光眼无法准确聚焦光线，导致视网膜上形成的图像模糊不清。这是因为晶状体的弯曲度不均匀，使光线在某个方向上比其他方向聚焦得更强烈。

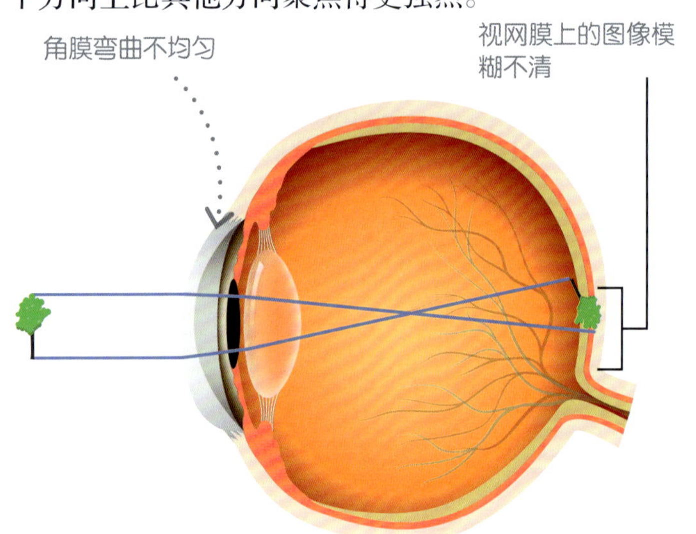

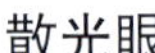
散光眼

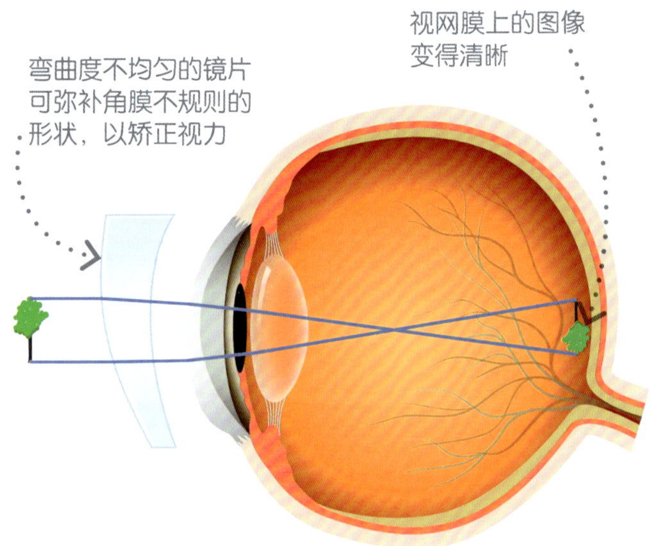

矫正散光

散光测试

散光会导致某些方向的光线聚焦不准确。通过像车轮辐条一样排列的线组成的散光测试图，可以找出聚焦受到影响的光线方向。对散光眼来说，某些方向的线条很清晰，而某些方向的线条看起来模糊不清。

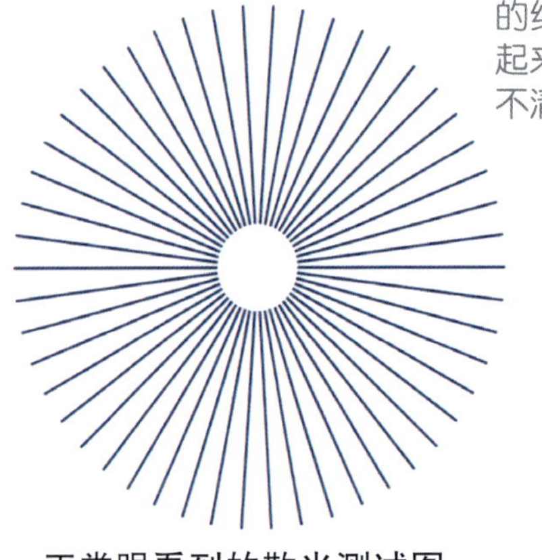
正常眼看到的散光测试图

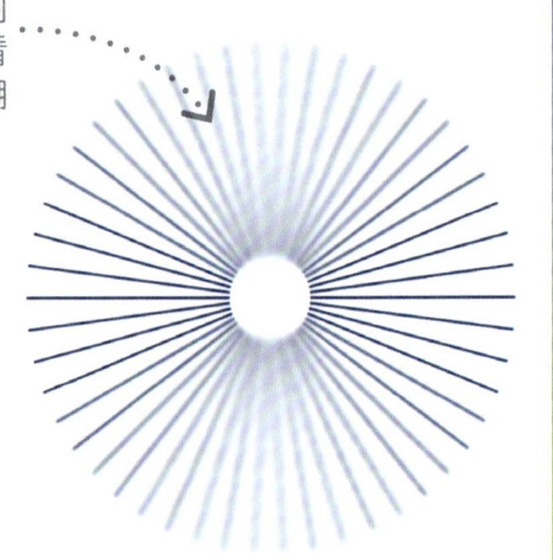

散光眼看到的散光测试图

耳

声音是物体振动产生的不可见声波，能通过固体、液体、气体等介质传播。这些声波被收集、放大并传送到充满液体的内耳，由内耳中的感觉细胞向大脑传递神经冲动，从而使人听到声音。

要点

- ✓ 声音是物体振动产生的，能通过固体、液体和气体等介质传播的不可见声波。
- ✓ 外耳收集声波并将其传入中耳和内耳。
- ✓ 内耳中的感觉细胞探测声波并将声音信息传递到大脑。

耳的内部

耳分为外耳、中耳和内耳三个部分。中耳和内耳位于颅骨的凹陷处，结构精细。声音以振动的形式通过鼓膜和听小骨的振动传递到充满液体的内耳。

人工耳蜗

人工耳蜗可使人恢复丧失的听力。外部的麦克风接收声音，并将其转换成能在耳蜗中传输的电信号，然后传输给皮下植入的接收器。接收器通过一条穿过耳蜗的细线发送电信号，刺激耳蜗中的感觉细胞将神经冲动传到大脑。

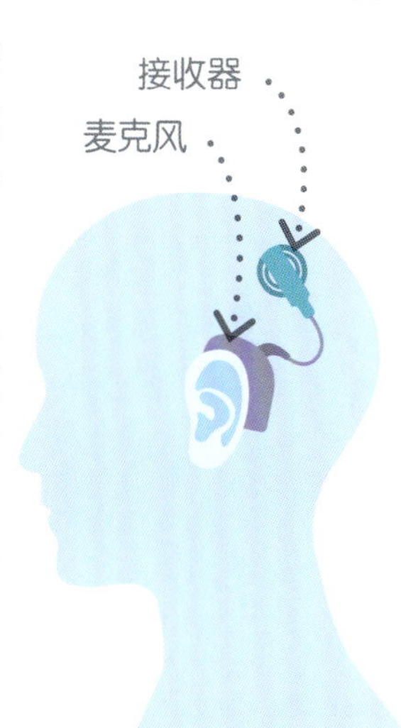

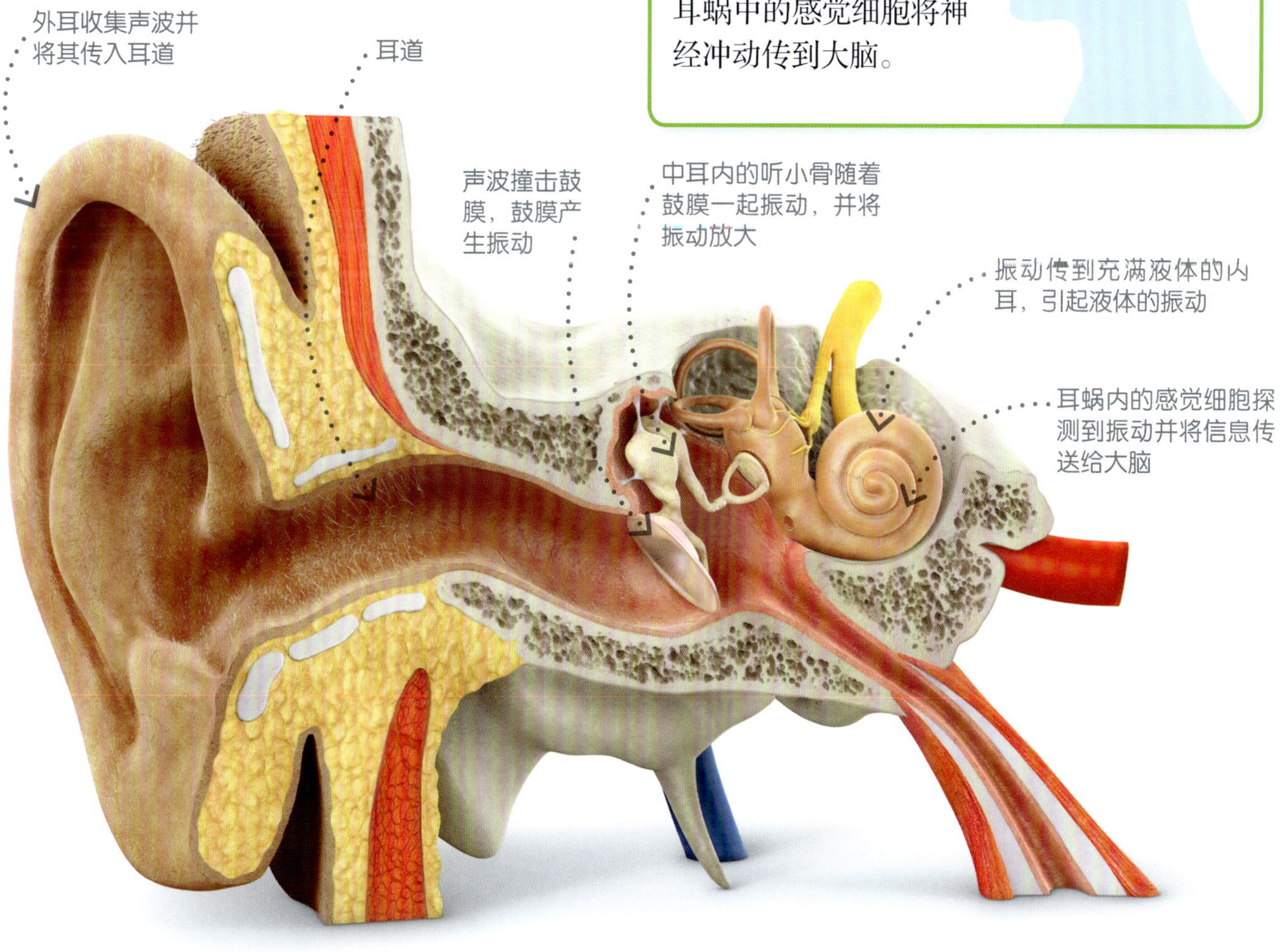

外耳收集声波并将其传入耳道

耳道

声波撞击鼓膜，鼓膜产生振动

中耳内的听小骨随着鼓膜一起振动，并将振动放大

振动传到充满液体的内耳，引起液体的振动

耳蜗内的感觉细胞探测到振动并将信息传送给大脑

调节体温

神经系统将人体温度维持在37℃左右，这是酶起作用的最适温度。当人体体温上升或下降时，神经系统会向效应器发送电信号，然后效应器会调节体温，使其恢复到正常温度。

要点

- ✓ 人的体温维持在37℃左右。
- ✓ 体温通过负反馈调节维持稳定。
- ✓ 大脑中调节体温的部分是下丘脑。

皮肤

当温度发生变化时，皮肤会有不同的反应。体温上升时，皮肤会释放多余的热量。体温下降时，皮肤会保存热量。寒冷会导致身体肌肉迅速收缩，此时可以通过抖动身体产生热量，使体温上升。

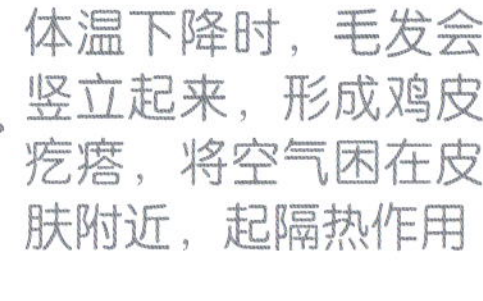

在寒冷环境中，立毛肌收缩，毛发竖立起来

在炎热环境中，皮肤上的血管扩张，更多血液流向皮肤表面，促使热量散失。在寒冷环境中，血管收缩，帮助身体保存热量

温度感受器感受到皮肤太热或太冷时，会向大脑传递神经冲动

汗腺会分泌汗液到皮肤上。汗液蒸发会使身体降温

正常体温

体温由大脑中的下丘脑控制。当体温过高时，下丘脑会给效应器发送神经冲动降低体温。当体温较低时，下丘脑会给效应器发送神经冲动升高体温。为了使体温保持恒定，使体温升高或下降的调节方法称为负反馈调节。

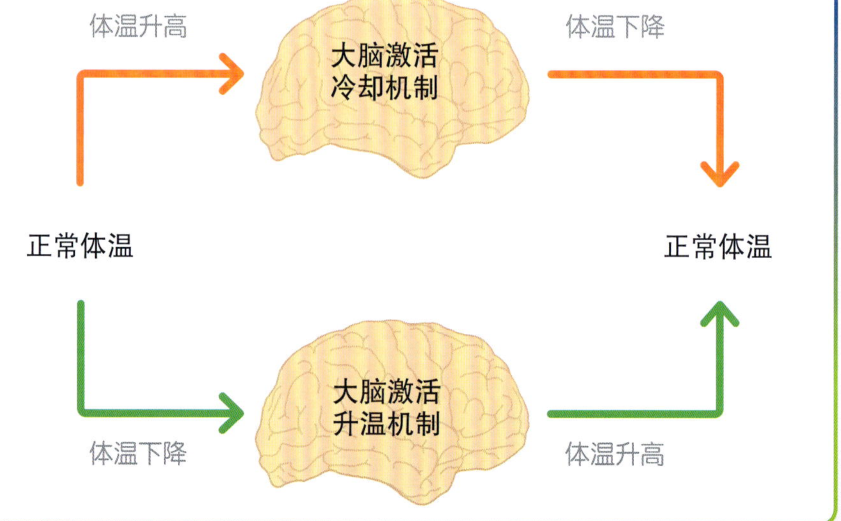

12

激素

内分泌系统

内分泌系统与神经系统共同控制和协调人体的各项生命活动。内分泌腺会分泌被称为激素的化学物质，激素随血液循环被运送到身体各处，并作用于相应的靶器官和靶细胞。

要点

- ✓ 内分泌系统和神经系统共同控制和协调人体的各项生命活动。
- ✓ 内分泌系统由能分泌激素的腺体组成。
- ✓ 各种激素对人体器官的生长发育、机能活动和新陈代谢起着重要的调节作用。
- ✓ 激素只作用于相应的靶器官或靶细胞。

内分泌腺

内分泌腺是分泌激素并将其释放到血液中的腺体，大部分激素都由内分泌腺分泌。内分泌腺存在于人体的许多部位，并和内分泌组织共同构成内分泌系统。

垂体是人体主要的内分泌腺，能分泌好多种激素，有些激素能控制其他内分泌腺

甲状腺分泌甲状腺素，控制人体的新陈代谢

肾上腺分泌肾上腺素，为身体活动提供更多的能量，使反应更快速

胰腺分泌胰岛素和胰高血糖素，调节血糖水平

卵巢分泌雌激素和黄体酮，刺激女性第二性征的发育，也控制着月经周期

睾丸分泌雄性激素，刺激男性第二性征的发育

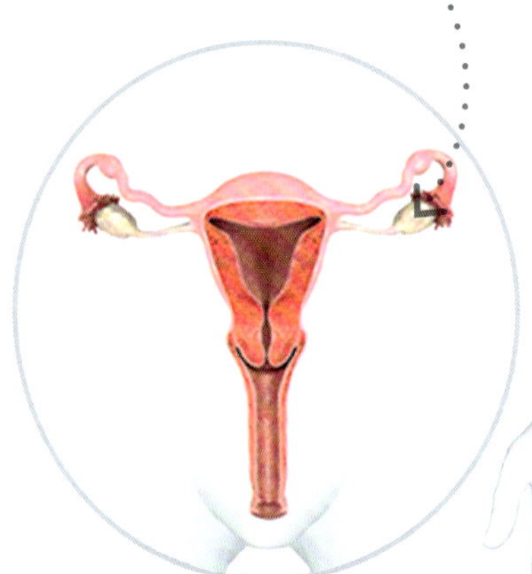

女性内分泌系统中的卵巢

内环境稳态

内环境稳态是指正常机体通过调节作用维持内环境的相对稳定状态。对人体来说，内环境稳态包括体温、血糖和含水量。内环境稳态是酶起作用和维持机体进行正常生命活动的重要条件。

要点

- ✓ 内环境稳态是指正常机体通过调节作用维持内环境的相对稳定状态。
- ✓ 负反馈调节是维持内环境稳态的重要调节方式之一。
- ✓ 人体利用反馈调节系统调节体温、血糖水平和含水量。

含水量

人体的含水量由负反馈调节。当含水量过高时，人体做出反应，降低含水量；当含水量过低时，人体做出反应，提高含水量。负反馈调节机制持续运行，以使身体保持最佳含水量。

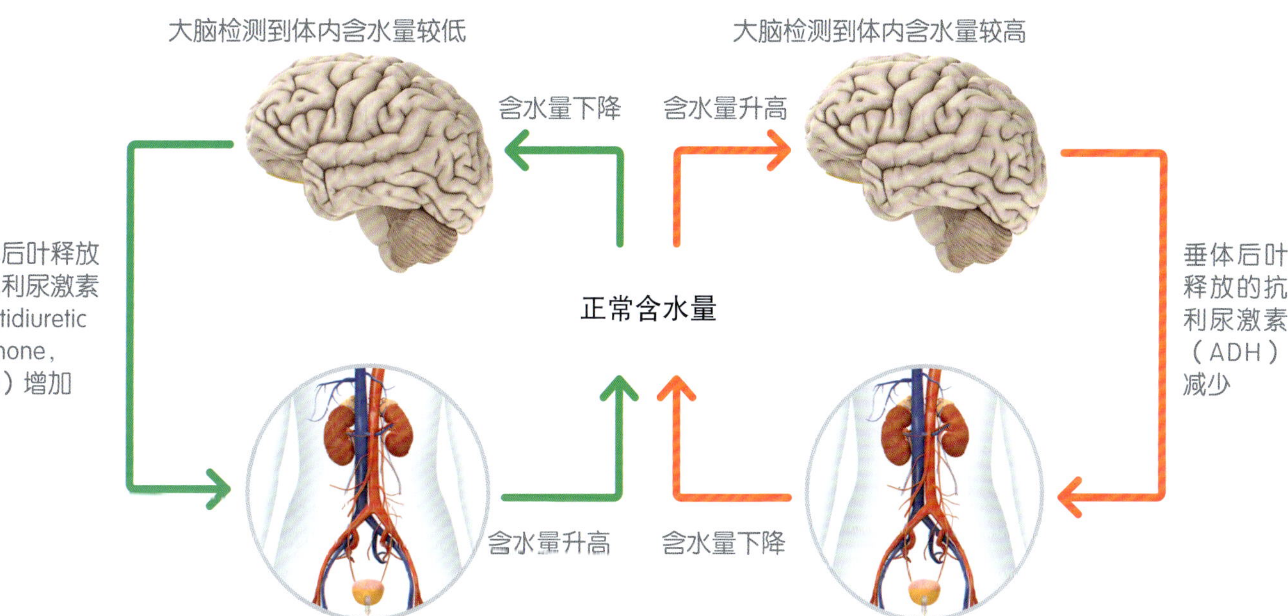

反馈调节系统

人体利用反馈调节系统调节体温、血糖水平和含水量，并时刻监视它们是否正常，如果过高或过低，人体就会通过分泌激素或传递神经信号进行调节。

1 血糖

胰岛素和胰高血糖素可以调节人体内的血糖水平。当血糖过高时，人体会释放胰岛素，使血糖降低；当血糖过低时，人体会释放胰高血糖素，使血糖升高。

2 体温

如果体温上升到37℃以上，大脑就会发出神经信号，增加出汗量和皮肤表面的血流量。如果体温下降，神经信号就会减少皮肤表面的血流量，引起身体抖动并使汗毛竖立起来，以保持体温。

胰岛素和胰高血糖素

人体细胞需要利用葡萄糖维持呼吸。血液中的葡萄糖即血糖，它的浓度由胰腺监测和调节。进食后，人体内的血糖会急剧上升，几小时后又会快速下降，如果没有反馈调节系统，细胞将无法正常呼吸。血糖平衡的调节方式属于负反馈调节。

要点

- ✓ 胰腺能监测和调节人体血糖水平。
- ✓ 胰腺分泌胰岛素和胰高血糖素调节血糖水平。
- ✓ 胰岛素能使血糖下降。
- ✓ 胰高血糖素能使血糖升高。

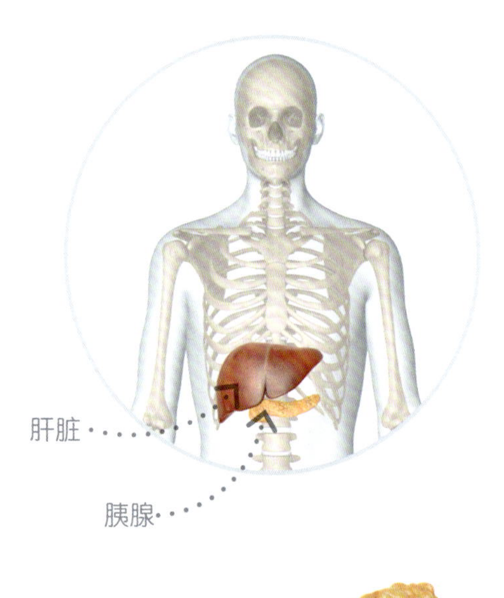

负反馈调节

进食后，血糖升高，胰腺会分泌胰岛素，促使身体细胞从血液中吸收葡萄糖。肝脏将葡萄糖转化为糖原并储存起来，使血糖下降。当血糖过低时（如运动后）胰腺会分泌胰高血糖素，促使肝脏将糖原分解为葡萄糖，使血糖上升。

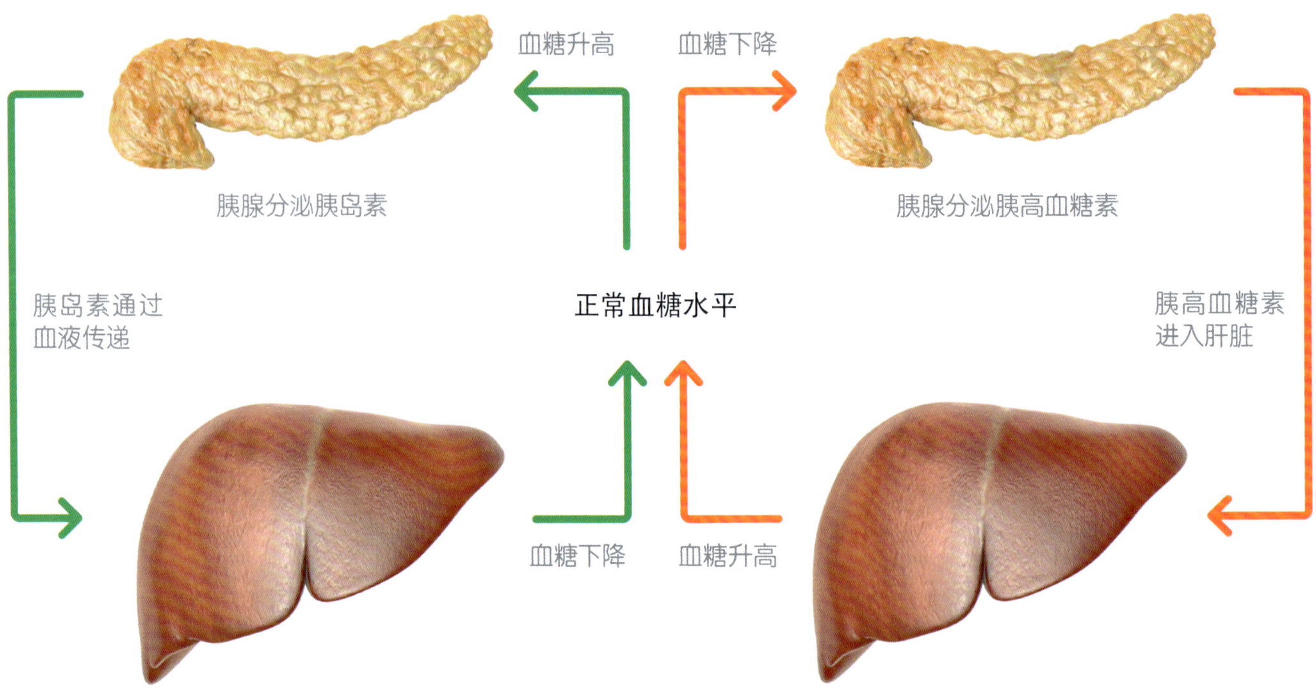

糖尿病

糖尿病是由身体的血糖调节系统停止正常工作而引发的疾病。糖尿病患者体内的血糖很高，需要注射胰岛素来降低血糖。糖尿病有两种类型：1型糖尿病和2型糖尿病。

要点

- ✓ 糖尿病是一种以高血糖为主要特征的疾病。
- ✓ 1型糖尿病患者体内胰岛素分泌不足。
- ✓ 2型糖尿病患者的身体细胞会对胰岛素产生抗性，使胰岛素作用效果变差。

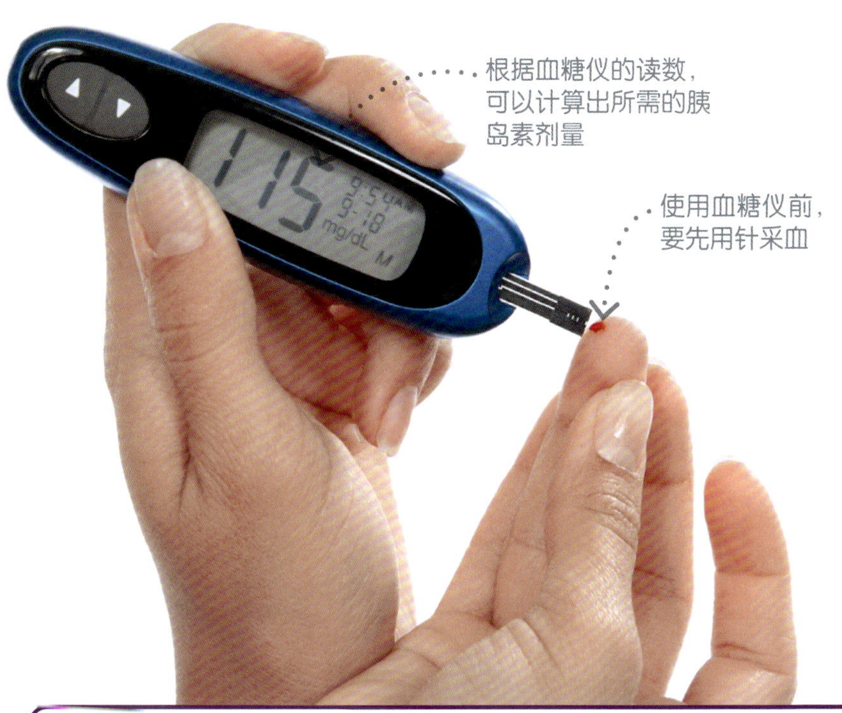

根据血糖仪的读数，可以计算出所需的胰岛素剂量

使用血糖仪前，要先用针采血

糖尿病患者的生活

糖尿病患者必须定期检测血糖，每天需要采集4~10次血液。1型糖尿病多发生在儿童和青少年时期，原因是胰岛素分泌不足，需要定期注射胰岛素，使血糖保持在正常范围内。2型糖尿病通常发生在成年后，胰腺仍能分泌胰岛素，但胰岛素的作用效果较差。2型糖尿病可通过减肥和改变饮食进行治疗。

血糖水平

右图显示了糖尿病患者（红色）和正常人（绿色）一天中血糖水平的变化情况。正常人的血糖水平变化幅度不大，但糖尿病患者的血糖水平变化显著，所以需要定期注射胰岛素，使血糖保持在正常范围内。注射胰岛素并不能完全代替人体对血糖的调节，但能让糖尿病患者正常生活。

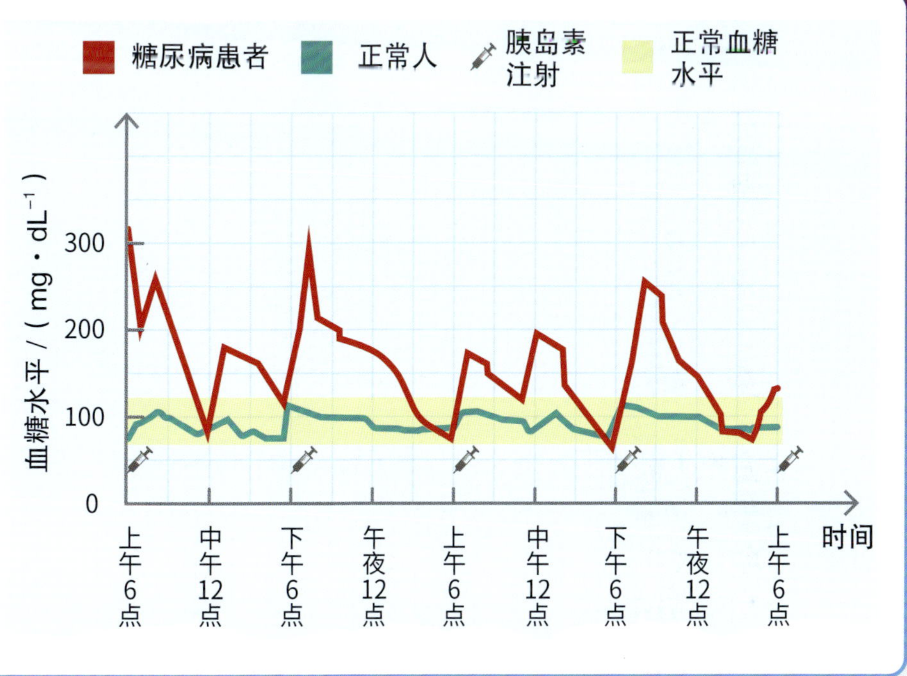

肾脏

肾脏在内环境稳态中扮演着重要角色，通过产生尿液维持人体内的水平衡，清除血液中的代谢废物。尿液是一种含有水、尿素和其他代谢废物（如多余的无机盐）的液体。

要点

- ✓ 尿素是肝脏中过量的氨基酸分解产生的化学物质。
- ✓ 肾脏能过滤血液中的水、尿素和其他代谢废物。
- ✓ 肾脏通过产生尿液维持人体内的水平衡。
- ✓ 尿液是一种含有尿素、水和其他代谢废物的液体。

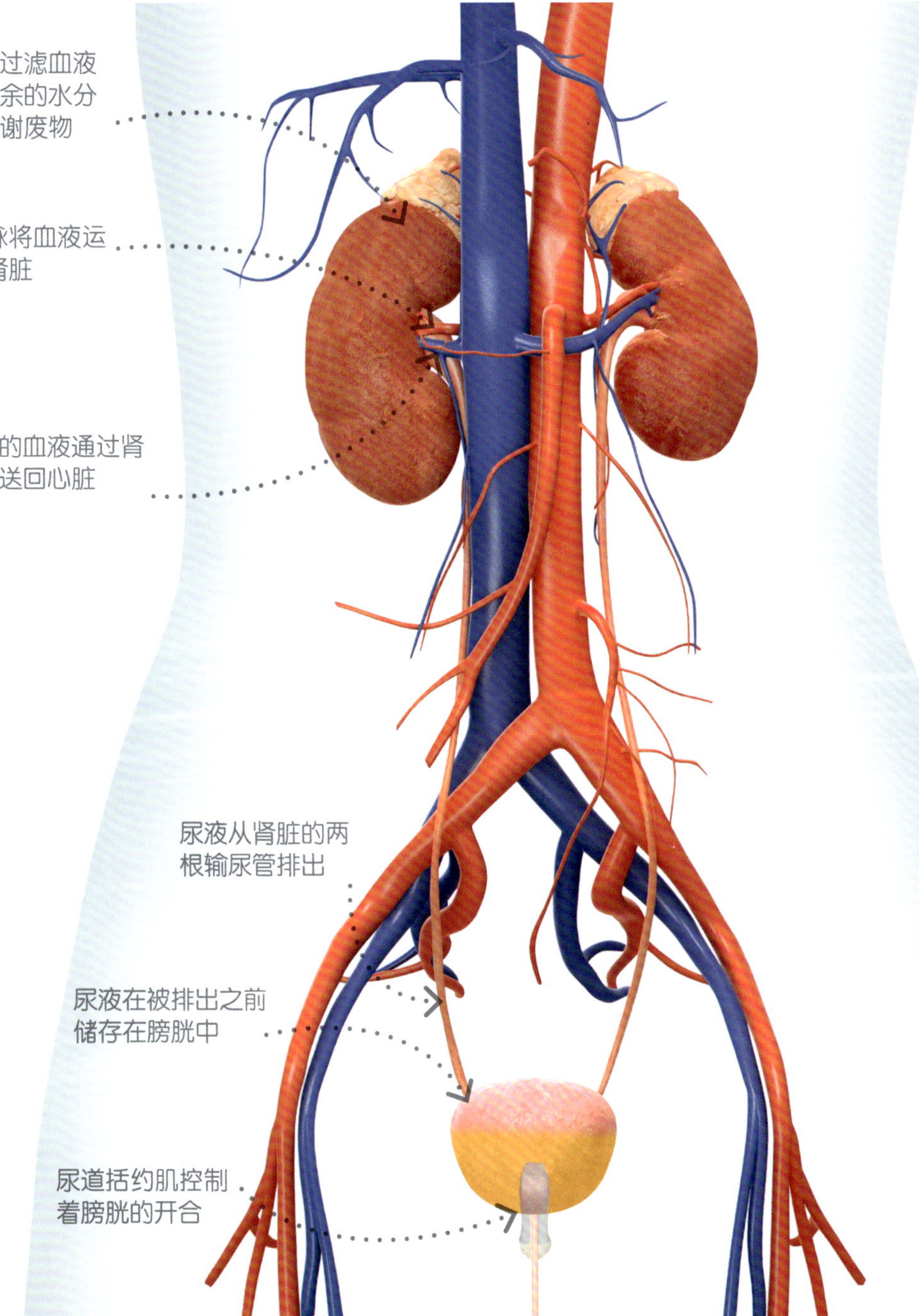

排尿

人体内每分钟约有四分之一的血液流经肾脏。肾脏会过滤掉血液中多余的水分和代谢废物，如尿素（肾脏中氨基酸分解产生的化学物质）。肾脏通过过滤作用产生原尿，并重吸收原尿中的部分水分和有用物质，原尿中没有被重吸收的部分形成尿液，排入膀胱。抗利尿激素（ADH）能控制水分的重吸收，帮助身体保持适当的含水量（参见第135页）。

肾脏的过滤作用和重吸收作用

1 在肾脏内部，血管分支形成毛细血管，毛细血管形成数千个球状团簇，即肾小球。

2 当血液流经肾小球时，水、葡萄糖、无机盐和尿素等小分子物质经过滤进入肾小囊，形成原尿。血细胞和蛋白质等大分子物质由于体积太大而无法进入，被留在血液中。

3 肾小囊中的原尿流经被血管包围的肾小管时，肾小管会重新吸收原尿中的全部葡萄糖、部分无机盐和大部分水。当身体需要更多水分时，下丘脑分泌的抗利尿激素会促进肾小管对水进行重吸收。

4 原尿中未被吸收的部分形成尿液，通过集合管流出，并通过输尿管到达膀胱。

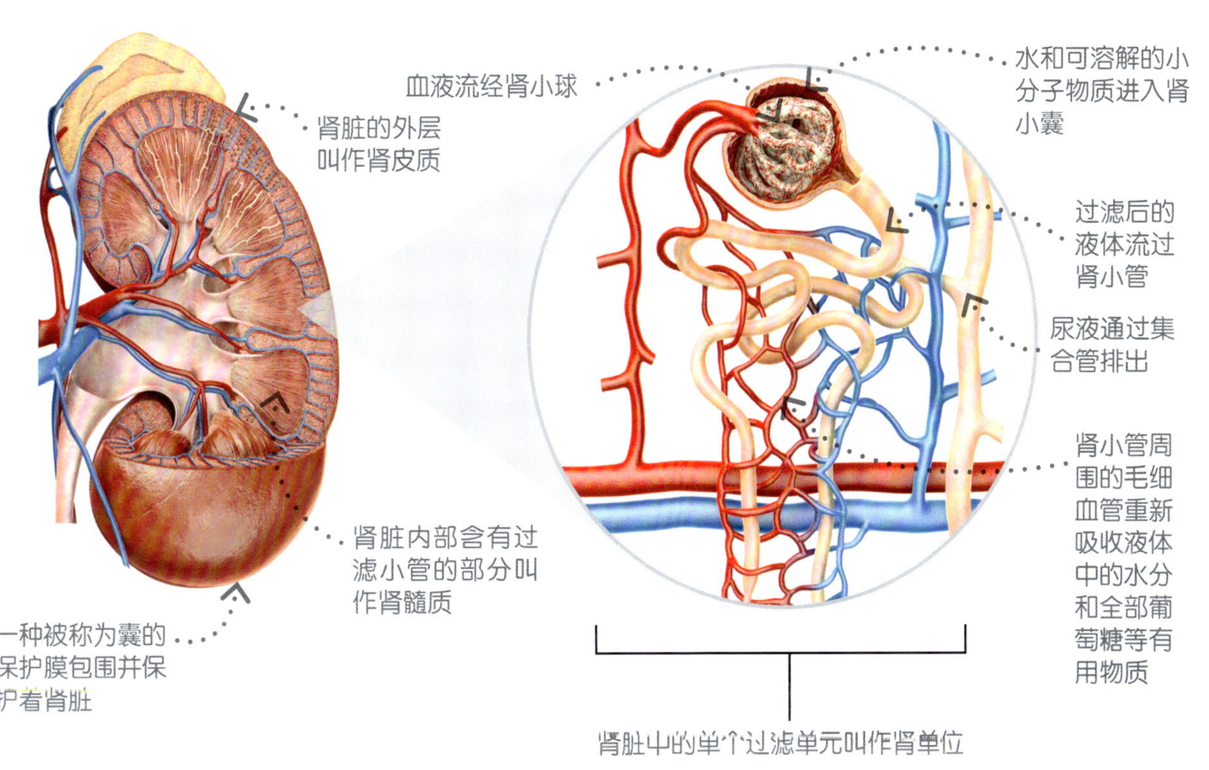

治疗肾衰竭

肾脏可能因疾病或劳累而受损，有的损伤是永久性的。肾衰竭可以通过肾脏移植或血液透析进行治疗。血液透析机就像一个天然的肾脏，当患者的血液流入机器时，血液会在透析膜之间流动。膜周围是透析液，其中含有与血液浓度相同的有用物质。尿素等代谢废物会从血液扩散到透析液中，葡萄糖和其他有用物质不会扩散，因为它们在体内的浓度与在透析液中的浓度相同。

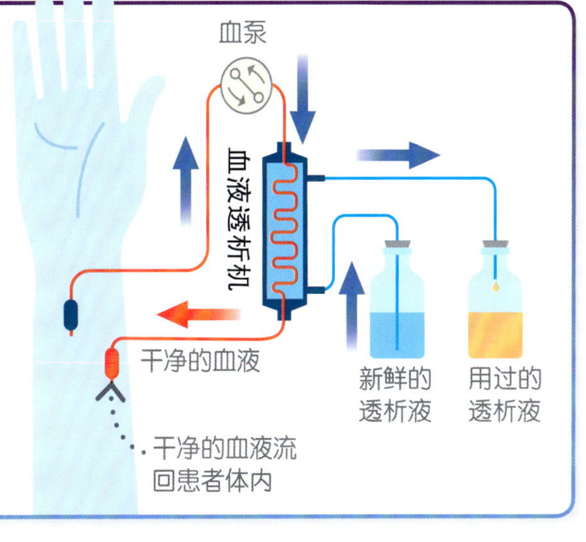

月经周期

女性在青春期时会出现月经初潮。子宫内膜脱落出血并从阴道流出，即月经。子宫内膜的周期性变化称为月经周期，一个周期通常为28~30天。女性周期性的月经是在为怀孕做准备。来月经时，女性的身体可能会出现腹痛、腰酸等现象。

要点

- ✓ 月经周期通常为28~30天。
- ✓ 月经周期由雌激素、黄体酮、促卵泡生成素和促黄体生成素相互作用调节。
- ✓ 月经期间，子宫内膜从体内脱落出血，并从阴道流出。
- ✓ 在排卵期（月经后的14天左右），卵细胞从卵巢中排出。

月经周期的不同阶段

月经周期一般为28~30天，具体时间因人而异。

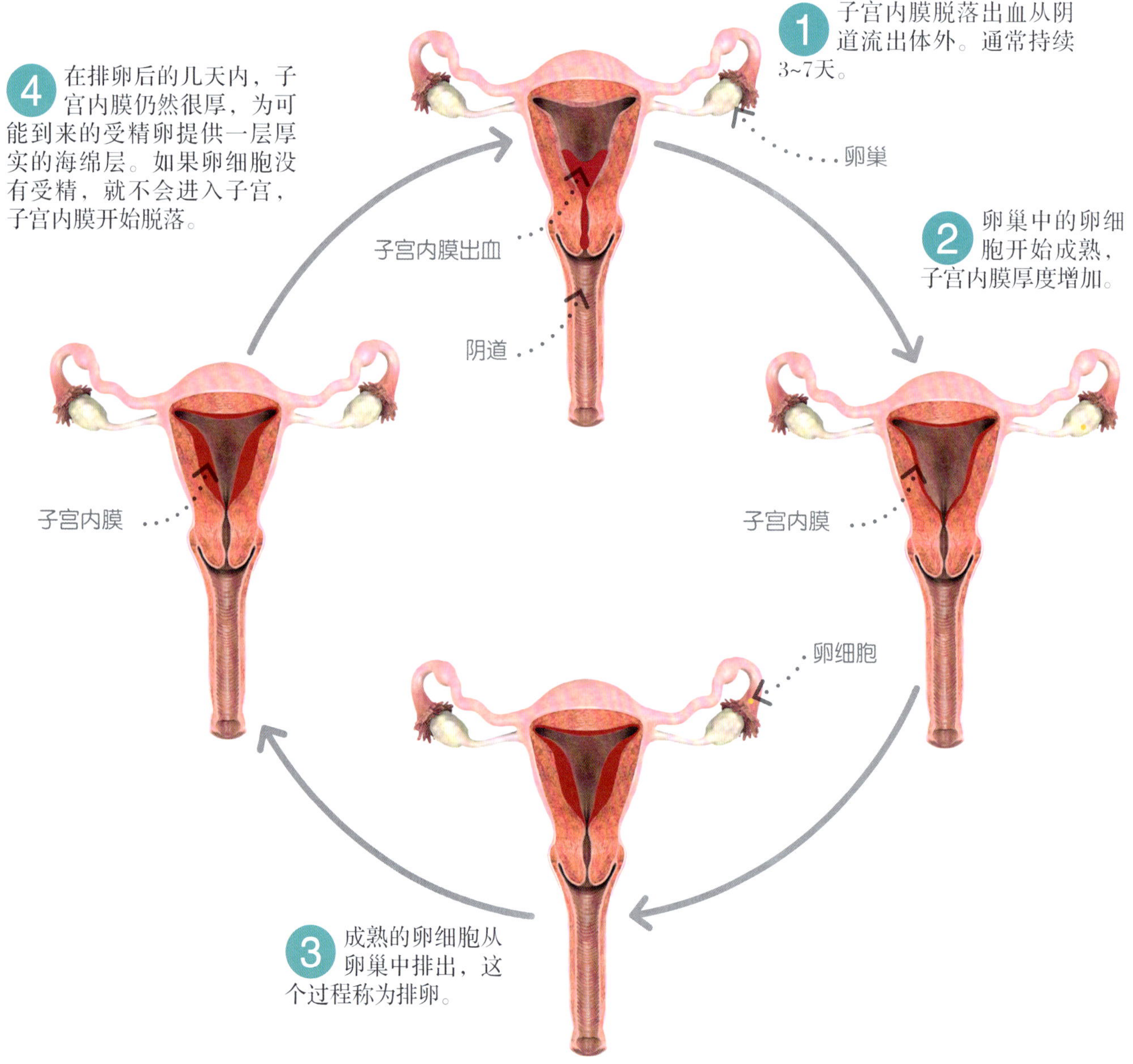

性激素和月经周期

月经周期受雌激素、黄体酮、促卵泡生成素（follicle-stimulating hormone，FSH）和促黄体生成素（luteinizing hormone，LH）四种激素相互作用影响。在整个周期中，这些激素的水平会随着它们与身体之间的相互作用而上升或下降。如果卵细胞没有受精，这四种激素的水平都会下降，导致子宫内膜从体内脱落。这个过程会按周期循环进行。

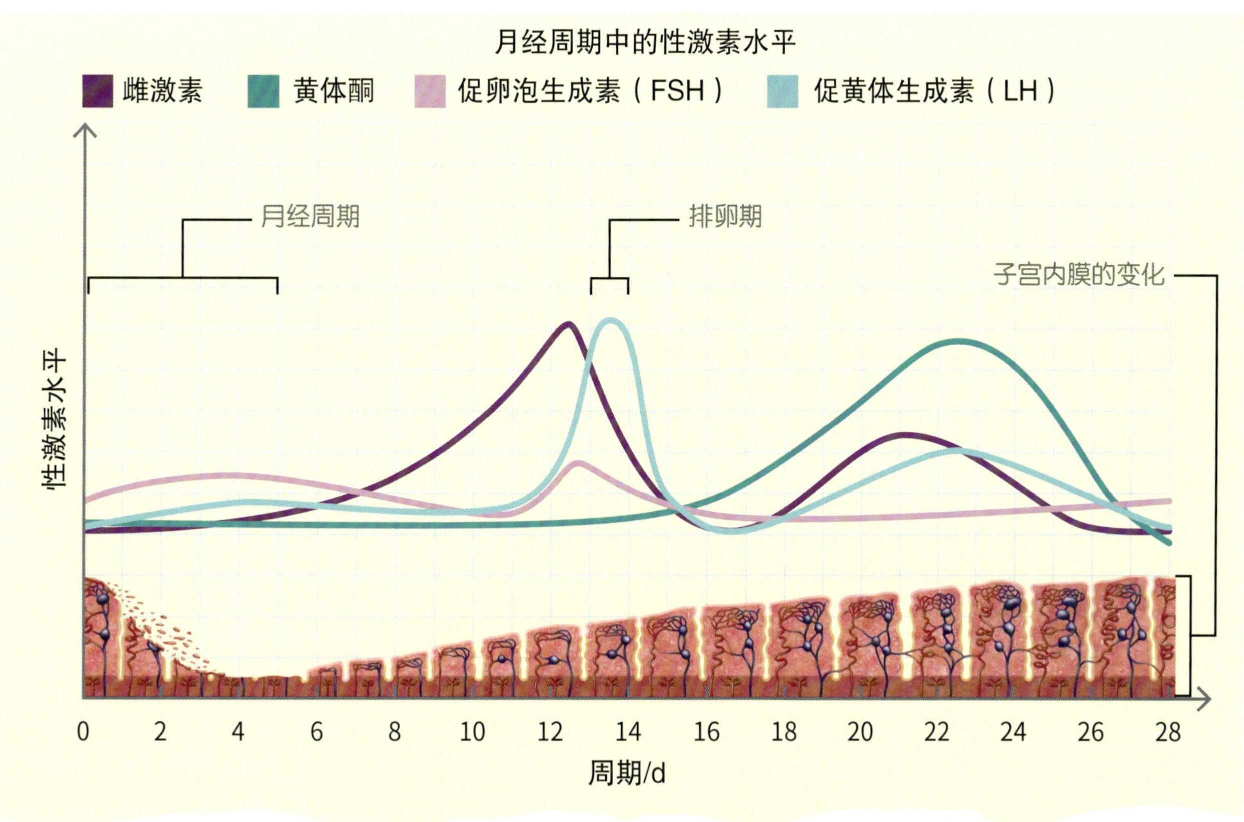

月经周期中的性激素	来　源	影　响
雌激素	卵巢	使子宫内膜变厚。雌激素水平高会抑制促卵泡生成素分泌，以阻止更多卵细胞成熟，刺激促黄体生成素分泌
黄体酮	卵巢	维持子宫内膜厚度，抑制促卵泡生成素和促黄体生成素分泌，因此女性在怀孕期间，卵细胞不会发育
促卵泡生成素（FSH）	垂体	促进卵泡成熟，刺激卵巢分泌雌激素
促黄体生成素（LH）	垂体	促进卵泡成熟，刺激卵巢排卵

避孕

防止女性怀孕的措施和行为叫作避孕。避孕的方法有很多，如服用避孕药和使用避孕套等。服用避孕药等激素避孕会扰乱月经周期，使用避孕套等屏障措施能阻止精子与卵细胞相遇。

要点

- ✓ 防止女性怀孕的措施和行为叫作避孕。
- ✓ 激素避孕法会扰乱月经周期，如服用避孕药和使用含有黄体酮的节育环。
- ✓ 屏障避孕法可以阻止精子和卵细胞结合，如使用避孕套和子宫帽。
- ✓ 手术避孕法包括女性输卵管结扎和男性输精管结扎。

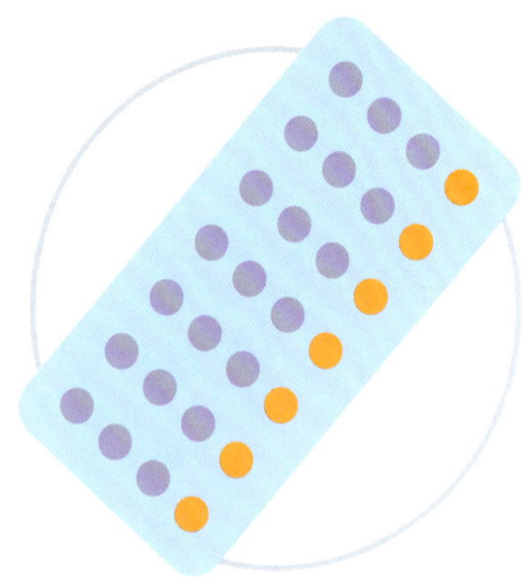

1 避孕药

避孕药中含有小剂量的雌激素和黄体酮，它们会阻止腺垂体分泌促卵泡成熟激素（FSH），阻止卵细胞成熟。这些激素还会阻止子宫内膜生长，扰乱月经周期。

2 避孕套

避孕套是套在男性阴茎上的一层薄薄的乳胶护套。它能收集精液并阻止精子进入女性阴道，还可以防止性传播疾病。

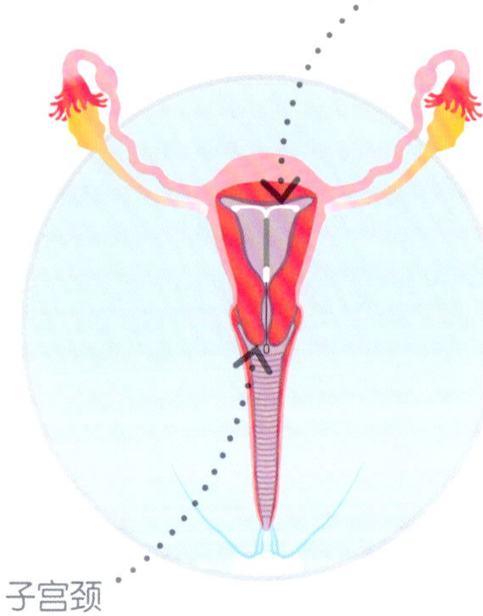

3 节育环

节育环是放置在子宫内的避孕装置。一些节育环上有铜线圈，铜对精子和受精卵有杀伤力。还有一些节育环通过释放黄体酮来达到避孕的效果。黄体酮使子宫颈产生的黏液变稠，阻止精子与卵细胞结合。黄体酮还能阻止子宫内膜的形成，让受精卵无法着床。

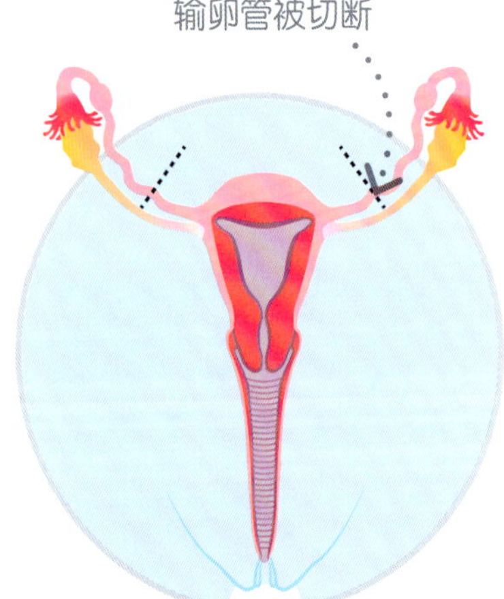

4 绝育避孕法

绝育需要进行手术。通过手术将女性输卵管或男性的输精管切断结扎，以阻断精子与卵细胞相遇。

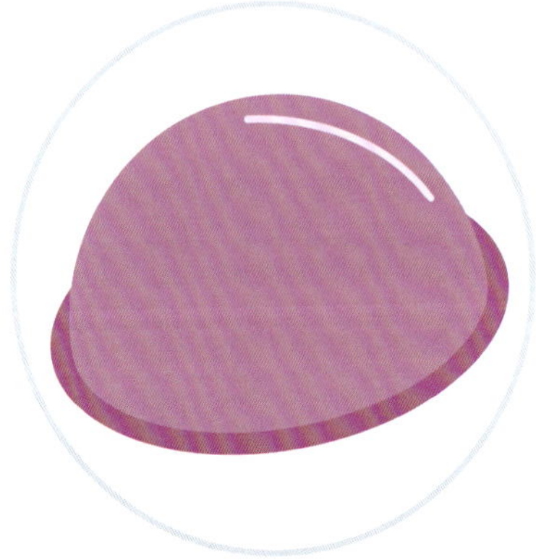

5 子宫帽

子宫帽是一种薄薄的橡胶帽。在性交前将子宫帽盖在女性子宫颈上，能阻止精子进入子宫。子宫帽通常与灭精膏一起使用，灭精膏能杀死精子或降低精子活力。

治疗不孕不育

导致不孕不育的因素有很多，如男性输精管堵塞或精子数量较少，以及女性输卵管堵塞或卵细胞不成熟等。现在，医生可通过体外受精（in vitro fertilization，IVF）帮助不孕不育患者生育。

要点

- ✓ 输精管堵塞或精子数量较少是导致男性不育的主要因素。
- ✓ 输卵管堵塞或卵细胞不成熟是导致女性不孕的主要因素。
- ✓ 体外受精技术可帮助不孕不育患者生育。
- ✓ 在体外受精的过程中，卵细胞与精子在体外结合受精，再将胚胎植入子宫。

体外受精

进行体外受精时，需要从女性的卵巢中提取卵细胞，并在实验室中使其与男性的精子结合，完成受精，然后培养成胚胎。如果胚胎发育健康，就把胚胎植入母亲的子宫。有时，需要利用卵母细胞胞质内单精子注射技术将精子注射到卵母细胞胞质内，而不是让精子自己穿透卵母细胞。

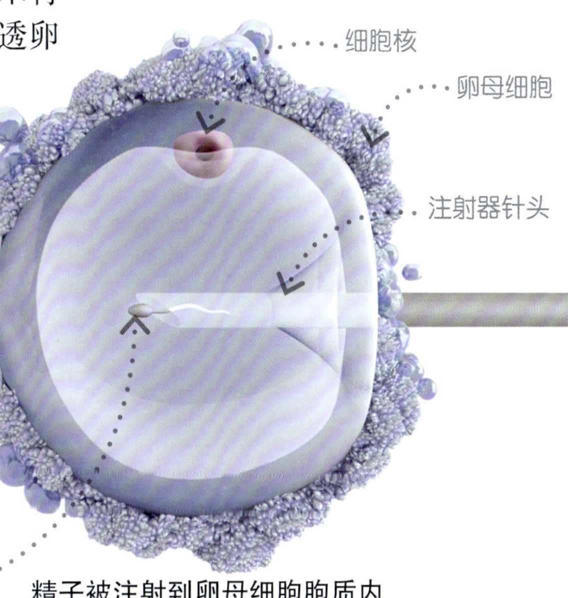

精子被注射到卵母细胞胞质内

体外受精治疗的阶段

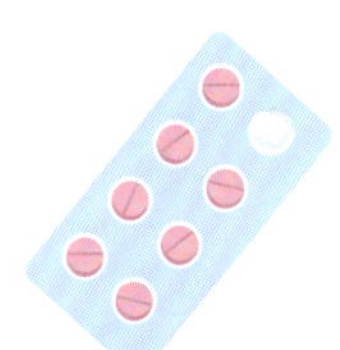

1 给女性服用含激素的生育药物，刺激卵巢排卵。

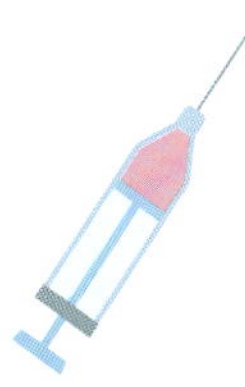

2 从卵巢中提取卵细胞，从精囊中收集精液。

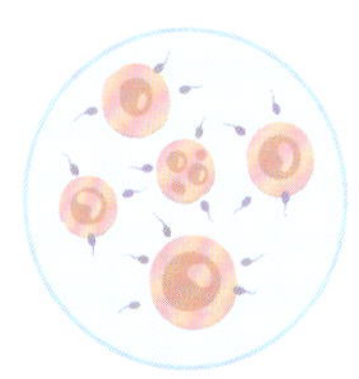

3 将精子和卵细胞在培养皿中混合，并放置数小时，完成受精。

4 监测受精卵分裂形成胚胎的过程。

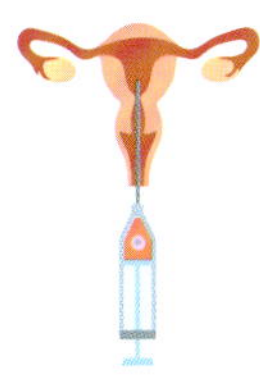

5 约5天后，选取发育最好的胚胎植入子宫。移植成功的胚胎会发育成胎儿。

肾上腺素

当人感到害怕或感受到威胁时，体内的肾上腺会分泌肾上腺素，引发相应的反应，帮助人更好地应对危险。

要点

- ✓ 当人感受到威胁或感到害怕时，体内的肾上腺会分泌肾上腺素。
- ✓ 肾上腺素会引起许多身体变化，如瞳孔放大、呼吸急促、心率加快以及精神意识增强等。

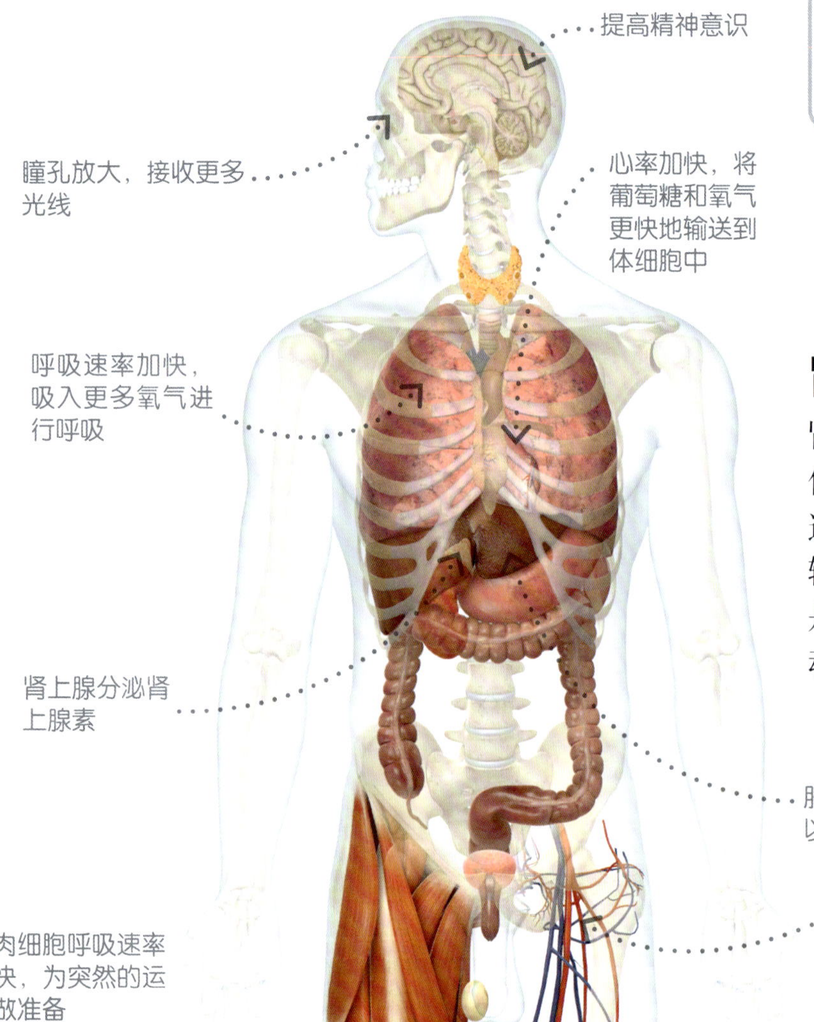

肾上腺素的影响

肾上腺素会影响身体的许多部位。它能使呼吸加深、心跳加速，将葡萄糖和氧气更快地运输给大脑和肌肉。这些变化都是在为身体可能进行的突然运动做准备。

恐惧反应

许多动物在害怕或感受到威胁时，体内也会分泌肾上腺素，为身体可能进行的突然运动做准备。战斗或逃跑反应会激活神经系统，影响整个身体。例如，猫受惊时，身上的竖毛肌会收缩，使毛发竖立。人体也会发生同样的条件反射，例如，我们受到惊吓时皮肤上会起鸡皮疙瘩。

甲状腺激素

甲状腺激素是由甲状腺分泌的激素，可以调节身体的代谢率，即身体消耗能量的速度。甲状腺激素会影响细胞的呼吸速率，以及分子在细胞中分解或合成的速度。

要点

- ✓ 甲状腺激素是由甲状腺分泌的激素。
- ✓ 甲状腺激素可以调节身体的代谢率。
- ✓ 下丘脑分泌的促甲状腺激素释放激素，可刺激垂体分泌促甲状腺激素，促甲状腺激素作用于甲状腺，使其分泌甲状腺激素。

甲状腺激素的产生

当身体需要更多的能量时，大脑中的下丘脑会分泌促甲状腺激素释放激素，促使垂体分泌促甲状腺激素（thyroid stimulating hormone，TSH），促甲状腺激素由血液运输至甲状腺，使甲状腺分泌甲状腺激素。甲状腺激素能提高身体的代谢率，给细胞提供更多的能量。

下丘脑负责监测能量平衡和血液中甲状腺激素的水平。当甲状腺素水平下降或身体需要更多能量时，下丘脑就会分泌促甲状腺激素释放激素，刺激垂体分泌释放促甲状腺激素

垂体分泌的促甲状腺激素经血液进入甲状腺

甲状腺分泌甲状腺激素，提高身体的代谢率

负反馈调节

负反馈调节能帮助身体保持代谢率稳定。当细胞有足够的能量时，甲状腺会停止分泌甲状腺激素，使代谢率下降。如果代谢率过低，会触发甲状腺分泌甲状腺激素，使代谢率上升。

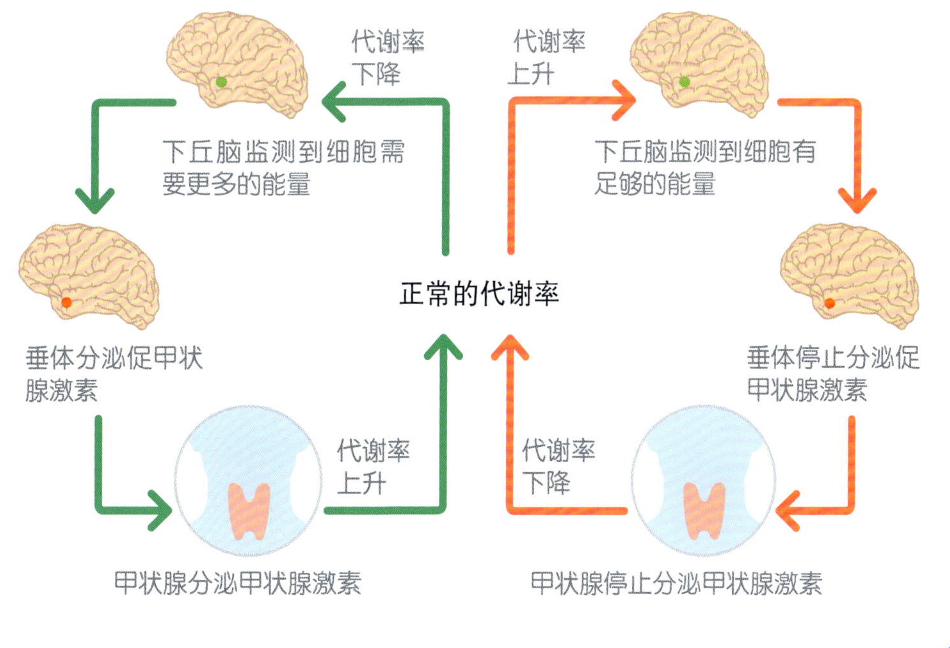

植物激素

植物利用激素对某些外界刺激（如光和重力）做出反应。植物生长素会影响植物的生长方向，使植物的芽朝着光源方向向上生长，根则因重力作用而向下生长。

向性

植物能对光和重力做出反应，调整自身的生长方向。植物朝向光源方向生长的现象叫作向光性；植物由于重力作用而向下生长的现象叫作向地性。植物的茎、芽具有向光、背地生长的特性，而植物的根具有背光、向地生长的特性。

要点

- ✓ 植物生长素控制植物对光和重力的反应，即向光性或向地性（向性）。
- ✓ 向光性是指植物对光做出反应，朝着光源方向生长。
- ✓ 向地性是指植物对重力做出反应，向下生长。

生长素

植物的芽和根的尖端都可以产生控制植物向性的生长素，生长素会在植物体内扩散。生长素会抑制根部生长，但会促使细胞伸长，刺激芽的生长。

芽中的生长素聚集在背光处，促使这部分的细胞伸长，使芽朝着光源方向向上生长。

如果枝芽横向生长，重力就会使生长素集中在底部，促使芽向上生长。

重力使根部的生长素聚集在底部，由于生长素过多会抑制底部的生长，使根部向下弯曲。

如果根暴露在阳光下，生长素会集中在底部，抑制底部生长，使根部向下弯曲。

植物激素的用途

农民和园丁可以用植物激素加速或延缓果实成熟，促使种子发芽、花蕾开放，以及去除杂草。

要点

- ✓ 合成生长素或类似物可以抑制杂草生长、延缓果实成熟及促进无子水果的生长。
- ✓ 乙烯是一种能促使水果加速成熟的植物激素。
- ✓ 赤霉素可以用来提早结束种子和花蕾的休眠状态。

成熟的水果

乙烯广泛存在于植物体的多种组织中，是一种植物激素，能促进果实成熟。乙烯还会加快细胞壁的分解，将淀粉转化为葡萄糖，使水果变得更香甜。香蕉自然产生的乙烯也会加速同一容器内其他水果的成熟。因此，果农通常会在出售前使用乙烯催熟未成熟的香蕉。

激素的用途

植物激素有许多不同的用途。园林和农业使用的植物激素中有一些是天然激素，还有一些是人工合成的类似化学物质。

1 合成生长素常被用作除草剂，能抑制杂草的生长，起到除草的作用。生长素还可以延缓果实成熟，使未授粉的花朵结出无子果实。

2 赤霉素是一种能促使种子和花蕾提早结束休眠的激素，可以促使种子生长和花朵开放。一些花朵和水果喷上赤霉素后会长得更大，如无子葡萄。

光照对幼苗的影响

激素使植物在刚开始生长时就能对环境做出反应。下面的实验研究幼苗发芽后的生长方式。

充足的光照

只有部分光照

实验步骤

1. 将三份等量的棉絮分别放入三个培养皿中，并用等量的无菌水浸泡。
2. 把相同数量的芥菜籽或水芹籽放在培养皿中的棉絮上，然后将培养皿放在温暖处。每天浇水2~3次，直到种子发芽。
3. 种子发芽后，除去棉絮上多余的幼苗，以确保每个培养皿中的幼苗数量相同。
4. 用刻度尺测量每棵幼苗的高度，并记录测量结果。
5. 将三个培养皿分别放在光照充足（如窗台）、有部分光照（如房间中离窗户最远的地方）和黑暗的地方。
6. 至少持续5天，每天给幼苗浇水，测量并记录幼苗的高度。
7. 每天测量并记录每个培养皿里的平均苗高，并观察幼苗的生长方向。

无光照

实验结果

如上图所示，窗台上的幼苗生长正常；远离窗户的幼苗向光生长，由植物的向光性（参见第148页）引起；黑暗环境中的幼苗在试图接近阳光的过程中长得异常高，但由于缺少光照，幼苗无法产生绿色的叶绿素，所以叶子是黄色的。

13

生命的繁衍

有性生殖

有性生殖是指两性生殖细胞结合形成受精卵，再由受精卵发育成新个体的生殖方式。有性生殖产生的后代的基因都是独一无二的，变异性大，所以进行有性生殖的种群能更好地适应环境的变化，如新疾病的出现。

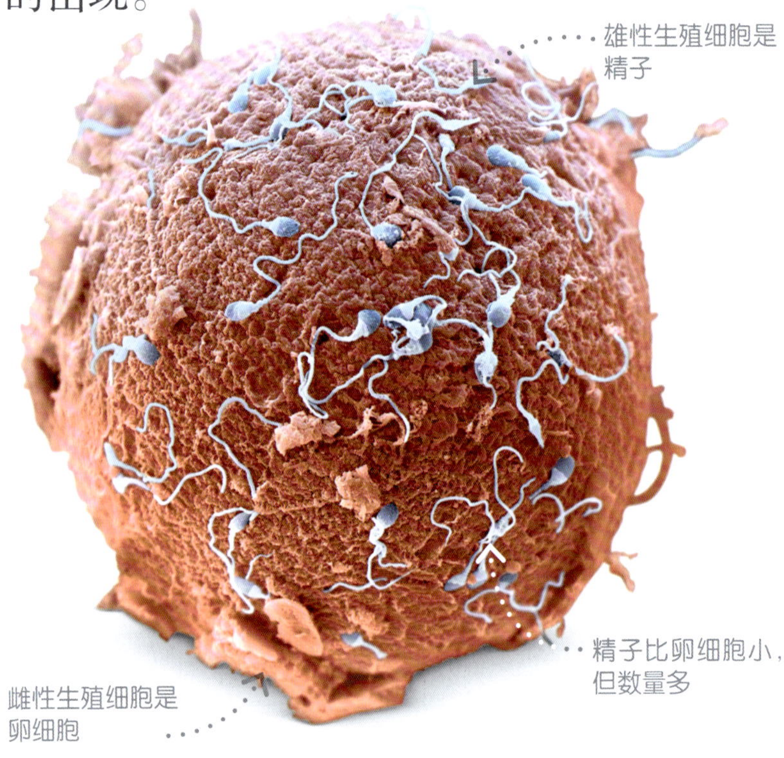

受精

有性生殖会产生生殖细胞。雌性生殖细胞被称为卵细胞，雄性生殖细胞被称为精子。精子与卵细胞相遇并结合成受精卵的过程叫作受精。受精卵可以进一步发育成新个体。

精子

雄性动物会产生精子。精子有一条尾巴，并通过摆动尾巴游向卵细胞。

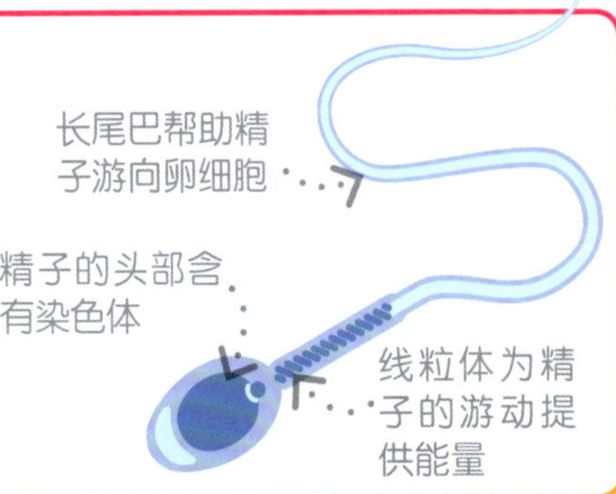

要点

- ✓ 有性生殖指两性生殖细胞结合形成受精卵，再由受精卵发育成新个体的生殖方式。
- ✓ 雄性生殖细胞（精子）和雌性生殖细胞（卵细胞）互相融合形成受精卵的过程叫作受精。
- ✓ 有性生殖产生的后代基因都不相同，这就是变异。

生殖细胞

生殖细胞通过减数分裂（参见第38页）形成。在分裂过程中，生殖细胞的染色体数目（单倍体数目）减半。精子和卵细胞结合形成受精卵时，染色体在细胞核内结合，恢复成二倍体。每个胚胎都混合了父母双方独特的基因，使遗传具有多样性。

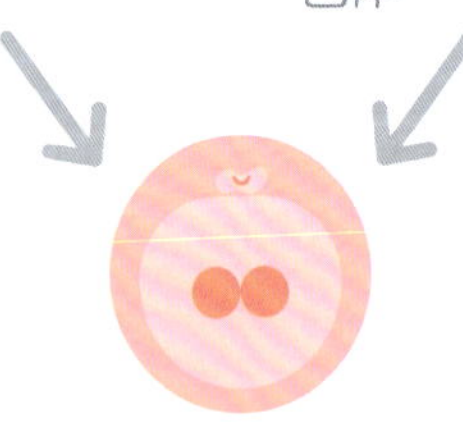

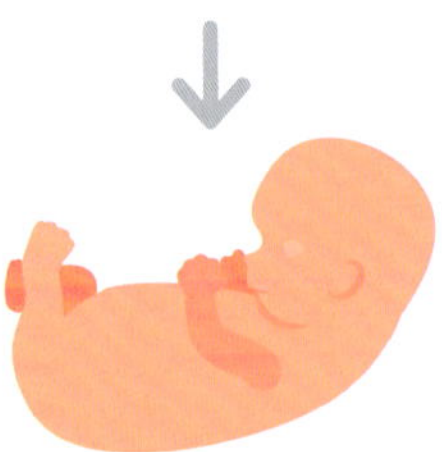

无性生殖

无性生殖是指不经过两性生殖细胞的结合，由母体直接产生新个体的生殖方式。无性生殖在微生物、植物和一些小动物中比较普遍，产生的后代基因相同。

要点

- ✓ 无性生殖指不经过两性生殖细胞的结合，直接由母体产生新个体的生殖方式。
- ✓ 无性生殖产生的后代基因相同。
- ✓ 进行无性生殖的生物在适宜的条件下可以迅速繁殖后代。

酵母菌的出芽生殖

酵母菌是一种单细胞真菌，它的主要生殖方式是出芽生殖，即新的酵母细胞发育成母细胞的芽基，然后长出芽体。珊瑚虫、海绵和水螅等动物也通过出芽生殖的方式进行繁殖。

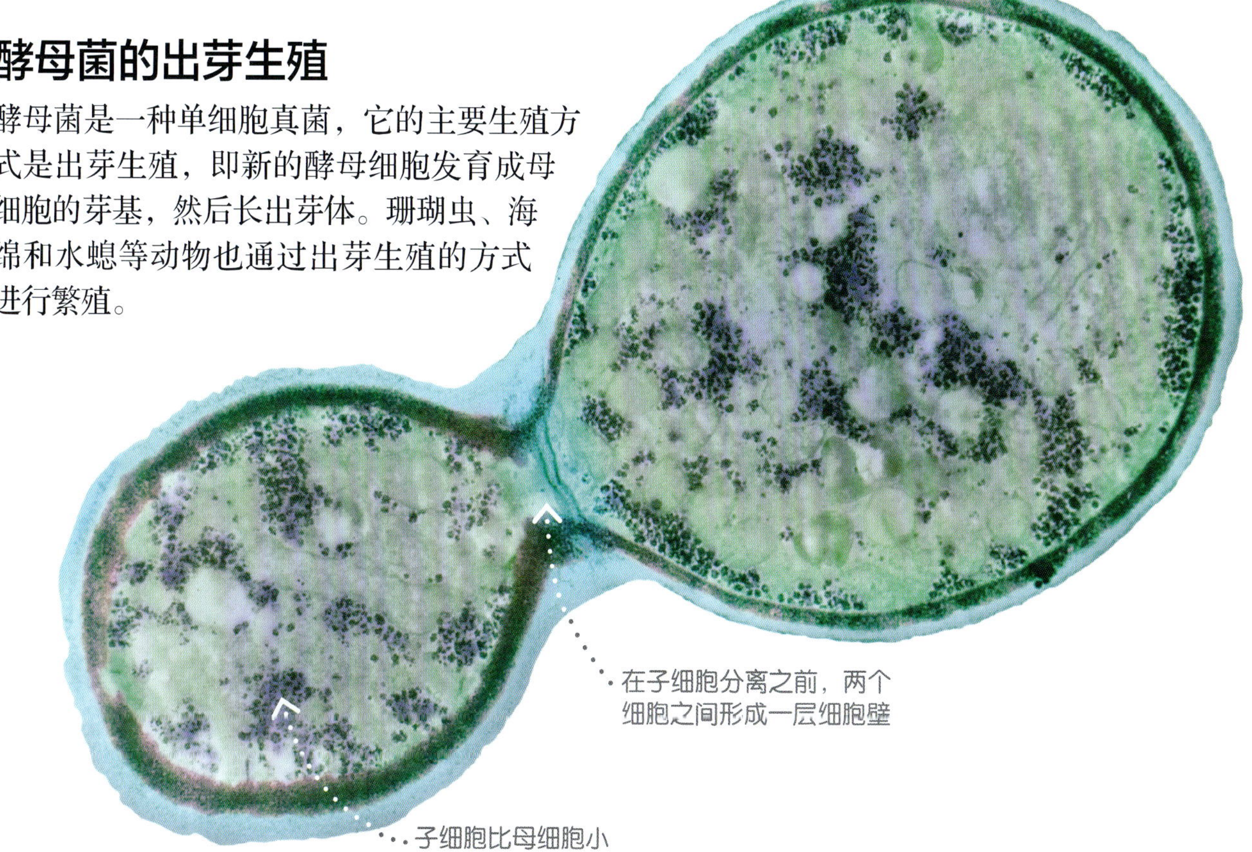

无性生殖的优与劣

与有性生殖相比，无性生殖具有许多优势。无性生殖只需要母体，不需要配偶。无性生殖的繁殖速度比有性生殖快。进行无性生殖的生物在合适的条件下可以迅速繁殖。但这种方式也有劣势，它们后代的基因完全相同，导致所有后代都容易受到同种疾病或环境变化的影响。

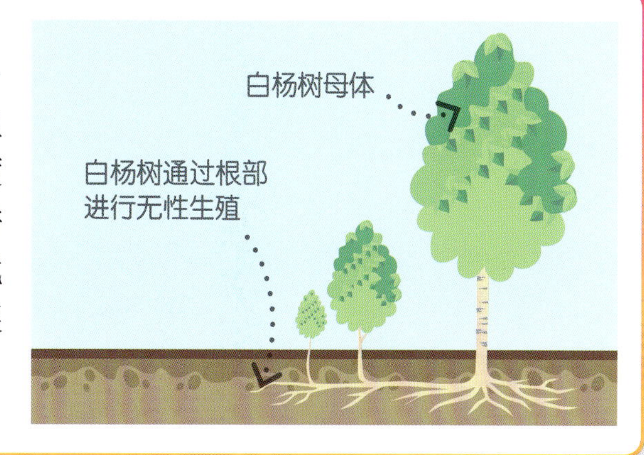

花

花是开花植物的生殖器官。色彩鲜艳的花朵可以吸引昆虫等动物为其传粉，将花的雄性生殖细胞（精子）运送到胚珠，与卵细胞结合，形成受精卵。

要点

✓ 花是开花植物的生殖器官，可以产生雄性生殖细胞（精子）和雌性生殖细胞（卵细胞）。

✓ 传粉是指花粉从雄蕊的花药被送到雌蕊柱头上的过程。

✓ 花经过传粉受精才能结出种子。

传粉

花的雄性部分叫作雄蕊。雄蕊顶端会产生粉末状的花粉，其中含有精子。动物落在雄蕊上，身上会沾上花粉，并把这些花粉带到其他花朵雌蕊的柱头上，从而完成授粉。

花丝
花药
雄蕊是花的雄性生殖器官，由花丝和花药组成

花粉是由花药产生的粉状物质

柱头上的黏液可以粘住花粉

雌蕊是花的雌性生殖器官，包括花柱、柱头和子房

花柱

颜色鲜艳的花瓣能吸引传粉者，如蜜蜂

许多花瓣的底部会分泌花蜜，这种含糖液体可以吸引传粉者

子房中含有胚珠，胚珠会发育成种子

受精

花粉落到柱头上后，会长出花粉管，花粉管穿过花柱，进入子房，一直到达胚珠。花粉管中的精子沿花粉管向下移动，与胚珠中的卵细胞结合，形成受精卵。然后子房发育成果实，胚珠发育成种子，子房壁发育成果皮。

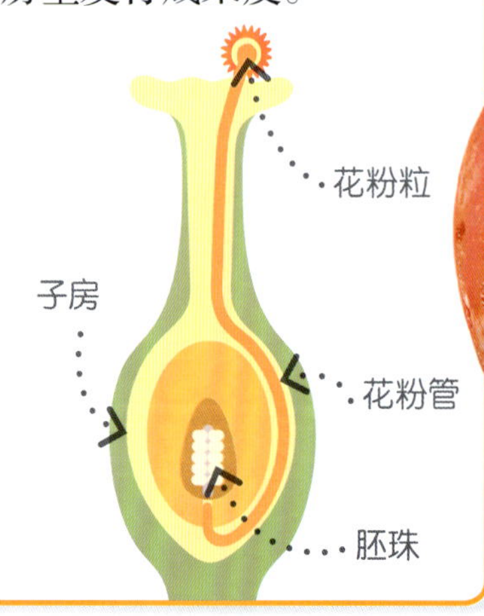

风媒传粉

许多开花植物依靠风来传粉，如水稻。这种传粉方式叫作风媒传粉。依靠风媒传粉的花不需要吸引传粉者，所以它们通常没有香味和花蜜，花朵小且颜色不鲜艳，但会产生大量飘浮在空气中的花粉粒。

要点

- ✓ 有些花依靠风而不是动物进行传粉。
- ✓ 依靠风媒传粉的花较小，颜色不鲜艳，且没有香味和花蜜。
- ✓ 依靠风传粉的花会产生大量微小的花粉颗粒。

花药悬挂在花外，将花粉散播到空气中

禾本科植物

禾本科植物的花朵靠风媒传粉。禾本科植物的花头上聚集着许多小花，它们通常生长在植物的顶部，因为高处的风力比地面更强，更利于借助风的力量传粉。

花粉粒飘浮在空气中

禾本科植物的花头

禾本科植物的花头聚集着许多小花，花外悬挂着硕大的花药，负责将花粉散播到空气中。羽毛状的柱头也悬挂在花外，负责捕捉被风吹来的花粉。

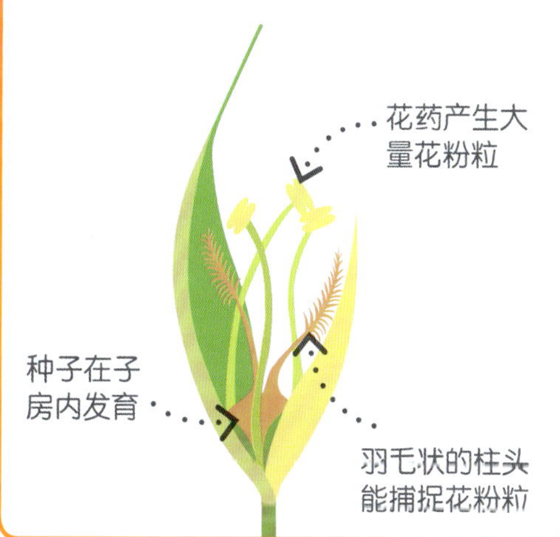

部位	依靠动物传粉的花朵的特点	依靠风媒传粉的花朵的特点
花朵	大而鲜艳	小且颜色不鲜艳
花药	位于花朵内	悬挂在花朵外
柱头	位于花朵内且有黏液	位于花朵外且呈羽毛状
花粉	成千上万粒有黏性或带刺的花粉	上百万粒光滑的微小花粉
香味和花蜜	有香味和花蜜	无香味且无花蜜

果实

花朵在经过传粉和受精后，花瓣脱落，子房发育成果实，子房中的胚珠发育成种子。有些果实颜色鲜艳且味道香甜，会吸引很多动物前来取食，以帮助种子传播。果实包括坚果、豆荚或其他类果实。

要点

- ✓ 果实由花的子房发育而成，种子在子房里发育。
- ✓ 有些果实可以食用且味道香甜，会吸引许多动物前来取食，从而帮助种子传播。

番茄内部

番茄是一种人们日常食用的果实，它的子房中有许多种子，种子被包裹在果冻状的光滑果肉里，很难取出。食用番茄时，通常会把种子和果肉一起吞下，然后通过排泄把种子排出体外，因此番茄的子代通常生长在离母株植物较远的地方。

果实的形成

当果实开始形成时，淀粉等营养物质被储存在子房壁上，初期的子房壁非常硬。当果实成熟后，子房壁变软，淀粉转化成葡萄糖，果皮变色。这些变化使果实对动物更具吸引力。

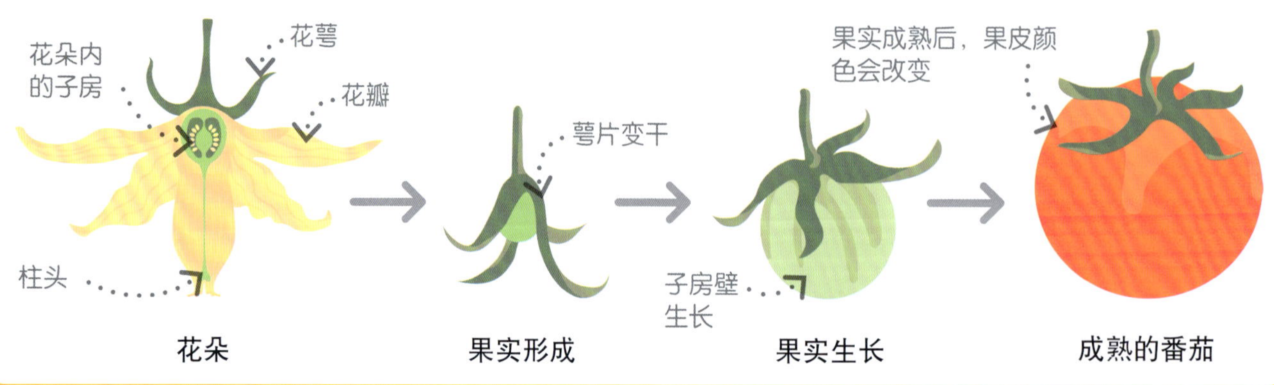

种子传播

靠近母株生长的幼苗会和母株争夺生长所需的空间、光照、水和养料等。种子传播可以帮助大多数种子远离母株，避免与母株或其他幼苗之间的争夺。

要点

- ✓ 种子传播可以避免种子与母株或其他幼苗争夺生存空间、光照、水和养料等。
- ✓ 种子可以通过动物、风、水或弹射等方式传播。
- ✓ 动物无法消化的果实种子会随粪便被排出体外。

风媒传播

一朵蒲公英可以产生大约150颗种子。每颗种子都有伞状细毛，能像降落伞一样飘动。

种子的传播方式

种子可以通过风、动物、水或弹射等方式传播。

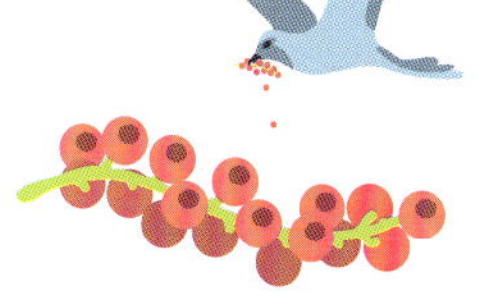

1. 美国梧桐的种子有“翅膀”，被风吹离母株后，可以在空中旋转，且坠落速度较慢。
2. 可食用的果实中含有种子。动物食用完果实后，种子会随粪便排出体外。
3. 牛蒡的种子上有小钩子，可以钩在动物身上，被带到很远的地方。
4. 椰子漂浮在水面上，种子被带到远处的海滩，并在那里生根发芽。
5. 有些植物的种子荚会突然炸裂，将种子弹射到离母株很远的地方。

种子

种子由种皮和胚组成，有的种子还有胚乳。种子可以休眠数月，等待适宜的条件再开始生长。

要点

- ✓ 种子就像一粒胶囊，外表是种皮，里面包含着胚和胚乳。
- ✓ 种子发芽是指种子长成幼苗的过程。
- ✓ 种子发芽需要三个条件：适量的水、充足的氧气和适宜的温度。

种子发芽

种子会在适宜的条件下发芽，并逐渐长成新的植物。种子发芽需要三个条件：适量的水、充足的氧气和适宜的温度。适量的水能使种子膨胀、软化；充足的氧气可以供细胞进行呼吸，以产生能量；适宜的温度会激活种子内的酶，将种子内储存的养料分解，供幼苗生长。

种子内部

胚是种子最重要的部分，胚的结构包括胚根、胚芽、子叶和胚轴。大多数植物种子的养料都储存在肥厚的子叶中。

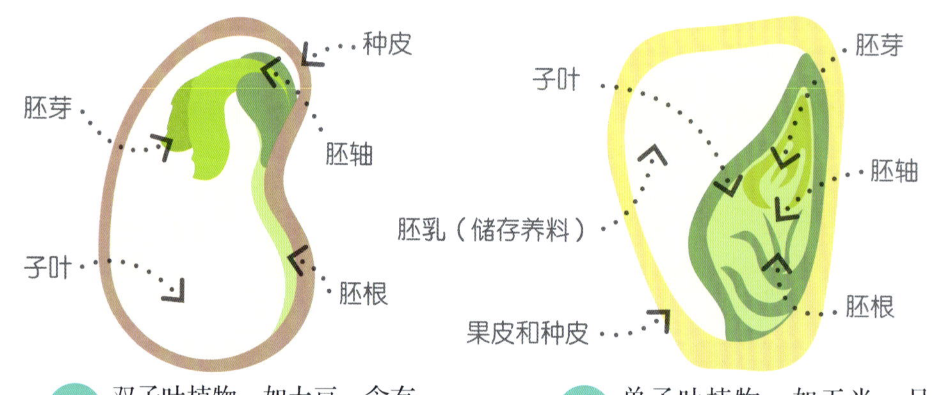

1 双子叶植物，如大豆，含有两片几乎填满种子的子叶。子叶中富含营养物质，有助于种子发芽。

2 单子叶植物，如玉米，只含有一片子叶。单子叶植物种子的养料储存在胚乳中。

影响种子发芽的条件

种子只有在适宜的条件下才会发芽并开始生长。下面这个实验将研究影响种子发芽的三个条件：适量的水、充足的氧气和适宜的温度。

水芹种子的发芽实验

在四支试管中的棉絮上放置相同数量的水芹种子。第一个试管中有适量的水、充足的氧气和适宜的温度，其余的每个试管，都缺少一个种子发芽所需的条件。

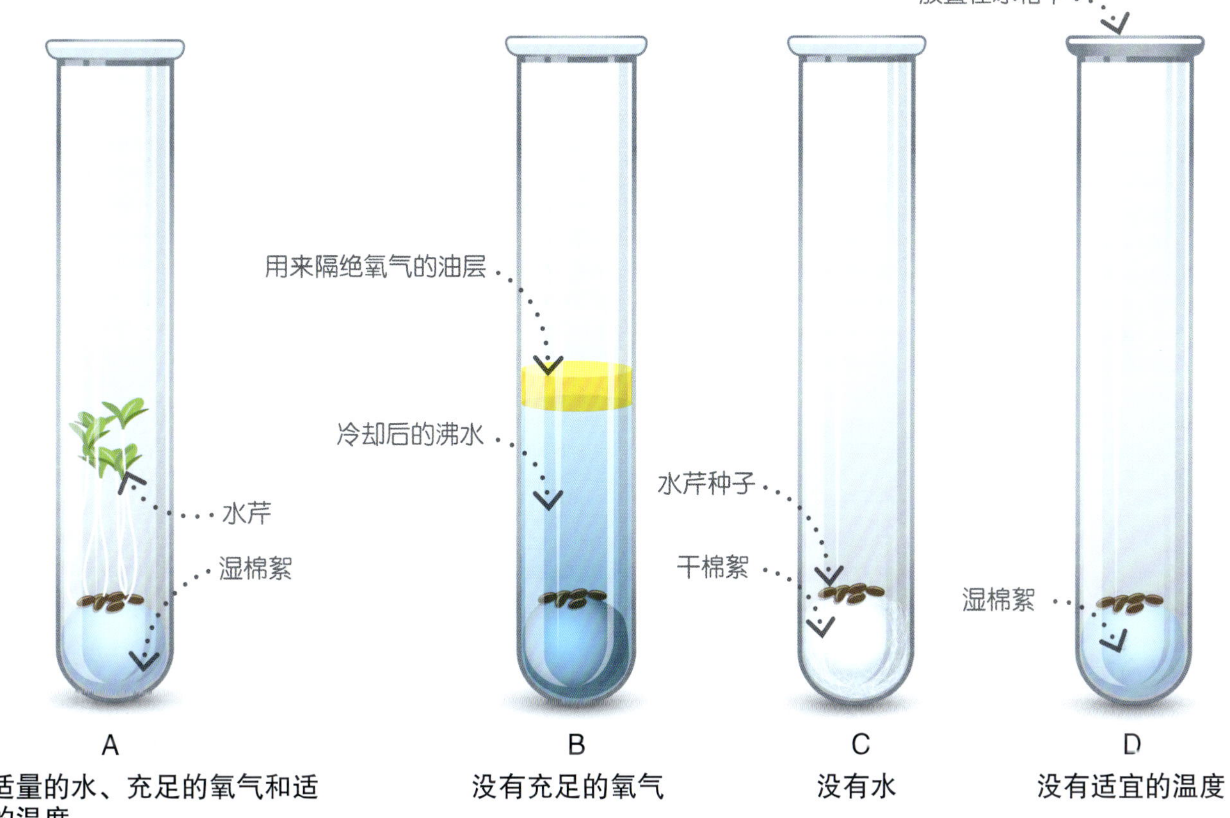

实验步骤

1. 将棉絮放在A、B、C、D四支试管的底部，在每支试管中的棉絮上放置6粒水芹种子。
2. 往试管A和D中加水，润湿棉絮。
3. 往试管B中加入一半冷却后的沸水，然后在水面上加一层油。
4. 把试管A、B、C放在温暖的房间里，试管D放在冰箱里。
5. 观察3～5天。如果试管A或D中的棉絮变干，重新加水使其变得湿润。

实验结果

只有试管A里的种子萌芽，因为试管A中有种子发芽所需的必要条件：适量的水、充足的氧气和适宜的温度。水使种子膨胀、软化；氧气使细胞得以呼吸并释放能量；适宜的温度能激活酶分解种子中储存的淀粉等营养物质。注意：试管B中的沸水不含氧气，因为顶部的油层阻隔了外部氧气。

植物的无性生殖

许多植物可以进行无性生殖。无性生殖只需要一个亲本，并且产生的后代基因与亲本相同。无性生殖可以使植物快速繁殖。

要点

- ✓ 无性生殖只需要一个亲本。
- ✓ 无性生殖产生的后代基因与亲本相同。
- ✓ 植物可以通过多种方式进行无性生殖。

大叶落地生根

马达加斯加的大叶落地生根的叶片边缘会长出不定芽，不定芽上有不定根，落地后便可扎根繁殖，长成新植株。

叶片的边缘长着不定芽

不定根是在不定芽落地之前生成的

植物如何进行无性生殖

植物可通过多种方式进行无性生殖。下面列举了一些常见方法。

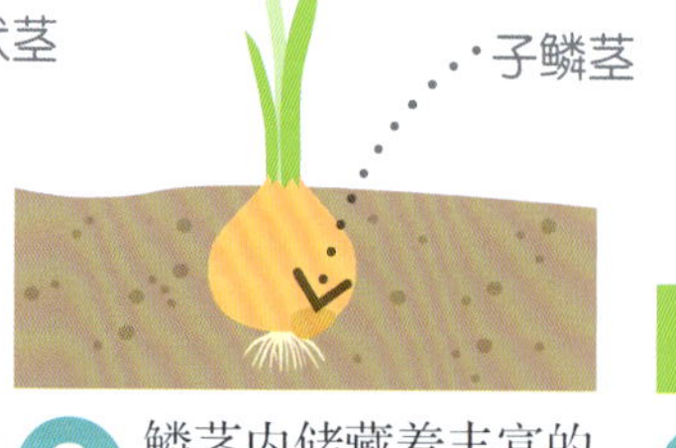

1. 匍匐茎沿水平方向生长，其节上可长出芽和不定根，与整体分离后能长成新植株，如草莓。
2. 根状茎在地下水平生长，节上能长出幼芽和不定根，可长成新植株，如竹子。
3. 鳞茎内储藏着丰富的营养物质和水分，可从腋芽处长出子鳞茎，供繁殖使用，如水仙。
4. 蒲公英等植物无须通过受精就能长出种子。由这类种子长成的新植株实际上是亲本的克隆体。

昆虫的生命周期

昆虫的初始形态是卵，然后孵化成没有翅的幼虫。许多昆虫在变为成虫的过程中会发生明显变化，这种现象叫作变态发育。

要点

- ✓ 完全变态是指昆虫在个体发育中，经历卵、幼虫、蛹和成虫四个时期的变态发育。
- ✓ 不完全变态是指昆虫在个体发育中，经历卵、若虫和成虫三个时期的变态发育。
- ✓ 蛹是昆虫的过渡形态，处于生命周期的第三阶段。

1 雄性瓢虫和雌性瓢虫交配繁殖。

2 交配后，雌性瓢虫会在树叶上产卵。

瓢虫的生命周期

瓢虫、蝴蝶和苍蝇等昆虫的发育过程属于完全变态发育，它们会经历卵、幼虫、蛹和成虫四个时期。幼虫没有翅，与成虫的形态构造看起来完全不同。幼虫长成成虫之前会先变成蛹，蛹处于生命周期的第三个阶段。

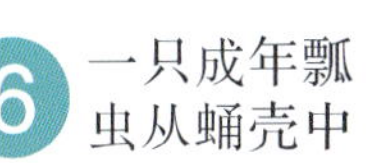

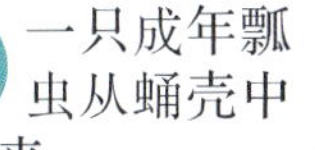

6 一只成年瓢虫从蛹壳中钻出来。

3 幼虫从虫卵中孵化出来。

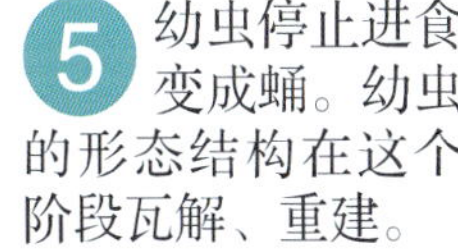

5 幼虫停止进食变成蛹。幼虫的形态结构在这个阶段瓦解、重建。

4 幼虫在发育过程中会蜕皮数次。

不完全变态

蝗虫和蜻蜓等昆虫的发育过程属于不完全变态，它们会经历卵、若虫和成虫三个时期。卵孵化出仅有翅芽的幼虫，称为若虫。若虫的形态结构与成虫相似。若虫通过多次蜕皮发育为成虫，并在最后一次蜕皮中长出翅。

两栖动物的生命周期

两栖动物在生命周期中既能在水中生活，也能在陆地上生活。许多两栖动物在发育过程中会出现形态和习性上的显著变化，这一过程称为变态发育。

要点

- ✓ 两栖动物既可以生活在水中，也可以生活在陆地上。
- ✓ 许多两栖动物在发育过程中会发生明显变化。
- ✓ 青蛙是一种两栖动物，它的水生幼体被称为蝌蚪。

青蛙的生命周期

青蛙生活在陆地上，但在水中产卵。卵会孵化成小蝌蚪。蝌蚪会长出腿和肺，逐渐发育成青蛙。青蛙用肺呼吸，而不是鳃。

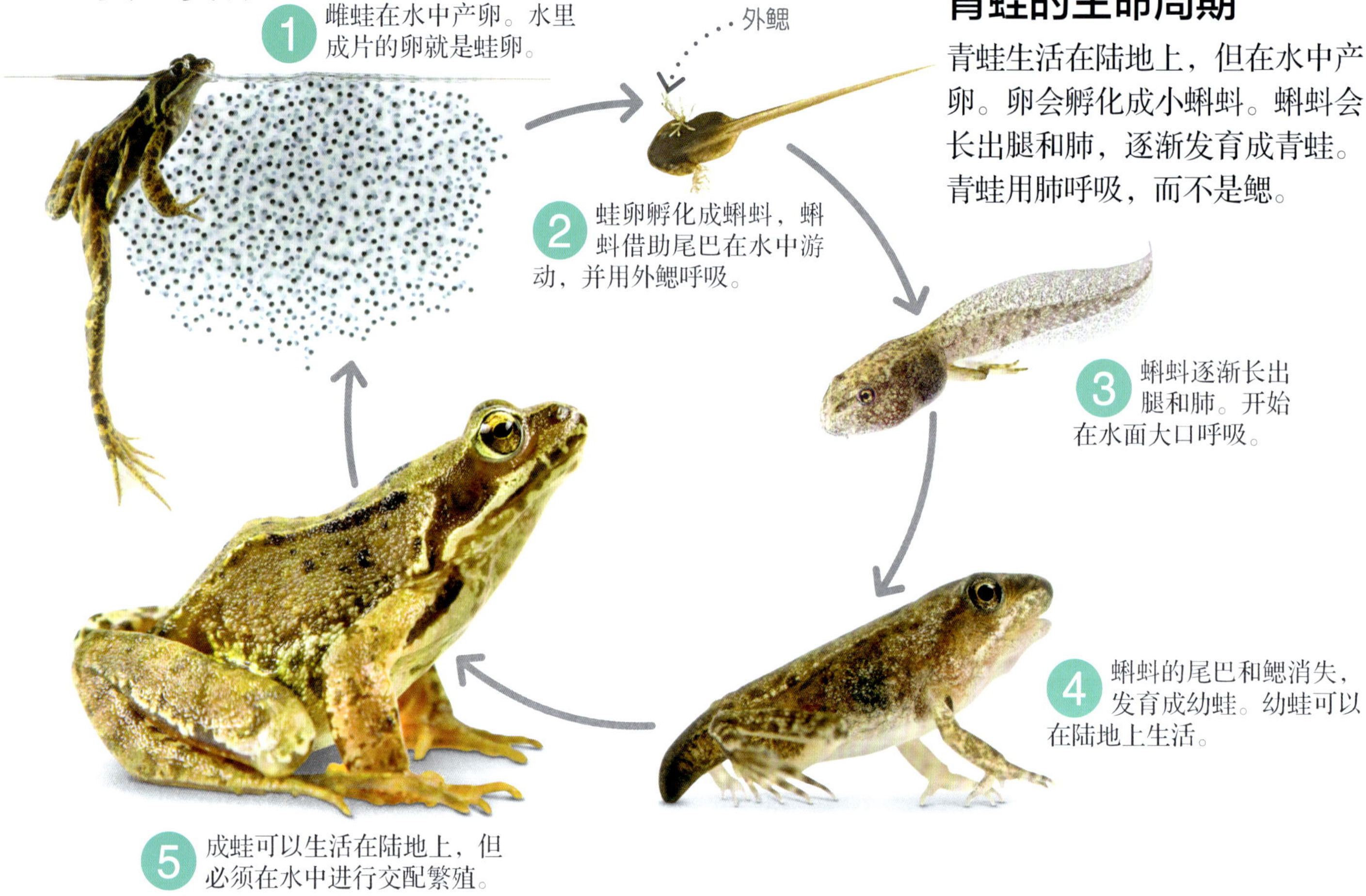

1 雌蛙在水中产卵。水里成片的卵就是蛙卵。
外鳃
2 蛙卵孵化成蝌蚪，蝌蚪借助尾巴在水中游动，并用外鳃呼吸。
3 蝌蚪逐渐长出腿和肺。开始在水面大口呼吸。
4 蝌蚪的尾巴和鳃消失，发育成幼蛙。幼蛙可以在陆地上生活。
5 成蛙可以生活在陆地上，但必须在水中进行交配繁殖。

鳃和肺

小蝌蚪不能露出水面呼吸，只能用羽毛状的鳃从水中吸收氧气并释放二氧化碳。第10周左右，蝌蚪会长出皮肤，外鳃消失，长出内鳃。水从嘴巴里被吸进去，从鳃部被挤出来。当蝌蚪发育成青蛙时，鳃会被肺代替。

外鳃呈羽毛状，用于水下呼吸

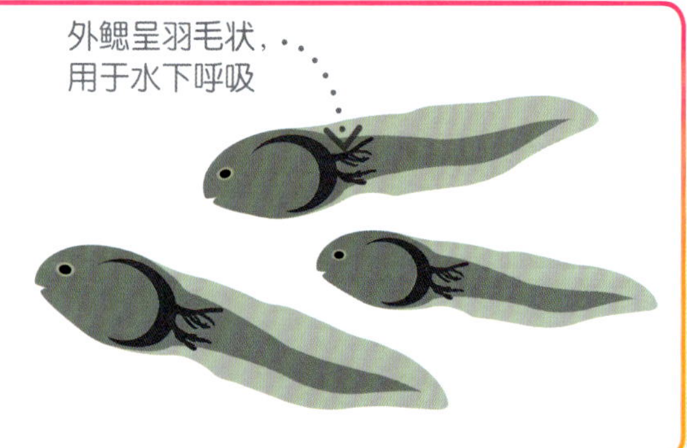

鸟类的生命周期

与在母体内发育长大的哺乳动物不同，鸟类通常将蛋产在巢中，雏鸟在蛋内生长并孵化出来。孵化后，雏鸟通常依靠亲鸟喂养长大。

要点

✓ 鸟最开始在蛋里生长并被孵化出来，成为雏鸟。

✓ 几乎所有雏鸟被孵化后都需要亲鸟的照料。

1 交配后，雌性蓝山雀会产下8～10枚蛋，并坐在蛋上给蛋保温，使其孵化。

2 雏鸟从蛋中孵化出来，身上的绒羽很少，甚至全身裸露。亲鸟每天需要捕捉几百只虫子喂养雏鸟。

蓝山雀的生命周期

雀形目鸟类，例如，蓝山雀通常会在树上筑巢、养育雏鸟。刚出生的雏鸟不会飞，但它们长得很快，大约3周就可以飞了。

3 雏鸟长得很快，几天内就会长出羽毛。等到它们足够大的时候，就会飞离巢穴。

4 成年雄性蓝山雀通过鸣叫求偶。雌鸟则会用羊毛、羽毛或蜘蛛网等柔软的材料筑巢。

鸟蛋

鸟蛋中含有大量营养物质和水分，可以滋养内部发育的胚胎。未受精的蛋是母体内的一个卵细胞。雌鸟产生的卵细胞与雄鸟产生的精子结合形成受精卵，受精卵从母体吸收营养，逐渐变大，并在周围形成一层外壳。

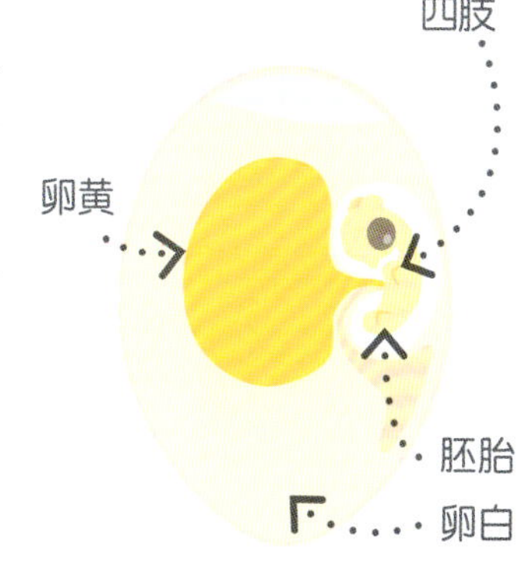

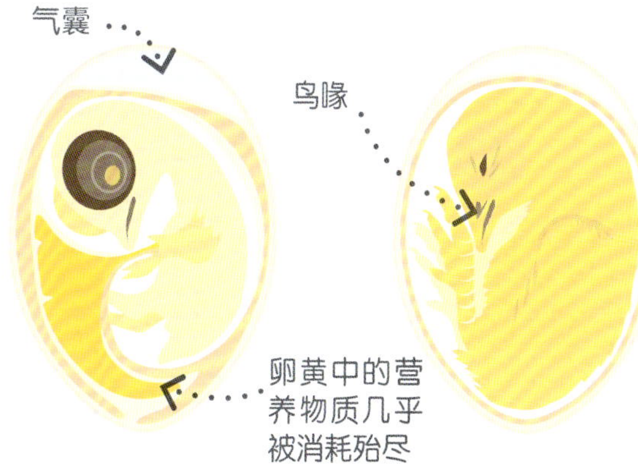

1 胚胎的四肢从第5天开始形成。卵黄和卵白可以滋养和保护胚胎。

2 第12天，鸟的四肢、骨骼和器官都已发育完全，身体长有少量绒羽。

3 第21天左右，雏鸟开始从气囊处呼吸。它扭动着用喙敲击蛋壳，然后破壳而出。

女性生殖系统

女性生殖系统中的器官会产生生殖细胞（卵细胞）。卵细胞与精子结合形成受精卵，受精卵会在女性子宫内发育成胎儿。

要点

- ✓ 女性的生殖细胞被称为卵细胞。
- ✓ 女性的卵巢能产生卵细胞和分泌雌激素。
- ✓ 卵细胞受精后变成受精卵，受精卵在子宫内发育成胎儿。

女性生殖器官

女性从性成熟开始，到50岁左右，体内的卵巢每个月都会排出一个卵细胞。卵细胞向子宫移动的过程中，可能会与精子结合形成受精卵。受精卵会进入子宫，最终发育成胎儿。

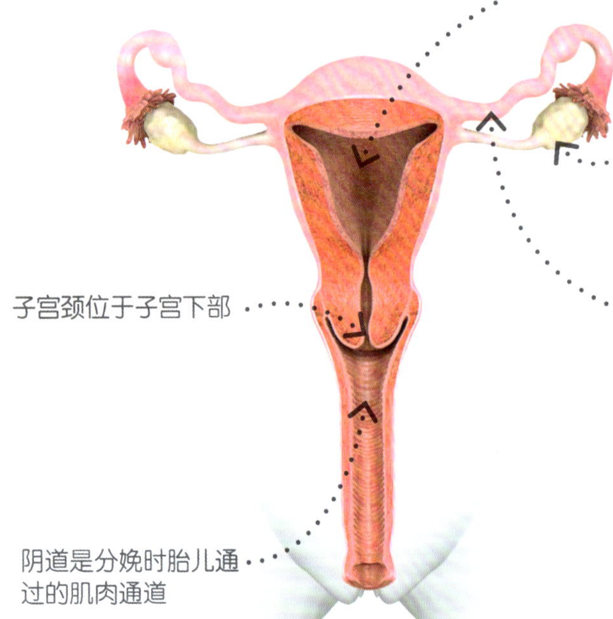

卵细胞

卵细胞直径约为0.2mm，是人体内最大的细胞。卵细胞中含有大量细胞质，可为发育中的胚胎提供营养。卵细胞的细胞膜上包裹着一层叫作透明带的胶状物，卵细胞受精后，透明带会发生变化，形成一道屏障，防止其他精子进入。

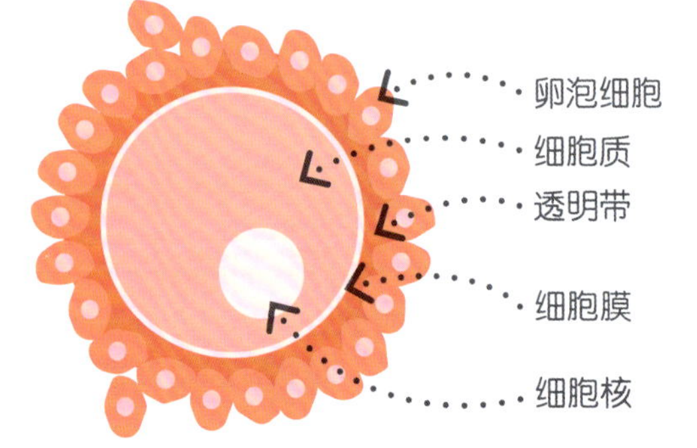

人体受精

卵细胞和精子结合形成受精卵的过程叫作受精。受精卵会发育成胚泡，并缓慢地移动到子宫中，最终植入子宫内膜继续发育。

要点

- ✓ 受精是指卵细胞和精子结合形成受精卵的过程。
- ✓ 受精卵不断分裂，逐渐发育成胚泡。
- ✓ 胚泡会缓慢地移动到子宫中，最终植入子宫内膜。

受精卵在子宫中发育

性交后，精子经过子宫游到输卵管，寻找卵细胞。为提高受精率，男性的精液中通常含有数百万个精子。然而，女性的卵巢每个月通常只排出一个卵细胞。卵细胞会在输卵管中遇到许多精子，但只有一个精子能够成功使卵细胞受精。

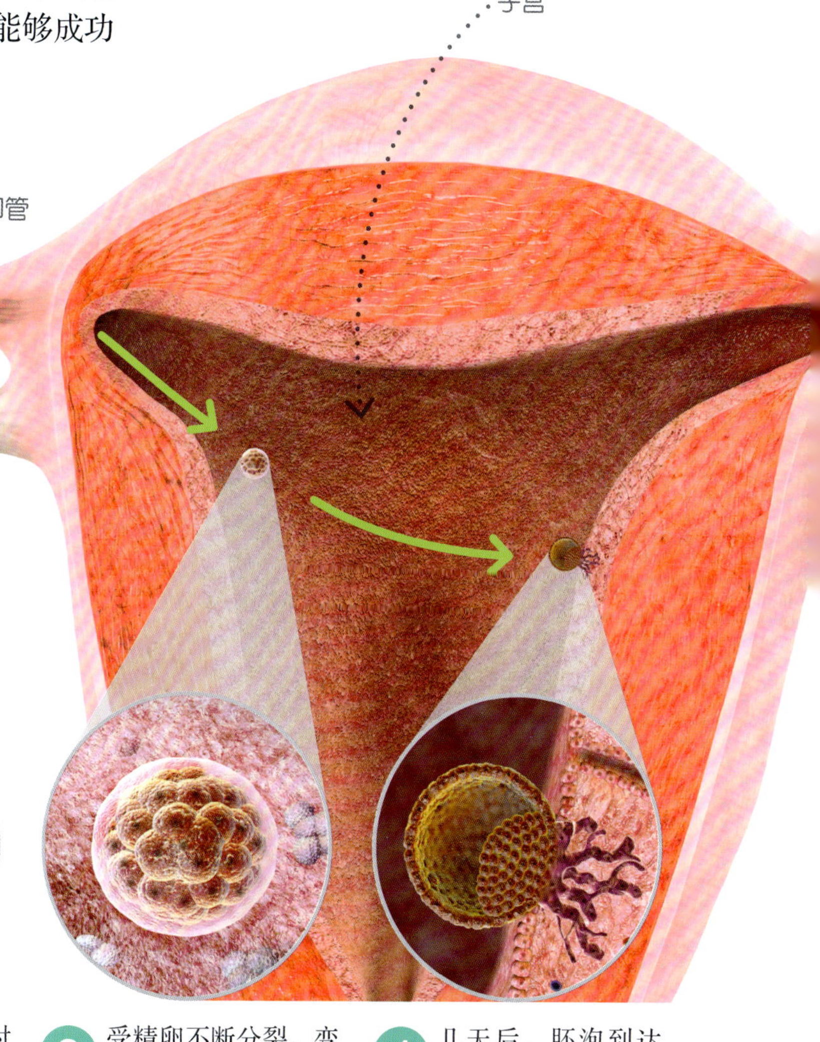

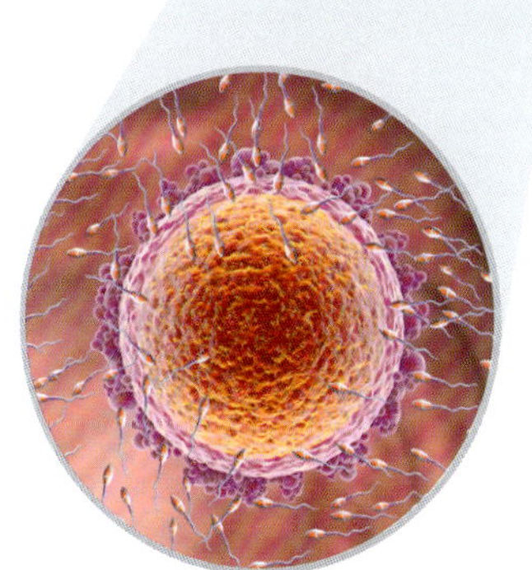

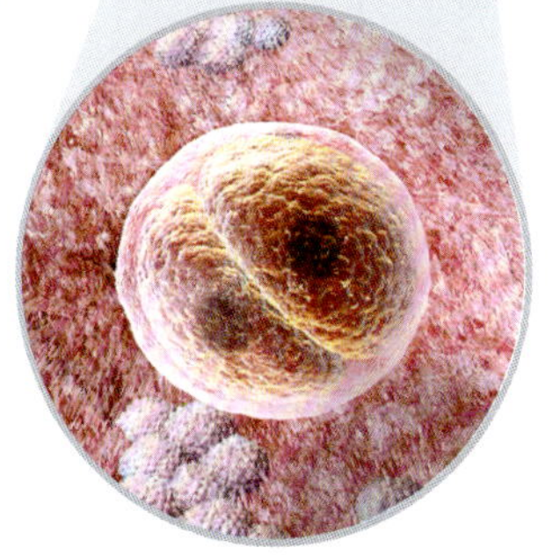

1 其中一个精子用头部穿透卵细胞的外层。二者的细胞核结合在一起形成一个具有46条染色体的细胞（受精卵）。

2 受精卵向子宫移动时分裂成两个细胞。

3 受精卵不断分裂，变为4个、8个细胞，并以此类推。几小时后，受精卵发育成一个空心的细胞球，被称为胚泡，胚泡继续向子宫移动。

4 几天后，胚泡到达子宫，依靠输卵管上的细小纤毛缓慢移动，最终植入子宫内膜。

妊娠

受精卵大约需要在子宫内生长38周，才能发育成成熟的胎儿，这个过程称为妊娠，也就是怀孕。

要点

- ✓ 受精卵发育为成熟胎儿的过程叫作妊娠。
- ✓ 妊娠8周后的胎体称为胎儿。
- ✓ 胎儿通过胎盘从母体血液中吸收营养物质，排出废物。

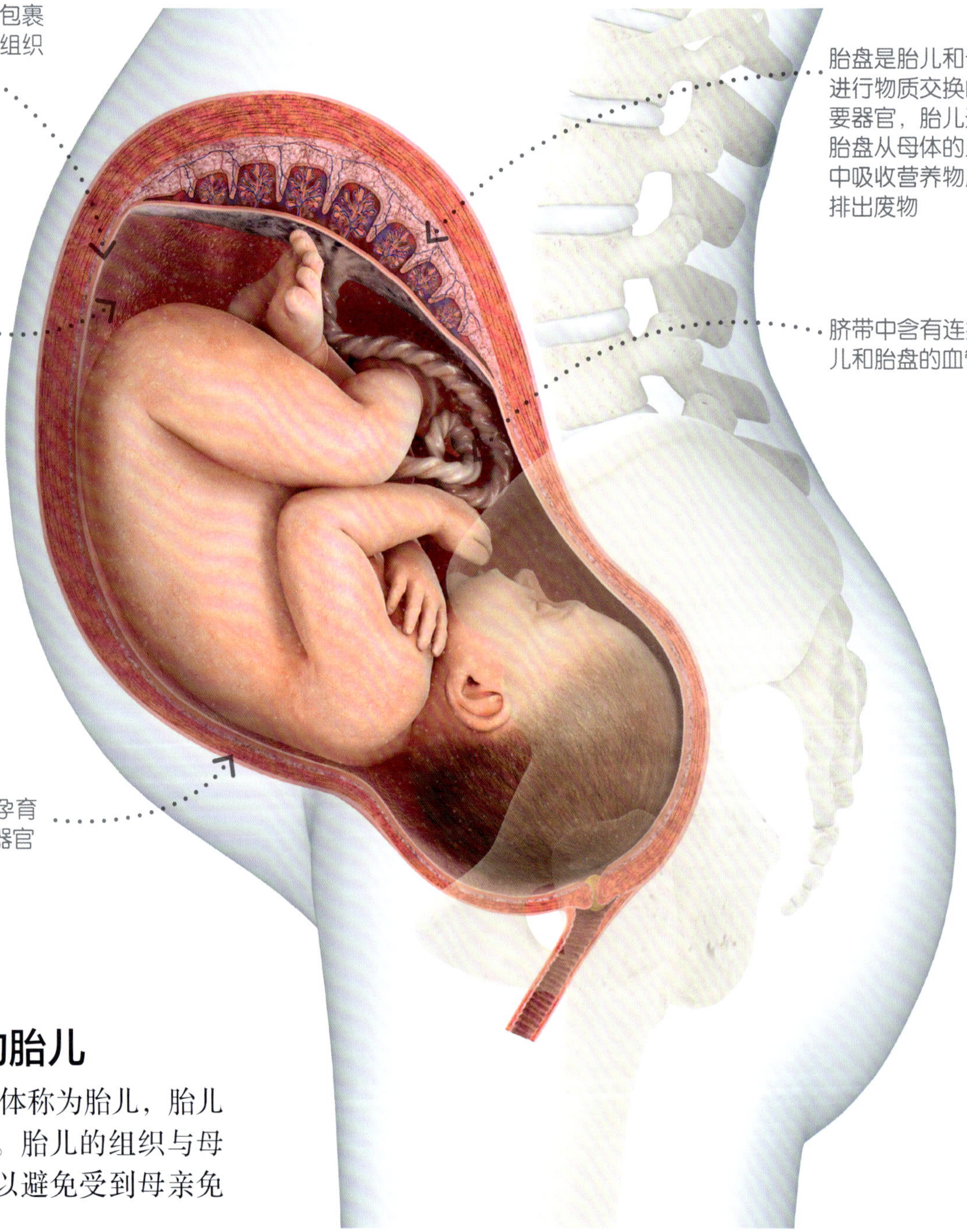

正在发育的胎儿

妊娠8周后的胎体称为胎儿，胎儿在子宫内发育。胎儿的组织与母体是分离的，以避免受到母亲免疫系统的攻击。

胎儿发育的阶段

胎儿的大部分器官都是在妊娠早期发育形成的。当器官发育基本完成后，胎儿的体型就会开始变大。妊娠前8周的胎体称为胚胎，8周后的胎体称为胎儿。

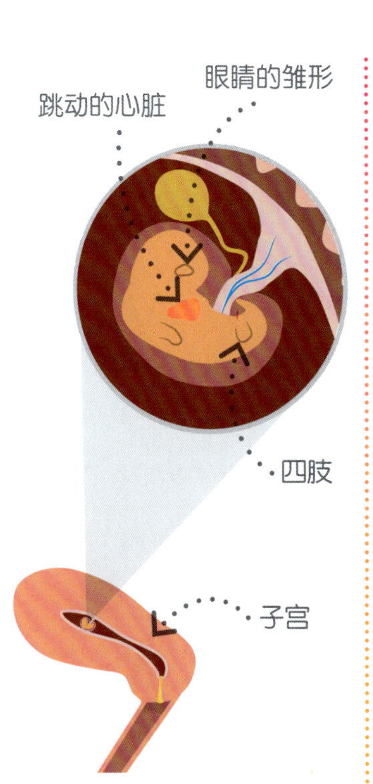

1 妊娠5周时，胚胎还只有一个苹果大小，形状与蝌蚪相似。胚胎的心脏已经开始跳动，但胳膊和腿还只是小肉芽。

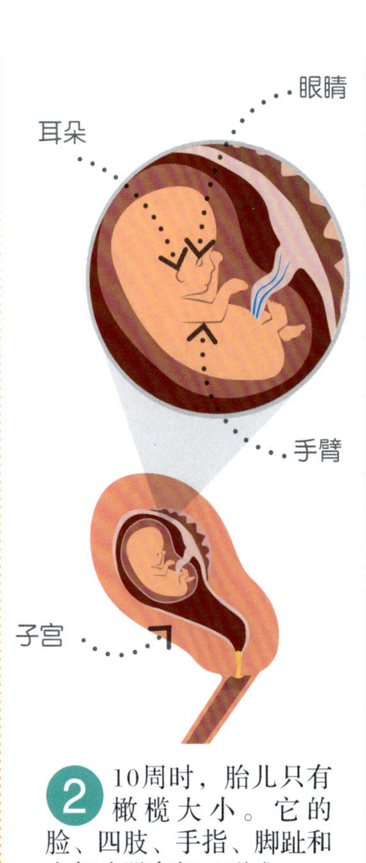

2 10周时，胎儿只有橄榄大小。它的脸、四肢、手指、脚趾和大部分器官都已形成。

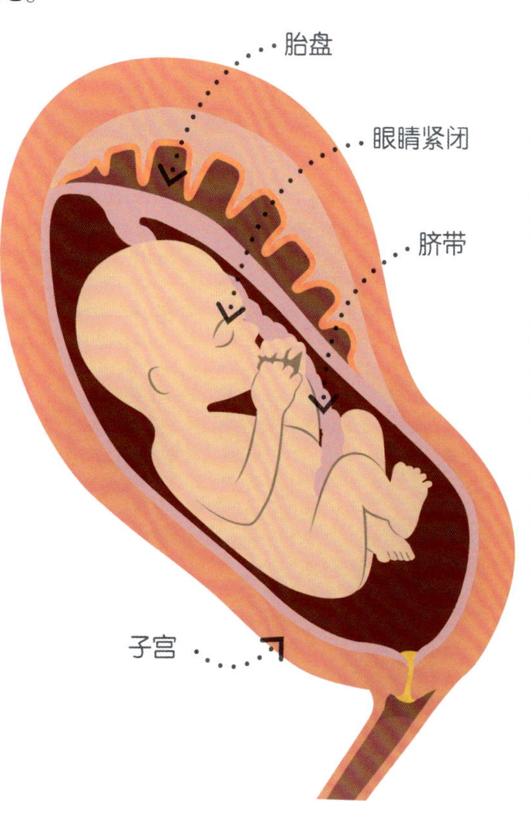

3 20周时，胎儿大约和香蕉一样长，已长出了体毛和指甲，肌肉可以进行活动。胎儿的器官发育几乎完成，但还会继续长大。

胎盘

胎儿靠胎盘维持生命。胎盘中有来自胎儿的微小血管，这些血管靠近母体的血管，但胎儿与母体的血液不会混合。氧气和营养物质通过扩散从母体血液传递到胎儿血液中，二氧化碳和尿素等废物则从胎儿血液扩散到母体血液中。虽然胎盘可以将胎儿和母体的血液分开，但一些有害物质还是会穿过胎盘，如酒精、香烟中的尼古丁、某些食物中的毒素，以及风疹病毒等病原体。

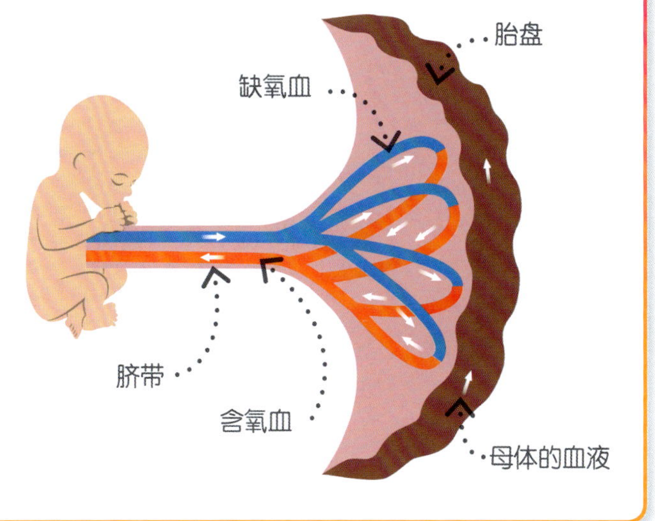

分娩

在妊娠末期，胎儿和母体都会释放出激素，促使胎儿脱离母体，这个过程叫作分娩。分娩意味着新生儿的诞生。

要点

- ✓ 胎儿脱离母体的过程叫作分娩。
- ✓ 分娩通常由子宫肌层的收缩开始。
- ✓ 子宫收缩越来越强烈，从而把婴儿从母亲的身体里推出来。

新生儿

出生后，婴儿开始自主呼吸，不再需要从母体获得氧气，但婴儿的脐带仍与胎盘相连。因此，婴儿出生后，他的脐带会被剪断，遗留物则形成肚脐。

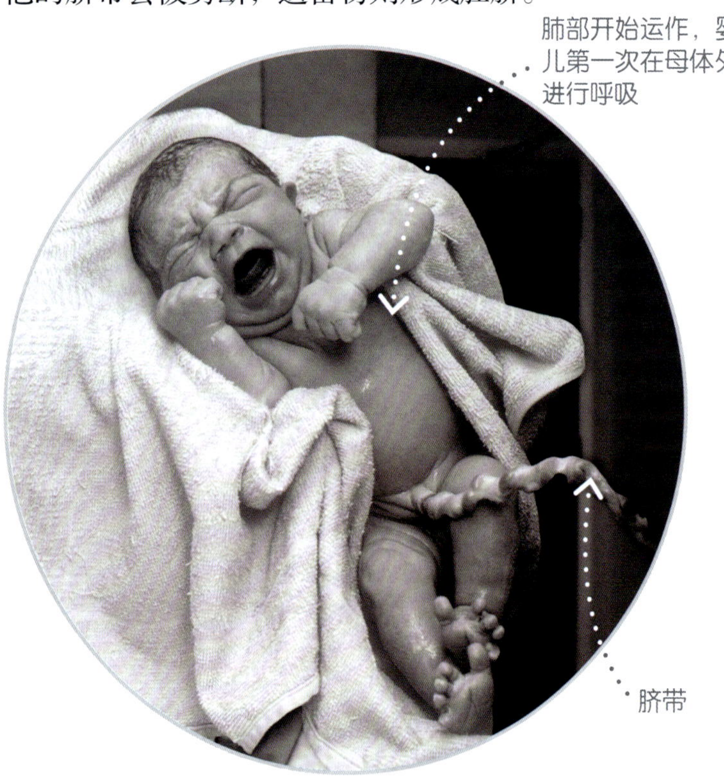

分娩的阶段

分娩通常要经历以下阶段。

1. 子宫的肌肉壁开始短暂地收缩。渐渐地，收缩变得越来越强烈和频繁。

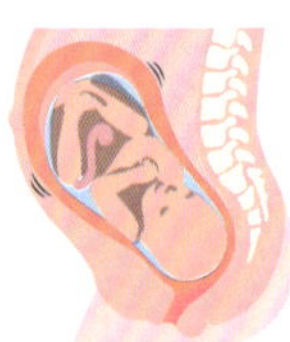

2. 包裹着胎儿的羊膜囊破裂，羊水从母亲的阴道流出。

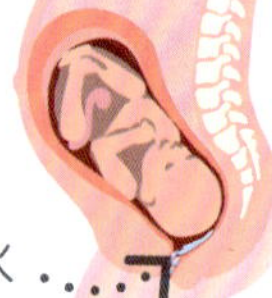

3. 子宫颈扩张。

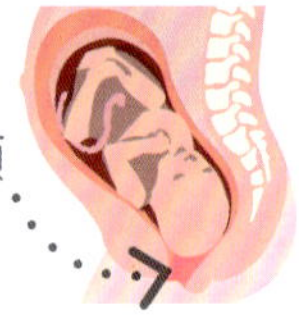

4. 子宫收缩变得非常强烈，把胎儿从子宫颈和阴道推出去。

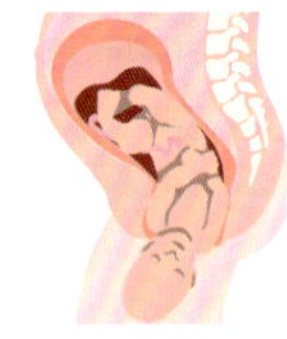

5. 胎儿身上连接着脐带，以防止失血。医护人员会在胎儿出生后将它剪断。

6. 胎儿出生几分钟后，胎盘会从母体中排出。

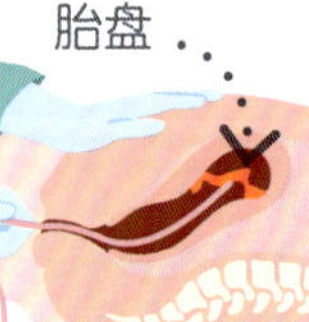

母乳喂养和奶粉喂养

母乳中含有的抗体可提高婴儿免疫力，预防疾病。母乳喂养会触发母亲体内激素的释放，使母亲与婴儿的关系更加亲密，同时可以降低患乳腺癌的风险。但有些母亲因为身体原因会选择使用奶粉喂养婴儿。奶粉中含有婴儿所需的营养物质，但缺乏抗体，因此必须在无菌条件下用饮用水配制奶粉。

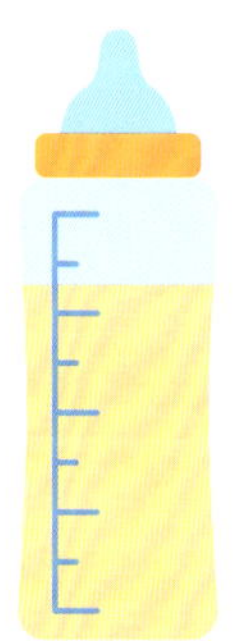

14 基因和生物技术

基因组

生物的基因组是包含该生物所有遗传物质的总和。基因是控制生物生长发育方式的生物指令，储存在DNA分子中，并在生殖过程中由亲代传给子代。

基因和DNA

生物体内的每个细胞都携带着一个完整的基因组。在人体中，除生殖细胞外，每个体细胞的细胞核中都有46条染色体，每条染色体上只有一个DNA分子，一个DNA分子上承载着多个基因。

1 身体

基因控制着生物性状。人体由约2万个不同的基因控制。

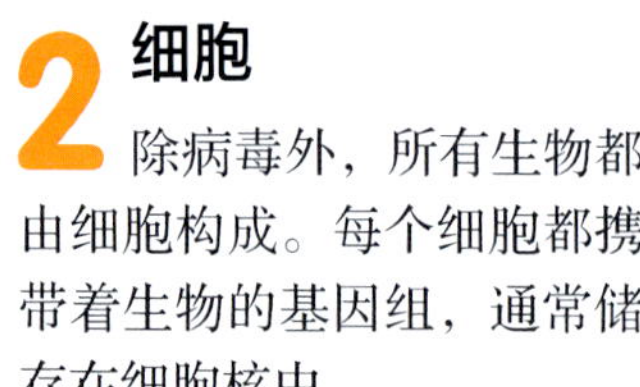

2 细胞

除病毒外，所有生物都由细胞构成。每个细胞都携带着生物的基因组，通常储存在细胞核中。

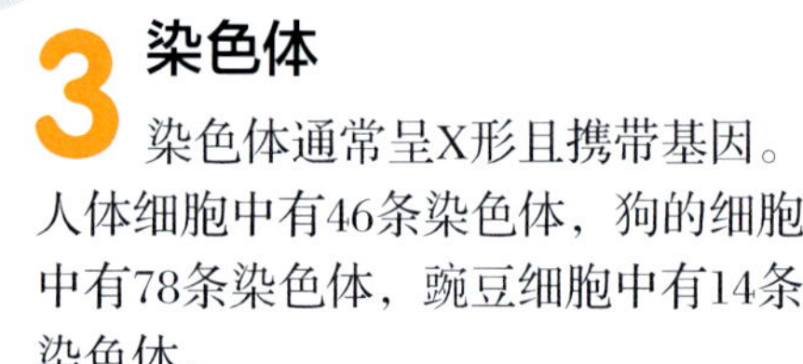

3 染色体

染色体通常呈X形且携带基因。人体细胞中有46条染色体，狗的细胞中有78条染色体，豌豆细胞中有14条染色体。

要点

- ✓ 生物的基因组是包含该生物所有遗传物质的完整组合。
- ✓ 生物体内每个细胞的细胞核中都有一个完整的基因组。
- ✓ 基因储存在DNA分子中。

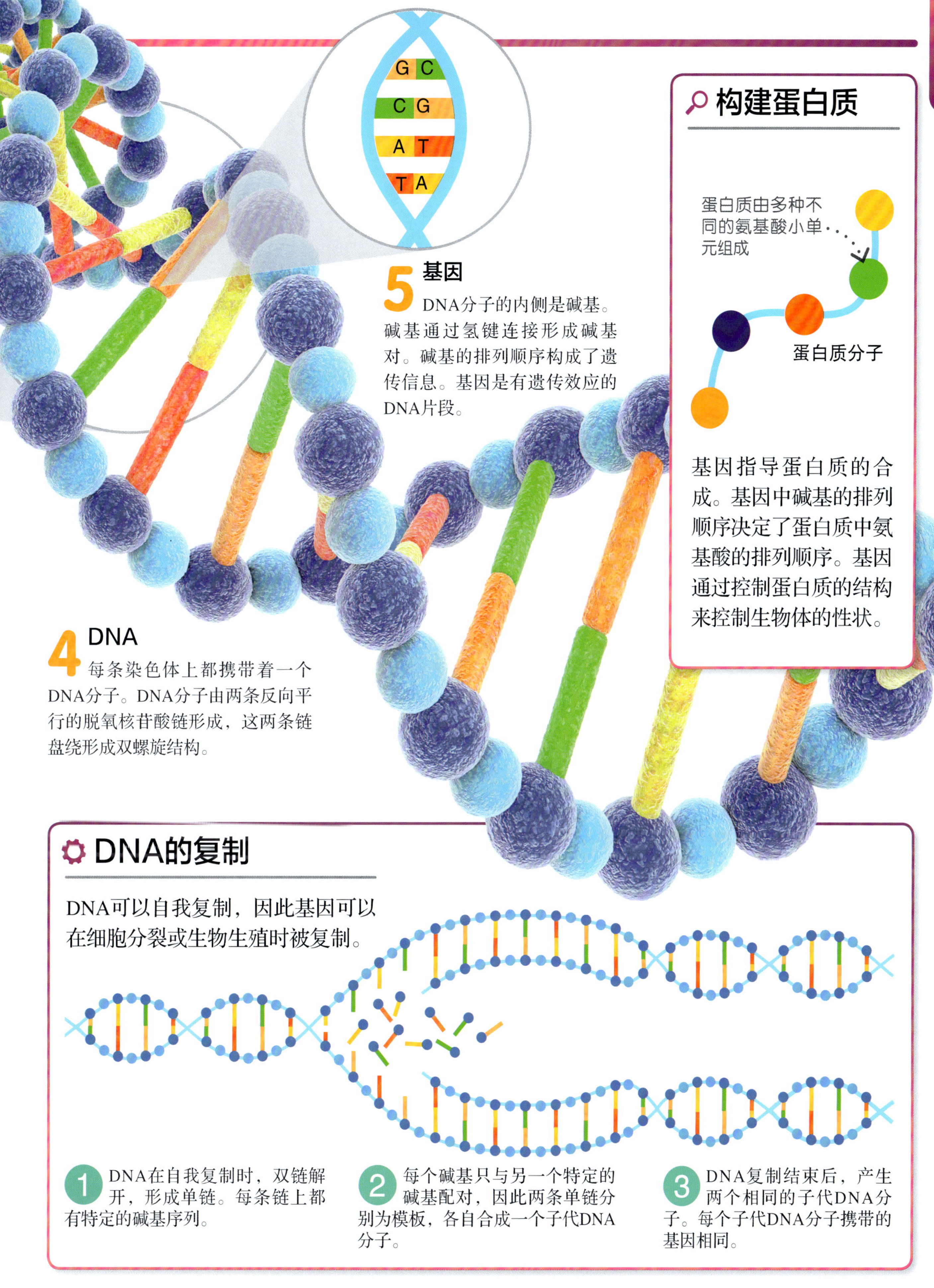

5 基因

DNA分子的内侧是碱基。碱基通过氢键连接形成碱基对。碱基的排列顺序构成了遗传信息。基因是有遗传效应的DNA片段。

4 DNA

每条染色体上都携带着一个DNA分子。DNA分子由两条反向平行的脱氧核苷酸链形成，这两条链盘绕形成双螺旋结构。

构建蛋白质

基因指导蛋白质的合成。基因中碱基的排列顺序决定了蛋白质中氨基酸的排列顺序。基因通过控制蛋白质的结构来控制生物体的性状。

DNA的复制

DNA可以自我复制，因此基因可以在细胞分裂或生物生殖时被复制。

1 DNA在自我复制时，双链解开，形成单链。每条链上都有特定的碱基序列。

2 每个碱基只与另一个特定的碱基配对，因此两条单链分别为模板，各自合成一个子代DNA分子。

3 DNA复制结束后，产生两个相同的子代DNA分子。每个子代DNA分子携带的基因相同。

人类基因组计划

人类基因组计划完成于2003年，是一项宏伟的科学探索工程，旨在识别和测定人类基因组中的每个基因序列。这项计划耗时13年，有数百名科学家参与其中。该计划的实施极大地促进了医学的发展。

要点

✓ 人类基因组计划是一项识别和测定人类基因组中每个基因序列的工程。

✓ 人类基因组计划使医学有了巨大发展，推动了许多治疗疾病的新方法的出现。

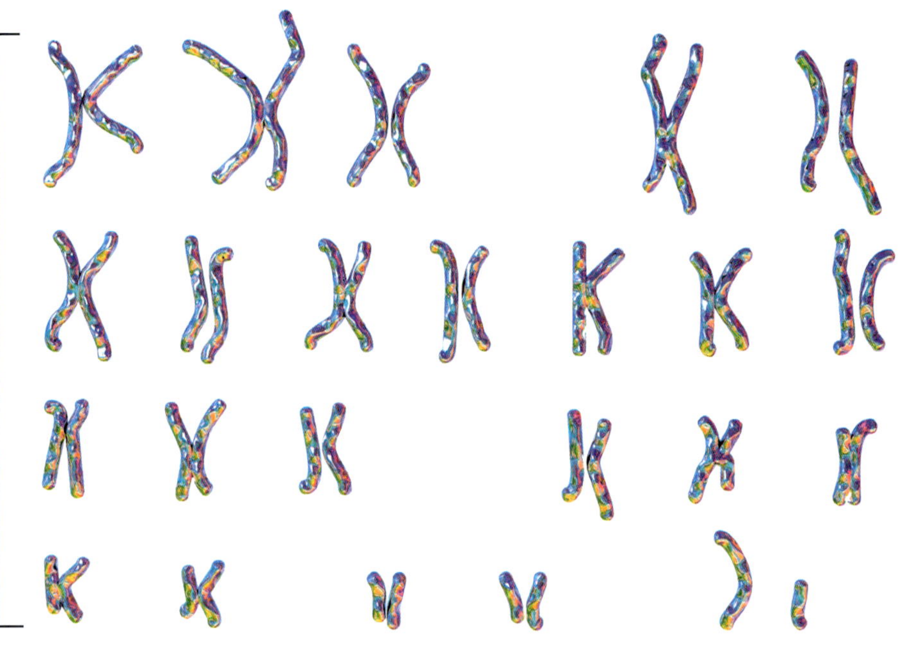

核型是指一个体细胞中所有染色体的图像，母方和父方的染色体成对排列

人类基因组

人类基因组中含有约31.6亿个碱基对，已发现的基因为2.0万~2.5万个。基因组存在于人体内的每个细胞核的23对染色体中。

DNA测序

为了测定人类基因组的碱基序列，科学家将DNA分成不同长度的片段，每个片段都以四种碱基中的一种结尾。

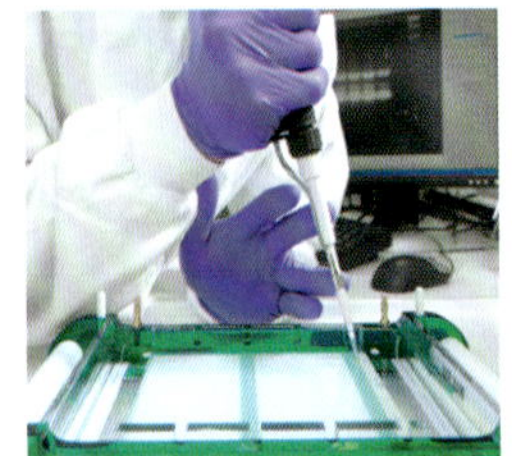

1 将DNA片段注射到凝胶中，然后用电流推动它们穿过凝胶，并按大小进行分离。

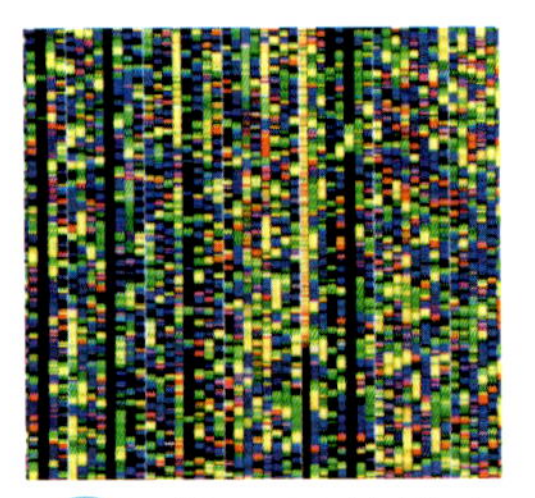

2 在DNA片段中加入荧光化学染料，以确定位于每个片段末端的碱基种类。

3 计算机读出了A、T、C和G四种颜色的字母。它们分别代表DNA中的四种碱基：腺嘌呤、胸腺嘧啶、胞嘧啶和鸟嘌呤。

利

1 人类基因组计划对科学家研究“基因疗法”很有帮助，将有缺陷的基因替换为正常的基因，可治疗囊肿性纤维化等遗传病。

2 癌症和心脏病等疾病与许多基因有关。识别人体基因可能会找到预防或治疗这些疾病的新方法。

3 医生可以根据患者的基因组制订治疗方案。例如，某些乳腺癌药物对某些基因变异的女性治疗效果更好。

DNA的结构

DNA（脱氧核糖核酸）是生物体内储存遗传信息的化学物质。遗传信息蕴藏在DNA的碱基序列中。碱基对构成DNA分子结构中的梯级，并将两条脱氧核苷酸链连接在一起。

要点

- ✓ DNA分子由两条脱氧核苷酸链组成，呈双螺旋结构。
- ✓ 脱氧核苷酸由脱氧核糖、磷酸和碱基组成。
- ✓ DNA中有四种不同的碱基，遗传信息蕴藏在碱基序列中。

DNA分子

DNA分子由两条脱氧核苷酸链组成。脱氧核苷酸由脱氧核糖、磷酸和碱基组成。每条链上的碱基与相邻链上的碱基通过氢键连接形成碱基对，从而将两条单链连接在一起。右图用不同的颜色显示出了DNA中的四种碱基：腺嘌呤（A）、胸腺嘧啶（T）、胞嘧啶（C）和鸟嘌呤（G）。

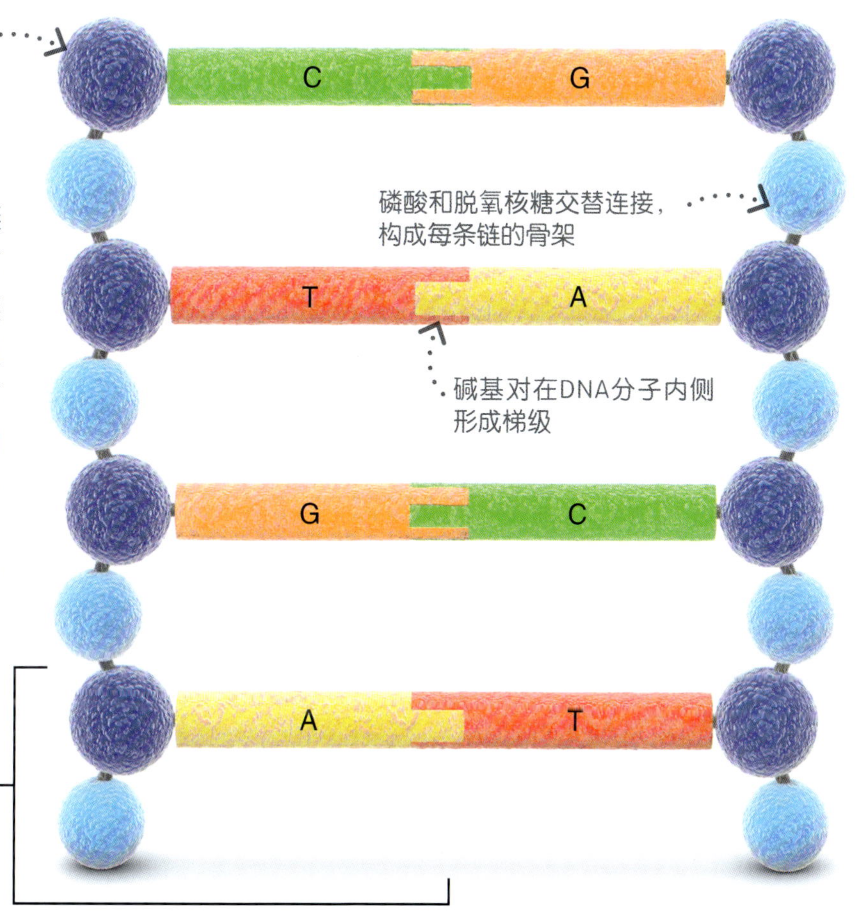

碱基对

DNA只包含四种碱基，它们总是以固定的组合配对。腺嘌呤（A）与胸腺嘧啶（T）配对，胞嘧啶（C）与鸟嘌呤（G）配对。这意味着每条单链都是彼此互补的，并且能以任意一条单链作为模板合成一条新的互补单链。遗传信息储存在DNA的碱基序列中。

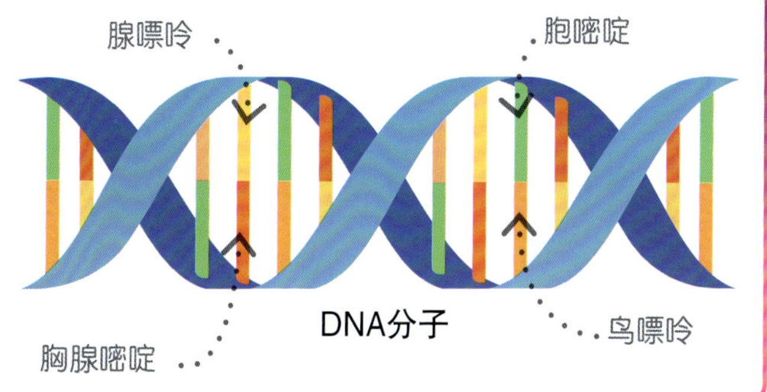

蛋白质的合成（一）

大多数基因中都储存着合成特定蛋白质所需的遗传信息。在蛋白质的合成过程中，信使RNA（mRNA）中的碱基序列转变为蛋白质中的氨基酸序列。基因指导蛋白质合成的过程称为基因的表达。基因指导蛋白质合成的第一步是遗传信息的转录。

转录

储存在细胞核中的DNA分子太大，无法离开细胞核。因此，当细胞需要用基因指导蛋白质合成时，就会复制该基因，使遗传信息从DNA转移到RNA上。DNA中的碱基序列通过mRNA进行复制。mRNA与DNA非常相似，但它有一个特有的碱基，即尿嘧啶，相当于DNA中的胸腺嘧啶。

要点

- ✓ 在蛋白质合成过程中，mRNA中的碱基序列转变为蛋白质中的氨基酸序列。
- ✓ 在转录过程中，DNA中的碱基序列通过mRNA进行复制。
- ✓ mRNA分子携带复制的遗传信息离开细胞核。

非编码DNA

人类基因组中不能编码蛋白质的DNA序列叫作非编码DNA。其他非编码DNA叫作垃圾DNA，因为科学家认为这些DNA片段没有用处。实际上，一些非编码DNA片段可以通过转录因子结合位点来控制其他基因。转录因子起着结构上的作用，可形成染色体的末端或其他有助于细胞分裂的结构。

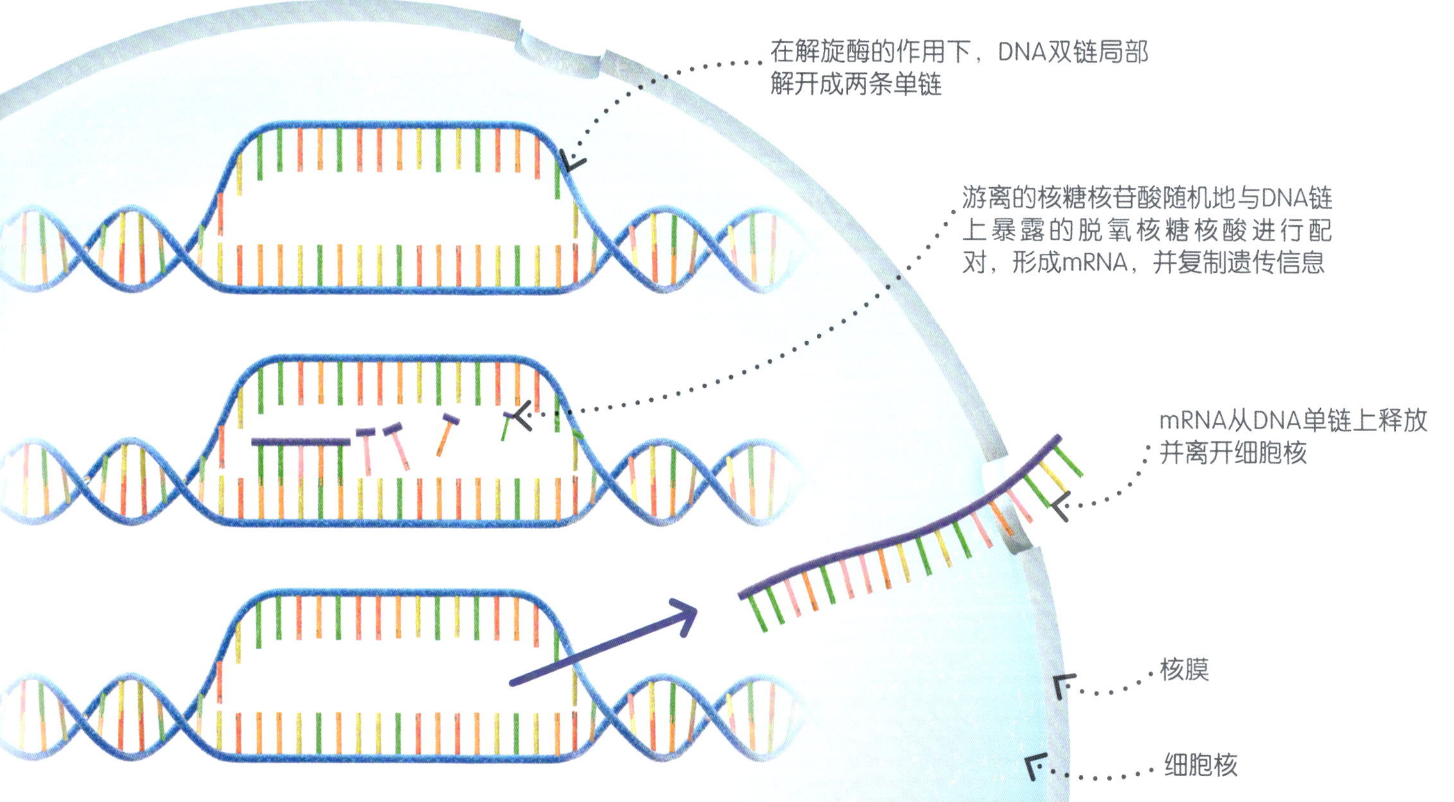

蛋白质的合成（二）

蛋白质合成的第二步是遗传信息的翻译。在翻译过程中，核糖体一次读取mRNA上三个相邻的碱基。mRNA上每相邻的三个碱基组成一个密码子，密码子决定氨基酸的种类。氨基酸结合在一起形成蛋白质。

要点

- ✓ 在翻译过程中，核糖体会一次读取mRNA上三个相邻的碱基。
- ✓ mRNA每相邻的三个碱基组成一个密码子，密码子与携带氨基酸的tRNA进行配对。
- ✓ 氨基酸相互结合形成肽链，多条肽链构成蛋白质分子。

翻译

mRNA离开细胞核后，与核糖体结合并沿着它移动。mRNA中的每个密码子都能与携带氨基酸小分子的转运RNA（tRNA）互补配对。氨基酸相互结合形成肽链，多条肽链构成蛋白质分子。

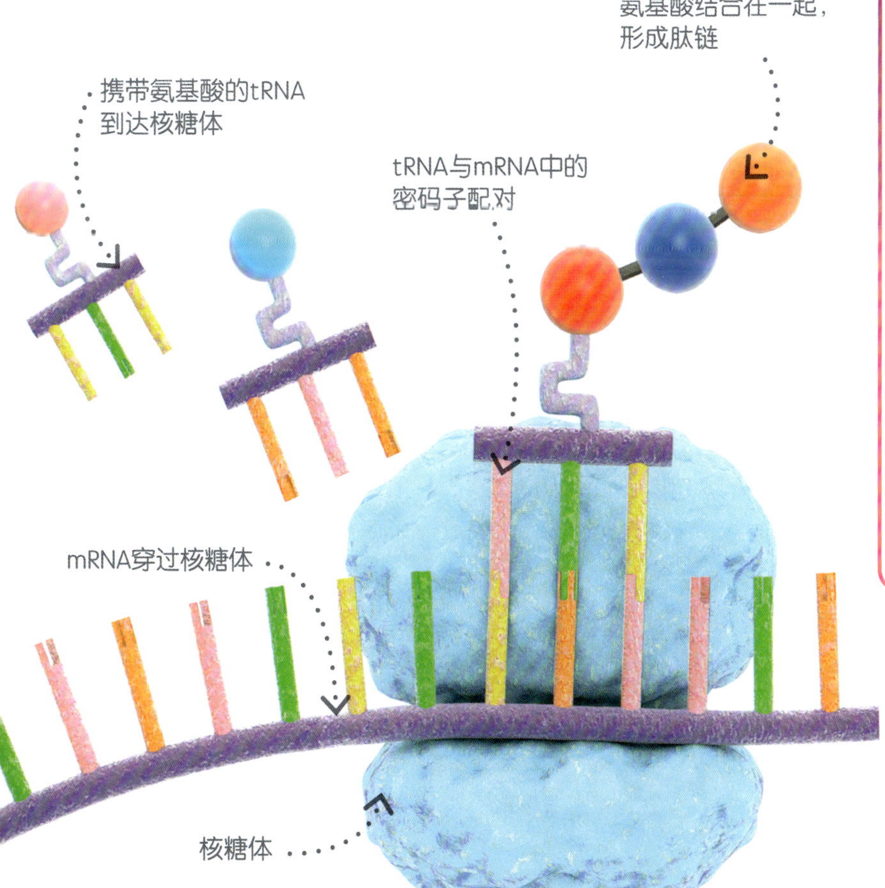

蛋白质的形状

蛋白质由约20种氨基酸组成。氨基酸脱水缩合形成肽链之后，会折叠成由氨基酸序列决定的独特形状。蛋白质的空间结构决定了蛋白质与其他分子相互作用的方式及它们的功能。

1. **血红蛋白**折叠成球状，在血液中运输氧气。

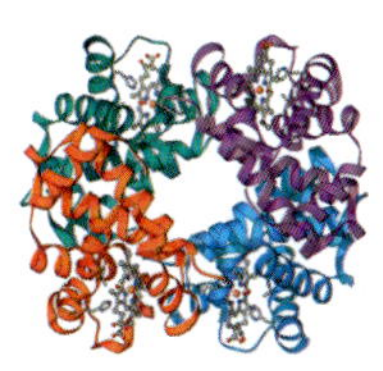

2. **胶原蛋白**呈绳状，是将身体各部分紧密结合在一起的理想物质。

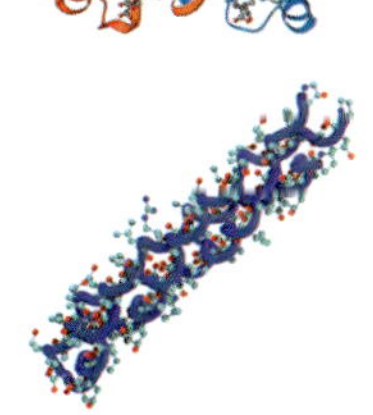

3. **淀粉酶**是一种分解淀粉的酶。它有一个可以与目标分子结合的活性部位，能催化化学反应。

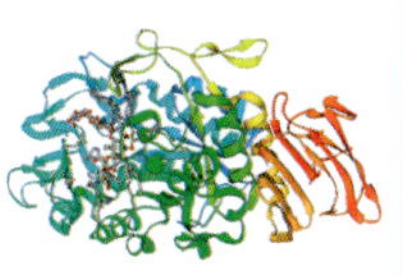

基因突变

基因突变是指DNA分子中的碱基序列发生了改变。编码蛋白质的基因发生突变会改变蛋白质中的氨基酸序列，使蛋白质出现缺陷或改变蛋白质的工作方式。非编码DNA的突变会导致基因的表达异常，影响蛋白质的合成。

要点

- ✓ 基因突变是指DNA分子中的碱基序列发生了改变。
- ✓ 基因突变包括插入突变、缺失突变和置换突变。
- ✓ 基因突变会改变蛋白质中的氨基酸序列，影响蛋白质的合成。

白化病

患有白化病的动物皮肤无法产生色素，因此异常苍白。制造色素的酶的编码基因发生突变会导致白化病，许多种类的突变都可以破坏这个基因。下面显示的是插入突变，即一个额外的碱基被添加到碱基序列中，改变了原本的氨基酸序列。

这个突变基因中有一个额外的腺嘌呤的复制片段

正常基因

AAC TTC ATG GGA TTC AAC TGT

基因

突变基因

AAC TTC AAT GGG ATT CAA CTG T

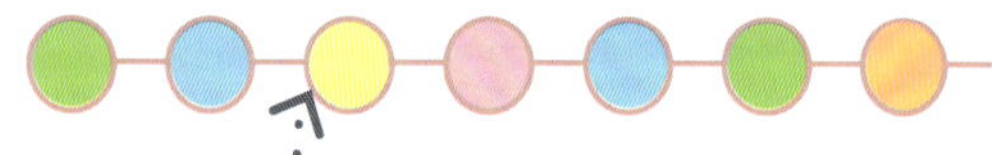

蛋白质

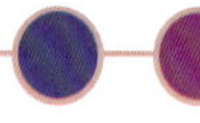

正确的氨基酸序列

这种由错误的氨基酸制造出来的酶毫无用处

基因突变的种类

基因突变有许多不同种类。小的基因突变只对DNA中的一个或几个碱基有影响，较大的基因突变会使染色体的片段重新排列。

T A A C T G C A G G T

原始的DNA序列

插入新碱基

T A A C C T G C A G G T

1 当一个或多个碱基被添加到DNA序列中时，基因会发生插入突变。这会改变蛋白质合成时密码子的读取方式，进而改变蛋白质中的氨基酸序列。

删除碱基

T A A C G C A G G T

2 当一个或多个碱基被删除时，基因会发生缺失突变。蛋白质中的氨基酸序列会从碱基缺失处发生改变。

置换碱基

T A A C C G C A G G T

3 当DNA序列中的一个碱基被另一个不同的碱基取代时，基因会发生置换突变。这会改变蛋白质中的一个氨基酸。

等位基因

进行有性生殖的生物会从母本得到一组基因，从父本得到另一组基因，因此，它们的每个基因都有两个形态。位于一对同源染色体相同位置、控制同一性状不同形态的基因叫作等位基因。

显性和隐性等位基因

大多数豹子的皮毛都有斑点，少数豹子的皮毛为纯黑色。豹子皮毛的颜色（纯黑或长斑点）由控制皮毛色素的等位基因决定。在这对等位基因中，长斑点为显性基因，纯黑色为隐性基因。如果豹子继承的等位基因中，一个为显性，另一个为隐性，或两个都为显性，则这只豹子的皮毛上会长有斑点；只有当两个基因都为隐性时，这只豹子的皮毛才为纯黑色。

这只黑豹继承了双亲的隐性等位基因（纯黑色）

这只豹子至少继承了一个显性基因（长斑点）

要点

- ✓ 等位基因是同一基因的不同形态。
- ✓ 拥有两个相同等位基因的基因型个体称为纯合子。
- ✓ 拥有两个不同等位基因的基因型个体称为杂合子。
- ✓ 在杂合子个体中，通常有一个等位基因是显性的。

基因型与表现型

豹子的全部基因组合就是它的基因型。由基因型控制的可被观察到的特征叫作表现型。可用同一字母的大小写分别表示一个基因型中的显性基因和隐性基因。例如，下表用D、d表示豹子皮毛颜色的所有基因型，只有一种基因型会产生黑色的表现型。含有两个完全相同的等位基因的基因型个体被称为纯合子。含有两个不同的等位基因的基因型个体被称为杂合子。

基因型	表现型
DD纯合子	斑点豹
Dd杂合子	斑点豹
dd纯合子	黑豹

基因交配

生物的大多数性状都会受到多个基因影响，但也有些性状由单个基因控制。生物繁殖时，后代会遗传双亲的性状。我们可以通过绘制遗传图了解生物如何遗传这些性状，以及预测其繁殖的子一代所有可能的基因型。

要点

- ✓ 遗传图可以显示出生物是如何遗传双亲性状的。
- ✓ 遗传图可以显示出后代所有可能的基因型和表现型，以及它们的概率。
- ✓ 旁式表可以显示某种生物的子一代所有可能的基因型。

遗传图

右图显示了带有两个显性等位基因（DD）的豹子与带有两个隐性等位基因（dd）的豹子交配后所有可能的基因型。其中，第二行是生殖细胞，第三行是生殖细胞结合产生的所有基因型。这两只豹子所有的子一代都有两个不同的等位基因，都是杂合子。

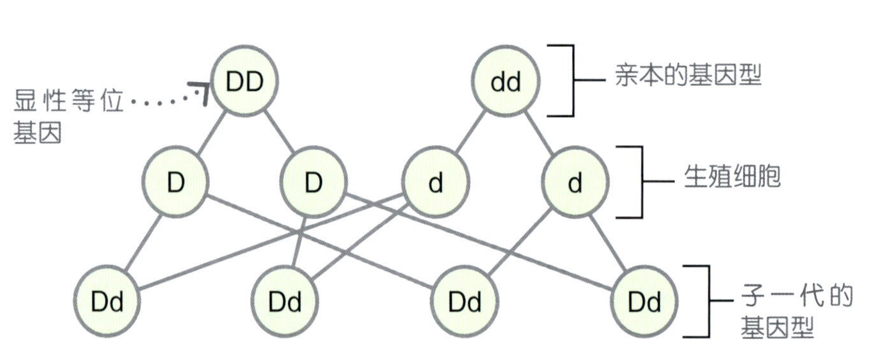

所有子一代的表现型都相同（长斑点）

旁氏表

旁氏表可以显示某生物所有可能的基因型。将一个亲本的等位基因写在第一行，另一个亲本的等位基因写在第一列，然后在方格中写出所有子一代的基因型。

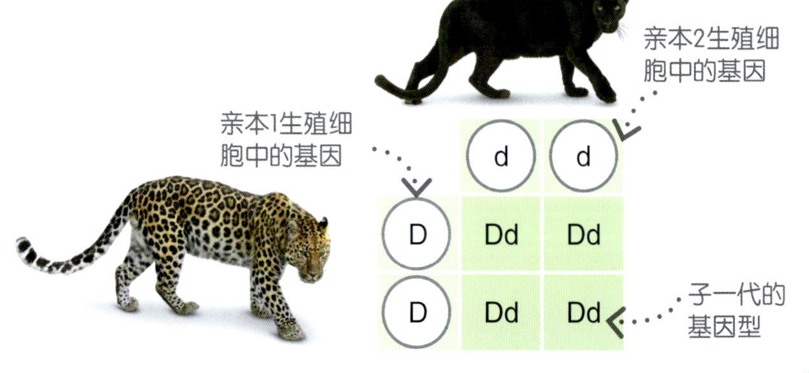

	d	d
D	Dd	Dd
D	Dd	Dd

两只杂合斑点豹交配繁殖时，平均每四个子一代中就可能有一只是黑豹（概率为25%）。遗传图显示了子一代所有可能的基因型和表现型，以及它们的概率。

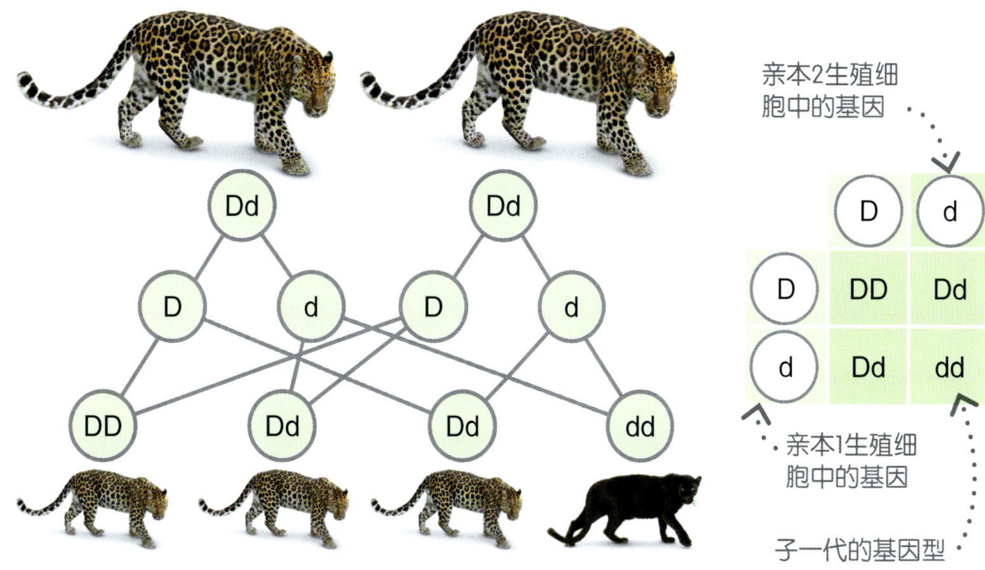

纯合斑点豹与杂合斑点豹交配繁殖时，所有的子一代都不具有相同的隐性等位基因。因此，所有的子一代都是斑点豹。

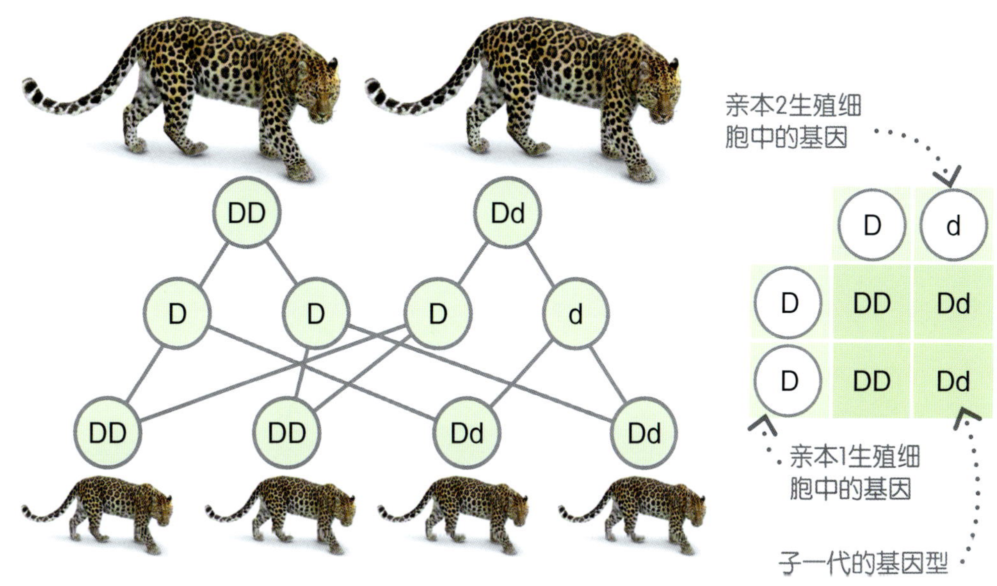

杂合斑点豹与纯合黑豹交配繁殖时，大多数生殖细胞都携带有黑色皮毛的隐性基因，平均有一半的子一代是黑豹，所以这种情况下，子一代是黑豹的概率为50%。

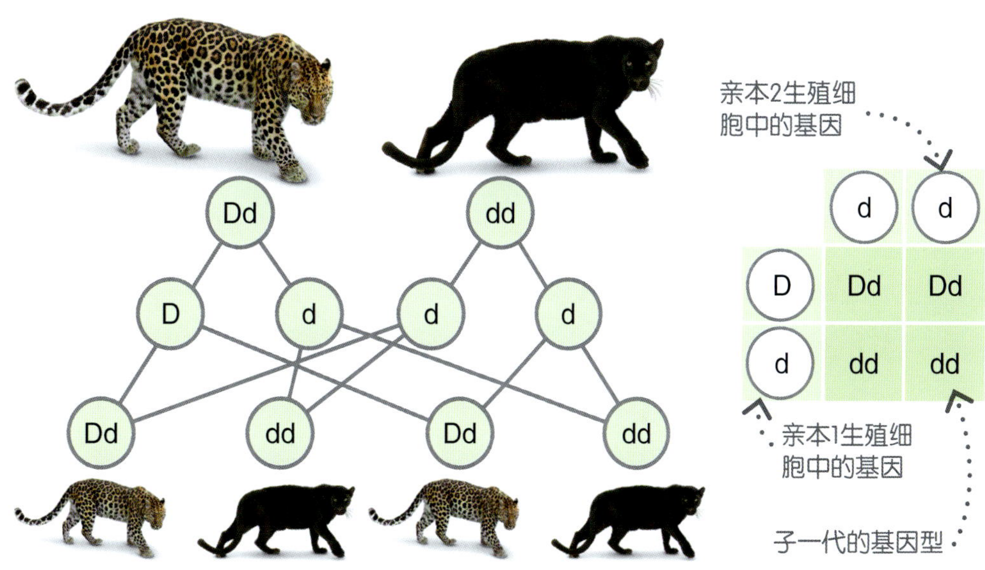

共显性

当生物的一个基因位点上有两个不同的等位基因时，通常其中一个等位基因为显性，另一个等位基因为隐性。但当两个等位基因都被表达时，就称这种显性表现为共显性。

要点

- ✓ 共显性是指生物同一基因位点上的两个不同等位基因都得到表达的显性表现。
- ✓ 经过共显性杂交后，不同基因型的比例和不同表现型的比例相同。

纯合子杂交

紫茉莉既有红色的，也有白色的。当红色紫茉莉和白色紫茉莉杂交，红色和白色等位基因在杂合紫茉莉中同时出现时，花朵的颜色表现为粉红色。

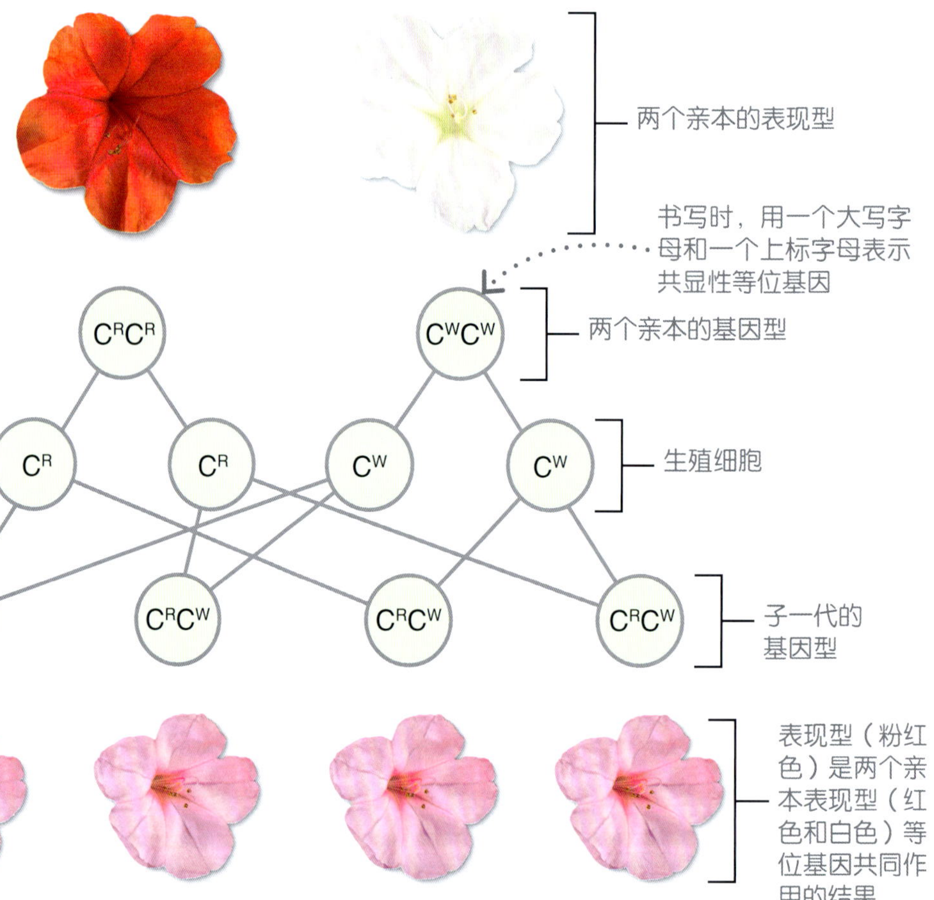

紫茉莉

旁氏表

旁氏表与遗传图显示的杂交结果一致。

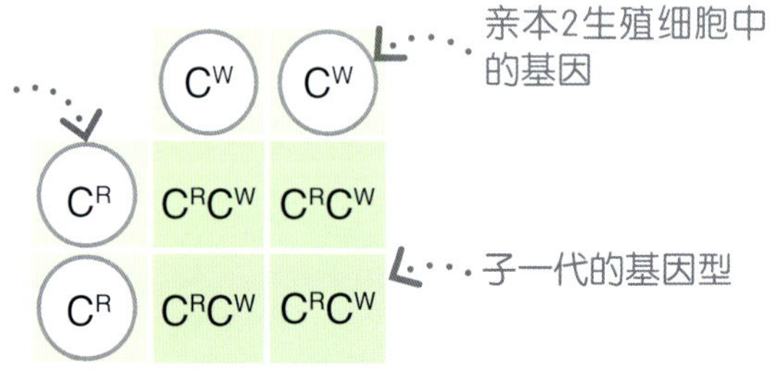

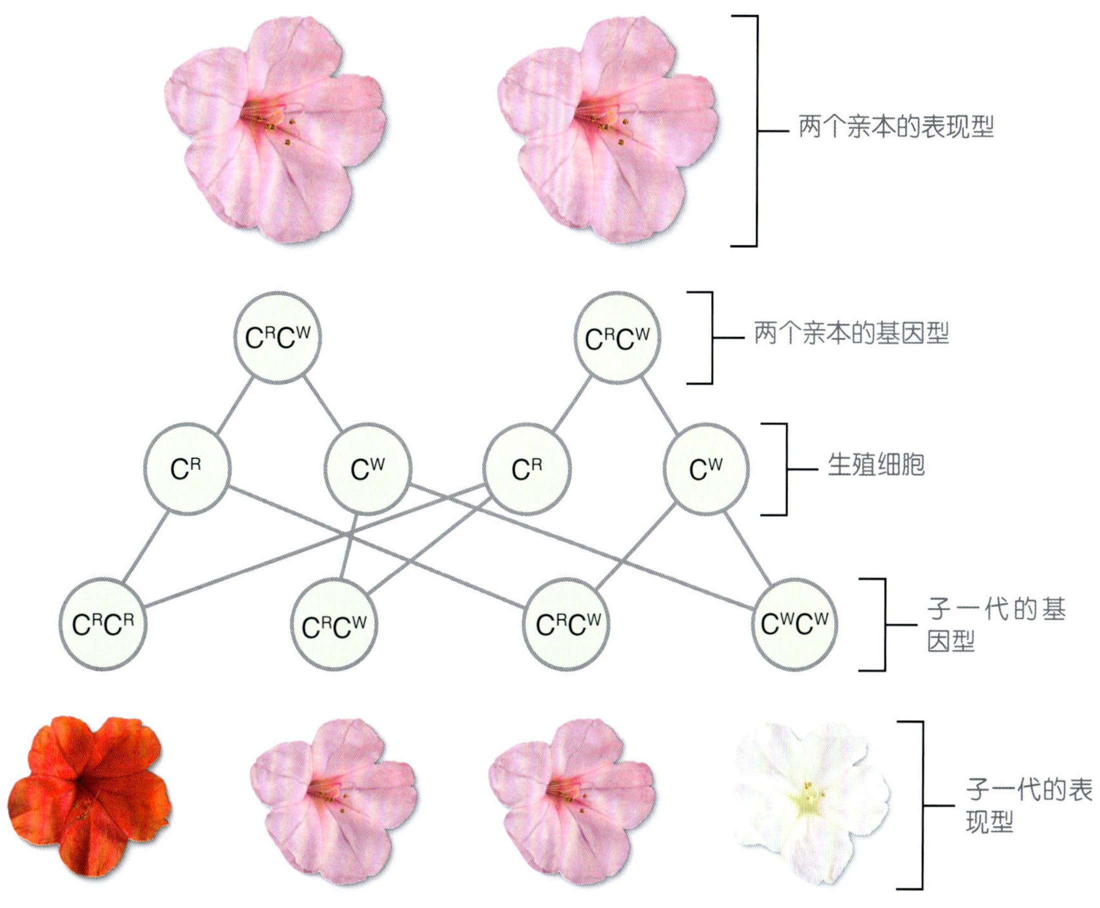

杂合子杂交

如果粉红色紫茉莉之间进行杂交，它们产生的子一代颜色会有红色、粉红色和白色三种。这三种颜色紫茉莉的基因型和表现型的比例都是1∶2∶1。子一代紫茉莉是红色的概率为25%，是粉色的概率为50%，是白色的概率为25%。

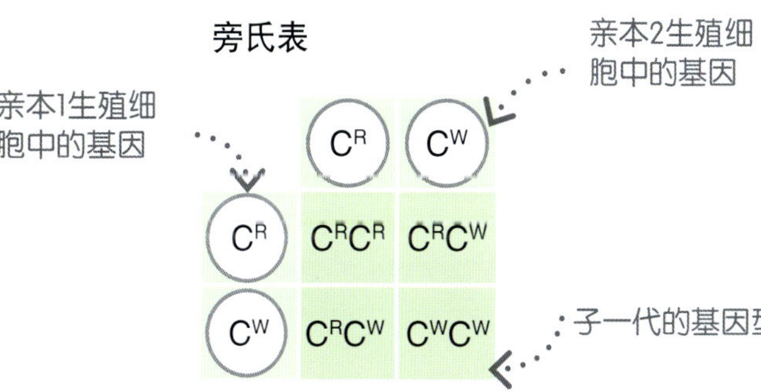

红棕色的牛

牛的皮毛颜色有时由共显性等位基因控制。如果棕色母牛与白色公牛交配，棕色和白色等位基因就会在杂合的子一代中结合。因为这两种等位基因都得到了表达，所以子一代的皮毛颜色呈混合后的红棕色。

孟德尔遗传学

奥地利生物学家格雷戈尔·孟德尔（1822—1884）是现代遗传学的创始人。他通过豌豆杂交实验，发现生物的某些性状由“遗传因子”控制。“遗传单位”现在被称为基因。

要点

- ✓ 格雷戈尔·孟德尔是现代遗传学的创始人。
- ✓ 孟德尔通过豌豆杂交实验发现了“遗传因子”（基因）。
- ✓ 孟德尔发现等位基因是成对存在的，既可以呈显性，也可以呈隐性。

孟德尔的豌豆实验

通过实验，孟德尔发现豌豆的某些性状并不是由亲本的两个性状简单混合决定的，如豆荚的颜色。当绿色豆荚的豌豆与黄色豆荚的豌豆杂交时，产生的所有子一代的豆荚都是绿色的，这个结果表明绿色似乎占据了主导地位。但如果用子一代的种子继续繁育子二代，结果就会发生变化——不是所有豆荚都是绿色的，子二代豌豆中大约有四分之一的豆荚为黄色。

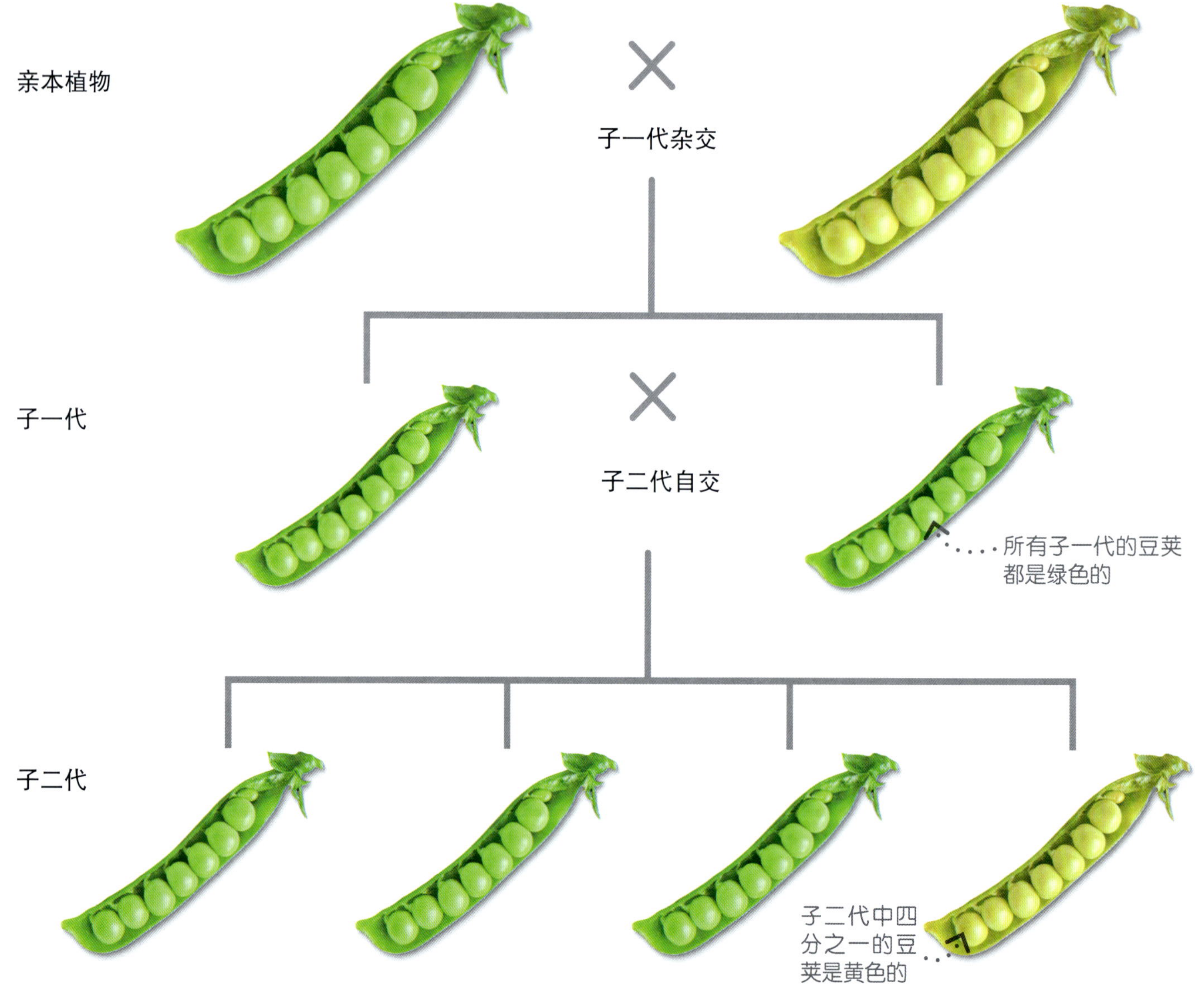

孟德尔豌豆杂交实验原理

孟德尔通过豌豆实验发现，豌豆豆荚颜色的遗传模式也同样适用于其植株高度、花色、豆荚形状、种子形状、种子颜色，甚至花的位置。他认为这些特征是由“遗传因子”控制的。“遗传因子”在有性生殖过程中可以分离和自由组合，并且有两种形式：显性和隐性。

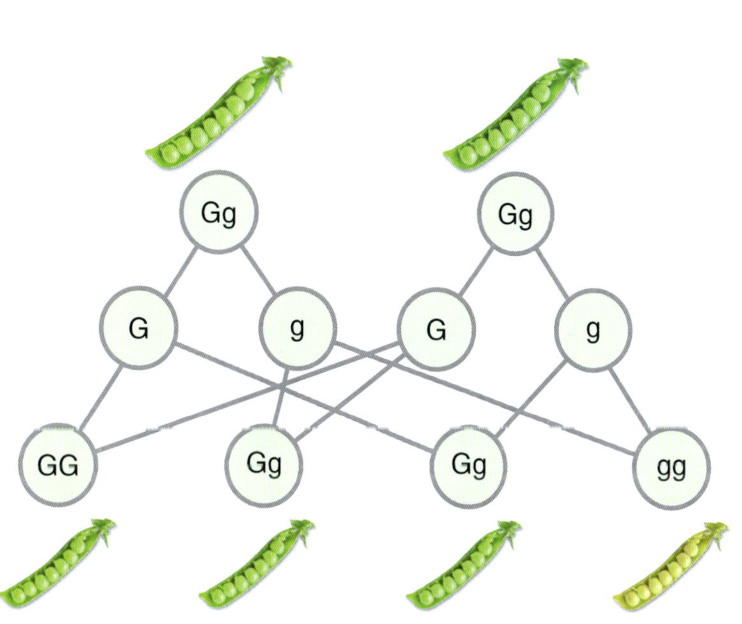

1 第一次杂交

在第一代杂交实验中，纯绿色豆荚的豌豆与纯黄色豆荚的豌豆杂交，产生的子一代豆荚都是绿色的。因此孟德尔得出结论，“遗传因子”中的绿色呈显性，占主导地位。

2 第二次杂交

在第二代杂交实验中，有四分之一的子一代豆荚为黄色。孟德尔意识到黄色豆荚的“遗传因子”中的显性（绿色）形式丢失了，只留下两个隐性“因子”。

格雷戈尔·孟德尔

格雷戈尔·孟德尔是一个奥地利修道士，他在修道院的一块园地里进行豌豆实验。孟德尔于1866年发表了他的实验结果，但在当时并没有引起重视。直到20世纪染色体和DNA被发现后，科学家才意识到孟德尔豌豆杂交实验的重要性——孟德尔发现了基因。

血型

许多基因位点上都有三个或更多的等位基因。人类的ABO血型由三个等位基因控制，这三个等位基因自由组合形成四种不同的血型。

要点

- ✓ 人类输入的血液血型要与自身血液血型相匹配。
- ✓ 人类的ABO血型系统由三个等位基因控制，分别为I^A、I^B和i。

血型等位基因

血型等位基因可以编码红细胞表面的蛋白质。如果输入与自身血型不匹配的血液，身体可能会排斥输入的血细胞，引起输血反应。血型等位基因I^A和I^B为共显性，可以编码不同的蛋白质。第三个血型等位基因i是隐性的，不编码蛋白质。右表显示了三种等位基因自由组合形成的四种血型。

基因型	I^AI^A	I^Ai	I^BI^B	I^Bi	I^AI^B	ii
表现型	A型	A型	B型	B型	AB型	O型

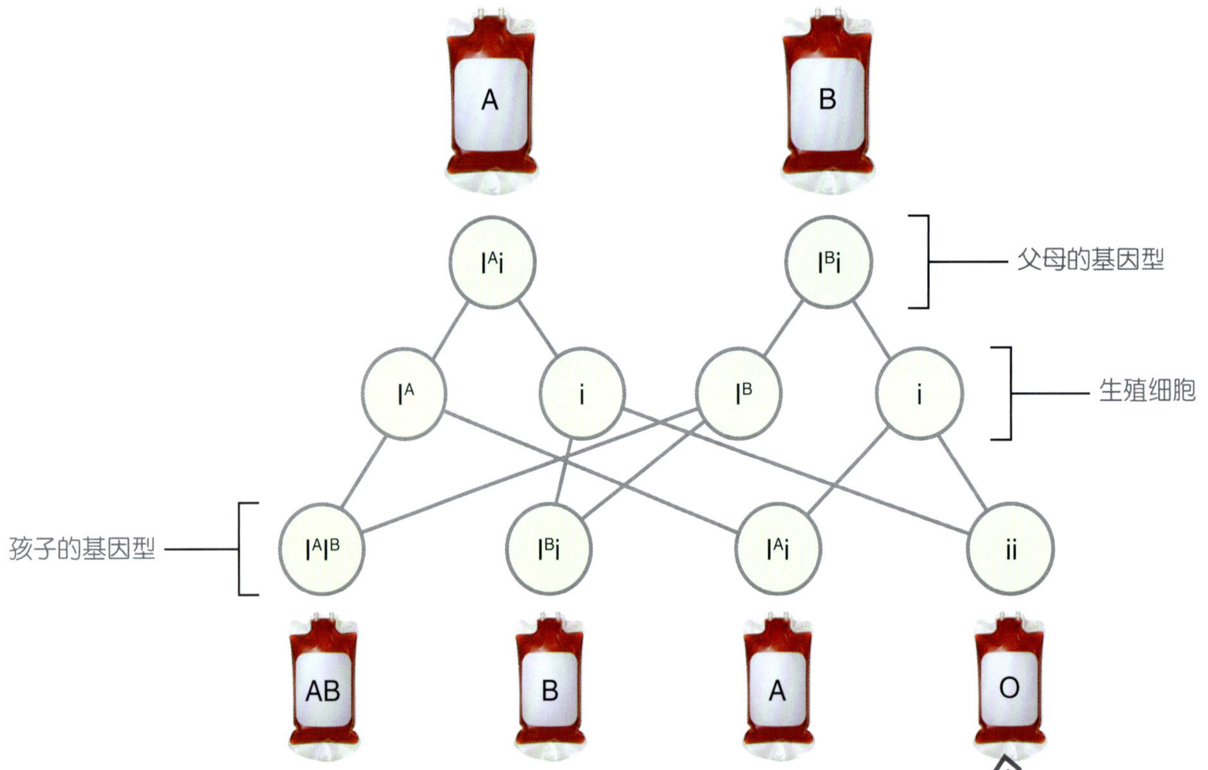

基因交配

如果已知父母双方的基因型，就可以通过画遗传图来预测孩子的基因型和血型。例如，父母的血型分别是A型和B型，且都携带有隐性等位基因i，那么孩子可能拥有的血型如上图所示。

遗传性疾病

有些疾病是由单个基因的突变引起的，如镰刀型细胞贫血症和囊性纤维化。若一种疾病由隐性等位基因引起，那么拥有两个该等位基因的人才会患病，只拥有一个的则为携带者。

要点

- ✓ 一些遗传病可能由单个基因的突变引起。
- ✓ 镰刀型细胞贫血症和囊性纤维化由隐性等位基因引起，只有拥有两个该致病隐性等位基因的人才会患病，只拥有一个该等位基因的人为携带者。

父母都是镰刀型细胞贫血症等位基因的携带者，但本身没有表现出任何症状

父母的基因型

Ss Ss

S s S s

生殖细胞

SS Ss Ss ss

孩子的基因型

孩子患镰刀型细胞贫血症的概率是25%

不受影响 携带者 患有疾病

镰刀型细胞贫血症

镰刀型细胞贫血症是一种遗传性疾病。它使人体红细胞呈现不正常的曲线形状，引发健康问题。镰刀型细胞贫血症由隐性等位基因引起，可以通过遗传图预测孩子患该种遗传病的概率。

家族树

家族树可以显示出某种家族性遗传病是如何遗传给后代的。右图为患有镰刀型细胞贫血症家族遗传史的家族树，正方形代表男性，圆形代表女性。整个家族中只有瑞秋遗传了两个镰刀型细胞贫血症等位基因，患有这种疾病。

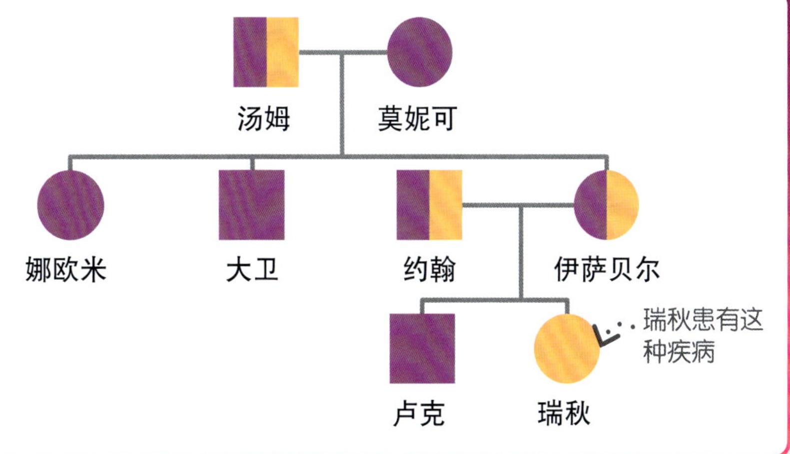

基因检测

基因检测是通过血液、其他体液或细胞对DNA进行检测的技术。对人体的DNA进行检测，可以查看其是否携带导致遗传疾病的等位基因。胚胎筛检也是一种基因检测，但它可能会引发伦理问题。

要点

- ✓ 基因检测可以检查DNA中是否携带导致遗传病的等位基因。
- ✓ 胚胎筛检指对胚胎是否携带遗传疾病的致病等位基因进行检测。
- ✓ 胚胎筛检可能会引发伦理问题。

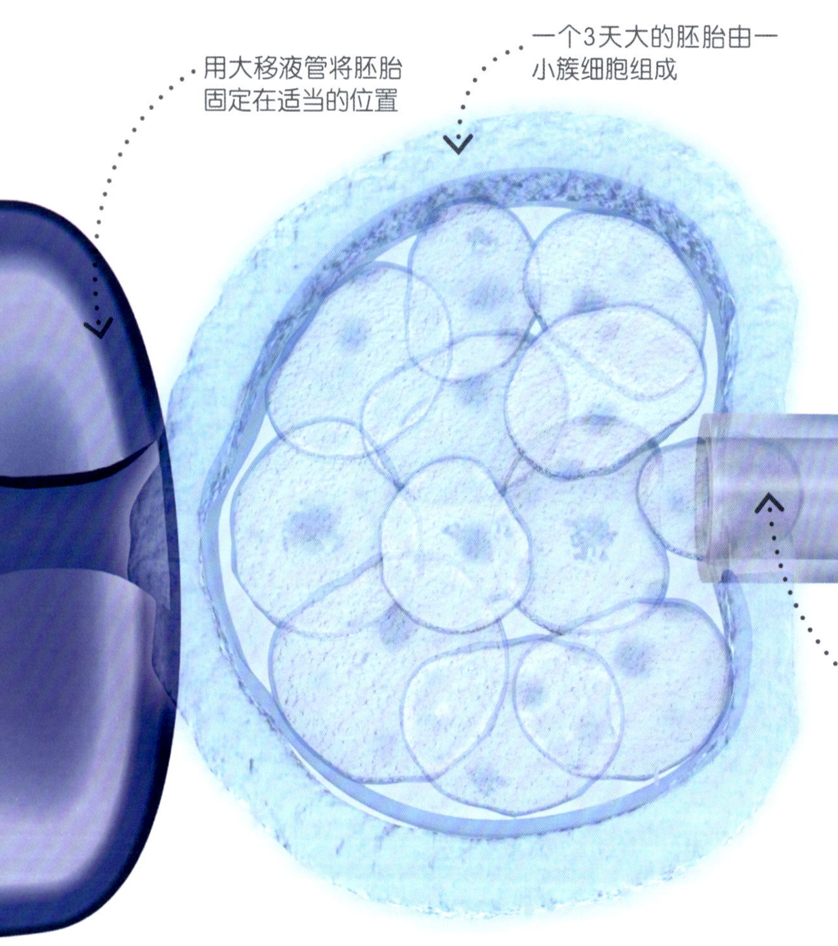

胚胎筛检

当人们选择使用体外受精技术孕育宝宝时，医生可能会对胚胎进行遗传病检测。来自父母的生殖细胞在实验室里结合发育成胚胎，医生从胚胎中取出一个细胞，检测它是否携带会导致囊性纤维化等遗传病的致病等位基因。只有不含致病基因的胚胎才能被植入母体内。

胚胎筛检的利与弊

利

- 胚胎筛检有利于夫妇孕育出健康、没有遗传病的孩子，使孩子免遭病痛。
- 预防遗传病，降低医疗成本，减轻政府和父母的经济负担。

弊

- 有些人认为，销毁患有遗传病的胚胎是不道德的，因为胚胎也有生存的权利。
- 胚胎筛检存在被滥用的风险，例如，父母想要具有更理想特征的胚胎。目前法律明令禁止滥用胚胎筛检。

性别决定

人类和其他哺乳动物的性别由X染色体和Y染色体决定。女性体细胞中有两条X染色体，男性体细胞中有一条X染色体和一条Y染色体。

性染色体

人类体细胞有46条染色体，其中X染色体和Y染色体被称为性染色体。X染色体比Y染色体大得多，可携带多达14000个基因，Y染色体只可携带70~200个基因。与其他44条染色体不同，性染色体在减数分裂过程中不会配对交换遗传物质(参见第38页)。

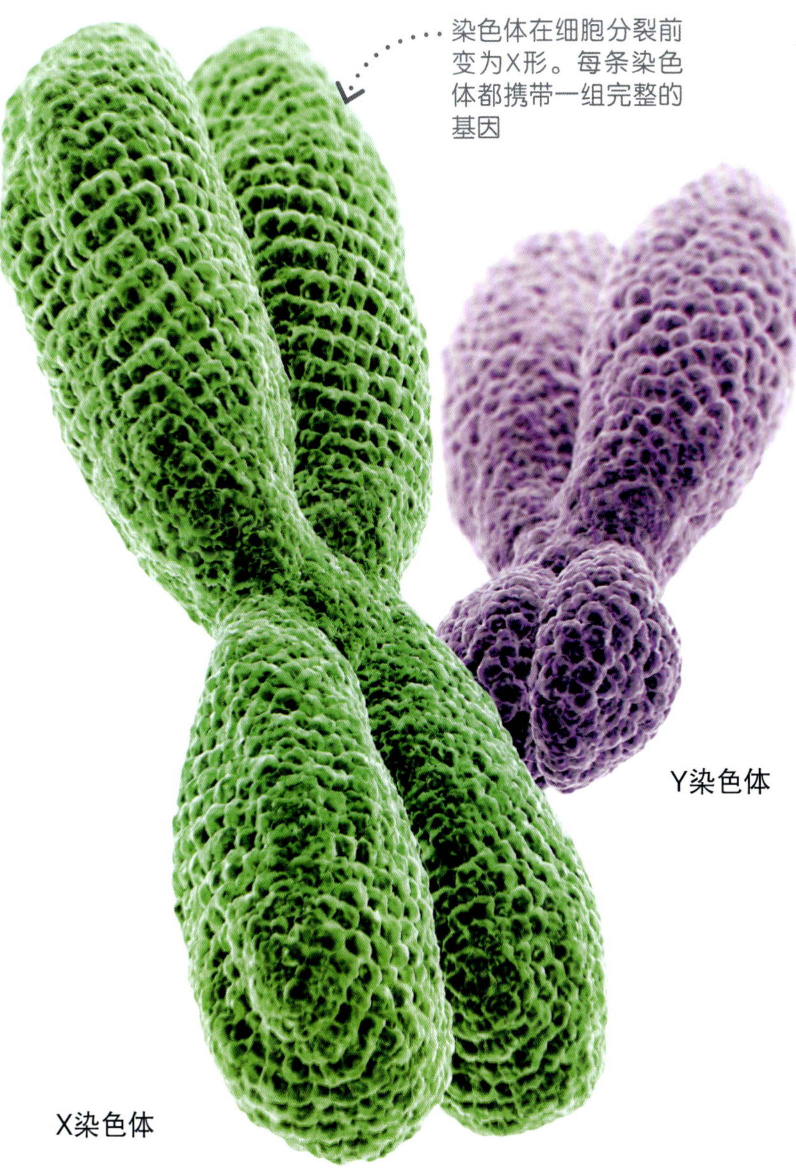

要点

- ✓ X染色体和Y染色体决定了人类和其他哺乳动物的性别。
- ✓ 女性体细胞中有两条X染色体，男性体细胞中有一条X染色体和一条Y染色体。
- ✓ 精子和卵细胞都只有一条性染色体。

性别决定的原理

每个精子和卵细胞中都只有一条性染色体。所有的卵细胞都只有一条X染色体，而一个精子可能携带一条X染色体或一条Y染色体。受精时，两条性染色体结合。卵细胞与携带Y染色体或X染色体的精子结合的概率都为50%，因此所生婴儿为男孩或女孩的概率都为50%。

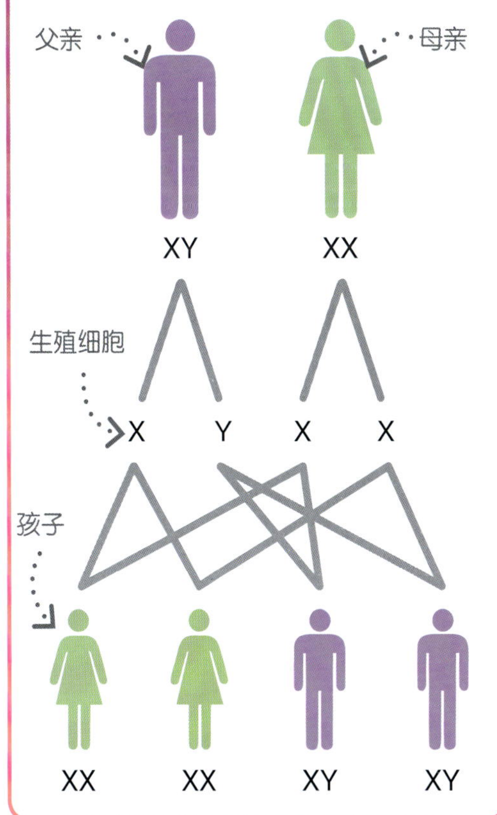

伴性遗传

有些性状的遗传与性别相关，因为性染色体上携带着控制这些性状的基因。这种与性别相关的性状遗传现象叫作伴性遗传。伴性遗传基因的遗传模式与正常基因不同。

要点

- ✓ 与性别相关的遗传性状由性染色体上的等位基因控制。
- ✓ 色盲是与性别相关的遗传病，由X染色体上的隐性等位基因控制。

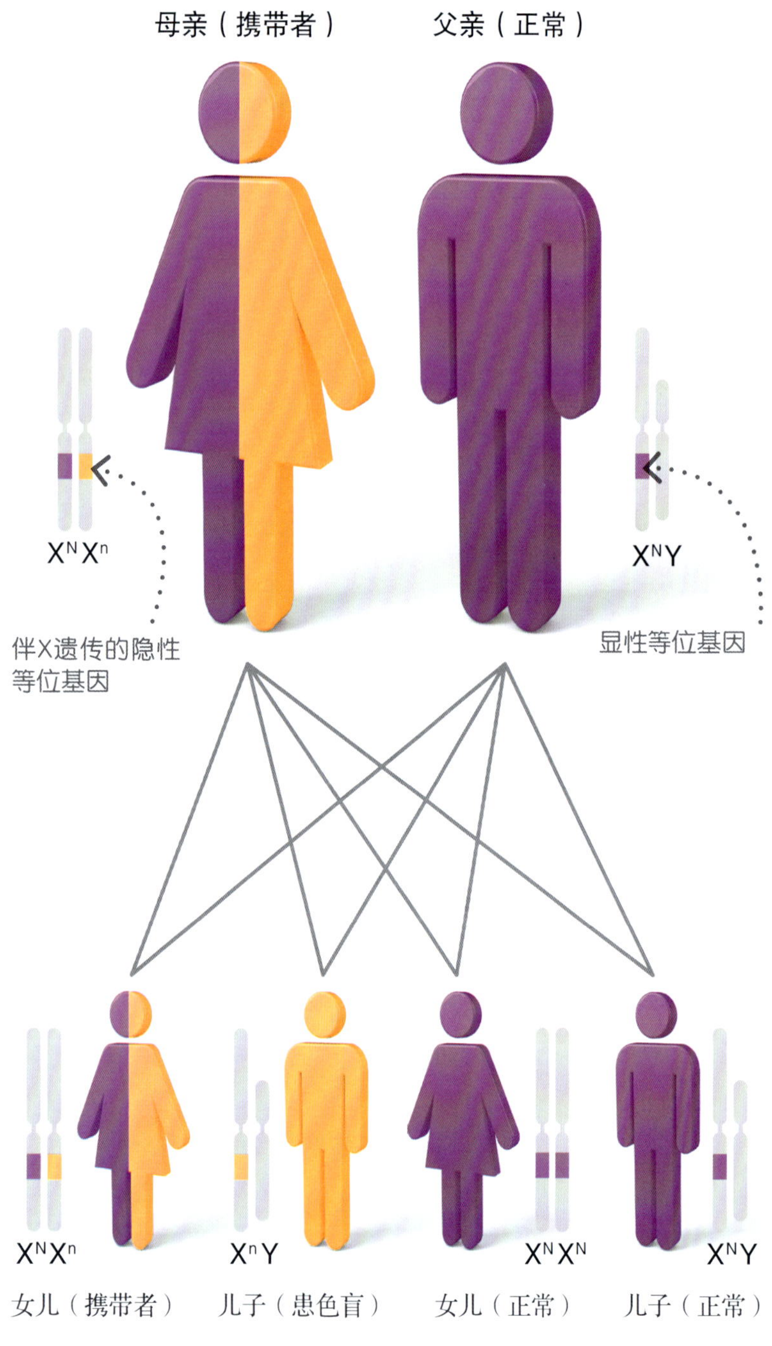

色盲

色盲是一种由X染色体上的隐性等位基因控制的疾病。色盲患者在男性中更常见，因为男性只有一条X染色体，该条染色体上的任何隐性等位基因都能得到表达。左边的遗传图显示了色盲是如何遗传给子一代的，字母X和Y代表性染色体，N代表正常等位基因，n代表有缺陷的等位基因。

红绿色盲

最常见的色盲是红绿色盲。红绿色盲由视觉蛋白的基因突变引起，患有这种疾病的人无法区分红色和绿色。

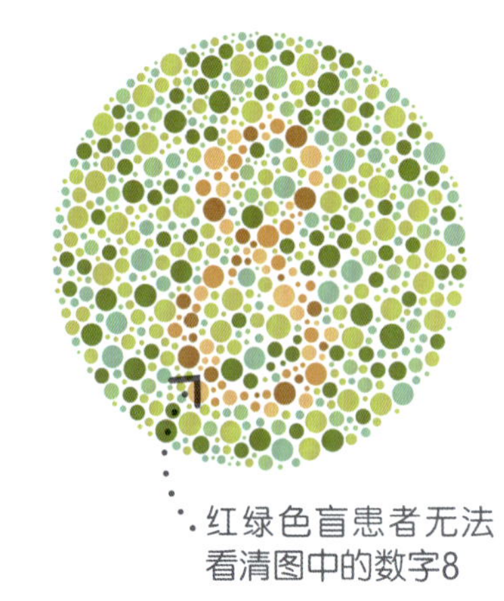

红绿色盲患者无法看清图中的数字8

克隆动物

克隆是一种无性生殖技术，通过克隆产生的个体与提供细胞核的生物基因完全相同。有些生物可以进行无性生殖，自然产生克隆体，但有些动物必须在实验室里通过人工克隆技术来实现克隆，如哺乳动物。

要点

- ✓ 通过克隆产生的个体与提供细胞核的生物拥有完全相同的基因。
- ✓ 体细胞克隆是一种通过无性生殖使一个成年动物的体细胞发育成新个体的技术。
- ✓ 可以通过胚胎细胞克隆技术繁育具有理想特征的动物。

体细胞克隆

体细胞克隆是从成年生物体的细胞中提取细胞核，将其与除去细胞核的卵细胞融合，将融合后发育成的胚胎植入代孕母亲体内发育成新个体。1996年，绵羊多利成为第一只用成年动物体细胞克隆出来的哺乳动物。

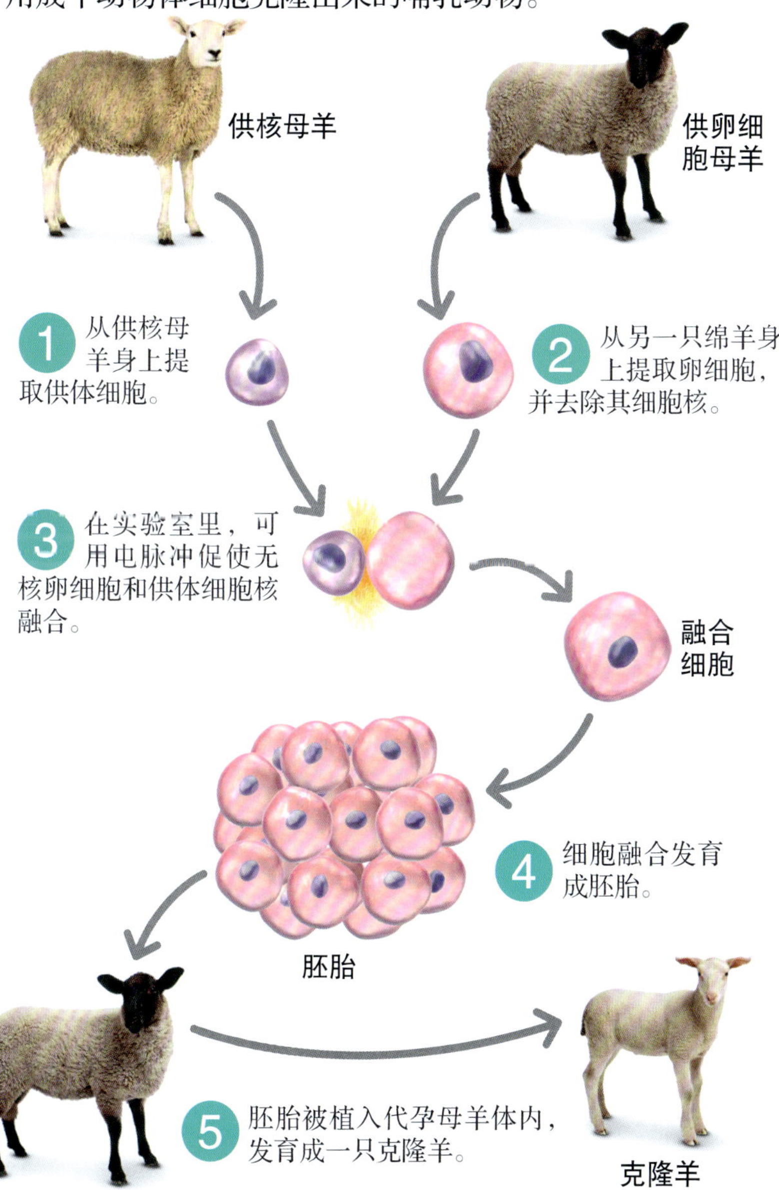

胚胎细胞克隆

胚胎细胞克隆是指将一个胚胎分裂成几个基因相同的胚胎，然后把这些胚胎植入代孕母体内，发育成新个体的克隆技术。可以通过胚胎细胞克隆技术繁育优质小牛。

1 分别从具有理想特征的公牛和母牛体内提取精子和卵细胞，并在实验室中将它们融合，使之形成受精卵。

2 受精卵发育成胚胎。

3 在胚胎细胞开始特化之前，使它们分裂成几个胚胎。

4 克隆的胚胎被植入代孕母牛体内。

基因工程

基因工程又称DNA重组技术，是指把基因从一个生物转移给另一个生物，以赋予受体生物（如农作物）有用的特性。基因工程赋予的特性是传统育种难以或无法实现的。移植外源基因改变自身特性的生物被称为转基因生物。

要点

- ✓ 基因工程是指人为地把基因从一个生物转移给另一个生物。
- ✓ 基因工程能够提高粮食产量和促进药品生产。
- ✓ 基因工程会引发伦理问题。

制造胰岛素

胰岛素可用来治疗糖尿病。合成胰岛素是第一种用基因工程生产的药物。它通过将从人类DNA中提取的胰岛素基因插入质粒中制成。

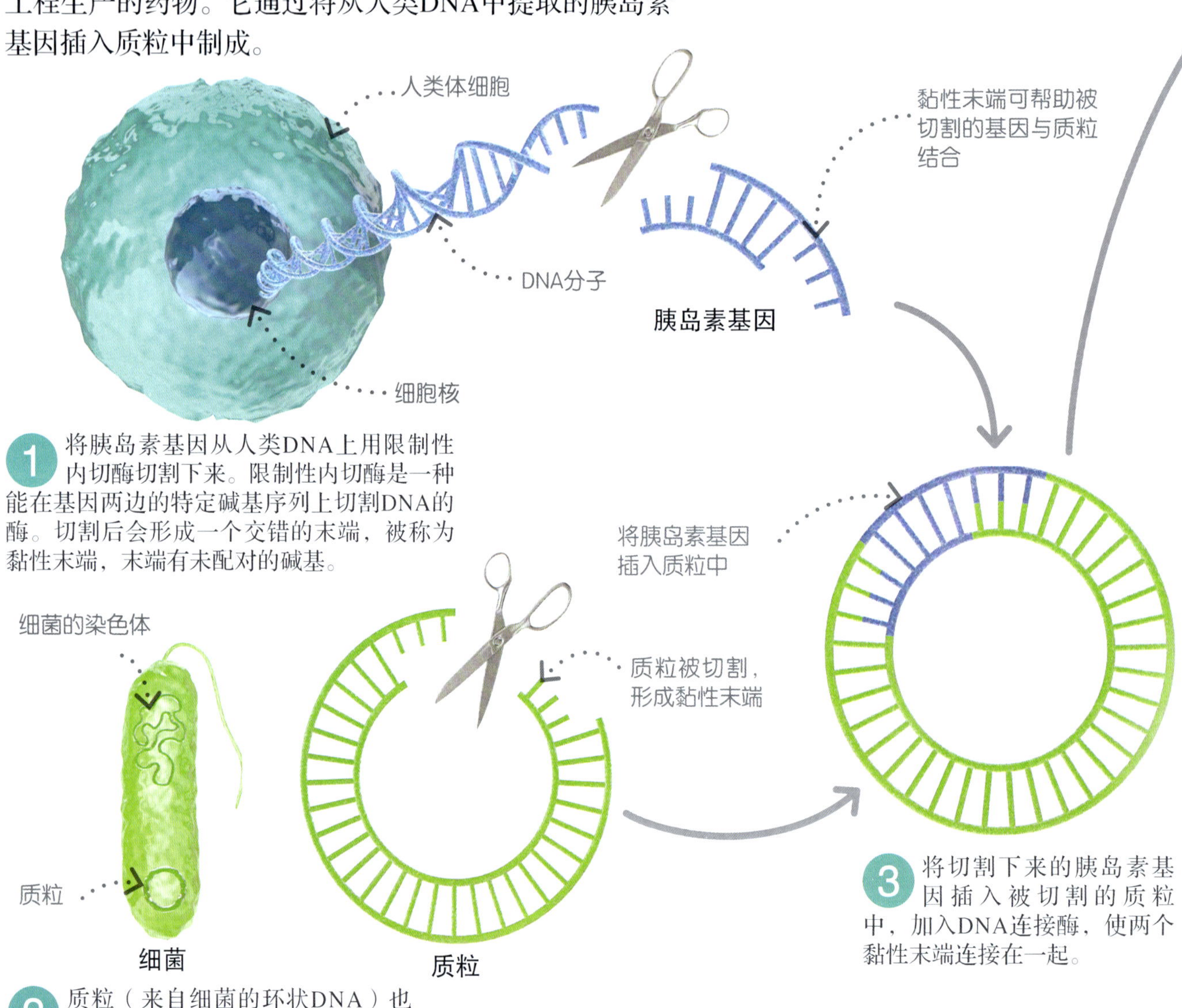

1 将胰岛素基因从人类DNA上用限制性内切酶切割下来。限制性内切酶是一种能在基因两边的特定碱基序列上切割DNA的酶。切割后会形成一个交错的末端，被称为黏性末端，末端有未配对的碱基。

2 质粒（来自细菌的环状DNA）也被用同种限制性内切酶切割，形成与胰岛素基因相匹配的黏性末端。

3 将切割下来的胰岛素基因插入被切割的质粒中，加入DNA连接酶，使两个黏性末端连接在一起。

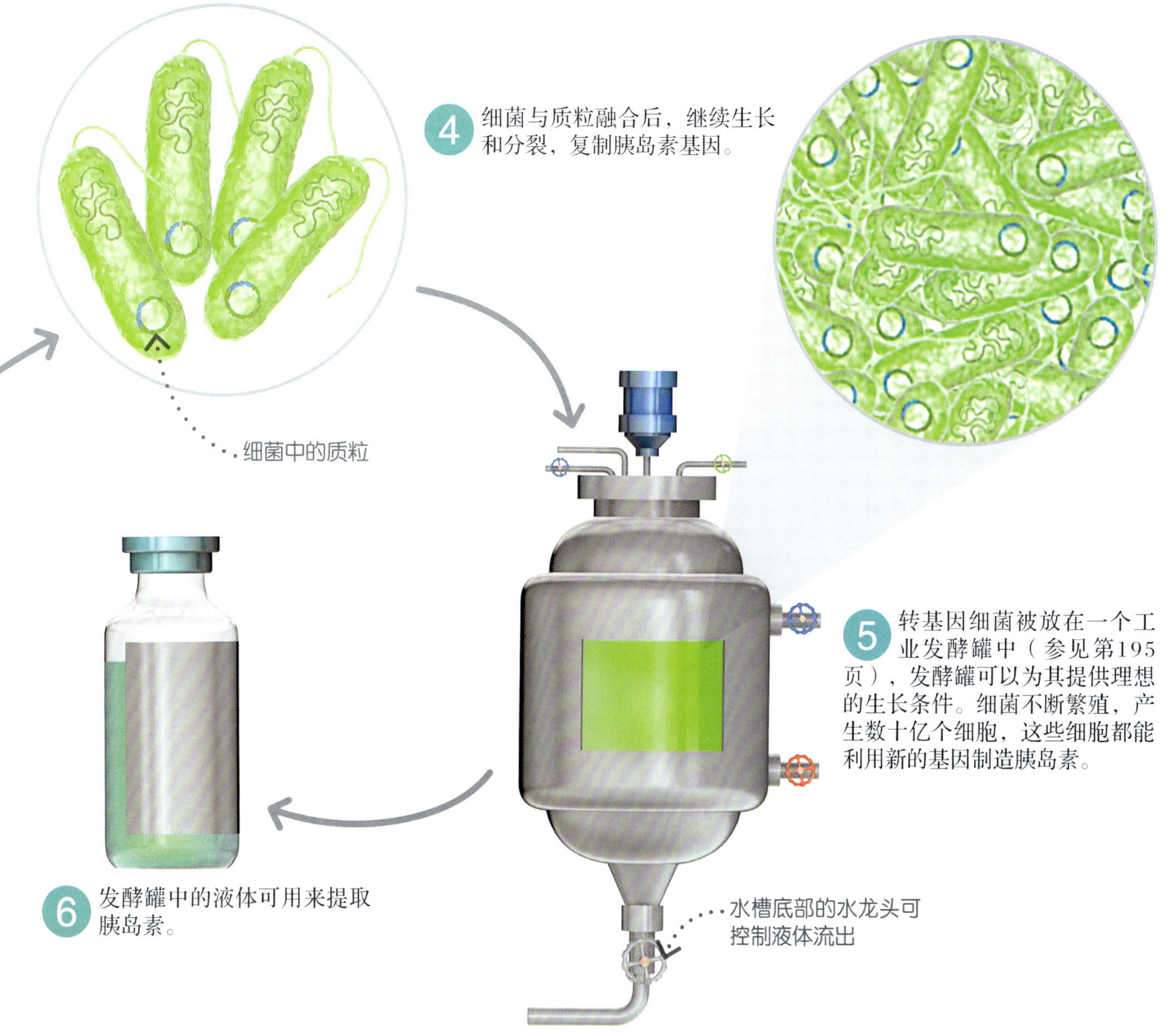

基因工程的利与弊

利

- 与传统育种方法相比，基因工程能更快、更有效地改造生物体。
- 转基因作物能提高粮食产量，有助于解决贫困地区粮食不足的问题。
- 抗害虫的转基因作物不需要喷洒过多农药，减少了对环境的危害。
- 转基因作物含有额外的营养成分，有助于预防疾病。

弊

- 转基因植物可能与野生植物杂交，导致移植基因散播到野外。
- 有些人认为基因工程干涉了自然选择。
- 基因工程可能会影响健康。例如，食用转基因食物可能会引起过敏。

克隆植物

使用克隆技术可以繁育出基因完全相同的生物。有些生物能自主地进行无性生殖，自然产生克隆体，有些生物则不能。植物很容易被人工克隆，并快速产生大量具有理想特性的植物。

要点

- ✓ 使用克隆技术可以产生基因完全相同的生物。
- ✓ 扦插是一种传统的克隆方法。
- ✓ 组织培养是利用微小的植物组织样本克隆植物的方法。

组织培养

难以通过种子或扦插繁殖的植物，可通过组织培养进行克隆。将母株植物的一小部分细胞样本置于人工培养基上进行培养。植物生长激素会刺激根和芽生长，产生小植株。从母株植物中提取的细胞可被重复使用，一个母株可以产生大量克隆植株。

扦插

扦插是已经使用了几个世纪的传统克隆方法。与大多数动物不同，因为植物含有大量未分化的干细胞，所以植物通过扦插可以实现植物再生。

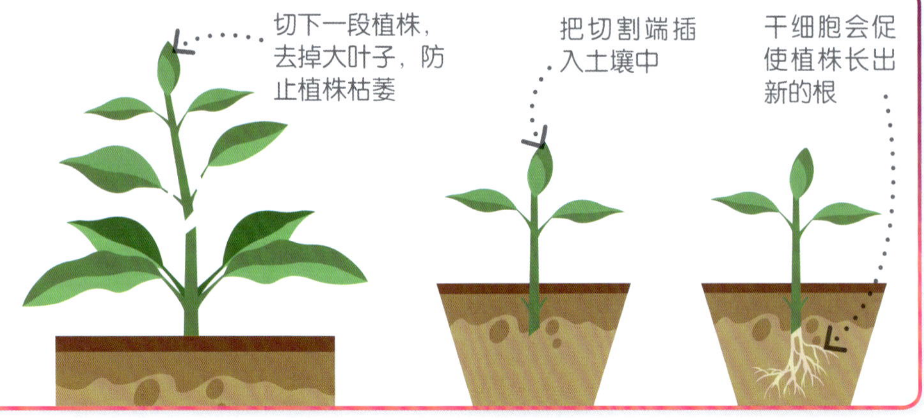

工业发酵

工业发酵涉及大量微生物的生产。在工业发酵中，微生物被用来制造葡萄酒、酸奶、青霉素和胰岛素等有用的产品。这些微生物生长在一种叫作发酵罐的钢制容器内，里面含有营养丰富的发酵液体。

要点

- ✓ 发酵罐是工业中用来培养大量有用微生物，以制造有用产品的大型不锈钢容器。
- ✓ 工业发酵过程中，通常使用计算机调节发酵罐内微生物的生长条件。

排气管

过滤器可以清除空气中的灰尘，防止有害微生物进入

营养物质和微生物通过管道进入罐内

提供氧气（供有氧呼吸的微生物使用）

发酵液中含有营养物质和微生物

探头可监测罐内温度、pH和氧气浓度

搅拌器可防止微生物在底部沉积

充满水的夹套可带走或提供热量，保持理想温度

发酵罐在使用前要进行蒸汽消毒

打开底部阀门，排出液体。然后将液体过滤，以去除微生物并提取产物

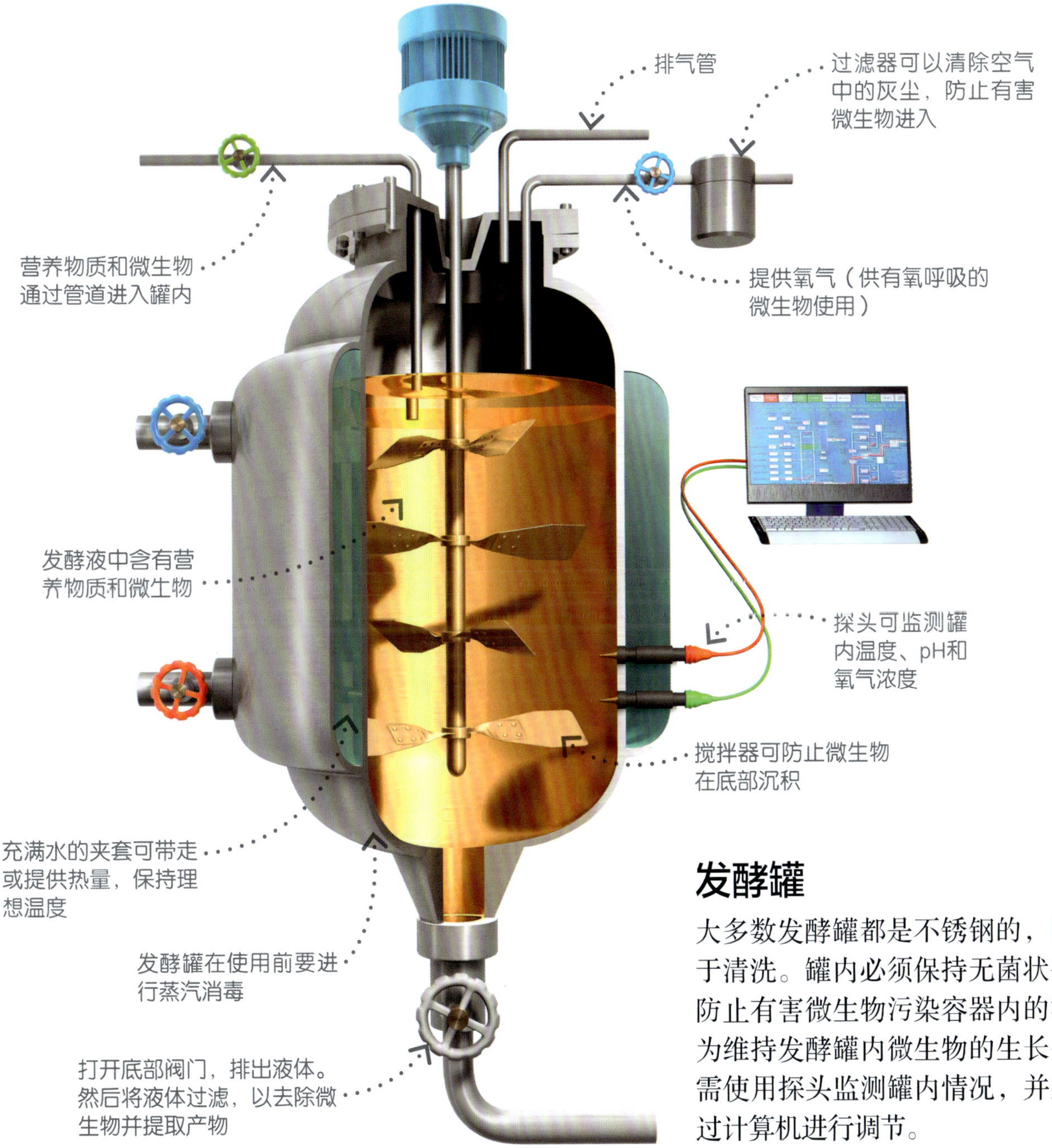

发酵罐

大多数发酵罐都是不锈钢的，因为便于清洗。罐内必须保持无菌状态，以防止有害微生物污染容器内的液体。为维持发酵罐内微生物的生长条件，需使用探头监测罐内情况，并及时通过计算机进行调节。

生物的进化

变异

即使是同种生物，其个体之间也会存在差异，这种个体之间存在差异的现象叫作变异。变异由基因或环境引起。

要点

- ✓ 同种生物体的个体之间存在差异的现象叫作变异。
- ✓ 变异可能由基因、环境或两者的共同作用引起。

可遗传变异

生物的大部分变异都属于可遗传变异。进行有性生殖的生物的每一个后代都有独特的、由两个亲本基因混合而成的基因。基因突变（参见第178页）会使种群中不断产生新的基因，这是生物变异的根本来源。

所有小猫的长相都略有不同，因为每只小猫都有自己独特的基因

不可遗传变异

由环境引起的变异属于不可遗传变异。环境会影响生物的生长方式。例如，在大风中生长的树木，迎着风的一侧会生长得更慢，且长大后会向一侧倾斜。同样，食物不足的动物成年后的体形会比食物充足的同种动物小一些。

连续变异和不连续变异

生物群体内个体间的性状存在差异，表现为数量化差异的变异属于连续变异，表现为质量差异的变异属于不连续变异。

要点

- ✓ 连续变异表现为数量化差异，如生物的高度。
- ✓ 不连续变异表现为质量差异，如人类的血型。

高度

动物的高度或人的身高差异属于连续变异。一个人可以生长到人类的最矮身高和最高身高之间的任一高度。连续变异的人类性状还包括体重、脚码和手长等。

性状变异图

将一定数量的人的身高数据进行整理，可绘制出一条连续的曲线。曲线呈正态分布，它的中心峰值接近平均值。人类的血型呈不连续变异，只能在有限的可能性中发生变化，没有中间值。不连续变异通常由单个基因引起，连续变异可能由基因、环境或两者共同引起。

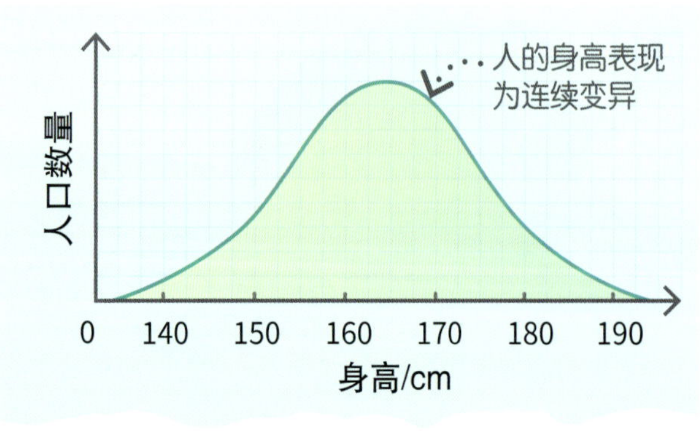

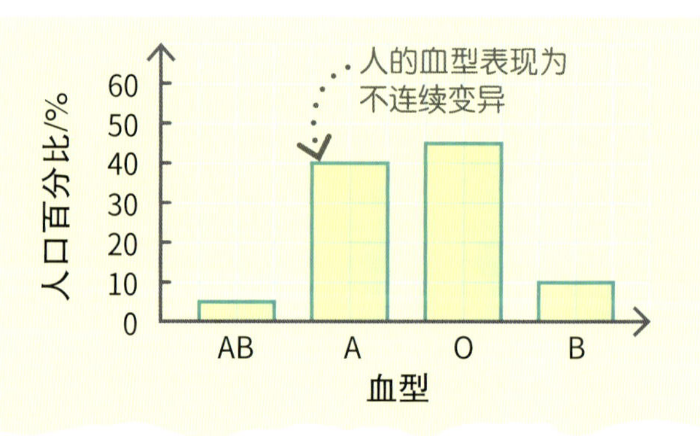

达尔文和华莱士

19世纪时，英国生物学家查尔斯·罗伯特·达尔文和阿尔弗雷德·拉塞尔·华莱士周游世界，研究野生动物。他们都认为物种是通过自然选择不断进化的。

要点

- ✓ 查尔斯·罗伯特·达尔文和阿尔弗雷德·拉塞尔·华莱士都认为物种是通过自然选择而进化的。
- ✓ 物种通过自然选择而进化的理论在当时极具争议。

发现之旅

19世纪30年代，达尔文乘坐英国皇家海军“贝格尔”号军舰环游世界。他通过观察生活在岛上的动物，提出了物种是在不断变化着的观点。虽然达尔文积累了大量证据支持自己的观点，但因为那时基因和DNA都还未被发现，所以他无法解释使进化成为可能的遗传机制。

进化论的奠基者

查尔斯·罗伯特·达尔文（1809—1882）

达尔文花了几十年时间研究动植物和化石，他发现同种生物的所有个体都略有不同。物种的变异意味着一些个体比其他个体生存、繁殖和传递有益特性的能力更强。这种自然选择使物种能更好地适应环境。

阿尔弗雷德·拉塞尔·华莱士（1823—1913）

和达尔文一样，华莱士也在旅行的过程中研究野生动物。他发现每个物种内部的个体之间都存在很大的差异，并且近亲物种通常生活得较近。他认为同一物种的不同种群可通过自然选择而改变，直到变成不同的物种。

进化

进化是生物种群里的遗传性状在世代之间的变化，主要受自然选择的影响。

要点

- 进化是生物种群里的遗传性状在世代之间的变化。
- 进化受自然选择的影响。
- 自然选择可以促使种群适应生存环境的变化。

自然选择

由于基因差异，同一物种中的个体都略有不同。能更好地适应环境和及时改进生存方式的生物更有可能生存下来，并将有利的基因遗传给下一代，这种现象被称为自然选择。经过多代繁衍后，种群变得更适应生存的环境。

突变为棕色

突变为绿色

突变为黄色

基因突变使蝗虫有了新的颜色

1 基因突变产生的变化

新的等位基因通过基因突变（参见第178页）产生。例如，某种群中影响蝗虫外骨骼的基因发生突变，就可能导致该种群蝗虫的颜色发生变化。

生存竞争

自然选择进化论由英国生物学家查尔斯·罗伯特·达尔文和阿尔弗雷德·拉塞尔·华莱士（参见第199页）率先提出。达尔文发现许多动物产生的子一代数量远多于子一代成年后的数量。例如，一只普通雌性青蛙一年能产下2000枚卵，但绝大多数的子一代都无法存活。生存竞争导致了一个持续的自然选择过程，这个过程使拥有更好基因的个体存活下来。

2 适者生存

绿色蝗虫在绿色植被中很难被发现，棕色和黄色蝗虫则很显眼，更容易被捕食。存活下来的绿色蝗虫将它们的基因遗传给后代，使绿色蝗虫越来越常见。这个过程被称为自然选择或适者生存。

3 环境改变

随着时间的推移，环境会发生变化。例如，气候变得更干燥，植被枯萎。在这种环境中，绿色蝗虫变得显眼，黄色和棕色蝗虫则更难被捕食者发现。为了使整个种群都能适应环境的变化，棕色和黄色蝗虫变得越来越多。

化石

化石是存留在岩石中的古生物遗体、遗物或生活痕迹。地球上的化石为进化论提供了有力的证据，表明物种会随着时间的推移而发生改变，过去已灭绝的某些物种与现存的某些物种存在着亲缘关系。

化石证据

虽然化石记录并不完整，但许多化石都显示了生物进化的历程。1999年，中国发现了距今1.22亿年的中国鸟龙化石。中国鸟龙生活在地面，身上覆盖着与鸟类相似的羽毛。但与现代鸟类不同的是，它有牙齿、多骨的尾巴和爪子。恐龙和鸟类共有的特征支持了鸟类是由恐龙进化而来的理论。

要点

- ✓ 化石是存留在岩石中的古生物遗体、遗物或生活痕迹。
- ✓ 化石为进化论提供了有力的证据。
- ✓ 过去灭绝的某些物种与现存的某些物种存在着亲缘关系。

化石是如何形成的

大多数化石由生物体不易腐烂的坚硬部位形成，如骨头和贝壳。它们在泥土中被埋藏了数百万年，最后变成岩石。生物的印迹或脚印也可以形成化石，有些罕见的化石是由琥珀或焦油等物质完整地保存生物体形成的。

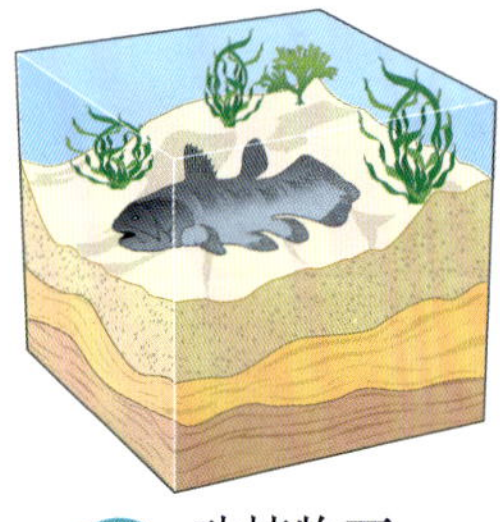

1 动植物死亡后，遗体沉到海底。

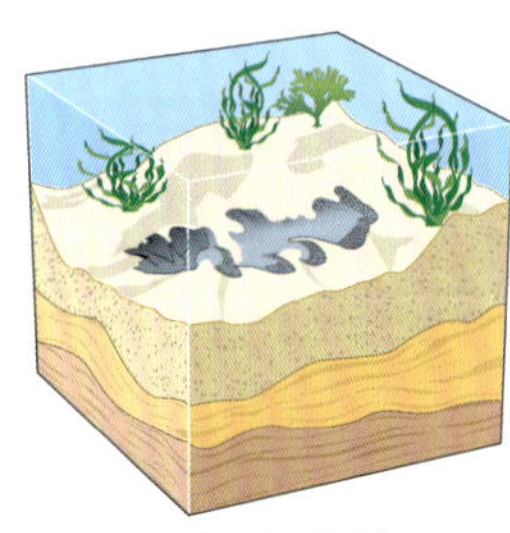

2 沉积物掩埋遗体。随着时间的推移，动植物的遗骸和沉积物变成岩石。

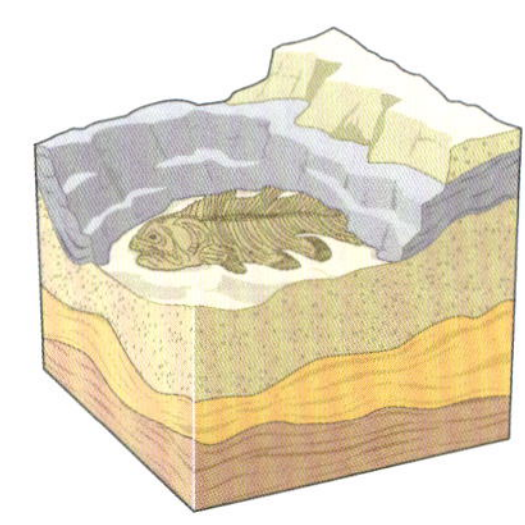

3 数百万年后，地壳运动将化石带到了地表。

耐药细菌

由于进化是在世代之间进行的，人类等寿命较长的物种进化较慢，因此很难观察其进化过程。但许多细菌的繁殖只需不到30分钟，且进化速度非常快。如今抗生素药物的广泛使用导致耐药细菌快速进化，这将对人类健康构成严重威胁。

要点

- ✓ 细菌的繁殖时间很短，而且进化得很快。
- ✓ 抗生素的广泛使用导致耐药细菌快速进化。

进化阻力

和其他物种一样，细菌也通过自然选择来进化。抗生素的广泛使用会产生“选择压力”，使耐药菌株被筛选出来，并快速繁殖。超级细菌MRSA（methicillin-resistant Staphylococcus aureus，耐甲氧西林金黄色葡萄球菌）就是一种耐药菌，它在医院尤为常见，人类感染后可能致死。

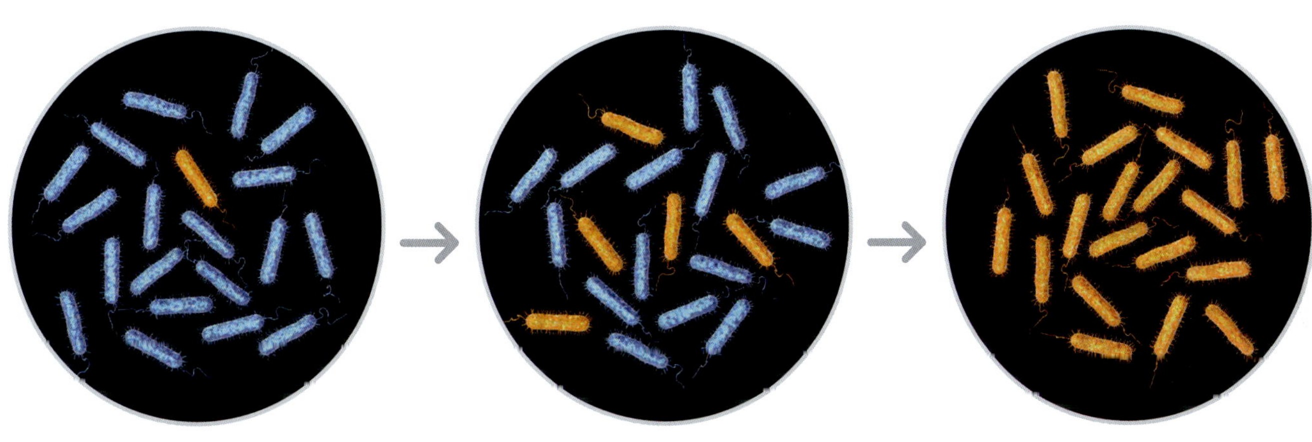

1 随机的基因突变使细菌对抗生素产生耐药性。

2 细菌接触抗生素时，会发生自然选择。没有耐药性的细菌死亡，具有耐药性的细菌继续分裂。

3 最终，整个细菌群落都对抗生素产生了耐药性。

对抗超级细菌

超级细菌对人体健康构成了严重威胁。虽然新的抗生素正在研发中，但这个过程非常缓慢且耗资巨大。右边几种措施可帮助预防或减缓耐药细菌的进化。

1 对于流行性感冒等病毒性疾病，医生不应随意开抗生素处方。抗生素并不能杀死病毒。

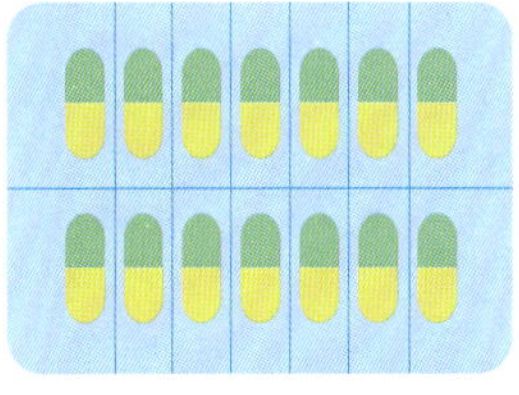

2 一旦使用抗生素，病人就应坚持用完整个疗程，保证所有细菌都被杀死，以防有细菌突变成耐药菌。

3 一些国家禁止在农业养殖中使用抗生素使动物长得更快。

选择育种

选择育种（人工选择）可以改变动物和植物的性状，其原理与自然选择相似。但与自然选择相比，选择育种使生物的进化速度变得更快，而且可人为控制。

培育植物

从几千年前人类开始种植农作物和驯养动物起，人类就一直在进行选择育种。选择育种是指选择具有理想性状的亲代来繁育后代。理想性状经过多代的选择后变得更加明显。我们吃的许多蔬菜都由野生甘蓝菜的不同部分通过选择育种培育而来。

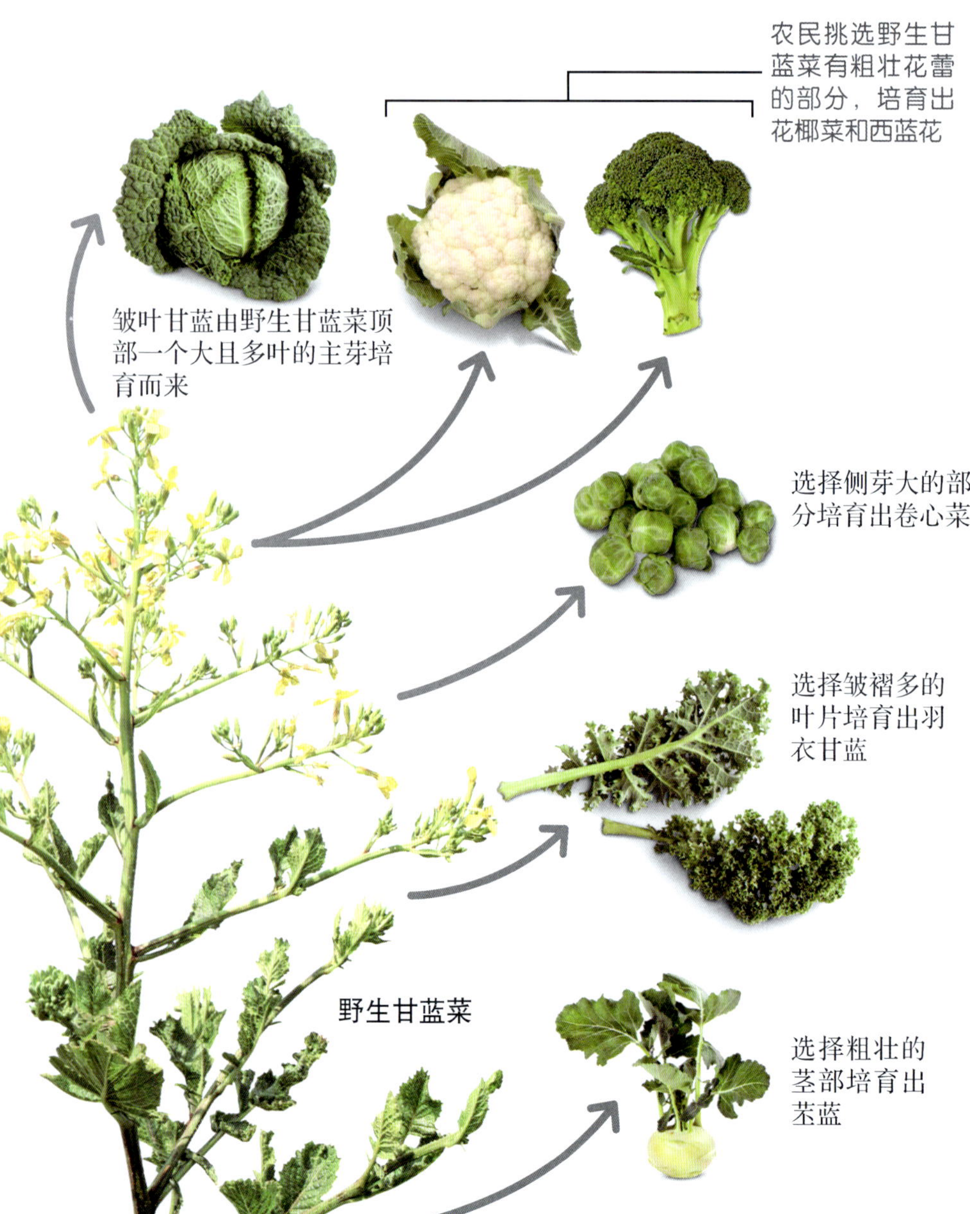

要点

- ✓ 选择育种是指选择具有理想性状的亲代来繁育后代。
- ✓ 选择育种也称人工选择，其原理与自然选择相似。
- ✓ 数千年来，人类一直使用选择育种的方式培育农作物和家畜。

选择育种的利与弊

利

- 通过选择育种繁育的农场动物，能为人类提供更多的肉、奶、蛋或皮毛。
- 农作物生长得更快，产量更高。
- 观赏植物的花变得更大、更鲜艳。
- 有利于培育出性情温和的宠物，如狗。

弊

- 选择育种减少了作物的基因多样性，因此作物更易患病。
- 可能会导致近亲繁殖，从而出现由遗传缺陷引起的健康问题。
- 选择育种的过程缓慢，且进展比基因工程慢得多。

物种形成

同一物种的生物具有相似的形态和生理特征，能在自然状态下相互交配并产生可育后代。进化能导致新物种的形成。如果一个物种分散成不同的种群且这些种群差异很大，那么这些不同种群的个体间就无法产生可育后代。

要点

- ✓ 一个物种分散成不同的种群后，其中一些种群可能会进化成新的物种。
- ✓ 地理隔离是新物种形成的主要途径之一。

地理隔离

同一物种的生物由于地理上的障碍会分成不同的种群，这些种群可能会进化成新的物种。几百万年前，太平洋上的科隆群岛曾是一种乌龟的栖息地。在每个岛上，独立的种群都会适应当地的环境并进化成新的物种。在干旱的艾斯潘诺拉岛上，乌龟以灌木为食，长有长脖子和马鞍形外壳，以获取高处的植物。但在多雨的伊莎贝拉岛上，乌龟以地面植物为食，长有短脖子和圆顶形外壳。

在干燥的岛屿上，乌龟有长脖子和马鞍形的龟壳

在潮湿、绿色植物较多的岛屿上，乌龟的脖子较短，龟壳呈圆顶形

科隆群岛

伊莎贝拉岛

艾斯潘诺拉岛

隔离机制

亲缘关系很近的物种间的个体交配可能会产生杂交后代。杂交后代通常是不育的，所以生物在寻找配偶时，需识别配偶的物种，以确保彼此属于同一物种。许多动物通过颜色和声音等信号辨别同类。例如，蝴蝶通过翅的颜色、鸟类通过歌声识别同伴。这些信号叫作隔离机制。

物种灭绝

如果一个物种的所有个体都死亡了，那么这个物种就会灭绝且永远无法恢复。现在，地球上的很多物种都已灭绝。

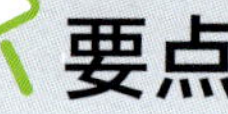

要点

- ✓ 物种灭绝是指整个生物物种从世界上完全消失，且无法恢复。
- ✓ 导致物种灭绝的因素很多，人类活动是其中之一。

渡渡鸟之死

渡渡鸟生活在毛里求斯岛，是一种体态丰满但不会飞的大鸟。1598年，人类登陆该岛并首次发现了渡渡鸟。在接下来的几年里，人类开始猎杀渡渡鸟、砍伐森林，并将新的肉食性动物引入岛上，导致渡渡鸟的数量急剧下降。大约1662年，最后一只渡渡鸟死亡，该物种灭绝。

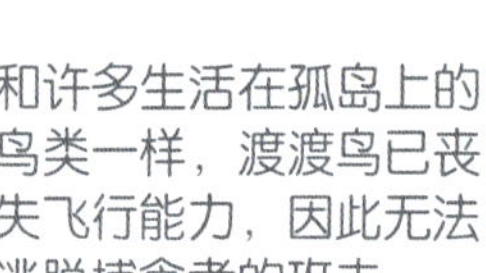

和许多生活在孤岛上的鸟类一样，渡渡鸟已丧失飞行能力，因此无法逃脱捕食者的攻击

复原的渡渡鸟模型

物种灭绝的原因

近年来，人类活动成为物种灭绝的主要原因。表格中列出了物种灭绝的部分原因

新的捕食者出现，人类	小行星撞击地球或大规模火山爆发等自然灾害
新物种出现，导致自然资源和栖息地被剥夺	丧失自然栖息地，如森林
致命疾病的传播	一个物种逐渐进化为新物种
气候的变化	

16 生态系统

生态系统概说

生态学是研究生物体与其周围环境相互关系的科学。生物群落及其生存环境相互作用形成的统一整体叫作生态系统。

要点

- ✓ 生态系统由生物群落及其生存环境组成。
- ✓ 种群由生活在同一地区的同一物种的所有生物个体构成。
- ✓ 群落由生活在生态系统中的各种生物种群组成。
- ✓ 栖息地指生态系统中生物生存和繁衍的地方。

非洲的草原生态系统

下图所示的生态系统中包括很多动物和植物。组成生态系统的生物被称为生物成分。生态系统还受水、温度、光和风等非生物因素的影响。

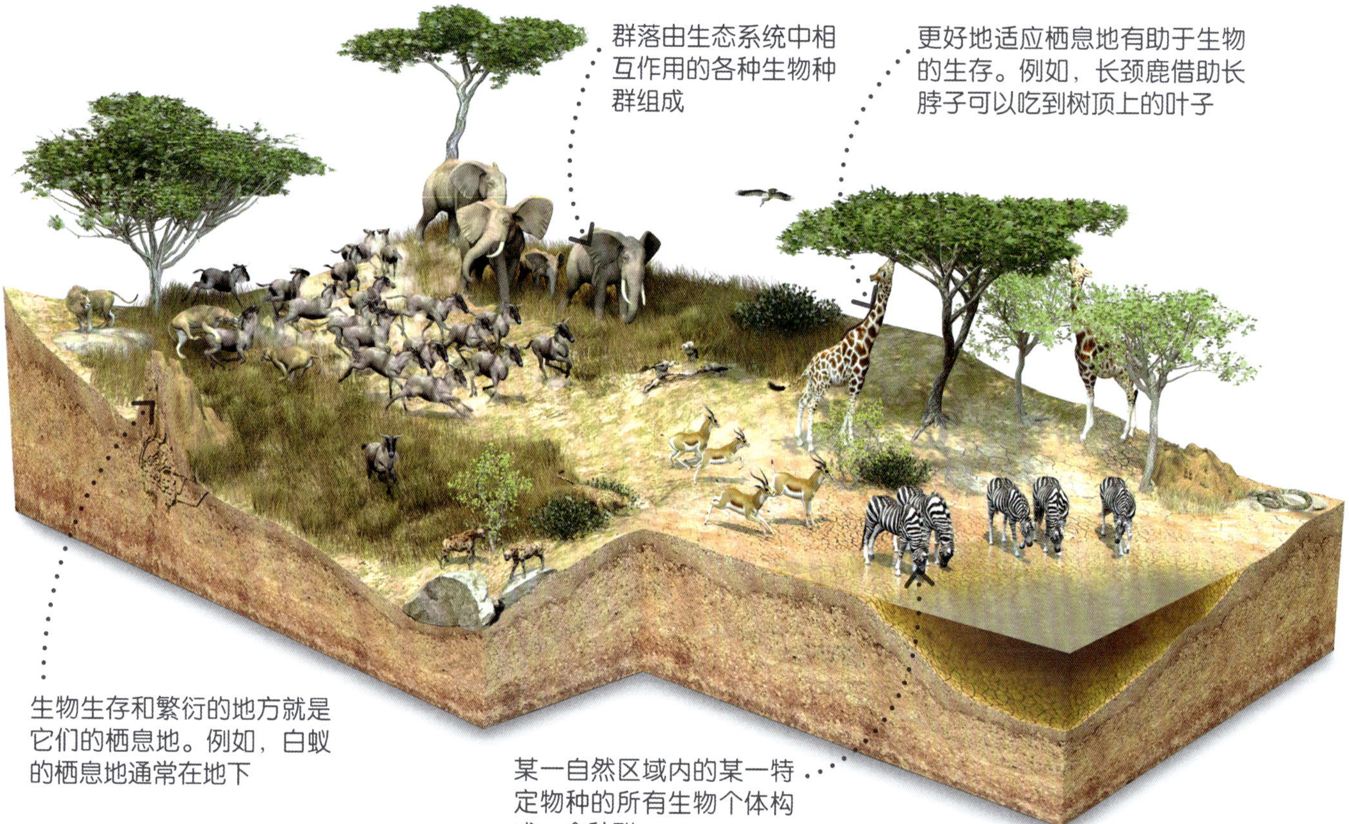

群落由生态系统中相互作用的各种生物种群组成

更好地适应栖息地有助于生物的生存。例如，长颈鹿借助长脖子可以吃到树顶上的叶子

生物生存和繁衍的地方就是它们的栖息地。例如，白蚁的栖息地通常在地下

某一自然区域内的某一特定物种的所有生物个体构成一个种群

生态系统

世界上有各种类型的生态系统，如珊瑚礁、沙漠、热带雨林、草原和苔原等。

珊瑚礁

沙漠

热带雨林

相互依存

一个群落中的生物在许多方面都是相互依存的，如食物和住所。这意味着在一个生态系统中，如果某个物种的种群发生变化，会影响同一群落中的许多其他物种。

要点

- ✓ 群落中的生物相互依存。
- ✓ 动物依靠植物建造住所和获得食物。
- ✓ 有些植物依靠动物传粉或传播种子。

动物对植物的依存

这只成年蓝山雀需要在树上寻找一个安全的地方筑巢。它还需要觅食，以喂养雏鸟。

蓝山雀雏鸟更喜欢吃一些蛾类幼虫，这些幼虫在橡树林中最常见。一只成年蓝山雀每天需要捕捉约100只毛毛虫来喂养一只雏鸟

蓝山雀在橡树、白蜡树和桤木上安家，通常这些树上会有适合其筑巢的树洞

植物对动物的依存

植物同样依赖动物而生存。例如，许多开花植物依靠昆虫传粉，有些植物依靠动物把种子传播到其他地方。

蜜蜂帮助花传粉

松鼠埋种子

分级摄食

生物间的摄食关系可以通过多种方法描述，具体方法取决于所要描述的生物之间的关系。

要点

- ✓ 捕食者猎杀并吃掉猎物。
- ✓ 肉食性动物以肉类为食，植食性动物以植物为食，杂食性动物既吃肉类也吃植物。
- ✓ 生产者自己制造食物，消费者通过食用其他生物获得食物。

捕食者、被捕食者和食腐动物	捕食者是一种捕捉其他动物并以之为食的动物。被捕食者是捕食者的猎物。食腐动物指主要以动物尸体为食的动物	 
肉食性动物、植食性动物和杂食性动物	肉食性动物、植食性动物和杂食性动物用于描述动物的饮食习惯。肉食性动物以肉类为食，植食性动物以植物为食，杂食性动物既吃植物也吃肉类	 
生产者与消费者	生产者和消费者描述的是食物链或食物网中的两个营养级。生产者从环境中获取能量来制造食物，例如，植物和藻类通过光合作用制造有机物。消费者间接或直接以其他生物为食。所有动物都是消费者	 

分解者

分解动植物残骸或废物的生物被称为分解者。许多细菌和真菌都是分解者。有些动物也会帮助分解动植物残骸，如蚯蚓和鼠妇。

真菌是分解者

蚯蚓吃碎屑

食物网

要点

- ✓ 食物网能显示出一个群落的食物关系。
- ✓ 食物网的第一营养级是生产者。
- ✓ 所有动物都是消费者。

食物网能显示一个群落的食物关系及不同的营养级。在食物网中，生产者是第一营养级。生产者通常为通过光合作用制造食物的植物和藻类。

食物网结构

食物网中的箭头指向捕食者。例如，黑黄鹂是蛞蝓的捕食者，鹰是黑黄鹂的捕食者。箭头代表能量在食物链中的流向。

狐狸既是初级消费者（以浆果为食）和次级消费者（以田鼠为食），也是三级消费者（以黑黄鹂为食）

鹰

狐狸

1 次级消费者和三级消费者

以初级消费者为食的肉食性动物为次级消费者。以次级消费者为食的消费者为三级消费者。

黑黄鹂既是初级消费者（以浆果为食），也是次级消费者（以蛞蝓为食）

黑黄鹂

2 初级消费者

所有消费者都通过食用其他生物获取食物。以植物为食的动物叫作初级消费者。

3 生产者

食物网的第一营养级为生产者。它们利用光合作用制造食物。

许多动物以草籽为食

草

分解者

分解者是一种以其他生物的遗骸或排泄物为食的生物。它们对生态系统中有机物中的碳、氮和其他物质的循环利用起着重要作用。

要点

- ✓ 大多数分解者都是细菌和真菌，它们可以分解动植物的遗骸和排泄物。
- ✓ 分解者对生态系统中无机盐等物质的循环利用发挥着重要的作用。
- ✓ 分解者的分解过程可产生有用的物质，如有机肥和沼气。

真菌的主体由菌丝构成。这些菌丝可穿透生物残骸，如这棵腐烂的树。蘑菇和毒蕈的形成有助于释放孢子，帮助真菌繁殖

真菌分解

真菌或其他分解者可将动植物遗骸和排泄物中的营养物质分解成能被自己吸收的简单分子，并释放无机盐到土壤中，以促进植物生长。在生态系统中，动植物体内的有用物质在它们生长、死亡和分解过程中被不断循环利用。

分解

1 有用的分解

真菌和细菌的分解大有用处。例如，枯死的植物可用来制成堆肥，肥沃土壤；枯死的植物和动物排出的粪便可用来制造沼气。

2 无用的分解

真菌和细菌会导致食物腐败，把食物储存在寒冷、干燥或缺氧的环境中可减慢真菌和细菌的分解。

非生物因素

非生物因素是影响生态系统中生物生活和分布的环境因素，包括水、温度、光照、土壤的pH和无机盐含量等。

要点

- ✓ 非生物因素是影响生态系统中生物生活和分布的环境因素。
- ✓ 非生物因素包括水、温度、光照、土壤的pH和无机盐含量等。
- ✓ 许多物种都能适应受非生物因素影响的特定环境。
- ✓ 如果生态系统中的非生物因素发生变化，就可能导致群落中的某些物种灭绝。

非生物因素的影响

非生物因素以多种方式影响着生物。在某些生态系统中，缺水等极端条件要求动植物具备特殊的适应能力才能生存。所有的生态系统都可能受到非生物因素突变的影响。

1 获取阳光

附生植物（附着在另一种植物上生长但不从中吸取营养的植物）生长在热带雨林树木的高处，以获得足够的光照进行光合作用。由于树下光照不足，大多数植物都无法生存。

兰花

2 极端温度

只有少数动植物可以适应沙漠中的高温和干旱气候。沙漠中的植物几乎没有叶子，以减少水分流失，动物通常只在晚上出来活动。

沙漠植物的根扎得很深，能在下雨时尽可能多地吸收水分

如果风太大，树干就会被折断

3 狂风

狂风会摧毁森林中的大量树木，增加到达森林地面的光照，使近地面的植物生长得更茂盛，进而影响以它们为食的动物。

这些牛很难从被洪水淹没的田里找到足够的食物

4 洪灾

过多的雨水可能会导致植物被淹死，动物难以进行各种活动。

生物因素

生态系统会受到很多因素的影响。生物因素是指影响生态系统中某种生物生活的其他生物，包括生物之间的关系。

要点

- ✓ 生物因素是指影响生态系统中某种生物生活的其他生物，包括生物之间的关系。
- ✓ 食物供应、人类活动、疾病以及生物间的捕食和竞争关系都是生物因素。
- ✓ 生物因素的变化会改变生态系统中物种的丰富度和分布状态。

改变生物因素

生物因素包括食物供应、疾病、人类活动及生物间的捕食和竞争等关系。任何一种因素的改变都会对生态系统造成巨大的影响。

1 食物供应

生态系统能供养的动物数量受食物供应量的限制，这种生物因素被称为限制因素。如果干旱导致食物供应量减少，那么动物的数量也会减少。

角马的数量受到草的数量限制

2 捕食

捕食者以捕食其他动物为生。在生态系统中，捕食者的数量影响着被捕食者的数量。如果捕食者数量减少，那么被捕食者的数量可能会增加。在一个正常的生态系统中，捕食者和被捕食者的数量通常是平衡的。

狮子是肉食性动物

3 疾病

许多疾病由传染性微生物引起，如细菌、病毒或寄生虫。如果一种新的疾病在生态系统中出现，它就会迅速蔓延，导致受影响的动植物数量急剧减少。

蚊子等吸血昆虫会传播疾病

鬣狗和秃鹫在争夺食物

4 竞争

需要相同资源的不同物种会形成竞争关系。例如，食腐动物会争夺尸体上的肉，生长在同一空间的植物会争夺阳光。如果生态系统中某物种的数量减少，那么与其互为竞争关系的物种的数量就会增加。

竞争的种类

生物间主要存在两种竞争：种间竞争和种内斗争。种间竞争发生在不同种群之间。例如，秃鹫和鬣狗争夺尸体上的肉。种内斗争发生在同一种群之间。例如，两只雄象海豹争夺雌象海豹。

南象海豹

“捕食者—被捕食者”循环

捕食者捕食被捕食者，会导致被捕食者的数量减少。若被捕食者的数量过少，会引发同种捕食者之间的竞争，导致部分捕食者饿死。两者之间的数量关系被称为“捕食者—被捕食者”循环。

要点

- ✓ 在生态系统中，捕食者与被捕食者的数量会相互影响。
- ✓ 在生态系统中，捕食者和被捕食者的数量变化构成了一个循环，可以用图表来表示。
- ✓ 简单的“捕食者—被捕食者”循环只发生在非常简单的食物链中，该食物链中的捕食者不能跨入其他食物链捕捉其他被捕食者，且二者都不能被其他捕食者捕捉。

猞猁与雪兔的捕食关系

在北极苔原的部分地区，猞猁主要以雪兔为食。下图显示了猞猁和雪兔的数量随时间变化的情况。一个种群的数量变化可能会影响另一个相关种群的数量。在更加复杂的生态系统中，由于捕食者会捕食多种被捕食者，因此这个循环会变得更复杂。

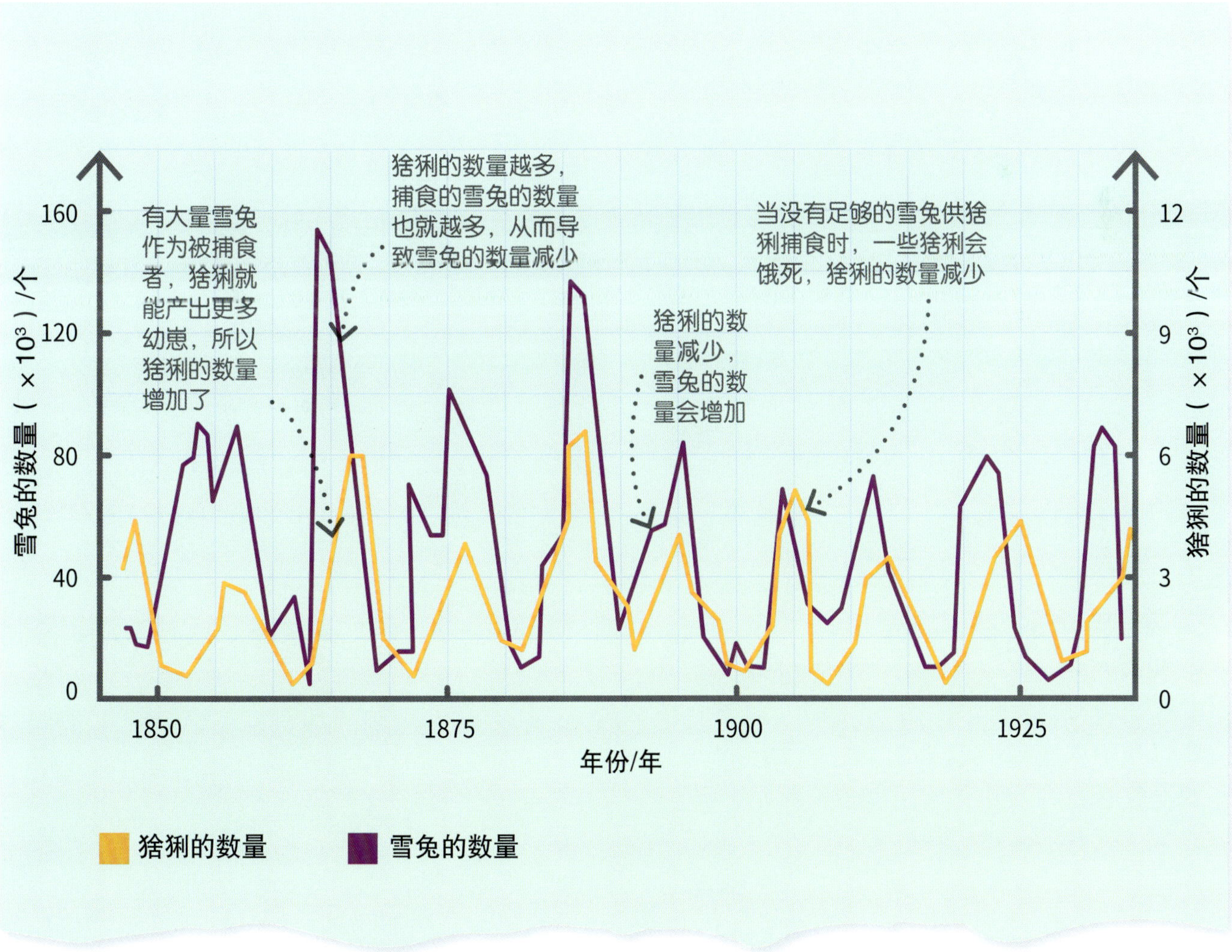

有大量雪兔作为被捕食者，猞猁就能产出更多幼崽，所以猞猁的数量增加了

猞猁的数量越多，捕食的雪兔的数量也就越多，从而导致雪兔的数量减少

猞猁的数量减少，雪兔的数量会增加

当没有足够的雪兔供猞猁捕食时，一些猞猁会饿死，猞猁的数量减少

雪兔的数量（×10³）/个

160
120
80
40
0

猞猁的数量（×10³）/个

12
9
6
3
0

1850
1875
1900
1925

年份/年

猞猁的数量
雪兔的数量

生物的社会行为

有些动物习惯独居，而有些动物则习惯群居。共同生活和合作可帮助动物增加生存机会。

要点

- ✓ 许多动物过着群居生活。
- ✓ 群居生活通常会增加动物的生存机会。
- ✓ 群居动物的个体之间关系十分密切。

群居生活的优势

群居生活可保护个体免受捕食者的攻击和环境的伤害，并且使个体更容易获取食物。

1 蜜蜂

蜜蜂找到食物后，会通过摆尾舞把信息传达给其他蜜蜂。舞蹈指明了食物的方向和距离，节省了其他蜜蜂的觅食时间和精力。

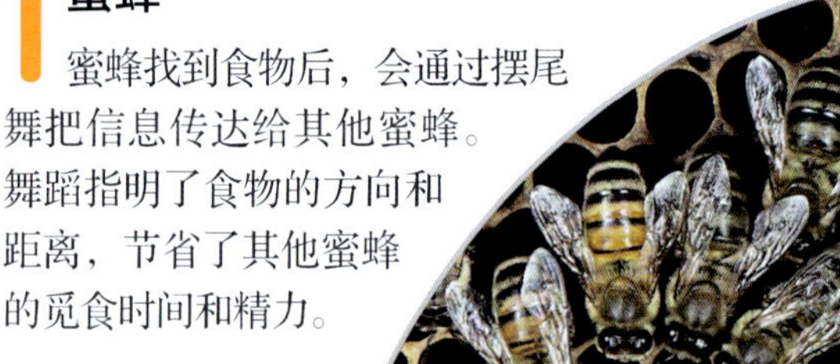

一个蜂巢里可能有6万多只蜜蜂

2 狼群

一个狼群中通常约有20只狼。对狼来说，群居生活更安全。狼群以团队合作的形式捕捉比它们大的猎物。

当狼群靠近猎物时，会从不同方向发起攻击，增加杀死猎物的概率

鱼群可能比捕食者本身大得多

3 球状鱼群

在面对大型捕食者时，许多小鱼会紧紧挤在一起，协调一致地游动，形成球状鱼群，从而迷惑捕食者，避免被捕食。

成千上万只帝企鹅形成一个巨大的群体

4 帝企鹅

为了度过南极严寒的冬季，帝企鹅会紧紧地挤在一起取暖。帝企鹅会由内向外不停地移动，以保证每只帝企鹅都能移动到内层取暖。

遗传与社会行为

群居动物个体间的关系十分密切。例如，许多蚁群中的工蚁有四分之三的基因相同。工蚁无法进行自我繁殖，只能依靠蚁后繁殖，以确保其基因能遗传给更多后代。

红火蚁会共同建造巨大的巢穴

能量流动

每个生物体都需要用能量来驱动活细胞内的化学反应。植物通过光合作用获取能量，并将其储存在有机物（如淀粉）中，动物则通过分解、吸收食物中的物质来获取能量。

要点

- ✓ 植物通过光合作用获取能量。动物则从食物中获取能量。
- ✓ 生物体内进行化学反应时，一部分能量会以热量的形式释放出来。
- ✓ 动物获取的一部分能量会随尿液和粪便等排泄物释放到周围环境中。
- ✓ 生物从食物中获取的能量只有一小部分能传递到下一个营养级。

兔子的能量转移

动物从食物中获取能量，并只将一部分能量储存在体内组织中，其余的能量则被利用或作为废物释放到周围环境中。

兔子在进行呼吸作用等化学反应时会释放大量热量，从而损失大量能量

兔子从食物中获取能量，但只有一部分能量被储存在体内组织中。这是狐狸在吃掉兔子时，获得植物传递给自身的唯一能量

兔子从所吃的植物中获取能量

一部分能量随兔子的尿液和粪便等排泄物流失

计算能量传递效率

当能量沿食物链传递时，很多能量会流失。能量传递效率是指生物从一个营养级到下一个营养级之间所获得能量的百分比，计算公式如下：

$$能量传递效率 = \frac{下一营养级同化量}{这一营养级同化量} \times 100\%$$

不同生物之间的能量传递效率差异很大。例如，生活在寒冷地区的动物比生活在温暖地区的动物流失的热量要多得多。

例题：在水生生态系统中，某一特定地区初级消费者体内储存的能量约为6184kJ·m^{-2}，次级消费者为280kJ·m^{-2}。请计算次级消费者的能量传递效率。

$$能量传递效率 = \frac{下一营养级同化量}{这一营养级同化量} \times 100\%$$

$$= \frac{280}{6184} \times 100\%$$

$$\approx 0.045 \times 100\%$$

$$= 4.5\%$$

生物量金字塔

生物量金字塔表示食物链或生态系统中各营养级（参见第211页）的生物量。高位营养级的生物量通常低于低位营养级，因为所有生物都会向周围环境释放大量能量。

要点

- ✓ 生物量金字塔表明生物量在食物链中随营养级的升高而逐渐递减。
- ✓ 位于生物量金字塔最底层的是生产者。
- ✓ 生物量金字塔解释了食物链长度有限的原因。

陆地生物的生物量金字塔

生物量金字塔表明生物量在食物链中随营养级的升高而递减。因此，图中鹰的数量比生产者的数量少很多。顶级生物的生物量不足以维持更高营养级的生命，所以食物链的长度是有限的。

三级消费者：老鹰（吃山雀）

次级消费者：山雀（吃毛毛虫）

初级消费者：毛毛虫（吃叶子）

绘制生物量金字塔时，生产者总是作为金字塔的底层

生产者：植物

计算生物量传递百分比

通常使用以下公式计算生物量从一个营养级传递到更高一级的百分比。

$$\text{生物量传递百分比} = \frac{\text{高营养级的生物量}}{\text{低营养级的生物量}} \times 100\%$$

例题：研究生态系统的科学家预计初级消费者的生物量为89kg·m^{-2}，生产者的生物量为615kg·m^{-2}。请计算两个营养级之间的生物量传递百分比。

$$\text{生物量传递百分比} = \frac{\text{高营养级的生物量}}{\text{低营养级的生物量}} \times 100\%$$

$$= \frac{89}{615} \times 100\%$$

$$\approx 0.145 \times 100\%$$

$$= 14.5\%$$

绘制生物量金字塔

生物量金字塔需要按比例绘制。绘制时需使用铅笔和刻度尺，以确保绘制的图表整洁清晰。

要点

- ✓ 生物量金字塔应按比例绘制。
- ✓ 绘制生物量金字塔时，应确保每层的宽度一致。
- ✓ 生物量金字塔的长度代表着生物量。

举例

根据表格中的信息绘制一个生物量金字塔。

植物 → 毛毛虫 → 鸟类

营养级	生物量 / (kg · m^{-2})
鸟类	20
毛毛虫	90
植物	600

1 给最大的生物量（此例选用600kg · m^{-2}）选择一个合适的比例，使其适合所选图纸。例如，选用的图纸长度为15cm，则15cm对应600kg · m^{-2}。

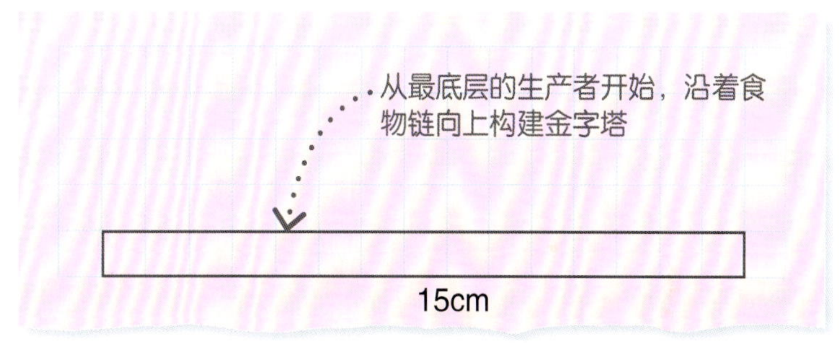

2 将其他营养级的生物量调整为相同的比例。

鸟类：$\frac{15}{600} \times 20 = 0.5$

毛毛虫：$\frac{15}{600} \times 90 = 2.25$

营养级	生物量/(kg · m^{-2})	每层的长度/cm
鸟类	20	0.5
毛毛虫	90	2.25
植物	600	15

3 根据计算得出的比例绘制生物量金字塔。每一层的高度应保持一致，并且每一层都要居中放置，然后在图上标记出所给信息。

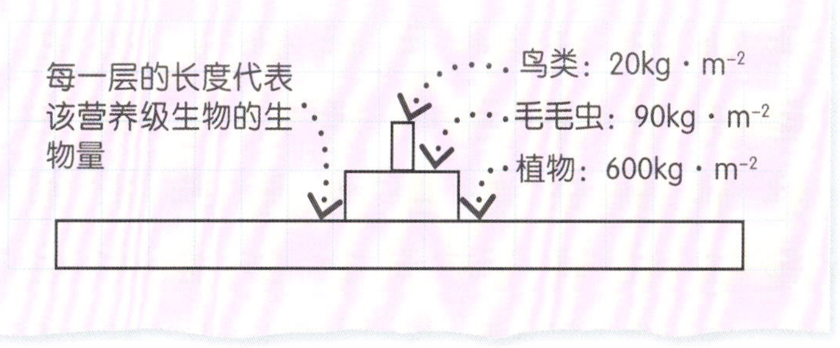

物种丰富度

物种丰富度是指某一地区内某一物种的个体数量。生态学家通常通过测量物种丰富度，来检测某一地区的生物数量是否发生了变化。例如，根据某物种的物种丰富度判断它是否有灭绝的危险，或者研究捕食者和被捕食者的数量变化。

要点

- ✓ 物种丰富度是指某一地区内某一物种的个体数量。
- ✓ 样方是一个用来采集某一区域不移动的动植物样本的取样地块。
- ✓ 随机取样且囊括范围大的样方可用来估计一个地区的物种丰富度。

样方的形状和大小可任意选择。通常采用正方形样方

计算某一个大区域内某一物种的个体数量需要很长时间，所以通常会使用样方取样

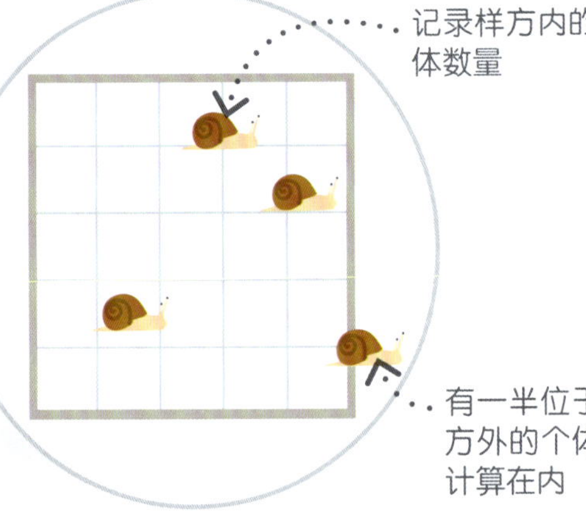

记录样方内的个体数量

有一半位于样方外的个体不计算在内

样方取样

样方是一个用来采集某一区域内不移动植物或动物样本的取样地块，通常为正方形。采集到的样本越多，得到的特定物种个体数值越精确。

计算生物数量

1. 确定样方在研究区域的位置。样方应该随机放置在栖息地的大范围区域内，这样取样才能代表整个区域。
2. 计算每个样方中研究的物种的个体数量。
3. 使用采集到的数值来计算整个区域的物种丰富度，可以用下面的公式进行计算。

$$\text{生物数量} = \text{所有样方中的生物总数} \times \frac{\text{研究区域的总面积}}{\text{样方的总面积}}$$

例题：

样方序号	1	2	3	4	5	6
样方中蜗牛的数量/只	0	2	1	0	3	0

蜗牛总数 = 6只

样方总面积 = 6m^2

研究区域的总面积 = 150m^2

$$\text{研究区域中蜗牛的数量} = 6 \times \frac{150}{6} = 150\text{（只）}$$

环境承载力

食物、水和其他资源会限制生态系统中生物的数量。一个生态系统在一段时间内能维持的最大种群数称为环境承载力。

要点

- ✓ 环境承载力是指一个生态系统在一段时间内能够维持的最大种群数。
- ✓ 环境承载力会受到资源（如食物）数量的限制。

限制因素

只有少量食物和水的生态系统的环境承载力很低。例如，驯鹿生活的北极苔原上，草和地衣数量有限，尤其是冬天。这个生态系统的环境承载力很低，因此驯鹿群在冬季必须长途跋涉才能找到食物。

北美驯鹿长途迁徙以寻找食物

高营养级的生态系统

寒冷的南极洲水域里含有大量营养物质，为鲸、海豹和企鹅等动物提供磷虾和鱼等食物。

须鲸（如布氏鲸）是地球上最大的哺乳动物之一，以磷虾为食

低营养级的生态系统

茅膏菜能慢慢地消化苍蝇，吸收养分来加速自身生长

一些生长在低营养级土壤中的植物依靠捕捉小动物以获取更多营养。

生物分布

生物分布是指生物在一个地区的分布情况，包括聚集分布、随机分布和均匀分布。生物分布与非生物因素（参见第213页）的变化有关。

要点

- ✓ 生物分布是指生物在一个地区的分布情况。
- ✓ 生物分布与非生物因素的变化有关。
- ✓ 样方可以用来测量生物的分布情况。

横断面和分布

生物的分布情况通常使用样方（参见第220页）来测量。样方沿着一条横断面线（一根绳子或一把卷尺）有规律地分布在一片栖息地上。从左边这片海岸的横断面线可以看出，不同海藻的分布情况取决于它们耐炎热及耐干燥时间的长短。

研究横断面

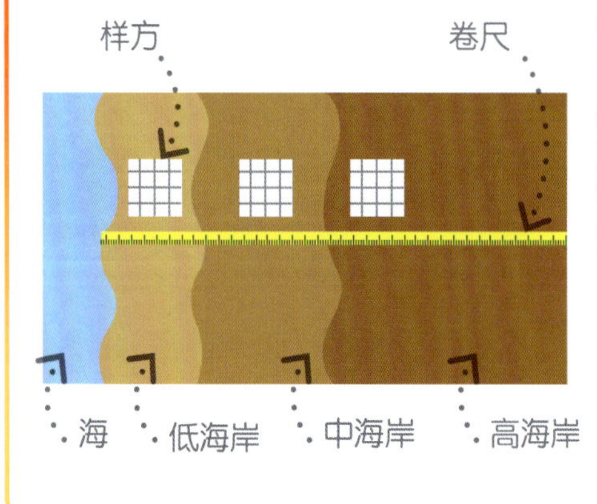

1. 用卷尺在两点之间标出横断面线，然后沿直线有规律地放置样方，如每隔两米放置一个。
2. 记录每个样方内的物种数量与非生物因素，如温度和离开海水的时间。
3. 将物种的分布与横断面线上非生物因素的变化进行比较。如果两者的变化模式相似，那么这个物种可能会受该非生物因素的影响。

水循环

水、碳、氮等元素在生态系统中的生物和非生物之间不断循环。所有生物都需要水来维持生存，因为水是细胞的主要成分。

要点

- ✓ 水、碳、氮等元素在生态系统中的生物和非生物之间不断循环。
- ✓ 水是构成细胞的主要成分，所有生物都需要水来维持生存。
- ✓ 水循环包括蒸发、凝结和蒸腾等过程。
- ✓ 水循环能将水输送回陆地和海洋。

水循环的过程

水循环包括非生物过程（如蒸发和凝结）和生物过程（如蒸腾）。这些过程将水以降水（雨、雪和冰雹）的形式输送回陆地和海洋。

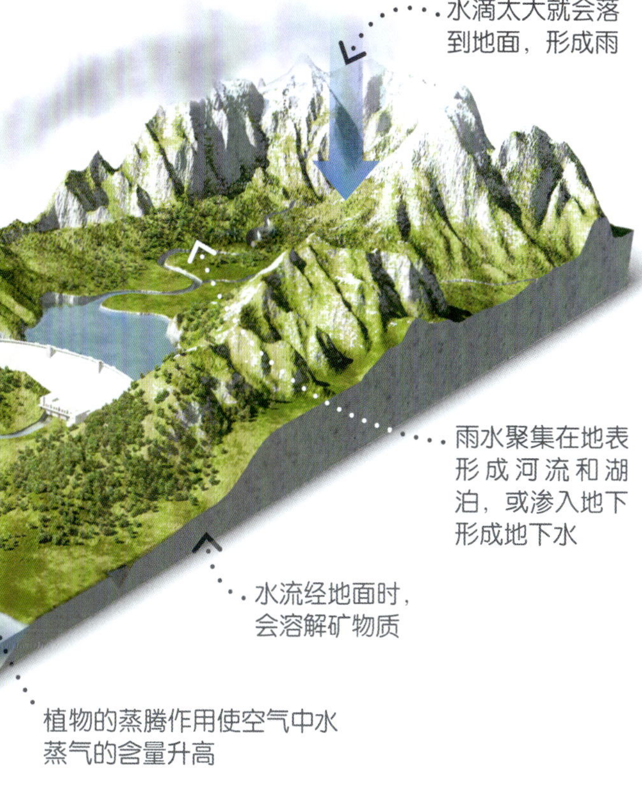

干旱少雨

干旱地区的动植物会尽可能多地储存水分。例如，沙鼠的肾脏会从尿液中提取大部分水分，并将其储存在体内。

沙鼠

饮用水

海水的含盐量很高，不能直接饮用。生活在少雨的沿海地区的人们，通过海水淡化制取饮用水。

海水淡化装置

碳循环

碳在生态系统中的生物和非生物之间不断循环。生物形式的碳包括蛋白质、糖类和脂肪等复杂的碳化合物。非生物形式的碳包括大气中的二氧化碳。

要点

- ✓ 碳循环就是生物体内复杂的碳化合物、非生物中的碳和空气中的二氧化碳之间的循环。
- ✓ 通过光合作用从空气中吸收二氧化碳是碳循环的生物过程之一。
- ✓ 通过呼吸作用向空气中释放二氧化碳也是碳循环的生物过程之一。

碳循环的过程

碳在生物与非生物之间的循环叫作碳循环。碳循环包括呼吸作用和光合作用两个生物过程，以及岩石和化石燃料的形成、风化和燃烧等非生物过程。

氮循环

氮是所有蛋白质和核酸（DNA和RNA的总称）的重要组成部分。氮气约占空气体积的78%，但这种形式的氮无法被大多数生物直接利用。植物从土壤中获取含氮化合物，动物通过食物获取含氮化合物。

要点

- ✓ 氮是蛋白质和核酸的重要组成部分。
- ✓ 植物从土壤中获取简单的含氮化合物。
- ✓ 动物从食物中获取复杂的含氮化合物。
- ✓ 在氮循环中，细菌扮演着重要角色。

氮循环的原理

细菌是氮循环的重要组成部分。细菌除了能分解动植物的遗骸和排泄物，将含氮化合物释放到土壤中，还可以将空气中的氮转化为植物能吸收的含氮化合物。

闪电可以将空气中的氮气转化为含氮化合物，并溶解在雨水中

植物将光合作用产生的糖类与土壤中的含氮化合物结合，形成蛋白质和核酸

土壤和一些植物的根部含有固氮菌，能把空气中的氮转化为简单的含氮化合物

动物从食物中获取蛋白质和核酸中的氮，并将这些物质分解成更小的氨基酸，然后利用氨基酸制造出新的蛋白质和核酸

动植物遗骸和动物粪便中都含有蛋白质和核酸

植物通过根部从土壤中吸收简单的含氮化合物，如硝酸盐

土壤中含有细菌等分解者，它们能分解动植物遗骸和排泄物，并释放无机含氮化合物

植物和氮

豆科植物的根瘤中含有共生固氮菌，如豌豆、大豆和三叶草等。植物从细菌中获取合成蛋白质所需的含氮化合物，细菌从植物中获取呼吸作用所需的糖类。植物与共生固氮菌是互惠共生的关系。

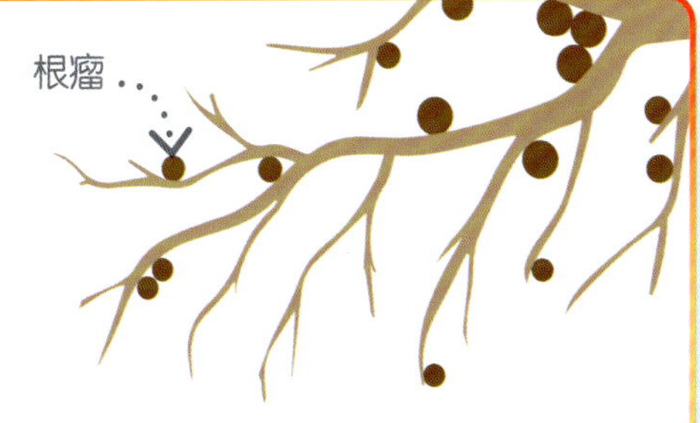

人类
与环境
17

人口增长

由于工业化和农业的进步，以及卫生和医疗等各项制度的改善，人口开始迅速增长。

要点

- ✓ 据世界人口出生率（1750—2100年）图显示，到2019年，世界人口数量会从1750年的7亿增长到77亿。
- ✓ 预测到2100年，世界人口数量可能会达到109亿，甚至更多。
- ✓ 人口的迅速增长得益于粮食产量的增加，以及医疗、卫生等条件的改善。

自1750年以来的人口增长

自1750年工业化开始以来，世界人口迅速增长。据世界人口出生率（1750—2100年）图显示，预计从2050年开始，世界人口的增长速度会逐渐变缓。

预测未来人口增长

不同地区的卫生制度、工业化程度和计划生育政策都不同，所以各个国家对未来人口增长的预测也会有所不同。

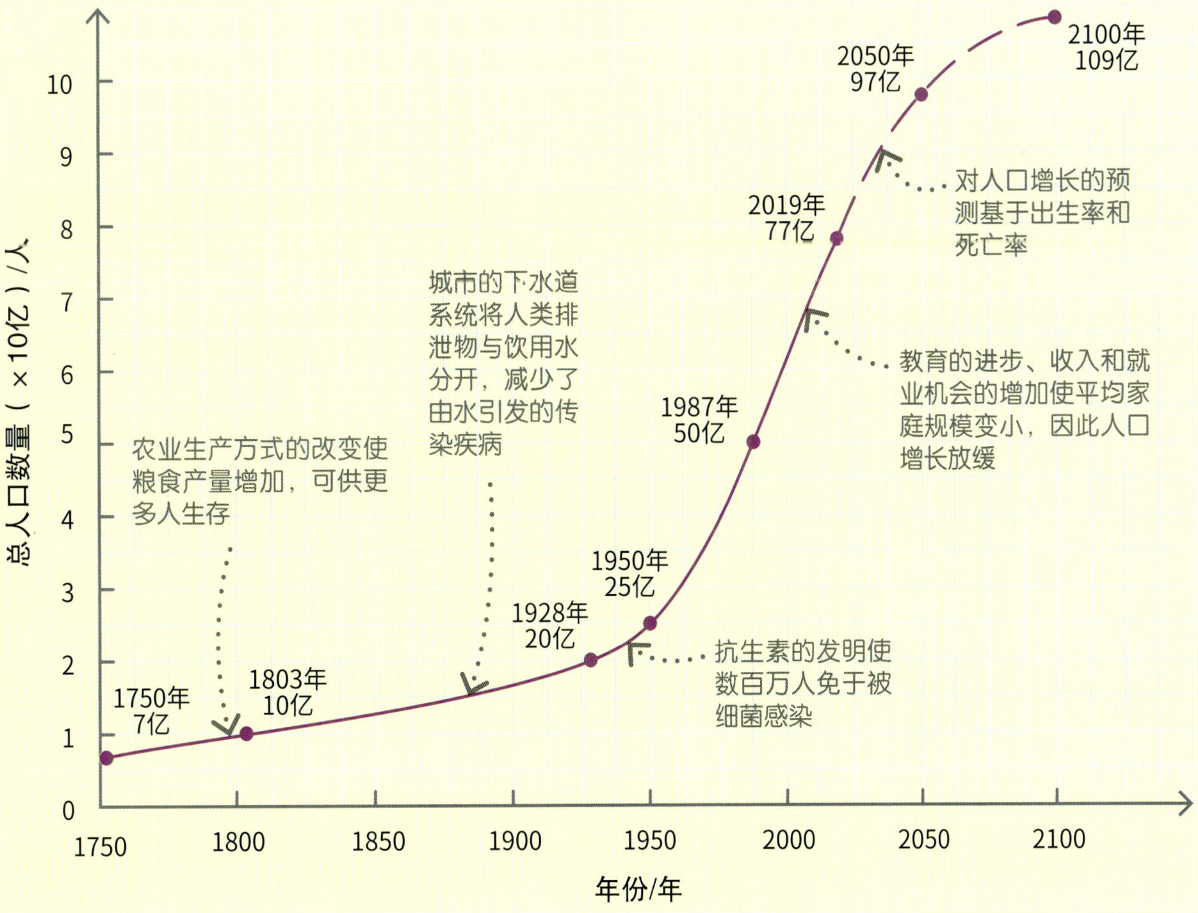

总人口数量（×10亿）/人

0 1 2 3 4 5 6 7 8 9 10

1750 1800 1850 1900 1950 2000 2050 2100

年份/年

1750年 7亿

1803年 10亿

1928年 20亿

1950年 25亿

1987年 50亿

2019年 77亿

2050年 97亿

2100年 109亿

农业生产方式的改变使粮食产量增加，可供更多人生存

城市的下水道系统将人类排泄物与饮用水分开，减少了由水引发的传染疾病

抗生素的发明使数百万人免于被细菌感染

教育的进步、收入和就业机会的增加使平均家庭规模变小，因此人口增长放缓

对人口增长的预测基于出生率和死亡率

资源需求

人类需要从环境中获取资源才能生存和发展。这些资源包括食物、水、建造房屋和制作衣服的材料及人类生存所需的其他东西。

人与自然的冲突

随着人口的增长，人类需要的资源越来越多，这导致留给其他生物的资源不断减少，如生存空间、水和营养物质。此外，人类活动会产生大量污染物，对环境造成破坏。

要点

- ✓ 人类生存和发展需要从环境中获取资源。
- ✓ 人口不断增长，人类需要的资源越来越多，导致留给其他物种的资源越来越少。
- ✓ 栖息地丧失、资源减少和环境污染使许多物种濒临灭绝。

人类大肆开发土地，破坏了其他生物的栖息地

对野生动物的威胁

人类活动导致目前正有超过100万个物种濒临灭绝。人类对土地的使用已经侵占了许多物种的栖息地。此外，人类活动造成的资源消耗和废弃物不断增加，使污染扩散到更偏远的栖息地，甚至是海洋。

1 丧失栖息地

亚洲象生活在森林和天然草地上。人类不断修建铁路、公路和建筑，使它们的栖息地不断缩小，而且大象在迁徙过程中存在被火车或其他交通工具撞死的风险。

2 塑料污染

每年都有成吨的塑料垃圾被冲进海洋。海洋动物会把塑料制品误当作食物食用，导致它们的胃被塑料填充，无法消化更多食物，增加被饿死的风险。

生物多样性

生物圈内所有生物及其拥有的全部基因和各种各样的生态系统，共同构成了生物多样性。有些生态系统虽然很小，但生物多样性很丰富。例如，珊瑚礁在海底中的占比不到1%，却有约25%的海洋生物生活在珊瑚礁中。

要点

✓ 生物多样性包括一个地区内物种的多样性。

✓ 珊瑚礁和热带雨林都是生物多样性丰富的生态系统。

✓ 生物多样性的减少可能会使生态系统永久受损。

珊瑚礁区的生物多样性

珊瑚礁区的生物多样性程度取决于水中和珊瑚里的藻类接收到的温度和光照。藻类通过光合作用为珊瑚礁中的生物提供食物，这是珊瑚礁生态系统中的食物网的基础。珊瑚礁为许多动植物提供了栖息地。

珊瑚礁形成于水温为20~28℃的温暖浅水区

珊瑚礁由微小的珊瑚虫形成，珊瑚虫是一种腔肠动物

这些绿色的小斑点是生活在珊瑚中的藻类

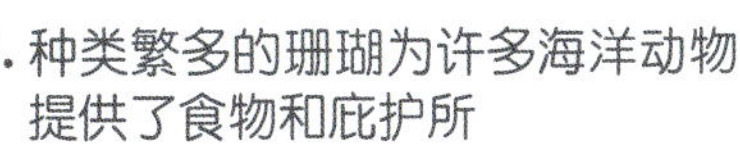

种类繁多的珊瑚为许多海洋动物提供了食物和庇护所

生物多样性的重要性

生物多样性在许多方面对人类有益，保护生物多样性至关重要。例如，热带雨林能为人类提供新鲜空气和充足水分，并帮助人类研发药物和新材料。过度的人类活动会破坏这些自然生态系统，导致生物多样性减少。如果某一物种灭绝，生态系统就会永久性受损。

全球气候变暖

全球气候变暖是指地球大气和地表温度的长期持续升高。大多数人认为，由人类活动（如燃烧化石燃料）导致的大气中二氧化碳含量增加是全球气候变暖的主要原因。

要点

- ✓ 全球气候变暖是指地球大气和地表温度长期持续升高。
- ✓ 全球气候变暖是由大气中二氧化碳和其他温室气体含量增加引起的。
- ✓ 如果大气中的二氧化碳含量继续增加，那么全球气温可能将继续升高。

温室气体

温室气体就像温室的玻璃一样，会吸收一部分来自太阳的热量，使地球变暖。常见的温室气体是二氧化碳和甲烷。如果没有温室效应，地表的低温会让生物无法存活，但二氧化碳过多会导致全球气候变暖。

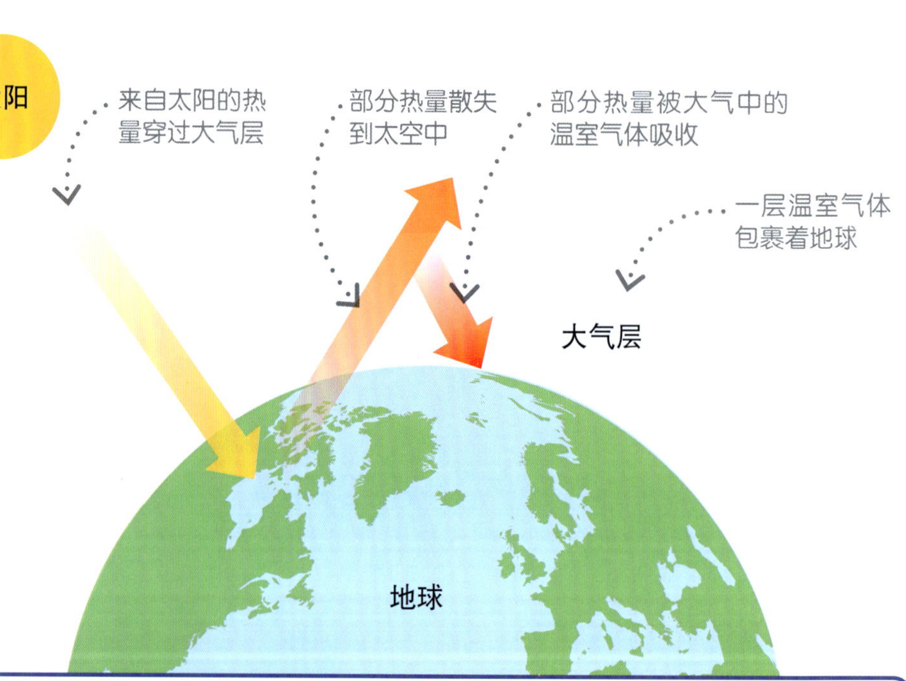

全球气温和大气中的二氧化碳含量

如右图所示，在过去的50年里，大气中的二氧化碳含量和全球平均气温都在升高。如果大气中的二氧化碳含量继续升高，那么地球可能会持续变暖。

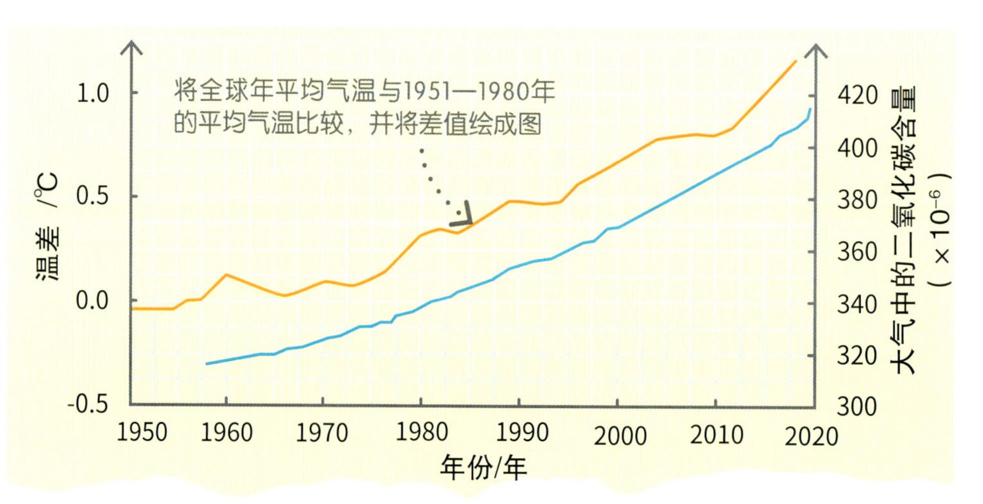

气候变化

全球气候变暖不仅会使地表温度升高，还会改变气候模式，影响某个地区的降水量，并可能带来风暴等灾害。

要点

- ✓ 全球气候变暖会改变气候模式。
- ✓ 气候模式的改变会影响一个地区的降水量，并可能带来风暴等灾害。
- ✓ 气候变化会使极端天气的出现越来越普遍。

极端天气

下图表明对人类和野生动物造成巨大影响的极端天气越来越普遍，这可能是由气候变化引起的。

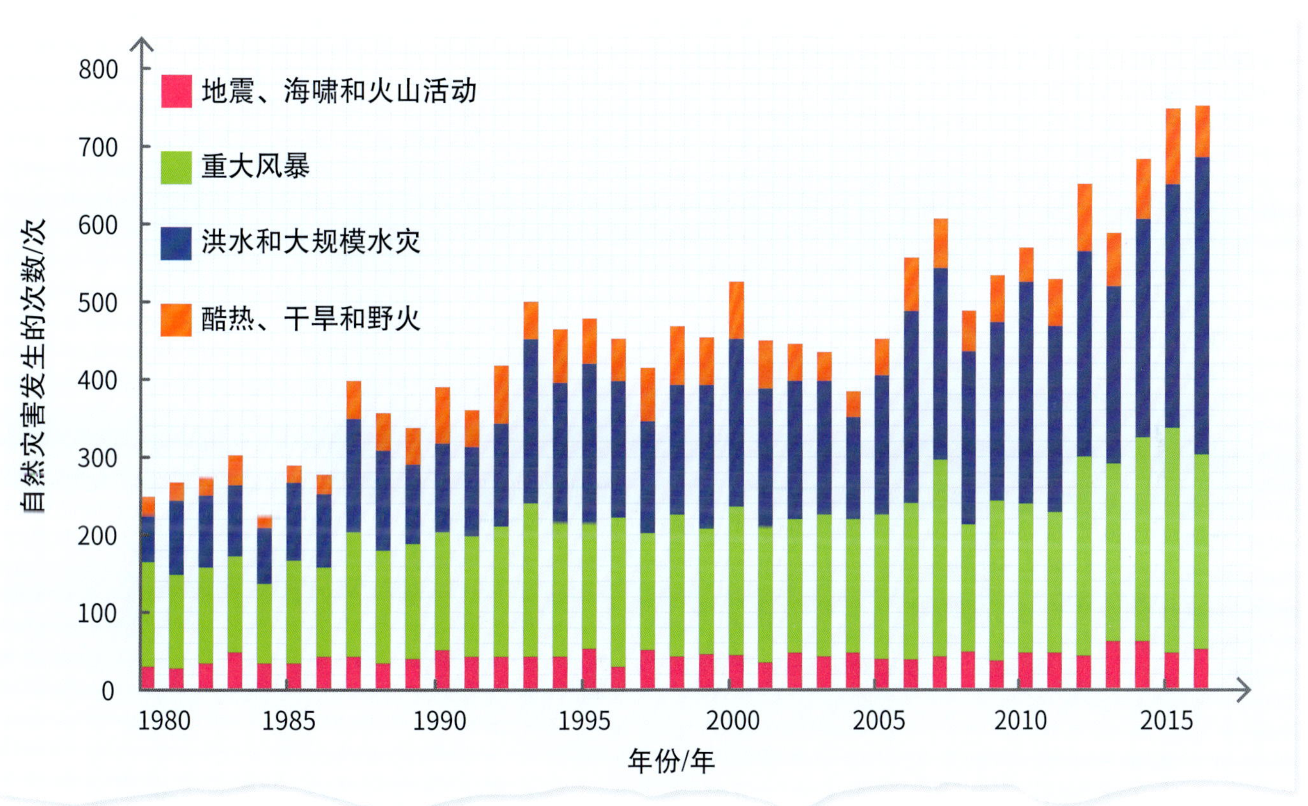

气候变化的影响

气候变化导致世界上一些地区变得更加干旱，另一些地区则变得更加潮湿。冰川和冰盖的融化使海洋水量增加，海平面上升，导致低洼地区被淹没。

1 旱灾

降雨不足使干旱变得更加普遍。河流干涸，淡水越来越少。

2 海平面上升

海平面上升导致更多低洼地区被淹没，破坏了人类居住地和野生动物栖息地。

生态系统的变化

在生态系统中，温度和水分的变化会影响生活在其中的生物。生物只能适应特定的环境，如果环境变化太大，生物物种就会灭绝。

要点

- ✓ 气候变化会导致许多生态系统发生变化。
- ✓ 生物只能适应特定的环境，如果环境变化太大，生物物种就会灭绝。
- ✓ 群落中的各个物种相互依存，一个物种灭绝可能会导致其他物种灭绝。

珊瑚白化

如果海水温度上升超过1℃，珊瑚中的藻类就会被分离出来，使珊瑚变白，这叫作珊瑚白化。珊瑚失去为其提供营养的藻类，不仅更易患病，还可能死亡。

许多鱼类以活珊瑚为食，如果珊瑚死亡，许多物种也将难以生存，从而导致珊瑚礁的生物多样性减少

水中温度的变化或水污染都会使藻类离开珊瑚，导致珊瑚死亡

白化的珊瑚

健康的珊瑚

死去的珊瑚会留下坚硬的石灰外壳，但这种结构最终会碎裂，使海洋动物的藏身之处变少

栖息地的改变

全球气候变暖会改变生物栖息地的生存环境，导致物种减少。群落中的各个物种之间相互依存，一个物种灭绝可能导致许多其他物种灭绝。

1 北极冰层融化

北极熊通常埋伏在冰上，等待捕获猎物（海豹）。北极冰层融化会导致北极熊的食物减少，甚至使北极熊饿死。

2 砍伐森林

红毛猩猩在传播雨林植物种子方面起着重要的作用，但栖息地被破坏使它们濒临灭绝。如果红毛猩猩灭绝，那么许多雨林植物也会灭绝。

物种分布的变化

环境变化会导致一些物种迁移，改变物种的分布格局。物种分布的变化可能由自然变化造成，如季节的循环；也可能由人类活动引起，如栖息地被破坏或气候变化。

要点

- ✓ 环境变化会改变物种的分布格局。
- ✓ 物种分布的变化可能由自然变化或人类活动引起。
- ✓ 气候变化可能会使一些物种迁移或扩散到其他地区，导致另一些物种因栖息地丧失而灭绝。

气候变化与物种分布

气候变化可能会改变鸟类的分布格局。气候变暖会使戴胜向北迁徙，扩大活动范围；也可能会使苏格兰红交嘴雀丧失栖息地，导致其灭绝。

苏格兰红交嘴雀

欧洲戴胜

1 苏格兰红交嘴雀

苏格兰红交嘴雀生活在苏格兰北部的松林里，以松子为食。如果气候变暖，松林就会逐渐消失，导致这种鸟类灭绝。

2 欧洲戴胜

欧洲戴胜生活在温暖干燥的地区，但有时也会出现在英格兰南部。随着气候变暖，欧洲戴胜会向北迁徙。

迁徙

有些动物通过长途迁徙来应对环境的季节性变化。黑脉金斑蝶每年都会从北美的繁殖地飞到墨西哥的热带地区过冬，两地相距数千千米。

传播疾病

气候变化还可能改变传播疾病的生物的分布格局，如传播疟疾的蚊子。疟疾通常只出现在气候较温暖的国家，但随着温度升高，蚊子可能会把疟疾带到北欧。

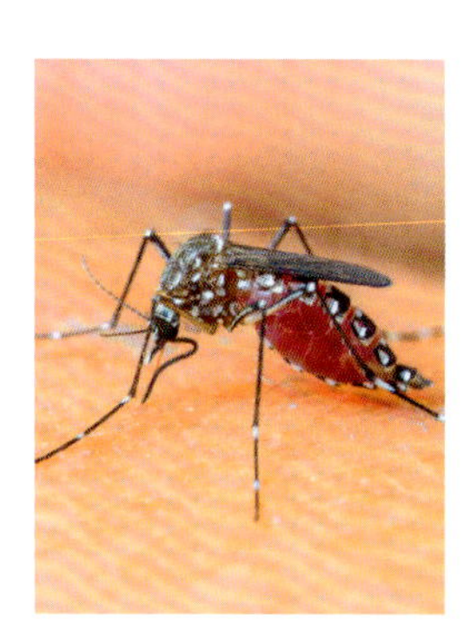

碳汇

植物通过光合作用吸收大气中的二氧化碳。树木的生长会吸收大量二氧化碳，使消耗掉的二氧化碳比呼吸作用释放的二氧化碳多，这个过程就是碳汇。

要点

- ✓ 碳汇是指植物从大气中吸收的碳多于释放的碳，并能将碳长期储存。
- ✓ 森林和泥炭地是重要的自然碳汇资源。
- ✓ 砍伐森林和燃烧泥炭地会释放其储存的二氧化碳，增加大气中二氧化碳的含量。

砍伐森林的影响

树木被砍伐后，储存在树木内的大部分碳会进入大气。当树木腐烂或燃烧时，树木中的碳会以二氧化碳的形式释放出来，加剧全球气候变暖（参见第230页）。每年有超过72843平方千米的森林被砍伐，土地被用来种植庄稼、建造房屋或开采矿产。

南亚的大片热带雨林被人类砍伐，土地被用来种植油棕。这不仅会导致全球气候变暖，还会破坏生物栖息地，减少生物多样性

泥炭地的破坏

泥炭地约占地球表面积的3%

1 开发泥炭地

泥炭地由生长在凉爽湿润土壤中的植物的残骸形成，是一种自然碳汇资源。在一些国家，泥炭被切割用作燃料，它在燃烧时会将储存的二氧化碳释放到空气中。

印度尼西亚常通过燃烧泥炭地来获得耕地，有时会引发泥潭火灾

2 泥炭火灾

变干的泥炭地易燃。泥炭地大面积燃烧会向空气中释放大量二氧化碳。

物种入侵

人们在旅行时经常会有意或无意地带走旅行地的动植物，这会为另一个地区引进新物种。新物种的引进可能会引发一些问题。新物种的数量如果超过本地物种，就会成为外来入侵物种或本地物种的克星。

要点

- ✓ 新的物种会被无意或有意地引入另一个地区。
- ✓ 有些引进的物种具有入侵性，它们能很好地存活并迅速繁殖。

塔希提岛树蜗牛的灭绝

塔希提岛及其周边岛屿上原来生活着约75种树蜗牛。然而，从其他地方引进的蜗牛导致这里大部分树蜗牛灭绝了，只有12种本地树蜗牛靠人工饲养存活了下来。

1 玫瑰狼蜗

玫瑰狼蜗是一种肉食性动物，从美国东南部被引进到塔希提岛，目的是消灭非洲大蜗牛。但它也捕食数量稀少的树蜗牛，导致大部分树蜗牛灭绝。

2 塔希提岛的树蜗牛

塔希提岛的树蜗牛是当地特有的物种，只生存在塔希提岛和附近的岛屿上。由于外来物种的入侵，当地大部分树蜗牛已灭绝。

3 非洲大蜗牛

非洲大蜗牛是偶然从东非被引进到塔希提岛的。它繁殖迅速，与本地树蜗牛吃相同的植物。

塔希提岛 美国东南部 东非地区

入侵植物

① 凤眼蓝

凤眼蓝是一种观赏性浮水植物，从亚马逊被引入世界许多地区。它每天能长5米，生长速度远超当地水生植物，会导致水道堵塞。

② 东京银背藤

东京银背藤是一种生长迅速的攀缘藤蔓植物，从东南亚被引入美国和新西兰部分地区。它每天能长26厘米，疯狂生长遮蔽树木，导致树下的植物无法获得光照。

水污染

将有害物质释放到自然环境中会造成污染。来自工厂或化肥中的化学物质流入河流和湖泊，会造成水污染。

要点

- ✓ 来自工厂或化肥中的化学物质流入河流和湖泊，会造成水污染。
- ✓ 水体富营养化是一种由水体中的营养物质过多引起的水污染现象。
- ✓ 水体富营养化会使藻类过度繁殖，导致鱼类等水生动物死亡。
- ✓ 处理富营养化的水体是指去除废水中的营养物质，使水体得以净化，变得安全、可再利用。

水体富营养化

水体富营养化是一种由水体中的营养物质过多引起的水污染现象。例如，农田里的化肥被冲入河流。过多的营养物质会促使水中的植物和藻类过度繁殖，导致鱼等水生动物死亡。

污水处理厂

人类的排泄物中含有大量营养物质，如含氮化合物。污水处理厂能收集这类废水，利用细菌和生物过程去除其中的营养物质，然后将净化后的水重新返还自然环境。

污水中的气泡促使细菌快速生长，去除水中的营养物质

土地污染

将有害物质埋入土壤会造成土地污染。有害物质通常来自采矿废料、垃圾填埋场的垃圾或工厂的化学废料。

要点

- ✓ 有害物质被埋入土壤会造成土地污染。
- ✓ 有害物质通常来自采矿废料、垃圾填埋场的垃圾或工厂的化学废物。
- ✓ 垃圾填埋会占用大量土地，破坏生物栖息地。
- ✓ 尽可能多地回收垃圾，可以减少需要填埋或焚烧的垃圾。

垃圾填埋

全世界每天会产生300多万吨垃圾。将垃圾填埋是处理垃圾的常用方法，但是这种方法不仅会占用大量土地，破坏自然栖息地，而且垃圾中的有害化学物质还会渗入土壤，且长时间无法降解。

处理垃圾的其他方法

还有一些其他处理垃圾的方法，如焚烧，但焚烧垃圾会向大气中释放二氧化碳和其他污染物。更好的处理方法是提高保护环境意识，降低消耗，并尽可能多地回收利用。回收利用的垃圾越多，需要填埋或焚烧的垃圾就越少。

食物垃圾　金属　纸制品　塑料

腐烂的垃圾会释放有毒物质。这些有毒物质埋入地下会破坏土壤，危害周边的动植物

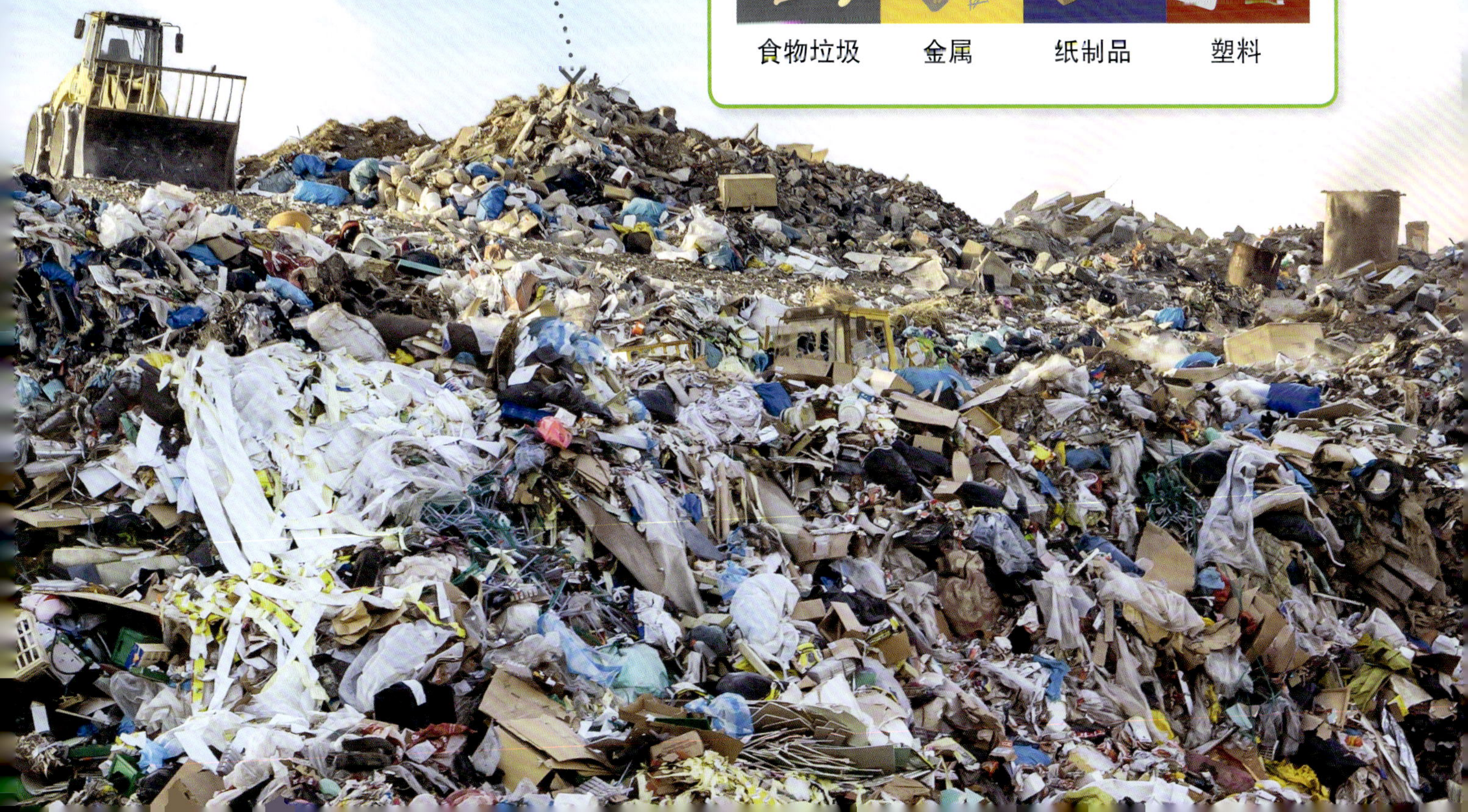

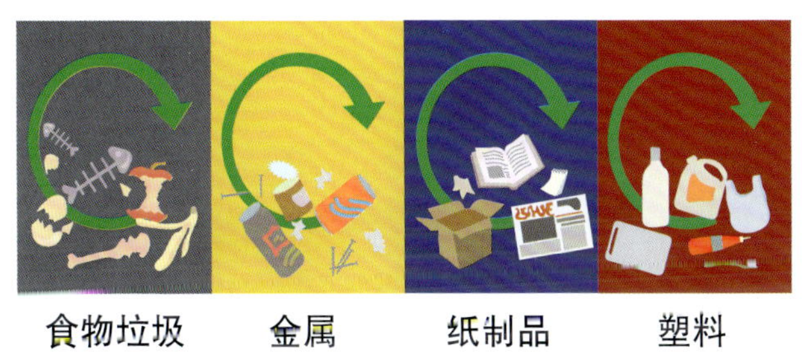

空气污染

有害物质被释放到空气中会造成空气污染。大多数空气污染由煤、石油和天然气等化石燃料的燃烧引起。

要点

- ✓ 空气污染由释放到空气中的有害物质引起。
- ✓ 二氧化硫和氮氧化物等酸性气体溶解在雨水中会形成酸雨。
- ✓ 一些国家通过制定法律减少化石燃料的使用和硫的排放，从而有效减少酸雨。

酸雨

燃烧化石燃料会释放二氧化硫和氮氧化物等酸性气体，这些气体溶解在云中的水滴里形成酸雨。

溶解的气体以酸雨的形式降落到地面。酸雨会对大面积的生物和非生物造成伤害

溶解的气体会随云从它们被释放的地方飘移到几千米之外的地方

酸雨进入河流和湖泊后，会使水体酸化，危害水生动植物

燃烧化石燃料所释放的气体溶解在云中的水滴里

空气污染和酸雨使世界上某些地区的森林遭到大面积破坏

空气中的微粒

空气中有大量悬浮微粒，这些微粒可能会被吸入人体，引发哮喘或增加患呼吸道疾病和心脏疾病的概率。汽车尾气是空气中微粒的主要来源之一。

在车流量较大的道路周围，空气中的微粒浓度通常较高

物种保护

物种保护是指保护物种及其自然栖息地，包括通过在动物园里饲养动物，或在植物园里培育某类植物的方式增加物种的数量等。保护自然栖息地可以增加野生动植物的数量。

要点

- ✓ 物种保护是指保护物种及其栖息地。
- ✓ 物种保护措施包括建立自然保护区、宣传教育、保护栖息地及监控濒危物种的数量等。
- ✓ 保护一个关键物种有助于保护同一生态系统中的许多其他物种。

保护印度的老虎

从1875年到1925年，印度约有80000只老虎被猎杀。到2006年，印度仅存约1400只老虎。到2018年，由于当地开始实施物种保护措施，老虎的数量增加到约3000只，但栖息地的缺乏限制了老虎数量的进一步增加。因此，保护老虎还需要保护其栖息地，同时这也有利于该地区其他物种的生存繁殖。

关键物种

关键物种是指在生态系统中对维持生物群落的稳定性和多样性起重要作用的物种。保护关键物种有助于保护同一生态系统中的其他物种。例如，海狸是关键物种，它们会在建造家园前先建造水坝，打造出天然的新湿地，有助于增加生物多样性。

保护动物的措施

- 建立自然保护区保护栖息地和物种。
- 对当地人进行宣传教育，以减少对栖息地和物种的破坏。
- 采取措施改善栖息地，如植树造林。
- 监控濒危物种的数量。

粮食安全

粮食安全包括粮食数量安全和质量安全，即为人们提供足够且安全的粮食。尽管当今世界的粮食产量已经满足人类所需，但某些地区的人们仍面临着因粮食歉收、收入低或战争造成的饥饿或营养不良。

要点

- ✓ 粮食安全是指为每个人都能提供足够且安全的食物。
- ✓ 随着人口的增长，粮食安全将变得更具挑战性。
- ✓ 粮食安全可能会受到气候变化和饮食变化的影响。

粮食安全的威胁

在未来，可能会因为人口增长、气候和饮食变化及病虫害等因素降低粮食产量，所以满足人类日益增长的粮食需求会变得更困难。

1 人口增长

随着人口的增长，人们对粮食的需求将会增加，对水和其他资源的需求也会增加。

随着世界人口的增长，人们对粮食的需求量也在增加

2 气候变化

气候变化会对某一地区的降雨量产生影响，还可能会使洪水和旱灾等极端天气频发，导致种植农作物和饲养动物变得更加困难。

气候变化使季节性降雨更多变，导致农作物更容易歉收

牛群在曾被雨林覆盖的土地上吃草

蝗虫能在几小时内吃光庄稼

3 饮食变化

当收入增加时，人们更倾向于食用肉类而非蔬菜，但饲养动物比种植农作物需要更多的土地、水和营养物质等资源，所以粮食产量会减少。

4 病虫害

气候变化使害虫和疾病加速传播，影响农作物和动物的生长。例如，蝗虫生活在热带地区，但随着气候变暖，它们可能会迁徙到其他的地区，破坏当地农作物。

为什么植物性饮食对环境有益

能量在从一个营养级传递到下一个营养级的过程中会被消耗（参见第217页），因此生产1kg牛肉比生产1kg农作物（如大豆）所需的土地和水等资源更多。此外，饲养动物会产生更多温室气体。

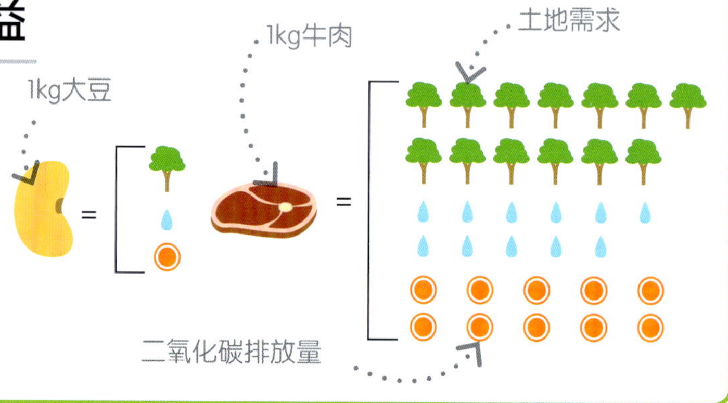

粮食生产的可持续发展

粮食生产的可持续发展是指在不损害环境和过度消耗资源的基础上，以一种长期、可持续的方式生产粮食。

要点

- ✓ 粮食生产的可持续发展是指在不损害环境和过度消耗资源的基础上，以一种长期、可持续的方式生产粮食。
- ✓ 实行配额捕捞制度、使用网眼增大的渔网、采用鱼栏养鱼和设立海洋保护区等措施，有助于实现渔业的可持续发展。

渔业的可持续发展

过度捕捞会导致许多鱼类减少，甚至某些鱼类灭绝，严重破坏了水域生态系统。为使渔业实现可持续发展，渔民需改进捕鱼方式。

1 配额捕捞制度

许多国家都实行配额捕捞制度。配额捕捞制度根据海洋的资源量确定捕捞期和捕捞量，有助于保护鱼类，尤其是在鱼类的繁殖季节。

2 渔网网眼尺寸

渔网网眼增大，允许小鱼逃脱捕捞网继续生长和繁殖，使鱼类数量维持稳定。

鱼栏

3 渔业养殖

在鱼栏里养鱼可以减少从野生种群中捕鱼的数量。如鲑鱼被人工养殖在河里或海里的鱼栏里。

海洋野生动物在海洋保护区繁衍后代

4 海洋保护区

海洋保护区（禁渔区）内禁止捕鱼，该地区的鱼类能完全长大并繁殖后代。这有助于增加鱼类的数量和生物多样性。

渔业面临的问题

建造养鱼场有助于减少捕捞野外鱼类，但也会造成环境问题。鱼粪和未被食用的鱼食会使水体中的营养过剩，引起水体富营养化（参见第236页）现象。海虱等寄生虫在养鱼场很常见，它们会寄生在鱼类身上，在鱼栏里传播疾病，且可能将疾病传染给野生鱼类。

海虱是一种以鱼类的皮肤和血液为食的寄生虫

农业生产方式

集约农业和有机农业是两种不同的农业生产方式。集约农业主要利用先进的农业技术使粮食产量达到最大化；有机农业是在生产过程中尽量减少对环境的危害。

要点

- ✓ 集约农业和有机农业是两种截然不同的农业生产方式，各有利弊。
- ✓ 集约农业的农田面积广阔，留给其他物种的生存空间很少。
- ✓ 有机农业使用的化学物质更少，对环境的破坏更小。
- ✓ 有机农业生产的食品价格一般会高于集约农业生产的食品。

农业生产方式的影响

集约农业会使用化学物质给农作物施肥、除草和防治病虫害，还会使用机械耕种。相比之下，有机农业的生产过程中使用的化学物质更少，能保留一些土地作为野生动植物的栖息地，对环境的危害更小。

有机稻田

集约农田

有机农业		
特点	优点	缺点
农田面积较小且周围环绕着篱笆和树木	生物多样性更丰富	维护费用更高，农产品价格更昂贵
野花较多	农作物间的传粉更容易	野花会与农作物争夺资源
使用少量化学物质	对野生动物的危害更小，水体污染较轻	害虫对农作物的损害更大

集约农业		
特点	优点	缺点
农田面积广阔	大型机械使农业种植更便捷	单一作物易受病虫害影响
使用大量肥料	农作物生长迅速，产量大	水体受污染风险高
使用大量的化学药品防治病虫害	虫害较少，产量更高	危害野生动植物

生物燃料

生物燃料是由动植物及微生物（生物质）组成或转化的燃料，可用来代替化石燃料。生物乙醇由富含糖类的植物（如蔗糖）发酵制成。生物柴油以动植物的油脂为原料。

要点

- ✓ 生物燃料是由动植物及微生物（生物质）组成或转化的燃料。
- ✓ 与化石燃料相比，生物燃料对全球变暖的影响更小，因为生物燃料作物在生长过程中会吸收空气中的二氧化碳。
- ✓ 生物燃料的生产会使某些地区的森林被砍伐。

生物乙醇的使用与生产

生物乙醇在汽车发动机中燃烧时释放到空气中的碳量，与制造燃料时吸收的碳量相同。但生物燃料并没有达到碳中和，因为种植生物燃料作物可能需要砍伐森林，且在制造和运输时会使用机械，产生额外的碳量。

1 生产生物燃料的作物
甘蔗生长迅速，可从大气中吸收二氧化碳，利用光合作用将二氧化碳转化为有机物。

2 收割作物
收割甘蔗并将其进行加工，提取其中的糖分。甘蔗中的糖是酵母菌的食物。

3 制造生物燃料
糖类与酵母菌发酵（参见第195页），产生生物乙醇。

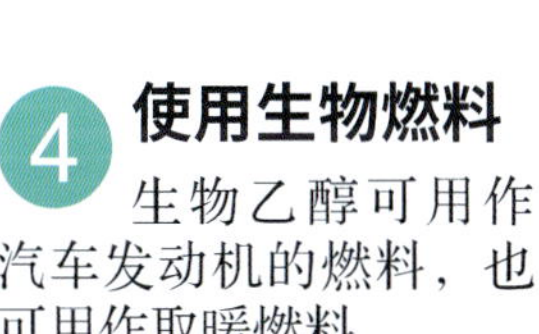

4 使用生物燃料
生物乙醇可用作汽车发动机的燃料，也可用作取暖燃料。

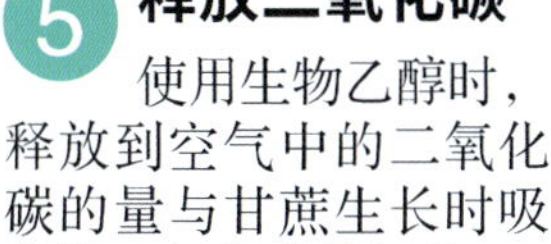

5 释放二氧化碳
使用生物乙醇时，释放到空气中的二氧化碳的量与甘蔗生长时吸收的二氧化碳量相等。

生物燃料的利与弊

利

- 与化石燃料不同，生物燃料是可再生能源。
- 燃烧生物燃料产生的二氧化碳相对较少，对全球变暖的影响小于燃烧化石燃料。

弊

- 生物燃料的生产会导致森林被砍伐，加剧全球气候变暖。
- 大多数发动机必须经过改造才能使用生物燃料。
- 生产生物燃料的作物会占用其他耕地，如用于种植农作物的耕地。

18 健康

健康与疾病

健康的身体没有疾病，能够正常运作。疾病会影响身体的正常运作且会使人感到不适。世界上有数百种疾病，不同疾病的起因各不相同。

要点

- ✓ 疾病会影响身体的正常运作且会使人感到不适。
- ✓ 不同疾病的起因各不相同。
- ✓ 非传染性疾病与人类的生活方式和基因有关，不具有传染性。

疾病的起因

由各种病原体引起且能在人与人、动物与动物或人与动物之间传播的疾病称为传染病。非传染性疾病与人类的生活方式或基因有关，不具有传染性，如心脏病和糖尿病。

霍乱是一种因摄入受到污染的水或食物而引起的传染病。干净的水资源可保护人类免受霍乱等传染病的侵害

不同的疾病起因

世界各地的疾病起因各不相同。在一些贫穷国家，许多疾病由受污染的食物或恶劣的卫生条件引起。疟疾这种致命疾病在热带国家很常见。在一些富裕国家，传染病比较少见，但过于丰富的饮食和缺乏锻炼也会引起疾病，影响人体健康。

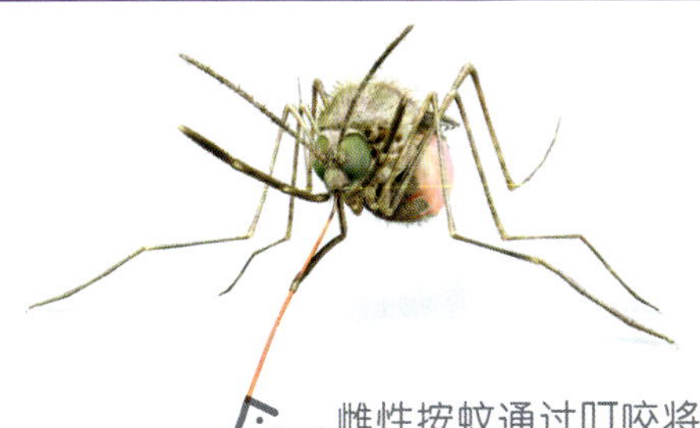

雌性按蚊通过叮咬将寄生在其体内的疟原虫传入人体

生活方式与疾病

营养均衡和充足的氧气供应可使身体保持健康状态。合理饮食、定期锻炼、不吸烟、不饮酒等健康的生活方式可以降低人们因年龄增长而患某些疾病的风险。

要点

- ✓ 健康的生活方式可使身体保持健康，降低患病风险。例如，定期锻炼可强化肌肉并增强心脏功能。
- ✓ 疫苗和抗生素减少了传染病的暴发，但现在的人们死于非传染性疾病的可能性更高。
- ✓ 肥胖会增加患2型糖尿病的风险。
- ✓ 酗酒会增加患肝脏疾病的风险。

健康的锻炼

人在进行运动时，如踢球、散步等，心脏、肺和肌肉都会更加努力地工作，并在运动过程中变得更强壮。

非传染性疾病

随着医疗条件的不断改善，人们患传染性疾病的风险大大降低，但死于非传染性疾病的人数却不断上升。很多疾病都和个人的生活方式有关。例如，吸烟、缺乏锻炼和过于丰富的饮食都会增加患癌症、糖尿病和心脑血管疾病的风险。

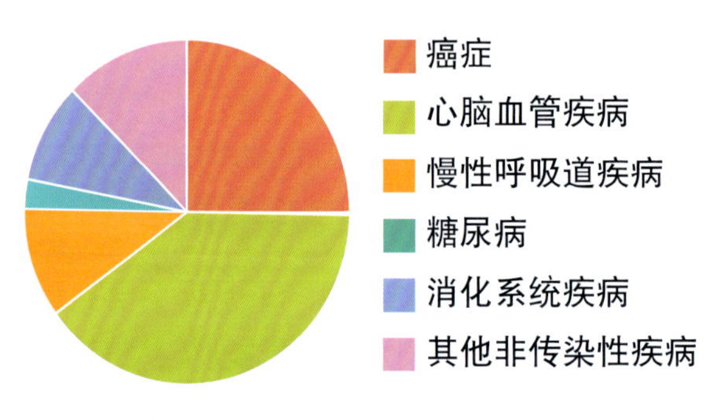

导致70岁以下人群死亡的非传染性疾病

心脏病

心脏是负责将携带氧气和各种营养成分的血液输送到全身各部位的器官。不健康的生活方式会影响心脏的有效运作。心脑血管疾病是心脏血管和脑血管疾病的统称，是一种非传染性疾病。

要点

✓ 冠心病是由脂类物质堆积在冠状动脉中，造成动脉阻塞引起的。

✓ 服用他汀类药物可以降低人体血液中的胆固醇水平，减缓冠状动脉中脂类物质堆积的速度。

✓ 心脏支架是一种通过外科手术植入心脏，保持冠状动脉通畅的医疗器械。

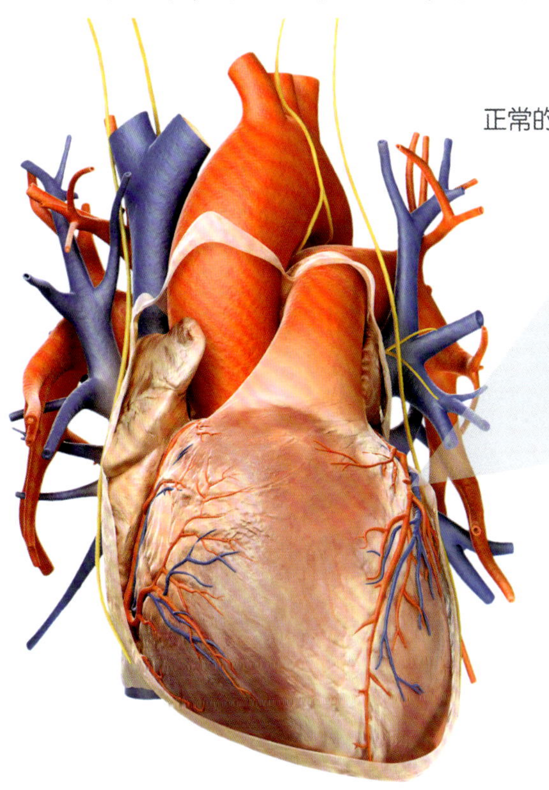

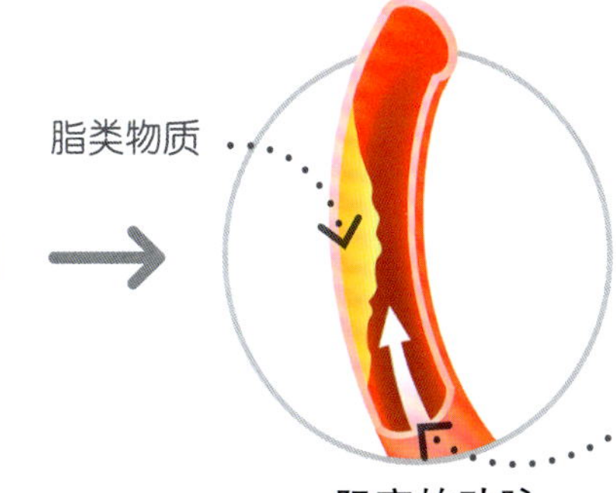

冠状动脉阻塞

冠状动脉为心肌提供含氧血，血液中的脂类物质（如胆固醇）会附着在冠状动脉壁上形成硬块，阻塞动脉并使其破裂，引发冠心病。如果大脑中的动脉被阻塞，大脑就会缺氧，导致人中风。

心脏支架的作用

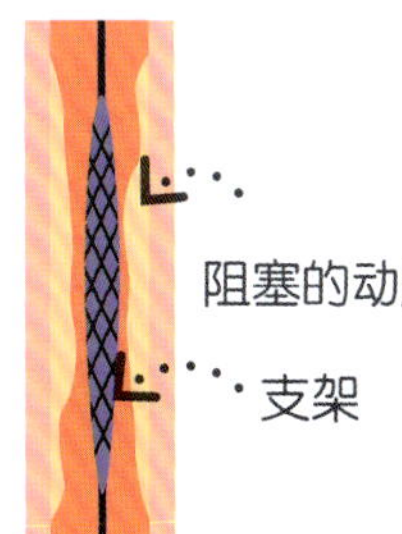

1 在动脉阻塞处插入可折叠的金属支架。

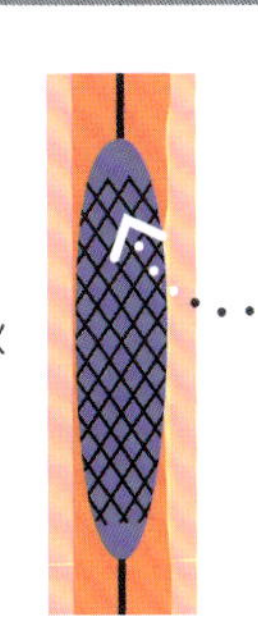

2 植入支架后，给支架内的小气球充气，以扩宽血管壁。

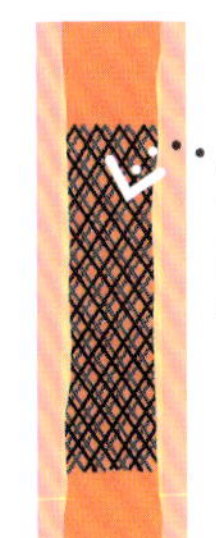

3 小气球被移除，扩宽的支架留在原处。

他汀类药物的作用

服用他汀类药物可降低血液中的胆固醇水平，减缓体内脂肪堆积的速度，但也会引发肝脏和肾脏问题。

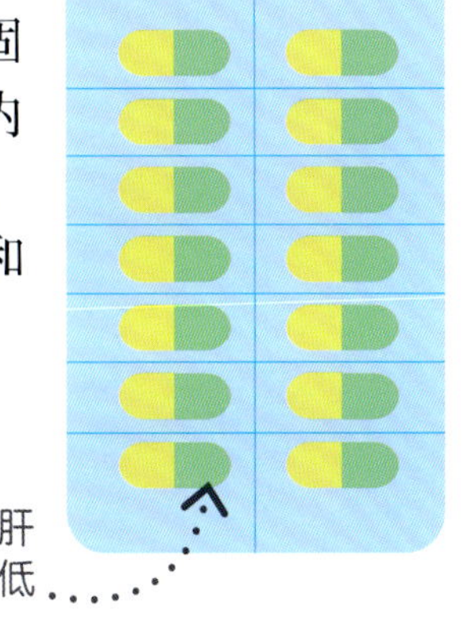

他汀类药物通过抑制肝脏中胆固醇的产生降低血液中的胆固醇水平

心脏手术

有些心脏疾病必须通过手术进行治疗。心脏衰竭或心脏病发作会使心脏无法正常运作，身体组织无法获取所需的血液。如果心脏无法修复，那么就需要用供体器官替换（心脏移植）。

要点

- ✓ 有些心脏疾病必须通过手术进行治疗。
- ✓ 有缺陷的心脏瓣膜可以替换成生物瓣膜或机械瓣膜。
- ✓ 如果心脏无法修复，就需要进行心脏移植。
- ✓ 人工心脏可以帮助患者在等待心脏移植时存活下来。

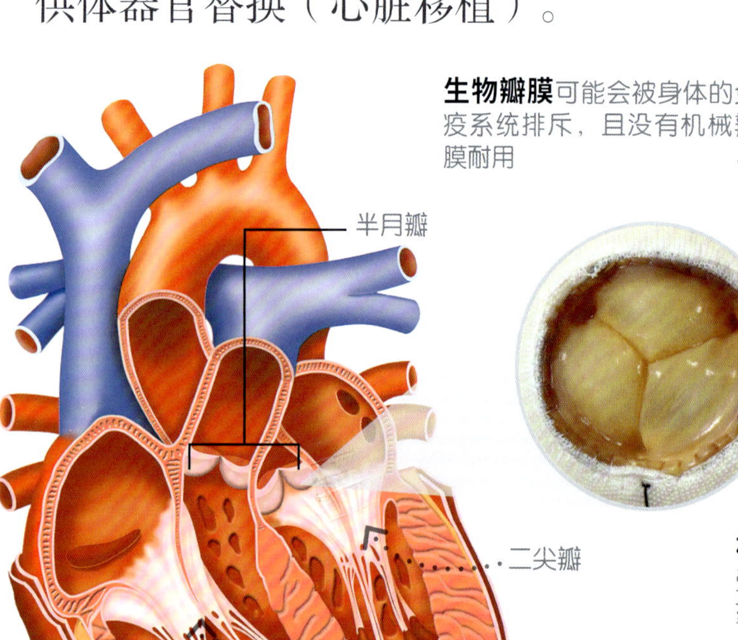

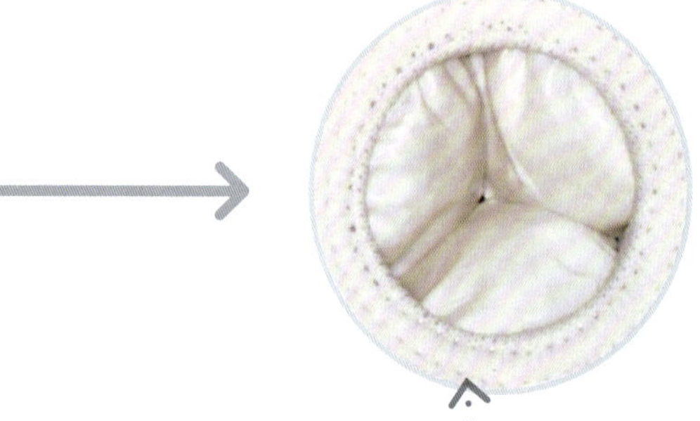

生物瓣膜可能会被身体的免疫系统排斥，且没有机械瓣膜耐用

机械瓣膜的使用时间较长，但接受治疗的患者可能需要长期服用药物预防血栓

心脏瓣膜

心脏瓣膜是心脏腔室之间或心室与动脉之间的片状物，可使血液只能沿一个方向流动。患有心脏瓣膜疾病的患者可移植人类或动物的心脏瓣膜（生物瓣膜），也可移植由塑料等耐用材料制成的机械瓣膜。

心脏移植手术

1 心脏移植

有时，心脏移植是治疗心脏疾病的唯一选择。患者在手术后需要终身服用免疫抑制（抗排斥）药物，以防止身体的免疫系统排斥移植的心脏。

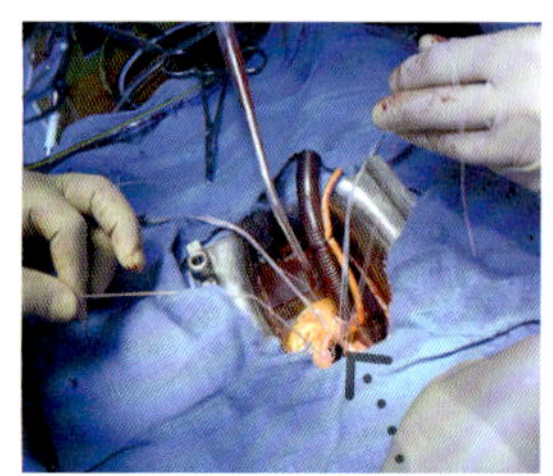

外科医生进行心内直视手术

2 人工心脏

等待心脏移植手术的患者通常会临时使用人工心脏。在大型心脏手术后，可使用人工心脏帮助患者恢复。此外，当患者排斥植入的心脏时，可使用人工心脏代替植入的心脏。

人工心脏上有两根塑料管，能够将血液输送到全身各处

病原体

有些疾病由被称为病原体的微生物引起。病原体侵入有机体，在体内生长繁殖并引起病变，这就是感染。

要点

- ✓ 病原体包括各种细菌、原生生物、真菌和病毒等。
- ✓ 病原体会引起疾病，它会在宿主体内生长和繁殖。
- ✓ 不同种类的病原体会对动物（包括人类）或植物产生不同的影响。
- ✓ 细菌等病原体可能会释放毒素，破坏身体组织，使人感到不适。

病原体的种类

由细胞组成的最简单的病原体是细菌（参见第31页）。更复杂的病原体包括原生生物（参见第30页）和真菌等。病毒没有细胞结构，是一种更小、结构更简单的微生物，必须依靠宿主细胞才能生存和繁殖。

1 病毒

病毒侵入宿主细胞并利用宿主细胞以复制的方式进行繁殖。最终使宿主细胞破裂，释放出数百个新病毒，从而使宿主患病。

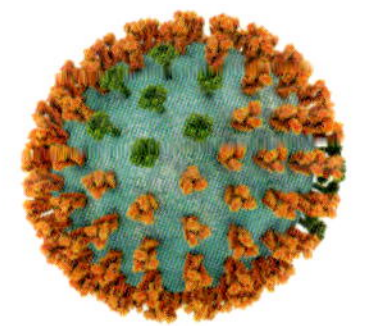

流感病毒

沙门氏菌

2 细菌

细菌一旦进入宿主体内，就会迅速繁殖并释放毒素引发疾病。沙门氏菌能在几小时内繁殖数百万次，引发食物中毒。

3 原生生物

大多数原生生物都是单细胞生物，寄生在宿主体内，会对宿主造成危害，导致宿主患病。例如，人感染疟疾后可能会丧命。

血液细胞中的疟原虫

造成玫瑰黑斑病的真菌

4 真菌

有些真菌寄生在植物和动物体内。例如，造成玫瑰黑斑病的真菌入侵玫瑰植物的叶子后，导致叶子枯萎脱落，影响植物的光合作用。

疾病监测

科学家通过研究一段时间内某种疾病的病例数来监测该种疾病的暴发情况，以及判断疾病的预防措施是否有效。右图显示了脊髓灰质炎疫苗问世后，美国在1950—2010年，脊髓灰质炎的新病例数量与死亡病例数量的变化情况。

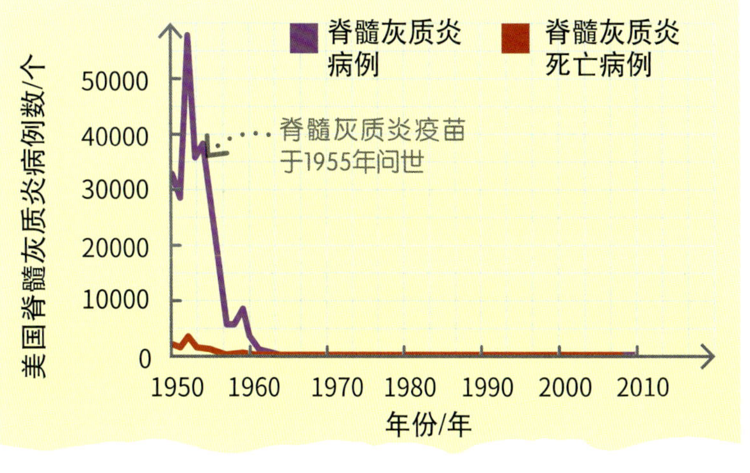

传染病

由各种病原体引起且能在人与人、动物与动物或人与动物之间传播的疾病称为传染病。传染病的病原体从宿主体内获取营养，进行繁殖。

要点

- ✓ 传染病是指由病原体引起且能在人与人、动物与动物或人与动物之间传播的疾病。
- ✓ 不同种类的病原体在宿主之间的传播方式不同。
- ✓ 病原体可以通过水、食物、体液、空气、蚊虫叮咬和接触等方式进行传播。

病原体的传播途径

不同种类的病原体在宿主之间的传播方式不同。下面介绍了几种主要的传播途径。

1 水传播
饮用被病原体污染的水或用它洗澡可能会感染疾病。因为水中的病原体可随水一起进入人体消化系统，有些病原体甚至能直接穿过皮肤进入人体。

2 食物传播
食物和饮品储存不当时，会携带病原体，食用这些食物后，可能导致食物中毒。

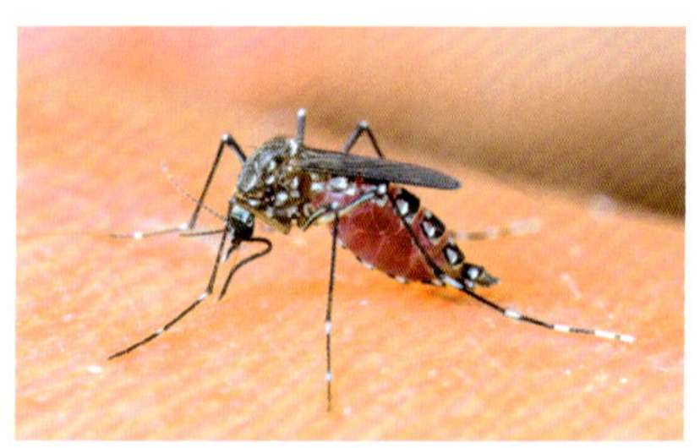

3 虫媒传播
有些虫类能将病原体传播给其他物种，包括人类。例如，雌性按蚊可以通过叮咬将引起疟疾的疟原虫传播给人类。

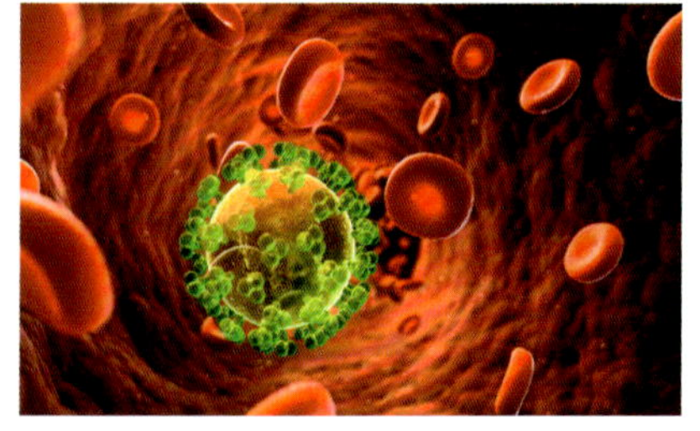

4 体液传播
一些病原体会借助血液和精液等体液传播。例如，艾滋病病毒通过无保护的性行为、输入受污染的血液或共用注射器针头传播。

5 空气传播
患流行性感冒的人在打喷嚏时，成千上万个含有流感病毒的微小飞沫会喷射到空气中，并被其他人吸入，从而传染给周围人。

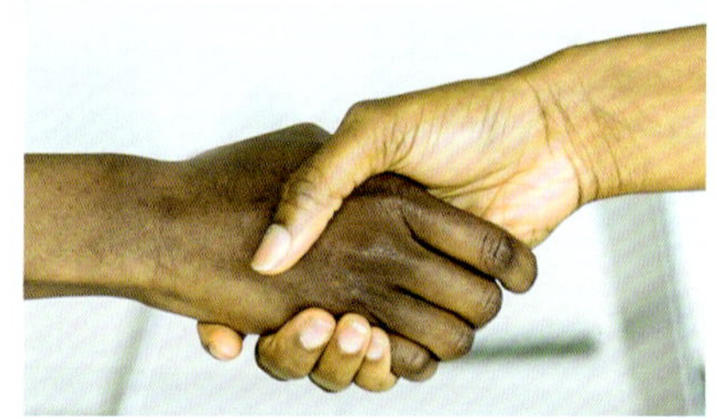

6 接触传播
接触脏乱的地面和受污染的物品，甚至与人握手，都可能传播病原体。

病毒

病毒个体微小，没有细胞结构，由蛋白质外壳和内部的遗传物质构成。多数病毒没有酶系统，只能通过入侵宿主细胞来生存和繁殖。

要点

- ✓ 病毒没有细胞结构，由蛋白质外壳和内部的遗传物质构成。
- ✓ 多数病毒没有酶系统。
- ✓ 病毒可以通过裂解和溶原两种方式进行繁殖。

病毒的繁殖方式

病毒一旦进入人体，就会通过裂解和溶原两种方式迅速繁殖，破坏宿主细胞，使人感到不适。

1 病毒攻击宿主细胞，并将其遗传物质注入宿主细胞内。

2 病毒的遗传物质进入细胞核，并与宿主的遗传物质结合。

3 宿主细胞分裂时，病毒的遗传物质也被复制。

4 病毒变得活跃，触发宿主细胞分裂。

5 病毒基因指导宿主细胞复制病毒的遗传物质和蛋白质。

6 病毒的遗传物质和蛋白质排列形成新病毒。

7 新病毒会破坏宿主细胞。

裂解

许多病毒会破坏宿主细胞，使宿主细胞分裂，释放出新病毒。这个过程被称为裂解，通常只需几分钟就能完成。

溶原

有些病毒会把它们的遗传物质插入宿主细胞的遗传物质中，这样构建新病毒的信息就会传递给子代细胞，这一过程被称为溶原。溶原性病毒导致的感染会持续数年。

病毒的结构

简单的病毒结构

大多数病毒的结构都非常简单，由蛋白质外壳和内部遗传物质构成。遗传物质可能是DNA或RNA。

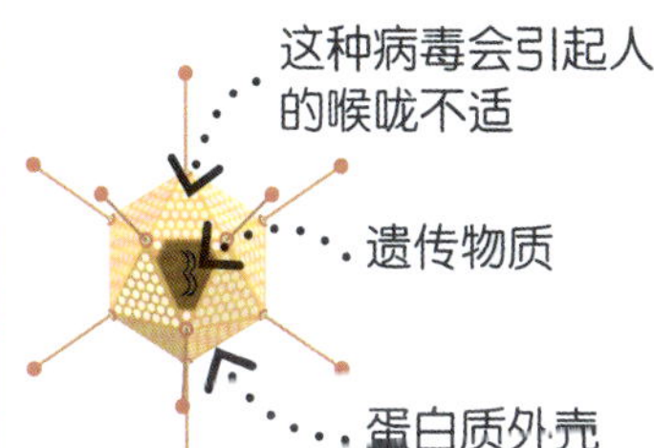

人类免疫缺陷病毒（human immunodeficiencyvirus, HIV）

人类免疫缺陷病毒会引发艾滋病。与其他病毒不同，该病毒的蛋白质外壳包裹着一层囊膜，囊膜可以帮助病毒伪装，使其不被免疫系统发现。该病毒中还含有一种酶，能帮助它将遗传物质注入宿主的DNA中。

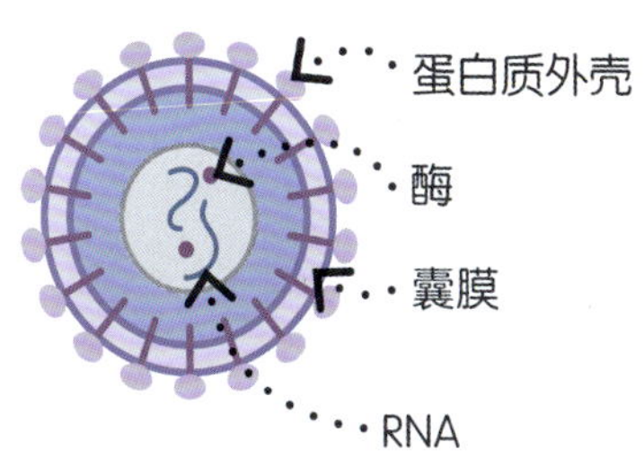

病毒性疾病

由病毒引起的疾病叫作病毒性疾病，如艾滋病、麻疹、埃博拉出血热及植物中常出现的烟草花叶病。

要点

- 由病毒引起的疾病叫作病毒性疾病。病毒性疾病包括艾滋病、麻疹、埃博拉出血热和烟草花叶病等。
- 人类免疫缺陷病毒入侵人体后会攻击白细胞，削弱人体免疫系统，降低人体抵抗病毒的能力。
- 烟草花叶病毒会减少植物中叶绿素的产生，阻碍植物生长。

人类免疫缺陷病毒

人类免疫缺陷病毒（HIV）通过无保护的性行为或共用注射器针头等方式传播。病毒入侵人体后会攻击白细胞，削弱人体免疫系统。感染这种病毒的前期症状与流感类似，但如果不及时治疗,就会发展成威胁生命的艾滋病（获得性免疫缺陷综合征）。感染早期可通过服用抗病毒药物抑制病毒的复制，延缓或阻止病情发展。

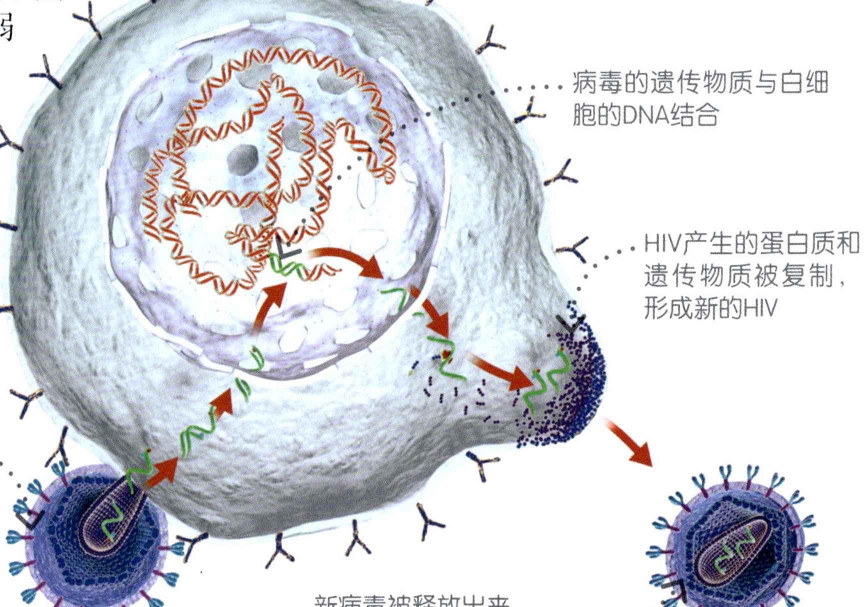

病毒感染的例子

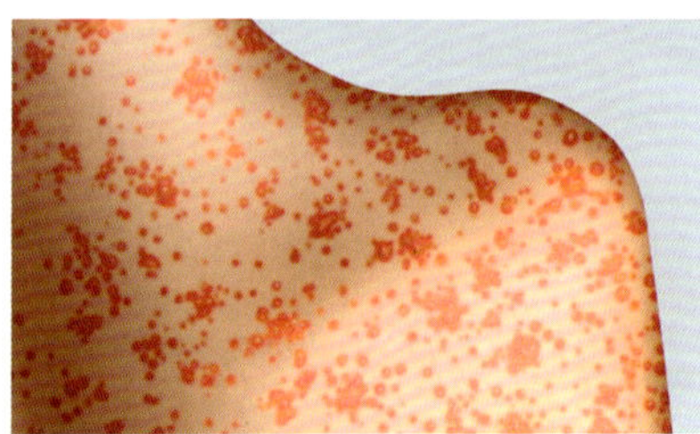

1 麻疹病毒

感染麻疹病毒的人在打喷嚏时，麻疹病毒会被喷射到空气中，并被其他人吸入。感染者会出现发热和起皮疹等症状。接种麻疹疫苗可预防麻疹。

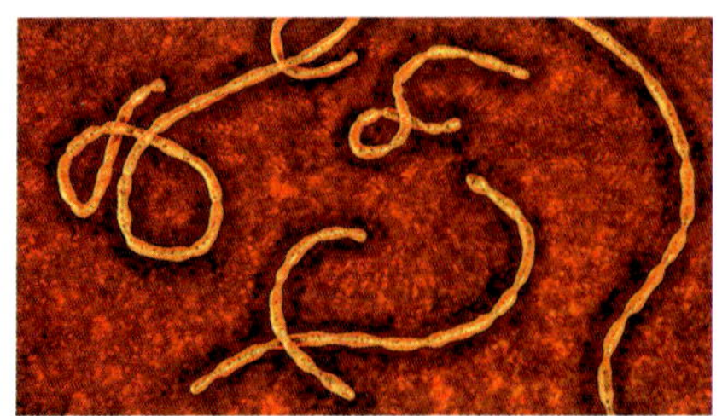

2 埃博拉病毒

致命的埃博拉病毒通过体液传播。感染者症状包括发烧，眼睛、鼻子和口腔出血等。对被感染者采取隔离措施可抑制该病毒的传播。

3 烟草花叶病毒

植物感染烟草花叶病毒后，叶片会皱缩并出现大面积褐色坏死斑。当被感染的植物接触其他植物时，病毒就会传播。烟草花叶病毒会减少植物中叶绿素的产生，影响光合作用，阻碍植物生长。

细菌性疾病

有些细菌是有用的。例如，肠道菌群有助于消化；土壤中的细菌能分解有机物并释放植物生长所需的营养物质等。但是，还有许多细菌会导致严重的疾病。

要点

- ✓ 许多细菌会引发严重的疾病。
- ✓ 细菌通过空气、水、体液和接触等方式传播。
- ✓ 大多数细菌性疾病可以通过服用抗生素和其他相应药物来治疗或缓解症状。

沙门氏菌

人类胃部的酸性条件可以破坏食物中的大部分细菌，但一些有害细菌会存活下来并感染肠道，如沙门氏菌。沙门氏菌释放的毒素会导致食物中毒，使被感染者出现呕吐、腹部绞痛和腹泻等症状。

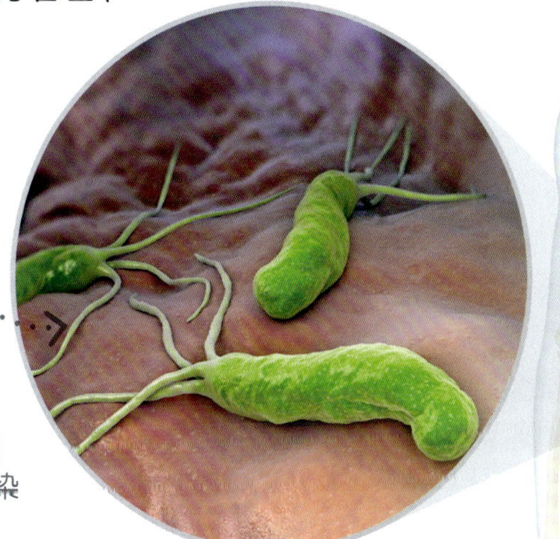

沙门氏菌利用鞭毛移动

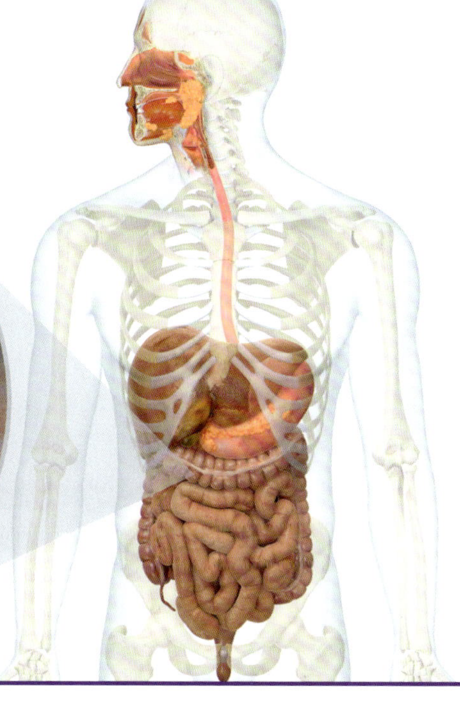

沙门氏菌是一种会引起食物中毒的杆状细菌，如右图所示。食用未完全煮熟的鸡肉时，可能会感染沙门氏菌。

细菌性疾病

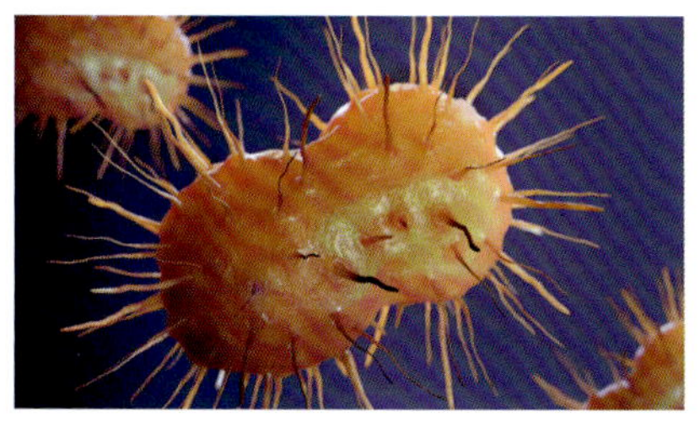

1 淋病

与其他性传播疾病一样，淋病也是通过性接触传播的。感染淋病会有尿道灼痛等症状，可通过服用抗生素进行治疗。使用避孕套能降低性传播感染的风险。

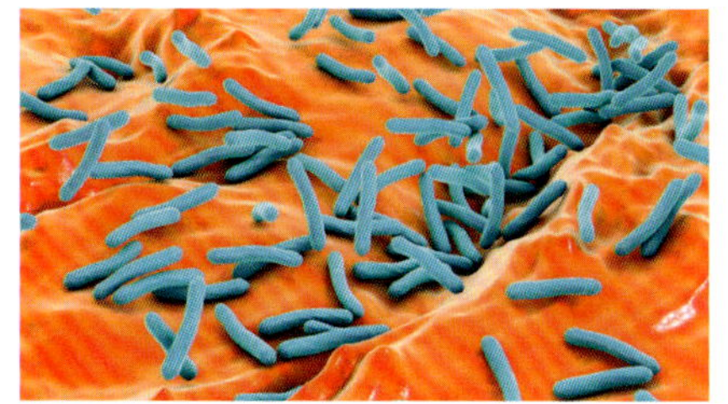

2 肺结核

结核杆菌感染肺部后，患者会通过咳嗽和打喷嚏传播细菌。肺结核可通过接种卡介苗和服用抗生素进行预防和治疗。患肺结核后若不及时治疗，会造成肺损伤甚至死亡。

3 根瘤病

致瘤农杆菌通过植物的茎或根上的伤口进入植物体内，发病处会形成瘤状物，影响植物生长。

原生生物和真菌性疾病

大多数致病的原生生物和真菌都是单细胞生物。它们入侵并寄生在宿主体表或体内，从宿主处获取营养物质，导致宿主患病甚至死亡。

要点

- ✓ 大多数致病的原生生物和真菌都是单细胞生物。
- ✓ 疟疾的病原体（疟原虫）是一种主要由按蚊传播的原生生物。
- ✓ 带菌者是携带病原体并将其传播给其他物种的生物。

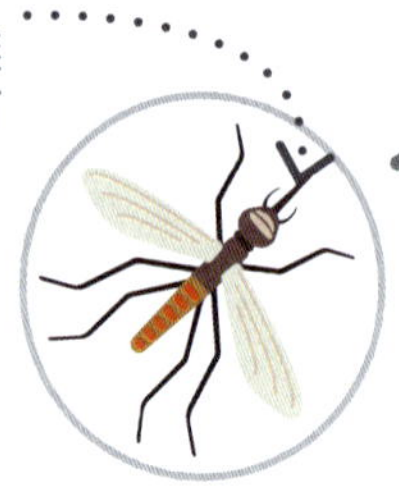

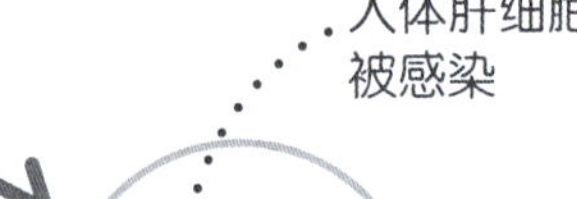

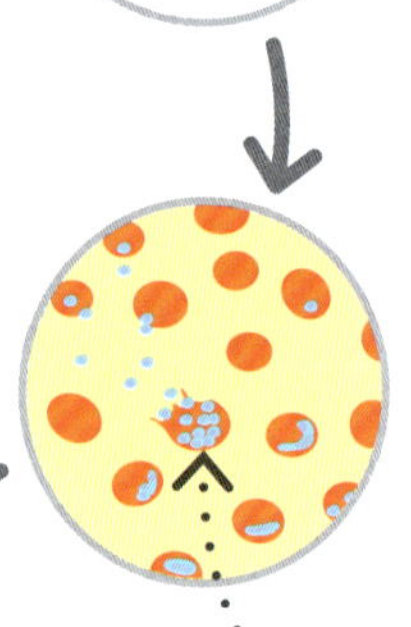

疟疾的传播

疟疾是由一种叫作疟原虫的原生生物引起的传染病。按蚊叮咬疟疾患者时会使被叮咬者感染疟原虫，还会将疟原虫传播给其他被叮咬者。携带病原体并将其传播给其他物种的生物被称为带菌者，如按蚊。

真菌感染

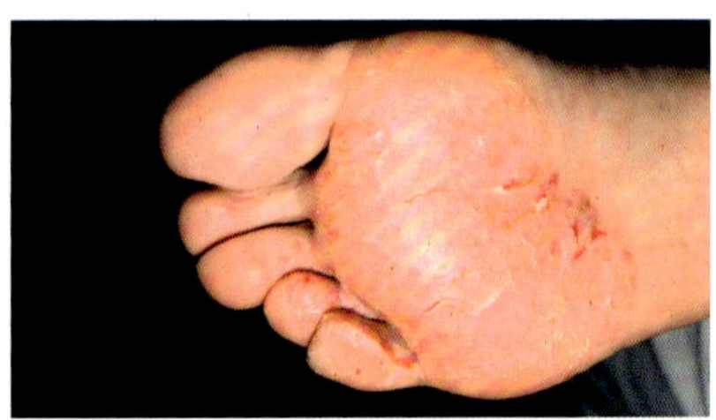

1 足癣

导致足癣的寄生真菌通常在温暖、潮湿的环境中繁殖，并通过直接接触进行传播。足癣的症状包括皮肤开裂、剥落和发痒等，可使用抗真菌药膏进行治疗。

2 桑里白粉病

白粉菌能大量蔓延，受感染植物的叶片和茎上会出现白粉霉斑。白粉菌会限制植物的光合作用，影响植物生长。可用杀菌剂防治桑里白粉病。

3 灰霉病

白蜡树感染灰葡萄孢菌后易患上灰霉病。灰葡萄孢菌通过空气传播。患灰霉病的植物的嫩枝和树皮会变软腐烂，最后病死。可通过重新种植另一种植物减缓灰葡萄孢菌的传播。

人体防线

人体每天都会受到病原体的攻击，呼吸的空气、接触的物体、吃的食物都可能携带致病病原体。但人体设有三道防线，可以抵御病原体的攻击。

要点

- ✓ 人体的第一道防线包括物理屏障和化学屏障。
- ✓ 物理屏障包括皮肤等，化学屏障包括胃酸和酶等。
- ✓ 纤毛和黏液可在病原体深入人体之前将其捕获。
- ✓ 血小板释放化学物质，使血液中的纤维蛋白原转化为纤维蛋白，促使伤口处形成保护性的痂。

第一道防线

人体的第一道防线包括体表的物理屏障和化学屏障。皮肤和鼻毛属于物理屏障，胃酸和黏液中的酶属于化学屏障。

眼泪

眼泪属于化学屏障，其中含有破坏病原体的酶。眼泪能将进入眼睛的细菌和灰尘颗粒冲洗出来

鼻毛

鼻毛能吸附被吸入的灰尘颗粒和病原体

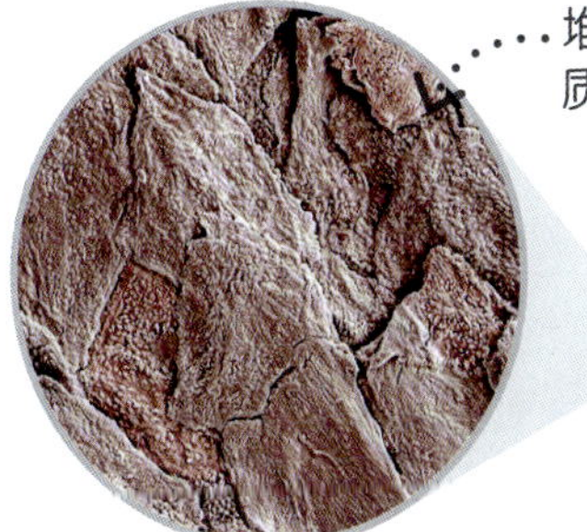

呼吸道

通往肺部的气道会分泌一种能吸附病原体的黏液。附着在呼吸道黏膜上的纤毛不断摆动，可清除异物。

皮肤

角质细胞紧紧地堆积在一起，构成皮肤表皮，使病原体无法通过。当皮肤被划伤时，伤口处会结痂，以阻止病原体进入人体。

胃酸

胃酸能杀死食物中的病原体，以及被吞咽的黏液中的微生物

结痂

1. 皮肤划伤后，血液中的血小板会附着在伤口处，释放化学物质，使可溶性的纤维蛋白原转为不溶性的纤维蛋白。

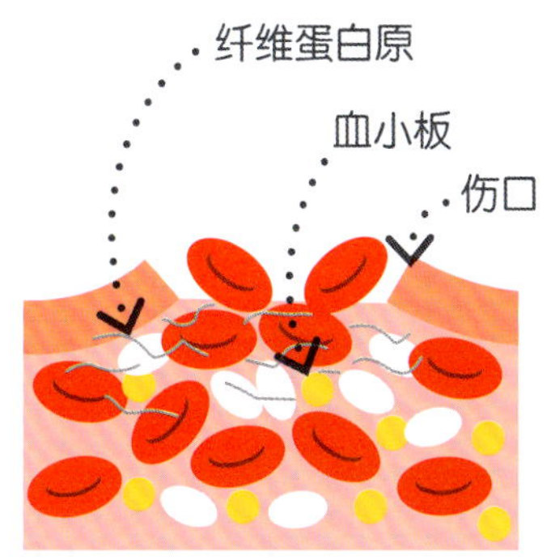

2. 红细胞被纤维蛋白包围，形成血栓。同时，白细胞会攻击所有入侵的病原体。血块变干变硬，形成保护性的痂。

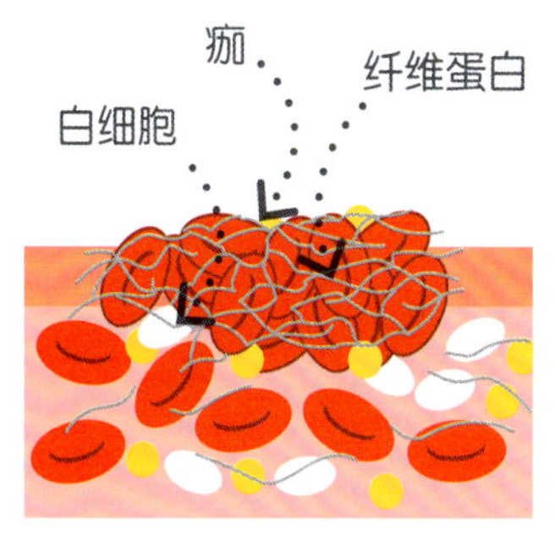

吞噬细胞

尽管人体的第一道防线很有效，但仍然会有一部分病原体进入人体。这时，人体的第二道防线——体液中的杀菌物质和吞噬细胞就会开始工作，攻击细菌等病原体。

要点

- ✓ 体液中的杀菌物质和吞噬细胞是人体的第二道防线。
- ✓ 吞噬和消灭病原体的过程被称为吞噬作用。
- ✓ 吞噬细胞不具有特异性，能吞噬多种病原体。

吞噬细胞

病原体进入人体几分钟后，吞噬细胞会迅速繁殖。吞噬细胞从毛细血管到达感染部位，通过改变形状吞噬病原体。吞噬细胞不具有特异性，能吞噬多种病原体。

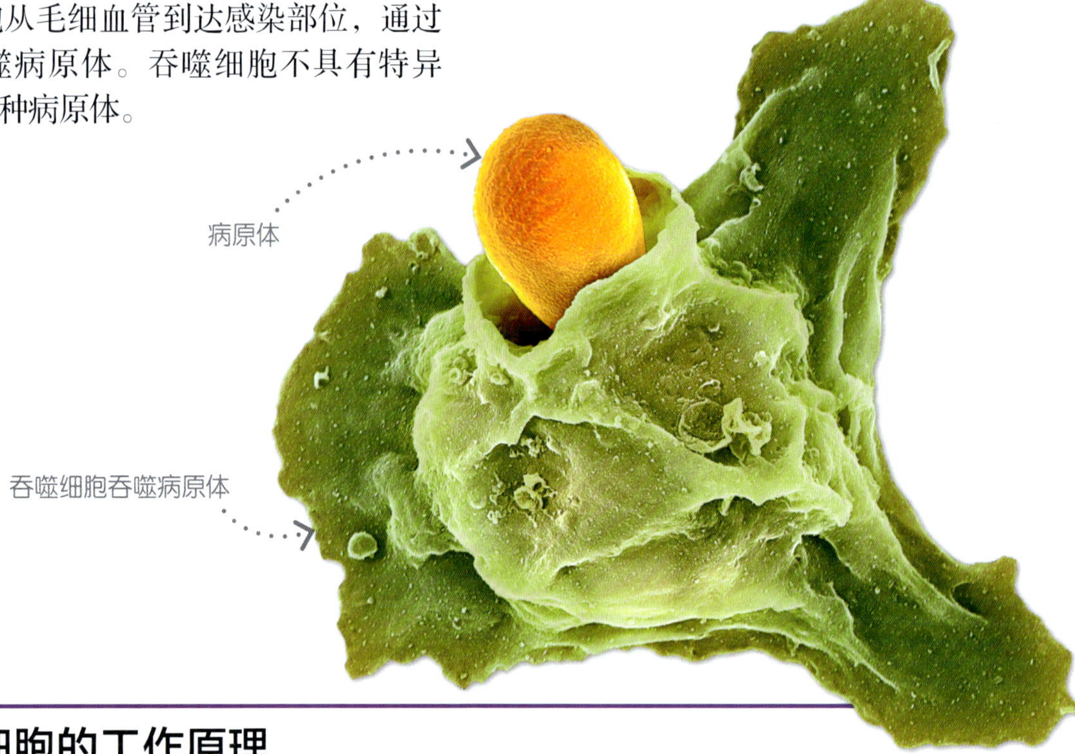

吞噬细胞的工作原理

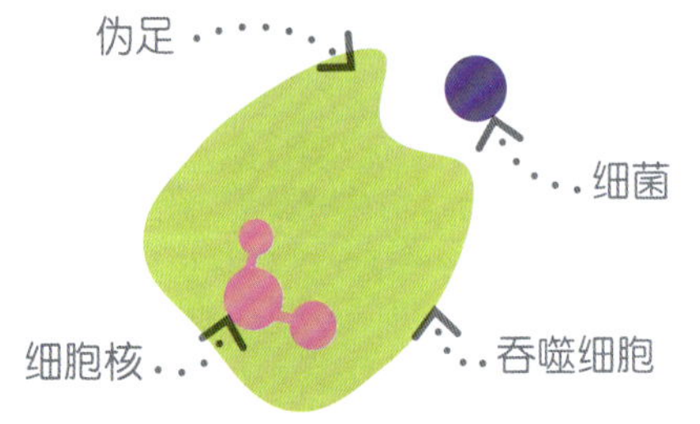

1 吞噬细胞能改变形状，伸展出能包围细菌的伪足。

2 当伪足完全包裹住细菌时，吞噬细胞的细胞膜会连接起来将细菌吞噬。细菌被困在一个充满液体的食物泡中。

3 食物泡与溶酶体合并为吞噬溶酶体，分泌水解酶消化细菌，最后将消化后的残体排出细胞。

淋巴细胞

人体的第三道防线主要由免疫器官和免疫细胞（如淋巴细胞）组成。淋巴细胞和吞噬细胞是人体两种主要的白细胞，可帮助人体抵御疾病。病原体侵入人体后，吞噬细胞能快速将其杀死。同时，淋巴细胞会产生一种被称为抗体的防御性蛋白质，使身体在较长一段时间内对该病原体免疫。

靶细胞

淋巴细胞会针对特定病原体产生抗体并记忆以防再侵。抗体吸附在病原体表面的抗原上并进行标记，吸引吞噬细胞攻击，而人体自身细胞中的抗原会被免疫系统识别为“自己人”，通常不会遭受攻击。

要点

- ✓ 淋巴细胞是白细胞的一种，可以产生抗体。
- ✓ 抗体能与形状匹配的抗原结合。
- ✓ 抗体吸附在抗原上并对抗原进行标记，帮助免疫系统将病原体识别为外来物，吸引吞噬细胞发起攻击。
- ✓ 抗原是一种蛋白质，通常存在于病原体表面。人体自身的细胞中也含有抗原。
- ✓ 免疫系统能识别人体自身细胞中的抗原，通常不会攻击它们。

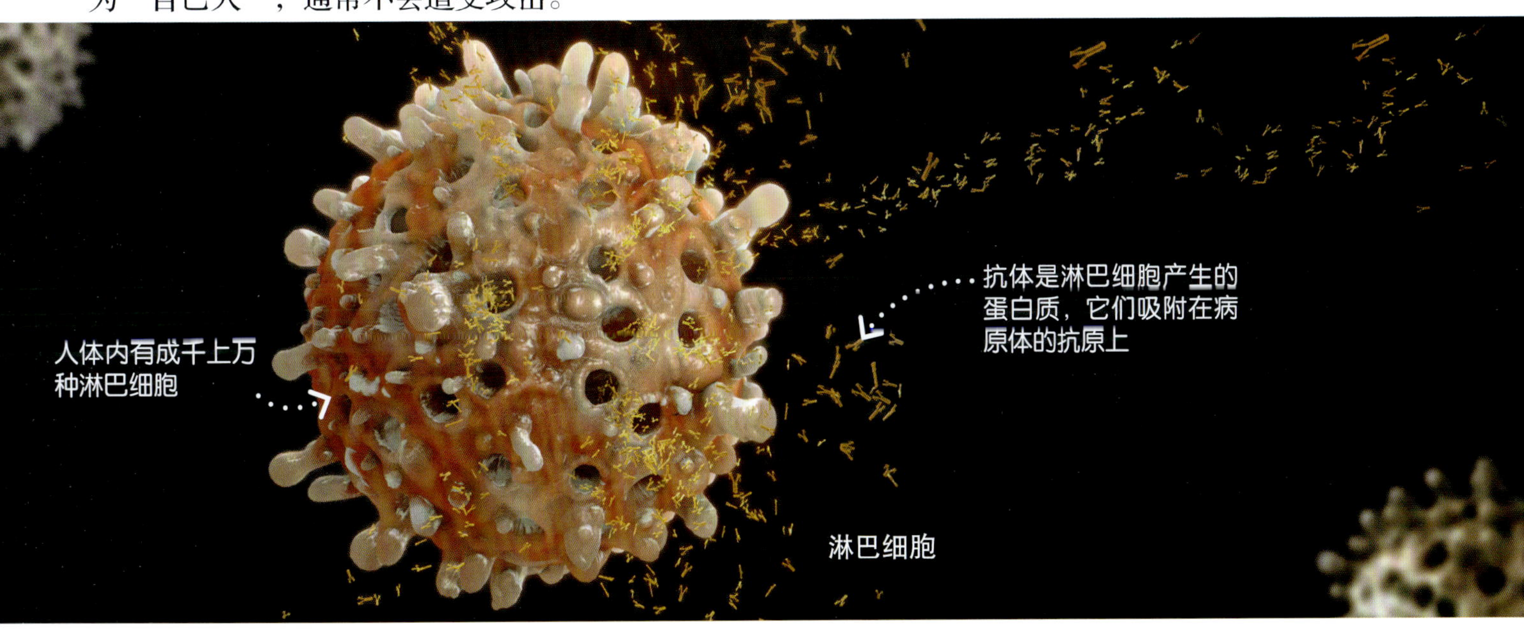

抗体和抗原

每种病原体都有特定形状的抗原。淋巴细胞会产生大量抗体，以确保一些抗体能与病原体上的抗原匹配并吸附在一起。抗体吸附在抗原上时，会吸引吞噬细胞攻击病原体。

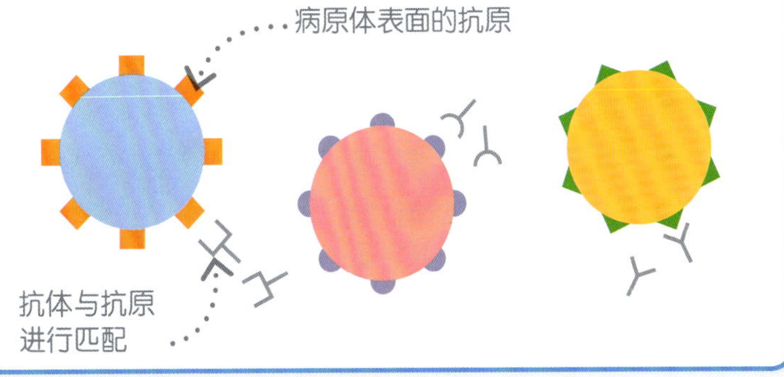

免疫反应

当病原体第一次侵入人体时，人体内的淋巴细胞会产生相应的抗体。在产生抗体的过程中，免疫系统会产生记忆细胞。因此，当同样的病原体再次侵入人体时，免疫系统会迅速做出反应并消灭病原体，且人体不会产生任何不适，因为身体已经对这种病原体免疫。

要点

- ✓ 当人体第一次接触某种病原体时，淋巴细胞会产生抗体，这就是初次免疫反应。
- ✓ 在初次免疫反应时，免疫系统会产生记忆细胞。
- ✓ 当人体第二次接触相同的病原体时，记忆细胞能快速将其识别并产生更多抗体，这就是二次免疫反应。

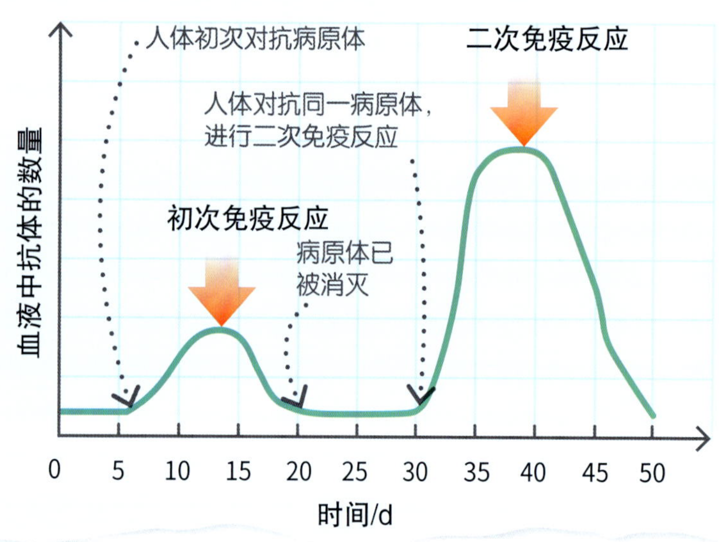

初次免疫反应和二次免疫反应

淋巴细胞会产生抗体，保护人体免受侵害，这就是初次免疫反应。当第二次接触相同的病原体时，人体会迅速对其进行二次免疫反应。因为初次免疫反应时产生的记忆细胞被留在血液中，时刻准备着再次抵抗病原体。

淋巴细胞的工作原理

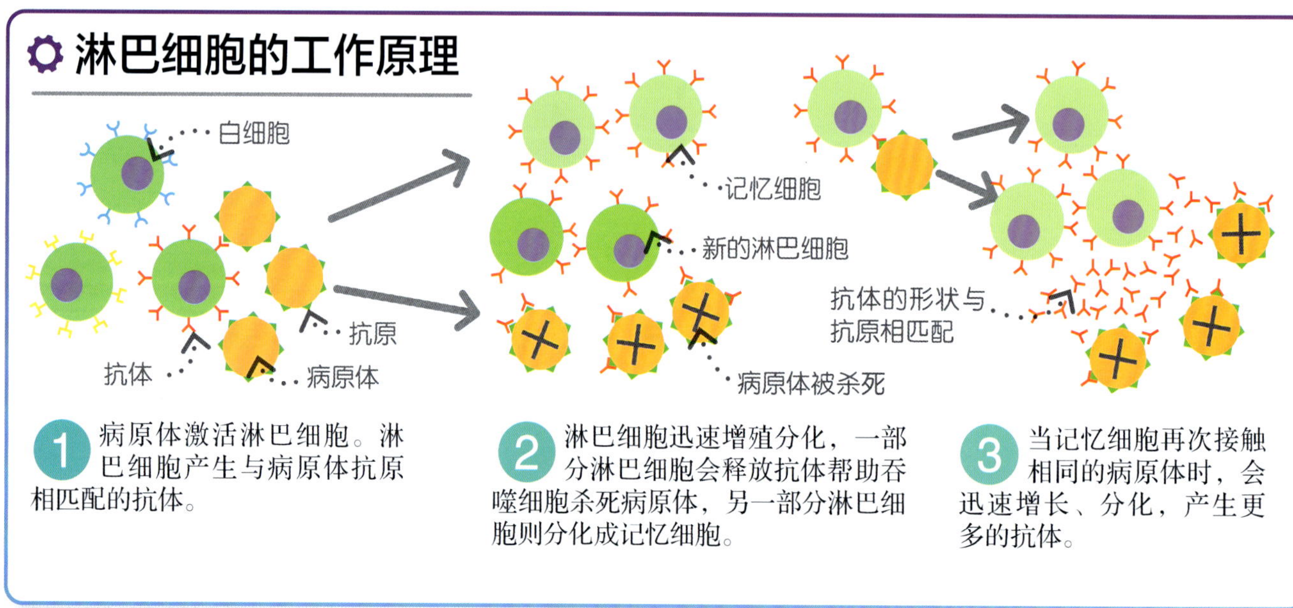

1 病原体激活淋巴细胞。淋巴细胞产生与病原体抗原相匹配的抗体。

2 淋巴细胞迅速增殖分化，一部分淋巴细胞会释放抗体帮助吞噬细胞杀死病原体，另一部分淋巴细胞则分化成记忆细胞。

3 当记忆细胞再次接触相同的病原体时，会迅速增长、分化，产生更多的抗体。

接种疫苗

人类通过对人体免疫系统工作机制的不断探索，研制出各种疫苗。接种疫苗可以保护人体免受传染病的侵害。通过注射用失活的或减毒的病原体制成的疫苗刺激身体产生记忆细胞，使人体对由这种病原体引起的疾病免疫。

要点

- ✓ 疫苗用失活的或减毒的病原体制成。
- ✓ 疫苗中的病原体能刺激人体产生抗体和记忆细胞。
- ✓ 疫苗可以预防疾病，但也会带来一些副作用。

控制传染病

疫苗不仅可以预防疾病，还可以防止传染病在人群中传播。有些疫苗接种后，人体会获得终身免疫。但有些疫苗无法产生这种效果，需要定期接种。

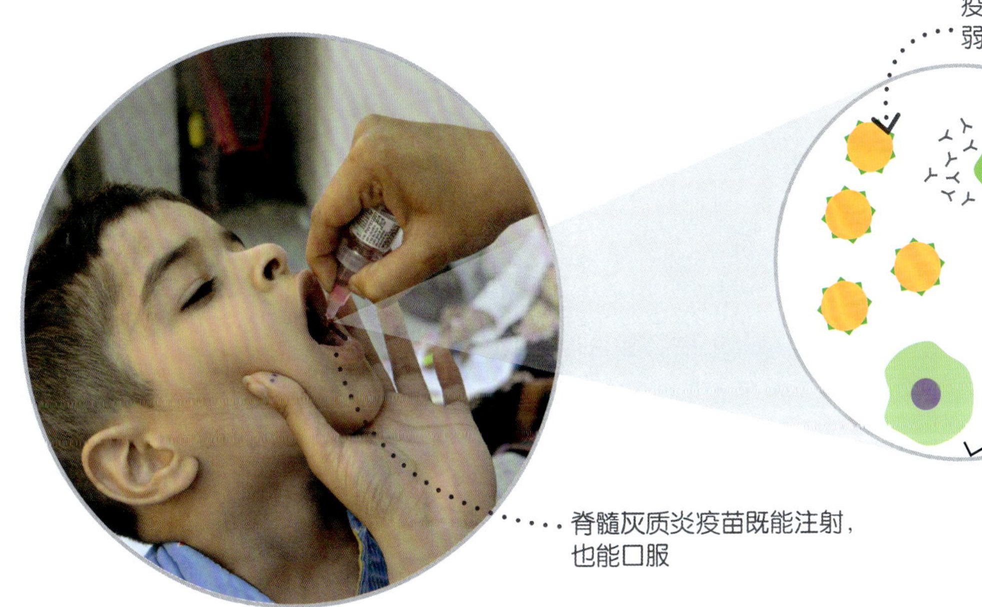

疫苗接种的利与弊

利

- 接种疫苗有助于控制传染病的传播。例如，接种脊髓灰质炎疫苗使全世界感染这种疾病的人数减少了99%。
- 接种疫苗使因传染病而死亡的人数大幅减少，尤其是儿童的死亡人数。
- 接种疫苗的费用比感染疾病后治疗所需的费用低。

弊

- 有些人对疫苗会产生不良反应。
- 以注射的方式接种疫苗会使人产生疼痛感。有些人还会晕针。
- 并不是所有疫苗都有效。

单克隆抗体

单克隆抗体是通过克隆产生抗体的B淋巴细胞制成的，只与某一特定的抗原结合，通常采用杂交瘤技术制备。单克隆抗体可用来诊断疾病、验孕和治疗癌症。

要点

- ✓ 单克隆抗体是通过克隆产生抗体的B淋巴细胞制成的，只与某一特定的抗原结合。
- ✓ 单克隆抗体通常采用杂交瘤技术来制备，即将B淋巴细胞与骨髓瘤细胞融合形成杂交瘤细胞，杂交瘤细胞迅速增殖、分化，产生大量单克隆抗体。
- ✓ 单克隆抗体可以用来诊断疾病、验孕和治疗癌症。

1 给老鼠注射抗原

2 老鼠体内产生与该抗原匹配的抗体。提取老鼠体内产生抗体的B淋巴细胞

骨髓瘤细胞

3 在实验室里，B淋巴细胞与快速分裂的瘤细胞融合，产生杂交瘤细胞

4 杂交瘤细胞能迅速增殖、分化，产生大量抗体

可使用单克隆抗体

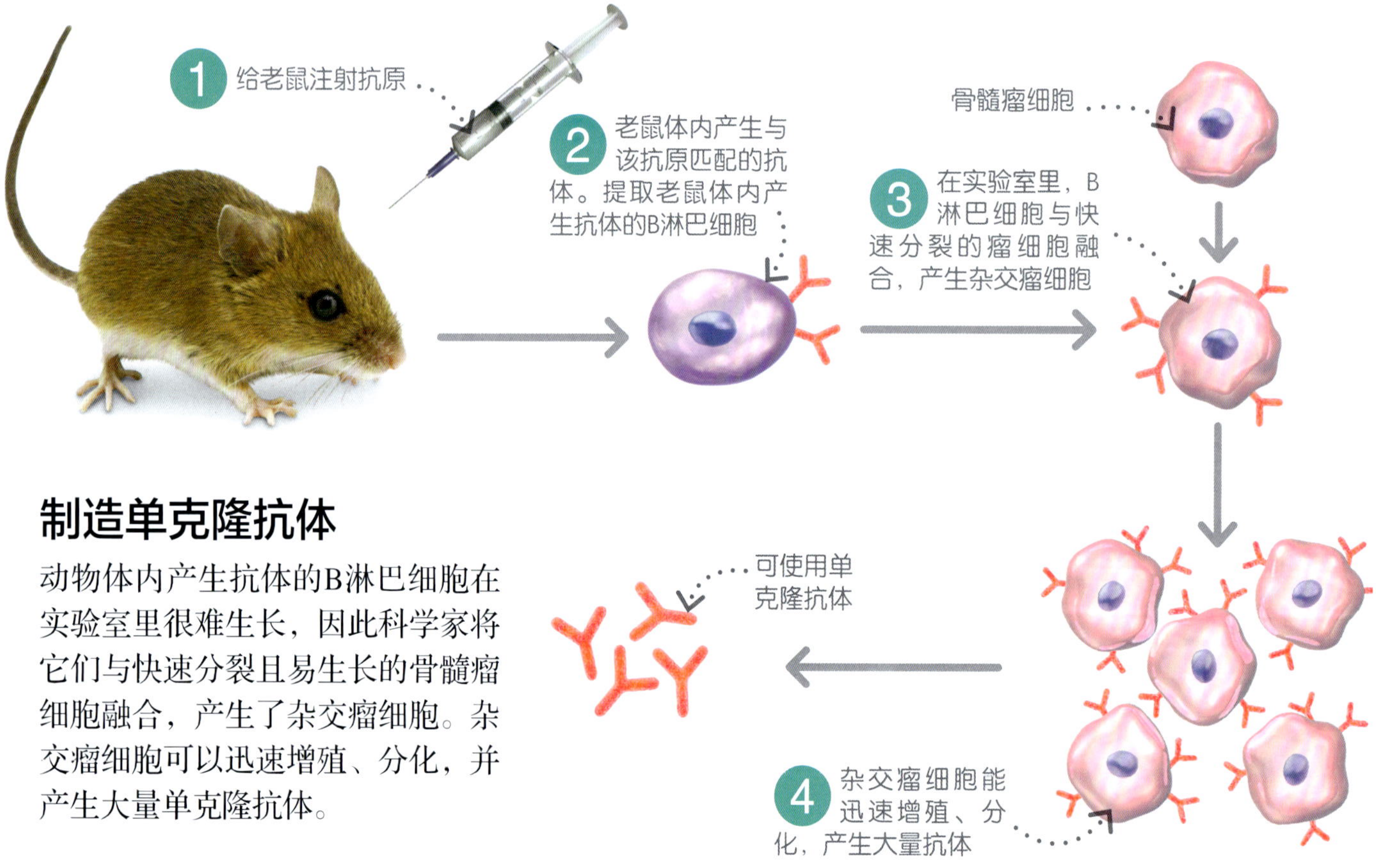

制造单克隆抗体

动物体内产生抗体的B淋巴细胞在实验室里很难生长，因此科学家将它们与快速分裂且易生长的骨髓瘤细胞融合，产生了杂交瘤细胞。杂交瘤细胞可以迅速增殖、分化，并产生大量单克隆抗体。

如何使用单克隆抗体

由于单克隆抗体只与某一特定的抗原结合，所以它可以用来检测抗原。有一种单克隆抗体被用于早期妊娠检测，它可以与孕妇产生的HCG（人绒毛膜促性腺激素）结合。检测时，只需将尿液样本滴在测试设备上即可。

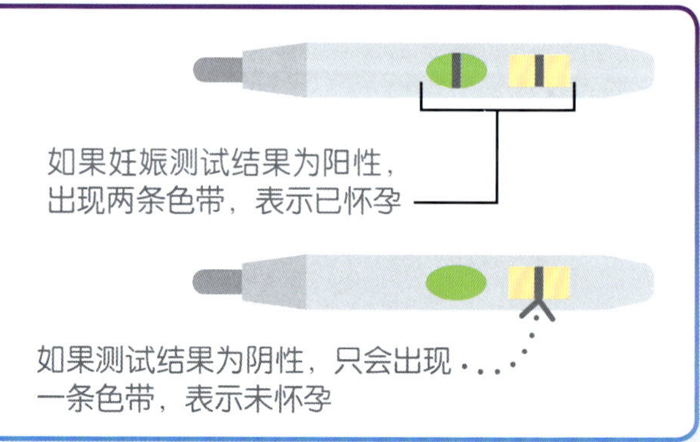

癌症

正常的体细胞以受控的速度生长和分裂。如果细胞不受控制地无限增殖，就会产生肿瘤。肿瘤分为恶性肿瘤和良性肿瘤。恶性肿瘤会扩散、转移到身体的其他部位，引发癌症。

要点

- ✓ 如果细胞不受控制地无限繁殖，就会产生肿瘤。肿瘤分为恶性肿瘤和良性肿瘤。
- ✓ 恶性肿瘤会扩散、转移到身体的其他部位，引发癌症。
- ✓ 癌症的治疗方法包括放射治疗和化学药物治疗。

癌症的起因和治疗

导致癌症的因素有很多，包括基因、饮食和接触致癌物质，如香烟烟雾等。癌症的治疗方法包括放射治疗和化学药物治疗，两者都能攻击体内快速分裂的癌细胞，但同时也会产生令人不适的副作用。

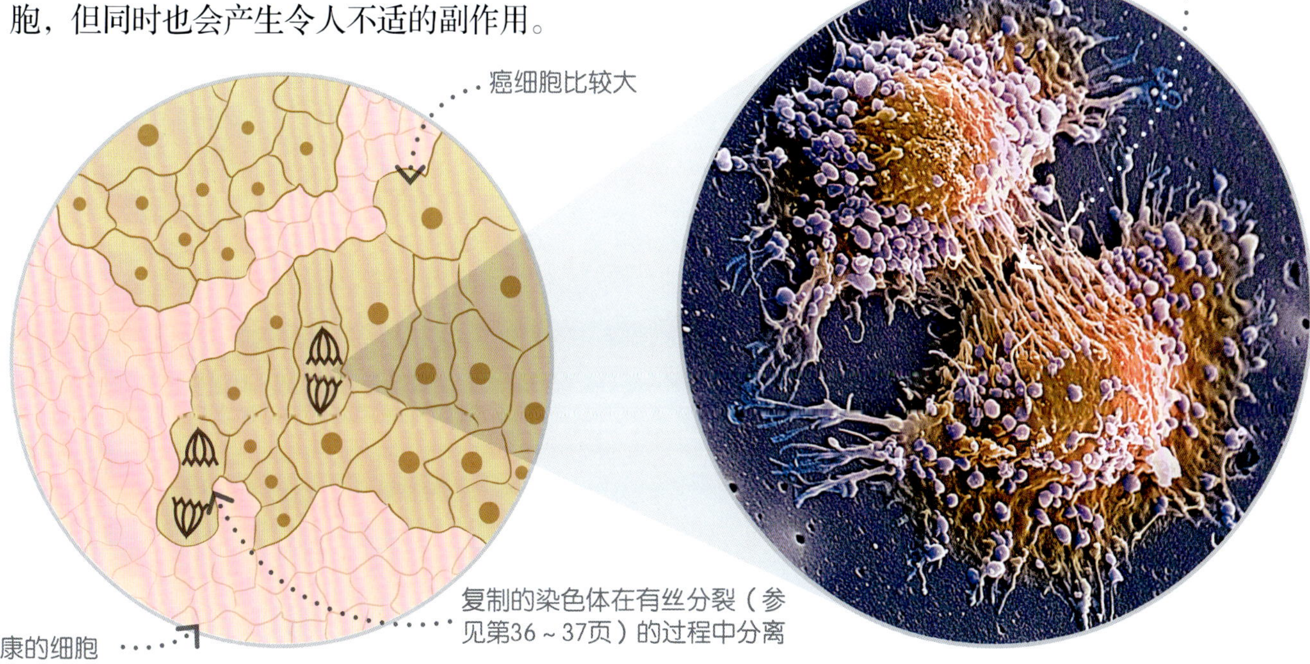

靶向治疗

现在还可以使用靶向治疗技术治疗癌症，即利用免疫系统直接瞄准癌细胞。例如，制造单克隆抗体，使其与癌细胞上的抗原结合。单克隆抗体通过向癌细胞输送抗癌药物（如右图所示）或调动人体免疫系统发起攻击杀死癌细胞。

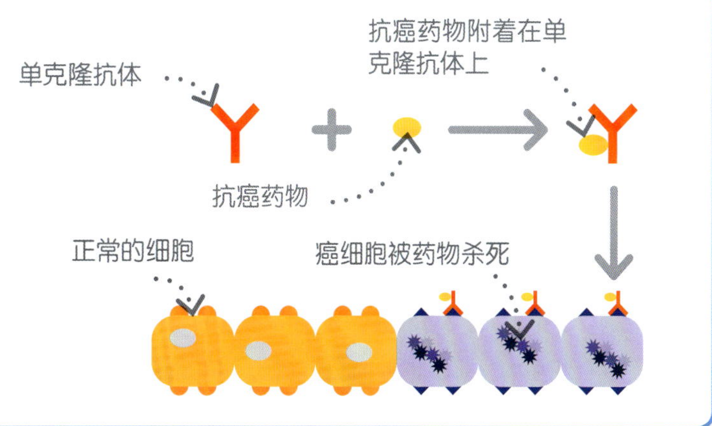

药物

药物是指能够影响人的身体或精神的化学物质。多数药物都被用来预防、诊断或治疗疾病，但有些被用于娱乐消遣，如酒精、咖啡因和尼古丁等，青少年应远离这些物质。

将浸泡过抗生素溶液的小纸盘与细菌样本一起放在琼脂培养基中

抗生素从纸盘上扩散到周围的琼脂中，阻止了细菌的生长

棕色区域是细菌繁殖形成的菌落

药物的工作原理

大多数药物通过影响细胞内的化学过程起作用。例如，青霉素是一种用来治疗细菌感染的抗生素，它的工作原理是抑制细菌合成细胞壁，阻止细菌生长，从而治疗细菌感染。右侧的实验显示了抗生素对细菌生长的影响。

要点

- ✓ 药物是能够影响人的身体或精神的化学物质。
- ✓ 大多数药物通过影响细胞内的化学过程起作用。
- ✓ 抗生素是用来杀死细菌或减缓细菌生长的药物。
- ✓ 一些病原体会发生基因突变，对药物产生耐药性。

耐药性

如果引起传染病的细菌（病原体）产生了耐药性，传染病就很难通过药物进行治疗。产生耐药性的原因可能是细菌发生了基因突变（参见第178页）。当抗生素被用来治疗细菌感染时，不具有耐药性的细菌死亡，具有耐药性的细菌会继续繁殖。

具有耐药性的细菌存活下来。它们会不断分裂，产生更多具有耐药性的细菌

不具有耐药性的细菌进入人体

细菌发生基因突变，产生耐药性

药物检测

随着科技的进步，许多新的药物被研发出来，用于治疗疾病。但药物的研发一般需要耗时多年，因为每种药物都必须经过严格筛选和测试，以确保其有效且安全。

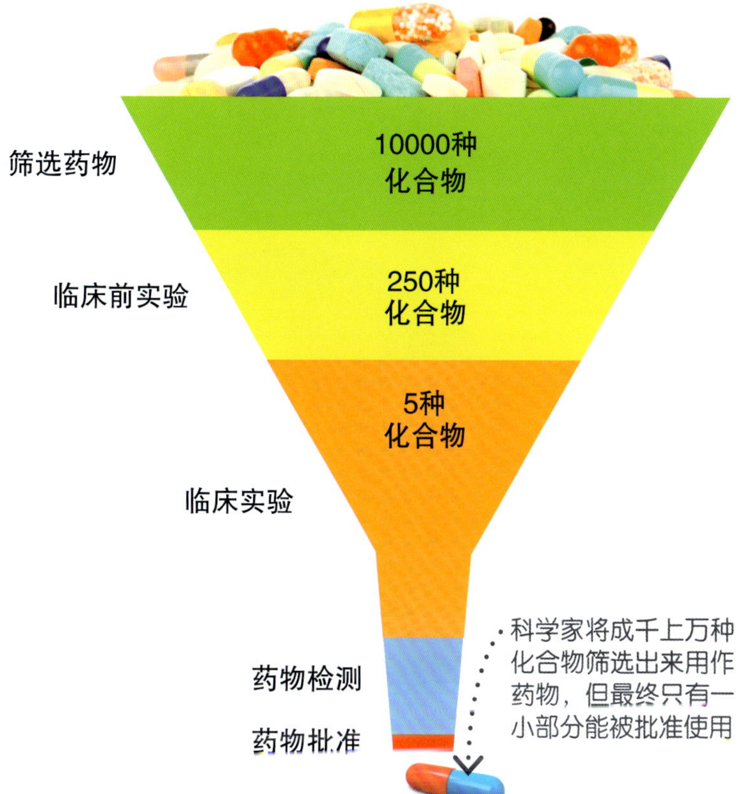

要点

- ✓ 传统的药物是从植物或微生物中提取的。
- ✓ 在研发新药物的过程中，必须测试药物的有效性、毒性（安全性）和合适剂量。
- ✓ 药物的临床前实验是在培养的活细胞、组织和实验动物上进行的。
- ✓ 药物测试的最后阶段是在健康的志愿者或病人身上进行临床实验。

药物研发

药物研发包括调整现有药物、用化学方法合成新药以及筛选从植物或微生物中提取的天然化合物等。例如，治疗心脏病的洋地黄是从草本植物毛地黄中提取出来的；用作抗生素的青霉素是青霉菌产生的一种特殊物质。但新研发的药物可能会对人体产生有害副作用，因此科学家要花费10~15年测试新药物，检测合格的药物才能投入生产。

临床实验

药物实验通常会在两组志愿者身上进行：一组（实验组）使用药物，另一组（对照组）使用安慰剂（不含药物的片剂或注射剂）。研究人员通过观察两组志愿者的反应差异，以判断药物是否有效。

情景	实验的种类		
	单盲实验	双盲实验	开放实验
志愿者知道他们使用的是药物还是安慰剂	否，防止志愿者受到任何主观影响	否，防止志愿者受到任何主观影响	是，当无法进行单盲或双盲实验时，最后会选择进行开放实验
研究人员知道志愿者使用的是药物还是安慰剂	是	否，防止研究人员提示志愿者关于治疗的任何信息	是

植物与害虫

植物也会遭受各种病虫害，包括真菌和病毒感染以及刺吸式口器害虫和食叶害虫的侵害。有些害虫携带病原体，会把疾病传播给植物，就像按蚊把疟疾传播给人类一样。

要点

- ✓ 植物会遭受各种病虫害。有些害虫会吸食植物汁液，影响植物生长甚至杀死植物。
- ✓ 有些害虫携带病原体，会在植物间传播疾病。
- ✓ 可以通过观察植物的症状及植物组织、培养微生物和使用含有单克隆抗体的检测试剂盒，来确定植物病害的种类。

传播疾病

蚜虫是一种行动缓慢、繁殖迅速的昆虫。它会吸食植物汁液，并使植物组织感染致命的病毒，对植物造成损害。我们可以通过使用化学杀虫剂或引入蚜虫的天敌来防治蚜虫病，以确保作物产量。

蚜虫每天吸食的植物汁液是其自身重量的好几倍

蚜虫

这是用电子显微镜观察到的蚜虫。蚜虫通过将其尖锐的管口器（腹管）插入植物体内吸食植物汁液

诊断植物病害

可以通过观察植物的症状，如植物生长迟缓、叶片上长有斑点、叶片变色和出现的害虫等来确定植物病害的种类。也可以通过用显微镜观察植物组织、培养微生物、使用含有单克隆抗体（参见第260页）的检测试剂盒来识别植物病原体。右图为烟草花叶病毒，它会损害番茄、辣椒和烟草等植物。

烟草花叶病毒

植物的防御系统

植物虽然没有免疫系统，但却拥有独特的防御系统，能够抵御有害生物的入侵。植物的防御系统包括树皮等天然的物理屏障，以及能阻止植食性动物食用和杀死害虫的化学屏障等防御措施。

要点

- ✓ 植物也有可以抵御有害生物入侵的物理屏障和化学屏障。
- ✓ 树皮是有效的物理屏障。
- ✓ 植物细胞的细胞壁由很难被消化的纤维素构成。
- ✓ 植物表皮上的角质层可以保护植物免受病原体的入侵。
- ✓ 有些植物可以散发出令植食性动物讨厌的气味或释放有毒的化学物质，使它们不敢食用。

含羞草

含羞草进化出了一种可躲避植食性动物攻击的方法。含羞草非常敏感，当它被触摸时，叶片会立即合拢。这使它看起来不那么可口，有助于驱赶植食性昆虫。

天然的物理屏障

1 树皮

厚厚的树皮是植物抵御病原体的第一道防线。树皮和人的皮肤一样，是抵御病原生物的物理屏障。

2 细胞壁

植物的细胞壁主要由纤维素构成。纤维素很难被消化，需要植食性动物的胃和肠道中特殊的微生物帮助消化。

3 表皮和刺

植物的表皮有一层角质层，用于保护植物，可以阻挡病原体的入侵。许多沙漠植物的表皮长有刺，能防止其被食用。

4 叶子

有些植物有苦味或会释放有毒的化学物质，使植食性动物不敢食用。例如，一些三叶草会释放出少量氰化物，以阻止植食性动物食用。

术语表

1型糖尿病
由于胰岛素分泌不足而导致的糖尿病，通常发生在儿童和青少年时期。

2型糖尿病
由于胰岛素不能正常发挥作用导致的糖尿病，通常发生在成年后。

DNA
即脱氧核糖核酸，是生物主要的遗传物质，通常储存在细胞核中。

pH
衡量物质酸碱性及强弱程度的指标。

RNA
即核糖核酸，能复制DNA中的遗传信息从而控制合成蛋白质。

A

癌症
一种身体细胞异常分化和繁殖，最后形成恶性肿瘤的疾病。

安慰剂
没有任何药效且对人体不会产生任何影响的片剂或注射剂。

氨基酸
蛋白质分子的基本组成单位。

B

白细胞
一种能吞噬、消灭病菌的血细胞。

瓣膜
人或某些动物器官中的半月形膜状结构，可确保血液向一个方向流动。

孢子
由真菌或植物产生的一种细胞，可发育成新个体。

保卫细胞
叶片表面的半月形细胞，两两相邻，能控制气孔的开合。

鞭毛
有些细菌长出的像鞭子一样的丝状物，通过旋转驱使细菌移动。

变态
动物在发育过程中，幼体和成体出现形态和习性上的显著变化。

变性
指酶的空间结构遭到破坏，不再起作用。

变异
物种个体之间由基因或环境造成差异的现象。

表现型
由基因控制的生物的特殊特征，如动物皮毛的颜色。

病毒
一种由蛋白质外壳和遗传物质组成的微生物。

病原体
能引起疾病的微生物。

哺乳动物
体表被毛，胎生、哺乳的恒温脊椎动物。

C

赤霉素
一种植物激素，能促进种子萌发和结束花蕾休眠状态。

初级消费者
以植物等生产者为食的生物。

传粉
成熟花粉从花的雄性部分转移到花的雌性部分，使花朵受精的过程。

传染病
一种由病原体引起且能在人与人、动物与动物或人与动物之间传播的疾病。

垂体
人体最复杂的内分泌腺，位于大脑下部，能分泌多种激素。

纯合子
含有两个完全相同的等位基因的基因型个体。

雌激素
女性卵巢分泌的激素，能激发女性第二性征的发育。

次级消费者
以初级消费者为食的肉食性动物。

促黄体生成素
一种促进激素，能促进卵泡成熟，刺激卵巢排卵。

促卵泡生成素
一种促进激素，能促进卵泡成熟，刺激卵巢分泌雌激素。

催化剂
能提高化学反应速率且自身不发生改变的化学物质。

D

带菌者
携带病原体并传播疾病的生物。

单克隆抗体

由通过克隆产生抗体的B淋巴细胞制作出的一种针对特定抗原的抗体。

单孔目

罕见的产卵哺乳动物，如鸭嘴兽和针鼹。

单盲实验

一种只有研究者了解分组情况的临床药物实验方式。

蛋白酶

一类消化蛋白质的酶，能水解蛋白质肽键。

蛋白质

由多种氨基酸组成，是人体一切细胞、组织的重要组成成分。

淀粉

由葡萄糖分子构成的高分子碳水化合物。

淀粉酶

能水解淀粉和糖原的酶。

顶体

位于精子头部的囊状细胞器，里面含有大量消化酶。

F

翻译

读取mRNA中的碱基序列，并生成对应的特定氨基酸序列的过程。是基因指导蛋白质合成的第二步。

反射

一种人体通过神经系统对各种刺激做出的规律性反应。简单反射不需经大脑思考。

反射弧

触发反射动作的神经信号所经过的路径。

非传染性疾病

一种由人的生活方式和基因等因素引起的疾病，不具有传染性。

非生物因素

影响生态系统的环境条件，如温度、光照和水等。

肺泡

肺中细支气管末端突出的小囊泡。

分解者

能分解动植物遗骸和排泄物的生物。

分生组织

位于植物的茎尖、芽、根尖和茎周围的，有可再生能力的细胞群。

辐射

放射源发出的电磁波或粒子流。

负反馈调节

维持内环境稳态的重要调节方法之一。

附生植物

一种附着在另一种植物上生长但不从中吸取营养的植物。

G

感觉神经元

一种可以探测刺激，并将信息以电信号的形式传递给中枢神经系统的神经细胞。

感受器

感觉神经元周围突起的末梢，能接受并传递刺激。

干细胞

一种未分化的细胞，可以分化成许多其他类型的功能细胞。

睾丸

男性体内产生雄性生殖细胞和雄性激素的器官。

睾丸素

男性体内主要的性激素，能促进男性第二性征的发育。

共显性

一个杂合基因型中的两个不同等位基因都得到了表达。

光合作用

绿色植物利用光能将水和二氧化碳合成有机物并释放氧气的过程。

H

含氧血

含氧量丰富的血液。

核糖体

帮助生物构建蛋白质分子的微小细胞器。

恒温动物

能维持体温恒定的动物。

红细胞

一种血细胞，其中含有大量运送氧气的血红蛋白。

虹膜

有颜色的扁圆形环状薄膜，能控制瞳孔的光线量。

呼吸

生物体内持续发生的一种化学反应，可以将营养物质转化成能量。

花粉

由花药产生的粉状物质，其中含有雄性生殖细胞。

花蜜

一种由花产生的含糖液体，可以吸引传粉者。

化石

存留在岩石中的古生物遗体、遗物或生活痕迹。

化石燃料

古生物遗骸经过数百万年的复杂变化而形成的物质，包括煤、石油和燃气等。

黄体酮

女性卵巢分泌的一种雌激素，能保护女性的子宫内膜。

活性部位

酶与底物分子结合的部位。

J

基因

有遗传效应的DNA片段。

基因工程

将基因从一个生物体转移给另一个生物体的遗传技术。

基因型

某一生物基因的组合，决定生物的特殊性状（表现型）。

基因组

包含生物所有遗传物质的完整组合。

集约农业

一种旨在实现粮食高产和利润最大化的农业经营方式。

脊椎骨

脊椎动物脊柱中众多小骨头的统称。

记忆细胞

由淋巴细胞产生的一种免疫细胞，可以记住并识别接触过的病原体，使身体产生免疫力。

寄生虫

寄生在其他有机体（宿主）内或附着于其体外以获取营养的生物。

减数分裂

有性生殖产生成熟生殖细胞的一种特殊分裂方式。

角蛋白

蛋白质的一种，是构成毛发、羽毛、指甲、角和蹄等的主要物质。

角膜

眼球壁外层前部弯曲的透明部分。

角质层

叶片表皮的一层蜡质防水层。

节肢动物

无脊椎动物的一个类别，体表有坚韧的外骨骼，身体和附肢（触角和足）都分节。

进化

生物种群里的遗传性状在世代之间的变化。

精子

雄性动物及部分植物所产生的生殖细胞。

菌丝体

真菌的营养体，通常由隐藏在地下或木头里的菌丝构成。

K

抗利尿激素

由垂体后叶释放的激素，能控制水分的重吸收。

抗生素

一种能杀死细菌的药物。

抗体

人体免疫系统产生的具有保护作用的蛋白质，只与特定的抗原结合。

抗原

使人体产生抗体并与抗体发生反应的物质。

克隆

一种无性繁殖技术。

控制变量

在实验中保持不变的量。

扩散

液体和气体中的粒子从高浓度区域移动到低浓度区域的过程。

L

两栖动物

营水陆两栖生活的变温动物。

裂解

病毒繁殖的两种主要方式之一。

临床实验

在人体（病人或健康志愿者）上进行的对药物的系统性研究。

淋巴细胞

一种能产生抗体的白细胞。

流行病

能在人群中迅速传播的疾病，通常在几周内就能感染众多人口。

陆生生物

生活在陆地上的生物。

卵白

卵细胞中由水和蛋白质组成的白色部分。

卵巢

雌性动物的生殖器官，主要功能是分泌雌激素，产生并排出卵细胞。

卵黄

卵细胞内部含有丰富的蛋白质和脂肪的黄色部分。

卵细胞

雌性动物和部分植物所产生的生殖细胞。

M

毛细血管

人体中连接最小的动脉与最小的静脉的血管。

酶

一种生物催化剂，能改变化学反应速率而自身不发生改变。

免疫

人体免疫系统发挥作用，以维持人体健康的生理机能。

免疫系统

由保护人体的免疫细胞、免疫器官和免疫活性物质组成的系统。

N

内分泌腺

人体中分泌激素并将其释放到血管中的腺体。

内环境稳态

有机体通过调节作用维持内环境相对稳定的状态。

黏液

一种由动物为各种目的而产生的黏稠、润滑的液体。如肠道内的黏液可以帮助食物通过肠道。

尿素

由碳、氮、氧、氢组成的有机化合物，某些动物的尿液中含有尿素。

浓度梯度

一种物质在两个区域的浓度的差值。

P

爬行纲

体表覆盖着鳞片、会产卵的变温脊椎动物。

胚胎

动物或植物发育的最初阶段。

Q

栖息地

生态系统中某一特定生物生存和繁衍的地方。

脐带

连接胎儿和胎盘的绳状结构，内含血管，负责给胎儿运送氧气和其他营养物质。

气候

一个地区多年的天气状况。

气孔

叶片表面用来控制气体进出的小孔。

器官

由多种组织组合构成的、能执行一定功能的结构单位。

迁徙

随季节变化，生物定期沿相对固定的路线，在繁殖地和越冬地之间进行远距离移动的过程。

腔静脉

将缺氧血从组织输送回心脏的静脉。

全球气候变暖

地球大气和地表的平均温度长期持续升高的现象。

缺氧血

氧气含量低的血液。

群落

同一时间内聚集在一定区域内的所有生物种群的集合。

R

染色体

通常存在于细胞核中，呈X形且携带基因。

韧皮部

植物中由许多管状细胞构成的组织，负责把养料自上而下运送到植物的其他部分。

溶剂

能溶解溶质的物质，通常是液体。

溶液

溶质均匀地分散在溶剂中而形成的混合物。

溶原

病毒繁殖的两种主要方式之一。病毒的遗传物质与宿主的DNA结合，并将新病毒的信息传递给新细胞。

溶质

溶解在溶剂中形成溶液的物质。

肉食性动物

以肉类为食的动物。

乳酸

肌肉在剧烈运动中进行无氧呼吸时，产生的一种化学物质。

软骨

动物骨头上的一种坚韧但有弹性的组织。

软体动物

一种身体柔软且身体表面有外套膜的无脊椎动物，通常有硬壳保护。

S

色盲

由X染色体上的隐性等位基因控制的疾病，会使人无法区分某些颜色。

珊瑚

由珊瑚虫分泌物形成的一种结构。

神经

由在动物身体内传递电信号的多束神经纤维所形成的结构。

神经递质

负责在神经系统中传递信息的化学物质。

神经元

即神经细胞，各神经元通过突触连接在一起。

肾单位

构成肾脏结构和功能的基本单位，由肾小球、肾小囊和肾小管组成。

肾上腺

位于肾脏上方可分泌肾上腺素的腺体。

肾上腺素

人在遇到危险或兴奋时，由肾上腺分泌的一种激素。

肾小囊

呈杯状，是肾单位的一部分。

肾小球

肾单位的一部分，由毛细血管形成的数千个球状团簇。

渗透作用

水分子或其他溶剂分子通过半透膜进行扩散运动的现象。

生产者

通过从自然环境中获取能量制造自身所需营养物质的生物。

生态系统

由生物群落以及生存环境组成。

生物多样性

生物圈内所有生物及其拥有的全部基因和各种各样的生态系统，共同构成生物多样性。

生物量

某一时刻单位面积内的有机物质的总量。

生物因素

影响生态系统中某种生物生活的其他生物，包括生物之间的关系。

生长素

一种植物激素，能控制植物对光和重力的反应。

食腐动物

主要指以动物尸体为食的动物。

食物链

各种生物通过一系列捕食关系相互交错连接成的简单营养结构。

食物网

许多食物链相互交错连接成的复杂营养结构。

视网膜

位于眼球壁的内层，分布着许多感光细胞，分为视锥细胞和视杆细胞。

适应性

生物的一种特性，能使生物更适应生存环境。

受精

雄性生殖细胞（精子）和雌性生殖细胞（卵细胞）互相融合形成受精卵的过程。

受精卵

由卵细胞和精子融合而成的细胞，可以发育成新个体。

双盲实验

实验者与研究者都不知道分组情况的临床实验。

水体富营养化

一种由水体中的营养物过多而引起的水污染现象。

宿主

为寄生生物提供生存环境的生物。

T

他汀类药物

降低血液中有害胆固醇含量的药物。

胎儿

怀孕8周后的人类幼体。

胎盘

胎儿与母体之间进行物质交换的重要器官，为胎儿提供氧气和营养物质。

瘫痪

生物无法正常活动的一种状态。

碳水化合物

生物主要的能量来源，以单糖、多糖等形式存在于食物中。

糖尿病

血糖控制系统停止正常工作而引发的疾病。

糖原

由肝脏从葡萄糖中提取并储存在肝脏中的碳水化合物。

瞳孔

虹膜中央的圆孔。

透镜

一种弯曲的透明物体，能使光线弯曲，在眼睛、照相机、显微镜或望远镜内产生清晰的图像。

透析

利用小分子能穿过半透膜扩散到水中的原理，将小分子与大分子分开的一种分离纯化技术。

突触

连接两个相邻神经元的结构。

蜕皮

动物在发育过程中表皮脱落的过程。

吞噬细胞

一种能吞噬病原体的白细胞。

微生物

包括细菌、病毒、真菌及一些小型原生生物等，通常借助显微镜进行观察。

无脊椎动物

体内没有由脊椎骨组成的脊柱的动物。

无菌技术

一种有助于防止微生物样品被其他有害微生物污染的技术。

无性生殖

不经过两性生殖细胞的结合，由母体直接产生新个体的生殖方式。

无氧呼吸

无氧条件下，通过酶的催化作用，葡萄糖等有机物被不完全分解并释放少量能量的过程。

物种

一群具有相似形态和生理特征的生物个体，它们能在自然状态下相互交配并产生可育的后代。

物种灭绝

一个物种的所有个体都死亡且永远无法恢复。

X

吸热反应

吸收热量的化学反应。

细胞

构成生物（除病毒外）的基本单位。

细胞壁

主要成分是纤维素，通常存在于植物细胞外围的一层厚壁。

细胞分裂

一个细胞分裂成两个细胞的过程。

细胞核

细胞的控制中心，储存着携带遗传信息的DNA分子。

细胞膜

一种非常薄且有弹性的半透性膜，控制着物质进出细胞。

细胞器

细胞内的微小结构。

细胞液

植物细胞的液泡中的液体。

细胞质

一种胶状物质，占据细胞内的大部分空间，是生命活动的主要场所。

细菌

单细胞原核生物，无处不在。

下丘脑

人脑的一部分，负责检测能量平衡和血液中甲状腺激素水平。

纤维素

组成植物细胞壁的纤维状碳水化合物。

显微镜

一种能将微小物体放大并生成图像的光学仪器。

显性基因

性状总是被表现出来的等位基因。

线粒体

细胞内对呼吸作用起关键作用的结构，能够将能量从有机物转移到细胞内。

腺体

动物机体或人体中制造和释放某种特定物质的组织。

相互依存

生态系统中不同生物之间相互依赖的关系。

向地性

植物由于重力而做出的生长反应。

向光性

植物对光做出反应，朝着光源的方向生长。

效应器

可以使动物对刺激做出反应的结构，包括身体的部分肌肉和腺体。

携带者

携带遗传病基因但自身没有表现出来的个体。

心房

心脏内部的两个上腔。

心率

正常人在安静状态下每分钟心跳的次数。

心室

心脏内部的两个下腔。

性传播感染

通过性接触行为把疾病从一个人传给另一个人。

性染色体

通常指体细胞中决定人类和其他哺乳动物性别的染色体。目前已知人类有X和Y两种性染色体。

选择育种

选择具有理想性状的亲代来繁育后代。

血管

在身体组织和心脏之间输送血液的管道。

血红蛋白

红细胞内运送氧气的特殊蛋白质。

血浆
一种淡黄色液体，是血液的重要组成部分。

血小板
没有细胞核且形状不规则的微小血细胞。

血液
在动物体内不断循环的一种液体，负责为机体运输氧气、所需的营养物质及产生的废物。

循环系统
分布在全身各部分的连续封闭管道系统，包括心血管系统和淋巴系统。

Y

样方
一个用来采集某一区域不移动的动植物样本的取样地块，通常为正方形。

药物
进入身体后能改变身体状态的化学物质。

叶绿素
植物中的一种绿色物质。植物利用叶绿素进行光合作用制造营养物质。

叶绿体
植物细胞中含有叶绿素的细胞器，是绿色植物进行光合作用的场所。

液泡
植物细胞中充满液体的泡状结构，有助于细胞保持饱满状态。

胰岛素
胰腺分泌的、能降低血糖水平的激素。

胰高血糖素
胰腺分泌的、能促使肝脏将糖原分解为葡萄糖从而提高血糖水平的激素。

胰腺
胃部附近的器官，能够分泌胰岛素和胰高血糖素。

乙烯
一种最基本的化工原料。本书中是指一种能促使水果加速成熟的植物激素。

疫苗
用失活的或减毒的病原体制成的生物制品，可以刺激人体内产生抗体，使人体对这些病原体免疫。

因变量
实验中会随自变量的改变而变化的因素。

隐性基因
一种只有在没有显性等位基因的情况下才会对生物产生影响的等位基因。

营养级
生物在食物链或食物网中的位置，比如生产者、次级消费者。

蛹
昆虫的过渡形态，处于其生命周期的第三阶段。

有袋类动物
一种哺乳动物，它们通常在育儿袋中完成早期发育。

有机农业
在生产过程中只使用少量化学物质且对野生动植物的危害更小的农业生产方式。

有丝分裂
真核细胞通过分裂产生基因相同的细胞的过程，是细胞周期的最后阶段。

有性生殖
两性生殖细胞结合形成受精卵，再由受精卵发育成新个体的生殖方式。

有氧呼吸
有氧条件下，动植物细胞中发生的一系列由酶控制的化学反应。

幼虫
昆虫生命周期的第二阶段，它们经历变态发育后会变为成体。

原核生物
细菌等原始单细胞生物，没有细胞核和膜结合细胞器。

原生生物
主要是单细胞生物，细胞中含有细胞核。

远视
一种视觉缺陷，近处的物体看起来模糊不清。

月经
子宫内膜脱落出血并从阴道流出的过程。

月经周期
女性子宫内膜的周期性变化。

运动神经元
一种神经元，负责将从中枢神经系统发出的电信号传递给效应器。

Z

杂合子
拥有两个不同等位基因的基因型个体。

杂交瘤细胞
在制备单克隆抗体的过程中，用骨髓瘤细胞和B淋巴细胞融合而成的细胞。

杂食性动物
既食用植物也食用肉类的动物。

藻类

既有单细胞的也有多细胞的，生活在水中，能通过光合作用制造营养物质。

栅栏组织

近上表皮、排列紧密且整齐的柱状细胞。含有大量叶绿体。

真核生物

包括动物、植物、真菌和一些单细胞生物。

真菌

真核生物，属于分解者，可以分解动植物的遗骸和排泄物。

蒸发

物质从液态变为气态的过程。

蒸腾流

从根部自下向上运输到叶片的水流。

蒸腾作用

水从活的植物中以水蒸气的状态散失到大气中的过程。

脂肪

人体必需的重要营养素之一。

脂肪酶

能水解脂肪，帮助人体消化脂肪的一类消化酶。

植食性动物

以植物为食的动物。

中风

血液因动脉阻塞或破裂停止流向大脑，导致脑细胞死亡的现象。是一种非常危险的身体状况。

中间神经元

神经细胞接受来自感觉神经元的刺激，并将其传递给运动神经元的神经细胞。

中枢神经系统

神经系统的控制中心，由大脑和脊髓组成。

中位数

一种测量平均值的方法，指按大小顺序排列的一组数据中，位于正中间的一个或两个数值。

肿瘤

体内细胞的异常生长和分裂可能会产生肿瘤，肿瘤可能会癌变。

种群

由生活在同一地区的同一物种所有生物个体组成的集合。

轴突

在神经元中传递神经冲动的细长神经纤维。

蛛形纲

螯肢动物亚门中的一纲，有四对足，身体分为头胸部和腹部。

主动运输

将物质从低浓度区域运输到高浓度区域的运输方式。

转基因生物

被基因工程改变基因组的生物。许多转基因生物中含有从其他物种转移过来的基因。

转录

遗传信息从DNA流向RNA的过程。是基因指导蛋白质合成的第一步。

子宫

雌性哺乳动物体内孕育胎儿的器官。

自变量

在科学实验中，实验者可以自主操控的因素。

自然选择

能更好地适应环境和及时改进生存方式的生物更有可能生存下来，并将有利的基因遗传给下一代，这种现象称为自然选择。

索引

G

H

J

K

L

M

N

P

T

W

X

致谢

出版商感谢以下人士在本书编写过程中给予的帮助：
Shatarupa Chaudhuri, Virien Chopra, Derek Harvey, Cecile Landau, Sai Prasanna, and Shambhavi Thatte for editorial assistance; Victoria Pyke for proofreading; Helen Peters for the index; Gary Ombler for photography; Neetika Malik (Lbk Incorporation), Baibhav Parida, and Arun Pottirayil for illustrations; Mrinmoy Mazumdar and Vikram Singh for CTS assistance; Aditya Katyal for picture research assistance; and Priyanka Bansal, Rakesh Kumar, Priyanka Sharma, and Saloni Singh for the jacket.

史密森学会：
Kealy E. Gordon, Product Development Manager; Ellen Nanney, Senior Manager Licensed Publishing; Jill Corcoran, Director, Licensed Publishing Sales; Brigid Ferraro, Vice President, Education and Consumer Products; Carol LeBlanc, President

出版商由衷地感谢以下名单中的人员提供图片使用权：

说明：a代表上；b代表下/底；c代表中间；f代表远；l代表左；r代表右；t代表顶。页码为英文版图书的页码，减8后为中文版图书的页码（减8后为负数的属于文前页）。

contents Science Photo Library： Steve Gschmeissner (br). **2 Alamy Stock Photo：** Alan Novelli (cra). **Dreamstime.com：** Kazakovmaksim (br); Standret (cr). **3 Dorling Kindersley：** Andy Crawford / Royal Tyrrell Museum of Palaeontology, Alberta, Canada (br). **Dreamstime.com：** Kazakovmaksim (tc). **Shutterstock：** PolyPloiid (crb). **4 123RF.com：** destinacigdem (fcl). **Dreamstime.com：** Mohammed Anwarul Kabir Choudhury (c). **Shutterstock：** Boxyray (cl). **5 123RF.com：** destinacigdem (cr). **6 NASA：** (crb). **7 Alamy Stock Photo：** Stockr (cr). **8 Science Photo Library：** Francesco Zerilli / Zerillimedia (c). **9 Dreamstime.com：** Tatiana Neelova (plants). **12 Alamy Stock Photo：** Ann Ronan Picture Library / Heritage-Images / The Print Collector (ca); Photo Researchers / Science History Images (cl). **Dorling Kindersley：** Dave King / The Science Museum, London (bl); Dave King / Science Museum, London (bc); Gary Ombler / Whipple Museum of History of Science, Cambridge (cra). **Wellcome Collection** http://creativecommons.org/licenses/by/4.0/: (br). **13 Alamy Stock Photo：** Scott Camazine (bl); Interfoto / Personalities (cr); Steve Gschmeissner & Keith Chambers / Science Photo Library (tr); Science Photo Library / Steve Gschmeissner (tc). **Science Photo Library：** CDC (br). **Wellcome Collection** http://creativecommons.org/licenses/by/4.0/: Wellcome Collection (cl). **15 Alamy Stock Photo：** Dorling Kindersley ltd (bl); sciencephotos (clb). **Dorling Kindersley：** Dave King / Science Museum, London (cl). **Dreamstime.com：** Ggw1962 (cra). **17 Alamy Stock Photo：** Wong Hock weng (c). **Science Photo Library：** Kateryna Kon (br). **18 Alamy Stock Photo：** Science Photo Library (cra); Tom Viggars (fcla). **Dreamstime.com：** Andamanse (cla); Rhamm1 (fcrb); Vasyl Helevachuk (crb); Xunbin Pan / Defun (c); Dragoneye (cb/Antelope). **iStockphoto.com：** micro_photo (ca); PrinPrince (fclb). **19 Alamy Stock Photo：** Niall Benvie (cr); Steve Gschmeissner / Science Photo Library (crb/Bacteria yeast). **iStockphoto.com：** micro_photo (crb/Amoeba). **20 Alamy Stock Photo：** Pixologicstudio / Science Photo Library (crb). **22 Alamy Stock Photo：** Larry Geddis (br/background); Martin Harvey (crb); Chris Mattison (clb). **Dreamstime.com：** Nejron (ca); Carlos Romero Oreja (cb). **23 123RF.com：** Tim Hester / timhester (cl). **Alamy Stock Photo：** blickwinkel / B. Trapp (c); Don Mammoser (br). **Dreamstime.com：** Olga Demchishina / Olgysha (cr). **24 Alamy Stock Photo：** William Brooks (bl); Wildlife Gmbh (clb). **Dreamstime.com：** Alisali (bc). **Getty Images：** Paul Starosta / Corbis (cr). **123RF.com：** Thawat Tanhai (br). **Alamy Stock Photo：** Wildlife Gmbh (bc). **Dorling Kindersley：** Richard Leeney / Whipsnade Zoo (c). **Dreamstime.com：** Adogslifephoto (crb). **iStockphoto.com：** marrio31 (cb). **30 iStockphoto.com：** micro_photo (c). **32 Alamy Stock Photo：** Inga Spence (cr). **Dreamstime.com：** Elena Schweitzer / Egal (c). **Science Photo Library：** Wim Van Egmond (br). **33 Science Photo Library：** Michael Abbey (crb). **34 Alamy Stock Photo：** Kateryna Kon / Science Photo Library. **35 iStockphoto.com：** ELyrae (br). **36 Science Photo Library：** Steve Gschmeissner (c). **38 Science Photo Library：** Tim Vernon (c). **39 Science Photo Library：** CNRI (c). **40 Dreamstime.com：** Ggw1962 (bl). **41 Science Photo Library：** CNRI (c). **44 Science Photo Library. 45 Alamy Stock Photo：** Nigel Cattlin (l/plant). **48 Science Photo Library：** (c); Microfield Scientific Ltd (br). **50 Science Photo Library：** Eye Of Science (cr). **52 Alamy Stock Photo：** blickwinkel (crb). **Dreamstime.com：** Twildlife (c). naturepl.com: Stefan Christmann (clb). **53 123RF.com：** foxterrier2005 (bl). **Dreamstime.com：** Scooperdigital (cr); Darius Strazdas (cl). **SuperStock：** Eye Ubiquitous (tc). **55 Science Photo Library：** National Institute On Aging / NIH (c). **63 Dreamstime.com：** Horiyan (c). **68 iStockphoto.com：** E+ / Andy445 (l). **Science Photo Library：** John Durham (cr). **70 Dreamstime.com：** Threeart (clb). **Science Photo Library：** AMI Images (c). **71 Dreamstime.com：** Ksushsh (cb). **72 Alamy Stock Photo：** Nigel Cattlin (fcra, fcr, fbr). **Dreamstime.com：** Alexan24 (br); Lantapix (cra); Le Thuy Do (cr); Pranee Tiangkate (crb). **Science Photo Library：** Nigel Cattlin (fcrb). **73 Alamy Stock Photo：** Arterra Picture Library / van der Meer Marica (cr). **Dreamstime.com：** Aleksandr Frolov (br). **81 Dreamstime.com：** Dutchscenery (cb). **83 123RF.com：** belchonock (crb). **Alamy Stock Photo：** D. Hurst (ca). **Dreamstime.com：** Ivan Kovbasniuk (clb); Pogonici (c/yoghurt); Splosh (clb/cereal). **iStockphoto.com：** Coprid (cra). **84 Dreamstime.com：** Yulia Davidovich (c). **86 Science Photo Library：** Maximilian Stock Ltd. **97 Science Photo Library：** (br). **98 Alamy Stock Photo：** Scenics & Science (bl). **Getty Images：** DR Jeremy Burgess / Science Photo Library (cl). **Science Photo Library：** Eye Of Science (cr); Steve Gschmeissner (br). **109 Dreamstime.com：** Chernetskaya (br). **112 Science Photo Library：** CNRI (c). **115 Gross, L., Beals, M., Harrell, S. (2019).：** Lung Capacity and Rhythms in Breathing. Quantitative Biology at Community Colleges, QUBES Educational Resources. doi:10.25334 / Q4DX6N (c). **117 Alamy Stock Photo：** John Gooday (br). **118 Science Photo Library：** Pixologicstudio (r). **124 Science Photo Library：** ZEPHYR (c). **137 Dreamstime.com：** Dml5050 (cl). **145 Science Photo Library：** Maurizio De Angelis (c). **146 Alamy Stock Photo：** Image Source / Herbert Spichtinger (br). **149 Depositphotos Inc：** exopixel (c). **152 Science Photo Library：** Eye Of Science (c). **153 Science Photo Library：** London School Of Hygiene & Tropical Medicine (c). **157 123RF.com：** olegdudko (c). **160 123RF.com：** Noppharat Manakul (cr). **Science Photo Library：** Power And Syred (c). **162 Dreamstime.com：** Rudmer Zwerver / Creativenature1 (clb); Isselee (crb). **163 Dreamstime.com：** Wkruck (clb). **164 Dreamstime.com：** Michael Elliott (br); Евгений Харитонов (cb); Jan Pokorný / Pokec (bc). **170 Science Photo Library：** Eddie Lawrence (c). **174 Alamy Stock Photo：** Cultura Creative (RF) / Rafe Swan (fbl); Kateryna Kon / Science Photo Library (c). **iStockphoto.com：** E+ / alanphillips (bc). **Science Photo Library：** David Parker (bl). **177 Alamy Stock Photo：** Science Photo Library / Laguna Design (crb, cr). **Science Photo Library：** Kallista Images / Custom Medical Stock Photo (crb/Collagen). **178 Alamy Stock Photo：** imageBROKER / Erich Schmidt (c). **179 Ardea：** Agenzia Giornalistica Fotografic (bc). **Dreamstime.com：** Eris Isselee / Isselee (bl); Lauren Pretorius (fcrb). **180-181 Dorling Kindersley：** Wildlife Heritage Foundation, Kent, UK (Leopard). **182-183 Dreamstime.com：** Alfio Scisetti (Four o' clock flower). **183 Alamy Stock Photo：** Peter Cavanagh (bc); Wayne Hutchinson (br). **184-185 Dreamstime.com：** Santia2 (peas). **185 Alamy Stock Photo：** FLHC 52 (br). **186 Getty Images：** Nicholas Eveleigh / Photodisc (blood bag). **188 Alamy Stock Photo：** Juan Gartner / Science Photo Library (c). **189 Alamy Stock Photo：** Sergii Iaremenko / Science Photo Library (c). **190 iStockphoto.com：** Gal_Istvan (br). **191 Dreamstime.com：** Isselee (cl). **194 Science Photo Library：** Rosenfeld Images Ltd (c). **197 Alamy Stock Photo：** Michael Tucker (br). **198 Dreamstime.com：** Judith Dzierzawa (c). **199 Alamy Stock Photo：** FineArt (bl); GL Archive (bc). **Science Photo Library：** (c). **202 Alamy Stock Photo：** Martin Shields (r). **204 Dreamstime.com：** Denira777 (bc). **Science Photo Library：** Geoff Kidd (bl). **205 Alamy Stock Photo：** Karin Duthie (clb); Sue Anderson (clb/Grass); Avalon / Photoshot License / Oceans Image (cr/grass); Minden Pictures / Tui De Roy (cr/Tortoise). **Dorling Kindersley：** Thomas Marent (br). **206 Alamy Stock Photo：** Natural History Museum, London (c). **208 Dreamstime.com：** Luckyphotographer (br); Pniesen (bc). **iStockphoto.com：** bogdanhoria (fbr). **209 Alamy Stock Photo：** blickwinkel / McPHOTO / NBT (c). **Dreamstime.com：** Matthew Irwin (br); Liligraphie (cl). **210 Alamy Stock Photo：** blickwinkel / Fieber (br); David Osborn (bc); Design Pics Inc / Ken Baehr (cr). **iStockphoto.com：** BrianEKushner (cra); E+ / Antagain (cb); superjoseph (cr/Panda); Anup Shah / Stockbyte (c). **211 Dreamstime.com：** Verastuchelova (clb). **Getty Images：** Natthakan Jommanee / EyeEm (bc). **iStockphoto.com：** Antagain (ca). **212 Alamy Stock Photo：** Citizen of the Planet / Peter Bennett (bc). **Dreamstime.com：** Empire331 (cl). **213 Alamy Stock Photo：** John Eccles (cr); Zoonar GmbH / Erwin Wodicka (clb). **Dreamstime.com：** Ronnachai Limpakdee (cl). **Getty Images：** VCG (crb). **214 Alamy Stock Photo：** A & J Visage (clb); Ulrich Doering (cl); Nature Picture Library / Anup Shah (cr); Arterra Picture Library / Clement Philippe (crb). **SuperStock：** Biosphoto (br). **216 Alamy Stock Photo：** Avalon / Photoshot License (clb); Liia Galimzianova (br). **Getty Images：** Paul Starosta (cla). naturepl.com: Jim Brandenburg (cra); Stefan Christmann (crb). **217 123RF.com：** Michael Lane (cl). **Dreamstime.com：** Stanislav Duben (cr). **218 123RF.com：** Maggie Molloy / agathabrown (cb/used 25 times). **Dorling Kindersley：** Alan Murphy (ca/Chickadee). **Dreamstime.com：** Henkbogaard (ca/Northern goshawk); Isselee (c/used 10 times). **219 Dreamstime.com：** Thawats (c); Yodke67 (cra). **220 Dorling Kindersley：** Stephen Oliver (cl). **221 123RF.com：** kajornyot (cb). **Dreamstime.com：** Nadezhda Bolotina (c). **223 Alamy Stock Photo：** F1online digitale Bildagentur GmbH / M. Schaef (bc). **Dreamstime.com：** Shao Weiwei / Shaoweiwei (br). **224 123RF.com：** Olexander Usik (cb). **227** ourworldindata.org: Max Roser. **228 Alamy Stock Photo：** Paulo Oliveira (br). **Getty Images：** Diptendu Dutta / Stringer / AFP (bc). **Shutterstock：** Dogora Sun (c). **229 Alamy Stock Photo：** Francois Gohier / VWPics (clb); Robert Harding / Last Refuge (br); Suzanne Long (ca). **Getty Images：** Oxford Scientific (cr). **230 NASA：** GISS (b/Temperature). **NOAA：** (b/Carbon dioxide). **231 2019 Münchener Rückversicherungs-Gesellschaft, NatCatSERVICE：** (data taken from Munich Re, NatCatSERVICE (2019)) (c). **Alamy Stock Photo：** Galaxiid (br). **iStockphoto.com：** piyaset (bc). **232 123RF.com：** Juan Gil Raga (bc). **Alamy Stock Photo：** Cultura Creative (RF) / Stephen Frink (c); Hemis / LEMAIRE Stθphane / hemis.fr (br). **233 Alamy Stock Photo：** Kit Day (cl). **Dreamstime.com：** Mr.smith Chetanachan / Smuaya (br); Cowboy54 (cr). naturepl.com: Sylvain Cordier (bc). **234 Alamy Stock Photo：** National Geographic Image Collection / Jim Richardson (bl); RDW Aerial Imaging (c). **Getty Images：** Ulet Ifansasti (bc). **235 Alamy Stock Photo：** blickwinkel / Teigler (cr); Pat Canova (br); Paulo Oliveira (ca). **Dreamstime.com：** Jezbennett (bl). **ZSL (Zoological Society of London)：** (cl). **236 Dreamstime.com：** Ymgerman (br). **237 Dreamstime.com：** Vchalup (b). **238 Alamy Stock Photo：** Tom Stack (crb). **Science Photo Library：** Gary Hincks (c). **Shutterstock：** Nady Ginzburg (br). **239 Alamy Stock Photo：** Dominique Braud / Dembinsky Photo Associates / Alamy (bc). **Getty Images：** Shivang Mehta / Moment Open (c). **240 Alamy Stock Photo：** imageBROKER / Florian Kopp (cb); inga spence (cr); robertharding / Yadid Levy (c). **Getty Images：** Corbis Unreleased / Frans Lemmens (crb). **241 Alamy Stock Photo：** Arterra Picture Library / Voorspoels Kurt (cl/Trawler); Paulo Oliveira (br); Mario Formichi photographer (crb); RGB Ventures / SuperStock / Scubazoo (cr). **Dreamstime.com：** Christian Delbert (cb). **242 Alamy Stock Photo：** Rick Dalton - Ag (cr). **Getty Images：** Universal Images Group (cl). **243 Alamy Stock Photo：** Science Photo Library / Molekuul (cl). **Dreamstime.com：** Stockr (ca); Ken Wolter (crb); Sorachar Tangjitjaroen (cr/Machine). **iStockphoto.com：** DarthArt (clb). **245 Alamy Stock Photo：** Nokuro (c). **Dorling Kindersley：** Arran Lewis (Morula 3D) / gagui (Turbosquid) (br). **246 Alamy Stock Photo：** PCN Photography (c). **Dreamstime.com：** Wavebreakmedia Ltd (cr). **247 Dreamstime.com：** Glolyla (cr). **248 Rex by Shutterstock：** Jeremy Young (br). **Science Photo Library：** AJ Photo (bc); David Leah (cr). **249 Alamy Stock Photo：** Sebastian Kaulitzki (cb). **Dreamstime.com：** Igor Zakharevich (c); Katerynakon (clb). **Forestry Images：** Bruce Watt, University of Maine, Bugwood.org (cr). **250 123RF.com：** Sebastian Kaulitzki (bl). **Alamy Stock Photo：** Custom Medical Stock Photo (bc); Werli Francois (cl). **Dreamstime.com：** Andor Bujdoso (br); Lightfieldstudiosprod (c); Mr.smith Chetanachan / Smuaya (cr). **252 123RF.com：** gl0ck33 (bc); lightwise (bl). **Shutterstock：** Plant Pathology (br). **253 Alamy Stock Photo：** Alexey Kotelnikov (c). **Science Photo Library：** Geoff Kidd (br); Kateryna Kon (bc). **SuperStock：** Science Picture Co (bl). **254 Alamy Stock Photo：** Nigel Cattlin (bc); Yon Marsh Natural History (br). **Science Photo Library：** Dr P. Marazzi (bl). **255 Getty Images：** Science Photo Library / NIBSC (cr). **Science Photo Library：** Nano Creative / Science Source (cl). **256 Science Photo Library：** (c). **257 Alamy Stock Photo：** Science Photo Library / Christoph Burgstedt (c). **259 Getty Images：** AFP / Narinder Nanu (cl). **261 Science Photo Library：** Steve Gschmeissner (cr). **262 Science Photo Library：** Aberration Films Ltd (tr). **263 Dreamstime.com：** Ahmad Firdaus Ismai (clb); Jenifoto40(cla). **264 Alamy Stock Photo：** Science History Image (br). naturepl.com: Stephen Dalto (cl). **Science Photo Library：** Clouds Hill Imaging Lt (cr). **265 Alamy Stock Photo：** Nigel Cattlin (fbr); GKSFlorapics (fbl); Steve Tulley (br). naturepl.com: Adrian Davies (cl). **Science Photo Library：** Dennis Kunkel Microscopy (bl)